회계학의 비판적 방법론

김 석 웅 저

교육과학사

* 이 저서는 2010년도 정부재원(교육부 인문사회연구역량강화사업비)으로
한국연구재단의 지원을 받아 연구되었음(NRF-2010-812-B00027).

머리말

우리나라의 회계학계에는 1980년대 이후 실증적 방법론이 도입되어 최근까지 회계학 논문들은 대부분 실증적 방법론을 사용하고 있다. 그러나 사회과학에는 다양한 방법론이 존재하며 실증적 방법론도 그러한 방법론 중의 하나일 뿐이다. 우리나라의 사회학, 경제학을 비롯한 사회과학의 다른 학문분야에는 다양한 사회과학방법론으로 연구가 진행되고 있지만 회계학은 실증적 방법론만을 이용하고 있을 뿐, 비판적 방법론이나 해석적 방법론과 같은 비실증적 방법론은 소개조차 제대로 되지 않고 있다. 따라서 우리나라 회계학계에는 학설이 다른 경우가 거의 없고, 학파나 학설이 달라서 논쟁하는 경우도 거의 없다. 이는 우리나라 회계학이 북미의 영향을 받아 실증적 방법론만을 사용하기 때문일 것이다.

영국을 비롯한 유럽의 사회과학계에서는 실증적 방법론이 지난 1960년대 이후 퇴조하고, 비실증적 방법론을 이용한 연구가 비교적 활발하다. 특히 회계학에서는 지난 1980년대부터 영국에서 비판적 방법론이나 해석적 방법론과 같은 비실증적 방법론을 본격적으로 도입하여 연구하고 있으며, 오늘날 세계 각국으로 전파되고 있는 실정이다.

사회과학이 발전하기 위해서는 다양한 방법론을 바탕으로 사회현상을 파악하는 것이 중요하다. 서로 다른 철학적 가정과 배경을 가진 방법론은 사회현상을 다양하게 파악하는데 도움을 줄 것이며, 회계학의 경우에도 마찬가지다.

저자가 회계학의 비판적 방법론에 관심을 가지고 공부하기 시작한 것은 부산대학교 박사과정에 있었던 1990년대 초이다. 대학 1학년 때, 철학개론을 공부한 것이 철학공부의 전부일 정도로 철학에 문외한이었기에 많은 어려움이 있었지만, 부산대학교를 중심으로 철학전공의 교수들과 대학원생들의 모임인 "해석과 비판을 위한 모임"(해비모)에 한 번씩 참가하여 귀동냥도 하면서 철학용어에 다소나마 익숙하게 되었다. 박사학위논문(지도교수 최상문)을 작성하면서 논문의 일부를 해비모, 대학원 세미나, 학회 등에 발표하였고, 이후 이 논문의 일부 내용을 수정, 보완하면서 여러 학회지에 게재하였다. 그러다가 기왕에 비판적 방법론을 공부하였으니, 내친김에 해석적 방법론도 공부를 해 보겠다는 생각으로 관련 논문을 읽고 정리해서 2000년대에 일부 회계학회지에 해석적 방법론에 관한 논문을 발표하기도 하였다. 결국 1990년대 초부터 오늘날까지 나의 연구의 주된 관심분야는 회계학의 비실증적 방법론이다.

회계학의 비판적 방법론에 관한 책을 출간한다는 것은 전혀 생각하지 않았는데, 우연히 한국연구재단에 저술분야가 있다는 것을 조용범 교수(동의대, 외식경영학)로부터 알게 되어 책을 저술하게 되었다. 이를 위해 과거에 발표한 자료를 다시 정리, 수정, 보완하고, 2000년대 이후 발표된 논문과 자료들을 다시 수집해서 읽고 정리하면서 2010년부터 지금까지 4년 동안 거의 대부분의 시간을 회계학의 비판적 방법론에 몰두하면서 저술에 매진하였다.

회계학의 비판적 방법론을 공부하는 동안 비실증적 방법론을 적용한 회계학 논문을 주로 게재하는 *Accounting, Organizations and Society, Accounting Auditing and Accountability Journal, Critical Perspectives on Accounting, International Journal of Critical Accounting, Management Accounting Research* 등의 다양한 학술지에서 관련 논문을 읽고

정리하면서 많은 시간을 보내었는데, 읽고 이해하기가 어려웠다. 한국의 회계학계에서는 여태까지 제대로 소개되지 않은 철학, 사회학의 용어와 내용들(Marx, 독일 철학자 Habermas, 프랑스 철학자 Foucault, 프랑스 사회학자 Bourdieu의 사상)로 이루어져 있기 때문이다. 본서에서 다루는 비판적 방법론은 미국과 우리나라 주류 회계학계에서 이용하는 실증적 방법론과는 전혀 다른 방법론이기 때문에 많은 용어가 생소하다. 특히 서구 철학과 사회학의 중요한 부분을 차지하는 Marx주의의 경우에는 우리나라에서 그동안 접근하기가 쉽지 않았기 때문에 내용을 파악하고 이해하기가 어렵다. 그러나 독자들이 인내심을 가지고 참고문헌에 소개된 관련문헌을 직접 읽어보거나 철학이나 사회학의 전공자로부터 도움을 받으면서 이러한 다양한 철학, 사회학의 내용을 파악한다면, 본서가 의도한 회계학의 다양한 관점을 이해하는데 큰 도움이 되리라 생각된다.

우리나라의 회계학계에서 비실증적 방법론을 연구하기에는 여건이 너무 빈약하다. 우선 관심을 가진 분들이 극소수이고, 관련논문을 읽고 토론을 할 수 있는 분위기도 제대로 되어 있지 않다. 더구나 나의 경우에는 전업 대학원생도 없는 상태에서 연구를 진행하기에 많은 어려움이 있었다. 특히 익숙하지 않은 철학, 사회학 용어와 내용의 이해에 어려움이 있었으며, 능력의 한계를 절감하기도 하였다. 만약 주변의 사람으로부터 도움을 받지 않았다면 이 저술은 불가능하였을 것이다. 그동안 회계학의 비판적 방법론에 관한 공부는 여러 사람들과의 교류를 통해 가능하였다. 비판적 방법론을 공부하도록 유도한 최상문 교수님, 일본의 비판회계학자이신 藤田昌也(후지타) 교수님, 1990년대 초중반에 해비모 모임의 철학 교수들, 특히 이왕주

교수(부산대, 철학), 김영민 교수(한일신학대, 철학), 배철영 교수(동의대, 철학), 1990년대부터 지금까지 여러 학술대회에서 발표하는 동안 토론자로 참가해 준 구치모 교수님(경성대, 회계학), 김도형 교수(광운대, 회계학), 김승용 교수(조선대, 회계학), 문장수 교수(경북대, 철학), 신지영 교수(경상대, 철학), 이성환 교수(경상대, 철학), 이승권 교수(조선대, 프랑스어) 그리고 사회학의 관점에서 원고 일부를 읽고 검토해 준 이일래 박사(부산발전연구원, 사회학), 회계학의 관점에서 원고 전체를 읽고 검토해준 김창범 교수(동의대, 회계학), 철학의 관점에서 원고 전체를 읽고 검토해준 친구 정상모 교수(신라대, 과학철학) 등 여러분에게 고마움을 전하고 싶다. 물론 본서에 있는 오류와 이해하기 어려운 부분은 저자의 능력부족으로 인한 것이므로 전적으로 저자의 책임이다.

지난 1990년대 초부터 지금까지 20년 이상 가슴 속에 무거운 짐으로 남아 있던 회계학 방법론의 일부를 이제 정리해서 세상에 내 놓게 되었다. 도자기를 구워서 세상에 내놓는 도공의 마음이 이럴까? 한편으로는 홀가분하다는 느낌이 드는 동시에 또 한편으로는 이 정도밖에 집필하지 못한 나 자신이 부끄럽기도 하다. 그리고 회계학을 전공하는 독자들에게 부담만 주는 것 같아서 마음이 무겁기도 하다. 실증적 방법론의 경우에도 해야 할 공부가 많은데 비판적 방법론이라니…….

아무튼 본서로 인해서 독자들이 회계학의 세계에서도 실증적 방법론 이외에 비판적 방법론도 이용되고 있으며, 이를 이용한 깊은 학문의 세계가 있다는 것을 알게 된다면 저자의 힘든 노력에 보람이 될 것이다. 향후 비판적 방법론을 이용한 논문들이 우리나라 회계학회에서 발표되는 날을 기대해 본다.

끝으로 저술비를 지원해준 한국연구재단과 본서의 시장성이 제한되어 있음에도 불구하고 출간을 결정해 준 교육과학사의 김동규 사장님과 이주표 부장 그리고 편집을 맡고 수고해준 송인숙 선생과 이정호 편집부장에게 고마움을 전한다.

2014년 4월 초순,

벚꽃이 만발한 교정에서,

동의대 김석웅.

목차

목차

목차

1 서론

1장

서론

우리나라에 서구식 복식부기가 도입된지도 100년 이상의 시간이 경과하였고, 대학에 학문으로서 회계학이 도입된지도 반세기 이상의 시간이 경과하였다. 도입초창기와는 달리 회계학도 다른 사회과학처럼 최신의 이론과 다양한 조사방법으로 학문의 위상이 드높아졌다. 그러나 방법론의 측면에서 보면 우리나라의 회계학계는 여전히 실증적 방법론에만 몰입되어 있는데, 이는 실증적 방법론이 주류를 형성하고 있는 미국의 영향을 많이 받았기 때문인 것으로 추정된다.

회계학은 사회과학이다. 사회현상을 해명하고자 하는 사회과학은 그 성질상 사회성(the social nature)과 과학성(the scientific nature)을 갖게 된다. 그런데 과학성을 강조하게 되면 사회현상이나 자연현상을 해명하기 위해 과학적 방법을 강조하게 되지만, 과학적 방법이 무엇을 의미하는가가 과학철학의 주제가 되고 있다. 전통적으로 과학적 방법은 주로 자연과학적 방법을 의미하여, 사회현상과 자연현상을 자연과학적 방법을 통해 모두 해명할 수 있다는 방법론적 일원론(methodological monism)이 주장된다. 오늘날 우리나라의 회계학계에서 회계현상의 과학성을 규명하고자 주로 이용하는 방법론은 자연현상을 수치로 파악하고자 하는 자연과학적 방법론인 실증적 방법론이다. 자연현상은 인간의 의지와는 무관하게 객관적으로 우리에게 주어지는 현상이다. 그러나 사회현상은 인간의 의지, 주체가 만드는 현상으로 자연현상과는 그 성질을 달리 한다. 자연현상과는 근본적으로 그 성질을 달리하는 사회현상에 자연과학적 방법론을 그대로 적용하는 방법론적 일원론이 과연 타당한가에 관해 많은 논란이 제기될 수 있다.

한편, 사회과학의 사회성을 강조하게 되면 사회현상과 자연현상의 차별성을 강조하게 되고, 따라서 사회현상을 대상으로 하는 사회과학적 방법론과 자연현상을 대상으로 하는 자연과학적 방법론과의 차별성을 강조하게 되어 방법론적 이원론(dualism)이나 다원론(pluralism)이 주장된다. 즉, 연구대상의 차이로 인한 연구방법의 차이가 강조된다. 사회의 구성요소 상호 간에 서로 영향을 주고 받음으로써 발생하는 사회적 관계로 인한 사회성을 파악해야 하는 사회과학에서는 이러한 자연과학적 방법론인 실증적 방법론 이외에도 다양한 방법론이 개발되어 있지만, 우리나라의 회계학계에서는 다른 사회과학분야와 달리 이러한 방법론들이 극히 일부가 소개되어 있을 뿐 다양한 방법론을 적용한 연구가 제대로 실시되지 않고 있다.

사회과학이 자연과학적 방법을 수용하는 데 따르는 가장 중요한 문제는 사회과학의 자율성의 문제로 집약될 수 있다. 즉, 사회현상은 자연현상과 근본적으로 상이한 독자적 특성을 가지고 있는가?, 또 이 사회현상은 자연과학적 방법이 아닌 독립된 방법에 의해서 탐구되어야 하는가? 등의 문제이다. 자연과학주의는 이들 문제에 대한 대답이 부정적이고, 반자연과학주의는 긍정적이다. 오늘날 전자의 입장은 논리실증주의로, 후자의 입장은 인간주의(humanism)로 대표된다. 이러한 반자연과학주의는 사회과학의 방법론을 경험론의 극단적 형태인 논리실증주의가 제시하는 자연과학의 방법에만 한정시킬 것을 거부하고 있다(송동건, p.31).

영미에서 발달한 실증주의의 과학철학은 주로 자연과학의 방법론을 염두에 둔 것인데 반하여, 대륙에서 발달한 인간주의의 과학철학은 그 관심이 인간과학인 사회과학의 방법론정립에 있었다(최양부, p.43). 따라서 사회과학에 있어서 자연과학적 방법론의 수용에 따른 문제점은 대륙에서 발달한 질적 방법론인 해석학, 비판학 등과 같은 다른 방법론적 철학에서 본격적으로 제기될 수 있을 것이다. Habermas는 과학을 크게 세 범주로 나누고 있다(Habermas, 1972, p.43). ① 경험적/분석적 과학은 보편적 법칙을 추구하는 자연과학과 사회과학의 일부를 포함한다. ② 역사적/해석적(historical-hermeneutics)과학에는 의미의 해석적 이해를 추구하는 인문학, 역사학 및 사회과학의 또 다른 일부를 포함한다. ③ 비판과학에는 정신분석학, 비판적 사회이론 및 성찰적, 비판적 학문으로서의 철학 등이 포함된다. 경험적/분석적 과학에는 양적 방법인 설명(ë rklaren)의 방법이 적용돼야 하고, 역사적/해석적 과학에는 질적 방법인 이해(verstehen)의 방법이 주로 활용된다. 그리고 이들은 모두 비판적 성찰의 지침을 받아야 한다. 사회과학은 자연과학주의적 방법론이 적용되는 영역이 있지만, 해석학적 이해의 방법이 적용되는 영역도 있다. 따라서 사회과학의 경우에는 해석적 방법론과 비판적 방법론 등의 방법론이 적용될 수 있을 것이다.

그러나 우리나라에서는 미국을 중심으로 한 경험적/분석적 방법이 주로 이용되고 있는데, 이 중에서도 특히 경험적 방법이 주로 이용되고 있다. 경험적 방법이란 실제로 현상에서 획득한 자료를 관찰하고 실험함으로서 결론을 도출하는 방법을 말하는데, 회계학에서 이 방법은 통계학과 계량경제학을 방법론의 기반으로 주로 사용하고 있으며 모델설정의 이론적인 근거로서는 신고전파 경제학과 재무학의 도움을 많이 받고 있다. 그러나 이러한 경험적 방법론은 철학적으로 실증주의를 배경으로 하고 있는데 이는 많은 문제점을 갖고 있으며, 과학철학계로부터 비판을 받고 있다.

오늘날 회계학연구는 분석적 방법이나 경험적 방법이 갖는 한계점 때문에 이 두 가지 방법론에 수용가능한 주제들만이 연구의 대상이 되는 결과에 이르게 되었다. 이 두 가지 방법론들은 회계학연구라는 목표에 비추어 그 수단으로 사용되어야 함에도 불구하고 방법론 자체가 연구주제의 채택, 연구주제의 성격까지도 결정하는 것을 우리는 목격하고 있다(윤성식, p.213). 오늘날까지도 우리나라의 주류회계학이나 미국의 주류회계학은 지난 1960년대의 재무론과 신고전파 경제학을 기반으로 하고 있으며, 대부분의 회계학연구가 이러한 학문분야를 제외한 다른 학문의 새로운 아이디어를 무시하여 다른 학문의 연구성과의 인용비율과 회계학연구의 다양성이 감소하기 때문에, 점차적으로 고립되고 정형(pattern)화되어 혁신성을 상실하고 있고(Hopwood, 2007, p.1365; Demski, 2007; Oler et al., 2010) 회계실무와 격리되고 있어서(Bricker · Previts, 1990), 회계학연구의 현황과 방향에 관한 우려가 증가하고 있다.

좋은 연구주제는 학계의 기존이론과는 달리 현실세계가 실제로 어떻게 움직이는가에 관한 관찰로부터 나오며, 따라서 선행연구보다는 단순한 아이디어에 의존할 수도 있다(Ohlson, p.8). 그리고 연구(research)는 실무와 강력하고도 깊은 연관성을 가져야 하며, 사회과학은 필연적으로 사회와 공동체에 적극적으로 기여해야 한다(Chua, 2011, p.28). 따라서 좋은 회계학연구는 우선 회계현상이 발생하는 현실세계의 관찰로부터 주제를 선정하고 그러한 주제를 연구하기 위해서 어떤 방법론이나 이론으로 접근해야 하는가를 결정해야 할 것이다. 만약 기존의 방법론이나 이론으로 연구하기 어려운 주제일 때 우리는 그 주제를 외면해서는 안 되고, 기존의 방법론이나 이론과는 다른 방법론이나 이론을 다른 학문으로부터 모색해 보아야 할 것이다. 그리고 회계현상을 수학이나 통계학을 이용하여 수량화하여 파악하여도 그 현상의 일부만 파악될 수 있으므로, 파악되지 않는 다른 부분은 다른 방법론이나 이론을 통해 파악해 볼 수 있을 것이다. 따라서 다른 학문분야의 이론이나 방법론을 도입하여 다양한 회계현상을 다양하게 파악하고 해석하는 것이 회계학의 발전에도 유익할 것이다(Basu, p.852).

그러나 오늘날 우리나라의 회계학계에서는 지난 1970년대 이후 주로 미국으로부터 신고전파 경제학과 경험적인 실증주의에 입각한 방법론이 도입되어 주류회계학을 형성하고 있다. 실증주의의 방법론의 경우, 철학적 논쟁을 거치지 않고 거의 무비판적으로 이용되고 있고, 지난 1970년대 이후 주로 영국에서 시작하여 영연방 국가들을 중심으로 연구흐름을 형성하고 있는 실증주의 이외의 방법론을 적용한 회계학의 연구흐름은 소개조차 제대로 되고 있지 않다. 실증주의 이외의 방법론에 입각한 연구가 우리나라의 경우에도 경제학, 사회학, 행정학, 정치학, 간호학, 철학, 문학 등 다른 인문・사회과학분야에서는 매우 활발하다.

우리나라의 회계학계에 도입, 실시되고 있는 경험적인 자연과학적 방법론인 실증적 방법론은 회계현상의 과학성만 해명할 뿐, 회계현상의 사회성(the social nature)은 해명하지 못하고 있다. 따라서 본서에서는 회계현상의 사회성을 해명을 하기 위해 현재 회계현상에 적용되고 있는 다른 사회과학적 방법론 중에서 특히 비판적 방법론을 살펴보고자 한다.

일반적으로 사회과학방법론의 철학적 배경에 관한 흐름은 <도표 2-1>에서 보는 바와 같으며, 이러한 다양한 방법론들은 실증적 방법론, 비판적 방법론, 해석적 방법론의 세 가지로 나눌 수 있는 바, 비판적 방법론을 중심으로 이 방법론을 회계에 적용한 연구들을 살펴보고자 한다.

비판적 방법론은 <도표 2-1>에서 보는 바와 같이, Kant/Hegel노선에 의한 방법론인데, Kant로부터 변화/비판노선을 추구한 Hegel의 영향을 받아, 비판/희망/비영혼노선을 추구한 Marx와 비판/절망/비영혼노선을 추구한 Nietzsche 등에 의해, Marx주의, 독일(특히 Habermas)의 비판적 방법론, 프랑스(특히 Foucault와 Bourdieu)의 비판적 방법론 등으로 발전하고 있다. 여기서 비판/희망/영혼노선은 종교노선을 의미한다.

회계학분야에서는 1980년대에 주로 영국의 회계학자들에 의해서 실증적 방법론을 비판하고 그 대안으로서 비판적 방법론을 적용하기 시작하였는데, 영국의 비판회계학계는 몇 개의 주요한 집단으로 분류할 수 있으며 각 집단별로 방법론상의 특색을 갖고 있다. 영국의 비판회계학계의 대표적인 집단으로는 ① Hopwood, Clubb, Dent, Earl, Loft, Miller, O'Leary 등의 학자가 속하는 Hopwood주의자집단, ② Cooper, Hopper, Knights, Sherer, Willmott 등의 학자가 속하는 회계의 정치경제학집단, ③ Laughlin, Lowe, Puxty, Tinker, Chua 등의 학자가 속하는 Sheffield집단 등이 있다(高寺, 1988, pp.53-54). 이들은 지역적으로 London과 산업혁명의 발생지역인 Manchester, Sheffield 등을 중심으로 나누어져 있다. ①의 집단은 London대학교를 중심으로 프랑스의 비판적 방법론을 회계학에 적용하고 있는데, 그들은 Bourdieu, Derrida, Foucault, Latour, Lyotard 등의 프랑스 학자 중에서도 특히 M. Foucault, P. Bourdieu의 학설을 집중적으로 이용하고 있다. ②의 집단은 영국의 Manchester대학을 중심으로 회계학에 대해 Marx주의의 방법론을 적용하고 있다.

그런데, Marx주의의 방법론을 회계학에 적용한 것은 서구의 회계학 연구경향과는 관계없이 지난 1930년대의 일본회계학자들이 독자적으로 시작하였다. 일본의 경우는 주로 Marx, Engels 등의 고전적 정치경제학에 입각하고 있지만, 영국의 경우는 정통Marx주의 이외에 Braverman의 노동과정이론도 이용한다. ③의 집단은 Sheffield대학을 중심으로 독일의 비판적 방법론을 회계에 적용하고 있다. 그들은 Horkheimer, Adorno, Marcuse, Habermas 등의 Frankfurt학파 중에서도 특히 Habermas의 학설을 집중적으로 이용하고 있다. 따라서 본서에서는 주류회계학의 생성배경과 내용을 살펴보고 그 방법론이 어떻게 비판되고 있는가를 살펴본 후, 이의 대안으로 제시되는 비판회계학파의 세 집단의 철학적 배경, 가정, 연구현황의 분석이 주요한 연구범위를 구성한다.[1)]

본서의 연구방법은 학제적(interdisciplinary)이라고 할 수 있다. 학제적 연구방법은 각각 다른 학문분야에 서로 다른 연구내용과 방법을 적용하는 연구방법이라고 볼 수 있는데, 이러한 연구방법을 이용함으로써 이제까지 나타나지 않았던 모습을 살펴볼 수 있을 것이다. 본서는 방법론 그 자체에 관한 것이므로, 먼저 철학, 사회학 등에서 논의되는 비판적 방법론에 관한 선행연구의 내용을 분석한 후, 각각의 비판적 방법론을 기준으로 하여 회계학에 적용한 선행연구를 분류·정리해 보고자 한다.

회계학의 비판적 방법론과 관련된 우리나라의 선행연구는 그리 많지 않다. 필자를 제외하고는 김승용(1989), 구치모 외(1996), 이성규(1996), 김영규(1999), 정호웅(2000), 한형성(2012) 등이 있으나, 사례연구를 실시한 한형성(2012)의 경우를 제외하고는 대부분이 서구의 비판적 방법론에 관한 저서를 번역하거나 내용을 소개하는데 그치고 있으며(참고문헌을 참조), 관심을 가진 연구자도 소수에 불과하다.

본서의 구성은 다음과 같다. 제1장에서는 문제제기 및 연구목적과 연구범위 및 방법을 살펴본다. 제2장에서는 실증적 방법론, 비판적 방법론, 해석적 방법론 등

1) 비판적 방법론에 속하는 것으로는 비판적 실재론(critical realism)과 여성주의(feminism)도 있는데, 이들은 본서의 연구범위에서 제외하였다. 본서는 <도표 2-1>의 비판적 방법론을 중심으로 살펴보고 있다.

회계학방법론의 철학적 배경과 가정을 살펴보고, 제3장에서는 주류회계학의 생성 배경, 내용, 문제점 등을 실증적 방법론과 관련해서 과학철학과 경제학의 관점을 중심으로 살펴본다. 제4장에서는 Kant/Hegel노선을 따르면서 실증적 방법론의 대안으로 제시되고 있는 비판적 방법론을 살펴본다. 제5장에서는 Marx주의의 철학적 배경과 가정을 살펴보고, 그것이 회계학에 어떻게 이용되고 있는가를 정통Marx주의의 방법론과 Braverman의 노동과정이론을 중심으로 그 연구현황과 문제점을 살펴본다. 제6장 일본의 비판적 방법론에서 Marx주의의 방법론이 일본에서 어떻게 적용되어 발전해 왔는가의 연구현황을 살펴본다. 제7장에서는 신Marx주의로 간주되는 독일의 Frankfurt학파의 비판이론을 철학적 배경으로 하는 Habermas의 의사소통행위이론을 중심으로 그 철학적 배경과 가정 및 그것이 회계학에 어떻게 적용되고 있는가의 연구현황과 문제점을 살펴본다. 제8장에서는 탈근대주의(post-modernism)에 입각하여 Foucault의 비판적 방법론(고고학과 계보학)을 중심으로 그리고 제9장에서는 Bourdieu의 비판적 방법론을 중심으로 그것이 회계학에 어떻게 이용되고 있는가의 연구현황과 문제점을 살펴본다. 제10장 결론에서는 본서의 내용을 요약하고, 비판적 방법론의 시사점과 한계점 및 앞으로의 연구방향을 살펴본다.

2

회계학방법론

2장

회계학방법론

여기서는 방법론의 의미와 다양한 회계학방법론의 철학적 배경을 살펴본다. 그리고나서 존재론, 인식론, 인간의 본성, 방법론(이론의 성격) 등과 같은 사회과학의 본질에 관한 철학적 가정과 사회의 안정과 변화와 같은 사회의 성격에 관한 철학적 가정을 중심으로 살펴보고, 실증적 방법론, 비판적 방법론, 해석적 방법론 등과 같은 다양한 회계학방법론의 종류를 살펴본다.

제1절 의의

방법론(methodology)이란 말은 방법(method)과 논리(logic)가 합성되어서 만들어진 용어이며, 과학자가 이론과 가설을 채택하거나 기각하는 이유와 방법을 공식적으로 고려하는 과학철학과 논리학의 한 분야이다(Blaug, 1992, p.43). 따라서 방법론과 방법을 혼동해서는 안 될 것이다. 그러나 오늘날 철학이나 논리학과 관련이 있는 것이 아니라 단순히 방법과 관련이 있을 때도 방법론이라는 단어가 이용되며, 통계적 기법(statistical technique) 대신에 통계적 방법론(statistical methodology), 연구방법(research method) 대신에 연구방법론(research methodology)이라고 표현되기도 한다(Christenson, 1983). 일반적으로 방법이란 이미 설정되어 있는 일정한 목표를 달성하는 수단과 절차를 의미한다. 물론 우리는 여러 가지 이용 가능한 방법 중에서 가능한 한 최선의 것을 선택하고자 한다. 한편, 방법론은 독자들이 연구의 결과와 결론을 왜 믿거나 믿지 말아야 하는가의 이유를 설명하며, 어떤 문제를 면밀히 조사할 때, 그 연구가 회계에 왜 중요한가의 이유를 설명하는데, 결국, 이들은 철학적 문제이며 이들에 대한 대답은 그러한 문제를 제기하는 학계와 그 시대의 선호에 대한 과학적 규범에 의존한다(Thornton, 1996). Bryman(1984)은 방법론의 선택은 철학적 문제이고 방법의 선택은 기술적 문제라고 주장한다. 기술적 쟁점은 연구문제의 본질, 이용가능한 자원, 자료 등에 의해서 현장에서 해결된다. 그러나 철학적 문제는 연구자의 가치관에 의존한다. 방법론의 관심사는 과학이 자연, 사회, 인간 등의 연구대상에 관한 경험적·개념적 지식을 획득하고 그 지식을 증대시키기 위해 어떤 방법들을 제시해 왔으며, 종전의 방법이 어떤 근거에서 새로운 방법으로 대체되었는가를 탐구하는데 있다. 즉, 무엇이 지식을 구성하는가와 그 지식을 구성하는데 어떤 방법이 다른 방법보다 더 좋은 것으로 간주되는가 등은 과학철학에서 논의되는 주제이다(Richardson, 1996, p.3). 따라서 시간과 공간에 따라 방법론도 달라질 수 있으며, 시간과 공간을 막론하고 적용되었거나 적용될 수 있는 방법론은 존재하지 않는다(송혁호, 1992, pp.13-14).

Skinner(1956)는 인간의 역사에서 과학적 방법이 최근의 발명이라고 주장한 바 있다. 수천년동안의 지식이 과학적 방법에 관계없이 누적되어 왔으며, 그것은 발견과정의 많은 중요한 측면을 포착하지 못하였다고 주장하였다. 그는 연구에서 혁신과 창조성을 요구하면서, 연구방법론과 방법을 어떤 일정한 유형으로 공식화함으로써 연구자의 창조성을 과도하게 제한할 수도 있다고 주장하였다. 과학철학자인 Feyerabend(1975)도 연구방법을 이상적인 기준에 따르게 하기 보다는, 연구문제의 실용적 필요에 의해 상황에 따라 정해야 한다고 주장하여, 일정한 방법론이나 방법을 부정하고 "어떠한 것이라도 좋다"(anything goes)고 주장한 바 있다.

Laughlin(1981)도 사회과학모형이 자연과학모형보다 더 적절할 것이라고 주장하였다. 회계학은 자연과학의 전형(stereotype)을 따를 필요가 없으며, Feyerabend의 주장에 따라, 회계학은 자연과학이나 사회과학의 방법론적 전형으로부터 완전히 벗어날 수 있다고 주장한 바 있다. 다시 말하자면, 회계학이 달성하고자 하는 것에 따라 적절한 방법론을 다른 학문으로부터 가져온다든지 그 자체의 방법론을 설계하는 것은 자유이다(p.340). 따라서 실증적 방법론과 같은 특정한 방법론에 집착할 필요는 없으며, 사회과학에서 일반적으로 사용되는 비판적 방법론, 해석적 방법론 등과 같은 다른 비실증적 방법론에도 관심을 기울어야 할 것이다.

오늘날 회계학방법론을 다시 살펴보게 된 것은 다음과 같은 두 가지 요인 때문이라고 생각된다(陣内, 2010, p.20).

첫 번째 요인은 기업회계의 현상에 있다. 21세기에 국제회계기준의 도입으로 세계의 많은 나라들의 회계제도와 실무가 변화하고 있다. 이러한 현실에 대응하여 변화하는 새로운 회계제도와 회계실무의 특징을 그 근본부터 이론적으로 해명하기 위한 연구방법론이 요구되고 있다.

두 번째 요인은 회계학의 현상에 대해 특히, 오늘날 회계학계의 주류가 되고 있는 실증적 방법론에 대해 회계연구자들 간에 불만이 제기되고 있다. 미국을 중심으로 하는 오늘날의 회계학연구의 주류는 신고전파 경제학과 현대재무이론으로부터 분석방법을 도입하고는 경제, 재무, 회계의 자료를 이용하여 가설을 검정(test)하고 있다. 이러한 현상에 대해 미국의 회계학자 Lee(2004)는 미국에서도 1990년대에 비판적 연구를 제외하고는 규범적 연구가 완전히 소멸하였고, 대다수의 실증적인 회계학연구가 회계실무와의 관련성이 별로 없다는 점을 비판하고 있다(p.57). 또한 Dowd(2004)도 현재의 주류회계학이 소수의 학자들만이 관심을 두고 있을 뿐만 아니라, 실무자들도 무관심하고, 주류회계학의 이론이 사회현상을 알기 어렵게 만드는 것 이외에는 쓸모가 없기 때문에 사회적 가치가 없다고 비판하고 있다(p.510).

오늘날 회계학계에서는 다양한 방법론이 존재하고 있지만, 우리나라에서는 주로 미국에서 이용되고 있는 경험적이고 분석적인 실증적 방법론이 대부분을 차지하고 있다. 그런데 이러한 실증적 방법론은 주로 자연현상을 대상으로 하는 자연과학에서 이용하는 방법론으로 모든 자연현상을 궁극적으로 수치로 표현하고자 하는 방법론이다. 여기서 문제는 사회현상의 하나인 회계현상을 대상으로 하는 회계학에서도 이러한 자연과학적인 실증적 방법론만을 이용해서 회계현상이 의미하는 바를 모두 파악할 수는 없다는 점이다. 이는 사회현상을 파악하고자 하는 사회과학이 궁극적으로 사회성(social nature)과 과학성(scientific nature)을 모두 파악하고자 하기 때문이다. 그런데 종래에는 (자연)과학성만을 강조하여 실증적 방법론을 주로 이용하였지만, 오늘날의 사회과학은 사회의 구성요소(인간, 조직, 제도) 상호간의 관계에서 발생하는 사회성을 파악해야 하는데, 특히 회계학에서 이러한 사회성을 반영하지 않고 있다고 비판되고 있다(Neu・Simmons, 1996, p.410). 사회과학의 가장 기본적인 학문 중의 하나인 사회학을 비롯한 다른 사회과학에서는 이러한 방법론 문제에 관해서 많은 논쟁이 있었지만, 국내의 회계학계에서는 이러한 방법론논쟁을 거치지 않고 자연과학적인 실증적 방법론을 이용하고 있는데, 이러한 실증적 방법론도 회계학에서 이용할 수 있는 비판적 방법론이나 해석적 방법론과 같은 다양한 방법론 중의 하나에 지나지 않는다.

방법론은 현실을 규명하고자 하는 연구자의 태도를 규정하기 때문에 어떤 방법론을 택하는가에 따라 연구대상이 달라지며 이론형성의 방향도 달라진다. 인간의 의지와는 무관하게 주어진 자연현상을 다루는 자연과학에서는 법칙정립적인(nomothetic) 실증적 방법론을 주로 이용하지만, 인간의 의지에 의해 이루어지는 인간사회의 경험세계를 다루는 사회과학에서는 다양한 방법론이 존재하며, 인간사회의 경험세계를 이해하는데 단 하나의 최상의 방법론이란 존재하지 않는다(Tomkins・Groves, 1983; Laughlin, 1995). 따라서 다양한 방법론을 적용해서 다양한 인간사회의 경험세계를 살펴보아야 할 것이다.

회계학계에서 실증적 방법론이 본격적으로 등장하던 1970년대 이후 사회과학계에서는 실증적 인식론이 사회과학과 인문과학에 부적절하다는 믿음도 증가하기 시작하였다. 이는 이러한 학문들이 사회의 인간적 측면과 사회적 측면을 포함하여서 객관적이고 가치중립적인 방법론을 개발하는 것은 불가능하다고 생각되었기 때문이다. 그리하여 자연과학에서 적용되고 있으며, 지적 엄격성이 가장 높은 것으로 간주되는 실증적 방법론이 다른 학문들에게도 보편적으로 적용될 수 있다는 장기간 간직되어 온 근대적 믿음에 대한 거부가 나타났으며, 다른 방법론들도 추구되기 시작하였다. 이러한 방법론들은 실증적 방법론의 입장과는 근본적으로 다른 존재론적·인식론적 입장을 갖고 있었다. 지식의 과정을 이해한다는 것은 이론개발 과정에서 종래에는 무시되었던 문화적·사회적 요소와 언어의 이해가 필요하다는 인식이 다시 등장하였다(Gaffikin, 2008, p.144).

회계학에도 다양한 방법론이 존재하지만, 오늘날까지도 우리나라와 미국에서는 실증적 방법론이 주류를 이루고 있다. 그러나, 영국을 비롯한 유럽에서는 1970년대 이후부터 해석적 방법론이나 비판적 방법론과 같은 비실증적 방법론이 등장하기 시작하여 오늘날 비실증적 방법론을 회계현상에 적용한 연구가 활발하게 발표되고 있다. 이는 기존의 정태적이고 개별적인 회계학연구가 조직적, 사회적 과정의 배후에 있는 동태성을 파악해야만 올바른 인식이 가능하다고 보고 있기 때문이다. 즉, 회계를 기술적 실무일 뿐만 아니라 사회적, 조직적, 제도적 실무로도 간주하여, 회계가 사회와 영향을 주고 받으면서 사회적으로 구성된다는 사회성(social nature)의 관점에서 사회과학의 발전을 설명하는 사회적, 조직적, 제도적 현상의 이해에 대한 필요성이 확인되고 있다(Hopwood, 1978, p.4; Jones, 1995, pp.223-246). 이러한 맥락에서 회계의 정태적인 측면보다는 동태적으로 변화하는 측면을 연구할 필요성이 제기되고 있다(Chapman·Cooper·Miller, 2009, pp.1-2). 회계에 대한 이러한 사회적, 조직적, 제도적 관점은 Hopwood(1978)에 의해 처음으로 제시되었고, 이후 Miller(1994), Potter(2005), Chapman·Cooper·Miller(2009) 등에 의해 주장되었다.

이와 같이, 많은 학자들이 회계의 사회성을 인식하면서 회계학을 사회과학으로 간주하고자 하였다. Lowe·Tinker(1989)는 학문으로서 회계학과 회계실무를 사회과학과 사회행동의 필수적인 부분으로 간주해야 한다고 주장하였으며(p.47), 오늘날 회계가 매우 특별한 경제적, 사회적, 정치적 이해관계의 추구와 관련이 있다는 점이 인식되고 있다(Hopwood, 1989, p.141).

회계의 사회성은 지난 1930년대에 Scott(1931)가 강조한 바 있다. 그는 사회와 제도는 끊임없이 변화하며, 만약 회계가 경제적 실재의 이해관계를 제공하는데 유용한 것이라면 이것은 단순히 기술적인 것보다 훨씬 광범위한 관점에서 고려되어야 한다고 주장하였다. 그는 그 시대의 대부분의 사람들과는 다른 경제이론(제도경제학)을 기준으로 자신의 논지를 전개하였다. 그후 Mautz(1963)도 회계가 사회과학에 관한 인정된 기준을 충족해야 한다고 주장한 바 있으며, 영국의 회계학자 Gambling (1974)도 회계가 사회지표에 기초한 광범위한 사회문제와 관심사를 전달하기 위해 이용될 수 있도록 전통회계이론과 실무를 보다 광범위한 경제회계(economic accounting)와 조정하고자 하였다.

사회과학으로서 회계학은 다른 사회과학에서 발생한 존재론적, 인식론적, 방법론적 가정[1]의 변화를 반영해야 한다. 사회과학의 영향을 받은 회계는 단순히 그 실무에 종사하는 사람들의 경제적, 사회적, 정치적 견해를 반영하는 중립적인 기술적 노력이 아니라는 인식이 증가하고 있다(Gaffikin, 2008, pp.146-147).

회계의 사회성을 인식하는 데서 회계학연구에 대한 실증주의적 자연과학의 방법론은 적절하지 않다는 것이 분명해지고 있다. 실증적 방법론의 (가치중립과 효율적 시장과 같은) 순진한 가정은 사회에서 회계의 실질적 역할을 반영하기에 불충분하며, 사실상 재무회계보고서의 실무적 유용성에 해를 끼칠 수도 있다고 주장되기도 하였다(Lowe・Tinker, 1989, p.48).

제2절 회계학방법론의 철학적 배경

회계학은 사회과학이며 회계학방법론의 철학적 배경은 사회과학 방법론의 철학적 배경과 동일하다. 사회과학 방법론의 철학적 배경은 <도표 2-1>과 같이 살펴볼

1) 이들에 관해서는 제3절 철학적 가정을 참조.

수 있다. 일반적으로 사회과학 방법론의 철학적 배경은 르네상스시대 이후에 실증론과 관념론으로 대별된다.

도표 2-1 방법론사상의 노선 개관

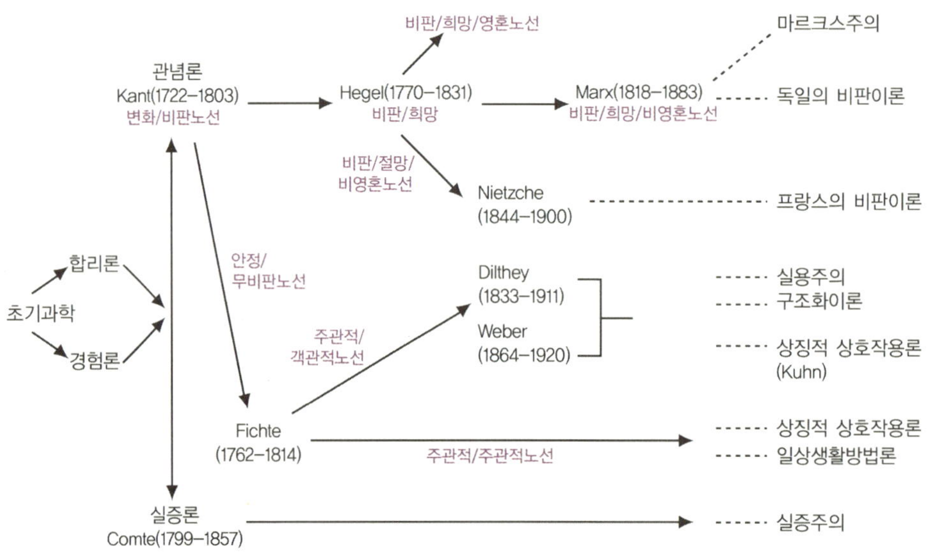

Laughlin(1995, pp.71-73)에 의하면, 방법론의 철학적 배경에서 원조에 해당하는 철학자는 I. Kant와 그의 노선을 따르는 J. Fichte, G. Hegel, 그리고 사회과학에서 실증론의 원조격인 A. Comte의 네 명이다. 이들 네 명의 상호관계는 <도표 2-1>에 표시되어 있다.

중세의 암흑시대가 지나고 르네상스 시대로 진입하면서 철학의 출발은 대부분이 영국인이었던 경험주의자들(예를 들면, Locke, Berkeley, Hume 등)과 대부분이 유럽대륙인이었던 합리주의자들(Descartes, Spinoza, Leibniz 등)의 논쟁으로 시작되었다(Broadbent · Laughlin, 2013, p.40).

Laughlin(1995, pp.81-82)이 언급한 바와 같이, 합리주의자들은 관찰자의 경험에 의해 오염되지 않은 세계의 절대적 서술[2](Scruton, 1982, p.13)을 획득하는 것이 이성을 통해 가능하다고 주장하였는데 반하여, 경험주의자들은 우리가 우리의 감각을 통해 우리에게 오는 것들 이외에는 어떠한 사상도 가지지 않는다고 주장하였다(Brown, 1969, pp.60-61). 이 두 진영간의 불일치는 상당히 오랫동안 지속되었다가 Kant에 이르러서 비로소 통합되었다.

Kant에게는 사상(합리주의자)과 경험적 개입(경험주의자)의 혼합이 필요하지만, 그의 계몽에 관한 주장은 계몽이 풍부한 이해를 제공하였지만 절대진리를 생성할 수는 없었다는 것이었다. 객관성과 절대진리에 대한 주장의 포기와 보다 주관적인 이해형태로의 변경을 유도한 것이다. 그러나 실증주의자인 Comte는 주관주의에 대한 포기가 아니라, 합리주의와 경험주의의 균형잡힌, 그가 실증주의라고 불렀던 새로운 방법으로의 혼합이었는데, 이 새로운 방법으로 경험적 세계의 절대적 서술이 관찰자의 편향으로부터 구별될 수 있었다(Laughlin, 1995, p.73). Comte에 의하면, 실증주의는 실재를 서술하는 것이지 개입하는 것이 아니다. 그래서 서술이 정확할 필요는 있지만, 실재의 변화는 정책에 속하지 과학에 속하지 않는다고 주장하였다. Comte의 경우, 경험세계에 대한 절대진리를 발견하는 것이 가능하지만 실재의 변화는 실증주의자의 업무가 아니라고 주장하였다.

Kant의 노선을 이어받은 Fichte는 실증주의자들처럼 절대진리를 주장하는 것은 불가능하다고 하면서, 관찰자로부터 분리된 실재가 실제로 존재하는지의 여부에 관해서 불확실하다고 주장하였다. 따라서, 실재가 존재하는지의 여부에 관한 불확실성 때문에 서술되고 있는 실재를 변경하거나 그 이해에 도전하거나 비판하는 것이 불가능하지는 않더라도 어렵다고 주장하였다.

한편, Kant의 노선을 이어받은 Hegel은 Kant의 주관적 모형에 객관적인 것을 부여하였다. 그들은 모든 이해가 개별 관찰자에 의해 항상 조정되며 따라서 지식은 절대진리라고 주장될 수 없지만, 우리의 관찰로부터 분리된 실재가 존재하기 때문에 나타난 실재에 다양한 이해와 변화에 관한 도전과 비판이 가능하다고 주장하였다

2) 있는 모습 그대로를 완벽하게 객관적으로 서술하는 것을 의미한다.

(Broadbent · Laughlin, *op cit.*, pp.42-43).

Laughlin(1995)은 이러한 노선으로부터 Comte주의자, Kant/Fichte주의자, Kant/Hegel주의자들이 채택하는 세 종류의 방법론이 생성되었다고 주장하였다.

주류회계학의 방법론으로는 프랑스 철학자 Comte의 실증론에 입각한 실증적 방법론을 들 수 있으며, 이의 대체적 방법론은 독일 철학자 Kant의 관념론에 입각한 해석적 방법론과 비판적 방법론이 있을 수 있는데, 해석적 방법론은 Kant/Fichte 노선에 의한 방법론이며, 비판적 방법론은 Kant/Hegel 노선에 의한 방법론이다.

도표 2-2 Comte의 노선

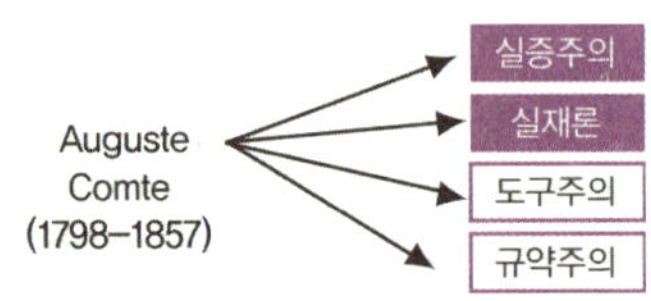

자료원: Laughlin(1995, p.71)을 수정.

<도표 2-2>는 Comte의 노선을 따르는 네 개의 연구방법론인 실증주의, 실재론, 도구주의, 규약주의(conventionalism)를 보여주고 있다. 실증주의, 실재론, 도구주의는 실제로 인식가능한 Comte의 노선을 따르는 방법론들이다. 규약주의는 앞의 세 가지 연구방법론을 이용하여 과학적 지식이 시간의 경과에 따라 발전하는 방식을 보여준다. 여기서 Comte의 노선을 따르는 지배적인 방법론은 실증주의와 실재론인데, 이들은 <도표 2-2>에서 붉은 상자로 표시되어 있다. 실증주의는 Comte가 명명한 용어를 채택하면서 Comte와의 분명한 연관성을 보여주고 있으며, 실재론(realism)은 실제적인 것을 의미하면서, Comte사고방식의 특징을 가지고 있다(*ibid.*, pp.43-44).

도표 2-3 Kant/Hegel의 노선

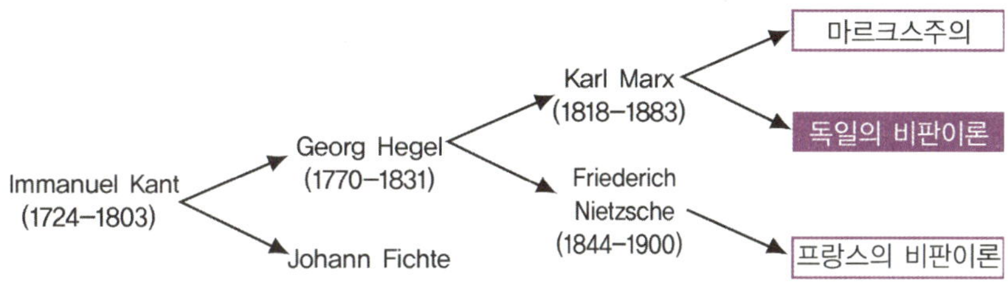

자료원: Laughlin(1995, p.73)을 수정.

<도표 2-3>은 비판적 방법론의 노선인 Kant/Hegel의 노선을 보여주고 있다. Hegel은 객관적인 성향을 가졌는데 반하여, Nietzsche는 주관적인 성향을 가졌다.

회계현상을 비판하면서 변화를 추구하고자 하는 비판적 방법론은 <도표 2-1>과 <도표 2-3>이 보여주는 바와 같이, Kant로부터 비판/희망의 노선을 추구한 Hegel의 영향을 받아, 비판/희망/비영혼의 노선을 추구한 Marx, Braverman과 비판/절망/비영혼의 노선을 추구한 Nietzsche 등에 의해, Marx주의, Braverman의 노동과정이론, Marx주의를 비판하는 독일의 Frankfurt학파(Horkheimer, Adorno, Marcuse, Habermas)의 이론(특히 Habermas의 비판이론), Kant/Hegel/Nietzsche의 노선을 따르는 포스트모더니즘(또는 후기구조주의)이라고도 하는 프랑스의 비판이론(Foucault, Bourdieu, Derrida 등에서 특히 Foucault와 Bourdieu의 사상) 등이 회계학에 활발하게 이용되고 있다(Laughlin, 1995, pp.71-73).

도표 2-4 Kant/Fichte의 노선

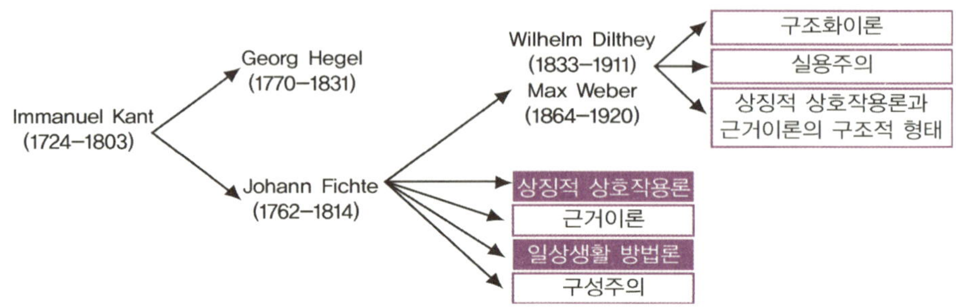

자료원: Laughlin(1995, p.72)을 수정.

<도표 2-4>는 해석적 방법론의 노선인 Kant/Fichte의 노선을 보여주고 있다. Fichte는 Kant의 사고방식에 극단적인 주관적 성향을 채택하였지만, Dilthey와 Weber는 이러한 주관적 강조에 객관적인 사고방식을 도입하였다.

회계현상을 이해하고자 하는 해석적 방법론은 <도표 2-1>과 <도표 2-4>가 보여주는 바와 같이, Kant/Fichte의 안정/무비판의 노선을 따르고 있으면서, Dilthey와 Weber의 노선으로 나아가고 있다. 이 두 철학자의 노선은 Fichte의 사상에 대해 주관적이면서 객관적인 차원을 제공하는 것으로 간주될 수 있다. 그러나 Husserl과 같은 철학자들을 통해 Fichte의 철학으로부터 일상생활방법론(ethnomethodology)과 주관적인 상징적 상호작용론[3]으로 나아가는 직접적인 노선도 있다. 한편, Dilthey와 Weber의 사상은 Comte 사상의 객관주의를 완전히 수용한 것은 아니지만 Fichte의 사상에서 다소 객관적인 방향으로 나아가고 있다. 이러한 경향은 Fichte의 사상에서 주관적인 요소를 제거하고자 한 것은 아니지만, <도표 2-4>에서 보는 바와 같이 오늘날 다양한 학파를 있게 하였다(Laughlin, 1995, pp.74–75).[4] 이러한 해석적 방법론은 특히 회계현상을 직접 경험(참여관찰)한 것을 바탕으로 하기 때문에 회계실무자들도 이해하기가 더욱 용이하다.

3) 이 방법론은 미국 Chicago대학과 UC Berkeley의 H. Blumer교수가 주도한 학파의 방법론이다.

4) 도표에 나타나지 않은 해석적 방법론에는 구술사방법론, 제도이론(특히 구제도학파경제학과 신제도학파사회학), 행위자연결망이론(actor-network theory) 등이 있다.

제3절 회계학방법론의 철학적 가정

어떠한 방법론을 회계학에 적용할 것인가는 회계연구자가 자신의 관심, 그 시대의 연구유행, 주제 등에 따라 다를 수 있지만, 다른 사회과학처럼 회계학도 연구자의 의식유무에 관계없이 사회과학의 성격과 사회의 성격에 관한 철학적 배경과 가정에 입각해서 그 연구가 수행된다고 볼 수 있다. 따라서 모든 연구는 일련의 가정과 전제에 입각한 결과물이다.

연구자가 연구를 하면서 이러한 철학적 가정과 배경을 명시적으로 진술할 수도 있지만, 대부분의 경우는 명확하게 진술하지 않는다. 그 이유 중의 하나는 그 가정들이 너무나 명백하여 일일이 열거할 필요성이 없으며, 독자들도 그 가정을 공유하기 때문에 연구자와 마찬가지로 명백하게 받아들일 것이라고 연구자가 확신하기 때문이다. 또 다른 이유로는 연구자가 철학적 가정에 대하여 인식하지 못하기 때문이다. 연구자에게 그 가정이 너무나 자연스럽고, 또한 연구자가 생각하고 연구하는 대상의 상황에도 너무나 자연스럽게 들어맞아 그 가정에 대한 의심의 여지가 없기 때문이다(Puxty, 1993, p.3; 김영규, pp.19-20). 따라서 연구의 기본적인 가정을 분명히 살펴보아야 할 것이다.

회계학방법론의 철학적 가정에 관한 선행연구들이 Burrell·Morgan(1979)이 조직분석에 적용한 방법(<도표 2-12>를 참조)을 많이 이용하였기 때문에 그들의 방법을 먼저 살펴보기로 한다. 따라서 여기서는 이들의 철학적 가정인 사회과학의 본질에 관한 철학적 가정(존재론, 인식론, 인간의 본성, 이론의 본질)과 사회의 본질에 관한 철학적 가정(규제와 급진적 변화) 등을 간단히 살펴본다.

1. 사회과학의 본질에 관한 철학적 가정

사회과학의 본질에 관한 네 가지 가정은 존재론, 인식론, 인간의 본성, 방법론(이론의 성격) 등과 관련이 있기 때문에 검토하기로 한다. 이러한 가정은 주관적·객관적 차원에서 생각할 수도 있다.

1) 존재론적 가정

회계현상의 본질에 관한 존재론(ontology)적 가정은 명목론(nominalism)과 실재론(realism)으로 구별될 수 있다. 여기서의 논쟁은 개인의 인식에 외재하는 사회세계가 명목론에서처럼 그 실재에 구조를 부여하는 순수한 이름, 개념, 부호 등의 복합물인지 또는 실재론에서처럼 실재적, 사실적, 유형적 구조의 복합물인지의 여부에 관한 것이다. 즉, 존재론은 무엇이 존재하며, 연구결과의 상태에 관한 우리의 이해에 관한 것으로, 추상적으로 무엇이 지식과 실재를 구성하는가를 가정한다. 모든 연구자들은 의식여부에 관계없이 특정한 존재론적 가정을 한다. 실재론의 경우는 인간주체와는 독립적으로 객관적인 실재의 세계가 있으며, 그 실재는 모든 연구자에게 동일하며(Tinker et al, 1982, p.168), 연구자는 보다 많은 진리망(truth nets)을 구축하기 위해 꾸준한 사실의 증대를 통해 지식을 조금씩 창조하기 위해 주관적인 편견없이 타당한 지식을 정확하게 발견할 수 있다고 가정하는 것이다(Chalmers, 1999).

명목론의 경우는 개인적 인식의 외부에 있는 사회세계란 현실을 구성하는데 이용되는 이름, 개념, 부호 등으로 구성될 뿐이라는 가정한다. 명목론자들은 이러한 개념을 이용하여 서술하는 세계의 어떤 실재적 구조의 존재도 인정하지 않는다. 이용되는 이름은 인위적 창조물이며 그 유용성은 외적 세계의 서술, 이해 및 처리수단으로서 편리한 것인가의 여부에 바탕을 두고 있다고 본다.

이와는 달리, 실재론은 개인적 인식의 외부에 있는 사회세계는 엄격하고 가시적이며 비교적 불변하는 구조로 이루어진 실재적 세계라고 가정한다. 우리가 이러한 구조에 이름을 붙여서 인지하든 않든 간에 실재론자들은 사회세계란 경험적 실체로서 존재한다고 주장한다. 실재론자에게는 사회세계가 그것을 인식하는 개인과는 무관하게 존재하고 있다. 개인이란 그 자신의 현실을 갖는 사회세계 안에서 태어나 존재하고 생활하는 것으로 보는 것이다. 사회세계란 개인이 창조하는 것이 아니고 개인의 저 너머에(over there) 존재하는 것이다. 그것은 존재론적으로 볼 때 어떤한 인간의 존재나 의식에 앞서 존재하는 것이다. 실재론자의 입장에서 보면 사회세계는 자연세계와 마찬가지로 엄격하고 구체적인 존재를 갖는다.

Tomkins · Groves(1983)는 가장 적절한 연구방법론의 선택이 연구대상의 본질에 따라 달라진다는 점을 지적하고 있다. 특히 연구대상의 실재의 본질(존재론)에 대해 연구자가 취하는 가정은 연구대상에서 지식을 얻는 방식(인식론)에 영향을 주고 나아가 연구가 수행되는 과정(방법론)에 영향을 주게 된다. 따라서 적절한 방법론의 선택은 연구에 내재하는 존재론적 · 인식론적 가정을 고려해야 한다. 존재론적 가정의 차이는 상이한 연구유형을 의미하며, 질문되고 조사되는 연구문제에 영향을 준다. 따라서 다양한 방법론을 고려할 때, 우선 상이한 존재론적 가정들을 살펴보아야 할 것이다(Ryan et al; 구치모 외, p.60).

Morgan · Smircich(1980)와 Tomkins · Groves(1983)가 이용한 분류방식을 살펴보면, 첫째, 그들은 사회세계의 본질을 주관성과 객관성의 정도에 따라 <도표 2-5>와 같이 여섯 가지로 분류하고 있다.

<도표 2-5>에 의하면, 범주1-6은 사회세계의 실재를 살펴보는 상이한 방식들이다. 범주1에서 범주6으로 나아감에 따라, 실재의 구체성(concreteness)에 관한 가정이 점차적으로 완화되고 있다. 범주1은 실재를 구체적이고 안정적이라고 가정한다. 범주6은 실재를 불안정한 구체적 인간(human-specific)으로 간주한다. 범주6에서 인간은 모든 사람에게 동일하게 적용되는 일단의 행동규칙에 따라 행동할 것으로 기대되지 않는다. 즉, 복잡한 상호관계와 개인주의적 의사결정모형이 가정된다. 개인들은 비슷하게 생각할 것으로 기대되지 않는다. 개인주의가 범주6에서 기대되기

때문에, 과학적 방법과 통계적 검정은 부적절하다. 개인들은 특정한 행동결과와 세계에 관한 개인적인 이해관계에 따라 합리적으로 행동할 수도 있지만, 세계가 어떻게 움직이는가에 관해 일반적인 이해관계를 공유하지 않으며, 자신들의 의사결정의 결과를 다르게 선호한다. 의사결정을 이해하는 것은 개인의 인식과 선호를 이해하는 것을 수반한다. 따라서 범주1에서는 객관성이 가장 높고, 범주6에서는 주관성이 가장 높다. <도표 2-5>에서 범주1, 2, 3은 (자연)과학적 영역으로 간주되고 있으며, 범주4, 5, 6은 해석적 영역으로 간주되고 있다. 범주1부터 살펴보기로 한다.

도표 2-5 여섯 개의 기본적인 존재론적 가정

범주		가정
객관성 ↑		
	1	구체적인 구조로서의 실재
	2	구체적인 과정으로서의 실재
	3	정보의 맥락으로서의 실재
	4	상징적 담론영역으로서의 실재
	5	사회적 구성으로서의 실재
	6	인간상상의 투영으로서의 실재
↓ 주관성		

자료원: Morgan · Smircich(1980)와 Tomkins · Groves(1983)

(1) 범주 1: 구체적인 구조로서의 실재

범주1은 엄격한 객관적 세계관인데, 여기서는 외부세계의 실재가 당연한 것으로 간주되며, 외부세계의 실재는 외부세계에 대한 객관적 사실에 의해 판별된다고 본다. 즉, 발견될 수 있고, 발견 후에 일련의 적절한 변수들에 의해 정의될 수 있고, 또한 그 상호간의 관계가 일반 법칙에 의해 설명될 수 있는 객관적 사실에 의해 외부세계의 실재가 판별된다는 것이다. 비록 일부 과학자들이 이들 법칙을 예측을 위한 도구적 수단으로 인식한다 하더라도[예를 들면, Friedman(1953)을 참조], 이들 법칙의 발견은 과학적 연구의 중요한 목적으로 인식되고 있다. 여기서 우리는 물리학에서 물리세계를 바라보는 방식과 상당한 공통점을 가진다. 그러므로 만약 사회세계가 이와 같은 존재론적 가정에 의해 구축된다고 하면, 물리과학에서 사용되는 과학적 연구방법도 사회세계에서 적절하게 사용될 수 있을 것이다

여기서는 행동이 일단의 행동규칙을 항상 준수할 것이다. 의사결정의 결과와 행위는 예측가능하다. 예를 들어, 범주1과 관련해서, 연구자들은 모든 경영자가 자신들의 개인적인 부를 최대화하는 것을 목표로 하고, 그렇게 하기 위해 회계기법을 어떻게 이용할 수 있는가를 알고 있다고 가정한다(예를 들면, 보고이익을 증가시킴으로써, 보고이익과 결부된 상여금을 증가시킨다). 이로 인해서 연구자는 만약 회계선택이 규제되지 않는다면 경영자가 어떠한 회계방법을 이용할 것인가를 예측할 수 있다. 연구자들은 모든 경영자들이 동일한 세계관을 공유하고 있고, 자신들의 행동결과에 관해 동일한 견해를 가지고 있으며, 특정한 결과에 대해 동일한 선호를 하기 때문에, 경영자들이 동일한 방식으로 행동할 것이라고 예측할 것이다. 연구자들이 세계를 구체적인 구조로 간주할 때, 그들은 자신들의 예측을 검정하기 위해 과학적 방법과 통계적 방법을 이용할 수 있다. 과학적 방법은 행동과 사건의 모형에 따라 조사되는 행동이 체계적으로 발생할 것으로 예측되는 곳에서 적절하다.

(2) 범주 2: 구체적인 과정으로서의 실재

여기서는 안정된 관계로 규정되는 물리적 또는 사회적 객체 내에 실재가 내재한다는 가정을 어느 정도 완화한다. 즉, 실재는 사물이 변하는 방식을 설명하는 관계 또는 일반법칙 속에 존재한다고 가정하는 것이다. 생물학에서 말하는 진화론과 적자생존의 원칙이 이것을 예시하고 있다. 회계학연구의 관점에서 보면, 이것은 구체적 구조로 대변되는 폐쇄적 세계관에서 우리를 보다 개방적인 세계관으로 유도한다. 그러나 여전히 과학적 방법이 적용될 수 있다는 주류회계학의 위치에 속해 있다.

(3) 범주 3: 정보의 맥락으로서의 실재

여기서는 구체적 과정으로서 예측가능하고 상황의존적인 관계와는 대조적으로, 이제 인간이란 끊임없이 정보를 처리하고, 학습하고, 환경에 적응하여 나간다는 점을 인정할 수 있다. 그 결과 주체와 환경 간의 인위적 구별은 포기되고, 보다 인공두뇌적인 관점으로 대체된다. 회계학연구에서 보면, 이것은 환경과 회계실무의 상호관계를 모형화하는 것을 말한다. 이와 같은 모형은 시스템의 구성원 행동을 시뮬레이트할 수 있을 것으로 가정된다. 그러나 여기서도 우리는 여전히 주류회계학연구의 가정들로부터 많이 벗어나 있지는 않다.

(4) 범주 4: 상징적 담론으로서의 실재

여기서는 인간의 행동과 상호작용을 통해 유지되는 상징적 관계와 의미의 양상을 다루고 있다. 사회적 실재(social reality)는 사람, 사물, 상황을 나타내는 표지(labels)들에 관한 개인들의 주관적 해석의 교환과 교섭인데, 이로 인해서 간주관성(intersubjectivity)[5]에 의한 사회적 규칙을 공유한다. 그러나 실재는 규칙을 준수하는 것으로부터 도출되는 것이 아니라, 그 표지에 관한 반응의 유의미한 해석시스템으로부터 도출된다. 개인들은 서로 교섭함으로써 실재를 해석하기 때문에, 실재는 항상 개별구성원의 변화를 통해 재확인하거나 변화에 열려있다. 이러한 유형의 실재를 창조하는 과정에서 구성원은 "인생의 무대에서 작용하는 각본을 때때로 만들고 해석하고 수정하기 위해" 언어, 표지, 일상업무, 문화 등을 이용한다(Morgan · Smircich, *op.cit.*, p.497).

---

5) 간주관성은 둘 이상의 서로 다른 대상 또는 의식이 있는 생각을 소유한 사람들 사이에서 일어나는 혹은 그들 간에 영향을 받으면서 발생하는 것을 의미하는데, 객관성을 정의하는 한 방법이다. 일상의 생활세계는 경험, 행위, 행동, 의미 등에 대한 개인적인 해석으로 이루어져 있다. 이러한 해석은 단순히 주관적(개별 대상자의 시각)이지도 않으며, 우리의 해석적 틀, 경험의 의미를 부여하는 방식은 본질적으로 사회적이고 상호주관적인 것이다. 보다 상세한 것은 Ansari · McDonough(1980)를 참조.

상징적 담론으로서 실재를 회계에 적용할 때, 기업의 언어로서 회계를 이용하는 것은 조직내에서 상이한 개인과 기능이 존재하기 때문에 부적절할 수 있다(Tomkins · Groves, *op cit.*, p.369). 상이한 의사결정을 위한 회계정보의 이용과 이용자들과 회계기능들 간에 동일한 의미를 가지는 패러디임의 결여는 회계정보가 잘못 해석될 수 있고 회계를 위해 개발된 하나의 의미가 조직에 맞지 않을 수도 있다는 것을 의미한다. 이러한 맥락에서 조직내에서 상이한 개인들과 기능들은 회계상징, 문화, 언어 등을 상이한 방식으로 해석하기 때문에, 사업부나 프로젝트의 수익률과 같은 성과평가기준에 근거한 회계의 이용은 부적절하다.

조직내외에서 회계규칙, 기준, 수치들에 대한 반응, 인식, 해석과 구성원간의 협상 등이 중요한 의미를 가지게 된다. 이러한 점에서 상이한 구성요소들 사이에는 어떠한 결정론적인 관계도 존재하지 않으며, 연구결과들은 더 이상 개인들이나 상황들 사이에 일반화가 가능하지도 않다. 모든 연구결과나 지식은 결과가 도출되는 상황이나 맥락에서 불가피하게 구체적이고 상대적으로 된다.

범주4의 실재는 수많은 개인과 상황에 대해 연구결과를 일반화할 수 있는 능력을 문제시하지만, 회계학연구를 위한 실재의 용도는 많은 문제점을 노출시킨다. Tomkins · Groves는 범주4의 실재를 회계학연구에 적용할 때 문제점들이 발생할 것이라는 점을 인정하면서도 구체적인 해결책을 제공하지 않고 있다. 예를 들면, 이들은 이 형태의 연구가 대개의 경우 사람들의 일상업무에서 그들의 보고된 인식에 근거한 서술로 시작하지만, 서술적이지 않다고 주장한다. 이것은 연구자가 최소한 실질적인 이론들의 정립과 개념을 식별하고자 하는 노력으로 분석수준을 높여야 하기 때문이다(*ibid.*, p.370).

해석적 방법론은 탐색단계에서 끝나야 하며(*ibid.*, p.365), 경험적 검정을 받아서는 안 된다(*ibid.*, p.369)는 이들의 관점에서 어떤 다른 분석수준이 이용되거나 실질적인 이론이 어떻게 정립될 수 있는지는 불확실하다.

범주4를 회계에 적용할 때, Tomkins · Groves의 주장은 광범위한 사회의 각

부분에 일반화 가능한 결론을 제공하는 것이 아니라, 무엇이 여기서 진행되고 있는가를 보여주기 위해 구체적인 현실세계의 상황으로부터 연구를 시작하는 것으로 볼 수 있다(*ibid.*, p.370).

여기서는 연구대상인 사람들이 자신들의 행동을 제약하는 권력이나 광범위한 사회영향의 문제와 관련이 있는 대규모의 거시적 요소들을 잘 모르고 있다고 가정한다. 일반화가 이 범주에서 연구의 주된 목적이 아니라면, 이러한 거시적 요소들은 별로 중요하지 않다고 가정해야 할 것이다.

(5) 범주 5: 사회적 구성으로서 실재

사회적 구성으로서 실재는 지속적인 과정의 세계이다. 이 사회세계는 행위자에 의해 재창조되는 것이며 그래서 실재는 개인의 이해의 산물이다(Ryan et al.; 구치모, 외 역, p.63).

사회적 구성으로서 실재는 그 구성원들이 실재를 그대로 유지하는 것을 중지하는 순간 사라질 수 있는 주관적인 구성이다. 이 범주의 실재에 중심적인 방법론은 일상생활방법론(ethnomethodology)이다. 이 방법론자들은 사회질서를 주관적으로 창조하기 위해 지식이 생산되는 방법과 과정에 존재하는 실재에 관심이 있다. 그리하여, 범주5를 연구에 적용하는 데는 실재가 만들어지는 과정과 방법에 관한 이해가 필요하며, 연구자들은 개인 행위자들이 세상이 어떻게 돌아가고 있는지를 이해하는 절차에 관심을 둔다. 그러나 범주5에서 개인이 언어, 표지, 행위, 일상적인 것 등의 상징적 이용을 통해 특정 시기에 실재를 만드는 것 이외에는 어떠한 상황도 존재하지 않기 때문에, 필요한 정보를 도출하기 위해 장기간 이 과정을 식별하고 유지하는 것은 어려울 것이다. 실재에서 구체성의 결여는 복합적인 실재들의 존재로 인해 악화되며, 개인들은 주관적이지만 공유적인 실재를 만들기 위해 협동하고자 하지만, 이 실재는 때때로 공모의 결과일 수도 있다(Morgan · Smircich, *op.cit.*, p.497).

이 범주의 실재에서는 일반적으로 개인들이 회계정보나 보고서를 상이하고도 주관적인 방식으로 인식할 수 있다. 이 범주에서 제기될 수 있는 회계연구문제는 예를 들면 다음과 같은 것들이다. 조직에서 사람들은 그들의 행동을 조사하는데 어떻게 노력하고 있으며, 회계는 그곳에서 어떤 부분을 수행해서 그들이 그러한 행동의 양상과 구조를 보고하고 있는지의 문제, 회계는 연계되어 있는 것처럼 보이는 사건들의 분석에 어떻게 영향을 주는지의 문제, 조직구성원이 질서를 나타내기 위해서 인식된 실재의 서술은 어떠한 절차에 의해 조직구성원에 의해 이루어지는가와 그 과정의 어디에서 회계가 나타나는지의 문제, 어느 정도까지 회계가 사건의 사실성을 확립하는지의 문제, 회계는 사건의 공통이해를 하기 위해 어떻게 도움을 주는지의 문제(Tomkins · Groves, p.371) 등과 개인행위자들이 그들이 받는 회계정보를 어떻게 이해하는지에 대해 그 과정을 정립하는 문제(Boland, 1993).

이러한 문제들에 대한 답은 실재의 일시성(fleeting nature) 때문에 시간의 경과에 따라 적용되지 않을 수도 있으며, 간주관성은 개인들 간에 가능하지 않을 것이다. 나아가 범주5의 실재는 사전에 계획되지 않을 것이며, 일상생활방법론자들은 연구대상인 사람의 관점을 초월하는데 관심이 없다(Tomkins · Groves, p.370). 따라서, 이 방법론자들은 회계사건의 구조적 또는 조직적 결정요소에 관한 설명에 관심이 없다. 회계가 기업의 언어인 정도까지, 이 방법론자는 회계가 개인의 사회질서를 달성하는 것을 직접 도와준다는 것이 인식되지 않는다면, 회계에 무관심할 것이지만(Willmott, 1983, p.395), 연구자는 여전히 간주관성의 문제를 살펴볼 필요가 있다.

범주4의 경우처럼, Tomkins · Groves는 이 범주의 이용과 관련된 문제점의 구체적인 해결책을 제시하지 않고 있다. 실재의 일시성이 극복될 수 있거나, "개인들의 사고과정에 관한 깊은 탐색"(Tomkins · Groves, p.372)으로 나아가는 방법에 관한 예가 제공될 수 있다면, 이 범주의 회계학연구에 대한 적용정도는 높아질 것이다.

(6) 범주 6: 인간 상상의 투영으로서 실재

인간 상상(human imagination)의 투영으로서 실재에서는 개인이 자신의 의식안에서 세계를 형성한다. 이 범주에서 개인은 자신을 초월적인 의식의 형태로부터 나오는 행동을 통한 의식적 존재로 간주된다(Morgan · Smircich, p.494).

이 가정은 극단적인 주관성을 반영한다. 여기서 실재는 창조적인 상상의 투영으로서만 존재하기 때문에, Morgan · Smircich는 이러한 실재관이 모호한 간주관성을 가진다고 주장한다(p.494). 실재는 개인의 의식 즉, 인간의 상상력에서만 존재한다는 이러한 입장은 독일철학자 Edmund Husserl에 의해 발전되었는 바, 그는 학문의 수준을 개인 사상가의 의식에까지 끌어올리기를 원하였다. 따라서 이와 같은 접근법은 회계연구자로 하여금 실무계에 대한 상상적인 사건의 포착을 요구한다. 이보다 덜 극단적인 형태는 사회세계가 너무 복잡해서 연구자들이 할 수 있는 것은 단지 인간으로서 사람의 감정을 이해하도록 노력하는 것뿐이라는 입장을 말한다. 여기서 개인행위자들의 회계정보에 대한 반응은 복잡성을 가지기 때문에 깊은 내면의 감정을 탐구하는 회계학연구의 가능성을 보게 된다(Ryan et al; 구치모 외, p.64).

Tomkins · Groves는 회계정보의 이전과 느낌(feelings) 사이의 연결을 결정하고 조직의 건강을 연구하기 위한 이 범주의 가능한 용도를 살펴보고 있다. 이것은 또한 실무가들 자신의 경험과 사건들에 반응해서 실무가들의 세계가 어떻게 변화할 것인가를 실무가들이 상상하도록 촉구하기 위해 학자들에 의해 이용될 수 있다(Tomkins · Groves, p.372).

그러나 이들은 개인들의 의식내에서만 인식이 존재한다고 가정하고, 회계정보와 느낌 사이의 연결이 어떻게 결정될 수 있는가를 말하지 않고 있다.

이 범주는 유형의 형태로 구체화되고 이전될 수 있는 객관적인 지식의 형태가 있을 수 있다는 생각에 도전하는 한도내에서만 유용할 것이다. 이것은 창조되는 지식이 인간인 연구자가 세계에 관한 자기 자신의 준거기준을 자의적으로 가지고 있는 방법의 표현에 불과하기 때문이다(Morgan · Smircich, p.493).

오늘날 회계학에서 이용되는 방법론 중에서 가장 극단적인 주관주의적 입장을 가지고 있는 대표적인 방법론으로 구술사(oral history)방법론이 있다. 구술사방법론은 역사를 연구할 때 이용되는 방법론 중의 하나이다. 구술사는 개인이 과거의 경험을 기억을 통해서 현재로 불러와서 구술자와 역사가가 대화를 통해 쓴 역사라고 정의된다(윤택림 · 함한희, p.48). 그리하여 구술사방법론은 그 성격상 구술성(orality), 주관성, 개인성, 서사성(narrativity), 공동작업, 신뢰성 등을 가지고 있다(전게서, pp.50-57).

<도표 2-5>에서 범주 1, 2, 3은 모두 자연과학에 근거한 전통적인 회계학연구에서 이용하는 가정이고, 범주 4, 5, 6은 해석적 방법론에서 이용하는 가정이다. 상징적 담론으로서의 실재는 개인들이 실재에 관해 공유하는 해석을 협상한다고 가정하는데, 그 실재는 개인들이 이렇게 공유하고 있는 의미에서 행동하고 사회실재를 창조함에 따라 물화(reified)된다. 따라서, 상징적 담론으로서의 실재는 조직실재를 탐구하고자 하기 때문에 사회적 상호작용에 초점을 두고 있다. 즉, 그 초점은 개인의 의미라기 보다는 공유된 의미에 있다. 사회적 구성으로서의 실재도 사회세계가 집단에 근거한 의미생성활동의 산물이라고 가정한다. 이러한 가정하에 회계연구자들이 선호하는 방법론으로서 일상생활방법론(ethnomethodology), 근거이론, 구조화이론 등을 이용하는 경향이 있다. 사회행위자가 자신들이 공유하는 실재를 어떻게 인식하는가를 탐구하는 상징적 상호작용주의자와는 달리, 일상생활방법론자들은 행위자들이 그러한 공유의미에 어떻게 도달하고, 그리하여 그들이 공유된 실재를 어떻게 구성하였는가에 초점을 둔다(Tomkins · Groves, 1983). 근거이론의 경우는 상징적 상호작용론에서 파생된 것이다. 따라서 위의 방법론들은 개인의 주관성보다는 개인간의 상호작용에 의한 간주관성에 주목하고 있다. 그리고 구조화이론은 주관적인 행위와 객관적인 구조의 통합을 가정한다(김석웅, 2011a, pp.308-310).

개인의 주관성에 주안점을 두는 것은 인간 상상의 투영으로서의 실재이지만 이에 관한 연구가 회계학분야에서는 1980년대까지 별로 없었다(Tomkins · Groves, 1983). 그러나 1980년대이후, 구술사 방법론이 회계학(특히 회계역사)에 적용되어 연구대상자의 주관성이 반영되고 있다(전게서, p.310).

이상과 같이 범주4-6의 경우에는 세계를 인간이 상호작용과 협상의 과정을 통해 자신들의 개개의 인상을 형성하는 세계로 간주한다. 그들은 사회행동과 상호작용은 사람, 사물, 상황에 관한 공유된 해석의 교환을 통해서만 가능하다고 믿는다. 즉, 실재는 해석 그 자체의 규칙에서 구체화되는 것이 아니라, 사람들이 경험하는 사건과 상황에 관한 해석으로부터 나오는 의미에서만 구체화된다. 사람들의 해석을 연구하기 위한 과학적 방법은 개인들이 간직한 의미가 안정적이라고 가정되는 그러한 분야에서 대규모의 통계적 연구를 통해 그러한 규칙을 명확하게 한다. 이와는 대조적으로, 해석주의자는 문제를 이해 하기 위해 '행동자의 경험 내부에서 그 사람의 방식을 느끼는 것'을 강조하면서 문제를 연구한다. 이 과정은 안정적인 의미를 가지는 일부 잘 규정된 변수와 관련될 수 있는 것이 아니라, 사람집단 간에 상호작용의 본질로부터 나올 수 있는 많은 중요한 사회적 행동형태를 식별한다.

해석적 방법론과 같이 개인의 의미구조에 대한 통찰력을 구하려는 시도는 조직적・사회적 맥락에서 회계에 관한 우리의 지식을 평가하고 확대하기 위한 새로운 문제를 제기할 수 있다. 본장에서 제안한 바와 같이 개인과 개인들 간의 주관성을 반영하는 연구들은 회계에 관한 개인 자신의 주관성과 개인들 간의 간주관성을 고려함으로서 회계의 이해를 확대할 기회를 보여준다. 해석적 방법론에 의한 이러한 회계학연구가 회계지식체계의 발전에 도움을 줄 것이다.

2) 인식론적 가정

인식론(epistemology)이란 지식이 획득되는 방식과 무엇이 적절한 연구방법을 구성하는가에 관한 탐구이다. 인식론적 가정은 실증주의와 반실증주의로 구별될 수 있다. 실증주의는 사회세계에서 일어나는 바를 그 규칙성이나 사회세계의 구성요소 간의 인과관계를 탐구함으로써 그것을 설명하거나 예측하기 위한 인식론상의 특성을 표시하는 데 이용된다. 실증주의적 인식론은 본질적으로 자연과학을 지배하는 전통적 접근방법에 기초를 두고 있다. 여기서 지식의 성장은 새로운 지식이 기존의 축적된 지식에 부가하며 잘못된 가설이 제거되는 본질적으로 일종의 지식의 누적과정임을 주장한다.

모든 연구자는 타당한 지식을 획득하는 수단을 설계해야 하며, 방법은 그 인식론적 가정과 일치해야 한다. 실증적 방법론을 이용하는 연구자들은 자연과학에서 사용되는 바와 같이 가설연역적 모델의 이용을 통해 이론의 경험적 검증가능성(verifiability)을 신봉한다(Thomas, 1981; Ryan, 1982; Tomkins・Groves, 1983; Whittington, 1987).

한편, 반실증주의적 인식론은 여러 가지 형태를 취할 수 있지만, 사회세계안에 있는 법칙이나 기본적인 규칙성의 탐구가 유용하다는 점에 대해서 대립적인 입장을 취하고 있다. 반실증주의자에게는 사회세계가 본질적으로 상대적인 것이며, 연구대상의 활동에 직접 관여하고 있는 개인의 관점에서만 이해될 수 있다. 반실증주의자들은 실증주의적 인식론의 특징인 관찰자(observer)의 입장을 거부한다. 관찰자는 인간활동을 이해하기 위한 타당하고 유리한 지점을 차지하는 것처럼 존재한다. 반실증주의자들은 행위참여자의 준거기준을 파악함으로써 그것을 이해할 수 있다고 주장한다. 그리고 인간의 행위란 밖으로부터 보다는 안으로부터 이해해야 한다는 것이다. 이러한 견해(emic view)에서 보면 사회과학은 본질적으로 객관적이라기보다는 주관적인 것으로 생각된다. 반실증주의자들은 과학이 어떤 객관적 지식을 산출할 수 있다는 생각을 부정하는 경향을 갖는다(Burrell・Morgan, 1979, p.5).

3) 인간의 본성에 관한 가정

인간의 본성(human nature)에 관한 가정은 인간과 그 환경 간의 관계에 관한 철학적 가정으로 자원론(voluntarism)과 결정론(determinism)으로 구별될 수 있다. 여기서는 인간과 그 활동이 결정론의 경우처럼 상황이나 환경에 의해 결정되는지 또는 자원론의 경우처럼 인간의 자유의지의 결과인지의 여부에 초점을 둔다. 사회과학이론의 관심이 인간활동을 이해하는 데 있는 한, 연구자들은 인간활동을 설명하기 위하여 묵시적으로나 명시적으로 결정론과 자원론 중에서 하나에 편향하든가 상황요인과 자발적 요인의 영향을 모두 인정하는 중간적 입장을 채택해야만 한다(Burrell・Morgan, 1979, p.6).

Chua(1986a)는 인간이 목표를 달성하기 위해 노력하는 것이 아니라 행위에 의미를 부여하기 위해 목표를 재구성한다고 주장하고 있다(p.612). 특히, 불확실성의 조건하에서 행동은 목표를 가진 의도적으로 합리적인 요소가 아니라, 습관, 장난, 모방 등과 같은 요소들에 의해 지배될 수도 있다. 말하자면, 인간은 실증적 회계이론이 시사하는 것보다 더 풍부한 대처전략과 목표 및 어느 정도의 자유의지를 가진다. Neu(1992)는 유사한 면들을 지적하면서, 경제적 요소들이 사회관계에 내재되어 있다고 주장하며, 이것들을 무시함으로써 실증적 회계이론이 개인, 제도, 사회 등의 수준에서 회계선택을 지배하는 일련의 중요한 요소를 어떻게 누락하였는가를 보여주고 있다.

4) 방법론(이론의 본질)에 관한 가정

사회과학에서 이론은 개성기술적(ideographic)이거나 법칙정립적(nomothetic)인 성격을 가진다. 개성기술적인 것은 연구대상으로부터 직접적인 지식을 얻음으로써만 사회세계를 이해할 수 있다는 견해에 근거한다. 따라서 그것은 연구대상에 접근하여 그 상세한 배경과 생활사(life history)를 탐구하는 것을 강조한다. 개성기술적 방법은 연구자가 상황의 내면을 이해하고 일상생활의 흐름에 스스로 관여함으로써 연구대상이 생성하는 주관적 설명의 분석을 강조한다. 즉, 연구대상과 만남으로써 얻은 통찰력과 일기, 전기, 잡지 등에 나타나는 기록에 인상적인 설명으로 표현된 통찰의 상세한 분석을 강조한다. 개성기술적 방법은 연구과정에서 그 연구대상 자체의 성격과 특징이 나타나도록 하는 것이 중요하다.

그러나 사회과학에서 법칙정립적 방법은 체계적인 절차와 기법에 바탕을 둔 조사의 중요성을 강조한다. 이것은 자연과학에서 사용되고 있는 방법으로 요약되며, 과학적 엄밀성의 기준에 따라 가설을 검정하는 과학적 검정의 구성과 계량적인 자료분석에 집중한다. 실태조사, 설문지법, 인성검사 및 여러 종류의 표준화된 조사방법들이야말로 법칙정립적 방법에 포함되는 도구들이다(Burrell · Morgan, 1979, pp.6-7).

이상과 같은 네 가지 가정은 <도표 2-6>처럼 요약할 수 있으며, 각각 나타난 극단적인 견해들은 과거 200여년에 걸쳐 사회과학을 지배해온 두 가지 주요한 지적 전통에 반영되어 있다. 그 중에 첫째는 사회학적 실증론이다. 본질적으로 이것은 자연과학에서 유래하는 모형과 방법을 사회문제의 연구에 적용하려는 시도를 반영한 것이다. 여기서는 사회세계를 자연세계처럼 다루며 존재론에 관하여는 실재론의 가정을 택한다. 그리고 이것은 실증주의적 인식론과 상대적으로 결정론적 인간의 본성에 관한 가정 및 법칙정립적인 방법의 이용으로 뒷받침되고 있다. 이러한 실증론은 Comte로부터 시작하여 오늘날 미국의 주류사회과학의 방법론으로 간주되며, 회계학의 경우도 마찬가지다.

도표 2-6 사회과학의 본질에 관한 가정

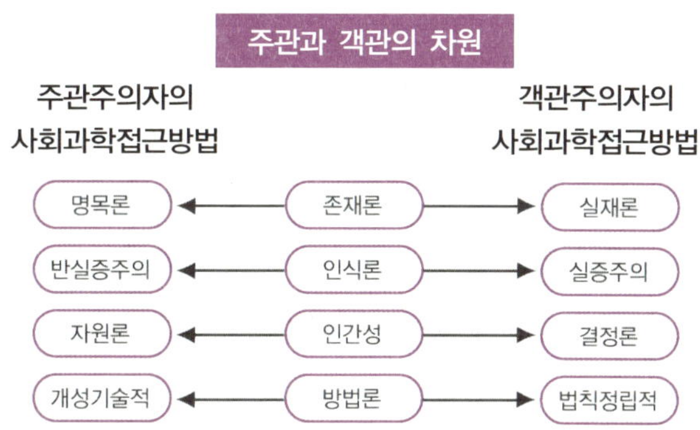

자료원: Burrell · Morgan(1979, p.3)

둘째의 지적 전통은 독일의 관념론(idealism)을 배경으로 전개되는 것으로 이것은 위의 첫 번째 전통과는 정반대의 입장에 서게 된다. 이것은 본질적으로 사물의 총체(universe)의 궁극적 실재는 감각기관의 인지에 의해서 얻는 자료보다는 오히려 정신이나 관념에 있다는 전제에 근거한다. 따라서 본질적으로 이것은 사회적 실재에 대한 명목론적 방법이며, 자연과학과는 대조적으로 인간문제의 주관적인 성격을 강조한다. 그리고 자연과학적 모형이나 방법을 인간문제의 연구에 적용할 경우, 그 유효성이나 적합성을 부정한다. 이러한 지적 전통은 인식론의 입장에서는 반실증주의이고, 인간의 본성에 관해서는 자원론적이며, 이론의 본질에 관해서는 개성기술적이다. 따라서 사회학적 실증론과 독일의 관념론은 우리가 제시하는 객관, 주관의 양극모형을 분명하게 구분한다고 볼 수 있다. 이러한 관념론은 Kant로부터 시작하여 Hegel, Marx 등으로 이어지는 서구사상의 핵심을 이루며, 사회과학의 방법론으로서는 비주류로 간주되며, 회계학의 경우 영국을 비롯한 유럽에서 많이 이용되고 있다.

2. 사회의 성격에 관한 철학적 가정

사회의 성격에 관한 철학적 가정에는 질서와 갈등 또는 규제와 급진적 변화의 가정이 있다.

도표 2-7 규제와 급진적 변화의 차원

규제의 관심	급진적 변화의 관심
현상유지	급진적 변화
사회질서	구조적 갈등
합의	지배양식
사회통합과 응집	모순
결속	해방
욕구만족	박탈
현실성	잠재성

자료원: Burrell · Morgan(1979, p.18)

<도표 2-7>과 같이, 규제의 경우는 현상태, 사회질서, 합의, 사회통합과 응집, 결속, 욕구만족, 현실성 등에 초점을 두고 사회를 파악하고자 한다. 이에 반하여 급진적 변화의 경우는 급진적 변화, 구조적 갈등, 지배양식, 모순, 해방, 박탈, 잠재성 등에 초점을 두고 사회를 파악하고자 한다(Burrell · Morgan, p.18).

이상과 같은 회계학의 철학적 가정에 근거하여, Chua(1986a)는 회계학의 방법론을 실증적 방법론을 이용하는 주류회계학의 방법론, 해석적 방법론, 비판적 방법론 등으로 분류하고 각 방법론의 기본가정을 소개하고 있다. 각 방법론이 지식, 경험세계(자연세계와 사회세계), 이론과 실천의 관계 등에 관한 신념(가정)에 의해 지배되는데, 지식에 관한 신념(가정)은 인식론적 가정과 방법론적 가정으로 분류되고, 경험세계에 관한 가정은 존재론적 가정, 인간의 의도와 합리성에 관한 가정, 사회적 질서와 갈등에 관한 가정 등으로 분류되고 있다. 그에 의한 각 방법론의 지배적인 가정을 구체적으로 살펴보면, <도표 2-8>, <도표 2-9>, <도표 2-10>과 같다(Chua, 1986a).

도표 2-8 주류회계학의 지배적인 가정

A. 지식에 관한 신념

(1) 인식론적으로 이론은 그 이론을 검증(verify)하거나 반증(falsify)하는데 이용될 수 있는 관찰과 분리되고 과학적 설명에 관한 가설연역적 설명이 인정된다.
(2) 방법적으로 자료수집과 분석의 계량적 방법에 의해 일반화가 가능하다.

B. 물리적, 사회적 실재에 관한 신념

(1) 존재론적으로 경험적 실재는 객관적이며, 주체에 외생적이다. 인간도 사회적 실재의 형성자로 간주되지 않으며, 수동적 대상의 특성을 가진다.
(2) 개인과 기업에 대해 효용극대화의 단일목표가 가정되고 목적/수단의 합리성이 가정된다.
(3) 사회와 조직은 본질적으로 안정적이다. 즉, 역기능적 갈등은 적절한 회계통제의 설계를 통해 관리될 수 있다.

C. 이론과 실천의 관계

(1) 회계는 목적이 아니라 수단을 구체화하며, 기존의 제도적 구조를 인정한다.

도표 2-9 비판적 관점의 지배적인 가정

A. 지식에 관한 신념

(1) 이론을 판단하는 기준은 일시적이고 맥락적이다.

(2) 역사적, 민속학적 연구와 사례연구가 보다 일반적으로 이용된다.

B. 물리적, 사회적 실재에 관한 신념

(1) 인간은 제한적인 메카니즘을 통해 (완전히 드러나는 것을 방해하는) 소외되는 내적 잠재성을 갖고 있다. 대상은 관계의 총체성내에서의 역사적 발전과 변화의 연구를 통해 이해될 수 있을 뿐이다.

(2) 경험적 실재는 주관적인 해석을 통해 형성되고 재생산되는 객관적, 실질적 관계의 특성이 있다.

(3) 인간의 의도, 합리성, 대리는 인정되지만, 이것은 허위의식과 이데올로기에 대한 주어진 신념하에서 비판적으로 분석된다.

(4) 근본적인 갈등은 사회에 필연적이다. 갈등은 인간의 창조적 차원을 흐리게 하는 사회적, 경제적 정치적 영역의 불공정과 이데올로기 때문에 발생한다.

C. 이론과 실천의 관계

(1) 이론은 비판적 명법(imperative)을 가진다. 지배와 이데올로기적 실천의 식별과 제거.

도표 2-10 해석적 관점의 지배적인 가정

A. 지식에 관한 신념

(1) 인간의도의 과학적 설명이 추구된다. 이들의 적합성은 논리적 일관성, 주관적 해석, 행위자의 상식적 해석과의 일치 등을 통해 평가된다.

(2) 인종학적 연구, 사례연구, 참여관찰이 격려된다. 행위자는 일상생활에서 연구된다.

B. 물리적, 사회적 실재에 관한 신념

(1) 사회적 실재가 등장하고, 주관적으로 창조되며, 인간의 상호작용을 통해 객관화된다.

(2) 모든 행동은 소급적으로 부여되고, 사회적 · 역사적 실천에 근거하는 의미와 의도를 갖는다.

(3) 사회질서가 가정된다. 갈등은 사회적 의미의 공통구조를 통해 조절된다.

C. 이론과 실천의 관계

(1) 이론은 행동을 설명하고 사회질서가 어떻게 (재)생산되는가를 이해하려고만 한다.

제4절 회계학방법론의 종류

전통적으로 회계학에서는 방법론을 접근방법에 따라 고전적 접근방법, 의사결정유용성 접근방법, 정보경제학 접근방법으로 분류(AAA, 1977)하기도 하고, 패러다임(Paradigm)에 따라 인류학적·귀납적 패러다임, 진실이익·연역적 패러다임, 의사결정유용성 패러다임으로 분류(Riahi-Belkaoui, 1996)하기도 하였다.

일반적으로 사회과학에서는 방법론을 양적 방법론과 질적 방법론으로 구분하기도 하고, 실증적 방법론, 비판적 방법론, 해석적 방법론 등으로 구분하기도 한다. 여기서 양적 방법론은 주로 실증적 방법론을 가리키고, 질적 방법론은 해석적 방법론과 비판적 방법론을 가리킨다. 사회과학의 방법론을 간단하게 양적 방법론과 질적 방법론으로 구분해서 그 차이를 살펴보면 <도표 2-11>과 같다. 양적 연구에서 주요한 단계의 하나는 변수의 식별이다. 변화하는 개념 변수는 양적 연구에서 중심적이다. 양적 연구는 변수를 이용하며 주로 변수들 간의 관계와 관련이 있다. 이의 목적은 변수의 인과관계를 확립하는 것이다. 이것은 채택된 실재론적 존재론 때문에 가능하다. 그러므로 변수들은 현실세계의 표상이다. 이들은 객관적으로 결정될 수 있다. 그리하여 이의 목적은 변수들을 관찰하고 인과관계를 확립하는 것이며, 이의 결과는 다른 유사한 상황에서도 일반화할 수 있다. 연구자는 객관성을 유지하기 위해 자료로부터 외부에 격리되어 있다.

질적 연구에서 주된 관심은 변화하는 역동적인 세계에 반응하는 개인의 행동과 과정에 있다. 연구자는 연구대상인 주체와 밀접하게 연루되는 경향이 있으며, 결과의 주관성을 인정하는데, 이것은 다른 사람들에게도 잠재적으로 관심이 있는 것으로 제시되지만 각 상황이 다르기 때문에 일반화가 불가능하다.

도표 2-11 양적 연구와 질적 연구의 차이

양적 연구	질적 연구
현상을 설명하고 예측하는 것을 목적	행위자의 행동을 이해하는 것을 목적
통제된 측정을 이용	자연주의적이고 비통제된 관찰을 이용
객관성을 주장	주관성을 주장
환원을 통해 검증/확증을 추구	연구환경의 발견과 탐구를 추구
결과지향적	과정지향적
일반화가능	일반화불가능(맥락화)
정태적이고 안정적인 실재를 가정	동태적이고 변화하는 실재를 가정
외부자(etic)의 관점을 채택	내부자(emic)의 관점을 채택

자료원: Gaffikin(2010, p.149).

양적 연구에서는 실증적 방법론이라는 하나의 방법론이 있는데 반하여, 질적 연구에서는 많은 방법론이 있다. 양적 연구의 방법론은 실증적인 자연과학적 유형의 방법론으로 가설연역적인 행태를 가지는데 반하여, 질적 연구의 경우에는 많은 유형의 방법론이 존재하며, 각각의 상황에서 가장 적절한 것을 선택해서 이용할 것이다.

양적 연구를 채택할지 질적 연구를 채택할지의 여부를 판별하는 기본적인 가정은 믿음이며, 결과적인 지식의 중립성이나 객관성에 있는 것이 아니다. 양적 연구자들은 객관성이 바람직할 뿐만 아니라 가능하다고 생각하는데 반하여, 질적 연구자들은 객관성이 가능하지 않으며 따라서 연구자는 자신의 주관성을 인지해야 한다고 생각한다.

회계학에서 자본시장이나 대리이론을 중심으로 하는 경험적 연구는 객관주의적 입장을 채택하고 있다. 이 연구를 법칙정립적(nomothetic)이라고도 하는데, 이것은 법칙과 같은 일반화를 확립하려고 시도한다는 것을 의미한다. 이와는 반대로, 주관주의적 접근방법은 개성기술적(ideographic)이라고도 하는데, 이것은 그 주안점이 문화적·역사적 특수성에 있으며, 연구자의 해석을 기초로 해서 서술이 이루어지는 것(예를 들면, 사례연구)을 의미한다. 주관주의적인 질적 연구에서는 어떤 방법론이 다른 방법론보다 더 우월한 것이 없기 때문에 많은 방법론들이 존재한다.

실증적 방법론을 적용하는 양적 연구와 대비되는 질적 연구는 사회과학에서도 오랜 역사를 가지고 있다. 특히 1920년대와 1930년대에 사회학의 Chicago학파의 연구에서는 인간집단의 생활에 관한 연구에서 질적 연구의 중요성을 확립하기도 하였다(Denzin · Lincoln, 1998, p.1). 같은 기간에 문화인류학에서는 Mead[6], Benedict[7] 등과 같은 학자들이 현장연구방법(fieldwork method)이라는 획기적인 방법을 개척하기도 하였는데, 이러한 질적 연구방법들이 교육학, 사회사업학, 신문방송학 등 다른 사회과학에도 채택되기 시작하였다(*ibid.*).

사회과학의 방법론은 다양하게 분류되고 있지만, 일반적으로 비교분석한 것으로는 Benton(1975), Burrell · Morgan(1979), Keat · Urry(1982) 등의 연구가 있다. Benton은 사회과학의 방법론을 실증주의, 신Kant주의[8], Marx주의 등으로 구분하여 설명하고 있으며, Keat · Urry는 실증주의, 구조주의, Marx주의 등으로 구분하고 있다(김석웅, 1999, p.36). 사회과학에서 다양한 방법론을 본격적으로 논의한 것으로 회계학에 영향을 크게 준 것은 조직론학자인 Burrell · Morgan(1979)의 분류인데, 그들은 분류기준에 주관성과 객관성, 안정과 변화의 개념을 도입하여 <도표 2-12>와 같이, 급진적 구조주의(주로 Marx주의를 의미), 급진적 인도주의(주로 독일의 Frankfurt학파에 속하는 비판이론의 방법론을 의미), 해석주의, (구조)기능주의(주로 실증주의를 의미)로 분류하고 있다.

---

6) 남태평양의 현지에서 오랜 생활을 통해 현지인들의 생활상을 연구 · 발표하여 세계적인 주목을 받았다.

7) 국화와 칼이라는 일본문화의 비평서를 발표하여 일본의 문화를 가장 잘 표현한 저서로 주목을 받았다.

8) 신Kant주의는 19세기 후반에 독일에서 관념론의 전통이 쇠퇴하고 자연과학을 절대적으로 신뢰하여 정신을 포함한 일체의 현상을 다만 물질의 기계적 운동으로 설명하려는 유물론을 포함한 실증주의 철학이 보급됨에 따라 반실증주의(반유물론)운동으로 Kant의 비판철학의 정신을 계승하려는 비판주의적 철학을 말한다(Benton, 1975; 안상헌 옮김, pp.150-153을 참조).

도표 2-12 사회과학의 방법론

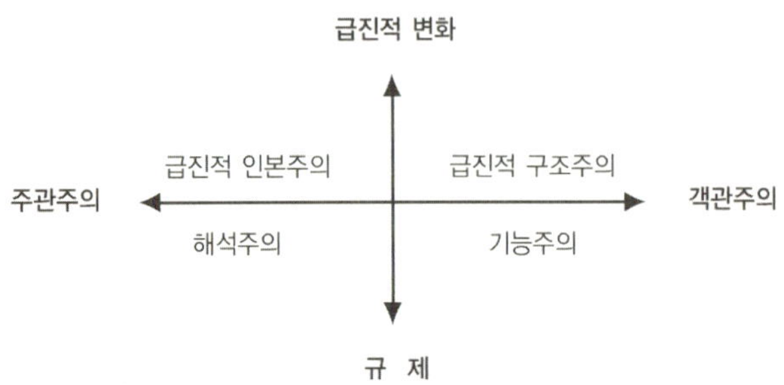

자료원: Burrell · Morgan(1979; 윤재풍 역, p.27)

회계학에서도 이러한 방법론을 본격적으로 논하기 시작한 것으로는 1980년대이며, Hopper · Powell(1985), Laughlin · Lowe · Puxy(1986)가 유사한 방식으로 분류한 바 있는데, 특히 Laughlin · Lowe · Puxty(1986)는 사회과학의 본질과 사회의 본질을 결합하여 <도표 2-13>과 같이 분류하기도 하였다.

도표 2-13 네 가지 패러다임의 본질에 대한 통찰력

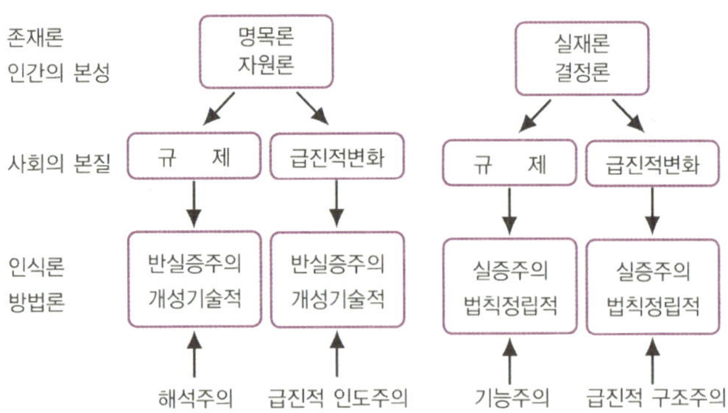

자료원: Laughlin · Lowe · Puxty(1986, p.26)

한편, Chua(1986a, p.602)는 Burrell・Morgan(1979)의 분류구조를 (1) 상호배타적인 이분법의 이용(결정론과 자원론), (2) Kuhn을 비합리적 패러다임선택을 지지하는 것으로 해석, (3) 이들의 분류구조가 촉구하는 진리와 이성의 잠재적 상대주의, (4) 급진적 구조주의와 급진적 인도주의의 차이의 애매성 등을 이유로 비판하였다.[9] 그리고 급진적 구조주의와 급진적 인도주의를 묶어서 비판적 방법론으로 명명하고

---

[9] Chua(1986a)가 Burrell・Morgan(1979)의 분류구조를 비판한 내용을 상세히 살펴보면 다음과 같다(pp.626-627).

첫째, 모든 가정들이 엄격한 이분법으로 제시된다. 예를 들면, 하나는 인간이 자신의 사회환경인 구조에 의해 결정되고 다른 하나는 완전히 자율적이고 자유의지를 가지는 것으로 가정한다. 그런데 인간은 사회환경에 영향을 주면서 또한 영향을 받기 때문에, 가정들이 엄격하게 분리될 수 없다. 통합될 수 없는 이러한 패러다임의 분리와 상호배타적인 이분법(Burrell・Morgan, 1979, p.25)을 이용함으로써 이러한 이분법의 문제점을 극복하기 위한 철학적 노력은 실패할 것이다.

둘째, 이 구조는 과학적 진리와 이성에 관한 강력한 상대주의적 개념을 가지고 있다. Burrell・Morgan(pp.24-25)은 Kuhn(1970)의 사상에 영향을 받아서 패러다임의 선택과 평가는 합리적인 과학적 근거로 정당화될 수 없다고 주장하였다. 이론선택의 기준으로서 비합리주의를 격려하는 것으로 Kuhn을 해석하는 것(하나의 이론을 다른 이론보다 선호하는 좋은 이유가 없다)은 그의 합리적 의도를 잘못 읽은 것이다. Kuhn은 과학철학자들이 항상 열거하고 있는 정확성, 단순성, 충실성과 같은 어떤 평가기준을 지속적으로 언급하고 있다. 그러나 이러한 기준들은 그 적용과 비중에서 보편적・고정적인 것이 아니다.

Kuhn을 비합리주의를 지지하는 것으로 이해하는 것은 그의 주안점을 놓치는 것이다. 무엇이 합리적인 과학적 선택을 구성하는가에 관한 전통적인 개념은 부적절하며, 어떠한 의미에서 합리적인 활동인가를 보다 잘 이해하기 위해 그러한 선택을 수정할 필요가 있다. 한편, Burrell・Morgan은 과학적 이론을 평가하기 위한 역사초월적, 중립적, 영원한 언어(기준집합)는 없다는 Kuhn의 주장을 수용한 것 같다. 이것은 아마도 각 패러다임이 상호간에 배척하고, 비교불가능하며, 타당하게 비교되거나 종합될 수 없다고 주장하기 위한 기초일 것이다. 그러나 Burrell・Morgan은 비평가적 입장을 채택함으로써, Kuhn이 거부한 것 즉, 경합적인 패러다임들이 충분히 표현될 수 있는 완전히 중립적인 언어나 구조를 이용하고자 하였다. Burrell・Morgan은 각 패러다임에 자신을 변명할 기회를 주는 것을 주장하였다(p.395). 정확하게 이러한 비평가적인 입장은 어디에 존재하는가가 불명확하다(그것은 그들이 제안한 네 가지 패러다임의 밖에 존재해야 할 것이다).

셋째, Burrell・Morgan의 잠재적 상대주의는 과학철학자들에 의해 충분히 비판되었다(Lakatos・Musgrave, 1970). 상대주의자는 명시적이든 묵시적이든 자신의 입장이 진실하다고 주장한다. 그러나 상대주의자는 진리도 상대적이기 때문에, 진실한 것으로 간주되는 것은 거짓일 수도 있다고 주장한다. 따라서 상대주의 그 자체는 진실할 수도 있고 거짓일 수도 있기 때문에 역설적이다.

넷째, Hopper・Powell(1985)이 지적한 바와 같이, 급진적 구조주의자와 급진적 인도주의자의 분리는 사회학 그 자체 내에서도 잘 지지되지 않는다. 이외에, 이러한 분리는 Marx의 저작물의 구조주의적 측면들과 비구조주의적 측면들을 통합하려는 연구를 적절히 배려하지 않는다.

회계학방법론을 비판적 방법론, 해석적 방법론, 주류회계학의 방법론(실증적 방법론)으로 분류하고 있으며, Richardson(1987), Covaleski et al.(1996), Jönsson · Macintosh(1997) 등도 이와 유사한 방식으로 분류하고 있다.

Morgan · Smircich(1980)는 사회과학의 방법론들을 주관성과 객관성의 정도에 따라 여섯 가지로 분류(<도표 2-5>를 참조)하였고, Morgan · Smircich(1980)의 분류방식을 회계학에 적용한 것이 Tomkins · Groves(1983)이다. Chua(1988)는 1980년대까지의 연구성과를 바탕으로 해석적 방법론 중에서 일상생활방법론과 상징적 상호작용론만을 살펴보았으며, 김석웅(2011a)은 1990년대와 2000년대의 연구성과를 반영하여 해석적 방법론들을 살펴보고 있다.

한편, 일부 학자들은 회계학방법론을 실증적 방법론, 비판적 방법론, 해석적 방법론으로 분류하지 않고, Foucault주의의 방법론을 첨가(Puxty, 1993; Macintosh, 1994; Roslender, 1995; Lodh · Gaffikin, 1997)하거나, 이들을 더욱 상세하게 분류하기도 한다.

실증적 방법론에 속하는 것으로는 학자들에 따라 (구조)기능주의, 상황적합이론(Covaleski et al, 1996), 합리적 회계이론연구(Jönsson · Macintosh, 1997) 등의 용어를 사용하는 경우에 해당한다.

비판적 방법론에 속하는 것으로는 Marx주의의 방법론[고전적 정치경제학적 방법론, 급진주의(Puxty, 1993), 노동과정이론, 헤게모니이론(Richardson, 1987; Lodh · Gaffikin, 1997), 변증법적 방법론[10](田中, 2013)]과 Habermas의 의사소통행위이론과 같은 Frankfurt학파의 방법론, Foucault주의, Derrida의 해체주의(Roslender, 1995; Lodh · Gaffinkin, 1997)와 같은 포스트모더니즘(또는 후기구조주의)의 방법론 등이 있다.

해석적 방법론에 속하는 것으로는 실용주의(pragmatism), 상징적 상호작용론,

10) 변증법적 방법론은 주로 정통Marx주의 방법론에서 사용하는 논리전개방식을 가리킨다. 따라서 이것은 Marx주의의 방법론에 속한다고 볼 수 있다.

일상생활방법론(ethnomethodology), 사회구성주의(Richardson, 1987; Lodh · Gaffikin, 1997), Giddens의 구조화이론(Lodh · Gaffikin, 1997), Latour의 행위자연결망이론(Baxter · Chua, 2003, 2006), 제도이론(특히 구제도학파 경제학과 신제도학파 사회학)(김석웅, 2013a 참조) 등이 있다. Colville(1981)에 의하면, 상징적 상호작용론, 현상학적 사회학(phenomenological sociology), 민속학적 방법론(ethnogenic approach), 귀인이론(attribution theory), 구성이론(construct theory), 연극사회학(dramaturgical sociology) 등이 있다.

전통적으로 회계현상의 기술적인(technical) 측면을 조명하는 기능주의에 입각한 실증적 방법론으로부터 사회적인 측면을 조명하는 비기능주의에 입각한 비실증적 방법론까지 다양한 방법론이 이용되고 있다. 설명과 예측을 목적으로 하는 실증적 방법론은 오늘날 우리나라를 비롯해서 미국을 중심으로 가장 활발하게 이용되고 있으며, 주류회계학을 형성하고 있다.[11] 비실증적 방법론에 속하는 비판적 방법론과 해석적 방법론의 경우는 영국을 중심으로 발전하여 오늘날 점차적으로 보급되고 있는 바, 주류회계학의 문제점을 비판하고 이를 극복하기 위해 적용되고 있다. 이해를 목적으로 하는 해석적 방법론은 <도표 2-12>에서 보는 바와 같이 안정과 주관주의의 사회학적 관점에서 나온다. 해석주의자들은 명목론(nominalism), 반실증론(anti-positivism), 자원론(voluntarism), 개성기술적(ideographic) 관점에서 사회현상을 이해하는 데 관심이 있다. 해석주의자들은 개인의 주관적 경험을 이해하고자 한다(김석웅, 1999, p.43).

해석적 방법론에 의하면, 우리는 사람을 사람으로 이해함으로써만 사회세계의 의미를 이해할 수 있을 뿐이라고 한다. 이것은 어떠한 연구조사도 발생한 것에

11) 실증적 방법론은 자연과학적 방법론이다. 실증주의는 과학철학에서 오랜 역사를 가지고 있다. 그러나 많은 연구자들이 실증주의를 피해야 할 접근법이자 비난받아 마땅한 것으로 여긴다. 1960년대부터 1970년대까지 영국, 캐나다, 스칸디나비아, 미국 주요 학술지의 논문들 대부분이 실증적 방법론을 사용하였다. 그러나 1980년대부터 1990년대까지 실증주의의 강세가 유럽지역 학술지에서는 급격히 수그러들었지만, 북미지역 학술지에서는 여전하다(Newman et al.; 박기우 외 옮김, 2013, pp.121-122).

대하여, 연구조사자의 입장에서, 객관적으로 기술하는 것보다는 사람들이 어떻게 서로의 행위를 이해하는가를 이해하는 것으로부터 진행될 수 있다는 것을 의미한다(Puxty, 1993, p.57). 해석적 방법론은 기존 사회질서를 유지하는 회계담당자의 주관적인 측면에 주목하는데 반해서, 비판적 방법론은 기존의 회계현상을 비판해서 변화를 모색하는 방법론이라고 할 수 있다.

제5절 소결

방법론(methodology)이란 말은 방법(method)과 논리(logic)가 합성되어서 만들어진 용어이며, 과학자가 이론과 가설을 채택하거나 기각하는 이유와 방법을 공식적으로 고려하는 과학철학과 논리학의 한 분야이다(Blaug, 1992, p.43).

어떠한 방법론을 회계학에 적용할 것인가는 회계연구자가 자신의 관심, 그 시대의 연구유행, 주제 등에 따라 다를 수 있지만, 다른 사회과학처럼 회계학도 연구자의 의식유무에 관계없이 사회과학의 성격과 사회의 성격에 관한 철학적 배경과 가정에 입각해서 그 연구가 수행된다고 볼 수 있다. 여기서는 사회과학의 본질에 관한 철학적 가정(존재론, 인식론, 인간의 본성, 이론의 본질)과 사회의 본질에 관한 철학적 가정(규제와 급진적 변화) 등을 살펴보았다. 사회과학의 본질에 관한 네 가지 가정은 존재론(명목론, 실재론), 인식론(실증주의, 반실증주의), 인간의 본성(자원론, 결정론) 방법론(개성기술적, 법칙정립적) 등이며 이러한 가정은 주관적·객관적 차원에 의해 생각할 수도 있다. 한편, 사회의 본질에 관한 가정은 변화와 규제(안정) 등으로 나누어 살펴보았다. 이상과 같은 다양한 철학적 가정의 조합에 의해서 다양한 방법론이 사회과학에도 존재하게 되는 바, 회계학방법론의 경우도 마찬가지다.

회계학방법론에는 크게 실증적 방법론, 비판적 방법론, 해석적 방법론 등이 있다. 실증적 방법론은 Comte가 사회현상에 자연과학적 방법론인 실증적 방법론을 적용할 것을 주장한 이래로 오늘날 주류회계학의 방법론으로 되었다.

회계현상을 비판하고자 하는 비판적 방법론은 Kant/Hegel의 변화/비판의 노선을 따르고 있는 바, Marx주의의 방법론(고전적 Marx주의와 Braverman의 노동과정이론), Marx주의를 비판하는 독일 Frankfurt학파의 방법론(Horkheimer, Adorno, Marcuse, Habermas 등에서 특히 Habermas의 사상), Kant/Hegel/Nietzsche의 노선을 따르는 포스트모더니즘(또는 후기구조주의)이라고도 하는 프랑스의 비판적 방법론(Foucault, Bourdieu, Derrida 등에서 특히 Foucault와 Bourdieu의 사상) 등이 회계학에 활발하게 이용되고 있다.

한편, 회계현상을 이해하고자 하는 해석적 방법론은 Kant/Fichte의 안정/무비판노선을 따르고 있는 바, Blumer의 상징적 상호작용론, 근거이론(grounded theory), 일상생활방법론(ethnomethodology), Giddens의 구조화이론(structuration theory) 등과 제도이론, 행위자연결망이론(actor-network theory) 등이 회계학에 활발하게 적용되고 있다.

3

주류회계학

제1절 주류회계학의 의의

제2절 주류회계학의 배경

제3절 주류회계학의 비판

제4절 소결

3장

주류회계학

여기서는 오늘날 경험적이고 분석적인 실증적 방법론을 주로 이용하는 자본주의회계의 근간인 주류회계학의 의의, 배경, 비판을 중심으로 살펴본다. 주류회계학의 배경은 실증주의의 철학적 배경과 신고전파 경제학의 경제학적 배경으로 나누어 살펴보며, 주류회계학의 비판은 주류회계학의 실증주의와 신고전파 경제학이 가지고 있는 문제점을 중심으로 살펴본다.

제1절 주류회계학의 의의

주류회계학은 주로 미국을 중심으로 경험적이고 분석적인 실증적 방법론과 신고전파 경제학을 이용하여 회계현상을 설명하는 회계학을 의미한다. 이러한 주류회계학은 회계학의 이론이 체계적으로 정립하기 시작한 1900년대 이후 오늘날까지, 주된 흐름을 형성하고 있는 1930년대의 고전적 회계학, 1960년대의 규범적 회계학, 1970년대 이후 실증적 회계학 등을 의미한다. 이들은 거의 대부분 신고전파 경제학을 이용한다는 공통점이 있다. 여기서 실증적 회계학의 좁은 의미는 실증적 연구의 방법론적 특징을 가장 전형적으로 가지고 있는 것으로 대리이론을 회계현상에 적용하는 Watts, Zimmerman 등이 제창하고 있는 실증적 회계이론(positive accounting theory)을 주로 가리킨다. 그리고 실증적 회계이론을 주장하는 사람들을 Rochester 학파라고 부르기도 한다. 한편, 실증적 회계학의 넓은 의미는 실증적 방법론을 회계현상에 적용하는 경험적인 연구 전체를 가리킨다. 이에는 자본시장에 대한 회계정보의 영향을 다루는 자본시장 회계연구(Ball · Brown, 1968; Brown, 1994; Kothari, 2001 등을 참조), 회계정보와 인간행동간의 관계를 다루는 행동과학 회계연구(Bloomfield, 2002를 참조), 회계정책선택의 조직적, 경제적, 정치적 결정요소를 다루는 실증적 회계이론(Watts · Zimmerman, 1986을 참조) 등이 있다(Jeanjean · Ramirez, pp.108-109).

Watts · Zimmerman(1978, 1986)은 Jensen · Meckling(1976), Gordon(1964) 등과 같은 연구를 이용하여 실증적 회계이론을 주장하였다. 이러한 실증적 회계이론은 경영자(회계담당자)가 특정한 회계방법을 다른 방법보다 선호해서 선택하는 이유를 설명 · 예측하고자 한다.[1] Zimmerman(1980)은 초기의 경험적 연구(예를 들면, Ball · Brown, 1968; Ball · Watts, 1972; Kaplan · Roll, 1972)를 실증적 회계이론 간의 차이를 다음과 같이 설명하였다. 즉, 전자는 회계현상을 단순히 서술하는데 반하여 후자는 우리가 살고 있는 세계를 설명할 수 있다(pp.107-112).

실증적 회계학은 1960년대 후반에 Ball · Brown, Beaver 등이 경험적 연구를 재무회계에 도입하였는데, Ball · Brown(1968)이 결정적인 계기가 되었고, 이후 1970년대와 1980년대에 재무회계에서 지배적인 연구패러다임이 되었다. 실증적 회계학 이전의 회계학연구는 회계의 기본목적에 관한 이론가의 처방에 근거한 규범적 회계이론이 주류를 형성하고 있었다. 이 시대의 유명한 규범적 회계연구자에는 Edwards · Bell(1961), Chambers(1966), Sterling(1970) 등이 있으며, 이 연구의 주안점은 물가상승기에 회계를 처리하는 방법이었다.[2] 그러나, 이러한 규범적 연구는

---

1) 실증적 회계이론(positive accounting theory)은 회계에 관한 여러 가지 실증적 이론(positive theories of accounting) 중의 하나라는 점에 유의해야 한다. 회계와 관련이 있는 다른 실증적 이론에는 정당성이론(legitimacy theory), 이해관계자이론(stakeholder theory), 제도이론(institutional theory) 등이 있다(Deegan · Unerman, p.255). 이러한 실증적 이론들은 신고전파 경제학에 근거하지 않지만, Watts · Zimmerman의 실증적 회계이론은 신고전파 경제학에 근거하고 있다. 본장에서는 Watts · Zimmerman의 실증적 회계이론을 주로 다룬다.

2) 규범적 회계연구자들은 실증적 회계이론에 대해 비판적이었다. 이들의 많은 비판 가운데 실증적 회계이론은 회계담당자의 행동을 설명 · 예측한다. 그러나, 회계담당자가 회계보고서의 독자에게 유용한 정보를 제공하기 위해 채택해야 하는 방법에 관해서는 어떠한 처방도 제공하지 않았다는 비판이 있다.

기존의 실무를 기초로 하지 않았기 때문에 경험적이지 않았다.

1960년대 후반부터 시작된 초기의 경험적 회계학연구는 회계선택을 설명・예측하는 가설을 제공할 수 없었기 때문에, 실증적 회계학연구가 주장되었다. 초기의 경험적 연구와 실증적 연구 사이의 주요한 차이점은 전자의 경우에 정보비용과 거래비용이 발생하지 않는다고 가정한다는 것이다. 그 결과 회계방법이 세금에 영향을 주는 경우를 제외하고는, 회계방법의 선택은 기업가치에 영향을 주지 않았으며 대개의 경우 관련이 없었다. 후자는 정보비용과 거래비용을 도입하였으며 회계방법의 선택에 관한 가설을 설정하였다. 실증적 회계학이 회계학사에서 가장 구체적이고 야심찬 연구조사로 평가된 적도 있다(Lev・Ohlson, 1982). 실증적 회계학연구를 주장하는 사람들 중에서 Watts・Zimmerman이 가장 대표적이므로 먼저 이들의 실증적 회계이론의 개요를 간단히 살펴보자.

실증적 회계이론은 연구목적을 회계담당자의 행동을 설명・예측하고자 하며, 기업을 단일의 실체로 간주하기 보다는, 주주, 채권자, 경영자, 종업원 등 기업의 다양한 이해관계자 각자가 이기심(private interest)을 추구하면서 체결한 계약의 집합으로 간주한다. 여기서는 기업에 다양한 인적, 물적 자원을 제공하는 소유자와 경영자의 관계, 경영자와 채권자의 관계 등과 같은 다양한 개인들 간의 관계에 초점을 두며, 회계가 이러한 관계에서 어떻게 이용되는가에 초점을 두고 있다. 많은 관계 중에 한 당사자(본인)가 다른 당사자(대리인)에게 의사결정권한을 위임하는 관계를 대리관계라고 한다.

의사결정권한이 위임될 때, 이것은 효율성의 상실과 이로 인한 비용을 발생시킬 수 있다. 예를 들면, 소유자(본인)가 의사결정권한을 경영자(대리인)에게 위임할 경우, 경영자가 조직의 결과를 직접 공유하지 않는다면, 경영자는 소유자처럼 열심히 일하지 않을 것이다. 경영자가 초래한 모든 잠재적 손해는 의사결정권한을 위임함으로써 발생한 대리관계로 인한 비용, 즉 대리비용으로 간주된다. 소유자로부터 경영7자에게 의사결정권한을 위임한 결과로서 발생하는 대리비용을 실증적 회계이론에서는 자본(equity)의 대리비용이라고 한다.

실증적 회계이론은 모든 개인의 행동이 이기심에 의해 유발되며, 개인은 자신의 행동을 자신의 부와 연계하여 기회주의적인 방법으로 항상 행동할 것이라는 신고전파 경제학의 가정에 근거하고 있다. 충성심, 도덕심 등의 개념들은 이 이론에 반영되지 않는다. 이기심이 모든 개인의 행동을 유발한다는 가정에 기초할 경우, 실증적 회계이론은 기업이 경영자(대리인)의 이해관계와 기업소유자의 이해관계를 조정하는 메카니즘을 적소에 배치할 것이라고 예측한다. 이러한 이해관계 조정방법의 하나는 경영자에게 회사이익의 일부를 제공하는 것과 같은 회계시스템의 산출에 기초하고 있다. 회계에 기초한 조정메카니즘(alignment mechanisms)하에서, 재무제표를 생산할 필요가 있을 것이다. 경영자는 자신을 이러한 재무제표를 작성하기 위해 보증(bond)하는 것으로 예측된다.[3] 이것은 본질적으로 비용이 많이 들며, 실증적 회계이론에서는 보증비용(bonding cost)이라고 한다.

만약 경영자(대리인)가 재무제표를 작성할 책임이 있다고 가정된다면, 실증적 회계이론은 또한 그러한 재무제표가 감사받거나 감시받을 수요가 있을 것이라고 예측한다. 만약 그렇지 않다면, 대리인은 이기심에 의해서 이익을 과대계상할 것이며 이에 의해 그들 몫의 이익부분도 증가시키려고 할 것이다. 실증적 회계이론에서는 감시, 감독에 소요되는 비용을 감시비용(monitoring cost)이라고 한다.

조직내에서 발생하는 대리문제를 다루기 위해서는 다양한 보증비용과 감시비용이 발생한다. 만약 실증적 회계이론의 가정과는 반대로 경영자가 항상 고용주인 주주의 이익을 위한다는 것이 가정된다면, 경영자의 사업 효율성을 검토하는 것 이외에 감시, 보증 등의 활동에 대한 수요는 없을 것이다. 실증적 회계이론은 모든 기회주의적 대리인행동이 계약협정에 의해 통제될 수 있다고 가정하거나 그렇지 않다면, 대리인을

---

3) 실증적 회계이론의 관점에서, 보증(bonding)은 대리인이 어떤 활동을 할 것인지 또는 하지 않을 것인지의 여부를 본인에게 보증할 때 발생한다.

임명하는 것과 관련된 일부 잔여비용(residual costs)이 항상 있을 것이다.

많은 회계이론은 시장의 효율성이 준강형(semi-strong form)일 때 회계선택을 하는 경영자의 동기에 초점을 두고 있다. 그리고 규제과정에서 발생하는 정치비용뿐만 아니라 계약을 체결하고 집행하는 곳에서도 중요한 대리비용이 발생한다. 대리비용에 관한 연구는 경영자가 회계방법을 변경하는 이유를 설명하는 것을 강조하기 때문에 회계선택연구라고도 한다. 일부 실증적 회계학연구에서는 강조하는 바가 다소 변하기도 한다. 원래 실증적 회계학연구자들은 의사결정이 개인의 이기심에 입각하여 이루어진다는 기회주의적 이유로 선택을 한다고 가정하였다. 이후의 일부 연구자들은 효율성의 관점에서 특정한 회계방법이 기본적인 경제실상이라고 생각되는 것을 더 잘 반영하기 때문에 경영자가 그 방법을 선택한다고 주장하였다.

이상과 같은 대리비용을 감소시키기 위해서는 감시수단이 필요하게 되는 바, 회계는 이러한 감시수단으로써 기능한다. 따라서 실증적 회계이론에서는 회계정보의 이용자가 주주, 채권자, 경영자, 규제기관 등으로 구성된다. 한편 회계정보는 대리인의 행동을 사후에 평가하는데 이용되며, 이러한 평가는 대리비용을 감소시키기 때문에 필요하다. 따라서 회계정보는 객관성, 보수주의 등의 속성을 가져야 한다. 그리고 경영자의 자발적 회계선택은 보상계획, 부채계약, 기업규모 등의 영향을 받아 이루어지며, 객관성과 보수주의 등이 중시됨으로써 자산평가기준은 역사적 원가기준이 채택된다. 물가변동회계를 기업에서 찬성하는 이유는 이 회계절차가 일반적으로 인정된 회계원칙(GAAP)으로 인정되면 그 후에는 세법상으로도 인정되어 기업의 세금 부담면에서 유리하기 때문이다. 그리고 이러한 주장을 도출하는데 필수적인 전제는 자본시장이나 금융시장이 효율적이며, 투자자들의 의사결정모형은 자본자산가격결정모형(CAPM)이라는 것이다. 이들이 자신들의 주장에 대한 논리적 일관성을 입증하기 위해 사용한 주요한 방법은 기업이 선택한 회계절차나 주가변동의 조사이며, 경우에 따라 역사적 사건의 분석도 포함하고 있다(Ryan et al., 2002, p.41).

이상과 같이, 기본적으로 주류회계학은 회계현상을 설명・예측한다는 회계의 기능과 주로 관련이 있다.

제2절 주류회계학의 배경

모든 학문은 방법론을 이용하여 이론을 정립하고 있으며, 방법론은 배경을 가지고 있다. 경험적이고 분석적인 주류회계학은 실증주의라는 철학적 배경과 신고전파 경제학이라는 경제학적 배경을 이론적 배경으로 가지면서 그 당시의 사회적 배경에 의해 발전하여 왔다.

1. 철학적 배경

오늘날 주류회계학은 주로 회계현상을 경험적으로 설명・예측하고자 하는 회계학을 의미하는데, 이것은 철학적으로 실증주의(positivism)에 입각하고 있다. 실증주의의 개념은 Saint-Simon, Comte 등과 같은 철학자에 의한 철학운동을 원조로 하지만, 과학철학의 한 분파로서 논리실증주의(logical positivism)와 같은 의미로 이용된다.

Watts・Zimmerman으로 대표되는 Rochester학파의 실증적 회계이론(positive accounting theory)에서 실증적이라는 이름은 두 명의 경제학자인 J.N. Keynes[4] (1891)와 M. Friedman(1953)의 연구에서 유래하였는데, 이들은 실증적 이론보다는 실증적 과학(positive science)이라는 용어를 사용하였다(Gaffikin, 2008, p.63).

[4] John Neville Keynes(1852-1949)는 영국의 경제학자로서 경제학을 실증경제학, 규범경제학, 응용경제학(art of economics)으로 구분한 바 있다. 그의 아들 John Maynard Keynes(1883-1946)는 세계적인 경제학자로서 정부의 적극적인 역할을 주장한 케인스 경제학의 창시자이다.

Keynes는 경제학의 실증적 과학에 기여한 유명한 경제학자이었다. Friedman은 실증적 경제학의 방법론을 전개하면서 이론이 현상에 관한 예측을 잘 하는 도구로서만 유용하다는 도구주의(instrumentalism)를 주장하였다. 이에 반하여, Rochester학파는 서술하고 설명하는 이론을 더 많이 강조하였다(Christenson, 1983, p.16). Watts (1995, p. 334)에 의하면, 실증적이라는 용어는 Friedman에 의해 경제학에서 보편화되었으며, 설명과 예측을 위한 연구로부터 처방을 제공하는 것을 목표로 한 규범적 연구와 구별하기 위해 이용되었다.

실증주의(positivism)이라는 용어는 원래 "(신에 의해서) 설정된다"를 의미하는 라틴어 'positivus'에서 유래하였다고 한다. 17세기 유럽에서, 이 용어는 자연법칙이 신의 자유로운 설정에 따른다는 것을 나타내기 위해 사용되었다고 한다. 이의 배경에는 자연법칙의 근거를 신의 자유로운 설정에서 더 거슬러 올라가서 구할 수 없다는 생각이었다. 르네상스시대에 과학적 사고방식이 점차적으로 정립됨에 따라 이 용어는 사실로 주어진 자연법칙의 확인으로 만족하여, 과학적 지식의 본연의 상태를 가리키는 것으로 사용하게 된다(安孫子信, 1998, p.661).

사회과학 연구방법론자들인 Henning et al.(2004)은 "가장 광범위한 의미에서, 실증주의는 형이상학의 거부이다. 그것은 경험적 수단을 통해 진리를 발견하고 제공하는 것에 관한 것이다. 그것은 지식의 목표는 우리가 경험하는 현상을 (질적이든 양적이든간에) 서술하고 설명하고 예측한다는 것을 견지하는 철학적 입장이다. 그리하여 과학의 대상은 우리가 관찰하고 측정할 수 있는 것이다"(p.17)라고 주장한다.

오늘날 회계학에서 이용되고 있는 실증적이라는 말에는 두 개의 의미가 포함되어 있다. 첫째, 이론을 주장하는 방법으로서 현실에 존재하는 것을 그대로 서술, 설명한다는 의미이다. 이 의미에서 실증적이라는 말에는 규범적인 것과 대립되는 의미를 가진다. 둘째, 가설이나 이론을 경험적으로 검정하는 방법으로서의 의미이다. 여기서는 첫째의 의미를 수용하여 그 정당성을 경험적, 객관적, 과학적으로 검토하는 것을 강조하며, 경험적(empirical)이라는 말과 동일한 의미를 가진다(畐塚嘉一,

1997, p.91). 오늘날 대부분의 실증적 이론은 현재 실무의 이유를 설명하고, 회계 및 관련정보가 경제의사결정에서 수행하는 역할을 예측하는 것과 관련이 있다.

위에서 언급한 바와 같이, 실증적 이론은 처음에는 어떤 형태의 논리적 추론을 통해 개발될 수 있다. 그리하여 특정한 현상을 설명하거나 예측하는 데서 이들의 성공은 이 이론의 예측이 관찰된 사실과 어떻게 일치하는가를 확인하는 것에 입각해서 평가될 것이다.[5] 경험적으로 관찰에 근거한 이론은 상이한 시간과 공간에서 추가적인 관찰을 통해 계속해서 검정(test)을 받고 개선될 수 있다. 또한 특정한 결과가 상이한 상황에서도 반복될 수 있는가의 여부를 살펴보기 위해 많은 연구가 발표되어, 해당이론의 일반화가능성을 높인다. 미래행동이나 결과를 예측하기 위한 기준을 제공하는 것을 별도로 하더라도, 실증적 회계이론은 특정현상에 설명을 제공한다.

실증적 방법론의 철학적 배경인 실증주의는 오랜 역사를 갖고 있다. 고대 그리스 시대 감각적 경험을 강조한 궤변론자에서 시작하여 17, 18세기에 Bacon, Locke, Hume 등의 경험주의를 거쳐 19세기에 Comte에 의해 제창되었다. 이는 그후 논리 실증주의로 이어지고 다시 과학적 경험주의로 나아가고 있다.

17세기 Bacon의 견해에 의하면, 과학은 모든 체계적 지식이 귀납의 논리에 의해 정당화될 수 있는 실증적 증거로 환원될 수 있다는 것을 의미하였다. 이것은 실증적이라는 말이 왜 그렇게 오랫동안 좋은 것을 의미하였는가에 관한 단서를 제공한다. 체계적인 지식의 귀납적 증명을 위해 관찰 등이 실증적 증거를 제공하거나 실증적 증거에 입각한 모든 이론은 실증적이란 명칭을 부여받을 가치가 있었다.

그후, 19세기 중엽 Comte, Mill 등과 같은 사람들이 실증주의를 주장하면서 귀납적인 인과론적 설명이 존재에 관한 유효한 인식방법임을 주장하였다. 이러한 귀납적 과학에 대한 19세기의 공통적인 믿음으로 실증적이라는 말은 과학적, 합리적, 심지어 객관적인 것을 의미하였다. 그리하여 과학적이기 위해 귀납적 증명들은 객

[5] 모든 이론이 실제행동과 예측이 어떻게 일치하는가에 의해 항상 평가되지는 않는다.

관적인 관찰에 의존해야 했다.

실증주의는 1920년대 비엔나학파(Wiener Kreis)를 중심으로 발전한 현대철학의 한 흐름으로써, 1930년대 중엽과 1950년대 중엽에 걸쳐서 과학철학 내에서 뿐만 아니라 사회과학의 방법론에도 지배적인 영향력을 행사하였다. 논리실증주의는 경험적 실증주의(empirical positivism)라고도 하였으며, 논리적 경험론(logical empiricism)이라고도 한다. 그리고 논리실증주의는 미국으로 건너가 실용주의와 결합하여 넓은 의미에서 과학적 경험론(scientific empiricism)이라고도 한다[6](강영계, 1994, p.254).

그러나, 이러한 실증주의적 과학철학에 대해서 중요한 비판(경험주의, 실재론, 가치와 사실의 구분, 연구의 사회성)이 가해졌다. 그 비판들은 아주 유효해서 실증주의는 1950년대 중엽부터 쇠퇴의 길로 접어들었다. 이의 결정적인 계기는 Kuhn의 과학혁명의 구조(1962)였는데, 이 책은 탈논리실증주의 시대의 새로운 논의의 장을 여는데 가장 결정적인 역할을 하였다. 그는 과학의 역사를 서로 통약불가능한(incommensurable) 패러다임의 다양한 탐구활동이 비연속적으로 교체되어 간 과정으로 파악하고 그 긴 과정을 관통하는 단일한 과학의 모습을 찾아내려는 일에 별 의의를 두지 않았다. 이러한 그의 견해는 다원주의적 과학관이라고 할 수 있는데, 이런 입장을 상대주의라고 할 수 있다(이태수, p.7). 실증주의의 전통에 이어 등장한 과학철학의 단계를 보통 후기경험주의(post-empiricism)라고 부른다. 후기경험주의는 대략 1950년대 중엽부터 시작되었는데, 현재에도 이 단계가 진행중이라고 할 수 있다. 후기경험주의에서 과학철학의 흐름은 과학지식성장론(growth of scientific knowledge)이다. 이는 실증주의의 전통에서처럼 중립적인 관찰언어의 토대위에서 과학적 진리의 확실하거나 궁극적인 원천, 기준 등을 탐색하려는 목표를 더 이상 설정하지 않고, 과학지식의 상대적 성장을 초래하는 방법론적 원리를 구한다는 보다 온건한 연구를 추구한다. 이에 속하는 과학철학의 조류로는 Kuhn(1970)

---

6) 귀납주의에 입각한 실증주의에 관해서는 다음을 참조. Chalmers(1999) 또는 Henderson · Peirson · Harris(2004)의 제2장.

의 과학혁명론, Lakatos(1970)의 연구프로그램, Feyerabend(1975)의 무정부적 인식론, Laudan(1977)의 연구전통 등이 있다(Chalmers, 1999; 신중섭・이상원 옮김, pp.155-242: Henderson et al, 2004; 김석웅 옮김, pp.53-62).

Beed(1991)는 실증주의의 특징을 다음과 같이 식별하고 있다.

(1) 논리학과 수학을 포함해서 과학적 지식은 유일하게 타당한 지식형태이다.
(2) 형이상학적 주장, 규범적 진술, 가치판단, 의견 등은 타당한 지식이 아니다.
(3) 감각경험에 입각한 경험적 자료는 논리학과 수학을 제외하면 타당한 지식의 유일한 원천이다.
(4) 타당한 지식은 논리학과 수학을 이용하여, 자연과학 특히 물리학의 방법에 의해 획득될 수 있다.
(5) 과학에서 일반화, 원리, 이론 등은 논리학과 수학을 제외하고는 귀납을 통해 경험적 자료로부터 도출될 수 있다.
(6) 과학에서 일반화, 원리, 이론 등은 논리학과 수학의 이론을 제외하고는 경험적 자료로부터 검증될 수 있다.
(7) 일반화, 원리, 이론 등은 수학적 논리형태로 공식화되고 표현되어야 한다.
(8) 규범적 견해, 가치판단, 믿음, 의견 등은 경험적 자료수집, 이론형성, 검증 등에 반영되어서는 안 된다.
(9) 타당한 과학적 지식을 획득하는 방법은 모든 경험분야에서 동일하다(과학적 방법의 통일).

실증적 회계이론을 포함해서 주류회계학의 철학적 배경인 실증주의를 넓은 의미에서 논리실증주의를 포함하여 이해할 때, 이들의 방법론적 입장은 자연과학적 방법이 모든 진리탐구를 위한 최선의 방법이라고 말할 수 있다. 이는 자연현상의 탐구에 적용되어 온 자연과학적 방법이 사회현상의 탐구에도 그대로 적용될 수 있으며, 그렇게 적용되어야 한다는 것이다. 즉, 방법론적 일원론(methodological monism)을 주장하는 것이다. 이러한 입장을 구체적으로 살펴보면 다음과 같다(소흥렬, 1983; 최 협, 1983; 冨塚嘉一, 1987; 최종후·김항규, 1994; Mattessich, 1995).

첫째, 과학의 목적은 모든 현상을 서술하고 설명하며 예측하는 데 있다. 그러나 현상을 서술해 주는 것만으로는 과학적 연구가 될 수 없기 때문에, 그 현상의 원인을 규명하여 법칙을 발견하고 현상을 설명·예측할 수 있어야 한다고 주장한다. 이처럼 과학적 연구는 설명·예측을 목표로 하기 때문에 법칙정립적(nomothetic)이다.

둘째, 과학은 계량적 방법을 중시한다. 과학은 경험성, 객관성, 법칙성 등을 중시하게 때문에 과학은 이러한 요구를 충족시켜줄 수 있는 계량적 접근방법을 중시한다. 경험적 관찰이 정확하고 객관성을 높이기 위해서는 통제된 실험이나 표준화된 측정도구의 이용, 또는 이러한 것들을 가능하게 해 주는 조작적 정의를 통해 이를 계량화해야 한다. 여기서 조작적 정의란 어떤 추상적 개념을 구체적 상황에서 경험적으로 확인할 수 있도록 관찰가능한 경험적 용어로 정의하는 것을 의미한다. 이러한 계량화의 필요성을 주장하는 사람들을 계량화주의자라고 하며, 그들의 주장을 계량화주의(quantificationism)라 할 수 있다.

셋째, 만일 적절한 일반법칙이 알려지고 그것과 관련된 조건들이 밝혀지게 되면, 과학적 연구는 그와 같은 상황을 통제할 수 있는 길을 열어주는 것이다. 그러나 어떠한 상태가 가장 바람직한 것인가 하는 문제는 과학적 연구가 관여하는 문제가 아니다. 왜냐하면, 과학적 연구는 오직 객관적 결과만을 추구하기 때문이다. 즉, 과학적 연구는 규범과 실증을 구분하고, 객관성을 추구하며 가치중립적이라고 주장된다. Watts·Zimmerman도 회계이론의 목적은 회계현상을 설명·예측하는 데 있다고 주장하면서, 종래의 규범적 이론은 지침을 강조하지만 지침이 전제로 삼고 있는 가설을 실증적으로 검증하는 데는 관심을 갖지 않는다고 비판하고 있다.

넷째, 과학은 경험주의와 실재론의 철학에 입각하고 있다. 경험주의는 경험을 지식의 유일한 원천으로 생각하는데, 경험주의란 연구대상이 우리의 감각기관에 의해 관찰가능한 것이어야 한다는 것을 의미한다. 그리고 실재론은 연구대상이 실제로 존재한다고 가정하며, 그러한 실재를 경험을 통해 언어로 표상한다고 가정한다. 따라서 이들은 지식의 기초를 제공함에 있어 감각적 지각과 관찰의 역할을 강조한다.

이상과 같이 경험주의자와 실재론자들은 대체로 귀납주의자들로서 그들은 과학적 방법으로서 귀납적 방법을 중시한다. 귀납적 방법이란 개별적인 사실에 대한 경험을 토대로 하여 경험적인 일반법칙을 정립해 나가는 것을 의미한다. 경험주의와 실재론은 이와 같이 경험에 의한 검증가능성(verifiability)의 원리에 기초하고 있다.

2. 경제학적 배경

주류회계학은 대부분 신고전파 경제학에 입각하고 있으며(Ravenscroft · Williams, 2009), 특히 실증적 회계이론도 신고전파 경제학에 입각한 회계이론으로서 주장되고 있다[7](Watts · Zimmerman, 1986, p.1과 p.13). Deegan · Unerman(2011)도 Watts · Zimmerman의 실증적 회계이론이 모든 개인의 행동은 이기심에 의해 유발되며 개인은 자신의 행동과 자신의 부를 연계하여 기회주의적인 방식으로 항상 행동할 것이라는 경제학에 입각한 가정에 기초하고 있다고 말하고 있다(p.256). Deegan · Unerman(2011)이 지적한 바와 같이, 이 정의는 정당성이론(legitimacy), 제도이론, 이해관계자이론 등과 같은 여러 가지 실증적 이론들 중에서 실증적 회계이론(positive accounting theory)에만 해당한다는 점에 유의해야 한다(p.255). Boland · Gordon(1992)도 이 정의에 동의하면서, 이 실증적 회계이론의 정의가 구체적으로

[7] 회계의 이익개념을 논할 때도 대부분은 1930년대나 1940년대의 신고전파 경제학자인 Fisher나 Hicks의 이익개념을 인용하고 있다. 자본시장이론은 신고전파 경제학에 속하며, 실증적 회계이론이 기초하고 있는 대리이론은 신제도학파 경제학에 속하지만 이것도 넓게 보면 신고전파 경제학에 속한다. 이들도 각각 1960년대말과 1970년대말에 회계학에 도입되어 오늘날까지 회계학연구에 지대한 영향을 주고 있다. 따라서 주류회계학은 신고전파 경제학의 영향을 주로 받았다고 볼 수 있다(Williams, 2003을 참조).

회계선택의 영향을 설명하기 위한 시도로 회계학연구에서 경제적 설명과 예측에 입각한 경험적 연구를 반영하였다고 말한 바 있다(p.143). 그들은 Watts · Zimmerman의 실증적 회계이론에 관한 다양한 비판을 검토하고는 과학철학에 관한 비판은 효과적이지 않지만, 경제학에 입각한 분석의 한계점을 문제시한다는 결론을 내린 바 있다. Gaffikin(2008)은 회계가 상이한 관점에서 경제현상을 다루고 있으며, 단순한 경제분석과는 매우 다른 회계의 여러 가지 측면(예를 들면, 통제시스템, 정보처리, 행동적 고려사항)이 있다는 것을 언급하면서 실증적 회계이론의 정의에 동의하고 있다(p.143).

신고전파 경제학의 방법론은 연구자가 현실로부터 주관적 판단에 따라 전제를 설정하고, 전제의 가정에 위배되지 않는 방향으로 연역적으로 논리를 전개시켜 나간다. 즉, 관찰된 경제현상으로부터 가장 보편적이고 기본적이라고 생각되는 속성만을 추출하여 전제를 설정하고, 이에 따라 추상화되고 단순화된 모형을 구축하여 경제적 추론을 하게 된다. 이 때 경제적 추론에 사용되는 경제모형의 생명력은 현실의 설명력에 있게 되고, 현실의 설명력을 평가하는 수단으로 통계학적 방법이 이용된다.

신고전파 경제학은 경제현실을 설명 · 예측하는 수단으로 모형을 설정할 때, 균형분석을 기본적인 방법으로 채택하고 있다. 여기서 균형이란 외부의 충격이 없는 한 그 상태를 유지하려는 것을 의미하며, 따라서 균형분석이란 수요곡선과 공급곡선이 접점에서 이루어지는 경제의 균형상태를 분석하는 것이다(정운찬, 1986, p.78).

그리하여 경제학에서는 시장의 완전성, 정보의 완전성 등의 이상적인 상태를 전제로 하여 경제주체의 합리적 행동이나 시장균형을 분석하는 소위 신고전파 경제학적 방법론이 주류를 차지하고 있다. 그러나 신고전파 경제학적 방법론의 약점으로 생각되는 현실성의 결여에 주목하고는, 이를 개선하고자 하여 현실의 제도나 역사적 경위 등을 이론구성의 안에서 취급하고자 하였던 학파의 하나가 Veblen, Commons, Mitchell 등으로 대표되는 제도학파 경제학이다. 이 제도학파는 경제이론보다는 제도에 너무 치중한다는 문제점이 있었으며, 그후 신고전파 경제학의 이론을 일부 반영하여 신제도학파로 발전하였다. 신제도학파는 경제이론과 제도를 동시에 포괄하는 이론, 즉 특정한 제도의 존재를 인식한 순수경제이론 뿐만 아니라 제도 그 자체도 이론적인 설명이 필요한 사회적인 현상이라고 본다(전광일, 1995, p.151).

신제도학파 경제학자들 중에서는 재산권이론을 전개한 Alchian(1950)이나 거래비용의 이론을 전개한 Coase(1937, 1990, 1998), Williamson(1975, 1985)등이 대표적이다. 또한 같은 취지에서 조직혁신의 연구를 도입한 Chandler나 한정된 합리성에 의해 내부조직의 경제학을 전개한 Simon등의 연구도 이 학파에 속한다(송현호, 1998, pp.27-74). 이들의 연구는 적어도 지금까지 신고전파가 취급하지 않았던 문제를 다루며, 상당한 이론적인 체계성을 가지고 있는 것으로 평가할 수 있다. 이른바, 검은 상자(black box)로 간주되던 기업의 구조를 해부하고자 하는데, 이 방법론의 선구자로는 기업이론을 전개한 Ronald H. Coase를 들 수 있다.

Jensen・Meckling(1976)도 기업이론에 중요한 의미를 가진 독자적인 연구흐름이 Coase의 선구적 연구에 의해 촉진되었으며, 이후 Alchian, Demsetz 등에 의해 확장되어 왔다고 지적하고 있다. 특히 이들은 재산권이론을 높게 평가하기 때문에, 기업과 같은 조직에서 개개인의 행동은 그 계약의 성질에 의존하는 것이 되며, 이와 같은 행동의 의미에 초점을 맞추는 것으로서 대리이론을 전개하고 있다.

이들은 신고전파 경제학이 취급하지 않았거나 취급할 수 없었던 문제를 분석하였다. 기업을 검은 상자로 보지 않고 기업의 구체적인 메카니즘을 분석하려고 하며, 완전경쟁을 저해하는 제도적인 상황을 오히려 이론에 반영하고자 하는 점에서 공통점이 인정된다.

대리이론을 이와 같이 경제학적인 배경에서 살펴보면, 대리이론은 신고전파 경제학 방법론의 문제점을 해결하기 위한 시도로서 도입되었다. 그러나 Williamson, Chandler, Simon 등의 연구도 기업의 조직구조, 소유구조의 이론이며, 또한 경영자와 종업원 사이의 관계에 적용되기 때문에 경영학의 이론이기도 하다. 이들의 연구는 보험, 유통, 회계 등의 광범한 영역에 적용되고 있다. 결국 이 이론은 단순히 경제학상의 이론이라기 보다는 사회과학의 일반이론으로서의 성격도 갖고 있다고 간주되고 있다. 따라서 실증적 회계이론은 신고전파 경제학의 이론에 대리이론과 같은 신제도학파 경제학의 이론을 접목한 회계이론이라고 볼 수 있다.

기존의 대부분의 회계학문헌에서는 실증적 회계이론이 신고전파 경제학에 준거해서 이론이 전개되었으며, 특히 실증적 회계이론을 비판한 연구에서도 주로 신고전파 경제학의 문제점을 중심으로 논하고 있다. 따라서 본장에서는 선행연구를 중심으로 주류회계학이 기초하는 신고전파 경제학의 문제점을 먼저 살펴본 후, 신제도학파 경제학에서 도입한 대리이론을 살펴보기로 한다.

오늘날 대부분의 회계학자들은 자신들의 연구가 실증적 연구임을 분명히 하고 있으며, 실증적 회계이론의 경우에도 실증이란 용어가 경제학으로부터 채택되었다고 한다(Watts・Zimmerman, 1990, p.148; Williams, 2003). 그러나 경제학자들조차도 무엇이 실증적 경제학을 구성하는가에 관해서 의견이 일치하지 않으며, 따라서 회계학연구자들도 실증주의를 당연한 것으로 간주해서는 안 될 것이다.

오늘날 경제학에서 실시되는 실증주의는 네 가지가 있는데, 이들은 ① Harvard실증주의, ② MIT실증주의, ③ Chicago실증주의, ④ LSE실증주의 등이다(Boland, 2012, pp.118-121; Boland・Gordon, 1992, pp.158-161). 그런데, 주요한 경제학술지를 살펴보면 경험적 연구에서 지배적인 실증주의의 유형은 LSE실증주의의 형태이며, Chicago실증주의는 Chicago대학에서 훈련을 받거나, Chicago대학의 영향을 받은 경제학자들 사이에서 거의 배타적으로 발견된다(Reder, 1982; Boland・Gordon, 1992, p.161). Chicago실증주의는 다시 Friedman의 단순한 도구주의(instrumental- ism)와 Chicago경제학자 Becker・Stigler의 복잡한 확증주의(confirmationism)로 구분된다(*ibid.*, p.160).

Chicago경제학 연구의 중심인물이면서 신고전파 경제학자 중의 한 사람인 Friedman(1912-2006)은 예측의 중요성을 주장한 바 있으며, 그의 유명한 논문 "The Methodology of Positive Economics"(1953)가 실증적 회계이론에 대한 권위 있는 영감을 제공하였다고 주장되었다(Watts・Zimmerman, 1986, p.8). 그리고 주류회계학 특히, Watts · Zimmerman이 체계적으로 정립한 바 있는 실증적 회계이론은 방법론적으로 실증적 경제학의 특징을 가진다고 주장되었다(Williams, 2003).

일반적으로 Chicago경제학파의 추종자들이 지지하는 실증주의의 핵심은 유용성(usefulness)이라고 한다. 그러나 여기에는 정책결정과 신자유주의적 이데올로기 촉진이라는 두 가지 측면의 유용성이 있다. 정책결정자의 도구로써 이용될 수 있는 실증적 이론의 제공이 Chicago학파 경제학자의 분명한 목표이다. 특히 사회의 모든 문제를 시장의 힘에 의해 해결할 수 있다는 신념을 확증하기 위해 이용되는 실증적 이론과 방법론의 제공은 대부분의 Chicago학파 경제학자들의 목표이며(예를 들면, Friedman, 1962; Boland · Gordon, p.159), 이를 기반으로 하는 실증적 회계학도 마찬가지이다.

여기서 Friedman은 도구주의적 방법론을 주장함으로써 실증적 이론의 유용성의 결정요소로서 모형, 가정, 이론의 선험적이거나 논리적 분석을 배제하고 그 증거를 예측의 증거로 제한하고 있다. 그리하여 그는 예측을 잘 하는 이론구조의 개발에 초점을 두고 있다. 예측을 가장 잘하는 이론이야말로 그 이론의 근본가정에 내재하는 현실성의 부족에도 불구하고 권장되어야 한다고 주장한 바 있다. 여기서 경제학자, 재무학자, 회계학자 등은 검증가능한 가설을 개발하기 위해 수많은 이론을 개발한 바 있지만, 한 가지 공통적인 가정은 개인들이 현실과는 동떨어진 가정인 동질적인 기대를 한다는 점이다. 현실세계에서는 위험회피의 투자활동에 관한 명백한 증거를 많이 관찰할 수 있음에도 불구하고, 이 가정은 위험중립성의 가정과 더불어 분석적 방법을 너무 단순화하고 있다(Wallace, 1991, p.40).

Chicago학파 경제학자들은 개별 의사결정자의 심리학적(주관적) 성질의 분석과 관련이 있는 것이 아니라, 개별의사결정자가 직면하는 객관적(실증적) 비용상황을 분석하는 경제모형을 제공한다. 이들은 효용함수의 극대화를 가정하면서 의사결정자들의 관찰가능하고 객관적인 비용상황의 결과로써 현상을 설명하고 있다(Stigler · Becker, 1977).

따라서 Watts · Zimmerman의 방법론은 Chicago경제학자인 Stigler · Becker가

옹호하는 방법론으로 간주된다(Boland · Gordon, 1992, p.150). 즉, 연구조사자는 효용의 극대화 또는 이익이나 부의 극대화의 결과로써 현상을 설명한다(Watts · Zimmerman, 1986, p.3). 이 설명은 의사결정자가 직면하는 상황의 논리에 의해 완전한 의미를 가진다. 즉, 개별 의사결정자가 직면하는 비용함수의 한 모수(parameter)가 변할 때마다 그 의사결정자는 극대화목적을 달성하기 위해 필요한 비용함수를 상술해야 한다. 여기서 중요한 점은 개인이 자신의 선택을 변화시키려는 이유는 그 비용함수의 모수들이 변하였다는 것이다. 결국, 경제분석은 비용함수의 변화(극대화)와 관련이 있는 것이다(Boland · Gordon, *op cit.*).

이 방법론의 방법은 다음과 같다. 첫 단계는 명백한 비용상황모형을 설정하는 것이다. 둘째 단계는 모든 사람은 효용을 극대화한다고 가정하는 것이다. 그리고 마지막 단계는 모형에 적절한 자료를 제공하고 그 모형이 자료에 적합한지의 여부를 결정하는 것이다. 물론 모형이 자료에 완벽하게 맞지 않는 경우도 많다(Zimmerman, 1980).

Chicago학파의 본질은 Reder(1982), Latsis(1976)를 포함한 여러 학자들에 의해서 서술되고 있는데 이 학파의 명제는 다음과 같이 요약된다.

① 의사결정자는 자신들의 경제적 상황에 관해서 정확한 지식을 가지고 있다.
② 의사결정자는 마음대로 처분가능한 수단과 상황에 관한 지식을 가정할 때 최상의 이용가능한 대안을 선호한다.
③ ①과 ②를 가정하면, 상황은 스스로의 내부논리를 생성하며, 의사결정자는 자신들의 상황논리에 맞게 적절히 행동한다.
④ 경제적 단위와 구조는 안정적이고 조정된 행동을 나타낸다.
⑤ 개인의 선호와 욕구는 시장시스템에 관해서 자율적이다.
⑥ 모든 의사결정자는 공익이 아니라 자신들의 이기심에 의해서만 동기 유발된다.
⑦ 기업은 이기적인 당사자들간의 (명시적이거나 묵시적인) 계약관계로 간주된다.

이러한 명제는 규제가 나쁜 것이고, 자유시장 메카니즘이 좋은 것이며, 정보는 다른 상품과 같은 경제재이며, Pareto최적이 경제적 보편성을 지배하며, 개인의 행동은 효용의 극대화에 의해 설명될 수 있다는 것을 의미한다.

그러나 여기서는 검증가능한 가설을 생성하기 위해서 일단의 보조가설이 필요하다. Lakatos(1970)에 의하면, 이러한 후자의 가설은 원래의 명제가 비판되지 않고 있다는 것을 보증하는 보호대(protective belt)를 형성한다. 특히 실증적 회계이론의 경우에는 ① 효율적 시장가설, ② 자본자산가격결정모형, ③ 계약이론과 대리이론, ④ 합리적 기대이론, ⑤ 정치적 과정이론 등의 다섯 가지 가설이 보호대를 형성하는 것으로 생각되었다(Mouck, 1990).

3. 사회적 배경

Watts・Zimmerman(1979)은 회계학연구에 실증적 회계이론을 도입하기 시작한 논문에서 회계이론과 연구의 생성은 그것들이 등장하는 광범위한 사회적 필요의 함수라는 점을 인식하였다. 이 주장에 의하면, 실증적 회계이론은 그 당시 특정한 유형의 회계이론에 대한 긴박한 필요성을 충족시켰기 때문에 등장하게 되었다는 것이 논증될 수 있다. 실증적 회계이론은 과학적 요구가 수용됨에 따라 그 당시까지 회계학계가 누리지 못하던 경외심(respectability)과 명성(prestige)을 가지게 되었다. 이러한 과학성의 추구로 회계학의 연구가 객관화되어 회계학연구가 현대사회에서 과학 자체의 발전에 편승할 수 있게 되었다. 나아가 과학화의 프로젝트가 경제학이나 재무론 등과 같은 다른 사회과학 분야에도 보급됨에 따라 실증적 회계이론의 지지자들은 적절한 회계이론을 위해 이 프로젝트가 이용될 수 있다는 점을 실감하게 되었다. 그리고 실증적 회계이론의 사상은 그 당시 레이건/대처 시대의 광범위한 사회에 공표되고 있었던 신보수파의 현안들과 더불어 퍼져나갔다. 그리하여 실증적 회계이론은 유리한 사회정치적 환경에서 발전하고 개화할 수 있었다. 요컨대, 실증적 회계이론의 등장배경에는 시대적으로 과학주의와 경험주의의 등장, 정치적으로 신보수파의 등장, 학문적으로 재무론의 발전 등이 있다. 이들을 각각 구체적으로 살펴보기로 하자(Hopper et al., 1995, pp.522-526).

1) 과학주의의 등장

과학(science)에 부여된 높은 위상은 현대사회의 가장 두드러진 특징 중의 하나이다(Latour, 1987). 어떤 논평자는 그것을 "과학의 권위는 보편적이며 많은 일상적인 상황에서 유발된다"고 기술하고 있다(Mouck, 1992, p.46). 이것은 논증된 자연세계에 대한 과학의 설명력과 예측력(따라서 조작과 통제)의 결과이다. 자연과학의 성공으로 사회과학자들도 사회적 측면에서 관리와 통제의 성과를 모방하기를 원하였다. 경제학분야가 1950년대와 1960년대에 Keynes의 경제정책을 채택한 후에 낮은 수준의 실업과 물가상승의 성장기간동안 그러한 잠재성을 나타내었다(Whitley, 1986). 과학적으로 된다는 것은 가시적으로 나타난 효용 때문에 지식의 발전, 유용한 활동 등과 관련이 있게 되었다(Hopper et al., *op cit.*, p.523).

Whitley(1986, 1988)는 "자연과학, 수학, 경제학 등의 명성과 효용 등으로 인해서 명성을 높이려는 미국의 선도적인 경영대학원들이 과학적 연구에 투자하게 되었다"는 점을 언급하면서, 미국에서 경영학교육에 미치는 과학발전의 영향에 관해서 심도있는 논의를 한 바 있다(1988, p.641). 1960년대에는 이러한 투자가 발생한 시기이었다(Mouck, 1992). 이 시기는 과학적 연구에 대한 일반적인 분위기가 고조되어 있었는데(*ibid.*, p.48), 이러한 분위기는 회계학분야에도 전파되었다.

이 당시 회계학계에는 규범적 회계학연구에 대한 비판이 증가하고 있었다. 이론가들 사이의 경쟁의 대부분은 논의의 오류보다는 기본가정(전제)을 둘러싼 논쟁들이었다(Nelson, 1973; Whittington, 1987). 나아가 회계실무에 대한 규범적 연구의 영향에 관한 관심이 증가하였는데, 이런 와중에 Ford재단과 Carnegie재단이 주관한 경영학교육에 관한 보고서[8]로 인해서 규범적 연구가 심한 비판을 받게 되었다.

[8] R.A. Gordon과 J.E. Howell은 Ford재단의 후원을 받아서 1959년에 *Higher Education for Business*라는

즉, 이 보고서는 미국의 경영대학원에서 박사프로그램의 비과학적 내용과 현대적인 연구수단에 대한 투자부족, 과학적으로 훈련받은 교수진의 부족 등에 관해서 신랄하게 비판하고는(Dyckman · Zeff, 1984; Watts, 1995), 응용수학, 경제학, 행동과학 등 세 가지를 핵심으로 해서 경영학 교과과정을 개편해야 한다고 생각하여 통계학, 경제학, 심리학 등을 교육시킬 것을 요구하였다(Jeanjean · Ramirez, p.115).

실증적 회계학의 출현 이전에는 미국의 회계학계가 그 자체의 지식기초의 효용과 타당성에 관해서 회의적인 학계이었으며, 이러한 의심은 과학의 발전에 의해 심화되고 있었다. 따라서 무엇이 적절한 회계학연구로 간주되어야 하는가에 관한 정의를 유도하는 연구와 조직의 변화를 촉진하기 위해 방법론적으로 자체분석을 실시하였다(Gaffikin, 1988). 이러한 맥락에서 과학의 기법과 방법론에 충실한 모든 회계학연구는 그 당시 규범적 회계학에 대해 비판적인 학자들에 의해 수용되었으며 과학적 연구의 타당성에 도전할 가능성은 거의 없었다.

실증적 회계학이 발전하게 된 것은 자연과학 방법론의 준수가 사회과학에서의 모든 지적활동의 발전을 판단하기 위한 유일한 기준이라는 지배적인 견해와 직접 관련이 있었다. 실증적 회계학의 지지자들은 과학철학자인 Karl Popper(1902-94)의 과학적 방법론의 권위에 호소함으로써(Mouck, 1992), 신고전파 경제학과의 일치성을 주장하였다. 즉, 이들은 과학적 상태를 이미 확립한 경제학자의 인증을 받음으로써 이러한 분위기를 포착하고자 하였다(Sterling, 1990). 수학과 통계학에 대한 실증적 회계학의 공개적인 수용과 이의 강력한 경험적 경향 등으로 인해서 실증적 회계학연구가 더욱 촉진되었다.

2) 경험주의의 패러다임

1960년대 후반부터 경험주의와 과학주의를 동일시함으로써 경험적 회계학연구가 폭증하였다. 선험적 연구가 경험적 연구로 전환된 것은 주요한 회계학술지의

보고서를 발표하였고, F.C. Pierson은 Carnegie재단의 후원을 받아서 1959년에 *The Education of American Businessmen*이라는 보고서를 발표하였다(Jeanjean · Ramirez, p.115).

내용에서 살펴볼 수 있는데, 이의 원인은 다양한 요인에 기인한다. Zeff(1983)는 회계학이 아닌 수학, 경제학, 재무론 등에 학술적 배경을 가진 회계학 연구자의 증가에 주목하였다. 박사과정학생이 회계학을 공부한 경우일지라도, 가설을 검정하기 위해서 현대적 연구수단 특히, 수학과 통계적 조사기법을 공식적으로 공부하도록 요구받았다(Gaffikin, 1988). 경험적 연구의 확산을 촉진한 또 다른 요소에는 새로운 경제이론의 등장, 학술지 편집위원의 편향, 공식적인 연구편람, 전산기술의 발전, 컴퓨터를 이용한 대량자료의 개발, 증권시장 데이터베이스의 이용가능성 등이 있다(Dyckman · Zeff, 1984; Gaffikin, 1988, 2008; Ball · Brown, 2014).

1960년대 후반부터 경험적 연구가 수용가능한 회계학연구의 유일한 유형이라는 일반적인 생각이 있었다. 이것은 엄격한 자연과학적 방법을 회계학연구에 적용한다는 특징(Dyckman · Zeff, 1984)을 지니는 무비판적인 경험주의의 시대를 의미한다(Gaffikin, 1988). Beaver · Demski(1979)와 같이 자본시장에 기초한 연구의 이론적 발전과 관련이 있는 일부 분석적(analytical) 연구들은 과학주의와 경험주의를 동일시하는 일반원칙에 대한 예외에 해당한다.

회계학연구의 일부 분야가 과학주의의 추구로 경험주의에 의해서 무시되고 있었다. 경험적 조사기법에 높은 수준의 훈련을 받은 연구자들이 많이 있었지만, 이들은 회계역사, 회계실무, 과학철학 등에 관한 인식이 부족하였다(Dyckman · Zeff, 1984). 그리하여 상대적으로 경험적 조사기법에 대한 훈련을 적게 받은 연구자들 간에 경험적 연구를 지도하고 정당화하는 이론이 긴급하게 필요하였다. 이것은 실증적 회계이론의 수용을 위한 강력한 배경을 제공하였는데, 이 실증적 회계이론은 그 지지자들에 의해 신선한 이론적 패러다임으로 서술되었으며, 경험에 입각하였기 때문에 경험주의와 과학주의를 동일시한 일반인들을 만족시켰다. 특히 학계의 경우에 실증적 회계이론은 지금까지 이론이 없는 세계에서 일부 이론의 경우 심오한 심리학적 욕구(deep psychological need)를 충족시킬 수 있었다(Mattessich, 1984, p.77). 그러나, 수학적 경향은 일부 연구자들에게는 높은 진입장벽이 되기도 하였다.

3) 보수파의 등장

실증적 회계이론은 학계에서 보편적인 주제들과 일치할 뿐만 아니라, 그 시대의 사회적, 정치적 분위기와도 조화를 이루고 있었다. 1970년대 후반은 1979년에 영국 수상으로 대처의 당선과 1980년에 미국 대통령으로 레이건의 당선에서 명백하게 드러난 보수파의 등장시기이었다. Mouck(1992)는 실증적 회계이론의 성공은 레이건/대처 시대의 강력하고도 광범위한 보수적 운동과 같은 시기에 시작하였다고 주장한 바 있다. Mouck의 핵심적 논지는 실증적 회계이론의 성공이 규제완화 주장과 '시장에 맡겨둔다'는 레이건/대처 시대의 정책인 신자유주의를 통해 설명될 수 있다는 것이다. 신고전파 경제학이 오늘날 신자유주의와 결부되어 회계학의 이론과 실무에 막대한 영향을 주고 있다(Ravencroft・Williams, pp.774-777).

Mouck(1992)는 Milton Friedman이 실증적 회계이론의 성공에 중요한 영향을 주었다고 인식하고 있다. Friedman도 실증적 회계이론이 한 분파로 간주되는 연구프로그램인 신고전파 경제학의 Chicago학파의 선도적인 배후인물이었다(Christenson, 1983). 실증적 회계이론의 연구에 대한 Chicago대학과 Friedman의 영향은 의심의 여지가 없다. Christenson(1983)은 "Jensen과 Watts가 Chicago대학에서 박사학위를 받았으며, Watts・Zimmerman(1979, p.273)이 인식한 17명 중에서 최소한 8명이 Chicago대학출신이며 다른 3명은 그곳에서 가르쳤다"(p.6)고 주장한 바 있다.[9] 그는 또한 실증적 회계이론이 신봉한 이론관과 관련해서 "Friedman의 영향이 분명하다"(p.7)는 점을 인식하고 있다.

1970년까지 Milton Friedman은 미국에서 지도적인 경제학자가 되었으며, 대통령의 자문으로 활동하였다(Mouck, 1992). 실증적 회계이론의 성공은 여러 가지 방식에서 Friedman의 등장과 밀접하게 결부되어 있다. Friedman은 실증적 회계이론

---

9) 1960년대 이후 초창기에 미국에서 실증적 방법론을 주도하는 회계학자들의 대부분(Ball, Brown, Beaver, Watts 등)이 Chicago대학교 박사과정출신이었다. 회계학에서 Rochester학파의 일원인 Watts도 Chicago대학교에서 박사과정 공부를 하였기 때문에 Rochester학파가 Chicago학파와 학문적으로 관련이 있는 것으로 간주되고 있다.

의 보편적인 경제정책환경의 지적 원천이었다.

4) 재무론의 발전

실증적 회계이론은 부분적으로 재무론의 중요한 이론적 발달과의 연계를 통해 그 시대의 독특한 이론적, 방법론적 요구를 충족시켰다. 재무론의 과학주의는 효율적 시장가설(EMH), 자본자산가격결정모형(CAPM), 대리이론 등의 경제학에 입각한 신고전파 경제이론을 생성시키는 데 도움을 주었는데(Whitley, 1986), 이들은 자본시장의 반응을 설명·예측하고자 하였다. 특히 효율적 시장가설과 대리이론은 실증적 회계이론의 기반이며, 규제완화주장에 중요한 토대가 되고 있다. 즉, 실증적 회계이론에 대한 이들의 중요성은 Watts·Zimmerman(1986)의 강조에 의해서 입증되고 있다(Whittington, 1987).

재무론에서 이러한 모형의 수용과 시기 및 실증적 회계이론의 등장은 중요하다. Fama(1970)의 발표 이전에도 효율적 시장 개념은 잘 알려져 있었지만, 시장효율성이 재무론에서 널리 수용된 것은 1970년 이후이다. 실증적 회계이론에 대한 시장효율성의 영향은 매우 분명한데 이는 그것이 규제완화주장을 지지하는 주요한 이론적 기초이기 때문이다. Beaver(1973)도 회계의 규제완화를 주장하기 위해 이것을 이용하였지만, 기업평가모형을 제공함으로써 실증적 회계이론의 많은 명제를 완성한 CAPM은 1970년대 중반까지는 널리 수용되지 않았다. 이 모형은 1960년대 중반에 만들어졌지만(Sharpe, 1964; Linter, 1965), 1970년대초에 실질적이고 확증적인 경험적 검정을 받았다(Black·Jensen·Scholes, 1972; Fama·MacBeth, 1973). 대리이론도 유사한 기간을 가지고 있으며 이의 발생은 Coase(1937)에까지 추적될 수 있지만, Jensen·Meckling(1976)의 발표에 이르러서 이 이론은 실증적 회계이론의 기본논지를 지지할 정도로 충분히 강건하게 되었다. 이러한 모든 발전은 1970년대 초에서 중반인 실증적 회계이론의 성립기에 발생하였다.

효율적 시장가설은 재무경제학에서 보편적인 패러다임이며, 자본시장이 공개적으로 이용가능한 정보에 효율적이고 편향없는 방식으로 반응한다는 가정에 기초하고 있다(Deegan・Unerman, 2011, p.259). 말하자면, 효율적 시장가설은 자본시장이 항상 균형상태에 있다는 것, 즉, 가격에 대한 어떠한 압력도 없다는 것을 말한다(Brown, p.14; 송인만 외 역, p.32). 이 가설에 의하면, 회계정보는 주가를 형성하기 위해 다른 시장정보와 결합하고 있다(Scott, 2011, p.88). 효율적 시장가설은 재무론의 경우처럼, 회계정책의 변화가 주가에 미치는 영향 뿐만 아니라 주가에 대한 회계정보의 영향을 검정하기 위해 이용된다(Watts・Zimmerman, 1986, p.15).

효율적 시장가설은 최근의 경제위기에서 불신을 받은 바 있다(Ball, 2009). 그 쟁점은 시장이 가정한 만큼 여전히 효율적인지의 여부이다. 공정가치회계와 같은 일부 회계측정이론은 자산과 부채의 가치를 결정하기 위해 효율적 시장에 의존한다. 경제위기에서 식별된 회계쟁점 중의 하나는 비활성(inactive)시장이나 유동성이 없는 시장에서 공정가치척도의 적절성이었다(Coetsee, p.6). 오늘날 효율적 시장가설에 상반되는 증거도 점차 증가하고 있다. 실제로 주식시장의 이상반응을 추적하는 것이 이러한 예이다(Brown, p.14; 송인만 외 역, p.33). 효율적 시장가설을 둘러싼 쟁점을 해결하는 것은 모든 자본시장에 대해 포괄적이고 일관성있는 회계기준을 생성하려는 기준제정기관의 노력과 공정가치회계의 적용에도 중요할 것이다(Milburn, 2008).

자본자산가격결정모형(CAPM)은 지분가치나 수익률을 결정하는데 선형모형을 적용한다(Deegan・Unerman, p.261). 선형모형은 또한 회계자료와 주가 사이의 관계를 결정하기 위해 효율적 시장가설을 전제로 이용된다.

가치관련성(value relevance) 연구는 주주가 이용하는 정보를 회계수치가 얼마나 잘 반영하는가를 평가한다(Barth et al., 2001, p.77). 이 연구는 주가와 회계수치 간의 상관관계를 조사하는 것으로 회계수치가 주가와 유의하게 관련이 있으면 가치관련성이 있는 것으로 본다(Beaver, 1998; 권수영 외, p.37).

Holthausen・Watts(2001)는 서술적 이론들이 가치관련성 연구의 연관성을 해석하기 위해 필요하며, 가치관련성 연구의 문헌은 회계와 기준제정의 서술적 이론을 개발하지 않는다고 주장한다(p.4와 p.63). 그들은 이러한 서술적 이론들이 가치관련성 연구의 타당성을 보증하는데 필요하며, 가치관련성은 회계기준과 실무를 결정하는 다른 요소들과 회계의 다른 역할을 무시한다고 주장한다. 그러므로 그들은 이러한 다른 요소들의 영향을 직접 탐구하기 위해 회계문헌을 필요로 한다(p.64). 그들은 이러한 연구로 더욱 충분하게 발달된 회계이론이 생성될 것이라고 생각한다(p.75).

그러나 가치관련성 연구는 기준제정기관에 대한 정보관련성을 가진다. Barth et al.(2001, p.77)에 의하면, 재무제표의 일차적인 주안점은 지분투자에 두고 있다. 구체적으로, 계약체결과 기타 재무제표의 용도가 가치관련성의 중요성에 있다(*ibid.*, p.98). 가치관련성 연구는 투자자가 지분을 평가하는 데서 특별한 회계수치를 이용하는지의 여부를 평가하기 위해 설계되었으며, 기업가치를 추정하기 위한 것은 아니다(p.99).

가치관련성 연구는 자본시장에서 회계정보의 유용성을 평가하기 위해 설계되기 때문에, 그것은 기준제정기관에게 도움이 될 수 있다. Holthausen · Watts(2001)는 가치평가모형이 회계이론을 생성하지 않는다는 것을 주장하지만, 가치평가모형은 여전히 기준제정기관에게 귀중한 정보를 제공한다. 그리고 가치관련성 연구는 단순히 정보적이며 회계 그 자체의 원칙들을 생성하지는 않는다(Coetsee, p.7).

이상과 같은 재무론과 실증적 회계이론의 발전 시기가 우연히 일치하는 것은 Watts · Zimmerman이 "실증적 회계이론을 도출하려는 초기노력"(1978, p.113)으로 평가한 Gordon(1964)의 연구를 통해 예시될 수 있다. Watts · Zimmerman처럼 Gordon은 경영자가 자신의 이기심을 위해 행동하며, 그 목적으로 회계수치를 조작한다는 가설을 설정한 바 있다. Gordon의 연구는 EMH의 가정이 없었기 때문에, Watts · Zimmerman의 실증적 회계이론과는 매우 다른 방향을 선택하였다. Gordon은 유연화(smoothing)연구를 중심으로 한 일단의 연구를 실시하였는데(예를 들면, Gordon et al, 1966; Archibald, 1967), 이것은 경영자들이 회계보고서가 투자자정보의 유일한 원천이라고 가정하였기 때문에, 자본시장을 오도할 수 있다는 것을 의미하였다. 나아가 Gordon은 CAPM이 없는 상태에서도 회계이익을 유연화하기 위해 경영자유인을 강화한 현금흐름이 아닌 회계이익에 주가를 연계한 평가모형을 설정하였다. Gordon의 연구가 보여 준 바와 같이, 재무이론의 과학화의 초기결과인 이러한 세 가지 이론 중의 하나라도 없었다면 실증적 회계이론의 형성이 불가능하지는 않았겠지만 문제점은 있었을 것이다. 이들을 회계이론체계 내에 반영함으로써 실증적 회계이론이 활성화되었을 뿐만 아니라, 회계에 대한 과학적 접근방법으로 실증적 회계이론의 신뢰성이 높아지게 되었다(Hopper et al., 1995, p.526).

제3절 주류회계학의 비판

Watts・Zimmerman은 그들의 연구에 실증적이라는 용어를 사용함으로써 너무 많은 주의를 환기시키고 있기 때문에, 실증적이라는 측면에서 그들에 대한 많은 비판이 있다. 이러한 비판 중에서 최초의 논문은 Tinker・Merino・Neimark(1982)이다. 이 논문이 발표된 이후 주류회계학, 특히 실증적 회계학을 비판하고 평가하는 많은 논문들이 발표되었다.[10] 실증적 회계이론을 반대하는 사람들은 실증적 회계이론의 타당성을 반대한 논지를 전개하면서, 다음과 같이 논평하기도 하였다(Deegan, 1997, pp.66-67).[11]

- 죽은 철학적 운동이다(Christenson, 1983, p.7)
- 어떠한 성과도 제공하지 않았다(Sterling, 1990, p.97)
- 간과, 불일치, 역설에 의해 훼손되고 있다(Chambers, 1993, p.1)
- 오만하고 독재적이다(Sterling, 1990, p.121)
- 공허하고 진부하다(Sterling, 1990, p.130)
- 사양산업(cottage industry)에 가깝다(Sterling, 1990, p.132)

---

10) Thomas(1981)는 Watts・Zimmerman을 논평한 최초의 학자이지만, 비판가는 아니다.

11) 실증적 회계학연구에 대한 비판에 대해서 실증주의자들이 반박한 중요한 논지 중의 하나는 규범적 회계학연구에는 구체적인 증거가 부족하다는 것이다(Ball・Brown, 2014, pp.5-6).

- 1000년의 연구시간을 뒤로 돌리는데 책임이 있다(Chambers, 1993, p.22)
- 의심스러운 가치의 증거를 제공한다(Williams, 1989, p.456)
- 논리적 불일치의 결함이 있다(Williams, 1989, p.459).
- 소모적인 노력이다(Sterling, 1990, p.132)

실증적 회계이론에 관한 다양한 비판들은 중복되기도 하지만, 대체적으로 ① 연구방법에 입각한 기술적 비판, ② 과학철학에 입각한 비판, ③ 경제학방법론에 입각한 비판, ④ 기타 등으로 분류될 수 있다.

연구방법에 입각한 기술적 비판[12]은 주로 경험적이고 분석적인 실증주의의 체계 내에서 실증주의를 더욱 발전시키기 위한 통계처리절차나 수리모형의 오류에 관한 비판이기 때문에 실증주의 자체를 비판하고 그 대안을 살펴보고자 하는 본장에서는 다루지 않기로 한다.

1. 과학철학에 입각한 비판[13]

과학철학은 이미 존재하는 과학적 담론, 이론, 방법에 대한 반성적 작업(박이문, 1993, p.15) 또는 과학의 합리성 밑바탕에 놓여 있는 철학적 원리, 즉 경험적 대상에 대한 객관적인 지식을 얻을 수 있게 하는 인식과정을 해명하려는 지식분야(송현호, 1992, p.14)이다. 따라서 과학철학은 과학이란 무엇이며, 과학이 어떠한 방법을 이용하여 어떻게 발전해 왔는가를 해명하고자 한다. 즉, 과학철학은 과학의 본질을 보다 일관성있고 체계적으로 파악하려고 한다. 과학철학은 과학지식을 구축하는데 사용되

12) 이들은 다음 논문에서 발견된다. Ball · Foster(1982), Lev · Ohlson(1982), Holthausen · Leftwich (1983), McKee · Bell · Boatsman(1984).

13) 이 글은 1998년 2월, 경영연구(한국산업경영학회)(제13권 제1호, pp.201-225)에 발표한 "실증적 회계이론의 방법론에 관한 과학철학적 비판"을 수정 · 보완한 것이다.

는 개념이나 과학지식의 논리적 구조를 밝히는 작업 외에도, 과학지식의 내용을 초월한 문제와 관련해서 의미를 관찰하고 그 결과를 평가하는 문제를 다룬다.[14)]

일반적으로 회계학자들은 (연구)방법과 (연구)방법론을 구분하지 않고 이용하는 것 같다. 연구방법은 연구를 실시하는 데서 구체적인 절차를 의미하는데 반하여, 연구방법론은 그 연구방법의 철학적 배경, 인식구조 등을 다룬다. 연구방법론이 바로 과학철학의 대상이다. 여기서 다루는 방법론은 오늘날까지 회계학이 주로 이용하는 전통적인 과학관인 실증주의에 의한 방법론이며, 최근에 이에 대한 비판의 논문들이 발표되고 있다. 이하에서 먼저 기존의 선행연구를 간단히 살펴보기로 한다.

1) 선행연구

실증적 회계이론의 대표적인 회계학자인 Watts・Zimmerman의 일련의 논문과 저서(1978, 1979, 1986)에서 이용되고 있는 방법론이 주로 비판의 대상이 되고 있다. 그들의 방법론에 의하면 실재세계의 관찰로부터 어떤 가설이 형성되고 검증되는 자료가 생성되며 그 가설은 검증을 통해 확증될 때 이론으로 된다.

실증적 회계이론에 관한 많은 비판은 과학철학의 관점에서 시작되었다. Tinker・Merino・Neimark(1982), Chirstenson(1983), Lowe et al.(1983), Chua(1986), Hines (1988a,b), Sterling(1990), Lehman(1992), Neu・Simmons(1996) 등의 선행연구들은 모두 과학의 방법론에 초점을 두고 있다. 과학철학에서 귀납주의에 입각한 실증주의를 비판할 때, 그 주요한 논지들에 따라 이러한 선행연구의 논지들을 분류하면 <도표 3-1>과 같이 분류할 수 있다.

14) 과학철학에 관한 개괄적인 내용은 다음을 참조할 것. 박이문(1993), 박은진(1996), 강신익 외(2011), Chalmers(1999). 회계학에서 이를 소개한 것으로는 다음을 참조할 것. Henderson・Peirson・Harris (2004).

도표 3-1 선행연구의 분류

경험주의비판	Lowe・Puxty・Laughlin(1983), Hines(1988a), Tinker(1988)
가치중립성비판	Tinker・Merino・Neimark(1982), Chua(1986a), Whittington(1987), Tinker(1988), Morgan(1988), Sterling(1990), 冨塚嘉一(1994)
실재론비판	Tinker(1982), Chua(1986b), Hines(1988b), 田中章義(2010)
연구의 사회성	Tinker・Merino・Neimark(1982), Christenson(1983), Hines(1989), Lehman(1992), Ryan・Scapens・Theobald(1992), Whitley(1988), Whittington(1987), Neu・Simmons(1996)

<도표 3-1>에서 각 논문들이 반드시 한 가지 부류에만 속하는 것은 아니지만 주된 논지에 따라 분류한 것이다.

우리나라의 경우에도 실증적 방법론을 적용한 회계학연구가 활발하며 이의 연구현황에 관한 종합적인 정리와 비판에 관한 논문도 발표된 바 있지만(서정우・홍창목, 1993), 그 비판이 과학철학에 입각한 것은 아니다.

이하에서는 선행연구의 주요한 논지에 따라 과학철학적 비판을 살펴보고자 한다.

2) 경험주의

과학은 인간이 객관적 세계를 있는 그대로 반영하여 일반화한 지식이라는 인상을 가지게 된다. 이렇게 보는 경우 과학은 누적적으로 발전한 것으로 간주된다. 즉, 인간은 점차 자기 자신을 포함한 세계를 객관적으로 올바르게 인식할 능력을 키워왔고 이로 인한 발견들이 종합되고 체계화되어 과학적 이론들이 점진적으로 발전하게 된다. 그러나 과학적 지식이나 이론은 외적으로 경험되는 사실을 그대로 반영하는 것은 아니며, 내적인 논리를 가진다. 그렇지만 어떤 과학이론이 타당한가의 여부는 경험적 사실과 일치하는가의 여부에 따라 판단되어야 한다고 논리실증주의자들은 주장하고 있다. 이들은 과학이 검증(verify)됨으로써 직접적으로 검증할 수 있는 명제들만이 과학의 기초가 되어야 한다는 것이다. 그러나 경험에 의존하여 이론을 확립하려는 귀납적, 실증적, 경험적 방법론은 귀납의 오류가능성(Chalmers, 1999; Henderson et al., 2004, pp.26-29)이라는 결함을 갖는다. 즉, 사실에 대한 관찰에 입각하여 귀납적 논리로 일반화된 명제를 가질 수 있다는 생각은 비판되고 있다. 아무리 많은 흰 백조(white swan)를 관찰했더라도 "모든 백조가 희다"라는 일반화에 도달할 수는 없다는 것이다. 즉, 어떤 관찰명제의 경험적 대상은 무한하므로 한정된 경험과의 대비를 통해 관찰명제의 확실성을 검증하는 것은 불가능하다는 것이다(Vicencio, p.732). 그리고 관찰 그 자체도 오류가능성을 가지고 있다. 동일한 현상을 다르게 본다든지, 기존의 지식범주내에서만 관찰의 의미를 파악한다(아는 것만큼만 볼 수 있다)는 등의 귀납의 문제점을 가지고 있다.[15] 관찰의 오류가능성의 예로는 <도표 3-2>와 같다. <도표 3-2>의 그림을 할머니의 그림으로 볼 수도 있고, 젊은 여성의 그림으로 볼 수도 있다. 이를 통해 우리의 관찰력을 얼마나 신뢰할 수 있는가를 음미해 볼 수 있을 것이다.

귀납주의에 대한 대안으로 Popper(1959, 1963)는 반증주의(falsificationism)를 제시한 바 있지만, 반증주의도 관찰의 오류가능성을 완전히 극복하지는 못하였다.

도표 3-2 관찰의 오류가능성

자료원: Godfrey et al.(2006, p.34). 원전: Leavitt, H.J.(1964, p.29).

15) 귀납의 문제점에 관해서는 Henderson et al.(2004, pp.26-27; 김석웅 옮김, 2005, pp.46-50)을 참조.

그리고 경험은 인간이 대상을 감각기관을 통해 인식하는 행위를 의미하는데, 이러한 경험은 인간 개개인의 선입관, 과학계의 연구유행[16], 기존의 불완전한 이론, 지식 등을 근거로 하여 이루어지기 때문에 결국 완전히 객관적인 경험이란 불가능하다(Chalmers, 1999). 그리고 이론이란 과학자들간의 합의에 의해 만들어지기 때문에 이론의 진위나 우월성 여부는 경험적 사실에 의해 판단되지 않는다고 주장되기도 한다. 즉, 많은 과학적 진술은 어떤 외부적이고 독립적인 실재에 대한 진위의 서술이 아니라 과학자의 창조물이라는 점(김승현 외, 1994, p.468)과 경험의 오류가능성도 존재한다. 따라서 경험을 통해 현상을 파악해서 이론을 정립하는 실증적 회계이론도 경험주의의 한계를 그대로 지닌다고 볼 수 있다.

실증적 회계학과 같은 경험적 회계학의 중심적인 가정은 인간가치를 배제해서 실재를 나타낸다는 특징이 있고, 가치중립적이고 객관적 관찰에 대한 실증주의적 믿음과 같은 외부적이고 초월적인 형이상학의 개념에 지식이 근거한다는 것이다(Morgan, 1988, p.477). 경험적 연구가 지배하게 된 결과로, 규범적이거나 질적 관점과 방법들은 신뢰성이 없는 것으로 간주되어 배제되었다(Arrington・Francis, 1989; Tinker, 1988).

Tinker(1988)는 인간의 인지, 심리적 경향, 파당적(partisan) 가치 등이 지식을 구축하는 방법에 불가피하게 반영됨에 따라 주관적으로 연구의 구성(structuring)에 미리 영향을 준다는 것을 근거로 하여 회계학계의 경험적 연구의 기반을 부당한 것으로 비판하였다.

Tinker(1988)는 실증적 회계의 무비판적인 경험주의적 인식론의 수용을 비판하였으며, 다른 형태의 사고방식을 포함하기 위해 이론적 관점을 넓힐 필요가 있다고 주장하였다. 경험적 연구가 진리의 실현을 유도하는지 또는 단순히 현상태를 지지하는 인위적인 것인지의 여부를 결정하기 위해서(Tinker et al., 1982), 경험적 믿음은

16) 이것을 Kuhn은 패러다임(paradigm)이라 하였고, Lakatos는 연구프로그램(research programme)이라 하였으며, Laudan은 연구전통(research tradition)이라고 하였다(Henderson et al., pp.32-35).

"이론화의 배후에 있는 가치와 이데올로기에 관해 체계적인 방법으로 조사받아야 한다"(1988, p.183).

3) 가치중립성

사실은 인지자의 주관적 영역 내에서 사실로 인지될 때만 사실일 뿐이다. 개인의 인지는 사전에 개인적, 사회적, 제도적 요소에 의해 조건지워지기 때문에 개인은 이미 믿고 있는 것을 입증하려는 성향을 나타낸다(Truan · Hughes, p.28). 따라서 개인의 인지에는 이미 주관성이 많이 개입되어 있다는 것을 알 수 있다.

과학자들은 그들의 생활방식을 정당화하고, 그들의 행동을 지도하고, 그들이 세계라고 간주하는 것을 생성하는 개념체계인 그들의 이해의 언어 안에서 살고 있다. 과학자는 자신들이 살고 있는 문화적 믿음체계의 반영으로서 자신들의 가치 문제에서 벗어날 수 없다(*ibid.*, p.29). 회계가 사회적, 정치적, 문화적 맥락으로부터 분리된 중립적, 기술적, 실천적 활동이라는 회계학자의 인식은 오류라 할 수 있다(Burchell et al., 1985; Lehman · Tinker, 1987; Morgan, 1988).

전통적으로 회계는 근대사회가 유연하게 기능하기 위한 중요한 선결조건인 계량화나 계산의 기법으로 간주되었다. 그러므로 회계는 상호작용이라기 보다는 노동으로 이해되곤 하였다(Habermas, 1971). 즉, 회계와 같은 직무는 주어진 상황에서 단순히 기법적인 노동(work)으로 일반적으로 간주되었다. 이에 의해서 평가기준은 사전에 주어진 목적을 달성하는데 요구되는 기술적 속성의 도구적 성공 예를 들면, 유용한 정보를 제공하는 것과 같은 것으로 제한된다. 이는 회계가 전통적으로 Weber(1978, pp.24-26)의 의미에서 합목적성(Zweckrationalitaet)인 합목적적 합리성(purposive rationality)의 모형에 포함되어 있다고 말할 수 있다. 이것은 그 기법이 중립적이고 논쟁의 여지가 없는 단순히 공식적인 일단의 절차로서 기능한다. 이러한 견해에서 회계는 주어진 정보목적을 달성하기 위한 적절한 수단과 방법에 관한 지침을 제공하지만, 그것은 그러한 목적 자체를 결정할 수 없다. 전통적으로 회계는 이러한 기법으로서의 회계이미지를 가지고 있다(Power et al., 2003, pp.133-134).

그러나 회계담당자가 독립적이고 비편파적인 관찰자로 기록하고 감시한다는 이미지는 기만적이다. 이는 객관성의 이미지에도 불구하고 회계는 논쟁의 여지가 많은 관습에 근거하고 있으며, 이 수치들의 생성, 의미, 시사점 등은 항상 논쟁과 해석의 여지가 있기 때문이다(Robson・Young, 2009).

기본적으로 실증적 회계이론에서는 실증적 이론과 규범적 이론의 구분을 기본 전제로 한다(冨塚嘉一, 1994). 실증적 회계이론이 처방을 제공하지 않기 때문에 회계실무를 개선하는 수단을 제공하지 않는다고 비판되고 있다(Deegan, 2006, p.303). 따라서 실증적 회계이론가들은 회계정책의 문제에 관심이 많은 회계실무가로부터 소외될 수 있다고 주장된다(Howeison, 1996, p.31).

회계학연구를 과학의 형태로 추구하는 데서, 실증적 회계이론은 자연과학의 방법론이 사회과학에 적합한지의 여부에 관한 장기간의 논쟁에도 직면하고 있다(Kabir, p.140). Durkheim(1964)와 같은 철학자는 그 적합성에 찬성하는데 반하여 Lessnoff(1974)는 반대하고 있다. Lessnoff는 어떤 사건을 인간행동으로 보기 위해서는 관찰가능한 행동을 심적(mental) 범주에 의해서 경험적으로 해석하는 것이 필요하다고 주장한다. 행동에 의미를 부여하는 것은 행동의 물리적 측면이 아니라 주관적 측면이다. Lessnoff(1974)의 주장에 따라, Whitley(1988)과 Mouck(1990)도 회계연구자들이 자연과학철학에 의존하는 것을 반대하였다.

Watts・Zimmerman(1986)은 실증적 이론이 가치중립적이며 과학적인 반면에, 규범적 이론은 가치지향적이며 따라서 비과학적이라고 주장한다(p.8). 실증적 이론이라고 해서 규범적이거나 처방에 관한 의미를 갖지 않는 것은 아니다. 첫째, 예를 들면, Watts・Zimmerman(1986, pp.15-27, pp.164-165)은 시장시스템의 효율성[17]을 전제한다든가, 규범적 이론을 비판하면서 Arrow의 불가능성의 정리와 같은 규범적 이론을 이용하고 있다. 둘째, 경험적으로 검증가능한 명제를 유도한다는 면에서

17) 예를 들면, CAPM을 평가모형으로 채택하고 있다.

실증적이 아닌 모든 이론은 처방을 유도한다는 의미로 규범적이라고 보는 것은 무리가 있다. 수학이나 통계이론이 이러한 예에 속한다. 이러한 공리로부터의 연역에 토대를 둔 규범적 지식이 회계이론에 포함되어서 안 될 이유는 없다. 실증적 회계이론에서는 Chambers(1966)와 Edwards・Bell(1961)을 규범적이라고 규정하고 있으나, 이들의 저서는 나름대로 주장하는 바를 논리적으로 전개하고 있다. 그들의 주장이 규범적이기 때문에 정책적 함의를 지니고 있다고 비난하기에는 실증적 회계이론 자체에도 효율적 자본시장, 회계규제와 같은 규범적 요소를 내포하고 있다는 점에서 완전히 실증적인 것은 아니다.

규범적 이론들은 비과학적이기 때문에 실증적 회계이론은 설명과 예측에만 관련되어야한다는 Watts・Zimmerman의 주장은 비판되고 있다(Mattessich, 1995, pp.165-166). 실증적 회계이론의 유용성이 그 예측력과 설명력에 의존하고, 이용자의 선호나 목적함수에 의존한다. 따라서, 실증적 이론은 일반목적함수가 구체화되면 규범적 의미를 가질 수 있다고 주장되고 있기 때문에(Watts・Zimmerman, 1990, p.147), 규범적 이론을 실증적 이론에서 배제한다는 것은 논리적으로 모순이다. 이는 실증적 경제학도 규범적 경제학[18]을 수용하고 있으며, 모든 연구는 궁극적으로 인간의 삶의 조건을 개선하는 것이라고 볼 때(Sterling, 1990), 규범성이 모든 연구에 내재되어 있다고 볼 수 있기 때문이다. 따라서 실증적 이론이라고 하더라도 규범적 이론을 내포하고 있으며, 규범적 이론의 특성이라고 볼 수 있는 가치판단이 개입되어 있기 때문에 실증적 이론에서 가치중립성을 주장하여 비판하는 것은 모순이다.

사회과학에서 다루고 있는 자료들은 그 자체가 이미 가치중립적이기는 어려우므로 사회과학에서 가치판단의 문제는 회피할 수 없다(Passmore, 1953을 참조). 사회과학 중의 하나인 회계학이 가치판단의 문제를 배제할 수 없는 또 하나의 이유는 의사결정에 유용한 정보를 제공한다는 데 있다. 여기서 유용하다는 것은 회계정보를 판단하고 그것을 의사결정에 이용하는 모든 과정에 걸쳐서 의사결정자의 만족도를 높여준다고

18) 예를 들면, 경제정책과 후생경제학.

해석할 수 있다. 만족도를 무엇으로 볼 것이냐의 문제와 어떤 의사결정자를 주 대상으로 볼 것인가의 문제, 그리고 회계정보를 판단할 때 개입되는 여러 가지 인간적 요소들 모두가 가치판단의 문제를 완전히 배제하고 객관적이고 가치중립적인 연구를 수행한다는 것이 매우 어렵다는 것을 시사하고 있다(윤성식, 1993, p.215). 그리고 회계정보를 이용하고자 하는 다양한 이해관계자들 사이에 갈등이 존재하고 있음에도 불구하고 회계가 중립적이라고 가정하는 회계정보의 비정치성(apolitics)도 비판되고 있다(Vicencio, p.732).

Tinker · Merino · Neimark(1982)은 Watts · Zimmerman이 객관적, 비편파적, 기술적이라고 주장하는 실증적 회계이론은 규범적 회계이론처럼 가치의존적(value-laden)이라고 주장한다. 즉, 그들은 실증적 이론들이 규범적 이론에 비해 외견상 현실적이고 사실적이며 관련성이 큰 것으로 보이지만, 실제로는 이들 또한 회계정책적 의미를 보면 보수주의적 이데올로기의 편향으로 위장하고 있기 때문에 규범적이며 동시에 가치의존적이라고 주장한다. 이러한 이념적으로 치우친 가치의 본질은 그들의 대리이론에 관한 해석에서 분명하게 나타나고 있다. 대리이론에는 다음과 같은 가정이 내재되어 있다. ① 재무보고의 유일한 이론적 근거와 목적은 자본시장에 기여하는 것이다. ② 모든 이해관계자집단을 보호하기 위해 경쟁적인 시장력에 의존할 수 있다. ③ 각 이해관계자집단의 구성원은 동일하게 정보를 소유할 수 있고 경영자의 (동질적인) 효용함수를 구분할 수 있다. ④ 정부만이 강제력을 소유한다. ⑤ 모든 행동은 경제적 합리성에 의해 유발된다. ⑥ 공익의 주장은 항상 이기심을 은폐하기 위한 기만이다.

한편, Tinker · Merino · Neimark(1982)는 가치개념에 대한 분석을 통하여 신고전파 경제학의 한계주의(marginalism)가 시장지향적인 가치개념을 토대로 하고 있기 때문에 가치중립적이라고 볼 수 없다는 점을 지적하고 있다. 특히 이들은 회계실무와 이론이 이러한 한계주의에 입각하고 있어서 회계가 객관적이거나 공정하다는 식으로 가치중립적일 수 없다고 주장하면서 유물론을 주장하고 있다. 역사적으로 회계사상이 한계주의에만 일방적으로 의존하고 있는 것에 대해 이들은 다음과 같이 비판하고 있다. 첫째, 회계사상에서는 개인주의를 강조하여 개인들의 계급소속에 관한 문제나 계급간의 갈등에서 회계담당자가 참여하는 역할 등을 외면하고 있다. 둘째로는 가치에 관한 주관적 문제를 회피하고 회계자료를 객관적인 시장가격에 한정함으로써 객관성과 독립성을 위장하려 한다.[19] 그리하여 이들은 실증적 회계학 연구가 특정한 이해관계자집단의 이익을 강화하기 위한 것이며(Tinker et al., 1982, p.167), 조직과 사회에서 부의 배분에 대한 투쟁에서 이데올로기의 무기로 이용된다(Tinker et al., 1991, p.37)고 주장한다.

회계학연구와 이론의 발전이 가치중립에 의하기 보다는 연구자들의 일단의 신념과 가정에 의해 지배되고 있다는 주장도 있다(Chua, 1986a). 이러한 신념은 무엇을 연구할 것인가를 결정하고 이용할 방법론을 결정한다. 이러한 신념의 존재는 회계연구자가 연구성과를 얻을 수 있는 다른 주제나 연구방법을 고려하는 것을 방해한다. 신념과 가정은 대개 묵시적이며 주류의 회계연구자와 이론가에 의해 인식되거나 평가되지 않고 있다. 이러한 주류회계학의 지배적인 가정이 주류회계학연구를 구속하며, 가능한 연구, 연구문제의 유형, 연구방법의 이용 등을 제한할 수 있다고 주장된다.

회계학연구자와 이론가가 자신의 목적적합성과 타당성을 평가할 수 있는 이러한 지배적 신념이나 가정이 부적절한 것으로 판명된다면, 더욱 목적적합하거나 적절한 다른 신념으로 대체되어야 한다. 회계학연구와 이론의 기본적 신념에 관한 명시적 언명은 모든 연구와 이론이 가치의존적이라는 것을 분명하게 할 것이다. 신념이나 가정의 선택은 가치판단이다. 그런데, 많은 주류의 회계연구자들은 자신들의 연구활동을 지배하는 일단의 신념을 잘 모르고 있으며, 그 결과 자신들의

---

[19] Tinker · Merino · Neimark(1982)는 실증적 회계이론의 경제학적 기초를 언급하면서, 한계주의(marginalism; 예를 들면, 효용극대화)와 경제적 가치이론에 대한 근본적인 의존을 주장하고 있다. Watts · Zimmerman(1990)은 Tinker et al.(1982)의 주장을 인지하였지만, 주로 다른 패러다임(Marx주의)에서 나오는 주장이 포함된다는 이유로 Tinker et al.(1982)의 주장을 배제하고 있다.

연구가 가치중립적이라고 생각한다.

전통적으로 주류회계학은 <도표 2-8>처럼 세 가지 신념 속에서 이루어지기 때문에 필연적으로 이로 인한 한계점을 갖는다. 그리고 주류회계학의 철학적 가정으로부터 여러 가지 결과가 나온다. 첫째, 수단과 목적(means-ends)의 이분법에 대한 신념과 특히 수단에만 관심을 갖기 때문에, 회계연구자는 기존의 정부, 시장, 가격, 조직형태 등의 제도적 구조에 대한 가치판단을 배제하고 이들을 주어진 것으로 받아들인다. 의사결정자, 기업, 사회의 목표에 관한 문제는 회계담당자의 영역밖에 있는 것으로 간주된다. 이와 마찬가지로, 재산권 체계, 경제교환, 부의 분배와 배분, 부의 창조기회 등에 관한 관심은 나타나지 않는다. 주류회계학연구는 제도적 구조를 평가하고 변경시키려는 것을 목표로 하지 않는다. 사회는 자본주의나 사회주의의 혼합형태일 수 있으며, 시장은 독점일 수도 있다. 그러나 회계담당자는 이러한 결과를 평가하지 않음으로써 가치중립의 입장을 취하게 된다. 회계담당자의 업무는 단순히 이러한 상태를 달성하기 위한 수단에 관한 관련된 재무정보의 제공이다. 구조, 교환과 생산의 관계를 지배하는 그러한 목표가 변화하는 것처럼, 변동회계시스템도 변화한다(Chua, 1986a, pp.610-611).

그러나 이러한 중립적 입장은 어려움에 봉착한다. 중립적 입장, 이 자체가 어떤 이상(ideal)의 이름으로 목표를 판단하는 입장보다 우월한 것으로 주장될 수 없는 가치의 입장이다. Weber(1949)는 사실과 가치의 구분 그 자체가 가치판단이라고 인식한 바 있다. 그것은 또한 현상태에 관한 간접적인 보수적 지지에 해당한다. 이는 기존목표를 문제시하지 않음으로써, 실재에 대하여 묵인을 하고 있기 때문이다. Chua(1986a)는 그러한 보수적 지지가 기존의 교환, 생산의 관계와 억압의 상태를 정당화하는데 도움이 된다고 주장하고 있다(p.611).

주류회계학의 한계점은 인간의 목표에 관한 가정인 합리성, 합의 등과도 관련이 있다. 효용극대화라는 합의적 목표를 검토할 때, 이들은 자본제공자의 변함없는 목표가 된다. 회계담당자와 감사인은 때때로 자신들이 공익에서 활동한다고 주장하지만, 감사보고서와 재무보고서는 투자자와 채권자의 권리를 보호하도록 의도된다는 것이 일반적으로 인정된다. 또한 회계에 대한 효용극대화의 목표는 궁극적으로 자본제공자의 목표이기 때문에 회계는 경영자와 종업원의 월권방지와 잔여청구권자인 주주의 권리보호를 목적으로 갖는다. 전통적인 미시경제학의 영향으로, 주류 회계사상은 소유자의 우선청구권이라는 개념에 입각하고 있으며 이러한 청구권의 만족은 다른 모든 청구권을 충족시키기 위한 수단을 제공한다는 것을 의미한다(*ibid.*).

따라서 실증적 회계이론과 규범적 회계이론을 구분하더라도 실증적 회계이론 그 자체에 이미 많은 가치판단이 묵시적으로 내재되어 있다.

실증적 회계이론은 가치중립적인 객관성과 경험적 관찰의 가정에 근거하여, 이러한 인식방식이 다른 규범적(주관적) 진리탐색방식보다 우월하다는 전제에 입각하고 있다(Morgan, 1988, p.480). 지난 20세기에, 이 가정들은 과학적 연구에 적절한 유일한 방법으로서 계량적인 객관적, 과학적 관점에 대한 일반적인 사회믿음에 기여하였다. 그러나 이 견해는 이미 철학자 David Hume(1739)에 의해 타당하지 않은 것으로 비판받은 바 있다(Tinker et al., 1982).

4) 실재론

실재론(realism)은 실재(reality)가 저 너머에(over there)에 객관적으로 존재하고 우리의 지각과는 독립적이며 따라서 실재는 모든 관찰자에게 궁극적으로 동일하다는 점을 주장한다. 그리하여 그 행동을 규제하는 기본법칙과 메카니즘을 탐색함으로써 궁극적인 실재를 알게 된다는 것이다. 이 철학은 하나의 유일하고 절대적이고 객관적인 실재를 발견할 수 있다는 가능성을 주장한다(Chua, 1986a, p.606).

실재론이라는 가정은 자연과학과 사회과학의 개념적 기초의 일부를 형성한다. 실재론자들의 연구방법은 실재론자들이 연구하는 현상에 대해 직접적으로 접근을 하며 경험적으로 성공적인 이론은 실제현상에 상응한다는 것이 이 분야의 연구자들에 의해 당연한 것으로 간주된다. 경험적으로 성공적인 이론은 진실한 것으로 간주된다.

과학이 사물현상에 대한 지식을 의미하는 이상 그것은 어떤 객관적 존재에 대한 정보를 제공한다. 과학이 지식인 이상 그것은 필연적으로 무엇인가의 서술, 즉 표상이다. 모든 지식은 인간신념의 표상이다. 그리고 표상은 한 의식 속에 비쳐진 대상의 언어나 기호적 재현을 뜻한다(박이문, 1993, p.14). 그런데 이러한 표상이 인식대상의 복사라는 생각은 Plato(플라톤)에서 시작하여 오늘날 논리실증주의자들로 이어지는 서양철학의 지배적인 생각이었다. 그러나, 그러한 생각은 최근에 Kuhn, Derrida 등과 같은 철학자들에 의해서 인식을 어떤 사물의 복사로 보는 견해는 강력히 저항되고 부정되어 왔다.

사물현상에 대한 어떠한 인식도 인식자의 논리구조, 그가 사용하는 언어구조를 떠나서는 불가능하다(박이문, 1993, p.48). 과학적 표상 즉, 지식이 신빙성있고 객관적이라서 사물현상에 대한 과학적 설명을 아무리 진리라고 하여도 그것은 사물현상에 대한 한 가지 서술방식에 지나지 않지 사물자체를 표상하지는 않는다. 모든 과학적 지식 즉, 설명은 자연의 모든 현상이 기계적 인과법칙에 의해서 작동되고 있음을 전제하지만, 예를 들어 양자역학은 극히 미시적 차원에서는 그러한 전제가 잘못되었음을 과학적으로 증명하였다.

과학적 지식이 존재 자체의 복사를 의미하지 않는다. Heisenberg의 「불확정성의 원리」는 미시적 차원에서는 어떤 물리현상도 결정적으로 서술할 수 없음을 과학적으로 증명해 준다. 첨단 과학이론인 양자역학이론은 후술하는 바와 같이, 극히 미시적 차원에서 나타나는 물리현상이 기계적 인과법칙에 의해 지배되지 않음을 입증하였다. 이러한 사실은 과학기술이 전제하고 있는 기계론적 세계관이 물리현상에 대한 유일한 시각이 아니며 그 밖의 다른 관점이 가능함을 말해준다.

20세기에 물리학의 발전으로 인하여 물리적 실재(physical reality)의 상태가 문제시 되었다. 예를 들면, 양자물리학에서의 실험으로 물리학자들의 실재개념이 문제시되었다. 어떤 원자실험은 전자가 입자처럼 행동한다는 것을 보여주었다. 다른 실험은 전자가 파동처럼 행동한다는 것을 보여주었다. 입자와 파동이라는 두 가지 가능성은 상호배타적이다. 결국 물리학자는 자신들의 기본개념과 언어를 수정하여 이러한 역설을 포괄하려고 하였지만 만족스럽게 해결하지는 못하였다.

실재에 관한 개념과 이론은 가공적이며 대개 그것들은 사전적 개념, 선택적 지각, 실험절차의 산물이다. 따라서 실재론은 많은 근거로 손상되고 있다. 즉, 지배적인 사고방식과는 달리, 관찰은 객관적이고 상호주관적으로 비교가능한 것이 아니라 대체적으로 (가끔 무의식적으로 갖는) 가정에 의해 결정된다(Kuhn, 1962; Feyerabend, 1970). 사전적 가정, 개념화, 이론 등은 다음을 결정한다: 즉, 어떤 현상 또는 그 현상의 어떤 측면을 관찰할 것인가?(그리하여 또한 어떤 현상 또는 그 현상의 어떤 측면이 묵시적으로 무시될 것인가?)[20] 현상을 언제 관찰할 것인가? 어떠한 조건하에서 현상을 관찰할 것인가? 관찰에 사용할 실험도구나 연구방법; 어떤 관찰을 제거할 것인가? 결과를 어떻게 해석할 것인가? 과학적 관찰은 연구자의 기대, 감각적 인상, 인지과정, 이데올로기적 편견, 인식론적 편견, 그들의 언어와 (측정이론과 같은) 보조이론에 내재된 범주와 가정 등의 산물이며(Chua, 1986a; Hines, 1988b)[21], 해석적 활동이다. 즉, 우리는 문화적, 개인적 체계 내에서 우리의 경험을 해석한다는 것이다. 이것은 과학에 의해 인지된 세계가 부분적으로 우리 외부의 사실에 의해 구성되지만 또한 부분적으로 우리가 그것에 가져오는 범주에 의해 구성된다는 것을 의미하는데, 이것은 경험적 관찰이 오류가능하다는 것을 시사한다. 즉, 경험적 관찰은 문화적, 사회적 환경의 함수이며, 관찰자의 지식과 기대의 함수라는 것이다(Godfrey et al., 2006, p.34).

실재론적 관점 안에 있는 어려움의 누적으로 이론은 실재를 단순히 서술하거나 전달하지 않는다는 인식을 하게 되었다. 이제 이론은 물리적 실재를 구성하거나 구축하는데 근본적인 역할을 한다는 것이 인식되고 있다. 그러나 물리적 실재는 우리가 그것에 관해 생각하는 것과 독립적으로 존재한다는 것은 부정할 수 없지만,

---

20) 어떤 현상의 한 측면을 본다는 것을 그 현상의 다른 측면을 보지 않는다는 것을 의미한다(To see is not to see).

21) 회계이론의 생성과 검정의 과정은 다양한 단계에서 이루어진다. 회계이론에 내재되는 주관적 가정과 선택에 관한 논의로는 다음을 참조할 것. Chua(1986a), Hines(1988b).

실재와 우리가 실재라고 생각하는 것의 두 상태를 구별하기 위한 어떠한 분명한 수단도 존재하지 않는다는 것이 인식되어야 한다.

회계현상과 같은 사회적 실재는 물리적 실재처럼 객관적으로 주어진 것이 아니라 사회적으로 구성된 것이라고 주장된다. 회계학의 경우에도 일상적으로 계산해서 보고하는 이익과 같은 회계정보가 객관적인 자연현상처럼 존재하는 것은 아니라는 점(田中, 2010, pp.13-14)에서 회계에 관한 사실들이 객관적인 외부세계에 있고 그것을 그대로 표상하는 회계개념이나 이론이 있다고 주장하는 실증적이고 경험의존적인 회계학은 중립적, 객관적 실재가 위협을 받고 있다는 과학철학의 관점을 제대로 반영하지 않고 있다고 비판받고 있다.

실증적 회계연구자들은 시간과 공간을 달리하면서도 작용할 것으로 기대되는 법칙과 원리를 생성할 수 있다는 것과 개별적인 인지, 편향, 특이성 등의 영향을 받지 않는 독립적, 비편파적 관찰자에 의해 결정될 수 있는 하나의 진실이 있다는 것을 믿는다고 비판받고 있다(Tinker et al., 1982, p.167). 즉, 실재가 객관적으로 존재하며, 한 명의 관찰자의 실재관이 다른 모든 사람의 실재관과 동일할 것이라는 것이다. 이것을 실재론적 철학(realist philosophy)[22]이라고 하는데, 이러한 실재론적 철학이 인식론과 방법론을 결정하게 된다. 방법론적으로 이것은 실증적이며, 이는 그것이 물리과학의 방법을 채택하는 것과 관련이 있다는 것을 의미한다. 따라서, 실재론적 철학은 경험적 인식론에 근거하며 가설연역적 방법론을 이용한다. 그러나, 실증적 회계학연구가 용어와 개념을 항상 일관성있게 이용하지는 않기 때문에 조심해서 취급해야 한다. Christenson(1983)은 Watts · Zimmerman(1978)이 많은 인식론적 현안과 방법론적 현안을 전반적으로 오해하였다고 비판하고 있다.

---

22) 회계학에서 실재(reality)의 문제를 존재론적으로 살펴보고 있는 것으로는 Mattessich(2014)가 있다. 이 연구서는 지금까지 회계학계에서 실재론(realism)에 관해 논의된 거의 대부분의 문헌의 내용을 잘 정리해서 소개하고 있다.

5) 연구의 사회성

실증적 회계이론은 회계실체와 관련이 있는 것이 아니라 오히려 회계담당자, 경영자 등 개개인의 행동을 서술, 예측, 설명하는 것과 관련이 있기 때문에 실증적 회계학연구는 회계이론이라기 보다는 회계사회학(sociology of accounting)이라고 주장되기도 한다(Christenson, 1983; Whittington, 1987; Sterling, 1990). 실증적 회계이론은 모든 규범적 회계이론에서 관심의 대상이 되는 회계실체의 본질이나 재무거래, 교환 등을 다루지 않으며, 오히려 그 초점은 개인의 행동에 있다.

Watts·Zimmerman의 실증적 연구가 규범적 회계이론을 갖기 위한 선결조건이라는 이들의 견해는 회계실체와 회계담당자라는 두 가지 상이한 수준의 영역을 혼동하고 있는 것 같다. 즉, 회계학의 영역 또는 연구대상에 관해서 이들은 경영자, 회계담당자, 감사인 등의 행위를 설명대상으로 하고 있지만 이것은 회계실체라는 1차적(기본) 수준을 연구대상으로 하는 입장에 대해 2차적(메타) 수준에 있으므로 양자는 구별되어야 할 것이다.

도표 3-2 회계연구문제의 분류

문제수준	문제의 특성		
	명제		제안
	관찰적 명제	이론적 명제	
1차적 수준 (회계실체)	회계실무담당자	일부의 회계이론가	회계실체의 경영자
2차적 수준 (회계담당자, 경영자, 이용자)	회계사학자, 경제학자, 회계사회학자		회계학연구 방법론자 (대다수의 회계이론가)

자료원: Christenson(1983, p.5)

Christenson(1983, pp.5-6)은 <도표 3-3>와 같이 회계연구의 대상영역을 1차적 수준과 2차적 수준으로 나누고는, 화학에서 연구대상이 화학적 실체(분자와 원자)인가 또는 화학자의 행동인가의 여부에 관한 논의와 같이 회계학에서도 그 연구대상이 회계실체인가 또는 회계담당자 등의 행동인가의 여부에 관한 논의를 동일하게 생각하고 있다. 그러나 그의 주장은 회계실체에 관한 이론과 Rochester학파가 주장하는 회계담당자에 관한 이론을 모두 포괄해서 파악하는 방법에 관한 문제이다.

Christenson은 자신은 전자에 관심이 있지만 그렇다고 후자와 같은 이론의 존재의의를 부정할 이유가 없다고 한다. 그래서 Watts・Zimmerman류의 실증적 회계학 연구의 접근방법에 대해서 회계경제학 또는 회계사회학의 이름을 부여하려고 하고, 이러한 연구가 매력적일 수도 있다는 점을 인정하고 있다. 다만, 그와 같은 접근방법에 의한 연구가 그가 생각하고 있는 회계실체에 관한 이론의 연구에 어떻게 공헌하는가에 관해서 의문을 가지고 있는 것 같다.

Tinker(1988)는 사회적 이해관계가 그 실재를 표상하고 통제하기 위해 투쟁하는 지적인 영역으로서 이론이 유물론적으로 사회갈등에 근거한 것으로 간주한다. 그는 대리이론과 거래비용이론에 초점을 두면서, 세 가지 유형의 왜곡을 살펴보고 있다. 첫째, 자연법칙성을 강조하고 구성적인 이론화가능성을 인지하지 못함으로서 발생하는 왜곡. 이로 인해서 사회현상을 자연스럽게 수용함으로써 현상태를 선호하는 본질적으로 보수적인 편향이 생기게 된다. 둘째, 이론의 경험적 타당성을 과대평가하는 것으로부터 발생하는 왜곡. 이로 인해서 경험철학에 대한 과도한 의존과 결과를 해석하는데 이론가에게 사실상 해석의 여지를 부여하여 사실적 불확정성의 결과를 과소평가하게 된다. 셋째, 연구로부터 혜택을 받는 이해관계를 무시하는 것으로부터 발생하는 왜곡. 이러한 왜곡으로 인해 회계이론이 실재를 공평무사하게 반영한다는 주장은 거부된다.

회계이론들은 계속적으로 변화하는 사회의 제도적이고 정치적인 특성과 공존해야 하므로 불변적일 수 없다. 회계이론의 가변성과 사회적 적응성은 문화적 특성으로 나타나므로 문화와 회계이론은 분리될 수 없다. 회계이론은 사회를 지배하고 있는 가치관과 문화와 같은 변수들만큼 다양하다(Gambling, 1974, pp.105-125).

전통적 회계연구자들에게는 회계이론과 회계실무가 현실을 파악하고 전달하는 수단이 된다. 전통적 연구자들은 회계와 (단순히 반영되거나 묘사되는 것이 아니라 만들어지는) 사회적 현실 사이에 다양한 관계가 상호간에 영향을 주고 받으면서 연결되어 있는데 이러한 관계를 외면하고 있다(Chua, 1986b). 경제적 현실은 그것에 대한 우리의 인식과 상관없이 존재할 수는 없다. 그리고 현실이 기호나 상징의 체계로서 정확하고 충실하게 표현될 수 없다(기호는 사회적 산물이며 임의적인 것이다). 경제적 영향은 사회적·정치적 체제와 단절될 수 없다. 우리는 현실을 전달함으로써 현실을 구축하고 있다. 그리고 지식은 그 자체의 특권적인 담론으로 합리화되므로 확정적이지 않다. 이를 테면 지식은 외부적으로 확립될 수 없다(Hines, 1988a, 1988b).

회계현상을 이론화하면서, 물질세계인 노동과 권력 간의 상호작용을 외면하고, 자본축적의 동태성에 대해 침묵하면서, 회계를 계산적 실무로, 텍스트(text)로, 특정 사건에 부수적인 것으로 이론화하는 것은 종래의 방법론과 같은 무력한 회계이론적 방법론을 낳게 된다(Lehman, 1992, p.52). 단순히 서술적인 텍스트나 연구자에게 사로잡히게 되면 텍스트와 담론을 그 당시의 사회적 갈등과 구조적 불평등으로부터 분리할 수 없음을 묵인하게 되어 현상태를 더욱 강화시키게 될 것이다. 회계의 역할을 사회적으로 관련시켜서 보면, 부의 분배에 대한 갈등을 해소하는 의례적 방법(ritualized method)으로서 회계는 그 역사적인 상황 속에서 이론화되어야 한다. 회계를 사회적으로 구성된 것, 즉 사회적·역사적 상황에서 생성된 사회적 실무로 간주해야 하며, 회계는 사회적 환경과 그 역사적 상황의 본질을 반영해야 한다. 실증적 연구나 서술적 연구는 이론의 사회적 기원을 반영하지 못하고 있다. 따라서 회계현상을 연구하는 데서 사회적·경제적·정치적 상황에 대한 검토가 필요하다.

정통적 인식론에 의해 절대적 진리를 구하게 되면 인식론이 추구하는 사회적 이해관계가 모호하게 된다. 정통적 인식론은 사회적 갈등에 미치는 연구의 효과를 경시함으로써 기존의 현상태를 유지·보존하게 된다. 따라서 정통적 인식론이 중립적 입장을 취하고 있다는 주장은 여기서 거부된다. 즉, 모든 학문분야의 실무와 이론은 사회적 갈등의 영역으로 볼 수 있다.

모든 연구자들은 명시적이든 묵시적이든 사회적 갈등에 대한 여러 가지 입장을 선택한다. 또한 모든 연구자들은 옹호하고 유지하고 지지할 이해관계를 설정하지만, 연구기준으로서의 객관성으로 인해 연구자들은 당해 연구가 촉진시키는 편파적 이해관계를 외면하게 되므로, 이를 직시하여야 할 것이다. 회계와 회계이론이 처해 있는 사회적·경제적·정치적 환경을 직시하여, 회계의 사회성을 탐구해야 할 것이다(Lehman, 1992, pp.59-78, pp.145-152).

귀납주의나 반증주의와 같은 전통적인 종래의 과학철학처럼 방법론적 기준을 선험적으로 결정하는 것은 불가능하다. 대신에, 과학적 신념은 매우 다양한 상호관련된 조건부 요소, 즉 인식할 수 있는 실제세계, 관련연구자의 심리적 성향, 그가 연구하는 사회적·문화적 환경 등에 대해 상대적이라는 생각에서 상대주의가 나온다. 상대주의자의 입장에 관한 주요한 문제는 과학적 방법을 적절히 이용함으로써 실제세계의 영향이 다른 효과로부터 어느 정도 분리될 수 있는가이다. 극단적인 상대주의자는 그러한 분리가 불가능하다고 주장한다. 실증적 회계이론의 방법론은 실증주의에 입각하고 있지만, 오늘날 비판적 방법론이나 해석적 방법론에 입각한 회계학연구들은 상대주의의 입장을 취하고 있다. 따라서 실재에 관한 모든 해석은 주관적, 이론적, 문화적 요소에 의하여 강하게 규정되어 특정한 이론을 검정하기 위해 통계적 방법이나 실험적 방법을 통해 실재에 호소하는 것은 매우 무의미하다고 주장하였다.

과학적 연구가 진리에 대한 가치중립적이고 객관적인 연구라는 생각은 사회과학 뿐만 아니라 자연과학에서도 거의 설득력이 없는 것 같으며, 모든 연구는 잠정적이고 어떠한 입장도 확고한 것은 아니라고 보아야 할 것이다. 그리고 연구는 대개의 경우 금전적 보상 그 자체를 구하는 것과도 많은 관련이 있을 뿐만 아니라 사회적 신용이나 명성의 축적과도 관련이 있는 사회적 활동이다(Ryan et al., 2002; 구치모 외 역, p.78). 사회시스템의 구성원인 연구원들은 저술의 평가와 발표를 위한 엄격한 절차에 의해 보호되는 강력한 사회규범을 보여주고 있으며, 그들의 연구활동은 다른 사회생산시스템과 유사한 특징을 많이 가지고 있는 것 같다. 즉, 새로운 방법(론)을 도입하여 회계현상에 적용한 연구가 발표되어 많은 명성을 얻을 경우, 그 회계학자는 자신이 확립한 방법(론)만을 계속해서 사용하여 연구를 진행한다. 따라서, 회계학자의 명성은 생산과정의 상징자본[23])으로 간주될 수 있을 것이며, 발표되는 저작은 생산의 대상으로 간주될 수 있을 것이다. 그러나 이와 같은 하나의 이론이나 방법(론)에 입각해서 유사한 연구가 반복되고 그 이론에 입각한 가설이 기각되기보다는 주로 채택되는 경향이 있다면, 이론의 발전 나아가 사회의 발전은 불가능할 것이다. 발전이란 기존의 것에 대한 비판과 부정을 통해서 보다 나은 것을 추구하는 것을 의미한다면, 기존의 이론에 입각한 가설이 기각되거나 기존의 방법(론)으로 잘 해명되지 않는 경우에 이러한 경우를 해명하기 위해 더 나은 이론이나 방법(론)을 추구해야 할 것이며, 이를 통해서 이론의 발전이 이루어질 것이다.

연구대상과 연구주제도 시대의 흐름과 유행에 따라 변동한다는 것은 결국 그 시대의 사람들의 의식과 사회상을 반영한다고 볼 수 있을 것이다. 따라서 실증적 회계이론도 절대적일 수는 없으며, 실증적 회계이론에서 이용하는 가설의 일반화가능성은 특히 회계의 시간과 공간(제도적 환경)에 의해 제약을 받는 상대적인 것이라고 볼 수 있다. 예를 들면, 이익조정에 관해 널리 검정된 세 가지 가설(상여금제도가설, 부채/자본가설, 정치비용가설)은 특별한 제도적 배경을 가지며, 모든 문화에서 동일하게 타당한 것은 아니다(Sunder, 1999; Sawabe・Yamaji, 1999). Ali・Hwang(2000)은 지분의 장부가치와 이익의 가치관련성이 특정나라의 요소들에 의존한다는 점을 발견한 바 있다. 최근의 연구에서도 이익의 질이 소유구조, 법률, 국가경제에서 증권시장의 중요성과 같은 제도적 요소에 의존한다는 것이 발견되고 있다(Ball・Robin・Wu, 2003; Soderstrom・Sun, 2007). Begley・Freedman(2004)은 공채(public debt)계약에서 회계수치의 역할이 1975년~2000년의 기간에 변하였다는 것을 발견한 바 있다. 그리하여 자연과학과는 대조적으로 실증적 회계이론의 일반

---

23) 상징자본의 의미에 관해서는 본서의 제9장을 참조.

화가능성은 제도적 환경과 시간에 의해 제약을 받는다(Kabir, p.141). 이것은 다른 사회과학의 경우와 마찬가지일 것이다.

이 외에, Kabir(2010)는 실증적 회계이론의 발전을 과학철학자인 Popper, Kuhn, Lakatos 등의 표준적인 과학설명에 비추어 살펴보았다. 그는 Mouck(1990)와는 달리, 실증적 회계이론이 이러한 설명과 잘 맞지 않았으며, Mouck의 방법론적 입장은 세 가지 설명요소 중에서 일부만을 반영하고 있다고 주장한다. 즉, 그는 실증적 회계이론에서 첫째, 새로운 이론을 고려할지의 여부를 합리적으로 결정할 수 있는 방법은 무엇인가? 둘째, 설명력의 기준을 어떤 단계에서 경합이론들로부터 선택하기 위해 적용해야 하는가? 셋째, 하나의 이론에 의해 설명된 현상이 다른 이론에 의해 설명된 현상의 일부분이 아닐 때 두 경합이론 중에서 어떻게 선택할 것인가? 등의 방법론적 문제점을 식별하고 있다. 또한 그는 실증적 회계이론이 자연과학적 방법론을 준수한다는 사실에도 불구하고, 실증적 회계이론은 지금까지 자연과학의 성공을 모방할 수 없다는 것을 보여준다고 비판하고 있다.

2. 경제학방법론에 입각한 비판[24)]

경제학방법론에 입각한 비판이 갖는 중요한 문제는 경제학에도 다양한 학파가 있는데도 불구하고 회계이론을 이해하기 위한 주된 기초로서 주로 신고전파 경제학을 이용하고 있다는 것이다. 따라서 여기서의 비판은 신고전파 경제학의 문제점을 중심으로 이루어지고 있다. 일반적으로 신고전파 경제학이 지니고 있는 문제점은 다음과 같다.

첫째, 신고전파 경제학이 형식논리학적인 방법론을 취함으로써 생기는 내재적

24) 이 글은 1998년 2월, 동의논집(제28집, pp.573-591)에 발표한 "실증적 회계이론의 경제학 방법론에 관한 비판"을 수정·보완한 것이다.

한계이다. Hegel을 비롯한 변증법적 논리학자들은 형식논리학에 대해 비판을 한 바 있다. 형식논리학이 추상적・형식적・보편적인데 비해, 변증법적 논리학은 구체적이며 동태적이라 할 수 있다는 것이다. 자연과학과는 달리 엄밀하게 통제된 실험을 통하여 진리를 발견하기가 어려운 경제학은 대상의 분석을 위해서는 가장 핵심적인 요소를 가정으로 설정할 수 밖에 없다. 그러므로 구체적인 현실에 비추어 볼 때 비현실적 이론이라는 비판을 감수할 수 밖에 없다. 이와 같은 신고전파 경제학의 가정의 비현실성은 이론의 발전을 거듭하면서 점차 개선되어 왔으나, 아직도 그 이론이 현실을 부분적으로만 설명할 수 있다는 내재적 한계는 여전히 남아 있다.[25]

둘째, 신고전파 경제학의 분석대상에는 비경제적인 요인들에 대한 고려가 미흡하다. 즉, 가정의 비현실성 뿐만 아니라 비경제적인 요인을 '다른 것들이 일정하다면'(ceteris paribus)이라는 제약조건으로만 파악함으로써 역사적 조건, 문화풍토, 정치사회적 환경이 경제현상에 미치는 영향에 대한 분석에서는 매우 취약한 면을 보인다.

셋째, 신고전파 경제학의 가치체계는 지나치게 효율성에 집착함으로써 형평성과 자주성의 문제에 대한 고려가 결여되어 있다. 특히 이 이론이 후진국에 도입될 경우 분배적 정의에 대한 고려없이 효율성만을 강조하여 형평성의 왜곡을 초래할 수도 있으며, 국가간에도 힘의 역학관계가 존재하고 있기 때문에 자주성을 위협할 수도 있다. 따라서 국민경제의 자립적 기반을 형성하는 데 있어서 이론적 기초를 제공해 주지 못한다는 한계를 지니고 있다.

넷째, 신고전파 경제학이 중심적인 분석도구로서 사용하고 있는 균형분석은 형식논리학의 기초 위에서는 유용한 분석도구로서 평가할 수 있지만, 균형분석이 현실설명력을 갖기 위해서 필수적으로 갖추어야 할 조건들이 과연 쉽게 충족될 수

---

25) 회계담당자들은 수리화된 경제학의 문제점에 거의 주목하지 않았다. 물리세계는 표면상으로는 질적인 것처럼 보이지만, 물리세계는 그 이면에서 엄밀한 양적인 법칙에 따르고 있다. 이것이 물리학에서 수학이 유효한 이유이기도 하다. 그러나 경제현상은 표면상으로는 수학적인 것처럼 보이지만, 그 이면은 실제로 질적이다. 이것은 성공적인 수리경제학을 생성하자고 하는 노력이 실패하는 이유이기도 하다(Ravenscroft・Williams, p.775).

있는가에 대해서는 회의적이다. 그리고 현실경제가 과연 균형인가 하는 문제점도 있다(정운찬, pp.73-76).

주류회계학의 경제학방법론에 입각한 비판은 Tinker・Merino・Neimark(1982)가 처음으로 제기한 바 있다. 그들은 신고전파 경제학에서 주로 이용하는 한계효용이론인 한계주의(marginalism)에 반대하면서 그들의 철학적 입장인 유물주의(론)(materialism)를 이용하여 회계현상을 파악할 것을 주장하였다. 그리고 Whittington(1987), Demski(1988), Whitley(1988) 등은 균형개념에 초점을 두면서 균형에 입각한 설명의 적절성을 문제시하고 있으며, Sterling(1990), Boland・Gordon(1992) 등은 Chicago경제학파에 관해서 일반적으로 비판하고 있다.

신고전파 경제학와 신제도학파 경제학에 입각한 실증적 회계이론의 중심은 모든 개인이 항상 그 자신의 이기심을 증진하는 목적을 갖고 있다는 가정이다. 따라서 여기서는 ① 방법론적 개체론(methodological individualism)과 ② 신고전파 경제학의 효용극대화가설, ③ 경제적 균형 등을 중심으로 문제점을 살펴본 후, 신제도학파 경제학에 속하는 기업이론인 ④ 대리이론과 규제의 문제점도 살펴보고자 한다.

1) 방법론적 개체론

방법론적 개체론[26]은 모든 사회현상을 개인의 의사결정의 결과로서 설명하는 것이다. 즉, 개인이 의사결정을 하는 것이지 사물이 의사결정을 하는 것은 아니다.[27] 그리하여 방법론적 개체론은 복합체의 성격을 갖는 사회현상을 설명하려고 할 때, 개인과 그의 속성에 관한 진술에 근거해야 한다고 주장한다(송현호, 1992, p.229). 방법론적 개체론에 관한 Chicago학파의 해석 속에 숨겨져 있는 것은 개별의사결정

26) 방법론적 개체론과는 상반되는 입장이 방법론적 전체론(holism)이다. 이것은 개인에게서는 찾아볼 수 없는 사회의 속성에 관한 진술(전체는 그 구성요소의 합보다 많다와 전체는 각 구성요소에 없는 독자적인 속성을 가질 수 있다)에 준거해서 사회 속에서 일어나는 모든 현상을 설명해야 한다는 주장이다(송현호, 1992, p.238).

27) 방법론적 개체론에 관한 보다 상세한 것은 다음을 참조할 것. 전게서, pp.228-238.

자에게 좋은 것은 사회전체에도 좋다는 생각이다. 재산소유자의 사적 이익을 위한 사적 소유와 이용이 공익에 가장 잘 이바지한다고 주장된다(Gordon, 1964, p.259). 만약 사회의 모든 개인들이 효용을 극대화하고 있다면 필연적으로 모든 세계에서 최상인 사회적 최적에 도달할 것이다. 이것은 공익이 모든 개인의 사익의 합으로 생각될 때 분명한 사실이다. 만약 모든 개인들이 자신들의 개인적 효용을 극대화하고 있다면 필연적으로 사회복지도 극대화되어야 한다(Koopmans, 1957, pp.50-51).

미국공인회계사회(AICPA), 재무회계기준위원회(FASB), 회계학자 등은 회계가 투자자의 요구에 부응함으로써 유용한 기능을 수행한다고 주장하고 있다. 회계의 유용성은 만약 회계가 정보를 제공하여 투자자들로 하여금 그들의 부를 배분하는데 도움을 줄 수 있다면, 시장은 효율적으로 작용하여 최대의 사회복지를 보증한다는 믿음으로부터 나오는 것이다. 그러나 이 견해의 한계점 중의 하나는 이 견해가 주주에게 초점을 두고 있다는 점이다. 주주들의 이질적인 이익이 반드시 모든 사회구성원의 이질적인 이익을 대표하는 것은 아니다. 그러므로 주주의 부의 최대화가 사회적 부의 적절한 기준이 되는 것은 아니다.

방법론적 개체론에 관한 비판 중에서 Boland・Gordon(1992)의 비판은 Chicago 학파의 방법론적 개체론을 염두에 둔 것이라고 볼 수 있다. 원래 방법론적 개체론은 시장이라든가 기업이라는 집합개념을 이용하여 여러 현상을 설명하는 것에 만족하는 것이 아닌, 그것을 구성하는 개개인의 행동수준까지 고려해서 설명을 시도하려고 하는 프로그램으로 생각있다. 그러나, 이것이 바로 개인의 이기적 행동의 정당화를 시사하는 것은 아닐 것이다. 따라서, 실증적 회계이론에 이 주장을 그대로 적용시켜도 좋은지의 여부는 다시 생각해 보아야 할 것이다.

2) 효용극대화가설

신고전파 경제학의 효용극대화가설은 모든 개인이 자신의 효용을 극대화(또는 미래효용을 극대화하기 위해 자신의 부를 간접적으로 극대화)하기 위하여 주어진 제약조건 하에서 그러한 결정을 한다고 주장한다(Watts · Zimmerman, 1986, p.3).

모든 행위가 효용(또는 부)을 극대화하려는 욕구에 의해 추진된다는 기본 가정은 인간에 관해 너무 부정적이고 단순화되어 있으며, 이러한 가정을 반영하는 실증적 회계이론은 학생과 교수들에게 도덕적으로 파산된 세계관을 촉진한다고 주장된다(Gray et al., 1996, p.75). 모든 사람이 자신의 이기심으로 행동할 것으로 가정된다는 것을 감안하면, 이기심의 관점은 학자의 연구노력에도 적용되고 있다. Watts · Zimmerman(1990)은 연구자들이 조사할 주제, 이용할 방법, 가정 등을 선택하며, 연구자의 선호와 기대보상(발표와 인용)이 그들의 주제, 방법, 가정의 선택에 영향을 준다고 주장하고 있다(p.146).

그러나, 많은 학자들은 이러한 견해에 반대할 것이며, 어떤 현안에 대한 개인적인 관심 때문에 자신의 연구를 시작한다고 주장할 것이다. 모든 행동이 자신의 부를 극대화하려는 욕망에 의해 추진된다고 가정하는 것은 인간성에 관해 좋은 가정이 아니며 인간공동체의 지속가능한 개발에 부정적이지만, 이 가정은 경제학에서 이용된 많은 이론의 초석이 되고 있다(Deegan · Unerman, p.304).

신고전파 경제학에서는 사람들이 실제로 효용극대화자인지의 여부가 아니라, 이러한 가설을 포함하는 모형을 개발하고 여전히 해당사람들의 관찰행동을 설명하는 것이 가능한가의 여부가 문제로 된다. 따라서, 여기서는 사람들이 효용을 극대화하는 것이 실행가능한가의 여부가 중요한 비판 중의 하나가 된다. 그리고 일부 경제학자들은 효용극대화가 논리적으로 가능할지라도 그것은 실제적이 아니라고 주장한다(Simon, 1959). 주주를 비롯한 투자자의 효용을 어떻게 측정할 것인가의 문제도 있다(Lehman, 1992, pp.22-23).

많은 회계학자들은 주식가격의 극대화가 주주의 효용극대화에 대한 척도라고 가정한다. 그러나 주식가격을 개인투자자와 투자자집단의 부에 대한 척도로 이용하는 것은 정당화될 수 없다. 주주의 부를 극대화한다는 것이 명확한 의미를 가지기 위해서는(즉, 투자자집단의 부의 척도를 정립하기 위해서는) 투자자들이 동질적인 기대를 갖는다는 가정이 필요할 것이다. 그리고 투자자들의 동질적 기대의 세계에서는 결과와 여건적 상태가 발생할 확률이 투자자들 간에 일치해야 한다. 즉, 그들의 신념은 투자안을 선택할 때 동일해야 한다. 주식가격(시장가치)이 개별주주의 효용에 대한 대용변수로서의 역할을 하기 위해서는 완전경쟁시장의 가정이 요구된다(Fama · Miller, 1972, p.76).

Sterling(1990)은 연구프로그램을 위한 기초 뿐만 아니라 회계실무를 선택하는 모든 다양한 당사자들의 동기유발의 유일한 설명으로 이용되는 핵심적인 가정인 효용극대화가정에 대해 특히 비판적이다.

첫째, 효용극대화가정은 너무 많은 것을 설명하기 때문에 설명으로 이용될 수 없다. 모든 행동이 효용극대화로 설명되기 때문에 그것은 사실상 어떠한 행동도 설명하지 않는다. 왜냐하면, 어떤 결과 x가 발생할 때도 효용극대화로 설명하고 발생하지 않을 때도 효용극대화로 설명하기 때문에, 효용극대화는 x와 x아닌 것을 모두 설명하며 따라서 그것은 어떠한 행동도 설명하지 않기 때문이다(p.103).

둘째, 첫째의 결과로 효용극대화가 반증가능한 개념이 아니라고 주장한다(pp. 103-104). Popper(1983)는 반증가능하지 않는 것은 과학적인 개념이 아니라고 주장한 바 있다. 그러나 Watts · Zimmerman은 실증적 회계이론이 과학적 이론이라고 주장한다.

Watts · Zimmerman(1986)은 실증적 회계이론의 가설을 지지하는 자료는 경영자가 자신들의 효용을 극대화한다는 가설에 대한 강력한 증거를 제공한다고 주장하지만, 대부분의 실증적 회계이론의 연구에서 낮은 결정계수는 모형에서 개선의 여지가 많다는 것을 시사한다.

한편, Neu(1997)는 이기적 행동을 촉구하고 윤리를 법적 준수와 동일시하는 것은 실증적 회계이론의 이데올로기 효과라고 주장하면서, 우리가 세계경제에서 다른 나라와 경쟁해야 한다는 믿음과 결부될 때, 이 후자는 (특히 제3세계에서) 착취적 사회관계가 법에 의해 자주 촉진되기 때문에 문제가 있다고 주장한다. 개인주의, 이기적 행동, 법의 준수와 윤리의 동일시 등을 강조하는 실증적 회계이론은 식민주의적 · 인종주의적 태도의 강화를 통해 그리고 자신을 위한 타자의 희생을 촉구함으로서 착취를 촉진하고 영속시킨다고 주장될 수 있다(*ibid.*, p.59).

효용극대화가설은 완전정보, 완전경쟁시장, 균형상태 등의 이상적인 상태를 상정하고 있고, 분석장치로써 한계를 갖고 있으며, 근래에 이 가설과는 다른 이론을 주장하는 신제도학파 경제학이 대두하고 있다. 그리고 실증적 회계학과 관련이 있는 대리이론도 이러한 계보에 속한다고 볼 수 있다. 결국, Jensen · Meckling의 대리이론에서는 경영자와 주주 또는 채권자와의 사이에는 정보의 비대칭이 있고, 그것을 완화하기 위해서는 비용이 소요된다는 사고방식에서 균형점이 분석되고 있다. 말하자면, 여기서의 분석이 정보비용을 고려하고 있다는 점에서는 신고전파의 분석과 다를 수도 있지만, 그 외의 점에서는 균형분석을 채택하고 있기 때문에, 이것을 신고전파에서 이탈한 방법으로 간주할지 또는 응용형태로 간주할지는 미묘한 문제이며, 결국 식별을 위한 기준에 의존하게 될 것이다. 또한 신고전파의 효용극대화가설은 이상적인 상태를 상정하고 있기 때문에 현실적이 아니라는 비판도 있지만, 역으로 현실은 불확실하고 부적절한 의사결정을 포함하기 때문에 이상적인 상태의 모형을 구축하는 것이 경제학과제의 하나로 생각할 수 있다.

신고전파(및 신제도학파) 경제학에 입각한 회계학의 여러 가지 단점 중의 하나가 단일의 목적인 효용극대화의 지나친 영향이라고 주장되기도 한다(Mattessich, 1995, pp.167-168). 현실세계에서는 다른 목적들도 많이 있다. 그러나 그것들은 효용극대화라는 제한적인 가정하에 억제된다. 이와 관련되는 문제 중의 하나가 환경과 사회 문제의 외면이다. 그리하여 개인 효용(부)의 극대화가 사회적 효용(부)의 극대화와 동일하게 취급된다는 점, 외부효과가 고려되지 않는다는 점, 분석영역을 사회적 영역과 경제적 영역으로 분리한 점 등을 들 수 있다(Lehman, 1992, pp.23-38; 구치모 외 역, pp.43-67).

3) 경제적 균형

주류회계학에서는 경제 전체가 모든 시장이 청산되고 모든 개인들이 효용을 극대화하고 있을 때 달성되는 일반균형 상태에 있기 때문에, 누구라도 자신의 선택이나 의사결정을 변경할 이유가 없다고 주장한다.[28]

Sterling(1990)은 Chicago학파의 경제학모형에 대해 매우 비판적이지만, Tinker et al(1982), Whittington(1987), Demski(1988), Whitely(1988), Boland · Gordon (1992) 등도 Chicago학파의 균형개념에 대해 비판적이다. Whittington(1987)은 Watts · Zimmerman(1986)이 효율적 시장가설의 가정이 가지고 있는 한계점을 무시하며 신고전파 경제학의 가정이 너무 가치의존적이라고 비판하고 있다.

신고전파 경제학의 방법론에 초점을 둔 비판가들 중에서 특히 Demski(1988)는 균형개념의 이용에 초점을 두면서 현실의 시장은 완전시장이 아니라고 비판한다(p.625).

일부 비판가들은 신고전파 경제학의 방법론에서 방법론적 개체론의 본질적인 역할을 비판하지만, 분석방법으로서 효용극대화의 이용도 균형상태의 존재를 필요로 한다는 점을 인식하는 것이 중요하다(Jensen, 1976, pp.15-16). 구체적으로 말하자면, 어떤 의사결정자가 자신의 비용함수를 계산할 때 그 계산에는 항상 가격들이 포함되지만, 이 가격들이 균형가격(예를 들면, 시장청산가격)인지의 여부는 불확실하다.

경제학자들은 모든 시장이 균형(예를 들면, 모든 시장이 청산된다)이라고 가정하는데 타당한 이유가 있다는 조건하에서 의사결정자가 균형가격을 이용하는 것이 논리적으로 일관성이 있다는 점을 인식해 왔다. 그러나 모든 시장이 청산된다고 가정하는데 충분한 이유가 없을 때 균형가격을 이용하는 것은 의문의 여지

28) 균형과 보편적 극대화의 우연의 일치는 경제학자의 수요곡선과 공급곡선의 정의의 결과이다. 현재가격으로의 시장수요는 모든 개별적인 수요자들이 현재가격으로 자신들의 개별적 효용을 극대화하고 있다고 가정할 때 얻게 될 합계이다. 이와 마찬가지로 현재가격으로의 시장공급은 모든 공급자가 각자의 이익을 극대화하고 있다면 얻게 될 합계이다. 따라서 비청산가격은 현재가격에서 수요는 공급과 일치하지 않다는 것을 의미한다. 시장이 현재가격에서 청산되지 않을 때마다, 필연적으로 최소한 한 명의 공급자나 수요자는 효용이 극대화되지 않는다(Boland, 1986, pp.23-28).

가 있으며, 논리적 모순이 있다. 어떤 시장이 청산되지 않을 때, 수요는 시장가격에서 공급과 일치하지 않는다. 보편적인 극대화의 가정이 Watts · Zimmerman의 방법론의 중심이기 때문에, 그들이 시장실패나 다른 불균형상황을 고려하는 것은 불가능하다.

불완전하지만 근접한 균형이 균형가격을 확신하기에 충분할 것이라고 생각되기도 한다. 그러나 그러한 불완전이나 차선의 균형에 관한 이해에는 일부 근본적인 어려움이 있다.[29]

균형상태가 변화의 부재를 의미하기 때문에, 균형상태는 쉽게 이해되거나 수학적으로 모형화된다. 즉, 모든 사람들이 자신들의 효용이나 이익을 극대화할 때마다 가격(또는 선택)을 변경할 이유가 없다.

불완전균형은 균형모형에서 존재하지 않는 동태성을 포함한다고 가정하면, 실증적 회계연구의 현실세계는 균형상태의 세계가 아니기 때문에 최소한 모든 가격이 균형가격이라고 가정하는 모형의 한계를 인식하는 것이 필요하다.

그리고 Boland · Gordon(1992)이 주장하는 바, Chicago학파의 묵시적 가정은 사회의 복지는 사회시스템에서 각 개인의 행동을 극대화함으로써 극대화된다는 것이다. 즉, 보편적 극대화의 조건은 동시적으로 각 개인의 효용을 극대화함으로써 성립되며, 효용의 극대화는 균형상태하에서만 발생할 수 있다. 균형상태는 수요 · 공급의 가격결정 메카니즘이 시장을 청산한다는 것과 그 의미가 동일하다. 그리고 개별의사결정자들은 이러한 균형가격으로 그들의 비용함수를 계산한다는 것을 명심해야 한다. 그래서 이론적으로 만약 모든 시장이 청산되고 따라서 균형이 있다면, 균형가격의 이용은 타당하다. 그러나 공급이 수요와 일치하지 않을 때 시장은 청산되지 않으며, 균형이 없기 때문에 균형가격을 이용하는 것은 타당하지 않을 것이다.

균형세계에서는 개인이 가격순응자이고 모든 개인은 자신들의 효용을 극대화하

---

29) 이러한 차선균형은 대개 부수적인 계약비용, 감사비용, 거래비용과 유사한 불균형현상의 특징을 가진다. Watts · Zimmerman(1990, pp.134-135)에서 관심이 있는 것도 이러한 불균형 상황이다.

고 있으며, 사회는 Pareto최적의 상태에 있기 때문에, Watts・Zimmerman의 실증적 회계이론은 시장실패를 용인할 수 없다. 따라서, 실질적인 문제는 모든 시장이 청산된다고 가정하는 것이 타당한가의 여부이다. 만약 모든 시장이 청산되지 않는다면, 공급은 수요와 일치하지 않으며 불균형이 존재하게 된다. 그리하여 무엇이 가격을 균형상태로 조정하고 시장을 청산시키며 시장을 일반균형으로 복귀시킬 것인가에 관해서 신고전파 경제학은 불균형상태를 설명할 수 없기 때문에 이것의 해답을 가지고 있지 않다.

만약 회계선택의 시장이 불완전하고 시장이 균형상태가 아니라면, 경영자들이 대체적인 회계선택들의 비용과 효익을 정확하게 계산하는데 충분한 정보를 가지지 못할 것이다(Boland・Gordon, 1992). 그러나 회계는 시장이 순진(naive)하지 않을 때 가장 흥미롭다고 한다(Demski, 1988, pp.625-626). Watts・Zimmerman이 계약비용과 정치비용을 언급할 때, 그들은 시장이 완전하지 않다는 것을 인정하고 있다고 볼 수 있다.

우리는 정보비용이 발생할 때 균형상태에 도달하도록 도와주는 정보를 회계가 제공하는 것으로 생각하는데 익숙해 있다. 회계 그 자체가 균형상태에 도달하기 위한 수단일 때 회계정보의 시장이 어떻게 균형상태에 있을 수 있는가? 더욱이 오늘날의 자본시장에서 경영자는 스스로 회계거래를 함으로써 일부 계약을 취소할 수도 있다. 경영자는 일반적으로 인정된 회계원칙에 입각한 부채약관을 재협상하기 보다는 기업의 부채를 자본으로 변경하거나 변동이자율사채를 고정이자율사채로 변경할 수 있을 것이다. 그리하여 시장의 균형상태가 파괴될 수도 있으며, 기술이 계속해서 발전하고 비용이 적게 소요됨에 따라 계약이 자본시장에서 취소될 수도 있기 때문에 계약에서 회계정보의 역할은 덜 중요해질 수도 있다.

실증적 회계이론의 기초를 이루는 경제적 가정 중의 하나는 경제적 균형과 관련해서 시장의 효율성 가정에 의존한다는 것이다. 이 가정은 많은 경제이론에서 장기적으로 토대가 되고 있지만, 스스로 타당한 가정으로 정당화되지 못하고 있다. 이 가정에 의존하는 경제이론(및 실증적 회계이론)의 신뢰성은 미국의 금융위기(sub-prime) 사태와 그 직후에 발생한 세계적인 금융위기 사태 때 널리 문제시 되었다(Deegan · Unerman, pp.305-306).

McSweeney(2009)도 효율성 가정에 위배되는 방식으로 움직이는 시장의 실패와 미국의 금융위기 사태에 비추어 실증적 회계모형이 문제시되는 많은 분야를 지적하고 있다. 만약 실증적 회계이론가가 자신의 모형의 기초를 이루는 핵심적인 가정이 지속적으로 타당한가를 적절히 살펴보지 않는다면, 회계학계의 외부에 있는 사람들은 이 모형을 불신하게 될 것이다.

균형개념과 더불어 시장효율성 개념이 문헌에 소개되었을 때, 이 개념을 지지하기 위한 실질적인 증거가 있었다. 1970년대 후반까지 "최소한 효율적 시장가설의 약형의 일반적 타당성에 관해서 재무학자들간에 실질적인 합의가 있었으며, 준강형도 유효할 것이라는 생각을 하였고, 강형을 고려하려는 의지"도 나타났다(Milgrom · Roberts, 1992, p.470). 그러나, 모순적인 증거도 이 기간에 나타났다(LeRoy, 1989).

1987년의 주가폭락 후에, 시장효율성이라는 용어는 논쟁의 여지가 많았다. Copeland(1989)는 주가폭락은 완전히 다른 규모로 비효율성의 예인 것 같다고 논평한 바 있다(p.21). 그러나, 일부 연구가 최소한 약형과 준강형의 시장효율성을 지지하는 증거를 제공하고 있다(Fama · French, 1988; Fama · Roll 1986; Fama, 1991). 한편, 다른 연구들(예를 들면, Malkiel, 1987; Dimson, 1988)이 직 · 간접으로 시장효율성 개념에 도전하고 있다. Mankiw et al(1991)의 연구는 효율적 시장가설의 약형이 증거와 완전히 일치하지는 않는다고 주장하기도 하였다. 이러한 모순적인 증거는 효율성에 문제가 없다는 것으로 효율성을 지지해서는 안 된다는 것을 의미한다. 만약 시장이 Watts · Zimmerman이 생각하는 바와 같이 시장이 효율적이 아니라면, 이것은 회계정보의 제공을 위한 충분한 기관약정이 있다고 하더라도 시장이 정보를 충분히 반영할 수 없다. 따라서 이는 투자자가 주식을 제대로 평가할 수 없다는 것을 의미하기 때문에 실증적 회계이론은 문제점을 가지게 된다(Hopper et al., 1995, pp.538-539).

4) 대리이론과 규제

실증적 회계이론이 특히 신제도학파 경제학에 입각하고 있다고 할 때 신제도학파의 경제학자인 Coase(1937)가 주장하는 기업이론인 대리이론과 정부에 의한 규제이론을 Chambers(1993)가 비판한 바 있다.

우선 기업이론에 관해서 살펴보면, 구체적으로 대리이론이 문제가 된다. 즉 기업을 독립한 주체로 보는 것이 아니라, 사익을 추구하는 집단 간의 계약관계로 본다는 대리이론이 채택되고 있다. Chambers(1993)는 원래 Coase(1937)에 의한 대리이론의 생각은 다양한 계약의 비용을 절약하기 위해 기업이 성립되었다고 보기 때문에, 기업은 단순한 계약관계(nexus of contracts)가 아니다. 기업에 관계하는 다양한 이해관계자의 이해관계나 계약상황을 고려할 때, 기업이라는 독립된 주체와의 계약이라는 요소가 고려되어야 한다고 생각하고, 기업을 불안정한 균형상태에 있는 참가자들의 잠정적 연합체(temporary coalition)로 간주해야 한다고 주장하였다(p.14). 이 견해에 의하면, 기업을 중립적인 것으로 인정할 수 있고, 다양한 이해관계자에 대하여 기업의 실상을 전달하기 위한 회계의 역할이 명확해 질 수 있다고 생각된다.

원래, 대리이론은 회계정보의 자유시장공급이 효과적이기 위해 충분한 제도적 협약이 존재한다는 것을 의미하기 위해 이용되었다(Jensen · Meckling, 1976). 경영자가 정보를 제공할 유인을 가진다는 실증적 회계이론의 이론적 의미는 의문의 여지가 있다. 실증적 회계이론은 경영자가 합리적이고 목적론적으로 행동한다고 가정한다. 예를 들면, Malmquist(1990)와 Lilien · Pastena(1982)는 경영자의 목표가 효율적인 계약체결을 통한 기업의 가치극대화라고 주장한다. Ashton(1991)은 이것은 경영자동기에 관해 너무 단순한 견해라고 주장한다. 조직은 대개의 경우 계층적 구조로 된 상호연계된 계약들로 구성되어 있으며, 이 계층이 개인의 계약에 어떠한 영향을 가질 것인가는 분명하지 않기 때문에, 본인과 대리인 사이의 계약이라는 개념은 명확하지 않다(*ibid.*, p.124). 대리관계의 정의도 의문의 여지가 있다. Jensen (1983)은 조직을 대리관계 개념의 중심인 “복잡한 계약집합으로 이바지하는 법적 실체"(1983, p.326)로 정의하고 있다. Arrington · Francis(1989)는 이 견해를 비판하면서, "계약관계는 조직처럼 행동하지 않는다. 이것은 관찰가능하지도 않고, 동기와 관련이 있지도 않다. 실제로 아무 것도 변화시키지 않았다"고 주장하고 있다(p.18). Jensen은 균형행동을 조직행동과 동일시하지만, 경제균형은 정태적인 개념이다(Arrington · Francis, 1989, p.19). 나아가 Armstrong (1991)은 대리이론은 생산관계와 같은 중요한 조직특징을 무시한다는 것을 근거로 조직의 계약이미지에 의문을 던지고 있다(Perrow, 1986; Clegg, 1989도 참조).

대리비용을 최소화하는 것은 대리모형의 기본목표인데, 대리모형은 기업의 임원에게 현재 지급되고 있는 많은 금전적 보상에 비추어 볼 때 논란의 여지가 많다(Tinker, 1988). 이것이 영국에서 촉발한 정치적 논쟁은 소유와 통제의 범위 논란을 초래하였다. 대기업에서 소유자와 경영자의 관계는 약간 애매하다. 일부 학자들(Berle · Means, 1932; Monsen · Downs, 1965; Williamson, 1975)은 근본적인 이해관계의 분리가 대기업의 소유자와 경영자들간에 등장하여, 소유자에게 권한을 복원하기 위해 경영자의 규제를 추가하기 위한 제안을 유도하였다는 결론을 내린 바 있다(Tinker, 1988, p.169). 실증적 회계이론의 규제완화주장에 관해서, 충분한 제도적 협약이 회계정보의 제공을 위해 이미 존재한다는 것은 명백하지 않다.

실증적 회계이론이 대리이론을 이용한다고 해도, 그것은 예를 들면, 주주와 경영자와의 관계를 본인 · 대리인관계로서 취급한다. 실증적 회계이론에서 이기적 행동이나 도덕적 해이의 존재를 가정한다는 관점을 채택하고 있을 뿐, 의사결정자가 객관적인 비용함수를 명확하게 의식하고 있는지의 여부나, 균형상태가 상정되고 있는지의 여부에 관해서는 불명확하다. 오히려 개개의 의사결정자는 각각 주어진 불확실한 상황에서 주관적으로 비용과 효익을 고려해서 의사결정을 한다고 볼 수 있다.

한편, 규제의 경제이론은 부의 이전을 둘러싸고 사익을 추구하는 개개인의 경쟁과정에서 초래되는 정치적 과정을 개념화하는 경제이론이다. 이는 회계의 관점에서 회계기준의 개정, 폐지, 신설 등을 둘러싼 이해관계자들의 로비활동을 경제적 행동으로서, 즉 비용·효익의 분석에 의해 설명하려고 하는 것이다. 이와 같은 측면을 회계의 정치화라고도 한다.

그러나 이와 같은 규제의 경제이론측면에서도 정치적 과정을 설명하기 보다는 오히려, 우선 모든 집단에 공통하는 이해관심요소의 측면, 즉 회사전체로서의 지출능력, 변제능력, 이익 등을 측정해야 한다(Chambers, 1993, p.16). 따라서 규제의 경제이론은 경제학과 정치학 사이의 경계를 무너뜨린다거나, 어떤 종류의 정치적 행동을 부분적으로 설명하는데 도움이 될 수도 있다는 정도에 불과하다.

신고전파 경제학에 입각한 회계학자들(Watts, Zimmerman등)은 정부규제와 회계규제보다 시장규제를 지지한다. 그들은 하나의 정당한 근거로서 효율적 시장이론이나 대리이론을 내세운다. 대리비용을 최소화시키는 최적의 협상은 시장기구를 통하여 달성가능하다고 주장하고 있다.

경영자가 정치적인 강제규정이 아닌 자연스러운 시장기능을 통하여 감시를 받는다는 명제는 많은 학자들에 의해 도전을 받아 왔다. 이러한 명제에 대한 하나의 반응은 대리비용을 경영자가 부담하지 않는다는 것을 입증하는 것이다.

Ronen(1979)의 연구를 이용하여 대리이론에 대한 이와 같은 분석을 살펴보자. Ronen의 연구는 Jensen, Meckling, Zimmerman 등과 같은 학자들에 대한 종합적인 비판이다. 그러나 이 비판도 신고전파 경제학의 이론구조 안에 있기 때문에 자원배분에 있어서 회계의 중추적인 역할이 사회적으로 중립적인 입장이 아니며 주관적인 것이고 정치성을 띤 실무임을 쟁점화하지 못하고 있다(Lehman, 1992, pp.28-29).

Ronen은 대리관계의 한 가지 특성은 경영자가 자신의 이익을 추구하려는 동기를 가질 수 있다고 인식하는 것이다. 경영자는 기회를 잡으려고 하며, 질이 낮은 주식을 좋게 보이려는 (결함이 있는 중고차를 팔려고 하는 것과 유사한 Lemon's Market) 시도를 할지도 모른다. 비화폐적인 이득에 높은 관심을 가진 경영자는 시장제도를 이용하여 그들의 질적 우수성을 보이려고 할 것이다. 그러나, 주주들은 어느 재무보고서가 이러한 상황을 제대로 나타내고 있는지를 모른다는 점에서 정보비대칭의 문제가 존재한다. 여기서 회계는 보증의 역할을 수행한다. 재무제표를 감사하는 것이나 재무제표의 작성에 통일적 기준을 적용하는 것은 하나의 사회적 합의이다. 그리고 시장에서 가격기구에 의하여 유능한 경영자와 유능하지 못한 경영자를 구별할 수 있는데 그 구별은 경영자가 자발적으로 제공하는 정보에 의해 달성된다.

그러나, Ronen에 의하면, 이렇게 시장에서 제공된 정보가 정확하다는 확신을 얻을 수 없다. 그는 회계규제를 지지하는 입장에서 경영자가 자신의 이익을 추구하면서 동시에 투자자에게 최적수준에서 책임을 지고 정보를 제공하려는 충분한 동기가 시장제도에 존재한다는 것에 동의하지 않는다. 그는 정보비대칭의 상황에서 회계규제가 대리비용문제를 다루는 효율적인 방법이라고 주장한다. 그리고 그는 회계의 정보전달역할은 Watts・Zimmerman이 제시한 바와 같이 하나의 잘못된 합리화 또는 정부규제를 정당화하기 위한 변명이 아니라고 믿는다. 회계는 경영자에게 양질의 성과를 전달하기 위한 기회를 제공한다. 이 정보전달에 대한 규제는 정보비대칭의 문제로부터 발생한다. 그는 Watts, Zimmerman 등과는 달리 시장기능이 자동적으로 효율적 자원배분을 가져오는 것이 아니라고 주장하였다. 그러나 그들이 제시한 정보비대칭 개념은 정보비대칭에 기초한 사회적 관계를 검토하는 데까지 확장되지 않았고, 더 일반적으로 경제력 분배의 불균형을 검토하는 데까지는 확대되지 않았다. 그의 분석은 효율성과 공평성의 관계, 더 구체적으로 효율성과 분배의 관계에 관한 중요한 문제를 미해결인 채로 남겨두었다.

3. 기타

사회과학에서 어떤 패러다임의 궁극적인 우세처럼, 일반적인 사회적 풍토는 실증적 회계이론의 성공에 관한 중요한 한 측면이라고 볼 수 있다(Lehman・Tinker,

1987). 회계에서 실증적 회계학자들은 경제업무에 대한 정부의 간섭에 대해 정치적으로 반대하고자 하였다. 그들은 가능한 한 정부의 간섭을 적게 하려는 신자유주의라는 기본적인 정치적 메시지에 공감할 준비가 잘 되어 있는 청중에게 작용하고 있었다(Mouck, 1992, pp.49-50). 그러나, 이 환경은 변화하는 경제적, 정치적 조건내에서 지속적으로 재구성되고 있다.

사회정치적 요소들 특히, 과학연구가 사회문제를 해결할 수 있을 것이라는 믿음(Whitley, 1988)과 그 당시 보수적인 정치개혁시대와 실증적 회계이론의 공감(Lehman・Tinker, 1987) 등이 실증적 회계이론의 수용에 어떻게 기여하였는가는 앞에서 살펴보았다. 그러나 미국에서 공화당 정부가 사라진 후에, 이러한 특별한 기간과 보수적 개혁의 형태는 종료되었다. 미국에서 Clinton 대통령은 간섭주의자(interventionist)의 전략을 채택하였으며, 영국에서는 주요 정권이 시장의 힘 안에서지만, 대처주의의 냉혹한 얼굴과는 대조적으로 대안적인 복지사회를 채택할 것을 요구하고 있었다. 1980년대에 일단의 새로운 가치, 예를 들면, 생태, 미국에서 의료, 성(gender)의 문제 등이 등장하고 있었으며, 이들은 비규제시장의 효율성과 효과성을 강조하지 않았다. 실증적 회계이론이 이러한 변화하는 환경과 공존할 수 있는 능력은 의문의 여지가 있다. 예를 들면, 일부 기업의 연이은 파산과 1987년의 증시의 주가폭락은 규제에 대한 요청을 더욱 증폭시켰다.

실증적 회계이론에서는 1970년대와 1980년대에 경제에 대한 정부간섭에 관해서 Friedman의 정치적 입장(자유주의, 비간섭주의)가 반영되었다고 볼 수 있지만, Friedman의 자유시장의 적절성과 규제완화 해결책은 정치계와 사회일반에 상당한 의문을 초래하였다. 통화주의는 점진적으로 덜 강조되고 있으며, 예를 들면, 미국연방준비은행의 통화정책은 1985년 후반기에 포기되었다(Grieder, 1989). Friedman은 선도적인 경제학자로 남아있지만, 그는 정치계와 학계에서 더 이상 선도적인 인물이 아니다. 학자들은 예언가가 아니며, 정치적 변화가 반드시 더 좋다고 주장하려고 하지 않는다. 실증적 회계이론이 발생하는 것을 도와준 정치적 조건들이 상당히 변화하고 있다고 주장되기도 한다(Hopper et al., p.540).

이상과 같은 문제점 외에도, 지금까지의 주류회계학은 외부환경과의 관계에서 발생하는 외부(비)효과 등을 반영하지 못하며, 경영자 위주로 회계처리하는 경향이 있다는 점에서 비판되고 있다. 그리고 지금까지 서구 · 북미 · 일본 등에서 환경파괴를 인지함으로써 드러난 문제인 회계책임문제를 적절하게 다루지 못하고 있다.

회계전문가들은 자신들이 사회에서 소득과 부의 분배 뿐만 아니라, 개인의 삶의 질과 기간을 결정하는 데서 파당적(partisan) 역할을 한다는 점을 계속해서 부인하고 있다(Tinker, 1991). 그들은 객관성, 독립성, 표현의 충실성 등을 주장하면서 파당성을 은폐하며, 회계의 유일한 사회적 기능은 투자자, 채권자, 경영자, 종업원, 노동조합의 의사결정에 유용한 정보를 제공하는 것이라고 주장하고 있다.

Reiter · Williams(2002)는 회계담당자들이 현재 경제이론을 검정하고 있다고 생각하며 따라서 경제이론은 회계문제를 해결하기 위해 응용이론으로서 이용되어야 한다고 제안하고 있다. 경제이론을 적용하기 위해 경제이론의 배경, 가정의 역할과 관련성도 논의해야 할 것이다(p.601).

회계연구자는 회계학과 경제학이 상이한 학문이라는 점을 인식할 필요가 있다. 경제이론은 회계학연구에서 수행할 역할을 가지고 있지만, 지배적인 것이어서는 안 된다. 회계학연구자는 회계학과 경제학 사이의 연결을 항상 이해해야 하며, 회계정보가 광범위한 경제적 의사결정에 어떻게 영향을 주는가를 항상 이해해야 한다. 재무보고의 목적은 의사결정에 유용한 정보를 생성하는 것이다. 회계학과 경제학은 관련이 있으며, 앞으로도 항상 관련이 있을 것이다. 그러나 회계가 학문으로 발전하기 위해서는 구체적으로 회계와 밀접한 관계가 있는 다른 요소들도 연구대상이 될 필요가 있다(Coetsee, p.8).

한편, Chabrak(2011)는 1970년대 이후로 회계학연구가 실증적 회계이론의 인식론과 방법론에 근본적인 결함이 있다는 강력한 주장에도 불구하고 실증적 회계이론에 의해 식민지화되었다고 주장하면서, 실증적 회계이론의 기본사조(tenets)를 비판적으로 검토하여 새로운 통찰력을 제시하고자 하였다. 즉, 그는 Rochester 학파에 관한 새로운 해석을 제시하여, Hayek의 자유주의 프로젝트와 Rochester 학파(실증적 회계이론)가 강력한 연결성을 가지고 있다고 주장한다. 그리하여 실증적 회계이론이 시장의 헤게모니를 정당화하는 이데올로기적 도구와 제도적 하부구조의 일부로 간주된다는 것이다.

이외에 실증적 회계이론에는 Watts · Zimmerman(1978) 이후로, 부채가설, 상여금가설, 정치비용가설 등의 핵심적인 가설이 있는데, 이러한 가설들이 오늘날에도 상이한 환경과 상이한 회계정책현안과 관련해서 지속적으로 검정되고 있을 뿐 취급되는 현안들이 큰 발전을 보여주지 않고 있다는 비판을 받고 있다(Sterling, 1990, p.130; Fields et al., 2001, p.301). 실증적 회계이론은 가설검정이 가능한 명제에만 연구주제를 한정하는 경향(윤성식, 1993, p.213)에 따라 연구유형 뿐만 아니라 연구내용 그 자체도 표준화하는 경향을 가지고 있다(藤井, p.10). 실증적 회계이론에서는 일정한 방법론에 의해서 연구를 계속하는 한, 과학의 모습을 가지게 되지만, 그 방법론에는 표준화된 규칙이 많고 독창성을 가진 연구를 발표하기가 어렵게 되어 오늘날 회계학계에 혁신성이 부족하다는 지적을 받고 있다(Hopwood, 2007). 그 결과, 분석기법의 세련도를 다룬 논문, 모형을 단편적으로 개량한 논문, 미국에서 검정된 모형에 우리나라의 자료만 입력해서 재검정한 논문 등 혁신성이 부족한 논문이 양산되는 결과를 가지게 되었다(藤井, *op cit.*).

한편, Puxty(1993)는 관리회계의 측면에서 주류회계학(전통적 패러다임)의 방법론을 다음과 같이 비판하고 있다(pp.10-20; 김영규 옮김, pp.29-46).

- 이것은 조직의 관점에서 구성되어 있다. 그리하여 관리회계는 더욱 광범위한 사회경제적 · 사회적 맥락과 관련이 없다.
- 이것은 조직을 효과적인 폐쇄시스템으로 다룬다. 그래서 관리회계의 상황적합이론의 경우를 제외하고 대부분의 수리적 의사결정 · 통제모형은 조직환경의

존재를 무시한다.

- 이것은 기술지향적이다. 이는 관리회계가 전체를 평가하기 보다는 구체적으로 어떤 것을 생산하는 과정의 기술적 효율성만을 평가하는 것에 관련이 있기 때문이다.
- 이것은 처방적이다. 그것은 어떤 것들을 실행하는 더 좋은 방법을 제공한다. 관리회계교재의 저자들은 이러한 기법이 실무에서 이용되는지의 여부를 확신하는 것이 아니라 이용되어야 한다고 생각할 뿐이다.
- 이것은 비역사적이다. 전통적인 방법론은 관리회계기법의 역사적 전개를 무시하는 경향이 있다. 그것들은 영원히 이용되어야 할 정태적인 방법이라고 생각한다. 그러나 실무에서는 그렇지 않다.
- 이것은 비정치적이다. 권력(및 이해관계)의 문제와 같은 정치적 쟁점이 관리회계실무에서 자연스럽게 제시되더라도, 전통적인 방법론자들은 묵시적으로 이들을 회피한다. 이것은 다른 사회과학의 경우보다 더 어렵다.
- 이것은 합리주의적이다. 관리회계는 합리적 행동, 합리적 계산, 합리적 의사결정, 합리적 통제에 근거하고 있다. 그러나 합리성은 어느 정도 비실질적(insubstantial)이고 제약적(bounded)이다.
- 이것은 기능주의적이다. 관리회계기법은 조직에 유익하다고 한다. 즉, 역기능적 효과는 없다. 이것이 표준원가계산과 같은 기법이 반세기 이상 존재하는 이유이다.
- 이것은 환원주의적이다. 관리회계의 이용은 두 가지 영역으로 환원된다. 하나는 관리회계가 단순한 경제현상에 관한 것이라는 것이다. 두 번째는 관리회계의 사회적 효과가 개별효과와 개별행위로 환원될 수 있다는 것이다. 경제적 현상을 초월한 실무와 광범위한 조직과 사회에 대한 영향은 무시된다.
- 이것은 실증주의적이다. 관리회계연구에 관한 두 가지 가정이 있다. 첫째는 관리회계현상이 측정가능한 실무와 원리라는 것이다. 두 번째는 이러한 실무

와 원리가 사전에 결정된 명제(가설)를 증명하거나 반박하기 위해 수리적/통계적 모형을 통해 검증될 수 있다는 것이다. 그리하여 (사회적 · 정치적인 것과 같은) 측정불가능한 실무는 연구영역의 밖에 있다.

- 이것은 문제중심적이다. 관리회계는 조직문제에 어떻게 연루되어 있는가를 살펴보기 보다는 문제를 해결하는 것으로 간주된다. 일부 조직문제는 관리회계문제에서 전개되며, 이러한 문제는 사회문제와 가끔 연결되어 있다.

제4절 소결

여기서는 먼저 주류회계학의 의미를 살펴본 후, 주류회계학의 철학적 배경과 가정 및 경제학적 배경을 살펴보고 이들을 과학철학과 경제학방법론에 입각해서 비판하였다.

주류회계학은 주로 경험적이고 분석적인 방법론을 이용하여 회계현상을 해명하고자 하는 회계학을 의미하는데, 이것은 철학적으로는 실증주의, 경제학적으로는 신고전파 경제학을 배경으로 하고 있다.

일반적으로 사회과학 방법론 중에서 실증주의의 철학적 배경은 다음과 같다. 르네상스시대 이후의 초기과학은 17세기에 유럽대륙의 Decartes, Spinoza, Leibniz 등과 같은 학자들의 합리주의와 영국의 Locke, Hume 등과 같은 학자들의 경험주의로 분리되었다가, 다시 Kant에 의한 관념론과 Comte에 의한 실증론으로 대별된다. 경제학과 재무학에 그 근원을 갖는 회계학연구(주류회계학)로서 Comte의 사상으로부터 파생한 것으로 간주할 수 있는 학파는 실증주의, 실재론, 도구주의, 규약주의 등의 네 가지로 구분할 수 있다.

오늘날 주류회계학은 실증적 회계이론이 대표하고 있는데, 이는 1960년대 후반에 그 기원을 갖고 있으며, 1970년대 후반에 Watts · Zimmerman에 의해 회계현상을 설명 · 예측할 수 있는 회계학이 주장되었다.

그러나, 실증주의와 신고전파 경제학에 의지하는 주류회계학은 실증주의와 신고전파 경제학이 내재적으로 갖고 있는 한계점으로 인해서 많은 비판을 받고 있다.

실증주의는 주로 과학철학에 입각해서 다음과 같이 비판되고 있다. 첫째, 회계학의 대상이 객관적으로 실재한다는 실재론을 가정한다는 것이다. 객관적으로 실재한다는 것은 관찰에 의해 객관적으로 실재한다고 주장되는데, 관찰은 객관적으로나 상호주관적으로 비교가능한 것이 아니라 가끔 무의식적으로 갖는 가정에 의해 결정된다고 비판된다.

둘째, 실증적 이론과 규범적 이론을 구별한다는 것 자체가 규범적이며, 실증적 이론도 규범적 이론을 함축하고 있다.

셋째, 가치중립성을 가정한다는 것이다. 실증주의는 보수주의적 이데올로기의 편향을 위장하고 있기 때문에 규범적이면서 가치의존적이라고 비판된다. 특히 주류회계학은 일단의 가정에 의해 지배되고 있지만 명시적으로 인식되거나 평가되지 않고 있다고 비판된다. 효용극대화를 가정할 때 이것은 대개의 경우 자본제공자의 효용극대화를 가정하고 있다는 것이다.

넷째, 검증가능성을 주장한다는 것이다. 검증가능성은 이미 Popper에 의해 비판되어 반증가능성이라는 대안이 주장되기도 하였는데, 이것도 관찰로 인한 귀납의 문제로 비판되고 있다.

다섯째, 실증적 회계학이 인식대상으로 하는 것은 회계현상 그 자체가 아니라 회계현상을 다루는 회계담당자이기 때문에 이것은 회계학이 아니라 회계사회학이라고 비판된다.

신고전파 경제학의 방법론에 대한 비판은 다음과 같다.

첫째, 신고전파 경제학의 방법론이 추상적이며 정태적이다.

둘째, 그 분석대상에는 비경제적인 요인들에 대한 고려가 미흡하다. 즉 '다른 것들이 일정하다면' 이라는 제약조건에서만 분석됨으로써 다른 요인들이 무시되고 있다.

셋째, 지나치게 효율성에 집착함으로써, 형평성과 자주성의 문제에 대한 고려가 미흡하다.

넷째, 균형분석을 실시하고 있지만, 현실의 경제상태가 균형인 경우는 거의 없다.

신고전파 경제학에 입각한 실증적 회계학은 주로 효용극대화가설과 방법론적 개체론에 입각하고 있으므로 이 두 가지를 중심으로 해서 살펴보면, 효용극대화가 현실적으로 가능한가의 문제와 과연 사익을 추구하는 개인에게 좋은 것이 공익을 추구하는 사회 전체에도 좋은 것인가라는 일반균형의 문제와 시장효율성의 문제가 있다.

이상과 같은 방법론상의 문제점 외에도, 지금까지의 주류회계학은 외부환경과의 관계에서 발생하는 외부(비)효과 등을 반영하지 못하며, 경영자 위주로 회계처리하는 경향이 있다는 점에서 비판되고 있다. 그리고 지금까지 서구・북미・일본 등의 중심지에 대한 자본의 세계적 재편의 영향, 동구・구소련・중국 등의 경제변화, 개발과 산업화로 인한 환경파괴의 인지 등에 의해 두드러지게 된 문제인 회계책임(accountability)의 문제를 적절하게 다루지 못하고 있다.

이하에서는 주류회계학이 갖고 있는 이와 같은 문제점들을 극복하기 위한 비판적 방법론에 의한 회계학연구들을 살펴보기로 한다.

4

회계학의 비판적 방법론

4장

회계학의 비판적 방법론

여기서는 우선 회계학의 비판적 방법론에서 비판의 의미를 살펴보고자 한다. 제1절에서는 비판개념의 원래의 의미를 모색하며, 제2절에서는 비판개념의 철학적 배경을 살펴보고 제3절에서 비판개념의 종류를 살펴본다. 제4절에서는 회계학의 비판적 방법론의 의의・특징・역할 등을 살펴보고 제5절 소결에서 간단히 요약한다.

제1절 비판개념의 의의[1)]

영미의 사회과학계에서 비판의 의미가 확대된 중요한 원인은 1960년대와 1970년대에 Marx주의의 영향과 독일 Frankfurt 학파의 비판이론의 영향력 증가이었다.

대부분의 학자들은 자신들이 연구하는 주제가 중요하고 다른 연구를 비판하기 때문에 자신들의 연구를 비판적이라고 생각할 때, 비판을 정의하는 것은 쉬운 일이 아니며, 비판이라는 용어는 사회과학분야에서 독특한 의미를 가지고 있다(Jermier, 1998, p.235).

비판(critique)이라는 말의 사전적 정의는 옳고 그름을 가리어 판단하거나 지적함(한글학회 지음, 1991)이다.

원래, 비판(kritik)이라는 말은 그리스어 'kritike'에서 유래한 것으로 윤리적・정치적・법적 관점에 있어서 판단하다(beurteilen), 판결하다(entscheiden)라는 의미로

1) 이 글은 2013년 10월, 국제회계연구(제51집, pp.449-474)에 발표한 "회계학연구에서 비판의 의미"를 수정・보완한 것이다.

사용되었으며, 식별하는 지각판단이나 사고작용을 의미했다(문현병, p.185). 이러한 비판은 이미 사전에 현존하는 진리를 객관적으로 수용하고자 하는 단순한 수단이 아니고, 진리 자체의 탐구를 근원적으로 문제삼는, 더구나 철학적 생산성을 수단으로 하는 위기의식을 뜻한다. 비판(kritik)은 위기(krisis, krise)를 뜻하는 크리시스(krisis)와 같은 어원을 가진 말이다.[2] 위기의식은 원래 비판의식이라는 개념 속에 들어 있는 말이다. 그러므로 위기의식이나 비판의식을 거치지 않고서는 결코 진리에 도달할 수가 없을 것이다. 이것은 위기의식이나 비판의식이 갈등의식의 모태요, 발전과 성숙의 장을 여는 열쇠가 되기 때문이다. 한 개인에게 있어서의 성숙이나 한 사회에 있어서의 발전과 진보 등은 현존상태에 대한 위기의식이 선행하지 않고서는 결코 얻어질 수 없는 필연적인 사실이다. 기존가치나 기존질서에 대한 위기의식은 그러한 위기를 극복하기 위해 곧 비판의식이 발동하는 것이요, 새로운 의식의 눈이 트이게 되는 것이며 새로운 가치설정의 동요가 일어나 기존가치를 파괴하는 것이다. 이러한 비판을 Horkheimer는 인간성을 전제로 하는 이론의 총체성이라고 하였고, Habermas는 비판과 위기(kritik und krise)라는 명제에서 주관적 능력이라고 규정하고 있다(백승균, 1982, p.150).

한편, 비판적(critical)이라는 말은 영어권에서는 다양한 의미를 가지고 있는데, ① critical attitude와 같이 오류나 결함을 발견하거나 주목하는 경향이나 비우호적인 태도, 비우호적인 논평 등과 같이 비우호적인 것(unfavorable)을 의미하는 것, ② critical temperature of water과 같이 변화가 발생하는 순간의 임계치를 의미하는 것, ③ critical reading, critical analysis of literature과 같이 조심스러운(careful) 평가와 판단을 의미하는 것, ④ a critical element of the plan, critical medical supplies 등과 같이 매우 긴급하게 필요한 것, 또는 절대적으로 필요한(indispensable) 것을 의미하는 것, ⑤ critical point in the campaign과 같이 결정적인(decisive) 전환점을 의미하는 것, ⑥ critical shortage of food, an illness at the critical state 등과 같이

2) 이 점에서 흔히 비판은 위기에 대한 비판을 의미한다고 주장되어 왔다.

위기나 긴급의 상태에 있다는 의미에서 중요한(crucial, important) 것을 의미하는 것, ⑦ 위험하다는 의미에서 perilous를 의미하는 것 등이 있다(http://www.thefreeedictionary.com/p/critical).

사회과학에서 가장 기본적인 비판형태는 지식주장의 타당성에 관한 평가이다. 어떤 학문분야에 기여하도록 설계되는 지식주장의 타당성에 관한 평가라는 의미를 가지는 비판이라는 말은 특히 비판적 합리주의에서 가장 중심적이다(Albert, 1985). 연구의 유일한 직접적인 목표는 지식의 생산이라는 가정에서 출발하면서, 이 맥락에서 비판은 그 목표가 달성되었는가에 주로 관련되어야 하며, 둘째로, 그것이 효과적으로 추구되었는가의 여부와 관련되어야 한다(Hammersley, p.181). 그리하여, 연구에서는 비판이 목적이 아니라 수단이라는 것을 분명히 한다. 즉, 그것은 진리의 집단적 발견을 위한 수단이거나 최소한 오류의 제거를 위한 수단이며, 연구의 유일한 직접적인 목표가 지식을 생산하는 것이라는 사실의 시사점은 비판의 타당한 초점이 학문적 지식의 기여로서 개진된 지식주장의 타당성과 신뢰성의 평가에 주로 관련된다는 것이다(*ibid.*, p.182). 그러나, 오늘날 이 말의 의미가 확대되고 있다. 그리하여 연구자에게 비판적이라는 말의 의미는 지식주장만이 아닌, 공공정책, 제도, 사회실무의 형태를 평가하고, 이것을 사회복지, 정의, 정치적 자유, 경제가치 등과 같은 실천가치로 실행하는 것을 포함하게 되었다. 나아가 비판적 행위는 평가대상과 관련이 있는 사회적 맥락과 기본가정을 분석하는 것도 포함하게 되었다. 이에 반해서 무비판적이라는 말은 현상태를 지지하는 것으로 해석되거나, 최소한 공적인 기여를 전혀 하지 않는다는 것, 또는 무가치하다는 의미로 해석된다(*ibid.*, pp.175-176). 따라서 사회과학에서는 비판적이라는 말의 의미가 연구자들의 연구나 연구자들의 방법론을 긍정하기 위해 이용될 수도 있으며, 규범성을 가져야 한다고 주장되기도 한다(Nurunnabi, 2011).

오늘날 비판이라는 말은 다양한 맥락에서 이용되고, 그 맥락에 따라 다양한 의미를 가지게 되어, 부정적인 의미나 긍정적인 의미를 가지게 되었다. 대부분의 일반적인 용도에서는 어떤 대상이 가지는 잘못을 발견하는 것을 가리킬 것이다. 이것은 예술적 표현의 영화나 어떤 작품의 검토 또는 피드백(feedback)이 요청되는 문제의 평가 등과 같은 것에서 건설적 비판의 맥락에서 이용될 때는 긍정적인 의미를 가진다. 이러한 비판적 사고(thinking)는 오늘날 교육학에서 매우 유행적으로 이용되고 있다(Gaffikin, 2010, p.33).

제2절 비판개념의 철학적 배경

회계학에서 비판개념은 비판적 방법론을 사용하는 비판회계학에서 주로 이용하고 있는 바, 그 비판의 의미를 파악하기 위해서는 비판의 철학적 배경을 살펴보아야 할 것이다.

비판의 철학적 배경은 고대 그리스시대로 거슬러 올라가는데, 여기서는 근대이후로 국한해서 간단하게 살펴보고자 한다.[3)]

근대에 이르러서는 인식비판으로서 Kant의 비판철학이 성립한 이래 비판의 의미와 내용은 다양하게 발전해 나갔다. 즉, Kant의 이성비판, Hegel의 Kant비판, Marx의 Hegel비판 등으로 전개되었다. 이러한 과정과 관련시켜 볼 때 Frankfurt학파의 비판이론에 있어서 비판이라는 개념은 그리스시대 이후 독일철학 특히 Kant/Hegel/Marx의 인식론에 흐르는 비판정신을 계승한 것이며, Postmodernism의 비판정신은 Kant/Hegel/Nitzsche의 인식론에 흐르는 비판정신을 계승한 것이다(문현병, 1993; Laughlin, 1995. 참조).

Kant에 있어서 비판개념은 인간인식의 능동적 구성능력에 따라 지식의 정당성을 검토하는 순수이성의 특징을 의미한다. 경험영역과 무관한 초험적(transcendent)

3) 비판의 의미를 고대 그리스시대부터의 역사적 변천에 관해서는 다음을 참조, 문현병(1993).

사변과 독단의 형이상학에서 깨어난 Kant는 모든 지식이 감각적 경험으로부터 비롯된다고 선언하였다(전병갑, p.280).

인식대상을 인식주체가 선험적으로 구비하고 있는 범주에 의하여 구성하는 것으로 보고, 인식의 종합적 기능을 강조함으로써 의식과 실재, 주관과 객관, 혹은 합리론과 경험론의 진부한 대립을 고차적으로 지양하였기 때문에 Kant는 비판적이면서도 변증법적인 지식이론의 발전에 기여하였다고 볼 수 있다. Kant가 순수이성비판에서 존재와 사유간의 변증법적 관계를 강조한 점은 Hegel과 Marx의 인식론에 계승되고, Frankfurt학파의 비판이론이 지식의 대상을 역사적 상황하에서 주체의 구성적 활동에 관련시키려 하는 것도 Kant, Hegel, Marx의 이러한 인식론적 전통에 입각한 것이다(전게서, p.281).

인식주체의 선험적 주관이 Kant에 있어서는 미리 주어진 확고하고 완성된 것으로 전제되었으나, Hegel은 주관적 의식의 자기형성과정 그 자체를 밝히는 것이 참된 인식비판이라고 보았다. 주관적 의식을 완결된 형태로 전제할 것이 아니라 자기형성의 기나긴 도정에서 점진적으로 정교화 되는 것으로 볼 때, 경험의 전제조건이라기보다 거듭된 경험의 과정에서 드러나는 결과적 속성으로 개념화함으로써 비로소 주관과 객관의 대립이 변증법적으로 극복될 수 있다는 것이다(전게서, pp.281-282).

Hegel은 아주 단순한 의식으로부터 시작하여 완전한 의식에 이르게 되는 유한정신의 현상학적 자기발전의 과정을 노동을 매개로 하여 밝히고 이 과정에서 이론과 실천, 객관과 주관, 보편성과 특수성의 대립을 변증법적으로 극복할 수 있음을 보았다.

노동을 자기창조의 과정으로 개념화하고 인간을 스스로의 노동의 결과로 파악한 Hegel의 사상을 Marx는 높이 평가하였다. 그러나 그는 Hegel의 위대성을 격찬하면서도 Hegel의 노동개념이 추상적이고 관념적인 정신노동이며, 의식의 대상은 대상화된 자의식일 뿐만 아니라, 소외의 긍정적 측면만 강조하고 부정적 측면을 외면함으로써 현상을 설명하고 정당화하는 데서 그친 보수적 결론에 이르게 되었음을 신랄하게 비판하였다.

이제 Marx에 이르러 비판이론은 인식비판을 넘어 변혁논리로 발전하게 되며, 이는 당시 자본주의 선진국에 있어서, 노동의 현존이 그 본질로부터 심각하게 괴리됨으로써 자아창조활동이어야 할 노동이 인간성의 긍정이라기보다 오히려 그 부정이라는 현실인식에서 비롯된 것이다.

이러한 Marx의 비판은 Kant의 비판과는 차원이 다른 것이었다. 그것은 철학자들의 이론적 · 실천적 비판에서 나타나는 그러한 비판과는 달리 철학 이론의 배후에 체계적으로 은폐되어 있는 이해관계의 발전을 의미할 뿐만 아니라, Marx의 정치경제학 비판에 의해 예증된 바와 같이 진리의 폭발적인 대립과 현실에 대한 현존하는 이론들의 허위에 찬 차원들을 비판하는 것을 의미한다. 즉, 허위의식으로서의 이데올로기비판이었다. Marx의 비판에 대한 유물론적 각성은 실증주의의 난점을 극복하고자 하는 것이 아니라, 고전적 정치경제학 비판과 정치경제위기 이론이라는 새로운 비판적 과학으로 전환된 것이었다. 그리고 그것은 Marx 비판의 실제적 방법론이 Kant의 전통보다 Hegel의 정신현상학과 법철학의 전통에 근거하고 있다는 것을 의미한다. 비판이론의 비판은 바로 이러한 Marx주의의 비판적 전통 위에서 출발한다(문현병, 상게서, pp.186-187).

Frankfurt학파의 비판이론에서 비판이라는 개념은 그리스시대의 Herakleitos 이후 독일 철학 특히 Kant/Hegel/Marx의 인식론에 흐르는 비판정신을 계승한 것이다. 구체적으로 비판이론은 독일철학에서 발전된 비판의 두 가지 개념을 창조적으로 종합한 독특한 비판정신에 근거하고 있다. 한 가지는 선험철학을 위한 Kant의 철학에 그 뿌리가 있고, 그래서 정당성의 검정(testing of legitimacy) 즉, 인식의 가능성조건(순수이성비판)을 뜻하며, 다른 한 가지는 이론과 실천의 대립에 관한 청년 Hegel학도들의 입장을 지칭하는 것으로, 이는 부정(negation)을 뜻하는 것이다(전경갑, p.279). 그리하여 Frankfurt학파의 비판이론의 중요한 기여는 Kant의 비판개념의 발전이었다. 이로 인해서, 지식주장의 비판은 단순히 이들을 증거에 비추는 평가의 문제일 뿐만 아니라, 이들이 작용하는 전체 가정체계를 이해하는 문제이며,

그 체계의 타당성이나 가치의 한계를 식별하는 문제이다. 초기 비판이론가들의 경우 이것은 기존의 사고방식의 이데올로기적 특징에 도전하는 것을 의미하였다. 이로 인해서 Warren(1984)도 Frankfurt학파의 비판이론의 비판정신을 다음과 같이 주장하고 있다. 비판이론의 철학적 근원은 Marx사상에 있어서 중심적 역할을 하는 변증법적 정신을 회복하려는 것이며, 이는 곧 변증법적 이론의 Kant적 근원과 Hegel적 근원에 복귀하는 것이다. 비판이론의 본질은 Marx사상에 체현된 Kant와 Hegel의 인식론적 근원을 재정립하고 이를 비판적으로 재구성하는 것이다(p.14).

비판이론은 당시 객관주의적이고 결정론적인 Marx주의를 거부하고, Kant의 구성적 인식론을 비판적으로 재구성한 Hegel의 변증법적 인식론을 구체적 현실비판과 실천에 적용한 Marx의 변증법적 비판정신을 복권시킴으로써 정의로운 사회를 이룩할 수 있는 가능성을 탐색하려는 데 그 특징이 있다(전경갑, p.280).

그러나, 비판이론의 비판은 Kant적 의미의 비판적 전통과 Marx적 의미의 비판적 전통 위에 서면서도 새로운 비판적 관점으로서 등장하게 된다. 이 새로운 비판은 다음과 같은 것을 의미한다. 먼저 Kant와의 연관에서 볼 때 Kant의 이성비판은 인식의 자기반성을 통하여 근대 자연과학의 학문적 타당성을 마련해 주었고, 신Kant학파의 Kant수용을 통하여 역사과학과 문화과학의 비실증적 방법을 정초하는 길을 열어 주었다(문현병, p.187).

Marx와의 연관에서 볼 때, 비판이론은 Marx의 유물론적 변증법에 입각한 정치경제학 비판의 입장과 현존하는 사회의 불합리성과 모순을 실천을 통해 해결하고 인간해방으로 나아가고자 하는 인본주의의 입장을 수용하였다. 그러나 비판이론은 Marx가 관념론적 철학에 대해서는 비판하였으나, 실증주의에 대한 비판을 간과했던 점을 지적·비판함으로써 Marx의 기존철학 비판에서 실증주의비판으로 나아간다. 그와 함께 비판이론은 Marx주의 자체의 모순까지도 비판하고자 한다. 그것은 Marx주의의 사회인식이론이 반성을 단순히 노동에만 환원시킴으로써 인간의 자기정립을 물질적 생산활동에 국한시켜 역사의 발전형식으로서의 반성일반을 소멸시켰다는 것이다. 그리고 제1차 세계대전 이후부터 전개되는 서구사회주의와 자본주의의 변화과정에 따라 Marx주의의 역사이론과 사회이론의 현실적 적용여부를 재검토함으로써 Marx의 하부구조분석에서 상부구조분석으로 전환하고 정치경제학비판으로부터 현대의 도구적 합리성비판으로 이행하고, 프로이트심리학을 사회심리학으로 변환함으로써 인간의 욕구체계를 재해석하고 Marx의 인간학을 확대 · 적용하게 되었다(전게서, p.188).

비판이론에서의 비판이 한편으로는 비판적 전통을 고수하면서도 다른 한편으로는 그것을 비판하면서 새로운 비판의 입장을 취하고 있는 것이다.

이외에도 오늘날 비판개념에는 포스트모더니즘(post-modernism)의 영향이 스며있다. 포스트모더니즘은 접두사 post와 근대주의를 의미하는 modernism의 결합어이다. 포스트모더니즘은 후기근대성, 탈근대, 해체주의, 후기구조주의 등의 다양한 용어로 불린다(신승환, pp.10-11). 포스트모더니즘에서 비판은 다음과 같은 특징을 가진다(신승환, pp.54-60; 전경갑, pp.352-359).

첫째, 주체의 탈중심화를 핵심적 명제로 한다. 합리적이고 이성적인 인간개념을 전면적으로 해체하고자 한다.

둘째, 거대이론 혹은 총체론적 언술을 거부한다. 매우 다양한 사회현상을 하나의 이론으로 획일적으로 파악하려는 총체론적 거대이론을 거부한다. 그리고 진리의 단일성을 부정하고 다양성을 인정하며, 지식에 대한 통일적/전체적, 총체적 개념을 비판하고 부정한다(김성기, pp.86-89).

셋째, 이성중심주의를 거부한다. 대상에 대한 과학기술적 지배가능성의 사고가 이성중의를 거부하며, 체계와 지배가능성에 대한 형이상학적 개념에 반대하여 그 무게중심의 축을 해체하려고 시도한다.

넷째, 모든 유형의 형이상학적이고 허구적인 이원적 대립을 해체하고자 한다. 중심과 주변, 정상과 비정상, 진리와 허위, 의식과 무의식 등 극히 자의식인 이원적 대립을 당연한 것으로 상정하여 전자에 특권적 지위를 부여하는 한편, 후자는 전자보다 이차적이고 무가치하며, 열등한 것으로 여기는 모든 유형의 서열제도는 폭력적 위계라는 것이다.

다섯째, 역사에 있어서 진보적 발전 같은 것을 믿지 않는다.

포스트모더니즘은 합리적 주체에 대한 선험적이고 독단적인 확신을 배격하고, 다양한 현상을 총체론적 이론체계로 정당화하려는 경직된 사고를 지향하며, 근거없는 형이상학적 근원주의에 대한 환상을 버리고, 이데올로기적 기능을 수행하는 모든 모순된 위계를 폐기하며, 억압과 비리까지도 정당화할 수 있는 목적론적 진보사관의 환상을 극복해야 한다는 것이다(전경갑, 358). 이러한 포스트모더니즘의 효과는 사회적 부정, 그리고 특히 합리화하는 것 같은 사상들의 사회적 부정을 포함하는 것으로서, 사회정치적 현상황에 관한 자유로운 비판을 촉구하는 것이다(Hammersley, p.180).

이상과 같이 1960년대 후반 이후 융성해온 현대 사회이론을 관통하는 키워드가 있다면, 그것은 다름 아닌 비판이다(김호기, p.3). 여기서 비판이란 이중의 의미를 갖는다. 즉 협의로는 기존의 방법론과 사회이론의 정통적 합의에 대한 비판을 뜻하며, 광의로는 자본주의와 사회주의가 동전의 양면을 이루는 현대성(modernity)에 대한 비판을 함축한다(전게서, p.4). 현대 사회이론의 주요 과제 중의 하나가 바로 비판에 있다는 것이 이들이 공유하는 문제의식이라면, 이런 다양한 현대 사회이론의 흐름들을 비판사회이론이라 부를 수 있을 것이다(전게서).

이러한 비판사회이론의 특징은 기존의 사회학이론을 넘어서는 포괄적인 이론을 지향하고 있다는 점이다. 비판사회이론은 사회학의 영역을 벗어나 철학, 역사학은 물론 정치학, 경제학과도 직접 연계되어 있다. 또한 비판사회이론은 Marx주의 사회이론의 전통을 계승하면서도 그것을 넘어서고자 하는 특징을 갖는다. 오늘날 비판사회이론은 그 비판이 자본주의 뿐만 아니라 현대성에 포괄적으로 맞추어지고 있다는 점에서 Marx주의 사회이론보다 넓은 외연을 갖고 있다고 볼 수 있다(전게서).

제3절 비판개념의 종류

일반적으로, 비판적(critical)이라는 것은 어떤 것에 관한 잘못을 발견하고 부정적으로 된다는 것을 의미한다. 그것은 건설적이기 보다는 가끔 파괴적일 수 있으며, 특정한 적대적인 동기나 태도로 실시되기도 한다. 비판적 접근방법을 개발할 때, 그것이 전적으로 파괴적이어서는 안 되고 체계적이어야 하며, 실제행동을 취하는데 통찰력을 생성해야 할 것이다. 비판적이라는 것은 의사결정이나 행동하기 전에 어떤 주장을 의문시하거나 평가하면서 사물들을 당연한 것으로 간주하지 않는 것이다. 이것은 매우 간단하거나 단순한 것 같지만, 급진적으로 실시된다면 그것은 도달하기 어렵고 해결하기 어려운 결론을 유도할 수도 있다.

의문시(questioning)나 회의론(scepticism)의 네 가지 다른 차원들이 식별되고 있다. 이들의 이론적 근거는 Habermas의 의사소통행위이론(1984, 1987)과 담론윤리(1992) 그리고 특히 그의 담화행위의 타당성 주장에 관한 이론인 담론윤리의 해명(1991)이다. Habermas는 이해와 합의를 생성하는데 목표로 둔 모든 의사소통적 발화(utterance)는 묵시적으로 네 가지 타당성 주장을 제기한다고 주장한다. 즉, 그것은 이해가능하고(comprehensible), 사실적으로 정확하거나 원칙적으로 가능하며(진실, truth), 규범적으로 수용가능하고(정의, rightness), 진지하다(진리성, truthfulness)는 주장. 우리는 단순히 담화행위보다는 더 광범한 범위 예를 들면, 계획, 제안, 행동, 설계 등에 관심이 있다. 그리고 이들은 당연히 의사소통적이 아니고(말하자면, 이해지향적이다), 전략적이다(어떤 방법에 도달하는 것을 목표로 한다). 유사한 방식으로, 우리는 행동을 위한 제안들이 의문시되어야 하는 묵시적 가정이나 타당성 주장을 포함하고 있다고 말할 수 있다. 첫째, 주장과 그 표현방법의 논리적 건전성(수사학, rhetoric), 둘째, 실제 사실과 수용가능한 사회적 실무와 가치에 관해 당연히 인정되는 가정(전통, tradition), 셋째, 정당성에 관해 이루어지는 가정과 견해가 특권화되어야 하는 것(권위, authority), 넷째, 지식과 정보의 타당성에 관한 가정(객관성,

objectivity). 비판적 방법론의 이러한 네 가지 측면들을 아래에서 좀 더 자세히 살펴보자(Mingers, 2000, pp.225-227).

1. 수사학의 비판: 비판적 사고

첫 번째 의미는 비판적 사고(critical thinking)이다. 가장 간단한 수준에서 이것은 사람들의 논지와 명제가 논리적 의미에서 건전한지의 여부를 평가할 수 있다는 것과 관련이 있다(Hughes, 1996). 즉, 비판적 사고는 주장, 논증 등의 텍스트를 그 논리적 구조, 의미, 논거, 맥락 등을 고려함으로써 받아들일 수 있는지 여부를 판단하기 위한 추론적 사고이다(김광수, p.32). 그리하여 결론이 전제에서 나오는가? 전제 그 자체는 정당화가능한가? 언어가 공정한 방식으로 이용되고 있는가? 또는 그것이 고의적으로 감동적이거나 오도적인가? 이것은 언어의 논리적 분석과 관련이 있는 간단한 기술인 것 같지만, 실제상황에서는 그것이 어떤 주장에 의해 의미되는 바를 완전히 이해하거나 특정한 주장이 타당한지의 여부를 발견하는 것이 극도로 어렵게 될 수 있다.

비판적 사고는 특정한 언명, 정보, 규범 등에 대한 회의론이나 믿음의 중지를 포함할 정도로 매우 광범하게 정의될 수 있다(McPeck, 1981). 비판적으로 생각한다는 것은 순수히 추상적인 것이 아니라 어떤 특정한 문제나 영역에 관한 것이다. 그러므로 Paul(1990)은 비판적 사고가 특정한 영역이라기보다는 일반적인 기술이라고 주장하지만, 그것은 규율적 영역이나 문제에 속하는 지식과 기술을 필요로 한다. 그것은 또한 성찰적 회의론(reflective scepticism)이어야 하며 즉, 그 목적을 알고 있어야 하며(내가 왜 이러한 특정한 태도를 취하고 있는가?), 대안들을 제시할 수 있어야 한다. 비판적이라는 것의 이 측면은 언어의 이용과 특히 관련이 있기 때문에 수사학의 비판(critique of rhetoric)이라고도 한다.

2. 전통의 비판

우리가 고려할 비판적이라는 용어의 다른 의미들은 우리가 일상적으로 하는 보다 깊고 많은 기본적인 가정들을 덜 당연하게 여기고 의문시하면서 실제로 이러한 회의적 태도의 개발이다. 우리가 조직과 사회에서 만나는 가장 일상적인 가정들 중의 하나는 전통이나 관습의 가정이다. 여기서 사물을 실행하는 당연한 방식 및 조직과 조직의 부문들이 특정한 문화와 특정한 실무를 개발한다. 이들은 어떤 이유 때문에 또는 우연히 발생하였을 것이지만, 이들은 수용되어서 보이지 않게 되는 경향이 있다. 그러나 이들은 상황이 변하였거나 사실상 아니었기 때문에 또는 인종주의나 생태주의와 같은 도덕적 가치를 부정하거나 모순되기 때문에 당연히 가장 적절한 사물의 실행방식이 아닐 수도 있다.

그것은 조직의 오랜 실무나 전통이라기 보다는 특정한 프로젝트나 계획과 관련이 있는 가정이다. 이들은 (묵시적으로) 토론되거나 도전될 수 있는 것을 제한하는 기술전문가나 강력한 집단에 의해 가끔 설정되는 경계판단으로 간주될 수 있다 (Ulrich, 1991). 이러한 실무나 판단을 의문시하는 것은 가끔 강력한 반응을 불러일으키며, 전통과 권위의 비중이 이들을 지지하는데 이용되는 것은 당연하지만, 이들을 변화시키려고 하는 것은 필연적으로 현상을 변화시키고 권력과 권위의 기존상태를 바꿀 수 있기 때문에 매우 어려울 수 있다. 이것을 전통의 비판(critique of tradition)이라고 할 수 있다.

3. 권위의 비판

상이하지만 타당한 대다수의 관점들과는 반대로 단 하나의 지배적인 견해가 있어야 한다는 것을 문제시한다. 학생들의 경우에, 지금까지 그들의 대부분의 교육이 하나의 해답이 있다는 가정으로 정확한 해답을 가르치는 것을 목표로 하였기 때문에 이것은 수용하기가 특히 어려울 것이다. 그러나 학생들도 결국에는 학문의 세계에서도 미해결문제와 의견불일치가 있다는 점을 인식해야 한다. 잘 정의된 분야와 문제로 분리되지 않는 조직세계의 상황은 상이한 이해관계로 매우 복잡할 수 있다. 이러한 이해관계집단들은 모두 상이한 상황경험과 상이한 상황관계를 가질 것이며, 상이한 방식으로 이해관계를 달리할 것이다. 많은 관점이 있다는 점을 인정하고, 특권적 지위나 지배적인 견해를 문제시하며, "다른 사람의 눈을 통해 세상을 보고자 하는 것"(Checkland · Scholes, 1990)을 권위의 비판(critique of authority)이라고 할 수 있을 것이다.

4. 객관성의 비판

여기서는 이용가능한 지식과 정보의 타당성을 문제시하는 것이며, 그것이 가치중립적(value-free)이거나 객관적이지 않다는 것을 인식하는 것이다. 가장 단순한 수준에서, 계량적인 자료와 같이 얼핏 보기에 객관적인 사실조차도 단순하게 발생하는 것이 아니라 매우 다양한 사람, 작용, 의사결정, 선택 등을 포함하는 특별한 과정의 결과라는 점을 인식해야 한다. 어떤 요소가 기록되고 어떤 요소가 기록되지 않는가? 이들은 어떻게 기록되고 측정되는가? 항상 여러 가지 가능성이 있는가? 중요한 요소들이 측정될 수 있는가? 우리가 어떤 대용변수를 이용해야 하는가? 비계량적인 판단요소들은 정당한 비중을 차지하는가?(Mingers, 1989) 등을 고려해야 한다. 어떤 자료가 생성되었을 때라도, 그것은 어떤 사람들이 자신들의 견해와 특별한 목적을 위해 해석할 때 정보로서 이용가능하게 될 뿐이다.

좀 더 광범위한 수준에서 정보와 지식은 항상 어떤 상황내에서 권력과 이해관계의 구조를 반영하거나 이들에 의해 형성된다고 주장될 수 있다(Foucault, 1980;

Foucault, 1988a). 어떤 문제가 제기되고 어떤 문제가 제기되지 않는가? 어떤 의사결정이 이루어지고, 어떤 것이 연기되는가? 특별한 이해관계집단은 어느 정도로 어떤 정보를 촉진하거나 은폐할 수 있는가? 객관적이고 가치중립적인 지식이 있다는 전체사상을 의문시하는 비판적 사고의 이 측면을 객관성의 비판(critique of objectivity)이라고 한다.

제4절 비판적 방법론

회계가 사회적으로 구축된다는 것으로부터 단순히 기술적(technical), 객관적, 중립적이고 무미건조한 학문이 아니라는 것을 엿볼 수 있다. 그러나 회계담당자들은 이러한 회계의 사회성을 통해 그 이해관계를 폭로하거나 비판하려는 유인을 거의 가지지 않는데 이는 기술적, 객관적, 중립적이고 무미건조하다는 관습적인 회계이미지가 비판적 연구를 방해하기 때문이다(Alvesson・Willmott, 2012, p.159). 회계가 순수하게 기술적인 것으로 보이는 한, 비판적 안목을 포착하려는 관심은 별로 없는 것 같다. 그러나 경영학 분야 중에서도 회계가 가장 활기차게 비판적 연구를 확대해 왔다는 것은 다소 놀라운 것이다(Ezzamel・Robson, 2009).

1. 회계학의 비판개념

회계학에서 비판의 의미를 모색한 것으로는 Gaffikin(2010), Mattessich(1995), 陳內(2007) 등이 있다. Gaffikin(2010)은 비판의 의미를 넓게 파악하여, 기존의 것과는 다르게 생각하고 행동할 수 있는 것으로 간주하였다. 그리하여 회계학에서 독일의 비판이론, 프랑스의 포스트모더니즘 등을 이용한 것 뿐만 아니라, 기존 회계사고방식에 도전한 Canning(1929), Paton · Littleton(1940), Chambers(1966), Mattessich (1995) 등의 사고방식도 포함하였다. 한편, Mattessich(1995)는 비판을 어떤 학문이 적절한 실재를 나타낼 수 있는 정도를 비판적으로 검토한다는 Kant의 의미로 이해하였다. 18세기 비판이 합리론과 경험론을 종합하려고 한 것처럼, 그는 영국의 비판적/해석적 방법론과 미국의 실증적 방법론의 종합을 목표로 하였다. 일반적으로 비판은 어떤 사실, 사상, 이론, 행동 등을 대상으로 그 진위, 장단점, 선악, 유효성 등을 판단하는 것으로 해당 대상을 분석하고, 평가하는 행위로부터 정의된다. 이러한 의미에서 회계학에서 비판은 현재의 제도를 부정하거나 주류를 이루는 이론을 논란하는 것만이 아니다. 그것은 회계의 존재 및 그 변화, 발전을 그 근거로부터 밝히는 것이다(陳内, 2007, p.86).

전반적으로 회계학에서 비판개념은 실증적 방법론을 이용하는 주류회계학을 비판한다는 의미에서 비실증주의의 방법론 전체(비판적 방법론과 해석적 방법론)에서 이용하는 다양한 비판개념을 가리키기도 하지만, 주로 비판적 방법론에 속하는 Marx주의(정치경제학과 노동과정이론)(제5장과 제6장을 참조), 독일 Frankfurt학파(특히 Habermas)의 비판이론(제7장을 참조), 프랑스의 포스트모더니즘에 속하는 Foucault(제8장을 참조), Bourdieu(제9장을 참조) 등의 방법론 등에서 이용하는 비판개념을 가리킨다.

2. 비판적 방법론의 생성과 배경

모든 회계학연구는 다른 학문의 이론과 방법론을 이용한다는 점에서 학제적이라고 주장될 수 있으며, 회계학이 하나의 학문으로서 그 시작부터 (신고전파) 경제학이 회계학에 이론적 기초를 제공하였지만(Roslender · Dillard, 2003, p.326), 오늘날 혁신성이 없다고 비판을 받고 있으며(Hopwood, 2007), 다양한 학문분야로부터 이론과 방법론을 도입해야 한다고 주장되고 있다(Basu, 2012). 특히 신고전파 경제학에 입각하지 않고 다른 학문에 입각한 것을 오늘날 회계학에서 학제적(interdisciplinary)이라고 한다(Roslender・Dillard, *op cit.*, p.327).

Ball・Brown(1968)의 경험적 연구의 발표 이후 1970년대는 회계학의 역사에서 중요한 시기라고 할 수 있다. 선험적 회계학연구로부터 경험적 회계학연구로 변화가 발생하였고, *Accounting, Organizations and Society*(1976)의 창간으로 학제적 회계학연구에 속하는 비판적 방법론과 해석적 방법론을 적용한 회계학연구도 등장하기 시작하였으며, 경험적 회계학연구는 1970년대부터 오늘날까지 주류회계학으로 회계학계를 지배하고 있지만(Mattessich, 2008, p.193), 비판적 방법론을 비롯한 학제적 방법론도 이러한 주류 회계학에 대한 반응으로 등장하기 시작하였다(Roslender・Dillard, *op cit.*, p.327).

회계학에서 비판적 방법론은 넓은 의미에서 경험적인 실증적 방법론을 비판하는 방법론을 모두 포괄하기도 하지만, 좁은 의미로는 <도표 2-1>과 같이 Kant/Hegel노선을 이어받는 Marx주의, 독일의 비판적 방법론(Habermas의 비판이론), 프랑스의 비판적 방법론(Foucault의 고고학과 계보학, Bourdieu의 실천이론) 등을 의미한다.

회계학에서 비판적 방법론(특히 Marx주의)을 적용하기 시작한 최초의 나라는 일본이다. 일본에서는 1930년대에 中西寅雄(나카니시)(1931)와 畠中福一(하타나카)(1932) 등의 업적을 선두로 하여 일본학계의 많은 연구자에 의해서 계승・발전되어 왔다(제6장을 참조). 이에 반해서 구미에서는 영국에서 1970년대 이후에 발전하기 시작하였다[영국의 비판회계학에 관한 간단한 개요는 김석웅(2005, pp.326-327)을 참조].

영국에서 회계학의 비판적 방법론을 비롯한 다양한 방법론을 생성・발전시킨 요인으로는 여러 가지가 있을 수 있다. Baker(2011)는 영국의 회계학계에 ① Hopwood(1944-2010)의 *Accounting, Organizations and Society*(1976) 창간과 ② Burrell・Morgan(1979)의 저서 및 ③ 1970년대 후반 영국의 정치적 상황 등에 의해서 영국에서 비판적 방법론을 비롯한 다양한 방법론이 등장・발전하기 시작하였다고 주장하였다.

한편, Roslander・Dillard(2003)에 의하면, 1970년대・1980년대에 영국 Sheffiled

대학교와 관련된 Laughlin, Broadbent, Lowe 등의 회계학자들과 London대학교, Manchester대학교의 회계학자들이 중요한 요인들 중의 하나이다(p.327). 특히 Lowe는 Sheffield대학교에서 오늘날 영향력이 큰 비판회계학자들을 교육시켜서 배출하였다. 그리고 영국Birmingham 대학교의 회계학자 Gambling도 비판회계학자로서 중요한 역할을 하였다고 한다.

Roslender・Dillard(2003)는 회계에 비판적 방법론을 적용하는 데서 Hopwood와 Lowe의 지지와 사회학으로부터의 통찰력의 이용이 중요한 관건이 되었다고 주장하였는데 반하여, Broadbent・Laughlin(2013, p.24)은 본질적으로 제도적이고 실용적인 세 가지 추진력이 중요하였다고 주장하고 있다. 첫째, 선험적 회계학연구의 지속적인 지배와 기초학문으로서 경제학 특히 신고전파 경제학에 너무 의존한다는 회계학계내의 우려증가에 의해 비판적 방법론의 적용이 추진되었다. Hopwood와 Lowe는 1970년대에 회계학연구에서 새로운 경험적 전환에 대한 공통관심사를 공유하였다. 둘째, 이러한 경험적 전환으로 새로운 급진적인 경험적 재무경제학의 공격적인 채택과 회계학연구에서 과학적 강조가 있었는데, 이러한 경향에 대한 강력한 혐오가 있었다. 셋째, 실증적 방법론을 제외하면, 회계학연구에 필요한 새로운 방법론에 관해 분명한 것이 없었으며, 이러한 문제를 논할 여건이 충분하지 않았다. 이러한 제도적 제약으로 회계의 이해와 지식을 확대할 가능성이 훼손되었는데, 비판적 방법론을 회계학에 적용한 논문을 게재할 수 있는 일련의 학술지와 학술회의의 등장으로 토론의 장과 논문발표의 장을 가지게 되었다.

Baker(2011)에 의하면, 비판적 방법론이 영미의 학계에 대한 영향력을 가지게 된 시기는 Hopwood를 대표로 하여 London에서 발간되고 있는 회계학술지 *Accounting, Organizations and Society*가 창간된 1976년이라고 할 수 있다. 그 이유는 첫째로 이 학술지가 회계학의 비판적인 연구의 필요성을 영미에서 처음으로 주장한 학술지이고, 둘째로, 연구자의 업적이 기본적으로 일정한 평가를 얻은 학술지의 발표 논문 수에 의해 판단되는 영미에서 새로운 학술지의 간행은 그 학술지가 기반으로 하는 이론형성운동이 어느 정도 진전된 것을 나타내는 동시에 그 운동이 더욱 발전하기 위한 기초가 확립된 것을 의미하기 때문이다.

1970년대에 *Accounting, Organizations and Society*의 편집위원장인 Hopwood가 적극적으로 새로운 회계학연구 패러다임을 모색하고 있었는데, AOS의 창간호에서 Hopwood(1976)는 회계가 다소 정태적이고 기술적인 현상으로 간주된다는 전통적인 회계관점과는 달리 회계의 목적, 과정, 기법, 인간적 · 조직적 · 사회적 역할 그리고 정보가 이용되는 방식 등은 결코 정태적이지 않다고 주장하였다(p.1). 그리고 "회계를 사회적 · 조직적 현상으로 간주하기 위해......긴급한 연구의 필요성이 있다. 많은 회계시스템의 매우 유의미한 의례적 역할이 무엇인가를 인식할 필요가 있을지라도 동태적인 회계과정의 복잡성을 연구하기 위해 정태적인 분석형태를 넘어서는 기회를 가져야 한다"(p.3)고 주장하였다.

이 학술지는 신고전파 경제학을 주로 적용해 온 주류회계학에서 일반적으로 배제해 온 학문영역, 즉 철학, 사회학, Marx주의 등의 성과를 회계학연구에 적용하는 학제적 방법론과 종래의 연구가 간과한 회계의 여러 가지 속성을 명확하게 하려는 시도를 촉진하는 역할을 하였다. 이 AOS 이외에도 1976년에 창간된 *Accounting Forum*(편집위원장, Glen Lehman과 Tony Tinker), 1986년에 창간된 *Advances in Public Interest Accounting*(편집위원장, Chery Lehman), 1988년에 창간된 *Accounting, Auditing and Accountability Journal*(편집위원장, James Guthrie와 Lee Parker), 1990년에 창간된 *Critical Perspectives on Accounting*(편집위원장, David Cooper와 Tony Tinker)과 *Management Accounting Research*(편집위원장, R.W. Scapens, M. Bromwich, R. Dixon), 2009년에 창간된 *International Journal of Critical Accounting*(편집위원장, Aida Sy와 Tony Tinker) 등에서 실증주의의 방법론이 아닌 다양한 방법론들이 적용된 회계학논문이 발표되고 있다.

이러한 학술지의 논문발표 이외에도 공통적인 문제에 관심을 가진 연구자가 모여서 토의하는 여러 가지 학술회의도 영미의 비판회계학의 발전에 공헌하였다고 생각된다. 예를 들면, Knights, Willmott 등에 의해 조직되고, 1983년이래 영국의

Ahton대학과 Manchester과학기술대학(UMIST)에서 매년 교대로 개최되고 있었던, "노동과정의 조직과 통제"(Organization and Control of the Labour Process)에 관한 학술회의와 Hopper 등에 의해 조직되어 1985년부터 매 3년마다 Manchester대학에서 개최된 "회계학의 학제적 관점회의"(Interdisciplinary Perspectives on Accounting Conference)는 비판회계학자들에게 실질적인 토론기회를 제공해 왔다. 그리고 미국회계학회의 공익부서(Public Interest Section)가 주최하는 비판적인 연구의 여러 활동이나 유럽회계학회에서 영국과 유럽대륙의 여러 학자 사이의 교류에 의해서도 회계학에서 비판적 방법론의 영향력은 높아져 갔다. Interdisciplinary Perspectives on Accounting Conference(1985년부터 3년마다 개최) 이외에, Critical Perspectives on Accounting Conference(1993년부터 3년마다 개최), Asian-Pacific Interdisciplinary Research in Accounting Conference(1995년부터 3년마다 개최) 등과 같은 학술회의가 3년마다 교대로 개최되고 있어서 다양한 방법론을 적용한 회계학논문들이 발표되고 있다.

1979년에 Burrell・Morgan의 *Sociological Paradigms and Organizational Analysis*가 영국에서 출간되었다. 이 당시에 영국과 유럽의 조직이론들은 북미에서는 발생하지 않은 패러다임의 변화를 겪고 있었다. 특히 유럽의 사회(학)이론으로부터 도출된 사회학적이고 정치적인 접근방법들이 70년대의 상황적합(contingency)이론이나 인간관계이론을 대체하고 있었으며, 비판이론(Laughlin, 1987), 노동과정이론(Hopper et al., 1987), 해석사회학(Tomkins・Groves, 1983), 구조화이론(Roberts・Scapens, 1985), 포스트모더니즘 중에서 Foucault의 철학(Burchell et al., 1980; Miller・O'Leary, 1987) 등 다양한 사회학이론들이 회계학에 도입되기 시작하였다(國部克彥, 1993a, b; Hopper et al., 2001, p.275). Burrell・Morgan(1979)의 출간은 회계학과 경영학(특히 조직론)을 포함한 사회과학에 많은 영향을 주었다. 이 저서는 사회과학의 본질과 사회의 본질에 따라 사회과학의 방법론을 네 가지(기능주의, 급진적 구조주의, 급진적 인도주의, 해석주의)로 분류하고 있다. 대부분의 경영학연구가 기능주의적이고 현상태를 지지한다고 주장하였다. 이들은 또한 해석적 패러다임, 급진적 구조주의적 패러다임, 급진적 인본주의적 패러다임을 이용할 연구기회가 있다고 주장하였다. Willmott(1983)와 Hopper・Powell(1985)이 Burrell・Morgan(1979)의 패러다임을 이용하여 관리회계문헌을 분석한 바 있다.

1970년대말 이후 영국의 정치적 상황도 중요한 역할을 하였다. 영국 대처(Thatcher) 정부는 민영화, 산업개편, 공공부문개혁 등을 실시하였는데, 이들은 그 당시 중요한 경제적・정치적 논쟁의 대상이었으며, 그 중에서도 회계가 중요한 비중을 차지하고 있었다. 따라서 연구자의 정치적 견해에 관계없이, 사회적, 정치적, 제도적 맥락에서 회계를 연구해야 한다는 것이 분명한 것처럼 보였다(Hopper et al., 2001, p.276).

한편, 영국 대처정부는 민영화, 산업개편, 공공부문개혁 등을 실시하면서 광범위한 학생들에게 대학의 문호를 개방하였으며, 이로 인해서 많은 경영학교수들이 필요하게 되었다. 철학, 사회학, 역사학 등에서 박사학위를 받은 사람들이 나중에 회계학 강사가 되었다. 특히 사회학을 전공해서 박사학위를 받은 일단의 학자들 Willmott, Knights, Hoskins, Williams, Armstrong, Rosenberg, Miller, Odgen, Jones, Morgan 등이 대처주의하에서 실망하고는 회계와 관련된 연구를 시작하였다. 이들은 나중에 회계학자가 되어 이러한 비판적 방법론을 적용하는 회계학연구분야에서 높은 명성을 가지게 되었으며, 영국의 원가・관리회계를 학제적으로 연구하는데 기여하였다[4](*ibid.*, p.275). 그리고 AOS는 이러한 교수들에게 그들의 연구결과를 발표할 수 있는 출구를 제공하였다.[5] 이 시기에, 상당한 영국의 경영학자와 회계학자들은 실증주의적인 신고전파 경제학에 입각한 미국식 회계학연구와 자신들의 회계학연구를 차별화하기 위한 방법으로서 다른 방법론(해석적 방법론, 비판적

---

4) 실증적 방법론은 주로 재무회계를 중심으로 적용되고 있고, 비판적 방법론이나 해석적 방법론과 같은 비실증적 방법론은 원가・관리회계를 중심으로 적용되고 있다.

5) 특히 영국, 독일, 프랑스의 철학자, 사회학자 등의 연구성과가 AOS에 소개된 것이 회계학에서 비판적/해석적 연구라는 새로운 분야의 기초를 형성하였고 이후 회계학연구의 특징 중의 하나로 되었다. 특히 프랑스의 Foucault와 Bourdieu, Latour, 독일의 Habermas, 영국의 Giddens의 연구성과들이 회계학연구에 적용되어 발표되었다.

방법론)을 찾기 시작하였다(Chua, 1986a). 그들은 상황적합이론과 신고전파 경제 모형이 경영자의 활동과는 너무 동떨어진 것이라고 주장하였다. 그들은 경영자들이 실제로 특정한 회계형태를 이용하는 이유를 발견하기 위해 실제 경영에 관해서 집중적인 사례연구를 실시해야 한다고 주장하였다. 특히 그 당시의 영국회계학자들은 사례중심연구의 오랜 전통을 가지고 있던 스칸디나비아의 학자들(예를 들면, Jönsson, 1982)로부터 강력한 인상을 받았다고 한다. 이들은 오늘날까지 북미의 학계를 지배하는 과학적 사회과학 연구방법론(실증적 방법론)에 대해 회의적이다(Hopper et al. 2001, pp.275-276).

3. 비판적 방법론의 의의

1) 비판적 방법론의 의의

회계의 영향은 기업을 비롯한 영리실체의 측면 뿐만 아니라 사회의 거의 모든 부문에 스며들어 있다. 최근에 일련의 회계부정사건들로 인해서 일상생활에서 회계의 역할과 비판분야에서 회계학연구가 문제시되고 있다(Humphrey, 2005; Owen, 2005; Boyce, 2004, 2008). "이 담론은 회계(실무, 연구, 교육)가 그 사회적 맥락에서 추출될 수 있는 중립적, 기술적 학문이며, 회계가 기술적 학문인 것처럼 윤리적 담론으로 인식된다는 사상에 도전한다" (Waddock, 2005). 구체화된 사회적・비판적 관점의 중요한 목표는 회계와 관련현안의 사회적 역할을 비판적으로 검토하는 것이며, 전통적인 회계학연구와 주류회계학연구를 넘어서는 것이다(Nurunnabi, p.357).

Boyce(2008)는 비판적 방법론을 적용한 회계학인 비판회계학이 지배적인 사회적 관점의 헤게모니를 문제시하며, Plato, Kant, Hegel 등의 철학적 유산, Horkheimer, Adorno, Habermas 등의 철학적 유산, Foucault 등의 철학적 유산으로 Marx와 연결되었다는 것을 인지한 바 있다.

Marx의 정치경제원리로 사회적 실천의 유의성을 이해할 수 있다고 주장된다(Tinker, 1999, p.644). Marx의 정치경제도 현대자본주의에서 회계를 이해하기 위한 이론적 기초를 제공하고 있다. Marx주의는 사회적 유의성을 설명하고 그 실천도 설명할 수 있다고 주장된다(Tinker, 1988a, 1991a; Tinker et al., 1991b). Marx주의는 사회적 회계실재를 포함해서 사회적 실재와 관련이 있고, 사회적 실재를 변형시키는 방식이라고 주장된다. 그리하여 Marx의 경제이론은 회계제도의 생성을 이론적으로 분석하는 잠재력을 가지고 있다고 주장된다(Tinker, 1985; Oguri, 2005).

회계학에서 비판적 방법론을 적용한 것을 비판회계학이라고 하는데, 회계학에서는 비판회계운동(critical accounting movement), 비판회계(critical accounting), 비판회계문헌(critical accounting literature), 비판회계학파(critical accounting school) 등이 비판회계학과 동일한 의미로 이용되고 있으며, 비판적 관점, 비판연구 등이 비판적 방법론과 동일한 의미로 이용되고 있다. 이러한 용어의 차이가 회계이론가와 연구자에게 상이한 것들을 의미할 수도 있지만, 실증주의적 인식론에 도전한다는 일차적 목적과는 별도로, Cooper · Hopper(1987)는 회계학의 비판연구가 일단의 일상적 관행과 일련의 목적적합한 이론적 담론으로서 회계의 유의성을 평가하는 것에 관련이 있다고 주장한다. 두 번째의 관심사는 "회계학의 비판연구는 회계이론과 실무를 이해하는데 있어서 이해관계(interests)이론을 상세히 설명하는 것과 관련이 있다"(1987, p.411)는 것이다. Laughlin · Hopper · Miller(1989)는 비판연구개념은 "분파적 이익이 회계에서 행하는 역할을 식별하고 논증하기 위해"(p.4) 이러한 형태를 취하였다고 주장하고 있다. Cooper · Hopper(1990)는 "비판회계는 회계학자들이 조직과 사회내에서 회계의 효과에 대한 신선하고, 특히 비기능주의적이고, 이론적인 통찰력을 적용하기 위한 시도의 표현으로 발생하였다"(p.1)고 주장하고 있다.

1980년대 이후로, 비판회계문헌은 회계이론을 실무와 관련시키고 이해하는데 필요한 이론적 기초에 관한 다양한 범위의 표현을 이용하면서 발전해 왔다. 이러한 전통의 주된 특징 중의 하나는 이론적 고려사항이 회계이론을 개발하는데 있어서 중대한 것으로 느껴졌으며, 다른 관련학문분야에서의 발전에 관한 인식과 이론적 공개성의 특징이 있다는 것이었다(Hopwood · Bromwich, 1984, p.150). Cooper · Hopper(1990)는 "비판회계가 관습적인 회계이론과 실무를 비판하며, 비판사회과학이론을 통해, 회계의 현황이 어떻게 발생하였는가를 설명하고자 한다"(p.2)고 말하고 있다.

이상과 같이 비판회계학연구는 회계연구자들이 회계에서 이론검정이라는 실증주의에 도전하기 시작함에 따라 등장하였다. 일반적으로 이 비판회계학연구는 회계연구자가 주류회계학연구의 기초를 이루는 철학적 가정의 건전성을 체계적으로 문제시하기 시작할 때 등장하였다(예를 들면, Gaffikin, 1984; Chua, 1986a). 이러한 도전의 이유는 실증주의적 수리모델이 몇 개의 변수와 통계적 검정(test)에 국한되며, 이용가능한 자료의 제약과 관심이 있는 사회와 제도(조직)의 실무 그리고 회계이론과 실무 사이의 연계로 회계를 이해하는데 실패하고 있다는 것이다. 그리하여, 회계연구자가 "우리는 조직에서 회계시스템의 실제기능에 관해서 아는 것이 거의 없다"(Hopwood, 1979, p.145)는 것을 실감하게 되었고, 회계가 (실증주의적 의미에서) 기술적 현상에 불과하다는 전통적인 견해를 거부하게 되었다는 것은 놀라운 것이 아니다. 즉, 회계는 보다 광범위한 사회적 영향력을 가지는 사회적 현상이다.

Tinker(2005, p.101)는 비판회계학연구를 "회계의 개념적, 제도적, 실무적, 정치적 영역내에서 점진적인 변화를 발생시키는 것을 목적으로 하며 평가적인 모든 형태의 사회적 실천(praxis)"이라고 정의한 바 있다. 이 정의의 핵심적 요소는 사회적 실무의 조사와는 구별되는 사회적 실천(social praxis)라는 개념이다. 비판회계학연구에서 실천(praxis)은 일반적으로 이론과 실무 사이에 쌍방적 관계가 있다는 가정을 가리키는 것으로 이해되는데, 여기서 이론은 사회적 실무에 영향을 주고, 사회적 실무는 이론에 영향을 준다. 이러한 관계가 주는 시사점은 사회조건과 실무가 변할 때, 이러한 조건에 입각한 이론도 변할 필요가 있다는 것이며, 상이한 이론적 관점들의 발전이 사회적 실무와 구조의 변화를 초래할 수 있다는 것이다(Deegan · Unerman, p.517).

Moore(1991)는 비판회계를 "객관성을 문제시하고, 정확한 표상을 불가능한 목표로 생각하며, 회계담당자가 실행하는 것과 회계가 실행하는 역할에 대한 대안적 서술을 추구하는 급진적 인식론적(또는 정치적) 상태를 구체화하는 일단의 실무"(p.770)로 정의하였다. 한편 Gallhofer・Haslam(1997, p.82)은 비판회계가 해방적 변화를 향한 대화와 행동을 발생시키는 것을 도와주고, 사물을 가시적이고 이해 가능하게 하는 것을 통해 급진적, 해방적, 사회적 변화를 위한 힘으로 작용할 수 있는 능력을 가능하게 하는 특징을 가지고 있다고 주장하고 있다.

회계담당자가 생산한 정보가 중립적이라고 간주될 수 없다는 것도 주장된다. 이것은 회계나 조직이 존재하는 사회적 맥락으로부터 고립될 수 없다는 것을 시사한다(Hopwood, 1983). 즉, 회계나 조직은 중요한 독립적인 존재를 가지는 것이 아니라, 상징적이고 이것도 역시 사회적 효과를 가진다(예를 들면, Hopwood, 1978, 1986: Burchell et al., 1980). 그러나 회계담당자 이외에 많은 행위자들이 조직내에서(Chua・Degeling, 1989) 그리고, 보다 넓은 의미에서 사회에서 중요한 역할을 한다. 그러므로, 회계가 실무에서 어떻게 작용하는가에 관한 우리의 이해를 제고하기 위해 보다 풍부한 방법론적 기초를 궁극적으로 제공하는 보다 넓은 체계를 고려하는 것이 회계학연구에서 필요하게 된다. 이것으로 인해 지난 20년동안 회계연구자들이 보다 다양한 이론적・실무적 현안을 지지하게 되었으며, 비판회계운동(critical accounting movement)으로 알려진 이러한 전통에서 수행되는 연구가 일반적으로 회계학에서 비판연구(critical studies)로 알려져 있다.

일반적으로 비판적 관점은 권력의 비대칭, 소외, 불이익집단, 구조적 불평등 등과 같은 현안에 초점을 두는 경향이 있다(Walsham, 2005, pp.112-113). 그리하여 Broadbent(2002, p.436)는 비판회계학이 현상태에 저항하는 정보를 제공해야 한다고 주장하며, 가장 중요한 것은 당연시되는 회계실무의 배후에 있는 가부장적 가치(patriarchial value)와 성적 가치(gendered value)에 대한 저항을 나타내는 연구라고 주장하고 있다. 한편, Funnell・Walker(2013, p.1)는 비판회계학자들이 외견상 순진무구한 것처럼 보이는 회계실무가 대량학살, 노예제도의 작동, 원주민의 취급, 자본주의하에 노동의 착취 등과 같은 근대시기의 핵심적인 사건들에서 어떻게 중요한 역할을 하였는가를 드러내고 있다고 주장한다. 비판회계학자들은 회계실무가들이 그 업무를 수행하는 조직과 장소가 성, 계급, 인종에 근거하여 사회적 배제를 실천하는 위치이었다는 것을 보여주고 있다고 간주하고, 비판회계학의 주제를 전멸(annihilation), 정복(subjugation), 착취(exploitation), 배척(exclusion) 등으로 나누어 살펴보고 있다(Fleischman・Funnell・Walker, 2013, pp.57-215).

한편, Laughlin(1999, pp.73-74)은 비판회계학을 다음과 같이 정의하고 있다.

"회계과정, 회계실무, 회계전문직 등을 변화시키는데 (적절한 곳에) 관여하기 위해 이들의 역할에 관한 이해를 이용할 목적으로 사회와 조직의 기능을 수행하는 데서 회계과정, 회계실무, 회계전문직의 역할에 관한 비판적 이해"(A critical understanding of the role of accounting processes and practices and the accounting profession in the functioning of society and organizations with an intent to use that understanding to engage (where appropriate) in changing these processes, practices and the profession).

이 정의에는 많은 요소가 포함되어 있다. 첫째, 비판회계는 항상 맥락적이다. 그것은 실무이든 전문직이든 회계는 사회적, 경제적, 정치적 결과를 가지는 현상이며, 이러한 전후맥락에서 이해할 필요가 있다.

둘째, 이해는 결코 그 자신을 위한 것이 아니다. 따라서 어떤 형태의 평가가 적절한 곳에서 이해의 변화에 관여(engagement)하는 것을 유도하면서 발생할 수 있다. 이러한 평가, 관여, 변화의 과정은 비판회계연구자이기를 주장하는 사람들이 가장 취약하고 가장 분열되어 있는 곳에 있을 것이다.

셋째, 비판회계는 거시수준의 사회적, 규제적, 전문적 수준 뿐만 아니라, 미시수준의 제도와 조직에서 회계전문직, 회계실무, 과정의 기능수행과 관련이 있다.

넷째, 이 정의에서 다소 묵시적인 것은 비판회계학이 이러한 복잡한 과제를 다루기 위해 이론적・방법론적 관점들을 제공하기 위해 다른 학문으로부터 지적 차용(intellectual borrowings)을 필요로 한다는 것이다. 이것은 아이디어의 흐름이 일방적이라는 것을 의미하는 것이 아니라 비판회계학에서 보다 일반적으로 그리고 확실히 회계학의 지적 자본이 이들이 다루고 있는 복잡성을 어떻게 다루는가에 관한 지침을 위해 다른 성숙한 학문을 살펴보는 것이 옳다는 것을 시사한다(pp.73-74).

2) 비판적 방법론의 특징

이상에서 살펴본 바와 같이 회계학에서 비판연구, 비판적 관점이라고도 하는 비판적 방법론은 다음과 같은 특징을 가진다(Wickramasinghe・Alawattage, 2007, pp.445-447).

(1) 전후 맥락을 통해 사회를 보기

비판이론가들은 경영통제와 회계라는 조직현상이 광범위한 사회정치적 맥락(context)과 연계되지 않는다면, 이 조직현상은 충분히 인식될 수 없다고 생각한다. 경영통제와 회계라는 조직현상은 예를 들면, 제3세계에서 발견되는 초기자본주의, 독점자본주의, 선진자본주의, 후기자본주의, 탈자본주의 등 어떠한 종류의 자본주의라도 관계없이, 광범위한 사회변화, 특히 자본주의의 변화하는 특성으로부터 독립적으로 등장하거나 존재할 수 없고 진화할 수도 없다. 그리하여, 회계에 대한 비판연구는 광범위한 사회구조와 담론내에서 다양한 회계현상을 자리매김하기 위해 그러한 사회구조와 담론에 관한 신중한 검토를 필요로 한다. Jones・Dugdale(2001)은 거시와 미시 사이의 상호관계를 강조하면서, 예를 들면, 회계체제(accounting regime)를 국가와 국제의 사회, 정치, 경제의 거시수준과 조직의 미시수준에서 작용하고, 회계가 행동을 위한 규칙과 자원을 구성하는 개인수준에 스며드는 지배구조시스템으로 정의한다(p.58). 그러므로 비판이론가들은 회계를 단순히 조직과 시장의 매개변수가 아닌 역사적으로 진화적인 자본주의의 특징 안에 설정한다. 따라서, Cooper・Hopper(2007)는 회계가 시장력이나 기술변화의 불가피한 결과가 아니라 정치적・사회적・경제적 투쟁, 상황적인 결과에 함축되어 있으며 이들을 반영한다고 주장하고 있다(p.5). 그리하여 비판회계학은 항상 맥락적이다. 즉, 이것은 회계가 정치적・사회적・경제적 결과를 가지는 현상이며 이러한 맥락에서 이해할 필요가 있다는 것을 의미한다(Laughlin, 1999, p.73).

(2) 갈등과 모순을 통해 보기

사회관계는 비판연구의 주안점이며, 비판이론가의 경우 사회관계는 정치적이다. 정치적이라는 용어에 의해 우리는 남자와 여자의 삶의 사회적 재생산에서 이들이 다른 남자와 여자 뿐만 아니라, 영리기업과 국가와 같은 다양한 사회기관과 모순적이고 갈등적인 관계 속으로 들어간다는 것을 의미한다. 사회는 계급, 성, 인종, 전문적・직업적 관계와 정체성 뿐만 아니라, 다양한 물질적・이데올로기적 노선에 따라 계층화되고 나누어진다. 이러한 계층화는 남자와 여자를 다른 종류로 단순히 분류하는 것이 아니라 다른 사람을 지배하고 착취하기 위해 권력이 행사되며, 사회적 갈등과 투쟁이 구성되며, 개인의 정체성과 주관성이 구성되는 구조적 기초이다. 그리고 이러한 광범위한 사회적 계층화를 반복하면서, 직장은 단순한 노동자 정체성이 아니라 성과 인종적 정체성인 상이한 정체성들을 구성하고 가동하는 정치적 장소로 된다(Burawoy, 1996, p.298). Marx와 Foucault와 같은 비판철학자의 경우, 사회투쟁은 사회시스템에서 혁명적이거나 점진적인 변화에 사회적 자극을 제공한다. 그 증거로, 관리회계실무의 변화를 더 잘 설명하기 위해서는 비판회계연구자들도 그들의 주안점이 기업내에서 모순, 갈등, 투쟁에 있어야 한다고 생각한다. 왜냐하면 그들의 경우, 이러한 갈등과 투쟁은 우선, 통제의 필요성을 생성하기 때문이다. 그리하여 예를 들면, Hopper・Armstrong(1991)은 관리회계의 진화를 설명하는 데서 노동을 포함시키기 위해 자본주의적 투쟁의 유의성을 강조하고 있다. 그리고 Armstrong(2000)은 노동과 자본간의 근본적인 갈등이 어떻게 유연노동계약에서 반복되는가에 관한 예를 제공하고 있다. Foucault주의 학자들의 경우(예를 들면, Hopwood・Miller, 1994; Hoskin・Macve , 1994; Miller・O'Leary, 1987), 관리회계 기법과 실무는 남자와 여자를 원격으로(at a distance) 수치에 의해 지배하기 위해 만들어지는 규율메카니즘과 기술을 구성하고 있다(제8장을 참조).

(3) 사회역사를 통해 보기

비판관리회계연구자의 경우, 역사적 분석은 중요한 방법론적 요소이다. 이것은 그들의 경우, "우리가 살고 있는 사회관계의 유형을 형성하고 변형하는 잠재성과 더불어 매우 독특한 지식, 전문기술체계, 노하우로서의 회계의 등장과 작용이 어떻게 형성되고 이용되는가를 회계역사가 보여줄 수 있는 정도까지 회계역사는 광범위한 영향을 가질 가능성이 있기"(Miller et al., 1991, p.399) 때문이다. 비판연구자의 경우, 역사적이라는 것은 누가, 무엇을, 언제, 어디서 발명하였는가에 의한 역사적 사건의 연대순서보다 훨씬 더 많은 것을 의미한다. 후자 연구의 예로 Sowell(1973)의 연구가 있는데, 여기서 그는 19세기 후반부터 20세기 중반까지 표준원가계산기법과 이론에서 발명의 연대기를 보여주고 있다. 한편, 비판적 회계역사 또는 새로운 회계역사는 사회역사와 회계역사 사이의 상호관계에 초점을 두고 있다(Tinker, 1980을 참조). 그들의 경우, 사회역사는 회계역사로부터 분리할 수 없다. 사회역사와는 독립적이고 분리된 것으로 말해지는 관리회계기법과 실무의 발전에 관한 모든 이야기는 미시조직의 맥락 안에서 그러한 통제실무의 사회적 (재)생산으로 되는 광범위한 구조적 이유를 설명하지 않기 때문에, 협소한 정보목적에만 이바지할 것이다. 그러므로 비판이론의 경우, 회계역사는 거시수준의 사회변화에 관한 미시적 분석이다.

(4) 피억압자를 위한 해방적 약속

신고전파 경제이론과 상황적합(contingency)이론의 묵시적・명시적 목적은 기업거래와 관계의 모든 당사자들이 극대화할 수 있거나 각자의 목적을 충족시킬 수 있는 균형에 극대화 방식으로 도달할 수 있다는 가정이지만, 자본가의 이익극대화 목적에 이바지하는 것이라는 점을 이해할 수 있을 것이다. 해석적 방법론은 연구자에게 (반드시 객관적이지는 않는) 중립적 역할을 가정함으로써 탈정치적 입장에서 사회관계를 서술하고 해석함으로서 약간 다르게 정치적으로 중립적이 되고자 한다.[6] 그래서 해석주의자들은 묵시적으로 그들의 기여가 그것이 자본이든 노동이든 또는 무엇이든간에 모든 정치행위자에게 열려있기 때문에 중립적이라고 가정되는 지식에 있다고 가정한다. 한편, 비판이론가들은 그들이 Jermier(1998, p.236)가 주장하는 바와 같이, "계층화되고 구분된 사회에서 더욱 힘있는 집단과 개인들이 힘없는 사람과 자연환경을 억압하는 과정에 참여하여 혜택을 받는다는 것을 주장한다"는 점에서 이러한 정치적 입장과는 다르다. 그러므로, 그들은 가끔 명시적으로 노동, 여성, 인종, 민족, 기타 소수집단 등과 같은 한계집단, 사회, 자연 등과 같은 피억압자의 편을 든다.

그리하여 예를 들면, 노동자 복지의 관점을 취하면서, 변동예산편성과 기타 고용관계에 관한 Armstrong(2000, p.383)의 연구는 소득과 고용의 안정이라는 노동조합의 장기적 목적의 달성은 부분적으로 이러한 통제시스템을 변경하는 것에 의존할 것이라는 결론을 내리고 있다. 또 다른 예로서 Jermier(1998, p.241)의 경우에, 피억압자와의 관계는 피억압자의 상황에 관한 더 나은 이해를 하기 위해 필요하며, 이에 의해 통제남용으로부터 유래하는 문제를 다루고 시정하기 위한 조치와 투쟁을 촉진한다. 따라서 본질적으로 비판연구는 사회부정, 불평등, 지배, 착취 등의 재생산에 기여하는 회계실무와 연구에 대해 사회적으로 정통한 비판과 거부 뿐만 아니라, 사회적 인식과 대안을 정립하려는 투쟁에서 적극적인 관여(engagement)와 행동주의를 포함하고 있다.

---

6). 그러나 비판연구자의 경우, 정치적으로 무관한 중립적 연구자로서 자신을 투영하는 것은 그것이 현상태를 묵시적으로 강화하기 때문에, 정치적 행위이다(Cooper · Hopper, 2007, p.5; Tinker, 1991도 참조).

도표 4-1 비판적 관점의 특징

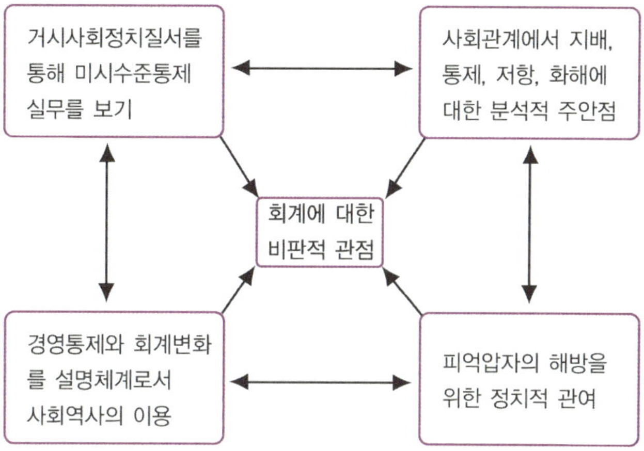

자료원: Wickramasinghe · Alawattage(2007, p.449)

요컨대, 여기서 비판연구라는 용어의 이용은 다음과 같은 회계학연구의 범위에 국한된다. 거시수준의 사회적 · 정치적 변화에 비추어 미시수준의 회계실무를 이해하고자 한다. 불평등하고 착취적인 사회관계에서 모순과 갈등의 특징이 있는 것으로서 사회와 제도를 그린다. 회계발전을 설명하기 위한 힘을 사회정치적 역사에 귀속시킨다. 피억압자의 해방을 위한 자기성찰적 관여와 행동주의를 요청한다(<도표 4-1>을 참조).

그러나, 비판회계연구자들 간에 일반적인 통일성, 일관성 등은 없다. 회계연구자의 존재론적 가정은 대개 그들이 채택하는 사회이론과 그들이 관련된 경험적 장소의 특이성에서 도출된다. 다양한 비판개념을 적용한 비판적 방법론을 회계현상에 적용할 때, 회계학에서는 다음과 같은 세 가지 학파를 식별할 수 있다.

- Marx주의
- 독일의 비판이론(Frankfurt학파의 관점, 주로 Habermas의 비판이론)
- 프랑스의 비판이론(Postmodernism의 관점, 주로 Foucault · Bourdieu의 이론).

오늘날까지, 회계가 사회적, 정치적, 조직적 기능 등과 어떻게 관련이 있는가를 조사하기 위해 다양한 범위의 이론적·방법론적 기초가 비판회계의 연구분야에서 이용되고 있다. 그러나, 회계학의 비판연구에는 일부 문제점도 있다. 즉, Burrell · Morgan(1979)이 서술한 기능주의적 사고의 거부라는 비판회계연구자들 간에 공통적인 합의가 있지만, "그들이 개진하는 대체적 접근방법들을 동질적인 것으로 간주하는 것은 잘못일 것이다"(Laughlin · Lowe, 1990, p.35). 회계학계에 주류회계학의 실증적 방법론과는 상이한 해석적 방법론이나 비판적 방법론과 같은 광범한 범위의 대체적 방법론들이 도입되고 있다(이에 관해 상세한 것은 Lodh · Gaffikin, 1997; 김석웅, 1999, 2011a, 2013a를 참조).

이러한 다양한 방법론 간에는 차이점이 존재하지만, 이들의 공통적인 특징은 회계학연구를 광범한 사회의 맥락내에서 고려할 필요가 있다는 점과 회계학의 발전은 공개적이고 반박가능한 것으로 고려될 필요가 있다는 점에서 회계학연구에 대한 공통적인 견해를 공유하고 있다는 것이다.

한편, 비판적 방법론에 입각한 회계학인 비판회계학의 특징을 Morgan · Willmott (1993, p.3)는 회계이론과 실무의 사회성에 의식적으로 주목하는 방법이라고 하였으며, Chua(1986a, pp.623-625)는 다음과 같은 여러 가지 특징을 갖는다고 주장한다.

첫째, 회계는 보다 광범한 사회적 관계로부터 분리된 기술적으로 합리적인 용역활동으로 간주되지 않고, 특정한 계산적 합리성의 양식을 갖는 담론으로서의 회계는 상이한 계급[7]간의 거시적 갈등에 의해 구성되고 또한 구성한다고 주장된다. 미시적 조직수준에서, 회계계산은 분배에 이용가능한 케이크의 모습을 그리며, 그러한 분배가 어떻게 이루어졌는가를 보고한다. 거시적 사회수준에서, 이러한 수치는 과세정책결정, 임금교섭, 경제재편성 등에 영향을 준다. 이 모든 상황에서 부의 이전이 수반되며, 회계계산은 그러한 이전에 중요한 역할을 하는 것으로 간주된다.

둘째, 비판은 사회적, 경제적, 정치적, 이데올로기적 관계의 총체성을 강조한다.

7) 예를 들면, 자본주와 종업원, 국가와 다국적 기업.

따라서 이 관점은 주류회계연구조사에서는 무시되는 국가의 규제에서 회계정보의 역할과 같은 거시적 구조현상에 대한 새로운 관심을 발생시킨다. 국가는 인간관계의 복잡성에서 중요한 위치를 차지하고 있으며, 회계정보의 이용을 확대하고 있다. 예를 들면, 영국과 호주에서는 국가가 효율의 필요와 공공부문에 대한 업적지수의 개발을 계속 강조하고 있다. 그리고 회계정보는 상징적으로 권력관계를 합리화하거나 합법화하는 데 이용될 수 있다. 또한 국가가 조직화된 자본과 노동의 수요를 관리하는 것이 어렵다는 것을 알기 때문에 공공부문에서 회계계산의 이용이 늘고 있다. 이러한 구조적 갈등은 국가가 관리하는 것으로 간주되어야 하는 거시적 경제문제[8]를 의미할 수도 있을 것이다.

셋째, 이러한 문제는 국가를 중요한 구성요소로 강조할 뿐만 아니라 회계담당자를 조직화된 이해관계집단으로 강조하게 된다. 비판적 관점에서, 회계전문가는 유용한 정보의 합리적 수요에 대한 반응으로 전개되는 중립적 집단으로 더 이상 간주되지 않고, ① 보편적 직업윤리와 같은 직업적 이데올로기와 ② 다른 전문가, 회사, 정부와의 변화가능하고 애매한 관계의 정책결정 등을 통해 자신의 사회적, 경제적 이기심을 촉진하고자 하는 직업적 독점이다. 예를 들면, 미국, 영국, 호주의 전문회계사들은 공학기사, 투자상담가, 국가 등의 도전으로부터 관할영역의 유리함을 보존하기 위해, 신규회원의 통제와 기준제정기관을 설치해야 했다. 그러나 이러한 개혁은 그 전문직을 위한 것이 아니라 공공의 보호를 위한 것이라고 주장된다.

넷째, 총체성의 강조도 미시적 분석수준과 거시적 분석수준을 통합하는 조직연구를 촉진한다. 이것은 관리회계와 재무회계의 전통적인 분리를 회피하는 효과가 있다. 예를 들면, 사회수준에서의 지배형태나 착취관계는 조직을 통해 반영이 나타나서 영향을 받는다. Foucault는 사회통제가 학교, 감옥, 병원과 같은 기관에 은밀하게 펴져있으며, 지식의 소유가 권력효과를 갖는 소위 전문가에게 귀속되어 있다고 주장한다(제8장을 참조). 그의 주장은 표준원가계산과 같은 절차를 통해 공장에서

8) 예를 들면, 물가인상, 불황, 장기실업, 관료증가, 국가수익증대, 지출감소.

회계전문가가 권력을 행사한다고 주장한 Miller · O'Leary(1993, 1994a)에 의해 포착된 바 있다. 이러한 회계기법은 종업원의 규율과 통제에 강력한 관리수단이 된다. 그것은 적절한 행동과 바람직한 결과의 규범을 제정하며 그리하여 개인적 다양성과 창조성을 제한하게 된다. 그것은 또한 종업원을 사회화하여 지속적으로 감시되고, 통제되며, 지배되도록 한다. 그러한 사회통제를 통해, 종업원은 기업과 보다 일반적으로는 사회에서 더욱 지배가능한 단위로 된다.

다섯째, 비판이론가들은 회계정보가 사회통제와 갈등의 조정장치로 간주되어야 하지만, 주류회계사상에 내재된 강력한 이데올로기 사상에 의해 애매하게 된다고 주장한다. 회계는 사실상 자본소유자의 목표가 묵시적으로 우선권이 주어지지만, 목표 사이에 중립적인 용역활동이라고 주장된다. 또한 회계담당자는 공동체에 보편적인 용역을 공정하게 제공하는 전문가로서의 역할을 한다고 주장된다. 그러나 이러한 주장은 매우 의심스럽다.

3) 비판적 방법론의 역할

회계학에서 비판적 방법론을 적용해서 무엇을 탐구해야 하는가에 관해서도 많은 논의(예를 들면, Hopper et al., 1987; Laughlin, 1999; Sikka · Willmott, 1997; Tinker, 1985)가 있는데, Laughlin(1999, pp.75-77)은 사회의 차원에서 세 가지 분야를 논하고 있다. 첫째, 성, 빈곤, 인종, 부패 등과 같은 사회문제에서 회계의 역할, 둘째, 회계전문직의 역할과 기능, 셋째, 규제과정에서 회계의 역할. 한편, 조직의 차원에서 주요한 관심사는 회계가 유도하는 변화와 발전의 사회적, 경제적, 환경적 효과에 관한 탐구이다. 비판회계학자들은 상이한 방식으로, 실천(praxis), 변화, 맥락, 학제성 등의 문제를 강조하며, 개인 · 조직 · 사회의 상호작용을 살펴보고자 한다(Broadbent, 2002, p.434).

특히 Lodh · Gaffikin(1997)은 사회, 역사, 조직과 같은 광범위한 영역에서 회계 실무의 맥락화를 강조하고 있다. 회계의 기술적 측면에 관해 많이 알려지고 있지만,

회계의 사회적 근원이나 사회와 기술 사이의 상호관계와 상호연결에 관해서는 이해되는 것이 거의 없다고 주장된다(Laughlin, 1987, p.479). 이러한 측면에서 비판이론은 ① 이론과 실천을 연결하는 것, ② 비판함으로써 더 나은 생활의 필요성을 촉진하는 것, ③ 사회의 발전현안을 지속적으로 다루는 것 등과 같은 세 가지 이유로 회계학연구에 매력적이라고(Laughlin, 1987, p.485) 주장된다. 따라서 이러한 맥락화는 회계가 과학이 아니라, 사회의 요소를 포함하려는 인간의 노력이라는 인식(Arrington · Puxty, 1991; Francis, 1990)이라고 볼 수 있다.

비판회계학은 전통적인 회계이론과 실무가 현대환경의 변화에 잘 맞지 않으며, 회계실무와 기업행동이 배분적, 사회적, 생태적 문제와 복잡하게 연결되어 있다고 주장하고, 현대의 회계실무가 계급투쟁에서 지배적인 행위자의 견해를 촉진(Puxty, 1993, p.91)하고, 시장의 불평등을 식별하는 수사적 도구(rhetoric device)(Broadbent, 1998, p.268)를 가리킬 수 있다고 주장한다. 회계는 회계실무에 의해 계급전쟁이 제도화되고 영속화된다(Sikka et al., 1999, p.28)는 것이다. 이외에도 비판회계학은 주류회계학이 환경문제를 제대로 다루지 않는다고 비판한 적도 있다(Gray et al., 1996).

회계의 배분적 · 헤게모니적 영향에 관한 광범위한 인식도 있다. 예를 들면, 회계기법과 담론은 사회적 선택을 조정하고 평가하고 판결하고, 그리고 사회구성원 간의 교환조건을 평가함으로써 불평등한 사회관계를 반영한다는 점에서 배분적이다(Tinker, 1985, p.81).

시장에 입각한 주류회계학은 최근에 세계적 금융위기의 원인에 제대로 대처하지 못하고 있다. 즉, 금융위기에서 회계의 역할, 인권, 회계책임, 규제, 윤리, 정치, 기업사회책임, 기업지배구조, 전문가 자율, 재정, 경영성과, 복지척도, 지급불능, 국가의 권력과 무기력, 세계화, 금융화, 새로운 지배구조양식의 등장, 금융범죄, 탈숙련, 인종주의, 성의 불평등, 기업권력의 증가 등을 촉진하거나 부정하는 데서 회계의 역할 등에 관한 문제가 여전히 남아 있다. 비판회계학은 전통적인 주류회계학에 도전하며, 대체적인 목소리와 공공정책의 공간을 생성하고자 한다(Tinker, 2002a;

Tinker · Sy, 2009a, 2009b).

주류회계학을 비판하고 그 대안을 모색하는 회계학연구를 새로운 회계학연구(New Accounting Research)라 하고, 이것이 주류회계학에 의해 드러나지 않았던 측면, 특히 회계의 사회성을 가시적이게 한다고 주장되고 있다(Morgan · Willmott, 1993).

이러한 새로운 회계학은 단순히 기술론으로서의 회계학이 아니라 사회과학으로서의 회계학의 모습을 보여주는 것 같다. 따라서 회계학을 연구할 때도 회계학을 기술론으로만 간주할 것이 아니라, 이론과 실천의 관계에 대한 다음과 같은 측면을 모색해 보아야 할 것이다(角瀨, 1994, pp.19-20).

첫째, 회계를 사회현상으로 대상화하여 보는 것이다. 학문의 본질은 그 역사 속에 있다는 말과 같이 회계를 인간의 사회적 실천의 역사 속에서 받아들여, 그 본질을 명확히 하는 것이 중요하다. 이 경우, 회계는 기업의 경제활동을 위한 단순한 계산기법일 뿐만 아니라 일정한 사회적 기능을 하도록 만들어진 사회적 제도라는 것이 중요하다. 회계는 기업의 실상을 사상(寫像)으로 반영하는 반영기능 뿐만 아니라, 그것을 통해 실상을 만들어내는 형성기능도 가지고 있다. 따라서 역사적 전개 속에서 회계가 달성해 온 기능과 역할을 비판적으로 분석하는 것이 요청된다.

둘째, 사회현상은 모두 상호간에 관련되어 있으므로, 그 관련성에 입각하는 것이 중요한데, 경제, 법, 통계 등 다른 사회과학과 상이한 회계의 특징을 명확히 하는 것이 중요할 것이다. 특히 회계를 경제와 관련시켜 받아들이는 것은 그 과학적 연구에 필수적이지만, 회계 그 자체는 경제현상과는 독립된 제도적 현상이다. 또한 사회의 질서를 유지하기 위한 제도라는 점에서 회계는 법과도 깊은 관계를 맺고 있으며, 제도와 경제적 토대와의 상호작용의 분석과 더불어 제도상호간의 관련분석도 필요할 것이다.

셋째, 현실합리화나 변명이 아니며 단순한 부정도 아닌, 현실모순의 발전에 대하여 현실모순을 극복할 전망을 모색하는 것이 중요하다. 회계학은 실학이라는 측면에서 실무가 중시되어 기업실무의 추인, 합리화에 유리하다거나 불리하다는 견해가 지배적이다. 이러한 견해에 대하여 사회과학으로서의 회계학은 자본주의의 본질과 연결된 회계의 특수한 역사적 성격과 역할의 해명에서 발생하는 현실의 비판을 피하지 않으면서, 동시에 현실모순의 발전에 대하여 그것을 극복할 전망을 모색하는 것이 중요하다. 이론과학으로서의 비판성을 생명으로 함과 동시에 비판에 국한되지 않고 건설적인 제안을 하는 정책과학으로서도 발전해야 할 것이다.

이러한 것은 회계역사의 경우도 마찬가지이다. 전통적인 회계역사를 비판하고 비판적 방법론이나 해석적 방법론을 적용한 새로운 회계역사는 회계역사에 새로운 통찰력을 제공하고자 한다(예를 들면, Bryer, 2005; Carnegie · Napier, 1996; Fleishman, 2013; Fleishman et al., 1996; Funnell, 1996; Hoskin · Macve, 2000; Macintosh, 2009: Napier, 2006; Parker, 1997; Stewart 1992; Tyson, 1993; Walker, 2005)

이러한 연구는 주류회계학의 연구와는 다른 연구인데, 이것은 근대(modern)를 구성하고 있었던 합리주의, 기능주의, 진보주의, 이성주의라는 공통의 진리 또는 목표의 기반이 무너져 가고 있는 시대인 탈근대(post-modern)와 교차하는 것으로부터 발생하고 있으며, 지금까지 회계학이나 회계연구자가 의존하고 있었던 여러 전제들 특히 이원론적 사고와 목적합리성이 재검토되고, 회계학 자체를 해체 · 구축하려는 동향이 뒤늦게나마 회계학분야에도 파급되고 있다. 근대적 정신의 지주인 과학적 합리성에 기초를 두는 실증적 회계학의 발전기가 과학적 합리성을 철저히 회의적으로 보는 탈근대적인 현대사상을 배경으로 가지는 회계학연구의 생성기와 거의 서로 겹치는 것 같다. 즉, 주류회계학에서 자본시장을 대상으로 하여 경험적이고 분석적인 연구가 본격적으로 연구되기 시작한 것이 1970년대라고 볼 수 있는데, 이 시기에 주류회계학의 대안들도 본격적으로 등장하기 시작하였다. 그러나 이와 같은 시대의 동향에 관해서 우리나라의 회계학계에서는 전통적이면서 정통적인 자본시장이론과 대리이론을 중심으로 하는 실증적 회계학이 주로 소개 · 도입되고 있을 뿐, (탈)근대적인 현대사상을 배경으로 하는 회계학연구는 아직 제대로 소개되고 있지 않은 것 같다.

비판적 방법론이라고 하여 주류회계학의 방법론과 항상 대립적인 것은 아니다.

예를 들면 Marx주의의 방법론의 경우는 실재론(realism)을 추구하며, 보편법칙이나 규칙성을 추구한다. 즉, 현실을 직시하며, 역사의 발전법칙을 구하고 인간의 의지와는 관계없이 결국에는 공산사회라는 이상사회가 도래할 것이라고 주장하는 결정론의 입장을 취하고 있다. 따라서 Marx주의의 방법론은 오히려 주류회계학의 철학적 가정과 많은 공통점을 가지고 있지만, 현실의 문제점을 해결하기 위해 급진적 변화를 추구하는데 본질적인 차이가 있다고 볼 수 있다.

비판회계학은 회계가 경제현상에 관해 중립적이나 비편파적으로 표현하는 것이 아니라, 가난한 사람들의 이익과 입장을 억압하면서 공동체의 (오늘날 권력과 재산을 가진) 일부의 강력한 입장을 유지하는 수단을 제공한다고 주장한다. 이러한 비판회계학자들은 다양한 권리와 특권이 사회전반에 널리 퍼져있다는 다원론(pluralism)에 도전하면서 대부분의 권리, 기회, 권력 등이 극히 일부에게 존재한다고 주장한다.

회계학의 비판적 방법론에서는 사회질서가 불평등에 입각해서 기능하는데, 자본을 가진 일부가 자본이 없는 일부의 희생으로 번영하며, 따라서 회계는 자본이 적은 사람들을 복종시키는 것을 도와주기 위해 많은 자본을 가진 사람들이 이용하는 도구 중의 하나로 간주된다(Deegan · Unerman, p.515).

회계학의 비판적 방법론은 회계실무가 특정한 경제적 · 사회적 구조를 지지하는 경향이 있다고 주장하며, 사회에서 권력과 부의 불평등한 분배를 어떻게 강화하는가를 명시적으로 고려한다. 그리하여 Deegan · Unerman(pp.530-540)은 비판회계학의 입장에서 회계의 역할을 기존사회구조를 지지하는 데서 국가의 역할, 회계연구의 역할, 회계실무의 역할로 나누어 살펴보고 있는데, 국가의 역할은 다음과 같다.

(1) 국가(정부)를 자본주의체제 뿐만 아니라 자본소유자(예를 들면, 주주)를 지지하기 위한 도구로 간주하며, 회계규정은 자본소유자를 위한 것이다.

(2) 정부는 사회시스템의 정당성을 제고하고 이에 의해서 자본을 소유하는 사람의 권력과 부를 보호하고 증진하기 위해 다양한 조치를 취할 것이다. 예를 들면, 사회적 공시는 회사에 많은 권리와 권력이 주어지는 자본주의체제에

역행하는 특정한 소수자의 도전을 완화하기 위한 수단으로 간주된다(Arnold, 1990).

(3) 정보의 흐름을 제한하거나 특정한 정보유형의 이용가능성은 특별한 조직과 사회구조를 유지하기 위한 수단으로 간주되며, 정부는 근본적으로 부유한 집단의 이익을 위해 활동하지 공익을 위해 활동하지 않는다(Puxty, 1986).

한편, 기존의 사회구조를 지지하는 회계연구의 역할을 다음과 같이 보고 있다.

(1) 회계연구자들은 특정한 정치적 이데올로기를 정당화하고 유지하는 것을 도와주는 연구결과와 관점을 제공하는 것으로 간주된다. 예를 들면, 1970년대와 1980년대의 반규제의 입장과 효율적 시장가설 및 실증적 회계이론의 발생은 그 당시의 정부(신자유주의)의 견해와 일치한다는 것이다(Tinker et al., 1982; Hopper et al., 1995, p.518).

(2) 1970년대 후반에 새로운 회계규제의 경제적 영향(economic consequences)의 연구가 발생한 것도 새로운 회계기준과 같은 회계규제가 기업(특히 주주와 경영자)에게 불리한 것으로 간주되었기 때문에, 이를 무산시키기 위한 이론적 근거로 이에 관한 연구가 많았다는 것이다(Cooper・Sherer, 1984, p.217).

(3) 물가변동회계에 관한 연구노력은 물가상승률이 아닌 소유자로부터 실제적인 부의 감소(적은 이익과 배당)를 완화하고 고소득으로 나아가기 위해 동기유발되었다고 간주한다(Thompson, 1978; Burchell et al., 1980을 참조).

한편, 기존의 사회구조를 지지하는 회계실무의 역할을 다음과 같이 보고 있다.

(1) 비판이론가들은 개념체계를 보고실체에 의해 만들어진 재무보고서와 회계전문직을 정당화하기 위한 것으로 간주한다(Hines, 1991, p.328).

(2) 회계담당자는 어떤 성과의 특징이 중요한가의 여부에 관한 자신의 견해를 피력하는 것으로 간주된다(Hines, 1988a). 그리하여 그는 조직성과의 어떤

속성이 중요하지 않고 측정이나 공시의 가치가 없는가를 결정한다. 회계실무를 통해 객관적인 회계담당자가 강조한 특정한 척도(예를 들면, 이익)에 주목하게 될 것이며, 다시 이러한 척도가 좋은 조직과 나쁜 조직을 구별하는 수단이 될 것이다. 회계담당자가 결정하는 이익은 사회적·환경적 외부효과를 반영하지 못하고 회계담당자도 이를 무시하기 때문에 외부효과의 비용을 인식하지 못하게 된다.

(4) 회계담당자는 실재를 알리면서 동시에 실재를 만든다(Hines, 1988a). 예를 들면, 오염배출의 효과를 회계처리하지 않는 것은 많은 사람에게 그러한 오염배출이 존재하지 않다는 것을 의미한다. 만약 회계담당자가 오염배출을 비용처리한다면, 오염배출은 실제적인 것으로 되며, 조직은 회계책임을 지게 될 것이다.

(5) 정치경제의 관점은 사회질서를 유지·정당화하는 데서 회계보고서의 역할을 강조하여 사회적·정치적·경제적 서류로 간주한다(Guthrie·Parker, 1990, p.166). 회계보고서는 회사의 사익에 기여하는 이데올로기적 주제, 경제적·정치적 제도를 구축하고, 유지하고, 정당화하기 위한 수단으로 이바지한다.

(6) 정치경제관점은 회계보고서의 핵심적 역할의 하나를 자본주의체제를 정당화하고 자본주의체제에 내재하는 사회적·구조적 갈등의 결과로 발생하는 위험으로부터 자본주의체제를 보호하기 위해 존재하는 것으로 간주한다(Neimark·Tinker, 1986; Tinker·Neimark, 1987; Tinker et al., 1991).

회계학의 비판적 방법론은 회계의 문제들이 잠재적으로 사회문제의 반영이며, 따라서 사회문제를 비판적으로 분석해야 한다는 전제로부터 출발한다. 그리하여 사회문제는 사회의 반영이고 회계실무를 변경하기 위해서는 사회에서 회계의 역할에 관한 사회인식과 궁극적으로 사회변화가 필요하다는 점을 시사한다.

제5절 소결

비판(criticism)이라는 말은 다양한 맥락에서 이용되고, 다양한 의미를 가지고 있다. 원래, 비판(kritik)이라는 말은 그리스어 'kritike'에서 유래한 것으로 윤리적·정치적·법적 관점에 있어서 '판단하다'(beurteilen), '판결하다'(entscheiden)라는 의미로 사용되었으며, 식별하는 지각판단이나 사고작용을 의미했다. 비판(kritik)은 위기(krisis, krise)를 뜻하는 크리시스(krisis)와 같은 어원을 가진 말이다. 위기의식은 원래 비판의식이라는 개념 속에 들어 있는 말이다. 그러므로 위기의식이나 비판의식을 거치지 않고서는 결코 진리에 도달할 수 없을 것이다.

비판의 철학적 배경은 고대 그리스시대로 거슬러 올라가는데, 여기서는 근대이후로 국한해서 간단하게 살펴보았다. 근대 이후 Kant의 비판정신을 Hegel/Marx 등이 계승하여 Marx주의, Frankfurt학파 등으로 이어졌고, 다른 한편으로는 Kant의 비판정신을 Hegel/Neitzche 등이 계승하여 포스트모더니즘으로 이어졌다.

사회과학 특히, 사회학과 경영학의 비판 개념에는 네 가지 종류가 있다.

1) 수사학비판(critique of rhetoric), 2) 전통비판(critique of tradition), 3) 권위비판(critique of authority), 4) 객관성비판(critique of objectivity).

회계는 자본주의적 질서에서 자본제공자의 이익에 봉사하기 위해 그들의 경제적 의사결정에 도움이 되는 정보를 제공하고자 하였다. 그리하여 회계는 자본주의적 기조(ethos)를 유지하는 수단이었다. 실증적 방법론을 적용하는 많은 주류회계학자들은 신고전파 경제학자들의 미사여구에 현혹되었으며, 자본주의가 시장에 의해 정의되는 과학적인 신고전파 경제학에 근거한 이론적 설명을 제공하고자 하였지만, 오늘날 우리는 시장의 실패를 목격하고 있다.

비판의 목적은 비판대상을 개선하는 것이다. 비판적 저항이 독립적인 학문인 회계의 미래복지에 본질적이라고 주장되기도 한다(Gaffikin, 2009). 경제학, 재무학, 심리학, 법학 등과 같은 학문에서 발달된 이론을 신성시해서 무비판적으로 수용해서는 안 될 것이며, 근대주의(modernism)에 의한 실증적 방법론만을 이용할 수도 없다. 비판으로 우리는 다르게 생각하고 행동할 수 있어야 한다. 진실로 지적으로 독립적인 학문을 개발하기 위해 비판적으로 다양한 다른 학문을 이용할 수 있어야 할 것이다.

회계학에서 비판을 실시해온 분야가 주로 비판회계학인데, 전반적으로 회계학에서 비판개념은 주류회계학을 비판한다는 의미에서 비실증주의의 방법론 전체(비판적 방법론과 해석적 방법론)를 가리키기도 하지만, 주로, 비판적 방법론에 속하는 Marx주의(정치경제와 노동과정이론), 독일 Frankfurt학파(특히 Habermas)의 비판이론, 프랑스 포스트모더니즘에 속하는 Foucault, Bourdieu 등의 방법론 등에서 이용하는 비판개념을 가리킨다.

회계에 대한 비판적 방법론은 다음과 같은 회계학연구의 범위에 국한된다. 거시수준의 사회적 · 정치적 변형에 비추어 미시수준의 회계실무를 이해하고자 한다. 불평등하고 착취적인 사회관계에서 모순과 갈등의 특징이 있는 것으로서 사회와 제도를 그린다. 회계발전을 설명하기 위한 힘을 사회정치적 역사에 귀속시킨다. 피억압자의 해방을 위한 자기성찰적 관여와 행동주의를 요청한다.

회계학방법론에는 다양한 방법론이 존재하는 바, 크게 실증적 방법론, 비판적 방법론, 해석적 방법론 등이 있다. 주류회계학은 실증적 방법론을 주로 이용하고 있는데, 경험적이고 분석적인 실증주의의 방법론에 입각한 주류회계학이 갖고 있는 문제점으로 말미암아 여러 가지 다른 방법론을 모색하게 되었는데, 일본에서는 1930년대부터 주로 Marx주의의 방법론을 이용하여 연구가 진행되고 있으며, 서구에서는 1970년대 이후 주로 영국의 회계학계에 선구적인 일부 비판회계학자들과 *Accounting, Organizations and Society*(1976)를 비롯한 다양한 학술지의 창간과 학술회의의 등장, Burrell · Morgan(1979)의 저서 및 1970년대 후반 영국의 정치적 상황 등에 의해서 다양한 방법론이 등장하기 시작하였다.

회계현상을 비판하고자 하는 비판적 방법론은 Kant/Hegel의 변화/비판의 노선을 따르고 있는 바, Marx주의와 Braverman의 노동과정론, Marx주의를 비판하는 독일의 Frankfurt학파(Horkheimer, Adorno, Marcuse, Habermas)의 이론(특히 Habermas의 비판이론), Kant/Hegel/Nietzsche의 노선을 따르는 포스트모더니즘이라고도 하는 프랑스 비판이론(Foucault, Bourdieu, Derrida 등에서 특히 Foucault와 Bourdieu의 사상)등이 회계학에 활발하게 이용되고 있다.

주류회계학에서 주로 이용되는 실증적 방법론이 현상태를 유지하기 위해 사회를 규제하면서 안정지향적인 데 반하여, 비판적 방법론은 사회의 (급진적) 변화를 추구하며, 상기의 여러 가지 철학적 가정의 결합에 의해 각각의 비판적 방법론의 철학적 가정이 결정된다. 따라서 이하에서는 각각의 비판적 방법론들이 회계현상에 어떻게 적용되는가와 이들의 문제점을 살펴보기로 한다.

5

Marx주의의 비판적 방법론

(1818-1883)

5장

Marx주의의 비판적 방법론

여기서는 Marx주의의 방법론을 살펴본다. Marx주의의 방법론은 <도표 2-1>과 같이 Kant/Hegel/Marx로 이어지는 비판노선을 따르고 있다. 이 방법론을 회계에 이용하기 시작한 회계학자들은 Tinker를 비롯한 영국의 Manchester대학교의 회계학자들이었는데, 그들의 주안점이 고전적 정치경제학인 정통Marx주의, 노동과정이론 등을 중심으로 하고 있으므로, 이들을 중심으로 살펴보기로 한다.

제1절 의의

사회과학분야에서 Marx주의의 영향은 널리 퍼져있다. Marx주의의 이론이나 방법론이 존재하지 않는 사회과학분야를 열거하기는 거의 불가능할 것이다. 회계학도 예외가 아니지만 특히 영국의 회계학계에서는 Marx주의의 영향이 분명하며, Marx는 다른 어떤 학자보다 많은 논란을 초래하고 있다.

Marx주의의 방법론은 정치경제학의 방법론에 속한다. Gray・Owen・Adams (1996, p.47)는 정치경제(political economy)를, '인간생활이 발생하는 사회적・정치적・경제적 체계'(the social, political and economic framework)로 정의하고 있다. 이 정의는 사회, 정치, 경제가 불가분하며, 경제적 쟁점은 경제적 활동이 발생하는 정치적, 사회적, 제도적 체계에 관한 고려를 하지 않고는 유의미하게 포착할 수 없다는 것이다. 정치경제를 살펴봄으로써 연구자는 조직이 어떻게 작용하는가와 조직이 공시하는 정보에 영향을 주는 광범위한 사회의 쟁점을 살펴볼 수 있다고 주장된다. Guthrie · Parker(1990)에 의하면, 정치경제관점은 회계보고서를 사회적, 정치적, 경제적 서류로 인식한다. 회계보고서는 기업의 사익에 기여하는 경제적 · 정치적 협정, 제도, 이데올로기적 주제 등을 구축하고, 유지하고, 정당화하기 위한 도구로 이바지한다. 공시는 다양한 보고서 이용자에게 사회적, 정치적, 경제적 의미를 전달할 수 있는 능력을 가지고 있다(p.166).

Guthrie · Parker(1990)는 회계보고서가 중립적, 비편향적, 표현적으로 충실한 서류로 간주될 수 있는 것이 아니라, 기업과 환경사이의 상호교환의 산물이며 다양한 분파적 이해관계(sectional interests)를 중재하고 촉진하고자 한다고 주장한다(*ibid*).[1] 이 견해는 "회계가 계산적 관습의 단순한 결합으로 간주될 수 없으며, 경제적 · 사회적 관리를 위한 응집력있고 영향력있는 메카니즘으로 기능한다"고 주장하는 Burchell et al.(1980, p.6)의 견해와 일치한다.

정치경제이론은 고전적(classical) 정치경제와 부르조아(bourgeois) 정치경제의 두 흐름으로 구분되고 있다(Gray et al., 1996, p.47). 고전적 정치경제는 Karl Marx와 같은 철학자의 연구와 관련이 있으며, 명시적으로 분파적(계급)이익, 구조적 갈등, 불평등, 국가의 역할 등이 핵심적인 분석대상이다(*ibid.*). Gray · Kouhy · Lavers (1995)에 의하면, 고전적 정치경제는 이러한 요소들을 대개 무시하고 그 결과 세계를 본질적으로 다원적인 것으로 인식하는데 만족하는 부르조아 정치경제와 대조될 수 있다(p.53).[2] 여기서는 고전적 정치경제를 대상으로 한다.

고전적 정치경제를 주장하는 대표적인 회계학자 중에 Tinker(1984)는 신고전파 경제학의 가정을 거부하고 고전적 정치경제를 주장하고 있다. 그는 자본주의가 정

---

1) 전세계의 다양한 회계단체는 재무보고가 중립성과 표현의 충실성을 반영해야 한다고 주장하고 있다. 그러나 정치경제학 방법론의 지지자들은 이러한 주장을 비현실적이게 하는 정치적, 사회적 쟁점이 많이 있다고 주장한다.

2) 다원론적 관점은 많은 이해관계자들이 기업, 정부, 기타 등의 다양한 의사결정에 영향을 줄 수 있는 권한을 가지고 있다고 가정한다. 이 관점에서, 회계는 (가끔 엘리트라고 하는) 특정한 이해관계를 선호하기 위해 존재하는 것으로 간주되지 않는다. 부르조아 정치경제이론에서 도출된 정당성이론과 같은 이론들은 사회내에서의 투쟁과 불평등을 무시한다(Puxty, 1991).

치와 경제영역 사이에 상호작용이 발생하는 사회시스템이라고 주장한다. 신고전파 이론에서는 경제영역에 의해 정치영역이 형성된다고 가정한다. 그는 시장에의 의존성과 재산의 이용과 접근의 정도로부터 발생하는 사회계급간에 많은 사회불평등이 존재한다고 주장한다(Tinker, 1984).

고전적 정치경제는 회계보고서와 공시를 희소자원(자본)을 관리하는 사람들의 유리한 지위(예를 들면, 부와 권력)를 유지하는 수단과 희소자원(자본)이 없는 사람들의 지위를 훼손시키는 수단으로 인식하는 경향이 있다. 고전적 정치경제는 사회의 구조적 갈등에 초점을 둔다.[3)]

한편, Gray · Owen · Adams(1996)에 의하면, 부르조아 정치경제는 구조적 갈등과 계급투쟁을 명시적으로 고려하는 것이 아니라 본질적으로 다원적인 세계에서 집단간의 상호작용에 관심이 있다(예를 들면, 기업과 환경압력집단 사이의 협상, 또는 지자체와 국가 사이의 협상)[4)].

오늘날 경영학과 회계학에 비판적 방법론을 적용하려는 사람들은 정통Marx주의로부터 노동과정이론으로 나아가고 있다. Harry Braverman(1920-1976)의 기념비적 저서인 *Labor and Monopoly Capital*(1974)은 처음으로 노동과정이론을 조직수준에서 이론적으로 적용하였다. 회계학계에서도 이 이론을 적용한 연구가 활발하다. 먼저 Marx주의의 철학적 배경을 살펴보자.

---

3) 예를 들면, 고전적 정치경제학자들은 사회책임보고의 실무를 고려하면서, 1980년대 후반 이후로 기업의 환경공시 증가를 환경집단에 대한 반응인 것처럼 행동하려는 시도로 간주할 수 있지만, 실제로는 자본으로부터 돈을 벌 수 있도록 하기 위해 환경집단으로부터 환경과제의 통제와 안건을 다루기 위한 시도로 간주할 수 있다(Gray *et al.*, 1996, p.47).

4) 부르조아 정치경제에 해당하는 이론에는 실증적 회계이론이외에도, 정당성이론(legitimacy theory), 이해관계자이론(stakeholder theory), 제도이론(institutional theory) 등이 있다(다음을 참조. Deegan · Unerman, pp.319-380). 실증적 회계이론을 포함한 이 이론들은 사회의 불평등과 이러한 불평등을 유지하는데서 회계의 역할 등과 관련이 있는 쟁점을 다루지 않는다.

제2절 철학적 배경

Burrell・Morgan(1979)에 의하면, 급진적 구조주의에 속하는 Marx주의의 방법론은 급진적 변화와 객관주의라는 두 가지 차원에서 나온다(<도표 2-9>를 참조). 급진적 구조주의자들은 실재론적, 실증주의적, 결정론적, 법칙정립적 입장에서 나오는 사회질서에 관심이 있다. 이들은 구조적 갈등, 지배양식, 모순, 박탈 등을 강조하는 분석으로 급진적 변화, 해방, 잠재성 등과 연루되어 있다.

Marx주의는 <도표 2-1>과 같이 Kant/Hegel/Marx로 이어지는 비판노선을 따르고 있다. Marx주의는 Kant로부터 변화/비판의 노선을 추구한 Hegel의 영향을 받아, 비판/희망/비영혼 노선을 추구한 Marx의 방법론을 의미한다. Marx는 Hegel의 영향을 받았으나, 그의 관념적이고 형이상학적인 철학체계를 부정하고, 이 철학체계를 정치사회적, 실천적 철학체계로 변화시켰다. 즉, 실천적인 현실사회의 학문은 이념의 절대정신이 아니고, 역사적이고 변증법적인 유물론이라는 것이다. 이는 사회가 발전되어 나가는 역사적이고 실천적인 필연성의 진행과정을 철학적으로 규명한 것이다. 사회가 법칙을 지배하는 것이 아니고 법칙이 사회를 지배하고 자연을 지배하며 인간을 지배한다고 주장된다.

Marx주의는 Marx와 Engels의 철학사상에 대한 과학적 이론체계 전체를 총칭하는 개념이며, Marx주의의 방법론은 두 개의 기본이론인 변증법적 유물론과 사적 유물론(유물사관)을 근본바탕으로 하는 철학, 경제학, 사회사상 등의 세 가지 요소로 구성되어 있다. 즉, Marx주의는 <도표 5-1>와 같이, 첫째, Feuerbach의 유물론과 고전적 독일철학, 둘째, Smith와 Ricardo로 대표되는 영국 고전파경제학의 노동가치론, 셋째, 공상적 사회주의자였던 Saint-Simmon, Fourier, Owen과 공상적 공산주의자였던 Cabet 등에 의한 프랑스의 사회주의이론에서 복합적으로 형성되었다(김기곤, 1985, p.185).

도표 5-1 Marx주의의 세 요소

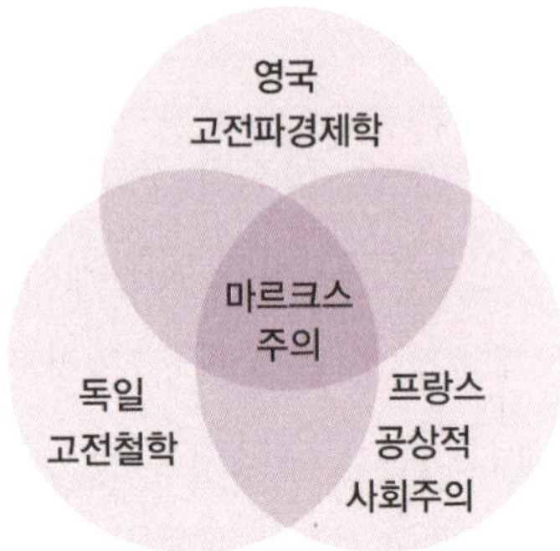

제3절 Marx주의의 이론

아래에서는 Marx주의의 이론 중에서 가장 핵심적인 부분에 해당하는 변증법적 유물론과 사적 유물론을 중심으로 살펴보기로 한다

1. 변증법적 유물론

Marx주의의 세계관의 기초를 이루는 변증법적 유물론은 정신에 대한 물질의 근원을 주장하는 동시에 물질적인 것, 특히 사회적, 물질적인 것을 모순에 충만된 발전과정으로 포착한다. 발전의 동기를 사물의 내적 모순에서 구하는 변증법적 유물론은 진보와 비약, 연속과 단절, 양적변화와 질적변화의 필연성을 인정한다. 이 입장에서 변증법적 유물론은 생산의 사회적 성격과 생산수단의 사적 소유 사이의

모순에 의해서 발생하는 유산계급(부르조아)에 대한 무산계급(프롤레타리아)의 계급투쟁의 내적 논리를 말한다. 여기서 변증법이란 사물에 내재하는 대립・모순을 원동력으로 해서 변화・발전하는 사물의 논리이며, 또한 그렇게 말한 사물을 인식하기 위한 학문적 방법이기도 하다. 한 마디로 말하면, 형식논리가 사물의 상태를 정지라고 보는데 반하여 변증법은 사물의 상태를 운동과 변화로 본다. 이러한 변증법은 내재성[5], 역사성[6], 총체성[7]이라는 세 가지 특징을 가지고 있다(田中, 2013, pp.116-117; Bottomore et al., 임석진 편, pp.227-236을 참조).

변증법적 유물론의 세 가지 기본법칙은 (1) 질(質)의 양화(量化) 법칙, (2) 대립물의 통일 법칙, (3) 부정의 부정 법칙 등 세 가지이다(Bottmore, et al.; 임석진 책임감수, p.237).

(1) 질의 양화 법칙에서는 양의 점진적인 변화가 질의 혁명적 변화를 일으킨다. 낡은 질의 사회가 새로운 질의 사회로 진화하기 위해서는 전체로서의 사회의 점진적인 진보, 향상, 개량 뿐만 아니라, 사회를 형성하는 긍정적이고 보수적인 세력과 부정적이고 혁신적인 세력의 투쟁이 있어야 한다는 것이다. 그리고 이 투쟁이 낡은 것의 패배와 새로운 것의 승리에 의해서 비로소 혁명이 성취되며, 이것이 일반적으로 인간사회의 혁명적인 발전의 기본법칙이라는 것이 Marx의 주장이다. 자연현상에도 이와 유사한 법칙이 있다. 물의 온도를 점차로 높여가면 어느 순간에 비등점에 도달하게 되어 수증기로 질적 변화를 일으키게 되는데, 이러한 비등점을 Hegel식으로 말한다면 양이 질로 변화하는 결정적인 순간이며 인간사회에도 이와 같은 결정적인 비등점이 있다는 것이다(강영계, 1994, p.253).

(2) 대립물의 통일 법칙에서는 구체적 현실의 통일체는 대립물, 혹은 모순의 통일체임을 의미한다. 즉, 기계적 운동에서 유기적 생명과정에 이르기까지 일체가 그 안에 모순, 대립하는 두 면의 투쟁과 상호이행을 통하여 통일과 발전이 나타난다는 변증법이다(전게서, p.193).

---

5) 내재성(필연성)은 사물의 성장, 변화, 소멸 등의 원인(대립, 모순)은 사물에 내재하고 있는 것으로 본다.
6) 역사성(소멸성)은 사물은 소멸이라는 인자를 내포하고 변화하는 것으로 본다.
7) 총체성(주체성)은 사물을 자기동일성을 가진 주체, 즉 유기체(생명체)로 본다.

(3) 부정의 부정 법칙에서는 대립물의 투쟁 속에서 하나의 대립물은 다른 대립물을 부정하며, 다시 그것은 어떤 양자가 다같이 부정된 것을 보존하는 보다 높은 차원의 역사적 발전(정--반--합)에 의해 부정된다는 것을 의미한다(임석진 책임감수, p.237).

종래의 철학자들의 이론이 다양한 방식으로 세계를 해석, 설명하고 있을 뿐인데 반해서, 변증법적 유물론은 세계를 변화시키는 실천적 세계관으로 대상을 대해야 한다고 Marx는 주장한다.

Cooper et al.(2005, p.957)에 의하면, 변증법적 분석은 기본적으로 총체성, 변화, 모순의 원칙을 가지고 있으며, 각각은 그 자체로 변증법을 구성하지 않고 함께 고려할 때 변증법이 된다(<도표 5-2>를 참조).

도표 5-2 변증법적 분석의 요소

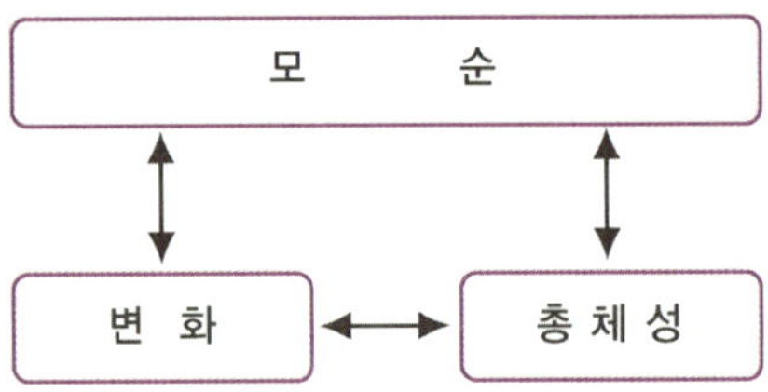

1) 모순

변증법적 분석에서 모순의 원리는 심각한 모순과 갈등이 생산관계에 내재하고 있다고 주장한다. 가장 전형적인 예는 노동자의 이해관계와 기업(주주)의 이해관계 사이의 모순이다. 노동자는 임금을 최대화하려고 투쟁하는데 반하여, 기업은 비용을 최소화하려고 투쟁한다. 이와 마찬가지로, 모든 주주 간에도 이러한 모순과 갈등이 있을 것으로 추론할 수 있다. 이외에도, 조직내의 전문집단과 상이한 기능적 부서 간에도 이해갈등이 있다(Wickramashighe · Alawattage, p.31). 예를 들면,

Armstrong(1985)은 전문가 상호간의 경쟁 특히 회계담당자, 기술담당자, 인사담당자간의 경쟁이 노동통제를 위한 새로운 전략에서 얼마나 도구적이었는지를 보여주었다.

2) 변화

변증법적 분석에서 변화의 원리는 시스템변화를 시스템모순과 관련시킨다. 전술한 바와 같이, 모순과 갈등은 사회시스템의 내재적 속성이다. 이러한 모순과 갈등의 중요한 결과는 이들이 위기—해결—위기의 상호관련된 순환을 통해서 시스템의 변화를 유도한다는 것이다. 이것은 회계의 변화를 이해하는데 중요하다. 회계의 다양한 기술적 발전이 생산시스템과 조직형태의 위기와 관련되어 있다. 따라서 여기서는 회계의 변화에 대한 변증법적 접근방법을 채택한다(ibid.).

3) 총체성

총체성의 원칙은 우리가 살고 있는 사회세계가 상호관련된 요소, 즉 조직과 이의 통제시스템을 포함한 다양한 사회적, 정치적, 경제적 제도로 구성되어 있다는 것이다. 그러나 총체성의 원칙은 요소들이 아닌 요소들 간의 관계에 주안점을 두고 있다. 전체 뿐만 아니라 그 요소의 본질을 정의하는 것이 요소들 간의 관계를 보여준다. 나아가, 이것은 전체의 구성요소는 그 자체로 이해될 수 있는 것이 아니라 상호간에 대한 관계와 총체성에 대한 관계를 이해함으로써 이해될 수 있다는 것을 의미한다. 총체성에서 부분들 간의 관계를 파악할 때만, 이들을 이해할 수 있다. 예를 들면, 관리회계의 경우를 살펴보자. 관리회계는 조직시스템 전체의 필수적인 요소이며, 생산, 마케팅, 인적자원관리, 기업전략 등과 같은 다른 조직기능과 상호작용한다. 이 뿐만 아니라, 지식생성 및 분산시스템과 전문가협력을 통해, 관리회계는 세계자본주의의 광범위한 구조적 속성과 관련이 있다. 인간은 관리회계가 특히 포함하는 일단의 도구와 과정에만 초점을 둠으로써 스스로 관리회계를 서술할 수 있다.

이것은 내부탐색적(internal-looking)이며 관리회계가 포함하는 것에 관해 매우 협소하게 서술하며, 광범위한 사회내에서 항구적인 발전적 역할을 포기하게 된다. 관리회계를 더 잘 설명할 수 있기 위해서는 훨씬 더 광범위한 범위 즉, 관리회계가 세계자본주의의 역동성 및 조직시스템의 다른 요소와 가지는 일단의 관계에 대해 주목할 필요가 있다(*ibid.*, p.30).

2. 사적 유물론

사적 유물론(유물사관)은 변증법적 유물론을 인간사회와 그 역사연구로 확장하여 적용한 것이다. Marx에게 역사의 변화는 생산의 특성과 그에 상응하는 사회조직이라는 사회생활의 물질적 요소에 의한다. Marx의 이러한 유물적 역사관의 의의는 이것이 사회과학적 사상체계의 철학적 기초가 되었다는 데 있다.

Marx는 그의 정치경제철학비판에서 유물사관의 공식을 다음의 세 가지로 말하고 있다. 첫째, 사회적 생산활동에서 인간은 물질적인 생산력의 일정한 발전단계에 대응하는 생산관계에 들어가면, 이 생산관계의 총체가 사회의 참다운 기초를 이루는 경제적 바탕을 형성한다. 즉, 이 기초위에서 상부구조[8]가 성립되며, 이 기초에 대응하는 사회의식이 출현하게 된다. 둘째, 사회의 물질적 생산력은 일정한 발전단계에 도달하면 기존의 생산관계와 모순을 이룬다. 셋째, 이 단계에서 사회혁명의 시대가 도래한다. 즉, 경제적 기초의 변화와 더불어 거대한 상부구조의 전체가 서서히 또는 급격하게 붕괴된다는 것이다(김기곤, p.191).

Marx는 Hegel로부터 역사의 변증법적 발전이라는 개념을 계승하여 역사에서 각 사회발전단계의 특징은 그 단계마다의 생산수단의 소유방식에 따라서 파악되어야 한다고 주장한다. Marx의 이러한 입장은 대체로 사회구조론, 사회의 역사적

---

8) 회계제도도 상부구조의 하나이다.

발전이론, 사회의 역사적 인식의 방법으로 구분된다(강영계, pp.251-252).

(1) 사회구조론: 사회적 존재로서의 인간은 생산관계에서 규정된다. 인간은 기존의 사회조직안에서 생활하며, 그 조직은 인간의 의지와는 무관한 필연적인 것이기 때문에 인간은 생활하기 위해서는 사회조직과 관계를 맺지 않을 수 없다. 이러한 관계가 필연적으로 생산관계이다. 생산관계는 일정한 발전단계에서 역사적인 사회의 생산력에 상응하는 역사적인 관계이다. 생산관계의 총체가 사회의 경제적 구조를 형성한다.

사회는 하부구조(토대)와 상부구조로 구별된다. 모든 상부구조는 그 자체가 독립적으로 자조하는 것이 아니라, 하부구조인 생산력과 생산관계의 경제적 구조가 변화하면 그것에 따라 변화, 제약되는 하부구조의 반영에 불과하다. 따라서 Marx는 인간의 의식이 인간을 결정하는 것이 아니라 사회적 존재가 인간의 의식을 결정한다고 주장한다.

(2) 사회의 역사적 발전이론: 인간의 발전에 일치하여 사회의 물질적 생산력이 발전하면, 종전의 생산관계가 붕괴되어 생산력과 생산관계가 모순되어 그 극한에서 종전의 생산관계가 타파되고, 발전에 적응하는 새로운 생산관계가 형성되어 혁명이 일어난다. 다음으로 이에 대응하여 상부구조도 변화한다. 혁명은 의식의 변화에 의해서가 아니라, 물질적 생활의 모순 즉, 사회적 생산력과 생산관계의 모순에서 일어난다. Marx에 의하면 의식의 변화도 물리적 원인의 자기모순에서 자동적, 법칙적으로 생성되므로 이 모순이 극한에 이르지 않으면 변혁은 일어나지 않는다. Marx는 사회발전의 엄밀한 합리적 법칙성을 강조한다.

(3) 사회의 역사적 인식의 방법론: Marx는 생산력, 생산관계의 투쟁 즉, 생산양식의 관점에서 인간사회 발전의 시대를 구분하고 있다. Marx에 의하면, 인간사회는 원시공산사회 → 고대노예제 사회 → 봉건제사회 → 자본주의사회 →

사회주의사회의 필연적인 과정을 단계적으로 거친다. 이러한 관점에서 자본주의사회의 붕괴가 필연적이라고 주장한다(객관적 결정론).

Marx주의는 인류의 역사를 계급투쟁의 역사로 규정하고 인류역사에는 유산계급과 무산계급 두 계급 뿐이라고 하였다. 그리고 이 두 계급은 각 시대에 언제나 대립, 투쟁하였는데, 경제사를 해석하는데 있어서 생산관계와 생산력의 투쟁이라고 하여, 유산계급의 생산력은 봉건주의사회의 생산관계에 의해서 저지되며, 그 결과로 봉건주의 사회제도가 붕괴된다고 주장한다. 이러한 과정은 자본주의 사회에서도 여전히 지속되어 자본주의 사회의 생산관계는 다시금 자본주의 사회의 생산력을 저지한다는 것이다. 여기서 생산력이란 자신의 노동력을 일종의 상품으로서 찾아야 하는 산업인들이고 무산자들이며, 다른 한편으로 보면, 새 사회를 건설하고 새로운 것을 창조하는 능동적인 인간들이다. 그리고 생산관계는 각 시대에 현실적으로 주어지는 법칙, 사회제도적 여러 규정과 장치를 말한다. 따라서 회계도 일종의 생산관계라고 볼 수 있다(김석웅, 1999, pp.45-46).

자본주의 사회는 그 사회적, 내적 모순으로 인해 붕괴되며, 그 붕괴의 결정적인 역할을 담당할 역사적 역동성으로서 노동자계급이 등장하게 된다. 이 때 Marx주의가 새로운 사회적 이데올로기로서 형성됨에 따라, 인간의 우연성이나 자의성이 아닌, 사회발전의 필연적 합법칙성과 역사적 필연성에 의해서 사회는 착취가 없고 억압이 없는 인간해방의 사회로 의식적이고도 계획적으로 전향할 수 있게 된다는 것이다. 그리고 이 경우 인간해방과 사회발전은 맹목적이고 무반성적인 개인주의를 극복할 때 가능하며, 사회발전을 규정하는 것은 노동이라고 주장한다. 노동이란 인간의 활동양식을 말하는데, 노동을 통해서만 인간이 인간답게 된다는 것이다. 노동은 사회를 형성하는 원동력이고 정치, 경제, 문화, 사회, 도덕 등을 인간화하는 생산적 능력이다. 그러나 노동이 언제나 인간을 해방만 하는 것이 아니라, 오히려 인간을 노예화하기도 함으로써 노동개념을 통하여 혁명적인 계기와 암시를 인지할 수 있다. 즉,

고대노예제도, 봉건사회제도, 자본주의 사회제도 등에서도 일반대중이 노동하는 동안 지배계급은 착취의 과정을 펼친다는 것이다. 그리하여 자본주의 사회의 노동자들은 자신들의 자주성과 독립성을 상실하게 되고 그 결과로 임노동이라는 상품으로 전락하게 된다. 여기서 노동의 소외[9], 노동의 분업이 생기게 된다고 주장한다. 그리고 회계는 이러한 현상을 촉진하는 촉매역할을 한다고 주장된다(전게서, p.46).

Marx주의의 방법론에 입각한 회계는 회계가 가지는 정치경제적 성격을 강조한다. 즉, Marx주의를 철학적 배경과 방법적 근거로 하고, 회계가 정치와 경제에 의해 규정된다는 견해를 가진다. Marx주의에 입각한 회계학도 기능적이고 실증적인 주류회계학을 비판한다는 점에서는 Habermas의 방법론에 입각한 회계학이나 Foucault, Bourdieu 등의 방법론에 입각한 회계학과 동일한 입장에 있지만, 그 철학적 배경을 달리하고 있다. 이것은 Marx주의의 방법론을 회계에 적용하는 것으로, 종래의 주류회계학의 방법론적 기초가 [신고전파 경제학-->한계효용학파]에 있는 것을 Marx주의의 관점에서 비판하려고 하는 것이다.

3. 노동과정 · 생산양식 · 노동통제

사회에 관한 Marx주의의 존재론은 계급투쟁이다. 모든 것을 형성하는 근본적인 사회적 적대주의는 노동과 자본으로 사회를 구분하는 것이다. 노동과정은 노동과 자본(또는 성이나 계급제도와 같은 다른 범주들) 사이에 이러한 추상적 적대주의가

---

9) Marx에 의하면, 자본주의사회에서 노동자는 다음의 세 가지 소외를 겪는다. 첫째, 노동자는 자신이 생산한 생산물을 소유하지 못하며, 그것은 다른 사람(자본가)의 소유로 된다. 둘째, 노동자는 생산과정 안에서 생산활동으로부터도 소외를 당한다. 셋째, 노동자를 포함해서 전체적으로 모든 개인은 다른 개인을 자신의 이익을 추구하기 위한 수단으로 대한다. 그는 이러한 소외의 원인이 사유재산제도에 있다고 간주한다. 그리고 Marx는 자본주의적 생산관계를 분석함으로써 소외가 발생하는 메카니즘이 자본가에 의한 노동자의 착취에 있다는 결론을 내린다. 이것을 설명하는 이론이 Marx의 노동가치설이다. 다음을 참조. 송현호(1992, pp.394-395).

강압, 저항, 동의에 의해서 행동표면에 나타나게 되는 중간적인 사회적 공간이다. 그러므로 Marx주의의 경우에 노동과정은 사회분석의 중심에 있다(Littler, 1982). 만약 노동조직이 계급투쟁의 새로운 속성으로 간주된다면(Storey, 1983), 노동과정은 노동력을 자본에 종속시키기 위한 투쟁에서 계급투쟁이 실체화되는 특정한 사회공간이 된다. 이것은 노동이 자본과 직접 연루되는 생산적 사회공간이다. 노동의 통제가 노동력을 노동으로 전환하고 이에 의해서 잉여가치를 실현하는 것(Storey, 1983, p.123)을 목표로 하기 때문에, 노동과정은 통제구조와 관계의 기초를 구성한다.

Marx주의 방식으로 이해하면, 노동과정에는 두 관계집합, 즉, 생산의 관계(relation of production)와 생산에서의 관계(relation in production, 생산관계)가 있다. 잉여노동이 직접노동으로부터 착취되는 관계집합을 생산의 관계라 한다(Burawoy, 1979). 생산의 관계는 경제적 소유의 관계나 재산의 관계이며, 생산측면을 중심으로, 일반적인 지배와 종속의 관계의 기초(Littler, 1982, p.20)로 정의된다. 한편, 생산에서의 관계 또는 생산관계는 노동과정 그 자체의 관계적 측면이다. 생산관계는 "인간이 자연에 직면해서, 재료를 상상의 대상으로 변형할 때 진입하는 관계집합"이다(Burawoy, 1979, p.15). 그리하여, 생산에서의 관계는 잉여가치가 어떻게 생성되는가를 결정하는데 반하여, 생산의 관계는 그 잉여가치가 배분(appropriate)되는 방식을 가리킨다(Wickramasinghe · Alawattage, p.32).

생산의 관계와 생산에서의 관계의 결합이 사회의 상부구조가 만들어지는 생산에 관한 기본적인 경제적 기초를 형성한다. 의식과 문화의 형성, 이데올로기체제, 정치유형과 국가 등과 같은 상부구조 요소는 이 경제적 기초의 발전수준에 상응한다. Marx의 <u>자본론 제1권</u>의 경우, 인간은 자신들의 삶의 사회적 생산에서 자신들의 의지와는 무관하고 필수불가결한, 명확한 관계로 들어간다. Marx는 이러한 생산관계전체를 사회적 의식(이데올로기)의 명확한 형태 뿐만 아니라, 법적 · 정치적 상부구조가 기초하고 있는 실제적인 토대인 경제적 사회구조라고 부른다(*ibid.*, p.451).

그러나 이러한 영향에도 불구하고 사회의 경제적 토대와 상부구조적 요소 사이에 변증법적 결정이 있다. 이 변증법으로 상부구조와 그 구성요소는 부분적으로 그 자체의 역사가 가능하다(Peet, 1980). 경제적 토대와 상부구조 사이의 이러한 변증법이 특정한 역사적 국면에서 일정한 사회에 속하는 생산양식을 만든다(<도표 5-3>를 참조).

도표 5-3 생산양식의 요소

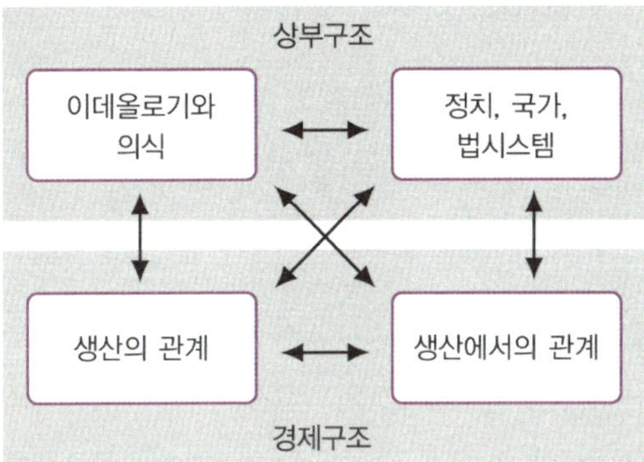

자료원: Wickramasinghe · Alawattage(2007, p.451).

그리하여, 전통 Marx주의에 의하면, 생산양식은 상이한 사회형성의 특징이다. 이것은 예를 들면, 각 역사적 국면에서 생산양식이 그 자체의 역사적 조건을 포괄하기 때문에, 봉건주의가 자본주의와 다르며, 선진자본주의는 자본주의적 저개발이나 자본주의적 발달의 초기단계와 다르다는 것을 의미한다. 본질적으로 생산양식개념은 사회시스템의 총체성을 그린다. 이 중에서 역사적 전개는 생산의 관계와 생산에서의 관계에 내재된 본질적 모순과 하부구조요소와 상부구조요소 간의 본질적 모순에 달려있다.

Marx주의에서 사회구조는 Marx가 생산양식이라는 사회시스템을 생성하는 사회적 지위(계급지위)사이의 인간관계시스템으로 정의할 수 있는 바, 모든 생산양식에는 특별한 행동방식이나 경향을 결정하며, 생산양식에는 그 지위에 따라 객관적으로 정의된 이해관계를 가진 계급이 있다. 그리하여 지배, 착취, 경쟁 등은 그 시스템에서 자본가의 지위와 관련된 자본주의 생산양식의 모습들이다(Ashraf · Uddin, p.421).

<도표 5-3>에서 보는 바와 같이, 생산양식의 매개변수는 경제적 요소와 상부구조적 요소, 즉, 생산의 관계와 생산에서의 관계(경제구조), 이데올로기, 국가의 지배구조제도, 정치, 법 시스템을 포함한다. 이러한 매개변수 내에, 노동통제의 문제가 있다. 가장 추상적인 수준에서, 이것은 자본의 이해관계를 위한 노동의 종속을 의미한다. Marx주의자들은 형식적 종속과 실질적 종속이라는 두 유형의 종속을 식별하고 있다. Marx의 자본론 제1권(p.1019)에 의하면, 자본하에서 노동의 형식적 종속은 노동과정이 자본에 종속할 때 발생하며, 자본가는 이 과정에서 경영자와 관리자로서 개입한다. 이것은 낡은 생산양식의 독립생산자가 임노동으로 변할 때 발생한다. 따라서, 노동의 형식적 종속은 노사간의 임관계이다. 이에 의해서, 노동은 그 존재와 재생산을 위해 자본에 의존하게 된다. 그러나, "실질적 종속이 없을 때, 자본은 노동과정을 발견할 때마다 노동과정을 종속시킨다. 말하자면, 그것은 상이하고 더욱 낡은 생산양식에 의해 전개된 기존 노동과정을 받아들인다"(Marx, 자본론 제1권, p.1021). 따라서, 노동과정의 실질적 측면(Burawoy, 1979, p.15)은 상당한 정도까지 직접생산자(노동)의 통제하에 있다. 이것은 생산영역의 밖에 있지만 노동시장관계 내에서 노동의 종속이다. 봉건주의로부터 자본주의로의 전환에서 노동은 토지와의 낡은 관계에서 자유롭게 되고 자본에 의존하게 되어, 노동은 공식적으로 자본에 종속된다. 이 국면에서, 잉여를 추출하는 지배적인 양식은 절대적 잉여가치, 즉 노동시간을 연장함으로서 생산된 잉여가치이다.

한편, 실질적 종속은 생산영역 내에서 자본이 노동과정의 실천측면을 통제할 수 있는 능력을 개발할 때 발생한다. 이것은 사회적으로 노동가치의 재생산에 필요한 노동시장을 줄이는 기술혁신과 경영혁신을 통해 발생한다. 그러므로 이 경우에, 잉여가치의 창조는 노동시간의 연장과는 반대로 노동생산성의 개선을 통해 높아진다.

자본주의적 노동과정의 발전은 일반적으로 형식적 종속에서 실질적 종속으로의 전환노선에서 발생된다(예를 들면, Braverman, 1998; Edwards, 1979; Littler, 1982; Marx, 1976). 그럼에도 불구하고, 형식적 종속에서 실질적 종속으로의 전환에 관한 중요한 논란이 있다. 예를 들면, Marx는 직능생산의 기계화에 의한 산업혁명기간에 실질적 종속으로의 결정적인 전환이 발생하였다고 주장하는데 반하여, Braverman은 실질적 종속이 Taylor주의의 세밀한 노동통제의 형태로 독점자본주의하에서 발생하였다고 주장하였다(Wickramasinghe · Alawattage, pp.450-453).

제4절 Marx와 회계

Marx는 그의 저술에서 회계에 관해 약간 언급하고 있으며, 특히 Marx의 자본론 제1권에서는 Robinson Crusoe가 자기 자신의 일들을 장부에 적기 시작하였으며, 그의 장부에는 소유하고 있는 유용한 물건, 그것들의 생산에 필요한 여러 가지 작업, 이들 생산물의 일정량의 생산에 평균적으로 걸리는 노동시간 등을 상세하게 적고 있다(김수행 역, pp.98-99)고 언급하고 있다. Marx의 자본론 제2권의 제6장 유통비용에는 부기에 관한 글이 세 페이지(김수행 역, pp.150-152)에 걸쳐 있다.[10)]

10) "현실적인 매매 외에 부기에도 노동시간이 지출되는데, 여기에는 그밖에 펜, 잉크, 종이, 책상, 기타의 사무설비 등 대상화된 노동도 필요하다. 따라서 이 기능에서는 노동시간이 노동력과 노동수단으로서 지출된다. 이 경우에도 시장은 매매기간의 경우와 꼭 마찬가지이다.

자본은, 그것의 순환과정 내부의 통일로서는, 운동중의 가치로서는 그것이 생산영역에 있든지 유통영역의 두 국면에 있든지 간에, 계산화폐의 형태로 우선 상품생산자 또는 자본주의적 상품생산자의 머리속에 관념적으로만 존재할 뿐이다. 자본의 운동은, 가격결정이나 상품가격의 계산도 포함하는 부기에 의하여 기록되며 통제된다.

개별 상품생산자가 다만 그의 머리 속에서만 기장을 하거나(예컨대 농민의 그러한데, 자본주의적 농업만이 비로소 부기를 행하는 차지농을 낳는다), 또는 자기의 생산기간이 아닌 때에 다만 짬짬이 그의 지출, 수입, 지불기일 등을 기장한다면, 그의 이 기능과 이 기능을 수행하는 데 사용하는 노동수단(종이 등)은 노동시간과 노동수단의 추가적 소비를 표시하며, 이들은 필요하기는 하나

부기에 관한 이 글은 주로 부기에 지출된 노동시간문제에 관한 것이다. 그는 이 비용을 생산적인 것으로 간주하지 않고 자본순환을 가능하게 하는 유통비용으로 간주하고 있다. Marx는 상품자본에서 화폐자본으로, 그리고 화폐자본에서 상품자본으로의 자본의 형태변화는 자본가의 거래행위인 판매와 구매라고 보고 이러한 형태변화가 완수되는데 걸리는 시간을 매매기간으로 보았으며, 매매기간에 지출되는 것은 전환되는 자본가치에 어떠한 것도 첨가하지 않는 유통비용이라고 주장하였다. 따라서 부기비용도 자본가치에 어떠한 것도 첨가하지 않는 유통노동시간과 관련된 비용으로 간주하였다.

그러나 Marx가 부기에 관한 이 글에서 주장하는 것처럼, 지속적으로 이동하고 그 형태를 변화시키기 때문에 관찰하기가 어려운 것으로 정의되는 자본이 회계에서 비로소 가시적으로 된다(Chiapello, p.283).

자본은 그것의 순환과정 내부의 통일[11]로서, 운동중의 가치로서 그것이......계산

그가 생산적으로 소비할 수 있는 시간으로부터의 공제임과 동시에, 현실적 생산과정에서 기능하며 생산물과 가치의 형성에 들어가는 노동수단으로부터의 공제라는 것은 분명하다.

자본가가 최초로 자본을 투자하는 경우, 그는 부기원의 고용과 부기용품에 그 자본의 일부를 투자하여야만 한다. 그의 자본이 계속적인 재생산과정에서 이미 기능하고 있는 경우에는, 그는 상품생산물의 일부를 [화폐로의 전환을 통하여] 끊임없이 부기원사무원 등으로 전환시키지 않으면 안된다. 이러한 자본부분은 생산과정에 참가하지 않으며 총수입으로부터의 공제분인 유통비용에 속한다.

생산과정의 조정과 관념적 총괄로서의 부기는, 생산과정이 사회적 규모에서 수행되고 순수히 개인적인 성격을 잃으면 잃을수록 더욱 필요하게 된다. 그러므로 부기는 분산된 수공업생산 및 농민적 생산에서보다 자본주의적 생산에서 더 필요하며, 자본주의적 생산에서보다 공동체적 생산에서 더 필요하다. 부기비용은 생산의 집적에 따라, 그리고 사회적 부기로 전환하면 할수록 더 감소된다.

여기서는 단순한 형태변화로부터 발생하는 유통비용의 일반적 성격을 문제삼고 있을 뿐이다."

11) Marx의 이론에 의하면, 자본가는 생산수단과 원재료(MP) 및 노동력(L)의 취득을 통해 상품자본(C)으로 변환되는 화폐금액(M)을 가지고 시장에 온다. 생산과정에 투입하여, 이 투입물은 생산자본(P)의 형태를 가지며, 산출물(Q)을 생성한다. 산출물(Q)을 판매하면서, 상품자본(C)는 화폐자본(M)으로 변환된다. 완전한 순환이 다음과 같이 표시될 수 있다.

$$M - C \left\langle \begin{matrix} L \\ MP \end{matrix} \right\} = P \rightarrow Q \rightarrow C' - M'$$

화폐의 형태로......관념적으로만 존재할 뿐이다. 자본의 운동은 가격결정이나 상품가격의 계산도 포함하는 부기에 의하여 기록되며 통제된다(자본론 제2권, 김수행 역, p.150). 그러나 이것은 Marx가 회계를 본질적으로 자본주의적인 것으로 간주한다는 것을 의미하지 않는다. 제2권 제8장에서도 Marx는 고정자산과 그 수선 및 대체원가의 회계방법에 관해 정통하였다는 것을 보여준다. 그는 철도차량의 수선비를 비용으로 처리할지 자본화할 지의 여부의 문제에 관해 그 시대의 회계논쟁에 매우 친숙한 것 같다.[12] 그는 이 글에서 이러한 회계선택이 이익계산, 잠재적 배당의 결정 등에 직접적인 영향을 준다는 인식을 보여주고 있다.[13]

생산과정의 조정과 관념적 총괄로서의 부기는, 생산과정이 사회적 규모에서 수행되고 순수히 개인적인 성격을 잃으면 잃을수록 더욱 필요하게 된다. 그러므로, 부기는 분산된 수공업생산 및 농민적 생산에서보다 자본주의적 생산에서 더욱 필요하며[14], 자본주의적 생산보다 공동체적 생산에서 더욱 필요하다(김수행 역, p.152).

기장인의 형태로 공동체 노동력의 일부가 생산에서 끌려 나갔으며, 그 기능의

이 순환을 통한 흐름들은 세 가지의 자본순환으로 간주될 수 있다.
상품자본순환(C ⟶ C'), 생산자본순환(P ⟶ P), 화폐자본순환(M ⟶ M')
다음을 참조. Desai(1979), Part I.

12) 그 시대의 철도회계문제에 관해서는 Bryer(1991)를 참조.

13) 이 문장은 여러 가지 예를 수록하고 있는 장에서 나온다. "교활한 경영자들이 그들의 배당을 크게 하기 위해 수리와 보전의 개념을 얼마나 넓게 사용하고 있는가에 대한 증거가 있다. 앞에서 인용된 Williams의 강연에 의하면, 영국의 각종 철도회사는 노선 및 건물의 수리비, 유지비로서 몇 년 동안 평균하여 다음과 같은 금액을 수익계정에서 공제하였다(선로 1마일당 연간금액) 런던과 노스웨스턴, 370파운드; 미들랜드, 225파운드; 런던과 사우스웨스턴, 257파운드; 그레이트 노던, 360파운드; 랭카셔와 요크셔, 377파운드; 사우스 이스턴, 263파운드; 브라이튼 266파운드; 맨체스트와 쉐필드, 200파운드.
이 금액의 차이는 현실적인 지출의 차이에서 발생하는 것은 매우 적으며, 거의 대부분은 계산방법의 차이(지출항목들이 자본계정에 계상되느냐 경상계정에 계상되느냐)에서 유래한다. Williams가 말하는 바와 같이, 배당을 좋게 하기 위하여 필요할 때는 비교적 적은 비용을 계상하며, 감당할 수 있을 만큼 수입이 큰 경우에는 비교적 큰 비용을 계상하는 것이다"(자본론 제2권, 제8장, 고정자본과 유동자본: 제2절: 고정자본의 구성분, 보전, 수리, 축적(김수행 역, pp.203-204).

14) "----개별 상품생산자는 다만 그의 머리 속에서만 기장을 하거나(예컨대 농민의 경우가 그러한데, 자본주의적 농업만이 비로소 부기를 행하는 임차농을 낳는다."(김수행 역, p.150)

비용은 그 자신의 노동[15]에 의해 보전되는 것이 아니라 공동체 생산물로부터의 공제에 의하여 보전되었다(김수행 역, p.151 주석). 그러나 생산이 집중화되고 부기가 사회화됨에 따라 부기비용은 하락한다(*op. cit.*, p.212).

자본주의적 생산양식이 철폐된 뒤에도 사회적 생산이 유지되는 한, 가치규정은 다음과 같은 의미, 즉 노동시간의 규제, 다양한 생산분야로의 사회적 노동의 분배, 그리고 이것에 관한 부기가 어느 때보다도 더욱 중요하게 된다는 의미에서 여전히 지배적이다(자본론 제3권, 김수행 역, p.1049).

이상과 같은 Marx의 언급에서 나타난 사상의 주된 요소는 회계가 인간사회의 전개에 따라 점차적으로 중요하게 인식되고 있지만, 자본주의로부터 사회주의로의 이전에 따라, 화폐회계는 직접적으로 확대된 노동력에 대한 회계로 대체되고 있다는 것이다.

Marx는 경제활동의 토대가 사회의 상부구조를 발생시킨 것으로 간주하였으며, 토대와 상부구조는 서로 연결되어 상호작용을 한다. Marx의 관점에서, 회계는 생산과 명확한 사회의식형태에 상응하고, 특정한 관계의 요건을 반영하는 사회정치적 상부구조의 구성요소이다(Baily, 1984, p.24).

Marx는 자본론 제3권의 다양한 부분에서 일부 회계쟁점에 관한 이해를 보여주고 있다. 제3권에 관한 흥미로운 것 중의 하나는 Marx가 실무적 현실에 가능한 한 접근하고자 한다는 것을 선언하고 있다는 것이다.[16] 이로 인해서 그는 자본주의적 이익개념과 그 자신의 잉여가치개념의 차이점과 유사점을 설명하게 된다. 여기서 기본적인 문제 중의 하나는 현실에서 실천되는 회계의 산물인 이익의 계산이

---

15) "만약 어떤 기능이 그 자체로서 생산물 및 가치를 형성하는 것이 아니라면(즉, 독립화하기 이전에 이미 그렇다면), 그 기능의 독립화(즉, 분업)에 의하여 그 기능이 그러한 것으로 되지는 않는다."(김수행 역, p.151).

16) 이 제3권은 전체로서 본 자본의 운동과정에서 나타나는 구체적인 형태들을 발견하고 서술하여야 할 것이다. 실제로 운동하고 있는 자본들은 구체적 형태를 띠면서 서로 대립하고 있는데, 이 구체적 형태에서는 직접적 생산과정에 있는 자본의 모습(가변자본과 불변자본)이나 유통과정에 있는 자본의 모습(고정자본과 유동자본)은 다만 특수한 계기로서 나타날 뿐이다. 따라서 제3권에서 전개되는 자본의 모습들은, 사회의 표면에서 각종 자본들의 상호작용과 경쟁에서 등장하는 자본의 형태, 그리고 생산담당자 자신들의 일상적이 의식에서 등장하는 자본의 형태로 한발한발 접근하게 된다(자본론 제3권, 제1장, 김수행 역, pp.29-30).

잉여가치의 척도로서 타당한가의 여부이다.

Marx는 기업을 연구하지 않았고 거래에 관한 경험이 없기 때문에, 그는 그의 회계지식을 간접적으로만 가질 수 있었다. Friedrich Engels는 이 점에서 결정적인 역할을 하였다. Engels는 부유한 섬유제조업자의 아들로 그 자신이 공장을 경영하기도 하여 기업경영실무에 관한 지식을 가지고 있었다. Engels는 지속적으로 Marx에게 실제의 기업실무, 특히 여기서 관심의 대상인 회계실무에 관해 상세한 것을 편지를 통해 많이 제공하였다(Chiapello, p.289).

그럼에도 불구하고 Marx는 초기부터 사물을 회계의 관점에서 파악할 수 있었다고 한다. 그는 회계언어를 알고 있었으며, 자신의 논지에 회계언어를 이용하였는데, 이러한 사실은 Engles와의 서신에서 볼 수 있다.

Marx의 사상에 대해서 회계가 다양하게 기여하고 있으며, 그의 이론형성에 많은 영향을 주고 있다. 가상적인 England 은행의 재무상태표, 감가상각에 관한 문제, 차변기입과 대변기입에 관한 언급에 의해 보여지는 것처럼 회계는 항상 복식부기의 형태로 보여진다. 전반적인 경제순환에 관한 Marx의 이해는 복식부기를 통해 가능하였을 것이다. Marx가 자신의 이론을 개발하는 데서 이용한 기초는 회계의 영향을 받았다고 스스로 생각한 Francois Quesnay의 경제표이었다(Klamer・McCloskey, 1992). 그리고 Marx는 이 아이디어를 이용하는데 회계정보를 필요로 하였다(1862년 6월 18일자 편지)(Chiapello, p.289).

"적절히, 당신에게 과도하게 요구하지 않고도 만약 이것을 매우 간단하게 실시할 수 있다면, 나는 이탈리아 부기의 표본을 가지고 싶다. 그것은 Quesnay의 경제표를 살펴보는데 도움을 줄 것이다"(Marx・Engels, *Collected Works*, 41, p.380).

Marx는 자본론 제2권에서 고정자본과 유동자본에 관한 정의를 내린 후에, 그의 선임자들 특히 Quesnay와 중농주의자들의 기여를 논하였는데(제10장), 그곳에서 그는 Adam Smith와 Quesnay에게 농장노동을 적용하였지만, Adam Smith와는 달리 Quesany가 두 가지 개념을 정확하게 이해하였다는 사실을 칭찬하고 있다. 그는 Quesnay를 복식부기에 비추어 해석하였다(Chiapello, p.290).

19세기 중반에 Marx와 같은 관찰자의 경우, 회계에 의한 언어는 그가 전부 읽었던 분야인 정치경제의 언어와 유사하였다. 자본, 이윤, 임금은 그 당시 회계와 정치경제에 공통적인 개념이었다.[17] Marx는 동일한 것이 아니라면, 가능한 한 회계에 가장 가까운 경제개념을 선택하였다.

Marx가 가장 많이 알고 있는 회계는 자본주의 뿐만 아니라 회계에서도 그 당시에 첨단이었던 Manchester 제조업자의 실무이었다. 복식부기는 지배적인 시스템이었으며, 연례적인 결산과 재무상태표는 표준이었다.

Engels가 제공한 회계정보와 실무정보로부터 Marx시스템의 특별한 측면이 어떻게 도움을 받았는지를 검토하기 위해서는 물론 Marx-Engels의 서신교환을 더 깊게 연구할 필요가 있을 것이다. 그럼에도 불구하고, Marx가 이론화한 시스템에 대한 Engels의 익숙한 실무지식과 Engels의 사업상의 지위가 중심적인 역할을 하였다는 것은 분명한 것 같지만, Marx학(Marxology)에서 가끔 간과되고 있다. 전통적인 접근방법은 Marx의 역사개념에 대한 Hegel의 영향, 또는 그의 경제학에 대한 Ricardo의 영향을 강조하는 것이다. 그러나 Marx는 실제의 거래실무와 회계기법도 살펴보았다(*ibid.*).

Marx가 Engels와의 편지에서 회계에 관해 언급하고 있음에도 불구하고 그의 저술에서 회계를 거의 언급하지 않은 이유와 그가 모든 중요 사항들을 예시하기를 좋아하면서도 회계의 예를 잘 이용하지 않은 이유에 관해서 여러 가지 가설이 가능하다(Chiapello, pp.290-293). 첫째는 Marx가 자신의 개념들을 전통적인 정치경제에 대립하게 함으로써, 전통적인 정치경제를 비판하기를 원하였다는 것이다. 그러므로 그는 의미를 파악하기 위해 회계를 항상 이용하고 있었지만, 그의 비판의 대상이

17) 한계혁명에 의해서 경제개념은 이들이 공통적인 것을 더 이상 가지지 않을 때까지 점차적으로 회계개념으로부터 이탈하기 시작한다(예를 들면, Irving Fisher의 저술에 제공된 자본과 이익에 관한 20세기 초의 정의를 참고하라).

채택한 경제적 논쟁양식에 남아 있었다(*ibid.*, p.290).

두 번째 가능성은 잉여가치가 아닌 이윤을 나타내는 자본가계정이 자본가 자신들에게 조차도 오도적으로 허상을 나타낸다는 그의 확신과 관련이 있다. 회계는 자본가의 언어이며, 따라서 이 언어는 전통적인 정치경제의 언어처럼 의심스럽다는 것이다. 그것은 부르조와의 양심에서 파생된 허위표상의 집합이다. 그러므로 Marx는 정치경제와 싸우기 위해 회계와 기업실무를 이용하였으며, 자신의 견해를 가지고 있었다(*ibid.*, p.291).

자본론 제2권과 제3권을 살펴보면, Marx의 경우 자본가회계에 의해 제기된 주요한 일부 문제에 가깝게 다가가게 되는데, 이것은 Marx가 자신의 추론을 공개적으로 자본가회계에 근거하는 것을 방해하였다. 그가 재무상태표에 관해서 한 첫 번째 비난은 재무상태표가 생산자본없이 고정자본과 유동자본 사이의 구분을 이용하는 것에 만족한다는 것이다. 앞에서 논한 바와 같이, 이 구분을 이해하는 것이 중요한데, Smith는 이해하는데 실패하였다. 그러나 그것은 Marx의 시각에서 더욱 중요한 고정(constant)자본과 가변자본 사이의 또다른 구분을 은폐한다는 중요한 결함을 가진다. 이것은 이들이 즉시 전부 또는 장기간에 조금씩 소비되는지의 여부에 관계없이, 노동에 상응하는 발전과 다른 발전을 구별하면서 생산자본을 분류하는 또 다른 방식이다. 노동에 투자되는 자본인 가변자본은 소비될 때 그 가치가 증가하는 (따라서 변동가능한) 자본이다. 이에 반해서, 모든 소비에서는 어떠한 가치도 생성되지 않는다. 즉, 최초의 가치가 단순히 이전되며 그리하여 일정하게 남아 있다. 가변자본에의 투자는 잉여가치의 은폐원천이며, 그 목적이 자본의 진실한 순환을 강조하는 것이라면 그러한 것으로 보여져야 한다. 그러나, 자본가회계는 가변자본을 유동자본의 광범위한 범주에 포함시키면서, 고정자본과 유동자본 사이의 구분으로 머물고 있다. 그리고 임금과 같은 것은 상응하는 노동이 저장될 수 없으며, 생산된 상품으로 반영됨으로써 재무상태표에 존재할 뿐이기 때문에, 자본가회계시스템에서는 발전으로 나타나지 않는다. 이러한 노동의 특징은 가변자본의 중요성과 존재까지도 은폐하는데 기여한다.[18] 모든 자본형태 중에서 이러한 고정자본을 무시한다는 것이 Marx가 Smith에게 가한 주요한 비난의 내용이다.[19] 이와 마찬가지로, 그는 Ricardo의 잉여가치설이 옳다는 사실에도 불구하고, Ricardo가 고정자본/유동자본의 분류에 만족하고 있고, 생산자본을 고정자본과 가변자본으로 재분류할 수 없다는 점에서 Ricardo를 비판하고 있다(자본론 제2권 제11장). 그리고 이것은 Marx에게는 큰 실망이었다. 그리고 Ricardo에게 진실한 것은 또한 자본가회계시스템에 더욱더 적용된다(*ibid.*, p.291).

자본가회계에서 또 다른 중심적인 문제는 제3권의 제1장에서 분명하게 나타난다. 자본가가 계산한 생산원가는 그 자신의 관점에서 말하자면, 자본가의 비용만을 반영하는 원가이다. 그러나 생산원가는 노동이 상품에 제공한 가치총계가 아닌 노동에 지급된 가격(임금)만을 포함하고 있기 때문에, 상품의 가치보다 적으며, 이 둘의 차이가 미지급된 노동인 잉여가치이다. 만약 상품이 시장에서 실제가치(actual value)로 판매되었다면, 자본가가 만든 이윤은 잉여가치와 정확하게 일치할 것이지만, 실제가치는 은폐되고 자본가 그 자신은 생산원가의 계산에 의해 실제가치를 못 보게 된다. 그는 생산원가보다 더 높은 가격으로 상품을 판매할 수 있으며, 그리하여 진실한 가치보다 더 낮은 가격으로 판매가 이루어진다고 생각한다. 이것은 실무에서 회계시스템에 의해 계산된 이윤이 잉여가치와 다른 이유를 설명해 주는 현상 중의 하나인데, 이 경우에 잉여가치의 일부는 자본가가 아닌 상품의 구매자가 가져간다. 자본가들 사이의 모든 경쟁은 필연적으로 상품의 생산원가와 은폐된 실제가치 사이의 차이에서 발생할 것이다. Marx는 자본론 제3권 제1장에서 상품의

18) "그러나, 노동력은 시장에서 유통되는 한에 있어서는 자본이 아니며, 어떠한 형태의 상품자본도 아니다. 노동력은 결코 자본이 아니며, 노동자는 하나의 상품 즉, 자기 자신의 가죽을 시장에 내놓는다 하더라도 자본가는 아니다. 노동력이 판매되어 생산과정에 합해질 때에, 따라서 그것이 상품으로 유통되지 않게 된 후에야 비로소 생산자본의 구성부분으로 된다. 즉, 잉여가치의 원천으로서의 가변자본으로 되며, 노동력의 구매에 지출된 자본가치의 회전이라는 관점에서 볼 때는 생산자본의 유동적 구성부분으로 된다"(제2권, 제10장, 김수행 역, p.236).

19) "마지막으로 주목되는 것은, Adam Smith가 유동자본의 구성부분을 열거함에 있어서 노동력을 망각하고 있다는 사실이다."(제2권, 제10장, 김수행 역, p.236).

가치가 그 원가와 동일하다는 것을 고려하는데 실패한 Proudhon(프루동)의 개념을 비판할 기회를 가진다.[20]

자본론에서 다른 글들은 자본가회계가 실제가치 생성과정의 총체성을 보여줄 수 없다는 점을 강조하기 위해 검토될 수 있을 것이다. 그러나 자본가회계와 그 한계점에 관해 사실상 말하지 않았던 Marx 그 자신이 이러한 설명을 하지 않았다. 그는 자본가회계가 허위의 표상을 제공한다고 확고하게 믿고 있었지만, 예를 들면, 회계교재가 기업을 제대로 나타내지 않는다는 것을 보여주려고 하지 않았다. 그것은 Marx주의자들이 교환가치보다 노동가치로 보존된 회계를 구축하고자 할 때 나중에 해야 할 과업이었다(*ibid.*, p.292).

자본론에서 회계에 입각한 주요한 논의의 부재에 대한 또 다른 이유는 Marx가 자신의 책을 복식부기에 관한 지식이 없는 독자들도 접근가능하기를 원하였다는 것이다. 이 책을 읽는데 회계지식은 필요하지 않다. 그리고 그의 책은 수세대의 노동자와 공산주의자들에 의해 읽혀지고 있는 바, 그들의 책임자가 소유자와 경영자가 이용하는 회계언어를 말하였다면 그들은 그것을 문제로 생각하였을 것이다(*ibid.*).

가장 중요한 사실은 19세기 후반의 회계실무에 관한 분석과 이해가 Marx의 사상에서 중요한 역할을 수행하였다는 것이며, 이것은 자본주의와 복식부기 사이의 관계에 관한 Sombart의 주장에 대한 근거로 이바지한 자본주의라는 개념을 유도하였지만, 이러한 기여가 그의 저술에서 분명하지는 않다. 과거와 현재의 지적·정치적 논쟁과 경제적 근대성의 분석에서 자본주의 개념이 차지하는 두드러진 지위의 관점에서, 이 개념의 탄생에 회계가 수행한 매력적인 역할은 확실히 주목할 만한 가치가 있다(*ibid.*, p.293).

---

20) 상품의 원가-가격이 상품의 참된 가치이며, 잉여가치는 상품의 가치이상으로의 판매에서 발생한다는 무분별 견해. 따라서 상품의 판매가격이 그것의 원가-가격(상품에 소비된 가격 + 임금)과 동일하다면, 상품은 그 가치대로 판매될 것이라는 무분별한 견해를 Proudhon은 늘 하던 버릇대로 학자인 체 하면서 사회주의의 새로 발견된 비밀이라고 떠들어대고 있었다(자본론 제3권 제1장, 김수행 역, p.43).

Marx는 회계가 계급이익에 의해 도구로 이용된다는 것, 이익을 위한 회계가 사회주의회계에서는 어떠한 역할도 하지 않는다는 것, 가격은 수요와 공급의 원리에 의해서만 정해지는 것은 아니라는 것, 회계는 사회에 중요하지만 서무적인 단순한 부기로 축소될 것이라는 것, 노동에 적절한 회계형태는 자료의 처리와 표시의 기능이라는 것 등을 언급하고 있다(김석웅, 2003, p.31).

Marx가 회계에 크게 관심이 있었던 것은 아닐 것이다. 회계에 관한 Marx의 관찰은 본질적으로 역사적 발전의 과정에서 회계 역할의 형성과 약간 관련이 있을 뿐인 것 같다. 그의 연구에서 표현된 회계에 관한 견해는 회계시스템 그 자체의 본질과 회계가 발전해 온 방식에 관한 것이라기 보다는 자본주의 사회에 관한 그의 견해를 반영할 뿐이다. Marx는 자본주의적 사회의 인공물로서 그리고 자본주의하에서 경제적 의사결정을 위한 기초로서 역사적 원가회계의 적합성에 무관심한 것 같다. Marx는 역사적 원가의 계정들이 진실한 이익을 왜곡하며, 어떤 방식에서 자본에 의한 노동의 통제를 위한 수단을 제공하는 일종의 대차대조표 물신주의(balance sheet fetishism)[21]에 관해 생각하고 있었던 것 같다.

회계는 경제활동을 수행하는 인간사회의 발전과정에서 발생하였으며, 물질생산의 경영과 통제를 위해 회계가 창조되었는 바, Marx의 관점에서 회계는 생산과 명확한 사회의식형태에 상응하는 특정한 관계의 요건을 반영하는 사회정치적 상부구조의 구성요소이다(Bailey, p.24).

Marx의 사적 유물론에 의하면, 인간문명의 발전단계는 사회경제적 발달에 따라 원시공산사회, 아시아적 사회, 고대(노예)사회, 봉건주의, 자본주의, 사회주의 등 여러 가지가 있는 바, 처음과 마지막을 제외하면, 모든 단계는 사회적 생산과정의 적대적 형태로 간주되고, 사회는 적대적 이해관계를 가진 계급으로 분화된다. 여기서, 원시공산사회와 사회주의에서 회계는 모든 사회 구성원의 이해관계에 기여하지

21) 기본적인 경제적·사회적 실재를 나타낸다고 하는 대차대조표상의 수치적 상징을 중요시하는 현상을 소련의 회계전문가들이 대차대조표 물신주의라고 하였다. 다음을 참조. Haslam(1986).

만, 다른 사회에서는 적대적 계급관계 속에서 회계가 생산수단을 소유하고 통제하는 지배계급을 위해 기여하는 도구이면서 계급적 특성을 가지게 된다. 즉, 회계는 전체적으로 봉사하는 사회적 기능을 지양하고, 지배계급을 위해 경제적 잉여의 생산, 착취, 이용 등에서 관리적 보조수단으로 전락하면서 계급기능을 수행한다. 그리하여 회계는 지배계급인 노예소유자, 봉건영주, 자본가 등이 이용하는 수단이며, 지배계급이 채택하는 회계형태는 지배계급과 피지배계급 사이에 존재하는 사회관계를 영속시키는 것을 지지하고 도와준다(Bailey, 1984).

제5절 Marx주의의 방법론[22)]

1. Marx주의의 의의

Cooper・Sherer(1984)에 의하면, 회계학연구는 사회에서 권력과 갈등을 인식해야 하며, 따라서 사회에서 소득, 부, 권력의 분배에 관한 회계보고서의 효과에 초점을 두어야 한다. 이것은 대부분의 회계학연구가 다원적인(pluralist) 사회개념에 입각하고 있다고 주장하는 Lowe・Tinker(1977)와 일치한다.[23)] Lowe・Tinker에 의하면, 이러한 다원론적 견해는 권력이 널리 확산되어 있고, 사회는 누구도 그 사회에 일관성있게 영향을 줄 수 없는 수많은 개인으로 구성되어 있다고 가정한다. Lowe・Tinker(1977), Cooper・Sherer(1984)와 같은 연구자들은 이러한 견해에 반대하며

22) 이 글은 2003년 9월, 회계정보연구(제20권, pp.293-323)에 발표한 "Marx주의의 방법론이 회계학연구에 미친 영향"을 수정・보완한 것이다.

23) 다원적인 관점은 많은 종류의 이해관계자들이 기업, 정부, 기타 실체의 다양한 의사결정에 영향을 주는 권력을 가지고 있다고 (특히 묵시적으로) 가정한다. 회계는 (때때로 엘리트라고 하는) 특정한 이해관계를 선호하도록 배치되어 있다고 생각되지 않는다. 사회내의 하위집단보다는 사회 자체를 초점의 대상으로 이용함으로써, 정당성이론(legitimacy theory)과 같은 이론들이 사회내에서 투쟁과 불평등을 무시하고 있다(Puxty, 1991).

다원론적 견해가 사회의 대다수 사람들은 적지만 잘 정의된 엘리트 즉, 이들의 지배지위를 유지하는 수단으로서 회계(뿐만 아니라 다른 수단)를 이용하는 엘리트에 의해 통제된다는 것을 시사하는 수많은 증거를 무시한다는 정반대의 관점을 제시하고 있다.

1) Marx주의의 특징

Cooper・Sherer(1984)에 의하면, 회계학에서 이용되는 Marx주의의 방법론인 정치경제학 방법론은 일반적인 Marx주의의 특징을 그대로 간직하고 있으며, 그 특징을 다음과 같이 서술하고 있다(pp.218-219).

① 회계의 정치경제학 방법론은 사회에서 소득, 부, 권력의 배분과정에서 회계보고의 역할을 해명하고 해석하고자 한다. 따라서 조직과 사회에서 소득, 부, 권력의 배분에 대한 회계보고의 영향에 연구의 초점을 맞추고 있다.

오늘날 회계현상에 관한 연구의 대부분은 회계시스템이 사회에서 이해대립과 권력대항에 관계될 가능성에 관해서는 거의 주목하지 않고 있지만, 회계현상에 관한 연구는 사회에서 권력대항과 이해대립을 인정해야 한다. 특히 의사결정이나 의사결정에 정당성을 부여하는 경우에 회계·통제시스템의 이용은 조직내부와 외부의 권력배분에 영향을 줄 수 있다. 따라서 이 점에 착안하여, 정보시스템이 조직내부와 외부의 세력 또는 권력을 재배분하기 위한 수단으로서 특징을 갖고 있다는 것을 고려하면, 회계현상에 관한 연구가 회계정보시스템과 조직 또는 사회에서 권력과의 상호관계를 일반적으로 검토하지 않았다(Cooper, 1981, p.194)는 점은 비판받아야 할 것이다.

② 회계의 정치경제학 방법론은 회계가 실시되는 조직과 사회의 특수한 역사적, 제도적 환경을 인식해야 한다. 회계의 제도적 관계상황을 고려하지 않고, 단지 기술문제로서 회계시스템의 설계나 회계정책의 선택이라는 문제를 해결하려고 하는 시도는 회계시스템이나 회계정책을 다루는 현재의 제도적 구조 때문에 불완전하거나

불충분하게 될 것이다.

특히, 회계정책의 선택은 그것이 사회전체의 정치투쟁에서 유래한다는 의미에서 본질적으로 정치적일 뿐만 아니라, 회계정책의 선택결과도 그것이 사회의 어떤 집단을 위해 다른 집단을 희생시키면서 실시된다는 의미에서 본질적으로 정치적이라는 점을 피할 수 없다.

따라서 회계의 정치경제학은 회계의 역사적·제도적 환경인 하부구조(infrastructure)로서 사회계급 간의 기본관계를 중시하지만, 여기서 강조되는 회계규제를 위한 회계정책의 선택, 실시를 정치과정으로 보아야 한다는 견해는 회계정책의 선택문제가 개념체계의 탐구와 채택에 의해 해결될 수 있다는 견해와 반대되는 견해이다(Laughlin · Puxty, 1983, p.454).

③ 회계의 정치경제학 방법론은 상이한 이해관계에 변화를 초래하는 인간의 잠재능력을 인정한다. 즉, 인간의 동기유발과 회계의 역할에 관한 보다 해방된 견해를 채택해야 한다는 것이다. 이것은 기호체계로서의 회계의 현실을 정의할 뿐만 아니라 나아가 그와 같이 하여 창조된 현실이 기호체계의 권위에 의해 변화할 수 있고, 때때로 변화한다(Hopwood, 1983, p.295)는 인식으로부터 출발한다.

회계는 작업장에서 동기유발이나 소외까지도 초래하며, 이기심의 추구와 사회적으로 적극적인 기능을 수행하는 영향력있는 인자로서 인식되어야 한다(Cherns, 1978). 회계실무는 환경을 변화시키기보다는 환경에 적합한 소극적 기능을 달성하는 것으로 간주되고 있지만, 환경의 변화라는 적극적 기능을 고려하지 않고 기술문제를 해결하려고 하는 시도는 현행의 제도와 실무를 그대로 수용하기 때문에 불완전하고도 불충분한 결과로 될 것이다.

2) Marx주의의 조건

회계의 고전적 정치경제학 방법론인 Marx주의는 세 가지 조건 즉, 명시적 규범성(be explicitly normative)의 조건, 서술성(be descriptive)의 조건, 비판성(be critical)

의 조건을 구비해야 한다(Cooper · Sherer, pp.219-222).

물론 이러한 조건은 회계의 정치경제학 방법론의 필요조건이지 충분조건은 아니지만, 일반적으로 급진적인 목적을 갖고 있기 때문에 이 점에 유의해서 살펴보면 다음과 같다.

① 명시적 규범성의 조건: 회계학 연구자는 회계와 그것이 실행되는 조직과 사회를 어떻게 조직화하는가에 관해서 그들의 가치판단을 거의 명시하고 있지 않다. 그러나 어떠한 실증적이거나 경험적인 서술적 이론도 규범적이면서 가치의존적인 것을 회피하지 않는 이상, 회계학 연구자는 그들이 채택한 패러다임이나 이론구조의 내부에 반영되어 있는 규범적 요소나 가치체계에 관해서 명시해야 한다.

그리하여 사회와 조직의 규범이나 가치체계의 변화에 관한 윤리적 논의를 외면하는 오류를 피하고, 사회와 조직의 변화에 대한 회계의 가치에 관한 논의가 회계담당자나 경제학자의 사적인 관심이라기 보다는 오히려 사회의 모든 집단의 정당한 관심인 정치의 장에 있다고 인정할 수 있을 것이다.

② 서술성의 조건: 회계시스템이 운용되고 있는 상황에 관한 충분한 이해를 통하여 어떻게 회계시스템을 변혁해야 하는가를 처방할 수 있을 것이다. 그리고 회계정책의 선택을 정당한 것으로 인정하기 위해서는 회계정보와 개인 · 조직 · 시장 · 사회 사이의 상호작용에 관해서 보다 충분한 지식을 필요로 한다(Zeff, 1981, viii).

따라서 회계와 회계담당자의 행동이 역사적으로 위치해 있는 사회의 제도, 사회적 · 정치적 구조, 문화가치라는 관계상황 속에서 회계와 회계담당자의 행동을 서술하고, 해석하려고 하는 서술적 연구에 보다 많은 주의를 기울어야 하지만, 여기서 강조하고 있는 서술성의 조건은 회계행동의 서술 또는 회계서술 그 자체가 가치중립적이거나 객관적이라는 것을 나타내는 것은 아니다.

사실의미의 이론의존성이라는 말처럼 사실은 결코 이론으로부터 독립해서 존재하지 않고 이론에 의해 사회적으로 구성된다고 하는 이상, 회계의 정치경제학은 다양한 사회이론과 사회에서 회계의 역할에 입각하여 회계실무를 서술할 필요가 있다.

③ 비판성의 조건: 일상적인 회계이론에 대한 대체적 접근방법으로서 대체적 패러다임과 방법론을 개발하고 평가하기 위해서는 회계학 연구자가 비판의식을 발휘하는 것이 필요하다. 그러나, 이 경우에 회계에 대한 비판적 방법은 회계문제가 사회문제의 잠재적 반영이기 때문에, 전자의 기초를 이루는 후자가 비판적으로 분석되어야 한다는 전제로부터 출발하여, 회계실무의 변화가 대체적 회계와 조직 및 사회에서 회계역할의 인정 등과 같은 사회의 의식과 궁극적으로는 조직과 사회의 변혁을 요구한다는 것을 시사할 것이다.

요컨대, 회계현상에 Marx주의에 입각한 정치경제학 방법론을 적용시켜서 회계현상을 파악하는 경우, 그 특징은 첫째, 사회에서 소득, 부, 권력의 배분과정에서 회계보고의 역할을 해명하고 해석하고자 한다. 둘째, 회계가 실시되는 조직과 사회의 특수한 역사적·제도적 환경을 인식한다. 셋째, 기호체계로서의 회계는 현실을 정의할 뿐만 아니라 현실을 변화시킬 수도 있다고 인식한다. 정치경제학의 방법론은 또한 명시적 규범성의 조건, 서술성의 조건, 비판성의 조건을 구비해야 한다고 주장된다.

3) 이데올로기성

회계는 자본주의의 가정하에 실시되고 있으며 회계담당자는 자본주의의 사회경제적 제도를 수용하기 때문에, 회계는 현재의 사회, 경제, 정치의 질서를 유지하고 합법화하는 수단으로 간주될 수 있다. 그리하여 현대 회계의 이데올로기성은 다음과 같이 주장된다(Cooper, 1980, p.164).

① 시장거래가 객관적이고 비편향적이다. ② 재산권을 문제시하지 않는다. ③ 중요한 성과측면만을 측정한다. ④ 투자자에 대한 현금흐름이나 수익성으로만 측정한다.

만약 회계연구자들이 이와 같은 문제들을 비판적으로 살펴보지 않는다면, 회계이론은 필연적으로 이데올로기로 남을 것이다. 회계와 회계학연구가 현재는 매우 협소한 이해관계자인 주주와 채권자 계급의 이해관계에만 기여하기 때문에 이제는 보다 많은 이해관계자의 이해관계가 반영되는 회계형태가 필요하다.

이러한 회계의 이데올로기성은 한계효용학파의 경제이론에 대한 맹목적인 의존의 결과라고 주장된다(Tinker・Merino・Neimark, 1982).

원래 이데올로기는 Giddens(2009; 김미숙 외 옮김, pp.634-635)에 의하면, 사람들의 신념과 행동에 영향을 주는 생각을 말하며, Thompson(1990)은 이데올로기의 작용을 중립적 이데올로기와 비판적 이데올로기의 두 가지로 나누어 주장하였다. 따라서 회계학에서도 중립적이거나 비판적으로 사람들의 신념과 행동에 주는 영향이라고 할 수 있다. 물론 비판회계학에서는 비판적 이데올로기와 관련이 있다.

회계학연구가 상정하는 이데올로기는 경험적 증거를 동반하지 않는 신념 또는 과학과 진실의 맞은 편에 있는 신념체계의 경향이나 사상이라고도 말할 수 있다(中村, 2013, p.92). 中村(2013)는 이데올로기를 사회적 진실, 주체성, 담론(discourse)의 세 가지 측면에서 살펴보고 있다(pp.95-102).

이데올로기를 사회적 진실로 간주하는 것은 Tinker(1980), Tinker et al.(1982), Neimark(1992) 등이다(中村, 2013, p.95). Tinker et al(1982)는 이데올로기를 사회적 진실로 수용하여 기만적인 진실을 만드는 사회적 맥락과 물질적 구조를 분명히 하려고 하였다. 그들은 회계학의 전제가 되는 사고방식의 이데올로기성을 비판한다. 한편, Neimark(1992)는 이데올로기가 진실의 맞은 편에 있는 환상이 아니라 사회적 현실이라고 주장하며, 인간들의 일상생활이 가치있는 사회적 현실을 구축하는 것이라고 주장한다(p.97).

Loft(1986)는 주체성과 관련해서 Marx주의를 비판하고 소위 이데올로기를 부정하면서 동시에 누가, 누구에게 어떠한 목적으로 말하는가를 강조하고 있다. 한편, Cooper(1995)는 이데올로기를 발신매체(signifiers)에 권위있는 지위를 부여하기 위해 회계를 통하여 작용하는 것으로 볼 수 있다고 주장하는데, 이것은 세계를 이해하고 동시에 세계를 이해하는 다른 방식을 은밀하게 배제하도록 도와주는 회계의 역할에 의해서 가능하다(p.176).

Lehman(1992)은 담론(discourse)과 관련해서 사회적 실천으로서의 이데올로기를 개념화하여 회계학문헌의 담론을 분석하였다. 특히 그는 이데올로기가 사회적 행위와 실천에 영향을 주고 사회적 체계를 형성하는 힘이 된다고 주장한다. 경영자의 통찰력, 기업지도력, 그리고 이윤으로서 받은 사회적 질서가 자연적, 보편적 현실에서 생각할 수 있는 가장 좋은 것이라고 묘사하는 것에 의해서 사회구조는 다른 주장의 여지가 없게 된다(p.107)고 주장하여, 회계담론이 형상한 이데올로기적 요소를 잘 수용하고 있다고 말할 수 있다. 한편, Fergason et al.(2009)은 이데올로기 전략과 언어전략이 재무회계 교재안에서 어떻게 나타나는가를 분석하였는데, 그는 정당화(legitimation), 위장화(dissimulation), 통일화(unification), 단편화(fragmentation), 물상화(reification) 등의 다섯 개의 이데올로기 전략과 그 언어전략을 관련시켜서 설명하고 있다(p.900). 비판회계학은 여러 가지 이데올로기의 견해를 적극적으로 사용하여 새로운 이해를 모색하고 있으며, 회계현상에서 간과하는 경향이 있는 측면에 대해 문제를 제기하고 있다. 中村(2013)에 의하면, 회계학에서 이데올로기를 살펴볼 때 다음과 같은 네 가지를 주의할 필요가 있다. 첫째, 이데올로기는 단순한 허위의식도 아니고 투명하고 중립적인 진술도 아니며, 과학과 진실의 맞은 편에 있는 신념도 아니다. 둘째, 이데올로기적인 전제를 고찰할 때는 회계학사와 실증회계학을 고찰하는 것보다는 구체적인 회계현상을 고찰하는 것이 더 좋다. 셋째, 회계담론의 주체에 대한 영향력을 어떻게 인식하는가가 중요하다. 넷째, 회계현상을 유연하게 이해할 필요가 있다(p.102).

이하에서는 Marx주의를 정통Marx주의와 Braverman의 노동과정이론, Burawoy의 공장체제(factory regime)이론, Gramsci의 헤게모니이론 등으로 나누어 살펴보기로 한다. 정통Marx주의는 주로 Marx의 주장을 추종하는 것으로 이론적 배경은 살펴보았기 때문에 이하에서는 이를 회계학에 적용한 경우를 간단히 살펴보기로 한다.

2. 정통 Marx주의와 회계학연구

1970년대 이후 영국 산업혁명의 중심지 중의 하나인 Manchester에 소재하는 Manchester 대학을 중심으로 Cooper, Sherer, Hopper, Willmott, Tinker 등과 같은 일단의 학자들이 Marx주의의 방법론을 회계학에 채택하기 시작하였다. 이들의 연구는 정치경제학의 특징을 지닌다. 즉, 사회에서 소득, 부, 권력의 배분과정에서 회계의 역할을 살펴보며, 그 역사적, 제도적 상황을 인식하여 맥락적으로 파악하며, 현실과의 상호작용측면을 강조한다.

회계를 경제적 합리성의 도구로 간주하는 것은 Max Weber가 주장한 바 있는데, 그는 회계를 경제적 행동의 공시적 합리성을 기법적으로 가능하고 실제로 적용되는 수량적 계산으로 정의하고 있다(Weber, 1978, p.85). 한편 Sombart는 자본주의와 동일한 근원을 복식부기에 부여하기도 하였지만, 회계는 현재의 사회적, 경제적, 정치적 질서를 지탱하고 합리화하는 수단으로 이데올로기 현상으로 간주되기도 한다. Marx는 회계가 허위의식의 형태를 만들고, 생산노력을 형성하는 사회관계의 진실성을 드러내기 보다는 현혹시키는 수단을 제공한다고 주장한 바 있다(Burchell et al., 1980, p.19). 회계는 사회인이 상호작용할 수 있는 상징적 질서의 창조를 가능하게 하는 신비, 상징, 제례의식(ritual)으로 인식되고 있다. 이러한 인식들은 경제적 합리성의 도구로서 그리고 자본주의시스템의 수단으로 간주하는 현재의 회계관에도 포함되어 있다.

고전적 정치경제학에서는 조직내외의 회계에서 모순적인 정치적・경제적 이해관계를 강조한다. 정치경제학자들은 역사적으로 특정한 권력관계와 회계실무가 서로 영향을 주고 받으면서 형성된다는 것을 강조한다. 기술적으로 중립적이고 객관적인 실무라는 회계이미지를 정치경제학자들은 거부한다. 회계는 편파적이고 이해관계가 있는 언어이고 실무로 간주되며, 특정한 집단과 계급의 이익을 대표하고 강화하는 것으로 간주된다(Chapman・Cooper・Miller, 2009, p.14).

Marx주의의 방법론에 입각한 회계학은 효용가치설을 주장하는 신고전파 경제학과는 달리 노동가치설을 주장하는 정치경제학의 입장에서 회계의 정치경제성을 주장한다. 신고전파 경제학에서는 이윤과 이윤율의 해석에서 수리에 의한 자연과학적 분석방법을 채택하고 투입된 물적 자원이 생산물로 변환되는 과정에서 이윤이 효율성지표로서 역할을 하는 데 반하여, 정치경제학에서는 소득의 분배에 초점을 맞추고 따라서 자본이 수취하는 이윤율은 사회에서의 권력의 배분과 그것이 반영하는 사회적, 정치적, 제도적 구조에 의해 규정되는 것으로 생각한다. 전자가 투입과 산출의 양의 계수라는 기술적 측면, 즉 생산력을 문제로 하는데 반하여, 후자는 사회적인 생산관계, 즉 사회의 이해관계자집단 사이의 권력의 배분과 이해관계의 제도적 과정에 관한 분석을 연구대상으로 하고 있다. 그리고 이와 같은 근본적인 방법론적 차이로부터 현행회계에 지배적인 신고전파 경제학의 방법론을 비판하려고 한다.

회계가 의사결정을 위해 정보이용자에게 중립적인 정보를 제공하며, 공익에 봉사하는 활동으로 간주되는 견해를 대신하여, Marx주의의 방법론은 회계가 회계시스템의 권력이 행사되는 메카니즘이라고 주장한다. 이 방법론은 회계가 특정한 계급과 집단의 이익을 촉진하는 편파적이고 이해관계를 갖는 언어라는 견해를 이용하며, 사회복지와 분배문제를 강조한다.

Marx주의의 방법론은 회계현상을 이데올로기로 파악함으로써 소득, 부, 권력의 배분과정에서 기업의 구성원이 어떻게 소외되며, 사회계급간에 어떠한 갈등이 조성되는가를 파악하기 위해 역사적, 총체적, 맥락적 측면을 중시한다는 점에서 그 방법론의 특징을 갖는다.

Marx주의의 방법론을 이용하는 비판적 방법론에서 회계에 적용하기 시작한 최초의 회계학자로는 Tinker를 들 수 있다. Tinker(1980)가 주장한 회계의 정치경제학(political economy of accounting)은 오로지 신고전파 경제학에만 의지하는 주류회계학에 대항하고, 새로운 회계학을 지향하기 위해 경제학의 또 다른 조류인 Smith,

Ricardo 이후 Marx주의의 방법론을 회계에 적용하는 것이다.

Tinker는 재무제표가 기업의 효율성에 관한 정보를 제공하는 것으로 간주되고 있지만, 시장기능의 근저에 있는 사회적·정치적 기초의 실태를 고려하지 않는 사례를 제시하고, 재무제표에 나타난 손익수치의 의미를 이해하기 위해서는 신고전파 경제학이 유효하지 않다고 주장한다(Tinker, 1980, p.158). 즉, Tinker가 제창한 회계의 정치경제학이란 정치경제학의 문제의식과 성과에 입각하여 현실의 기업회계를 정치, 국가, 법질서 등의 제도적 영역에 나타나는 사회관계와 관련시켜서 명확하게 하는 것이다.

Tinker를 비롯한 비판회계학자들은 실증적 회계학을 포함한 주류회계학의 기초에는 묵시적인 일련의 이데올로기적 전제가 존재하기 때문에, Marx주의의 방법론은 이러한 전제들을 의심해서 문제화해야 한다고 주장한다. 즉, Marx주의의 방법론은 재무보고의 근거, 경쟁시장의 기능, 각 이해관계집단의 능력, 공익과 사익의 관계 등을 근본적으로 변화시킴으로써, 오늘날의 자본주의적 생산관계에서 회계의 실태를 분석하여 보다 유효한 회계이론의 구축을 목표로 하고 있다.

이와 같이 정통Marx주의에 입각한 비판적 방법론은 회계이론의 비판만이 아니고, 회계공시의 실태분석, 계급대립, 성(gender)차별 등의 사회적 갈등을 회계와 관련시켜서 이용하고 있다.

생산에서의 관계와 생산의 관계에 관한 정통Marx주의자의 이해는 오랫동안 회계학연구를 위한 체계이었다. 비판회계학연구의 초기 국면에서는 주로 1970년대 말과 1980년대 초에, 기본방향이 회계학연구에서 신고전파 경제학의 지배에 급진적 대안들을 제공하는 것이었다. Tinker(1980)의 논문이 이러한 것의 고전적 예이다.

Tinker(1980)는 회계에서 한계효용학파의 이론적 기초에 급진적 대안을 제공하고 있다. 그는 손익계산서의 비용수준과 이로 인한 이익이 신고전파 경제학이 가정하는 바와 같이, 사회적 효율성과 생산성이라기 보다는 자본의 사회적, 제도적, 독점적 힘을 가리킨다는 것을 보여주기 위해 Marx의 노동가치설을 이용하고 있다. 이 논문의 유의성은 그것이 회계정보를 해석하고 이해하는 데서 권력관계나 사회적 생산관계를 전면에 내세운다는 것이다. Tinker는 회계정보의 한계효용학파적 해석과 Marx주의적 해석 사이의 차이를 보여주고 있다. 그에 의하면, 신고전파 경제학의 한계효용학파적 이익설명은 이익수치가 그 기술적 전환의 효율성기준인 투입물을 산출물로 전환하는 단순한 기술적 처리인 공학적 생산처리와 유사하다는 것이다. 한편, 정치경제학적 해석은 사회의 이해관계집단 사이의 권력분할과 이해관계가 전진될 수 있는 제도의 분석에 의존한다. 그리하여 정치경제학적 관점에서, 이익은 기술적 효율 이상의 어떤 것 즉, 사회에서 권력의 분포와 그 권력의 분포를 보여주는 사회정치적·제도적 구조를 가리킨다(p.147).

Tinker는 이러한 이론적 대안들 간의 차이를 구체화하기 위해 영국에 본부를 두고 아프리카의 Sierra Leone에서 영업한 다국적 기업인 Delco사의 역사적 사례연구를 실시하였다. Delco사의 회계이익에 관한 그의 정치경제학적 설명은 역사의 각 단계의 기초를 이루는 사회적·정치적 조건을 가진 Delco사의 회계역사에 관한 이론적 추정에 의해 진전된다. 그 때문에, 그는 Delco사의 회계역사를 초기의 식민지 역사(1930-1947), 후기의 식민지 역사(1948-1967), 식민지 이후의 역사(1948-1975)로 구분한다. 그리고나서 각 기간에 기업의 이익분포를 보여주는 손익계산서가 각 기간별로 작성되며, 세 가지 손익계산서의 차이점이 그 수치들의 근간을 이루는 사회적·정치적 조건의 변화와 연결된다. 이 방식으로, Tinker는 이익자료가 노사간에 불평등한 권력분포를 구성하는 사회경제적 실재의 산물이며, 그 이익분포를 비추어주는 사회정치적·제도적 구조의 산물이라는 것을 보여준다.

Tinker(1984)는 자본주의사회에서 사회계급간에 사회적 불평등이 많이 있으며, 이러한 불평등을 시정하기 위해 규제가 필요하지만, 그러한 규제도 사실상 자본주의의 생존을 보장하기 위한 것이라고 주장한다. 결국 이러한 규제는 자본의 이해관계와 자본축적과정의 요건을 보호하기 위한 것이라고 주장한다(p.66).

Tinker(1985)는 비판적 방법론을 회계에 적용한 최초의 저서이다. 본서는 제1부기업사회책임에 관한 논쟁에서 회계가 수행한 부정적인 역할을 다양한 사례를 통해 소개하고는 제2부에서 회계의 전제조건과 다양한 가치이론으로 Marx주의의 방법론에 입각해서 논지를 전개하고 있다. 본서는 회계를 통한 사회병리현상을 다루면서, 회계사례와 회계이론이 더 통합되어야 한다고 주장한다(Humphrey, 2001). 특히 그는 경제학, 문화인류학, 사회학, 철학 등의 이론과 방법론을 회계에 반영하여 회계를 단순한 부기와 기록유지가 아니라 사회갈등에서 자본주의의 심판관으로 간주할 수 있어야 한다(Tinker, p.207)고 주장하고는 Marx주의에 입각해서 논지를 전개하고 있다.

Neimark・Tinker(1987)는 60년동안 미국 General Motors의 국제전략을 대상으로 하고 있다. 여기서는 경영통제의 운영을 이해하기 위해서는 사회발전의 역동성도 고려해야 한다고 주장하면서, GM의 연차보고서를 분석하면서 국제화전략의 중요성과 이용된 전략의 유형이 시간의 경과에 따라 변화한 모습을 보여주고 있다.

Tinker・Neimark(1987)는 이데올로기와 회계의 관계에 관한 측면을 탐구하고 있다. 여기서는 연차보고서가 총 노동력 중에서 여성이 수행하는 역할에 관한 사회적 상상을 조작하는데 있어서, 위압적・이데올로기적 무기로 어떻게 기여하는가를 보여주었다.

정치경제학은 회계보고서를 사회적, 정치적, 경제적 서류로 인식한다. 이들은 기업의 사익에 기여하는 경제적, 정치적 협정, 제도, 이데올로기적 주제 등을 구축하고, 유지하고, 정당화하기 위한 도구로 기여한다. 공시는 다원적인 보고서수령자에게 사회적, 정치적, 경제적 의미를 전달할 수 있는 능력을 가지고 있다(Guthrie・Parker, 1990, p.166). 회계보고서와 공시는 희소자원(자본)을 관리하는 사람들의 유리한 지위(예를 들면, 부와 권력)를 유지하는 수단과 희소자원이 없는 사람들의 지위를 훼손시키는 수단으로 인식된다. 정치경제학은 사회의 구조적 갈등에 초점을 둔다(Deegan・Unerman, 2006, p.270).[24] 연례보고서의 변화하는 형식과 내용이 변

24) 예를 들면, 사회책임보고의 실무를 고려하면서 고전적 정치경제학자들은 1980년대 후반이후로 기업에 의한 환경공시의 성장이 환경집단에 대한 반응인 것처럼 행동하려는 시도로 간주될 수 있지만, 실제로는 자본이 최선을 다하는 즉, 자본으로부터 돈을 버는 것을 수행할 수 있도록 하기

화하는 자본축적전략(Neimark · Tinker, 1986; Neimark, 1992)과 연계되었으며, 한계주의의 경제학에 입각한 사회적 회계비판(social critique of accounting)이 제안되었다(Tinker, 1980). 가치의 본질에 관한 회계사상의 유물적 기반에 관한 역사적 분석과 더불어(Tinker et al. 1982), 이러한 비판은 해방회계(Tinker, 1985, p.201)를 위한 제안과 결부되었다.

Lehman · Tinker(1987)는 회계문헌이 보다 일반적인 방법으로 사회의식을 형성하는 데서 이데올로기적 목적에 기여한다고 주장하였고,[25] Willmott(1990a)는 회계전문직이 공익에 이바지한다는 주장을 면밀히 검토하면서 회계전문직의 이데올로기성을 연구하였다. 한편, Knights · Collinson(1987)는 영국에서 중장비 자동차 제조기업의 공장현장에서 노동자에 대한 인간관계론적인 심리학적 접근방법과 회계정보에 의한 접근방법을 대비하여 회계의 이데올로기적 힘(ideological power of accounting)을 강조하였다. 그리고 Robson et al.(1994)의 연구는 1980년대 영국의 회계노동시장의 맥락에서 국가와 전문가를 포함하는 회계규제의 동태성을 분석하는 데서, 변화하는 전문가규제의 이데올로기와 다양한 회계노동시장 사이의 상호작용을 검토 · 분석하였다.

Guthrie · Parker(1990)는 기업보고서가 중립적, 비편향적(또는 표현적으로 충실한) 서류로 간주될 수 있는 것이 아니라, "기업과 환경사이의 상호교환의 산물이며 다양한 분파적 이익(sectional interests)을 중재하고 촉진하고자 한다"(p.166)고 주장하고 있다.[26] 이 견해는 회계가 계산적 관례의 단순한 결합으로 간주될 수 없으며, 회계는 경제적 · 사회적 관리를 위한 응집력있고 영향력있는 메카니즘으로 기능한

위해 이러한 집단으로부터 환경과제의 통제와 안건을 다루기 위한 시도로 간주될 수 있다.(Gray et al., 1996, p.47).

25) 이에 관해 보다 상세한 설명은 다음을 참조. Lehman(1992).

26) 우리가 인식하는 바와 같이, 전세계의 다양한 전문회계단체는 재무보고가 중립성과 표현의 충실성을 반영해야 한다는 것을 지적하는 (정상적으로 개념체계 프로젝트의 일부로서) 문건을 발표하고 있다. 정치경제이론의 지지자들은 이러한 관점을 비현실적이게 하는 정치적, 사회적 쟁점이 많이 있다고 주장할 것이다.

다고 주장하는 Burchell et al.(1980, p.6)의 견해와 일치한다.

한편, Bryer(1991, 1993a,b, 2000a,b, 2005, 2006a)는 설명체계로서 Marx주의를 이용하고 있다. 노동과정에 내재된 사회적 갈등과 모순에 대한 Hopper・Armstrong(1991)와는 대조적으로, Bryer의 회계역사는 Hopper・Armstrong이 미국제조업에 집중한 것[27]과는 달리 영국의 상업과 농업에서 자본주의적 계산정신을 발전시키는 것을 도와준 역사성과 Marx의 노동가치설에 더욱 집중하고 있다. 그의 논문들은 영국의 농업과 상업에서 계급갈등의 진화성(evolving character)에 관한 일련의 역사적 설명을 하고 있으며, 특히 근대자본주의의 계산정신, 생산에 이용된 자본수익율의 최대화(Bryer 2000b, p.327)가 농업과 상업에서 자본주의적 정신의 역사적 상호작용으로부터 등장하였다고 주장하고 있다.

Bryer가 회계역사에 관해 언급한 또 다른 중요한 점은 그가 회계역사를 설명하기 위해 Marx의 노동가치설을 이용하지만, 그도 Marx의 가치이론과 자본주의적 발전에서 이론적 주장을 정당화하고 타당화하기 위해 역사를 이용한다는 것이다.

Bryer(1993a)는 자본주의의 역사, 자본사회화의 역사, 복식부기의 역사를 연결하는 그의 이론을 처음으로 충분하게 설명하고 있다. 복식부기는 "이익을 공유하기 위한 기준으로 자본수익율의 빈번한 계산에 대한 투자자로부터의 집단적 수요에 대한 반응으로 자본이 사회화되었기 때문에 등장하였다."(p.115). 복식부기의 발전은 자본론 제3권에서 분명하게 서술한 바와 같이, 자본의 사회화과정에 기본적이다. 말하자면, 조합, 자본이 결합되고 경영이 자본의 소유로부터 분리되는 주식회사의 발전에서 복식부기가 발전하였다는 것이다.

Bryer(1993b)는 일련의 광범위한 회계의 역사적 분석을 시작하여, 회계수익률의 계산변경은 상이한 역사적 시대에 자본착취의 지배양식을 반영한다고 주장한다. 이러한 분석은 자본주의적 경제조직의 형태를 변경하는 데서 회계의 역할에 초점을

27) 이것은 관리회계에 관한 Hopper・Armstrong의 노동과정역사가 Johnson・Kaplan의 거래비용이론에 입각한 관리회계역사의 설명에 대한 비판으로 개진되었기 때문이다. 이 둘은 주로 미국산업역사에 관한 Chandler(Chandler・Tedlow, 1985)의 설명에 근거하고 있다.

두고 있다. Bryer(1999)에서는 Marx의 잉여가치설을 이용하여 현대자본주의에서 재무회계의 일반이론을 도출하고, 재무회계기준위원회(FASB)의 개념체계를 비판하고 있다. 여기서는 자본주의적 생산양식의 사적·유물적 실재, 사회관계 등에 입각한 Marx의 이론이 사회과학의 하나인 회계학에 기초를 제공해 주지만, FASB의 개념체계는 비역사적이고 이상적인 경제가치에 근거하며 주관적이고 애매모호하다고 주장하고 있다.

Bryer(2000a)는 Weber가 자본주의의 정신에서 회계가 경제생활의 합리성을 추구하는데 중요하다는 주장을 비판하고 사적 유물론의 관련성을 회복하고자 하였다. 그는 Sombart와 Weber가 회계와 자본주의정신 사이에서 살펴 본 관계를 다루면서, 기록방법보다는 회계계산 자체를 살펴보고는, 실시된 계산이 어떤 기간의 정신(spirit)과 정신력(mentalities)을 반영하다고 주장하였다. Bryer(2000a)는 봉건주의로부터 자본주의로의 이행에 관한 Marx의 이론을 회계에 적용하고, 회계문헌의 분석을 통해 이러한 이행의 증거를 발견하는 것이 가능하다는 것을 보여주고자 하였다. 구체적으로 그는 회계방법의 분석을 통해서 다양한 회계부문(거래, 농업 등)과 자본주의적 정신이 나타난 기간과 그 정신이 전개된 방식을 식별하는 것이 가능하다고 생각하였다.

Bryer(2000b)는 회계사상을 이용하여, 봉건정신으로부터 자본주의정신으로의 이행에 Marx이론을 적용하여 두 단계이론을 제시하였다. 첫째, 임노동을 이용한 농부의 자본주의정신(Bryer, 2006a)과 자본을 사회화하는 상인의 자본주의정신의 등장(2000b, p.328). 농부의 회계특징은 최대화되어야 하는 소비가능한 잉여(수입-지출)인데 반하여, 상인의 경우에 회계특징은 최초사용자본으로 나눈 봉건적 잉여에 상응하는 봉건적 수익률(feudal rate of return)이다. 나중에 이러한 두 가지 초기정신 사이의 상호작용으로부터 근대 자본주의정신이 탄생하며, 그 자체의 회계특징(생산에 사용된 자본수익률)을 가진다. Bryer(2000b)는 3세기(16세기-18세기)의 기간동안의 예를 가지고, 농부, 상인, 영국의 동인도회사 등이 간직한 계정의 검토에 근거하여, 이 이론을 정당화하고자 하였다.

만약 Bryer의 주장이 타당하다면, 봉건주의의 경제시스템에서 자본주의의 경제시스템으로의 이행은 회계를 추적함으로써 가능할 것이다(Bryer, 2000a, p.139). 생산양식은 경제발전의 각 단계에 독특한 계산정신(calculative mentalities)을 가리킨다(*ibid.*, p.136). 자본주의 경제로의 이행은 자본수익률정신의 보급에 의해 식별되어야 한다. 이러한 정신은 자본수익률의 계산을 촉진하는 회계실무에 따라 생산이 조직되고 만들어지는 방식에서 역사적으로 나타난다(*ibid.*, pp.137-143). 복식부기는 이러한 발전에 포함되어 있지만, 생산력의 일반질서 내에서 국지화될 때만 그 유의성이 평가된다. 그는 복식부기가 자본수익률을 계산하는 공식(algorithm)으로 보급되고 있었다고 주장한다(Bryer, 1993a, p.125).

한형성(2012)은 비판회계학의 관점에서 회계법인과 그들이 제공한 회계정보가 2005년-2011년 동안의 쌍용자동차 사례에서 어떤 역할을 했는지 살펴보았다. 한형성(2012)은 다음과 같이 주장하고 있다. 쌍용차 매각과정에서 매각주간사로 참여했던 회계법인은 자본에게 상업적 자문서비스를 제공함으로서 자신의 경제적 이득을 실현하였고, 조작의혹이 제기됐던 회계정보는 회계법인에 의해 사회적으로 공인된 정보가 되어 쌍용차에 대한 법정관리의 근거로 사용되었다. 그리고 회계법인이 수행한 경영자문서비스는 노동자 정리해고를 합리화하는 근거로 이용되었다는 것이다. 그리하여 쌍용차 사례는 회계정보와 회계법인들이 자본의 이익을 위해 기능하고 있음을 뚜렷하게 보여주었으며, 회계정보는 쌍용차의 법정관리와 노동자들의 대규모 정리해고를 합리화시키는 데 이용되었고, 회계법인들은 회계정보에 대한 독립적이고 중립적인 외부 감사인으로 쌍용차 구조조정 과정과 결과를 사회적으로 정당화시키는 역할을 수행하였다는 것이다.[28]

---

28) 쌍용자동차사태와 관련해서 법원은 2014년 3월 7일에 해고노동자 153명이 쌍용차를 상대로 낸 해고무효 확인 소송에서 원고승소판결을 내렸다. 재판부는 회계자료에 대해 쌍용차가 2008년 당기 재무제표를 작성하면서 유형자산손상차손 5176억여원을 과대 계상했다고 판단했다. 그러나 민사상의 책임과는 별도로 검찰은 3월 18일에 쌍용자동차사태와 관련해서 회계자료를 조작해 공시한

제6절 노동과정이론의 방법론[29)]

영리를 목적으로 하는 기업은 생산성을 증대시키기 위해 많은 노력을 한다. 산업혁명이후 초창기에는 기업의 자본가나 경영자가 생산을 직접 통제하고 있었다. 초기의 생산시스템에서는 자본가가 작업시간, 작업장소, 작업에 배정할 사람 등을 지시하였지만, 그후 작업장이나 공장에서 생산활동 그 자체는 직능(craft)의 전통에 따라, 작업집단의 노동자들에 의해 결정되었다. 그러나 20세기에 작업장에서 노동생산성을 증가시키기 위한 요소로 기술, 효율, 동기유발, 통제를 강조하는 네 가지 흐름이 있었다(Jones, 1995, p.193).

노동생산성을 증가시키기 위한 주요한 요소 중의 하나는 기술이다. 20세기 기술발전의 두 가지 주요한 단계가 있다. 즉, 기계화(생산요소로서 수단, 도구, 기계의 증가)와 자동화(이동기계에 의한 이러한 요소의 연계와 기계적 도구나 전자적 도구에 의한 감시와 통제)이다. 산업들은 우선 기계화를 통하고, 그리고나서 기술적 정교함을 증가시키는 과정에서 자동화를 통해 발전하였다.

생산발전에 관한 유사한 하나의 견해는 기술 그 자체가 아닌 더욱 일반적인 개념인 생산효율을 강조하는 연구(Taylor주의와 Ford주의)에서 발견될 수 있다. Taylor의 시간관리와 동작관리에 의한 과학적 관리와 표준화에 의한 Ford의 대량생산이었다.

Taylor와 Ford의 생산관행은 학자들로부터 많은 비판을 받았다. 초기의 공격은 산업심리학에 입각하였다. 인간관계를 주장한 Mayo로부터 신랄한 비판이 있었고 동기유발을 위한 직무충실화(job enrichment)와 참여(participation)가 주장되었다.

1970년대에 Braverman은 기술결정론을 거부하고 노동과정에 대한 경영자의 통

혐의의 형사사건에서는 관련회계법인과 회사에 대해 무혐의로 종결하였다.

29) 이 글은 2011년 6월, 회계정보연구(제29권 제2호, pp.219-247)에 발표한 "노동과정이론과 회계학연구"를 수정・보완한 것이다.

제에 의해 생산활동이 결정된다고 주장하였다.

회계는 원가계산시스템, 예산편성, 차이분석, 투자평가, 기타 기법들을 통해 영리기업의 생산에 광범위한 영향을 주고 있으며, 원가계산과 관리회계의 중요한 요소 중의 하나가 노무비 또는 노동원가(labor cost)임에도 불구하고 회계와 노동/노동자 사이의 관계에 관한 연구는 우리나라에 별로 없는 것 같다. 노동은 생산에 이용되는 원재료와 같은 상품으로도 취급되지만, 노동과 다른 생산요소 사이에는 질적인 차이가 있다. 구매되는 것은 노동이 아니라 노동력(노동잠재력)이며, 이것은 노동자와는 분리될 수 없다. 원재료는 생산에서 수동적, 소극적인 요소인데 반하여, 노동은 생산에서 적극적인 요소이며, 원가·관리회계시스템은 이것에 반응하면서 발전해 왔다고 볼 수 있다.

일부 회계학자들은 20세기에 원가계산의 발전과 과학적 관리 사이를 강하게 관련지었다(Miller·O'Leary, 1987; Hopper·Armstrong, 1991). 표준시간의 제정과 실시는 생산규범으로부터 예외적인 이탈의 식별보다 훨씬 더 많은 시사점을 가지고 있었다. 표준시간과 표준원가는 산출물의 기대에 관한 수치적 표현이며, 사회적 요소(노동시장의 상태, 노동조직, 경영실무, 노동조합의 반응)에 의해 영향을 받는 경영자와 노동자 사이의 관계에 의존한다.

영리기업의 자본주나 경영자는 노동과정을 효율적이고 효과적으로 조직하고 통제하고자 하며, 노동과정을 통제하기 위한 하나의 수단으로서 회계정보를 이용해 왔다.

1. 노동과정이론의 의의

노동과정은 노동력의 통제에 관한 것이다. 노동력은 노동을 수행할 수 있는 인간의 능력이다. 이러한 노동과정은 노동을 사용가치로 대상화하거나 구체화하는 과정이다. 노동과정은 직무설계와 기술의 상호작용과 관련이 있는 직무설계와 노동의 기술적 분업, 다양한 유형의 통제구조, 노동자와 내·외부노동시장 사이의 고용관계 등으로 분석될 수 있다(Littler, 1990, p.80).

노동과정이론에서는 노동과 직업적 전문화의 구분이 기술발전의 불가피한 결과라기 보다는, 기술과 전문화를 계급구조와 생산관계의 결과로 간주한다. 자본주의적 노동과정으로부터 잉여가치를 착취하기 위해서는 감시시스템이 제도화되어야 한다. 정교한 통제의 제도화, 구상과 실행의 분리, 탈숙련화 등을 통해 직무를 분산화하는 조직의 경향은 효율성보다는 노동통제를 목표로 한다(Hopper · Storey · Willmott, p.448).

자본가는 노동자의 노동을 통제/관리함으로써 노동자를 착취한다. 특히, 기계가 노동자의 자율과 기술을 감소시킴으로써 이러한 통제를 증가시켰다는 것은 Harry Braverman이 자본주의의 분석에서 전개한 주제이었다.

노동과정이론은 사회질서의 특정한 요소인 노동과정에 초점을 둔다. Marx가 자본론 제1권에서 노동과정을 논한 후, 대부분의 사람들이 그것에 별로 주목하지 않았지만, 100여년이 지난 1970년대에 Braverman이 노동과 독점자본(*Labour and Monopoly Capital*, 1974)을 발간함으로써 노동과정에 다시 주목하게 되었다.

노동과정이론가들의 관심은 노동통제가 자본주의시대 이전에 개별노동자들의 손으로부터 자본주의 초기에 자본주의적 소유자계급, 그리고 그 후에 소유자를 위해서 일하는 경영자계급의 손으로 넘어왔다는 역사적 사실을 중심으로 하고 있다. 노동과정관점은 Marx, Engels와 같은 19세기 정치경제학자의 연구에 기반하고 있으며, 1974년에 Braverman이 관심을 환기시켰다(Macintosh, 1994, p.40). 우선 Marx

의 노동과정이론을 살펴보면 다음과 같다.[30]

1) Marx의 자본주의적 노동과정 분석

Marx는 자본론 제1권, 자본의 생산과정(상)의 제7장 노동과정과 가치증식과정의 제1절에서 노동과정을 논하고 있다(김수행 역, pp.235-246). Marx는 노동과정을 노동이 가치창조에 종사하게 되는 장소인 인간존재의 물적 기반을 확보하는 수단으로 가정한다(Ashton et al., p.69). Marx에 의하면, 자본가는 노동력을 사용하기 위해 구매한다. 이 노동력의 사용이 바로 노동이다. 노동자는 자기의 노동을 상품에 대상화하기 위해서는 우선 자기의 노동을 사용가치에 대상화해야 한다. 그러므로 노동과정은 사용가치의 생산방법을 말하며 이는 어떤 특정 사회형태와는 관계없이 고찰되어야 한다(김수행 역, 자본론 제1권, p.235).

노동자의 의식은 인간노동과정에 특징을 부여하는 핵심적 요소이다. Marx는 "노동자가 자연물의 행태를 변화시킬 뿐만 아니라 자기 자신의 목적을 이러한 자연물에 실현시킨다. 그리고 이것은 그가 의식하는 목적이며, 그것은 하나의 법처럼 자기의 행동방식을 규정하며, 그는 자신의 의지를 이것에 복종시키지 않으면 안 된다.....노동하는 신체기관들의 긴장 이외에도 합목적적 의지가 작업이 계속되는 기간 전체에 걸쳐 요구된다"(Marx, *Capital*, vol.1, p.284; 김수행 역, 자본론 제1권, p.236).

Marx는 특정한 사회구성체와는 무관하게 항상 존재하는 노동과정의 세 요소로서, ① 인간의 합목적적 활동(즉, 노동 그 자체), ② 노동대상, ③ 노동수단을 설정하고, 이 중에서 ②와 ③을 생산수단이라고 하고 있다.

노동과정은 노동이 사용가치로 대상화되거나 구체화되는 과정이다. 노동과정은 사용가치를 생산하기 위한 합목적적 활동이며, 인간의 욕망을 충족시키기 위해 자연에

---

30) 우리나라에서 노동과정이론을 소개한 문헌으로는 다음을 참조. 류장수(1991), 박형준(1991), 박상언(2002, 2004), 정명호(1990). 회계학문헌에서 노동과정이론을 설명한 것으로는 다음을 참조. Armstrong(1987, 1991), Hopper · Storey · Willmott(1987), Hopper · Armstrong(1991), Roslender(1992), Puxty(1993), Jinnai(2011).

존재하는 것을 사용하는 것이고, 인간과 자연 사이의 신진대사의 일반적 조건이며, 인간생활의 영원한 자연적 조건이다. 따라서 그것은 인간생활의 어떤 형태로부터도 독립하고 있으며, 오히려 인간생활의 모든 사회적 형태에 공통된 것이다(김수행 역, p.244).

노동과정의 일반적 성격은, 노동자가 노동과정을 자기 자신을 위해서가 아니라 자본가를 위해서 수행한다는 것이다. 이러한 노동과정은 자본가에 의한 노동력의 소비과정으로서 두 가지 독특한 현상을 보여주고 있다.

첫째, 노동자는 그의 노동을 소유하는 자본가의 감독 하에서 노동한다. 자본가는 노동이 질서정연하게 수행되고 생산수단이 합목적적으로 사용되도록, 그리하여 원료가 낭비되지 않고 노동도구가 소중하게 취급되도록, 다시 말해 작업중의 사용에 의해 불가피한 정도로만 마멸되도록 감시한다.

둘째, 생산물은 자본가의 소유물이지 직접적 생산자인 노동자의 소유물은 아니다. 자본가가 노동력의 하루의 가치를 지불한다고 가정하면, 노동력을 하루 동안 사용할 권리는, 예컨대 그가 하루 동안 임차한 말의 사용권리와 마찬가지로, 자본가에게 속한다. 상품의 사용은 상품의 구매자에게 속한다. 그리고 노동력의 소유자, 즉 노동자는 노동을 함으로써 실제로는 자기가 판매한 사용가치를 제공하고 있을 뿐이다. 그가 자본가의 작업장에 들어가는 순간부터 그의 노동력의 사용가치, 다시 말해 그것의 사용(즉 노동)은 자본가의 것으로 된다. 자본가의 입장에서 본다면 노동과정은 자기가 구매한 노동력이라는 상품의 소비에 지나지 않지만, 그는 노동력에 생산수단을 첨가함으로써 노동력을 소비할 수 있다(김수행 역, pp.245- 246).

2) Braverman의 노동과정이론

Marx의 <u>자본론</u>이 출간된 뒤 Braverman(1974, 1998)의 <u>노동과 독점자본</u>이 출간되기까지 노동조직에서 인간행동을 분석하고 있었던 많은 산업사회학자들은 종업원이 직장생활과 투표행위로 상징되는 자신의 개인적 정치생활 사이에 큰 벽을 만들고 있었기 때문에 종업원을 비정치적인 인간으로 간주하였다. 종업원은 사회적,

기술적, 환경의 영향을 거의 받지 않았다고 간주되었다. 그가 노동상황에서 가끔 보여주는 갈등과 저항의 성격은 국지적 수준에서 사회적 적대감의 재생산과 정치적 정체성의 표현이라기보다는 비합리적 경영사상과 이로 인한 비합리적 노동조정(arrangement)과 유인에 기인한다고 이해되었다. 회사의 중심적인 경영사상은 종업원이 회사목적에 충실하고 회사목적에 의해 동기유발되도록, 효율적이고 효과적인 행동수단(목적에 의한 관리, 유인체계, 고충처리시스템 등)을 설계하고 실시하는 것이었다. 그는 기계처럼 올바른 행동의 윤활유를 필요로 하였다. 그래서 종업원에게 인적 자원이라는 특별한 이름이 부여되었다. 요컨대, 노동조직에서 인간행동에 관한 신고전파의 가정은 다소 비정치적이고 비역사적이었다(Wickramasinghe · Alawattage, p.449).

Braverman의 노동과 독점이 이러한 인적자원(human resource)이라는 신고전파적 이미지를 Marx주의적 계급체계내의 노동자(laborer)로 전환시켰다. 이것은 독점자본주의하에서의 노동과정에 주목한 결과이었다. 그는 역사적이고 이론적인 연구를 통하여, 그가 독점자본주의 단계의 시작에 결부시킨 Taylor의 과학적 관리를 검토하고, 노동과정에서의 형태 변화, 노동자의 기술 저하, 그리고 그 결과로 전개되는 직업구조와 노동계급 지위의 변화에 대하여 조사하였다(Bottomore, pp.125-126).

그의 노동과정이론은 Marx의 중심개념인 계급, 자본주의적 노동과정에 근거하며, 노동과정연구는 독점자본주의하에서 자본주의적 노동과정에 관한 Marx주의적 비판이다. 노동과정연구는 기술의 본질, 숙련노동의 하락, 노동자 통제전략, 노동자 저항 등을 포함하여 자본주의적 작업현장의 특성과 경향을 조사하기 위한 방법론과 맥락을 제공한다(Meiksins, 1994).

Braverman은 Marx와 마찬가지로 노동과정을 인간노동이 특정한 사회적 생산관계 내에서 원재료들을 제품으로 변형하면서 원재료에 작용하는 방식으로 간주하였다. 자본주의적 생산에서 제품은 자본축적과정에서 시장에서 교환되는 상품이며, 노동과정에서 노동력(labor power)은 노동자의 총체적인 신체적 · 정신적 노동능력으로 생산할 수 있는 잠재력인데 반하여, 노동(labor)은 생산에서 실현되는 실제로 행해지는 일(work)의 양이다. 경영자의 중심적인 과제는 최대의 노동량을 기업이 구입한 노동력으로부터 최저의 비용으로 생산한다는 것을 확실히 하는 것이다. 노동력은 (다른 상품들처럼) 구입될 수 있지만, 노동력을 공급하는 노동자로부터 분리될 수 없다는 특징이 있다. 생산을 통제하기 위해 경영자는 노동을 통제해야 하는 바, 이것은 경영자가 노동력을 제공하는 노동자를 통제해야 한다는 것을 의미한다. 이것이 경영자의 중심적인 역할이며, 생산을 형성하는 과정이라고 할 수 있다(Jones, 1995, p.160).

20세기의 핵심적인 경영자 통제전략에는 노동실무에 관한 과학적 관리와 새로운 생산기술의 개발이 포함되었다. Taylor의 과학적 관리는 노동력으로부터 최고수준의 노동을 추출하는 것을 목적으로 하는 경영방법 중의 하나이었으며, 그 당시 지배적인 경영자의 이데올로기와 실무인 과학적 관리를 발견하였다. Braverman의 경우, Marx와는 반대로 노동의 실제적 종속은 노동과정의 기계화를 통해 발생한 것이 아니라, Taylor주의의 결과로 발생하였다. Braverman은 첫째, 노동과정에서 노동자의 기술을 단순화시켜 노동과정을 직능, 전통, 노동자의 지식과는 무관하게 함으로서 Taylor주의가 실제적 종속을 촉진하였다고 주장하였다. 그는 이제부터 그것은 노동자의 능력에 달려있는 것이 아니라 경영자의 실천에 전적으로 달려있다고 선언하였다(Braverman, 1998, p.78).

둘째, Taylor주의는 노동의 구상국면과 집행국면을 분리시킴으로서 노동자를 통제하고 값싸게 하는데 도구적이었다고 그는 다음과 같이 주장하였다.

"이 목적상, 노동과정의 연구는 경영자에게 유보되어야 하고...... 노동자에게는 그 결과가 단순화된 지시에 의해 감독받는 단순화된 작업직무의 형태로 의사소통되어야 하며, 이후에 이들의 의무는 기본적인 기술적 추론이나 자료의 이해없이 그리고 생각없이 따르기만 하는 것이다"(*ibid.*, p.81).

셋째, 노동의 지식에 대한 경영자의 독점은 노동과정과 그 집행양식의 각 단계를 통제하기 위해 이용되었다. 그래서 노동은 이제 자본의 노동지식에 실제적으로 종속된다. 과학이 노동과정에 반영될수록, 노동자는 그 노동과정을 적게 이해한다. 지적인 제품인 기계가 정교하게 될수록, 노동자가 가지는 기계의 통제와 이해는 적어지게 된다(*ibid.*, p.82).

노동과정을 종속시키는 데서 Taylor주의의 적용효과는 노동과정 그 자체를 넘어서서 노동시장에까지 확대되었다. Taylor주의는 최대 분해의 일반원리(general principle of maximum fragmentation)(Littler, 1982, p.51)에 의해 실체화되는데, 이것은 노동자들을 교환가능한 부품의 동질적인 집단과 직무훈련상에서 별로 필요하지 않는 기계에 대한 단순한 부속물(Foster, 1998, p.xiv)로 전환하였다. 그리하여, 노동자는 노동과정에서 상이한 직무요소 사이 뿐만 아니라, 노동시장에서 서로 간에 쉽게 교환할 수 있었다. 이것은 Taylor주의의 적용을 확대한다는 것을 의미하는데, 이에 의해 노동자는 생산현장에서 뿐만 아니라 노동시장의 외부공간에서도 그의 지배를 상실하게 되었다.

이러한 방식으로, 그는 과학과 기계, 노동가치와 잉여노동, 주식회사, 보편시장, 국가 등과 같은 다양한 요소가 어떻게 이러한 전반적인 독점자본주의 양식 내에서 작용하는가를 논하고 있다. 마지막으로, 그는 20세기에 노동의 쇠퇴라는 주제에 따라 다양한 노동계급직업의 역동성으로 논의를 확대하고 있다.

Taylor시스템은 모든 자본주의적 진보와 마찬가지로 작업중인 기계적 동작을 분석할 때, 불필요하고 잘못된 동작을 제거하고 올바른 작업방법을 확립하며 최상의 회계·통제시스템을 도입하는 것과 같은 이 분야에서의 최고의 과학적 업적과 부르조아적 착취의 치밀한 야만성이 결합된 것이다(Braverman, *op cit.*, pp.8-9).

Taylor의 기여는 노동자의 생산지식을 포착하고, 이 지식을 사무실로 이전하며, 업무가 어떻게, 어떤 속도로 수행되어야 하는가를 정확하게 노동자에게 지시하는 것이었다. 이 과정의 본질은 손과 머리의 분리인 구상(conception)과 실행

(execution)의 분리이었다(*ibid.*, p.79). 구상하는 것은 경영자의 책임이 되었으며, 집행하는 것은 노동자의 역할이었기 때문에 손(노동자)과 머리(경영자)가 적대적인 관계로 변하게 되었다. 생산의 정신적 측면과 육체적 측면의 통일(unity)은 기술의 기반이므로, 이들을 분리시키는 것은 탈숙련화(deskilling)를 의미하였다. 이것은 노동에 대한 경영자의 통제를 증가시키면서, 동시에 노동력의 비용을 감소시켰다(Jones, *op cit.*, p.161).

이와 마찬가지로, 기술은 경영자와 노동자 사이의 관계에서 중립적 힘이나 외부적 힘으로 간주되어서는 안 된다. 구상과 실행의 분리가 노동자의 사고 투입(thinking input)을 감소시킨 기술을 생성하기 위해 이용되었다. 특히 컴퓨터를 통한 기술적 통제는 기계 그 자체로 이루어졌다. 피상적으로, 이것은 노동의 본질을 결정하는 기계처럼 보이지만, 실제 원인은 기술의 생성, 채택, 이용의 배후에 있는 경영자의 숨은 의도이다. 이의 목적은 통제이며, 그 결과는 노동자의 탈숙련화다. 생산의 발전은 경영실무와 기술을 통해 20세기에 노동의 쇠퇴를 초래하였다(*ibid.*, p.162).

노동과정연구는 기계화, 자동화, 분업화로 일을 단순 작업화하는 탈숙련화를 현장노동자의 지식과 경험의 일반적인 적용을 통해 증가된 잉여가치를 추출하기 위한 경영자의 수단으로 간주한다(Cooper · Hopper, 2007, p.215). 그리하여 Braverman의 경우, 과학적 관리는 머리와 손을 분리하기 때문에 자본주의적 노동과정 통제의 전통적인 수단을 대표한다.

Braverman의 노동과정이론은 탈숙련화, 노동과정지식의 통제, 재무정보의 통제 등의 특징을 가지고 있다(Macintosh · Quattrone, pp.78-80). 노동과정은 노동을 할 수 있는 인간의 능력인 노동력의 통제에 관한 것이다. 노동과정은 노동자가 자신의 노동력을 고용주에게 파는 조건에 근거하고 있다. 노동력의 교환은 자본주의 생산의 특성을 대표한다. 노동과정에 대한 통제가 노동자의 손으로부터 자본가의 손으로의 이전은 노동자로부터 생산과정의 점진적 소외로서 나타난다. 자본가에게 이것은 경영의 문제로 나타난다(Braverman, *op cit.*, p.39).

이상과 같은 노동과정이론을 주류회계학을 형성하는 대리이론과 대비해 보면, <도표 5-4>와 같다. 대리이론은 대리인인 피고용인들을 소유자에 대해 기회주의적으로 속이고 태만하기 위해 자신들의 비대칭적 정보를 이용하는 것으로 묘사하는데, 회계와 통제시스템은 그러한 행동을 경감하기 위한 방법으로 간주된다. 그러나, 노동과정이론은 피착취 임노동이라는 희생자편에 서서 경영과학의 기법으로 지지되는 관리회계를 소유자가 생산과정의 기술적·재무적 지식을 노동자로부터 박탈하고, 그들을 상품으로 취급하며, 더 많은 생산성을 위해 그들에게 압력을 가하는 방법으로 묘사한다. 소유자도 기업체에서 발생하는 잉여가치의 노동자 몫을 약탈하는 것을 합법화하는 방법으로 회계시스템을 이용한다.

도표 5-4 대리이론과 노동과정이론의 비교

특 성	대리이론	노동과정이론
패러다임유형	구조기능주의	급진적 구조주의
선구자	Hobbes, Smith, Spencer	Marx, Engels, Braverman
주요명제	대리인은 이기심을 추구하기 위해 기만적으로 비대칭정보를 이용한다.	자본주의적 이해관계는 임노동을 약화시키고 착취하기 위해 기술적·재무적 정보를 독점한다.
핵심적 초점	비대칭적 정보관계	비대칭적 권력관계
주요개념	도덕적 위험, 신호전달, 비대칭정보, 잔여청구권공유	상품화, 소외, 탈숙련, 계급모순, 잉여가치착취
지지입장	소유자(자본가)	임노동자

자료원 : Macintosh(1994, p.45).

Braverman의 노동과정이론에 대해 다양한 비판이 가해졌는데 이들은 다음과 같다.

첫째, 기술과 그 역할 및 작업장에서의 존재에 관한 Braverman의 개념화가 너무 협소하게 공식화되어 있다(예를 들면, Burawoy, 1985; Thompson, 1990).

둘째, 경영자와 그의 동기유발 및 과정에 관한 이론화가 미진하다(예를 들면, Littler, 1982; Friedman, 1977; Meiksins, 1994; Smith, 1990).

셋째, Braverman의 노동과정이론이 근거하고 있는 Marx주의의 이데올로기는 제한적이고 구시대적인 이데올로기이다.

넷째, 역사적 분석을 서구의 산업발전에 한정하는 것은 이 이론의 지리적·문화적 적용가능성을 제한하는 것이다.

다섯째, 인종과 성(gender)의 쟁점들이 노동과정을 통제하면서 중요한 차원으로 인식되지 않았으며, 분석영역에 포함되지 않았다.

여섯째, 노동자저항의 가능성과 수단을 적절하게 다루지 않았다(Burawoy, 1979, 1985). Burawoy(1996)에 의하면, Braverman은 노동자의 주체성을 다루지 않았다(Dillard, 2006, pp.275-276).

3) Braverman 이후의 노동과정논쟁

이와 같이 1970년대 중반에 Braverman에 의하여 촉발된 자본주의적 노동과정에 대한 연구관심은 그 이후 1980년대 중반에 이르기까지 그가 제시했던 핵심적 주제들을 현실 속에서 검정하고 또 이를 비판, 극복해 나가는 일련의 논쟁과정 속에서 발전해 나갔다고 볼 수 있다. 이 시기의 여러 연구성과들은 Braverman이 주장했던 Taylor주의의 확산과 노동의 전반적인 탈숙련화(deskilling) 경향에 대한 실증적 확인과 그에 따른 비판에 초점이 있었다고 볼 수 있다.

(1) 탈숙련화와 통제방식

오늘날에도 Taylor주의가 보편적인 노동통제양식이라는 주장에 대해 일부 학자들(예를 들면, Parker·Lewis, 1995)은 자본의 노동통제양식과 관련해서 노동자 저항의 역할을 감안하여 다양한 유형의 노동통제양식을 전개하였다. Friedman(1977)은 노동과정의 기술적 구조와 직무통제방식 및 노동자의 저항 정도에 따라 근접감시에 기초한 직접통제(direct control)와 직무의 부분적인 변형을 통하여 노동자들이 자신의 직무에 관해 상당한 재량권을 갖게 되는 책임자율(responsible autonomy)

에 의한 통제방식인 간접통제가 선택될 수 있다고 주장하였다. 한편, Edwards (1979)는 자본의 노동통제양식이 역사적으로 단순통제, 기술적 통제, 관료적 통제로 발전되었다고 주장하였다. 노동통제양식과 관련한 이러한 논의들은 자본의 독점력 강화와 노동자의 저항증대에 따라 자본이 선택할 수 있는 대안적인 노동통제양식이 존재한다는 사실을 보여줌으로써 Taylor주의를 중심으로 한 Braverman의 일방적인 노동통제양식 논의에 대하여 보완적 논리를 제공해 주었다는 점에서 의의가 있다(박상언, 2004, p.111).

Braverman의 분석에서는 탈숙련화에 대한 노동자 저항의 역할이 적절히 평가되지 못하였다. 그리고 탈숙련화 논쟁은 탈숙련의 결과로 초래된다는 노동의 동질화 경향과 결부하여 노동계급의 구성과 노동계급의 의식에 이르기까지 다양한 관련논쟁을 초래하였다. 특히 숙련노동과 전문적 노동으로 구성되는 1차 노동시장(정규직 노동시장)과 상대적으로 단순노동을 중심으로 노동수요에 민감하게 반응하는 주변적인 2차 노동시장(비정규직 노동시장)의 분절화가 노동에 대한 분할지배 전략의 일환이라는 새로운 주장은 탈숙련화 전략만이 노동통제 전략의 전부가 아닐 수 있다는 것이다. 기업 조직 내에 형성되는 내부노동시장은 노동자의 저항과 노사간의 역학관계 요인들과 함께, 현실의 노동조직에서 탈숙련화 경향을 부분적으로 제약하고, 노동계급의 복잡한 내부 분화를 촉진시키는 주요 요인으로 부상하게 되었다.

한편, Braverman에 가해졌던 중요한 비판 중의 하나는 노동과정이 구조결정론만으로는 설명할 수 없는 상대적 자율성을 갖고 있기 때문에, 그가 노동과정과 계급관계의 객관적인 분석에만 치우친 결과, 그의 분석에서 기술결정론적 경향이 너무 심하다는 것이다. Burawoy는 노동과정 논의에서 소위 잃어버린 주체(a missing subject)를 복원하고, 또 노동과정의 주관적 측면인 상대적 자율성에 대한 인식 제고에 결정적인 기여를 하였다. 그에 의하면, 자본가들은 잉여가치를 확보하는 노동과정을 조직화해야 하는 것과 동시에 노동자들의 계급투쟁을 억압하기 위하여 그러한 착취적 관계를 은폐시키는 메카니즘도 필요로 하게 된다는 것이다. 그에 의하면,

자본주의적 노동과정의 본질은 잉여가치를 확보함과 동시에 그것을 은폐시키는데 있다(Burawoy, 1979, pp.20-30; 1985, pp.29-35). 이를 위한 통제수단으로는 강제적 지배를 의미하는 전제적 통제(despotic control)와 동의에 기초를 둔 헤게모니적 통제(hegemonic control)가 있다. 헤게모니적 통제방식에서는 자본주의적 노동과정에서 저항의 주체인 노동자들이 역설적으로 이러한 통제체제를 유지시키는 동의(consent)의 이데올로기를 산출하고 이를 재생산하는데 기여할 수도 있다(박상언, 2002, p.274).

통제방식과 관련된 논의의 문제점은 이들이 자본주의발전의 모든 국면에서 자본축적체제와 관리전략의 변화를 제대로 연관시키지 못하고 있다는 것이다. 이들은 독점자본주의를 외부에 주어진 환경으로 전제하고 논의를 단순히 전개하기 때문이다. 하지만 관리는 자본축적의 맥락 속에 있을 때만 그 역사적 의미가 밝혀질 수 있다(박형준, p.91)

(2) 유연화담론

Braverman이후, Braverman의 핵심 주장을 확인, 비판, 극복해 나가는 과정에서 전개되었다고 볼 수 있는 노동과정이론의 초기 논쟁은 그 이후 대량생산방식을 중심으로 한 자본주의 경제시스템의 변화 징후와 관련되어 더욱 다양한 관점들이 나타나기 시작하였다. 한편으로는 자본주의의 대량생산방식 자체가 한계에 봉착하였다는 인식하에, 생산방식과 노동과정의 변화와 관련하여 현대적 생산방식에 입각한 유연화(flexibility)를 강조하는 주장들이 새로운 독자적 담론을 형성해 가기 시작하였다.

즉, 개별적인 수요에 보다 기민하게 대응할 수 있는 재택근무, 프리랜서, 하청계약, 유연전문화(flexible specialization) 생산체제만이 경쟁력을 가질 수 있도록 시장과 경쟁환경이 크게 변화하였다. 시장과 수요에 의해 유도되는 생산방식의 새로운 변화를 강조하는 유연전문화 생산체제에서는 구상과 집행 기능이 다시 통합되고, 세분화된 노동은 직무재설계를 통해 가능한 한 폭넓은 직무범위로 대체된다. 이에 따라 탈숙련 노동자로부터 고도의 지식과 기능을 가진 숙련 노동자로의 변신이 요구되며, 직무자율성과 책임을 동시에 가지고 다기능을 수행하는 노동자로 바뀌어 가게 된다. 그러나 실제로 유연전문화 생산체제를 도입한 대부분의 기업의 경우, 기업의 고용구조는 크게 핵심 노동자층과 다수의 주변적인 비숙련 노동자층으로 이원화되어 관리되는데, 이때, 특히 자동화된 생산과정의 주변부에서 단순반복적인 직무를 부여받은 여성노동자를 비롯한 주변적인 노동자층은 임시직, 파트타임 등 불안정한 취업상태에 있게 된다. 특히, 여성들이 노동과정이론과 관련해서 비숙련 노동에 종사는 문제는 여성주의(feminist)이론과 결부해서 논의되고 있다(West, 1990).

오늘날 작업장에서 전자정보에 의한 직접감시방식이 기존의 동료나 규정에 의한 간접통제방식을 점차 대체해 감에 따라, 노동과정 전체에 대한 눈에 보이지 않는 통제력을 확보해 나감으로써 노동자들이 무의식적으로 규범화되는 효과를 거두게 되었다.

이와 같이 유연화담론은 자본주의 생산관계의 계급적 성격을 제거하고, 노동통제의 필연성이 부정된 낙관적 기술결정론을 전개하였다.

(3) 주체성담론

Braverman(1974)의 노동과 독점자본의 서문에서, Paul Sweezy는 다음과 같이 주장하였다. "그러나, Harry Braverman은 독점자본주의하에서 노동계급 발전의 주관적 측면을 탐구하려고 하지 않는다. 이 과업은 여전히 탐구되어야 한다" (Braverman, 1974, xxv). Sweezy가 노동계급 발전의 주관적 측면이라고 한 것은 주체성, 정체성, 후기구조주의의 현안에 속하였다. 정통노동과정이론의 주요한 한계는......작업장관계(workplace relations)의 역동성을 분석하기 위한 주체성과 정체성의 본질 및 유의성의 기본개념이라고 주장된다(O'Doherty · Willmott, 2001; p.112). 그리고나서, 이러한 한계는 "후기구조주의적 사고와의 주의깊고 지속적인 관계를 통해 노동과정이론을 재구성함으로써 다룰 수 있다"(*ibid.*)고 주장된다.

Braverman의 논의에서 소홀히 다루었던 노동과정내의 소위 잃어버린 주체와 노동과정의 주관적 측면에 대한 관심을 회복한다는 취지에서, 1980년대 중반 이후부터는 포스트모더니즘(postmodernism)의 영향을 받은 주체성(subjectivity)담론이 노동과정이론에 적극적으로 반영되기 시작하였다(박상언, 2004, p.121).

주체성개념은 노동과정논쟁에서 상이한 의미, 내용, 의도를 가진다. Foucault (2002, p.331)는 주체라는 단어에 두 가지 의미를 부여하고 있다. 즉, 통제와 의존에 의해 다른 사람에게 복종하는 주체와 의식(conscience)이나 자각(self-knowledge)에 의해 자신의 정체성에 복종하는 주체이다. 주체에 관한 이러한 이중적 의미가 주는 시사점은 그의 객관화 양식과 투쟁의 유형(typology)에 표현되고 있다. 즉, 그는 세 가지 투쟁양식을 언급하였는데, 이것의 유행은 상이한 역사적 시대에 따라 각각 다르다. (인간이 주체로 변형될 때 수단이 되는 다른 양식들인) 그의 객관화 양식의 유형은 이러한 세 가지 양식을 식별하고 있다. 첫째는 그 자체에게 과학의 지위를 부여하고자 하는 탐구양식이다. 둘째는 자신의 내부에 있는 주체를 구분하거나 자신을 다른 사람과 구분하는 구분실무(dividing practices)이다. Foucault(2002, p.326)에 의하면, 이러한 예에는 광인과 정상인의 구분, 환자와 건강한 자의 구분, 범죄자와 선량한 사람의 구분 등이 있다. 셋째는 인간이 자신을 주체로 바꾸는 양식이다 (*ibid.*, pp.326-327). <도표 5-5>는 Foucault가 제안한 바와 같이, 주체, 투쟁, 객관화라는 상이한 양식의 상호관계를 보여주고 있다(Foucault에 관한 것은 제8장을 참고).

노동과정이론과 관련해서 주체성에는 두 가지 학파가 있다는 것이 드러났는데, 이들은 상기의 주체유형과 조정될 것이다. 이에 관한 연구들에 의하면, Foucault가 주장한 바와 같이 두 가지 의미가 주체에 부여되고 있다. 즉, 통제와 의존에 의해 다른 사람에게 복종하는 주체와 의식이나 자각 또는 성찰적 인간행위능력에 의해 자신의 정체성에 복종하는 주체(Wickramasinghe · Alawattage, p.458).

도표 5-5 주체, 투쟁의 양식, 객관화의 양식

주체의 의미	투쟁의 양식	객관화의 양식	조직연구에서 경험영역
다른 사람에게 종속	1. 지배형태에 대한 투쟁 2. 착취형태에 대한 투쟁	1. 과학 2. 구분실무 (구분이데올로기)	통제실무, 전략, 저항, 조정, 동의제조 등
의식이나 자각에 의한 자신의 정체성에 종속	3. 주체성과 복종의 형태에 대한 투쟁	3. 자기객관화	(포스트모던내에서) 자아와 정체성의 정치 및 의식의 양식 (예를 들면 Goldthorpe et al., 1969; McKenzie·Silver, 1968; Newby, 1977; Nichols·Beynon, 1977)

자료원: Wickramasinghe·Alawattage(2007, p.459).

첫째, 주체성은 지배와 착취에 대한 투쟁양식 내에서 개념화되고 경험적으로 정당화된다. "작업장은 주체성을 형성하기 위한 투쟁장소로 된다. 즉, 그것은 경영자의 이해관계에 연루된 노동자의 정체성 뿐만 아니라 성(gender)과 인종의 정체성 등 상이한 정체성을 구축하고 가동하는 정치분야로 된다"(Burawoy, 1996, p.298)는 것이 곧 이해되었다. 노동과정의 논쟁에서 이러한 초기의 주체성 이론화는 독점자본에서 노동과정에 관한 Braverman식의 객관주의적 편향을 시정하기 위한 시도의 결과로 시작하였다. 이러한 형태의 주체성 이론화의 고전적 예는 Friedman(1977)의 책임자율(responsible autonomy)과 Burawoy(1979)의 동의제조(manufacturing consent)[31] 등이다. 이러한 연구의 중요한 특징은 그것들이 통제와 저항의 근본적인

31) Friedman(1977)은 자본주의적 생산양식에서 변화를 촉진하는 힘에 대한 노동저항의 능력에 관한 Marx주의자들의 관심부족을 비판하였다. 그는 이 약점을 자본가들에게 공장에서 대다수에 대해 경영자의 권위를 집행하기 위해 가혹한 규율절차를 유지할 수 있게 해 주는 산업예비군의 압력(Friedman, 1977, p.79)에 대한 Marx주의자의 관심 탓으로 돌렸다. 따라서, 그는 Marx주의자들이 일반적으로 직접통제전략을 노동과정에 대한 자본가 통제의 이론과 실무로 처리하였다(*ibid.*, p.80)고 주장하였다. 노동과정논쟁에 대한 그의 기여는 조직적인 노동자저항과 내부노동시장의 중요성 증가가 소위 책임자율이라고 한 것을 접수하도록 촉진하였다는 이해에서 발생한다. Friedman에 의하면, 책임자율과 직접통제는 최고경영자가 노동을 종속시키기 위해 이용할 수 있는 두 가지

이원론 내에서 주체성과 정체성을 설명하고자 한다는 것이다. 그들은 자본가 기업

전략이다. 책임자율의 경우에, 최고경영자는 노동자의 충성심을 획득한다는 목표를 가지고 지위, 권위, 책임을 위임한다. 이것은 제한된 범위내이지만, 권한위임(empowerment)이라고 부르는 것과 유사하다. 한편, 직접통제는 강압적인 위협, 근접감독, 개별노동자책임의 최소화(말하자면, 탈숙련화의 형태)에 의해 노동력의 여지를 제한하고자 한다. Friedman(*ibid.*, p.78)에 의하면, 첫번째 유형의 전략은 가변자본에 속하는 혜택을 포착하고자 하고, 둘째는 특별히 해로운 효과를 제한하고자 하며, 노동자를 기계인 것처럼 취급한다.

여기서 중요한 점은 통제와 저항 사이의 변증법이다. 직접통제와 더불어 책임자율의 등장과 공존은 이러한 변증법의 결과이다. Edwards에 의하면, 통제실무의 변형은 기업활동에서 격화하는 갈등과 모순의 해결책으로서 발생한다. 저항은 노동과정내에서 본질적이며, 새로운 형태의 저항은 명확한 역사적 환경하에서 발생하거나 특정한 경제적 · 사회적 맥락내에서 동일한 것에서 발생한다(Edwards, 1979, p.15). 기존의 통제형태는 노동저항을 효과적으로 더 이상 포함하지 않으며, 자본은 낡은 통제전략을 대체하거나 보완하기 위해 새로운 통제전략으로 실험해야 한다. 이러한 통제전략의 가정내에서 Edwards는 통제전략에서의 세속적 경향을 단순한 통제, 기술적 통제, 관료적 통제로 가정하였다. 이것은 Hopper · Armstrong(1991)이 '관리회계의 노동과정역사'의 구축에서 이용한 기본적인 이론적 개념이다. 이들에 의하면, 노동과정관점의 핵심적인 전제는 자본주의적 발전의 특별한 국면에 속하는 통제모형으로부터 발생하는 사회적 · 경제적 갈등이 새로운 통제형태의 생성을 자극한다(p.406). 이러한 새로운 통제형태는 저항을 제거하거나 촉진하고, 관련 수익성문제를 해결하고자 하며, 이들은 부분적으로 자신들의 경쟁적 우위가 일반화의 결과로 사라지고, 새로운 모순과 저항형태를 발생시키기 때문에 다시 부패한다.

노동과정논쟁에 대한 Burawoy의 기여는 세 가지 방식에서 중요하다. 첫째, 그는 노동과정분석의 통제-저항 이분법에서 동의(consent)의 개념을 강조한다[Burawoy가 작업장에서 동의개념을 주장한 유일하거나 첫 번째 사람은 아니었다. 초창기에 Gramsci가 이 개념을 정치국가와 시민국가(헤게모니) 사이의 모순과 조정에 관한 그의 정치적 저술의 이론적 분야에 가져왔다. 노동과정분석의 최전방에 헤게모니와 동의의 개념을 가져오는 데서 Burawoy의 기여가 주목할 만하지만, 작업장정치에서 동의의 존재를 반영하는 다른 학자들의 경험적 연구도 많이 있다. 예를 들면, Friedman의 책임자율(responsible autonomy)에 다소 반영되고 있다. 이와 유사하게 Nichols · Beynon(1977)도 그것을 체념한 묵인(resigned acquiescence)으로 제시하였다. Goldthorpe et al.(1969)에서 경영자권력을 수용하는 기초로서 유물주의적 도구성(materialistic instrumentality)도 작업장에서의 동의라는 사상과 유사하다]. 둘째, 그는 역사적으로 특정한 공장체제를 개념화하기 위해 국가장치로 생산정치를 얽히게 함으로써 더욱 광범위한 정치적 맥락에 노동과정을 자리매김한다. 마지막으로, 그는 노동과정분석을 '은폐된 저개발장소'(hidden abode of underdevelopment)로 확장하고 있다(Burawoy, 1985).

Burawoy의 특징은 노동과정내에서 동의제조(manufacturing consent)에 대한 그의 주안점에서 발생한다. 이 점에서 그의 주된 주장은 자본주의적 정치장치의 진화는 특히 국가정치는 자본가에게 동의에 의해 강압을 보완하도록 강요한다. Marx의 노동과정에 관한 원래의 이론화는 동의분야(arena)가 중요하지 않은 19세기 자본주의의 맥락에 있었다는 점을 감안하면, 그는 Marx의 동의 무관심에 동정적이다. 그러나, 그는 "시간의 경과에 따라, 노동계급투쟁의 결과로서, 임금이 점차적으로 개인의 노력지출과는 무관하게 된다. 따라서 강압은 동의조직에 의해 보완되어야 한다"(Burawoy, 1979, p.27)고 주장한다. 그러므로, 동의의 조직은 노동에 대한 통제를 행사하려는

의 통제전략은 통제전략에 필연적으로 적대적이지 않고 조정하고 조절하는 개별주체성과 정체성을 위한 사회적 공간을 생성한다는 것을 발견하고 있다. 그들은 자본주의적 노동제도의 구조 내에서 노동의 행위기능(agency)의 역할을 나타내는 노사간의 이원론을 인지하고 있다. 그러나 노동과정에서 주체성의 현안을 다루는 이들의 경향은 위에서 언급한 Foucault의 첫 번째 주체성의 정의와 유사하다. 예를 들면, Burawoy(1979)의 경우, 동의를 제조하는 것은 노동과정 그 자체의 특정한 조직이다. 그리하여 신Marx주의자의 경우에, 인간행위자가 구속받는 구조적 조건이 자신들의 주체성을 행사할 수 있는 필요한 사회공간을 제공한다.

둘째, 주체성문제는 노사간의 구조적 적대주의의 Marx주의적 존재론을 초월함으로서 특히, 후기구조주의에 관한 Foucault의 이론을 이용함으로써 다루어진다. 여기서 주체성은 사회제약조건의 맥락에서 의사결정을 할 수 있는 사람의 능력(Grugulis・Knights, 2001, p.22) 또는 노동자가 자신의 경험을 형성하기 위해 행위기능을 행사할 수 있는 정도(Jaros, 2001, p.38)로 정의된다. O'Doherty・Willmott(2001, p.114)는 주체성을 인간행위기능의 공적, 성찰적, 구체화된 품질로 정의할

자본의 의식적 노력의 필수적인 부분으로 된다.

Burawoy에게, 동의는 제조되며 개인들이 지니고 있는 마음의 주관적 상태(*ibid.*)가 아니다. 동의를 제조하는 것은 노동과정의 구체적인 조직이다. 그의 경우에, 동의는 노동과정에서 특별한 활동조직을 통해 표현되며, 이 조직의 결과이다. 그는 분명하게 특정한 의식이나 그러한 활동에 관여하는 개인의 주관적 속성과 동의를 구별한다. 노동자가 실제 선택으로 제시되는 방식으로 노동과정이 조직될 때, 그것이 아무리 협소하더라도, 동의는 그 노동자의 그 선택의 행사를 통해 제조된다. 동의제조의 근간을 이루는 이 선택(및 기회)의 의미는 자본주의적 생산조직을 중심으로 세 가지 종류[게임행동(gaming), 내부노동시장, 내부국가]의 역사적 발전에 의해 생산되고 재생산된다. 여기서 게임행동은 Burawoy(1979, p51)에 의하면, 종업원이 작업현상에서 하는 활동을 종업원이 유인보상을 받는 생산수준을 달성하고자 하는 일련의 게임으로 간주하며, 이 게임은 단순히 유인보상을 달성하는 것이 아니라, 생산라인의 노동자간에 적대감과 상호간의 의존성으로 확대된다. 그리하여 게임은 생산라인의 종속요소에 배치되어 있는 종업원간에 권력행사(power play)로 된다. 내부노동시장은 기업내에서 가동성을 촉진하고 기업간의 가동성을 감소시키는 기업에 내부적인 관리규칙과 절차의 구조적・제도적 장치이다. 내부국가(internal state)는 노동투쟁이 집단교섭과 고충절차에 의해서 경영자의 특권으로 내부화되는 메카니즘이다. 내부노동시장처럼, 그것은 이익의 확대에서 회사와 노동자의 이해관계를 조정하며, 노동자를 개인으로 구성함으로써 노동과정에서 자본주의적 생산관계를 애매하게 한다(Wickramasinghe・Alawattage, pp.460-463을 참조).

때 후기구조주의에 관한 Foucault의 이론을 이용하여 주체성문제를 다룰 수 있다는 것을 인지하고 있다.

특히, Foucault의 감시와 권력 개념이 적극적으로 반영되기 시작하면서 노동과정이론은 후기 구조주의적 경향을 나타내었다(제8장 Foucault의 비판적 방법론을 참조).

Foucault의 원형감옥(panopticon)이라는 개념을 도입하면, 노동현장에 정교한 기술의 도입으로, 노동력을 통제하고 감시할 수 있는 능력이 더욱 커지게 된다(Allsop · Calveley, p.58). 이것은 감시대상자에 대한 지속적인 감시의 위협이며, 노동현장에서 정교한 기술은 Foucault의 원형감옥의 특징을 가지며, 노동자는 지속적인 감시하에서 규율에 스스로 순응하게 된다는 것이다.

Knights · Willmott(1990)는 Braverman의 노동과정이론에는 노동과정의 주체성이 결여되어 있다고 주장하면서, 노동자들이 일상적인 경험을 통해 축적하게 되는 주체성에 대한 이해와 분석없이는 생산 현장에서 자본과 임노동의 관계가 실제로 어떻게 관찰되고 도전받게 되는지, 그리고 일상적인 사회적 관계와 상호작용 속에서 작업조직과 그 규율이 어떻게 유지, 재생산되는지를 이해할 수 없게 된다고 주장하고 있다. 이는 작업조직내의 사회관계와 노동자의 주체성을 분석하면서 Foucault의 권력관계개념과 자기정체성(self-identity)탐구에 의존하기 때문이다. 노동자들의 불안이 심화될수록 이를 경감하기 위해 노동자들의 자기정체성 확보에 대한 집착도 따라서 증대되는데, 노동자들은 작업과 관련된 일상화된 사적 활동이나 관행을 개발하고 이에 집착함으로써 자기정체성을 확보해 나가려고 한다(Knights · Willmott, 1989; Knights, 1990). 노동자들은 이러한 자기정체성에의 집착으로 자신들을 더욱 수동적이고 복종적인 주체로 머물게 한다. 따라서 노동과정이론의 새로운 임무는 "노동자의 개별화를 추동하는 자본주의적 생산관계가 노동자들로 하여금 자기 정체성을 확보하기 위한 사적인 노력들에 집착하도록 만드는 존재론적 불안들을 어떻게 악화시키는가"를 구체적으로 분석하는데 있다(Willmott, 1990b, p.371).

그러나 이러한 주체성담론은 거시적이고 객관적인 구조적 맥락을 도외시하고 있으며, 가치이론이 없다는 것에 문제점이 있다. 그리고 노동자의 주체성 탐구를 주된 목적으로 하는 이들의 관심은 자기정체성에 집착하는 개별화된 순응된 노동자를 통하여 기존의 권력과 지배관계가 어떻게 항구화되는가를 보여줄 뿐, 그러한 지배관계를 넘어서는 어떠한 전망도 제공해 주지 못하고 있다(Spencer, pp.238-240).

Thompson(1983, 1989)의 핵심이론(core theory)은 1990년대 이후에 정통Marx주의적 해석의 교조적이고 구조결정론적인 함정을 심각하게 경계하면서도 Braverman이 강조하였던 역사적이고 계급적인 분석관점을 견지해 나가는 한편, 실제 경험세계에서 발생하고 있는 노동과정의 상대적 자율성과 다양한 변화를 지속적으로 추적, 확인하여 노동과정이론의 전통과 명맥을 유지하고자 하였다.

4) Braverman 이후의 노동과정이론

이상과 같은 탈숙련화와 통제방식, 유연화, 주체성 등의 문제에 관한 논의를 거치면서 노동과정과 조직통제에 관한 연구는 Burawoy의 공장체제(factory regime)이론과 Gramsci의 헤게모니(hegemony)이론으로 발전하였다.

(1) Burawoy의 공장체제이론

Burawoy[32](1985)는 생산의 정치에서 노동과정분석에 정치적・이데올로기적 생산체제를 반영하려고 시도함으로써 내부국가[33]의 개념을 생산의 정치로 확대하고 있다. 이러한 시도에서 그는 생산과정이 순수한 경제적 요소 뿐만 아니라 정치적 요소와 이데올로기적 요소도 포함하고 있다고 전제하고 있다. 즉, "생산과정은 노동과정에 국한되지 않는다....생산과정도 투쟁의 규제를 통해 그러한 노동과정관계를

32) Michale Burawoy(1947-)는 미국 UC Berkeley의 사회학교수이다. 영국 Cambridge대학교에서 학사학위, Zambia대학교에서 석사학위, Chicago대학교에서 사회학 박사학위를 취득한 세계적인 사회학자이다.

33) Burawoy(1979)에 의하면, 내부국가는 기업의 수준에서 생산의 관계와 생산에서의 관계(생산관계)에 대한 투쟁을 조직하고, 변경하고, 억압하는 일단의 제도를 가리킨다(p.10).

재생산하는 정치적 수단을 포함하고 있다"(Burawoy, 1985, p.122). 그는 이러한 투쟁을 생산의 정치(politics of production)라고 부르고 있다. 이러한 투쟁은 공장통제나 공장체제(factory regime)의 양식을 국가와 세계정치에 연결하며 특정한 공장체제의 역사적 존재에 대한 거시정치적 이유를 설명하고 있다(Uddin · Hopper, 2001).

노동과정에 내재된 정치적 실천과 이데올로기적 가정 및 관련된 생산측면(Smith, 1990, p.367)을 가리키는 공장체제는 역사적으로 정치기구의 두 가지 설명변수에 의해 (재)형성되고 있다. 즉, 첫째는 공장기구와 국가기구 사이의 제도적 관계이고, 둘째는 공장체제에 대한 국가의 간섭이다. 정치기구에서 이러한 두 가지 변수의 결합은 상이한 공장체제를 촉진한다. 이러한 분류구조하에서 Burawoy는 헤게모니적 공장체제, 시장전제주의 공장체제, 관료적 전제주의 공장체제의 세 가지 공장체제유형을 식별하고 있다.

상이한 공장체제들의 차이점은 강압과 동의의 유행 그리고 강압이나 동의의 이유가 되는 정치기구에 의해서 나타낼 수 있다. 따라서, 전제주의에서 강압은 동의보다 우세하다. 시장 전제주의에서 강압이 우세한 이유는 경제적이며, 시장의 경제적 채찍에 의해 구성된다. 즉, 그 삶을 유지하기 위해 자본에 대한 노동의 거래적 의존. 이 경우에 국가의 간섭은 간접적이다. 그것은 노동의 가동성과 거시경제자원 배분에서 Pareto 효율성을 촉진하기 위해서 자유시장조건이 우세하다는 것을 확신하는 것이다. 그리하여 자본가나 감독자의 요구가 다음 날 노동자의 재등장과 양립하고 그 요구가 광범위하고도 가끔 강제되지 않는 법적 한계내에 존재하는 한, 노동자들은 자신들의 경제적 생존을 위해 전적으로 노동을 임의적으로 강화할 수 있는 자본가나 감독자에 좌우되는 것으로 가정된다(Burawoy, 1979, p.27). 전제주의는 국가보호, 노동조합, 노동자들의 투쟁이 허약할 때 재생산된다.

이와는 대조적으로, 강압이 우세한 이유는 국가의 관리계층을 통해 구성되는 곳에서 관료적 전제주의가 발생하기 때문이다. 이 경우에 공장과 국가는 일종의 국가소유기업을 형성하기 위해 제도적으로 함께 융합한다. 나아가 공장체제에 대한 국가의 간섭은 직접적이다. 즉, 공장체제의 내부조직에 대한 국가간섭과 노동은 국가의 관료적 권력구조에 좌우된다. 시장 전제주의나 관료적 전제주의의 어느 경우의 전제주의에서도 강압은 통치원칙이다.

한편, 헤게모니적 공장체제에서는 동의가 강압보다 우세하다. 공장기구와 국가기구 사이의 제도적 관계는 분리되어 있다. 그러나 국가는 예를 들면 생산시점에서 투쟁의 행위와 해결을 위한 메카니즘을 규정함으로써 공장체제에 직접 간섭한다(Burawoy, 1985, p.12).

Burawoy는 은폐된 저개발장소(hidden abode of underdevelopment)를 다루는 데서, 후기식민주의의 경제에 고유한 또 다른 형태의 전제주의인 식민지 전제주의(colonial despotism)를 식별하고 있다. 시장 전제주의나 관료적 전제주의의 경우처럼, 그것은 강압이 동의보다 우세하기 때문에 전제적이다. 그러나 하나의 인종집단이 다른 인종에게 거부된 정치적, 법적, 경제적 권리를 통해 지배하기 때문에 지배와 착취가 식민지적이다(*ibid.*, p.226). 시장 전제주의에서 강압은 노동자의 노동시장의 존에서 나오지만, 식민지 전제주의에서 강압은 독재적인 식민국가 및 관련된 상업자본이 노동조직이나 노동과정 밖에서 행사할 수 있는 임의적인 권력에서 나온다. Burawoy의 경우, 식민지 전제주의의 조직원칙은 분명한 인종주의이었다. 그러나 Burawoy에 의하면, 공장체제의 일반적인 특징은 노동과정의 형태와 기업간의 경쟁과는 독립적이다. 그 대신에, 노동과정의 일반적인 특징을 결정하는 두 가지 상호관련된 요소가 있다. 즉, 노동자생계의 임고용에 대한 의존성과 작업장에서 성과와 임고용의 결부(*ibid.*, p.126). 그리하여 국가의 정치기구는 이러한 노동/자본의 의존성에 간섭함으로써 공장체제 형태의 결정요소로 된다. 첫째, 사회보험입법은 임고용으로부터 노동자에 대한 생계독립의 최저수준을 보장할 뿐만 아니라, 최저임금을 설정한다. 그리하여 다시 시장기구는 전제주의를 위한 조건을 재생산할 수 없다. 즉, 성과에 임금을 결부하려는 자본의 경영자적 재량과 자본에 좌우되는 노동의 의존성. 둘째, 강제노동조합의 인식, 고충기구와 단체교섭 등과 같은 노동입법은 노동자를 해고, 임금삭감, 벌금 등의 자본가의 전제적 권력으로부터 보호한다. 이 모든 것은 전제주의의 사망에서 절정에 달한다. 그리하여, 이제 경영자는 전적으로 시장의 경제적 채찍에 더 이상 의존할 수 없다. 그것은 임의적 전제주의를 강요할 수 없다. 노동자들은 경영자와 협동하도록 설득되어야 한다. 그들의 이해관계는 자본과 조정되어야 한다. 강압이 동의보다 우세한 전제적인 초기 자본주의 체제는 동의가 우세한 헤게모니적인 체제로 대체되어야 한다(*ibid.*).

이러한 방식으로 Burawoy는 규제환경(특히 고용관계를 통치하는 국가기구)이 진화됨에 따라 생산시점의 통제가 전제적인 체제로부터 헤게모니적인 체제로 역사적으로 어떻게 변하였는가를 개념화하기 위해 이론체계를 제시하고 있다.

(2) Gramsci의 헤게모니이론

사전적 의미로 헤게모니(hegemony)개념은 두 가지 의미를 가지고 있다. 첫째는 패권주의에서처럼 패권을 의미하고, 둘째는 일정한 동의의 개념을 포함하고 있는 지도권을 의미한다(Bottomore et al.; 임석진 역, pp.601-602).

일반적으로 헤게모니는 하나의 사회집단(지배집단)이 다른 사회집단(피지배집단)에게 행사하는 권력을 가리킨다. 이것은 불평등하고 부당한 문화적, 사회적, 정치적 제도와 실무에 대한 준수에 의해 종속상태를 수용하려는 피지배집단의 묵인을 통해 통제를 실시할 수 있는 지배집단의 능력이다. 이 용어는 원래 급진적인 사회학적 비판에서 이용되었지만, 오늘날 지배적인 정치적, 경제적 이해관계를 가리키기 위해 이용된다. 그러므로 만약 부의 배분이 부의 극대화에 근거하고 있다면, 과거를 반영하고 그리하여 경제적 헤게모니의 이해관계를 강화하는 일정한 배분양상이 있는데, 이것은 자본주의의 일부이다(Gaffikin, p.85).

헤게모니개념에 의하면, 대중의 동의가 정치문화적 메카니즘을 설명해 준다. 헤게모니는 상이한 경제적·정치적 이해관계를 가지는 훨씬 더 큰 집단의 존재에도 불구하고, 현상태(또는 지배계급의 위치)가 유지되는 방식과 관련이 있다(Cooper, 1995, p.176). 그것은 체계적으로 불이익을 받는 집단이 지배하고 착취하는 위계적인 정치구조나 통제구조를 자발적으로 지지하는 이유를 설명하고자 한다(Richardson, 1989). Joseph(2002)에 의하면, 헤게모니는 종속집단에 대한 지배집단의 지도력행사 및 동의구축과 관련이 있다(p.1). 그러나, 그것이 복잡한 구조적, 역사적, 정치적 맥락 내에 있을 때, 헤게모니개념은 정치프로젝트의 정교화, 이해관계의 명료화, 사회적 동맹의 구축, 국가전략의 개발, 수동적 혁명의 착수 등과 같은 현안을 다룬다(Wickramasinghe · Alawattage, p.469).

사회에 관한 정통Marx주의의 관점에 의하면, 사회는 이데올로기, 법시스템, 정치국가 등과 같은 어떤 상부구조적 요소를 결정하는 경제적 토대로 구성된다(<도표 5-3>을 참조). 그리하여 Marx 자신의 경제적 토대와 상부구조 사이의 관계에 관한 구상은 경제적 토대가 그 밖의 모든 것의 결정요소라는 다소 결정론적 입장을 가지고 있다. Gramsci(1891-1937)의 문화정치체계는 국가, 이데올로기, 문화 특히 지적 지도력(intellectual leadership)을 지배와 통제시스템의 정치적 분석의 최전방에 가져옴으로써 이러한 결정론을 넘어서고 있다. Gramsci의 헤게모니이론의 기초적 전제는 변증법인데, 경제적 토대와 상부구조가 서로에게 영향을 줄 수 있다.

앞에서 동의가 노동과정의 게임행동(gaming), 내부노동시장, 내부국가 등의 상호관련된 조직메카니즘을 통해 어떻게 만들어지는가에 관한 Burawoy의 분석을 살펴본 바 있다. Gramsci의 헤게모니개념은 Burawoy의 분석과는 다소 다르다. Gramsci의 헤게모니개념은 지배계급의 이데올로기를 발산하고 그것을 보편적 이데올로기로 전환하는 것을 도와주고 그에 의해서 지배계급 이데올로기에게 대중의 동의를 제조하는 광범위한 사회의 문화적 · 이데올로기적 맥락으로 전환하는 것을 도와준다. 그리하여 공장체제와 동의제조(manufacturing consent)에 관한 Burawoy의 분석처럼, Gramsci의 헤게모니분석은 자본이 노동과정을 초월해서 노동을 어떻게 종속시키는가를 다루며, 조직갈등, 저항, 촉진, 동의의 역동성이 훨씬 더 광범위한 일단의 문화적, 이데올로기적, 규제적 요소에 의존한다는 것을 보여준다.

(문화적 · 정치적 · 조직적 지도력이라고도 하는) 지적 지도력(intellectual leadership)

은 대중의 동의가 지배계급의 세계관을 확산하고 보편화함으로써 구성되는 주요한 메카니즘이다. 그리하여, 어떤 경우에는 헤게모니가 지적·도덕적 지도력과 동일시된다(Richardson 1989; Cooper 1995를 참조). 그러나, 지적 지도력은 단순히 사회에서 지도자들의 지도력과 관련이 있는 것이 아니라 본질적이고 역동적으로 사회의 구조적 속성을 가지고 진화하고 있다. 지적 지도력은 사회에서 주요한 구조적 세력 간의 변증법적 관계 내의 제도적 조정이다. 이것이 헤게모니가 결정론적이지는 않지만 여전히 구조적인 이유이다.

헤게모니적 분석은 정통Marx주의와는 다른 일단의 사회학적 범주들을 이용한다. 후자는 자본과 노동 사이의 계급 적대주의에 일차적 주안점을 두고 있기 때문에, 계급을 사회에서 근본적인 구조적 세력으로 간주한다. 한편, Gramsci의 헤게모니이론은 헤게모니적 지배가 발생하는 일차적 관계로서 정치국가, 시민사회, 경제 사이의 변증법을 고려한다(<도표 5-6>을 참조). 그러나, 이것이 Marx주의에 관한 Gramsci의 개념이 계급 적대주의를 거부한다는 것을 의미하지는 않으며, 그것은 계급 적대주의가 지배계급과 피지배계급 사이의 헤게모니적 조정 내에서 어떻게 관리되는가를 보여준다. 이러한 헤게모니적 조정은 경제, 시민사회, 정치국가 사이의 상호작용을 통해 역사적으로 구성된다.

상부구조의 다양한 요소가 국가를 형성하며(Cooper, 1995, p.176을 참조), 국가는 두 개의 주요한 구조(정치국가와 시민국가)로 구성된다. 정치국가와 시민국가의 이분법은 정통국가와 다른 국가형태 특히 시민사회의 제도 사이에 권력공유가 있다는 인식에 의존한다. 정통국가의 개념은 지역적으로 결정된 인구의 관리와 관련있고, 그 권위는 국제적 법을 통해 다른 국가들에 의해 인정되는 일단의 긴밀하게 연결된 정부제도(Faulks, 1999, p.2)를 포괄하는데, 이것은 정치국가다. 정치국가이외에, 정당, 노동조합, 기업, 언론조직, 종교단체, 직업단체, 압력집단 등과 같은 자발적인 시민협회 내에서 지배구조의 권력 분출이 있다(Gramsci, 1971).

도표 5-6 구조적 맥락에서의 지적 지도력

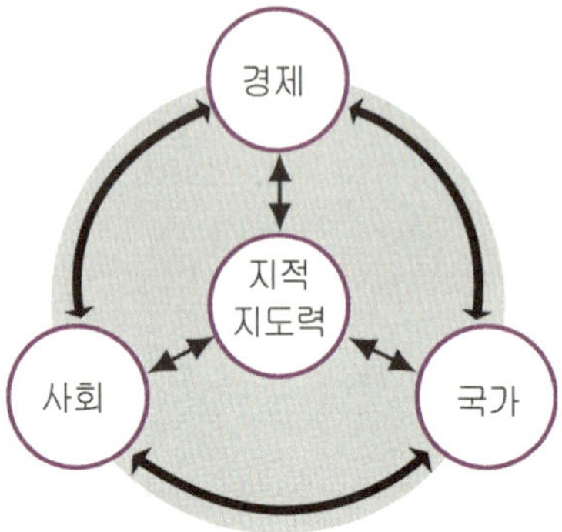

자료원: Wickramasinghe · Alawattage(2007, p.471).

시민국가와 시민사회라는 용어가 가끔 상호교환해서 이용된다. 시민사회는 그것이 정치국가로 침투할 때와 정부의 부서로 될 때 국가의 어떤 특징을 가진다. 이와 동시에, 시민국가는 시민사회가 필수적인 부분인 정부의 지배를 받는다는 점에서 사회이다. Gramsci(1971)가 다음과 같이 말할 때 시민사회의 이러한 본질을 성찰하고 있다. "국가의 일반개념은 ('국가 = 정치사회 + 시민사회'라고 말할 수 있다는 의미에서, 즉, 강압의 외투에 의해 보호되는 헤게모니) 시민사회의 개념에 비추어 볼 필요가 있는 요소를 포함한다는 것이 언급되어야 한다"(p263).

이것은 우리에게 또 다른 중요한 점을 가져온다. Richardson(1989, p.419)이 강조한 바와 같이, 헤게모니에는 동의의 헤게모니와 강압의 헤게모니라는 두 측면이 있다. 헤게모니분석의 일반적인 주목은 시민국가와 헤게모니의 동의적 차원에 있다는 것이 사실이다. 그러나, 정치국가의 존재는 강압의 잠재성이 항상 배경에 있다는 것을 의미한다. Richardson(1989)가 주장하는 바와 같이, 헤게모니국가는 강압과 동의의 균형을 표상하지만, 대다수에 의한 동의가 분명히 존재하는 국가를 표상한다(*ibid.*).

Gramsci의 담론은 시민사회의 권력을 크게 강조하고 있다. 왜냐하면 지적 지도력이 헤게모니의 구성을 위해 동원되는 것이 시민사회제도를 통해서이다. Cooper

(1995, p.205)가 지적한 바와 같이, 시민사회를 구성하는 조직은 사회실무와 관계의 복잡한 연결망의 결과이며, 사람들이 계급, 성, 인종, 민족, 지역공동체, 직업, 기타 인식론적 공동체 등에 의해 집단화되고 조직되는 상이한 방식을 명백히 한다. 이러한 시민사회제도를 통해서, 지배계급의 이데올로기를 확산하고 보편화하기 위해 지적 지도력이 조직되고 동원되며, 동의가 이데올로기 수준에서 제조된다. 이 방식으로, 지적·도덕적 지도력이 지배계급과 프롤레타리아 계급을 지배자와 피지배자, 지도자와 추종자, 지식인과 일반인 사이의 정치적 화합이나 유기적 결합(cohesion)으로 조직하는 데서 대리인역할을 수행한다(Gramsci, 1971). 이러한 의미에서, 헤게모니는 다른 계급에 대한 한 계급의 단순한 이데올로기적 지배가 아니라 지배자와 피지배자가 종속되는 경제, 정치국가, 시민사회 사이에 유기적 결합이나 동맹의 역사적 구축이다. 그러나, 마지막 분석에서, 이러한 유기적 조정의 역사적 역할은 지배와 착취가 구조화되는 헤게모니적 관계를 재생산하는 것이다.

2. 노동과정이론과 회계학연구

구상과 실행의 분리에 따라 결과적으로 노동과정이 독립된 장소와 독립된 노동자집단으로 분리되었다. 한 장소에서는 생산의 물질적 과정이 행해지고, 다른 장소에서는 설계, 계획, 계산, 기록 등이 집중된다. 노동과정이 시작하기 전에, 그것을 미리 구상하고, 각 노동자의 활동을 사전에 구체화시키며 각 실행기능을 규정하고, 진행중인 과정을 검사, 통제하고, 각 과정이 끝날 때마다 성과를 평가하는 생산의 이러한 측면은 작업현장에서 관리실로 이전된다(Braverman, *op cit.*, p.86). 여기서 계획, 계산, 기록, 통제, 평가 등은 회계의 중요한 기능이다. 공산주의 혁명가인 Lenin도 "Taylor시스템은 모든 자본주의적 진보와 마찬가지로 작업중인 기계적 동작을 분석할 때, 불필요하고 잘못된 동작을 제거하고 올바른 작업방법을 확립하며 최상의 회계·통제시스템을 도입하는 것과 같은 이 분야에서의 최고의 과학적 업적과 부르조아적 착취의 치밀한 야만성이 결합된 것이다”라고 말한 바 있다(*ibid.*, pp.8-9). 그리하여 관리자들의 지식은 노동을 통제하고 잉여가치를 추출할 수 있는 능력을 통해 정당화되었으며, 이 중심에 회계가 있다.

노동과정이론에서 회계는 조직성과의 공평하고, 객관적인 기록을 거울에 단순히 비추어 본다는 전통적인 개념으로부터 경제조직에서 일상생활의 규범을 형성하고, 규율하며, 정당화하는 것과 관련되는 것으로 간주된다(Hopper·Storey·Willomtt, p.448).

회계 특히, 관리회계에서 통제(control)는 중심적인 개념 중의 하나이며, 노동과정이론에서도 권력(power)과 더불어 중심적인 개념이다. Braverman(1974)은 통제의 문제에 관심을 집중함으로서 노동과정이론을 부활시켰다(Tinker, 2002b).

노동과정이론에서 회계 특히, 관리회계는 자본주의적 이해관계에 의해 임노동의 제도화된 종속과 통제에서 중요한 역할을 수행한다.

노동과정이론에 의하면, 권력은 생산양식에 대한 통제로부터 나온다. 통제시스템은 자본주의적 생산양식의 수요에 반응함으로써 그 권력의 유지에 근거한 수단이다. 관리회계는 자본의 기득권을 유지하기 위한 관리기술로 인식된다.

Fleischman·Kalbers·Parker(1996)에 의하면, 노동과정이론의 방법론을 채택한 회계역사연구자는 낡은 경제환원론(economic reductionism)으로부터 노사관계를 정의하는 사회적, 문화적, 정치적 기반에 관한 광범위한 조사로 이동하였다고 한다(p.326). Braverman(1974)의 연구가 이 분야에서 이론적 기초로 이용되고 있다. 최근에 많은 회계학자들이 노동과정이론의 방법론을 이용하고 있다. Fleischman et al.(1996)은 노동과정이론을 이용하는 연구자들은 조직과 사회에서 갈등과 저항의 본질에 관한 이해가 필요하다는 점을 지적하고 있다. 그들은 Smith(1994)를 인용하면서, 노동과정이론의 성과중의 하나는 착취, 계급, 계급갈등 등을 자본주의의 노동분석에서 중심적인 자리로 회복한 효과가 있다고 주장하였다.

1) 통제와 탈숙련화

회계는 가치평가를 위한 중요한 계산수단(calculus)으로 간주되지만(Bryer, 2006b; Tinker et al., 1982), 정통이론들이 효율성의 개선을 유익한 것으로 묘사하고 있는데 반하여, 노동과정이론은 이것이 누구에게 유익한가를 묻는다. 노동과정이론은 자본을 위한 잉여증가가 임금하락, 실업, 노동강화, 환경악화에 기인할 수 있다는 것을 지적하고 있다(Cooper・Hopper, 2007, p.211).

정통경영이론들은 조직을 그 참가자들이 일반적으로 인정된 상호 유리한 목표를 달성하기 위해 조화롭게 일하는 합리적・협동적 관계의 특징이 있는 통일체로 서술하며, 관리회계는 합리적 계획, 조직설계 및 의사결정을 위해 정보를 제공하는 것으로 간주된다. 그러나 노동과정이론은 조직을 종업원의 준수와 동의가 허약한 지속적인 갈등의 장으로 서술한다. 종업원의 (잠재적 또는 현실적) 저항은 통제를 하는데 중요하다. 노동과정이론에서 관리회계는 종업원통제를 목적으로 하는 이데올로기적인 계산언어이다(*ibid.*).

회계학분야에서도 회계시스템과 통제가 어떻게 자본주의적 생산양식의 매체이면서 결과인가를 조사하는 데서 노동과정이론을 주장하고 적용하는 연구가 많이 있다. 회계학연구에서 노동과정이론의 초기의 주장자는 T. Hopper와 P. Armstrong이었다. 초기의 연구에는 Hopper・Powell(1985), Hopper et al.(1986), Hopper et al.(1987), Armstrong(1985, 1986, 1987, 1989), Knights・Collison(1987), Neimark・Tinker(1986, 1987), Hopper・Armstrong(1991) 등이 있다.

이러한 초기의 연구들은 노사관계와 통제수단으로서 회계의 시사점에 관해 Marx주의적 방법론인 노동과정이론을 적용하기 시작하였다. 여기서는 회계연구자들이 사회에 보편적인 거시구조의 변화와 관련해서 표준원가계산, 간접비회계, 활동기준원가계산 등과 같은 특정한 관리회계 통제기법의 등장, 변화, 이용도 설명하고자 한다.

Armstrong(1985)은 영국기업에서 회계통제의 지배는 단순히 과학적 관리와 관련된 공학적 통제의 실패에 대한 자본주의적 반응이 아니라, 노동을 통제할 기술을 자본에 제공하기 위해, 공학자, 인사관리자, 회계담당자 등 전문가 사이의 경쟁의 산물이라고 주장하였다. 영국에서 회계담당자의 성공과 회계전문직의 권위는 공학 지식체계의 이용과 자본가의 이익에 더욱 부합하게 한 것에 기인하였다. 회계통제는 잉여가치를 추출하고 착취하기 위한 영국식 양식을 보증하였기 때문에, 영국에 영향력이 있었다고 주장하였다. 즉, 영국에서 회계사들의 지위가 비교적 상위에 있게 된 것은 자본주의의 객관적인 필요의 산물이라기 보다는 그들의 기술을 경영 통제시스템으로 발전시킨 노력의 산물이라고 주장하고 있다(*ibid.*, p.145). Armstrong(1987)은 상이한 시대에 자본주의 기업, 국가, 투자자 사이의 관계에서 재무통제가 우월한 이유를 살펴본 바 있다. 그는 영국기업에서 경영계층과 재무통제양식이 우수한 것은 회계전문직이 선호한 내부통제양식을 지지하기 위해 영국자본시장이 권력기반을 확립한 감사를 강조하였기 때문이라고 주장하였다. 특히 제2차 세계대전기간에 국가 간섭으로 재무통제가 선호되었는데, 이것은 직접적인 산업간섭을 피하였으며, 자본방임적 자본주의를 유지하는 것을 도와주었기 때문이다.

관리회계분야에서 이론적으로 노동과정관점을 채택한 경우는 Hopper et al., 1987)이다. 그들에 의하면, 노동과정이론은 조직의 목표를 기득권자(vested interests) 즉, 자본의 목표로 간주한다. 그러므로 관리회계기법은 그러한 이해관계자의 재생산을 확보하기 위해 설계된 도구이며, 자본주의적 노동과정을 수반하는 분배적 갈등에 관한 문제에 무관심하였다고 주장한다. 그리하여 관리회계기법들은 노동의 종속을 제도화하고 경영자의 통제전략을 실현하기 위해 이용된다. 조직은 노동과정관점에서 계급관계의 반영이며, 외부에 의해 구조화되는 것으로 간주된다. 이러한 방식으로 조직은 관리회계기법이 자본대리인인 경영자의 권력과 통제를 증가시키는데 이바지하는 계급투쟁의 장소이다(Hopper et al., 1987).

노동과정관점은 효율성의 논리를 경영자의 통제 추구를 은폐하고자 하는 도구로 간주한다. 관리회계라는 언어는 파당적인 이해관계를 정당화하는데 이바지하며, 이 점에서 이것은 전체적으로 이데올로기적이다. 노동과정관점은 관리회계가 단순히 보조적인, 정치적으로 중립적인 기록기능은 아니라는 점을 논증하고자 한다. 관리회계는 자본의 이해관계와 그 경영자에게 노동력을 처벌·통제하는 수단이다. 노동과정관점은 노동자의 일탈행동을 그의 저항능력의 증거로 간주한다. 이러한 저항은 기존의 사회조직의 특징인 불평등과 모순에 대한 반응으로 간주된다(*ibid.*).

Hopper et al.(1987)은 논문의 마지막 부분에서, 노동과정관점을 변증법적 체계라고 부르고 있다. 여기에는 생산관계의 간주관적(intersubjective) 성격을 평가하기 위한 분석적 공간이 있고, 정치적, 이데올로기적, 경제적 세력간의 상호작용의 매개와 결과로서 이들의 구조를 파악하기 위한 공간이 있다. 이러한 분석의 가장 좋은 예는 Hopper et al.(1986)의 영국석탄위원회(National Coal Board) 사례연구자료의 재해석에서 발견된다. 전통적인 노동과정논문은 Johnson·Kaplan의 원가와 관리회계의 역사인 *Relevance Lost*(1987)에 관한 Hopper·Armstrong(1991)의 비판이다.

Hopper·Armstrong(1991)은 관리회계의 기능회복을 위해 Johnson·Kaplan이 관리회계를 더욱 전략적이게 하자는 주장을 비판하고 있다. 그들은 미국의 노동역사로부터 도출하여, 회계기술과 계산이 경제적이거나 기술적인 요인에 의해 도출된 것이 아니라, 자본주의발전의 다양한 시기에 노동을 통제하기 위한 기업의 다양한 전략과 관련이 있는 노사간의 투쟁에 근거하였다고 주장하였다. Hopper·Armstrong(1991)은 내부하청의 십장(foremen)에 입각한 생산통제로부터 대규모 복수 사업부 관료의 통제까지 통제체제(control regime) 등장의 역사와 이러한 통제체제와 원가회계 사이의 접점을 추적하였다. 20세기 초에 사업부조직을 가진 대기업의 형성으로 기업본부를 위한 그 자체의 통제문제가 발생하였다. 그들은 1930년대 이후에 조직에서 원가회계실무의 개선이 부족한 것은 노동조합이 해고와 노동강화에 저항한 뉴딜(new deal)시대의 산물이라고 주장하였다(p.407).

Oakes·Miranti(1996)는 1910년대에 Brandies라는 사람이 미국철도회사가 과학적 관리(특히 표준원가계산)를 도입한다면, 많은 돈을 절약할 수 있을 것이라는 주장하였는데, 이 주장이 그 당시 언론의 관심을 받아서 효율성과 과학적 관리

및 표준원가계산의 확산을 도와주었다는 결론을 내린 바 있다. 표준원가계산의 발전과 같은 과학적 관리의 도입으로 독점가격의 인상, 생산과 고용양상의 유연화, 2차 노동시장과 생산자시장으로 경제압력의 변경이 발생하였다는 것이다.

Armstrong et al.(1996)은 영국의 대기업에서 예상보다 적은 예산통제의 빈도를 발견하였다. 예산통제에서 투자수익률의 이용에 영향을 주는 유력한 요소는 강한 노동조합의 조건하에서 내부거래와 외부경쟁이었다. 투자수익률의 목표는 사업단위 수익성을 외부경쟁 때문에 달성불가능한 조건으로 정의하고, 조직내의 다른 곳으로 초과비용을 이전함으로써 노동조합전략과는 반대의 전략을 구성하였다. 낮은 노무비의 비율은 특히 남성의 상근노동자보다 더 높은 이직율과 일시적으로 해고하거나 고용하기가 쉬운 여성노동자나 비상근노동자가 큰 비율을 차지하는 기업에서 이용되는 노동력착취의 신호이었다. 예산의 이용은 경영자의 자율성 및 노동통제와 밀접한 관련이 있었다.

Armstrong(2000)은 예산통제가 불안정한 고용형태를 재생산하며 직접노동이 변동비라는 원가계산가정에 반영되어 있다고 주장한다. 그는 역사적 연구에 의해서 예산이 경기변동의 비용을 자본으로부터 노동으로 전환시킨다고 주장한다. 직접노무비를 반영하는 예산목표는 노동자가 유연성에 저항할 수 없고, 만약 단위성과가 기대이하로 하락한다면 일시해고가 가능한 기업에서 더욱 보편적이라고 주장한다. 여성노동자 및 비상근노동자의 비율과 성과목표로서 단위노무비와 직접노무비/매출액의 비율을 이용하는 것 사이에 강력한 양(+)의 연관성이 있다는 것이다. 투자수익률의 목표는 성과를 달성하지 못하는 사업단위에서 해고와 연관성이 있었다. 그는 회계통제시스템이 안전한 소득과 고용이라는 노동조합의 목표를 좌절시킨다고 주장하였다.

Cooper · Taylor(2000)의 연구는 회계직능에서 Braverman의 탈숙련주장에 관한 고전적 검정이다. 이 연구는 회계직무가 회계산업의 비전문가요소, 주로 부기사무원에 의해 수행된다는 것을 보여주고 있다. 그들은 19세기 중반에서 1996년까지 회계직능에서 탈숙련화의 역사적 경향을 추적하는 연구를 발표하여, 회계산업에서 대다수의 노동경험이 Taylor식 과학적 관리원칙에 따른 탈숙련화의 하나라고 주장하고 있다(Cooper · Taylor, 2000, p.556). Braverman의 탈숙련화주장이 1970년대, 1980년대, 1990년대에 회계산업에서 진보(progress)에 관한 우리의 이해를 비추어 볼 수 있지만, 이들은 기능을 정화하고 제공하는 것과 유사한 방식으로 외주를 유도하면서, 새로운 경영자들이 회계를 비핵심기능으로 주변화하는 것도 예상할 수 있을 것이다.

Bryer(2005)는 영국의 산업혁명기간에, 경영통제기법의 진화를 추적하였다. Bryer는 이 역사를 추적하는 데서 이 기간에 표준원가계산, 재무회계와 관리회계의 통합 등과 같은 경영통제기법의 정교화가 그 시대의 자본주의식 기업내에서 사회적 생산관계의 변화와 연결되었다고 주장한다.

Toms(2005)도 18세기 초부터 오늘날까지 영국의 목화산업에서 재무통제와 경영통제의 변화를 추적한 바 있다. 그는 이러한 변화를 연구대상 기간의 산업구조, 자본시장, 채권시장 등의 변화와 연결시켰다.

Bryer(2006)은 회계가 자본수익률에 대해 집단노동자가 회계책임을 지게 함으로써 생산에서 자본주의정신을 나타낸다는 점에서 현대기업의 중심에 있다고 주장한다. 회계이해의 정치적 시사점은 활동가들이 생산의 노동자통제를 추구하기 보다는 안정화과정의 노동자통제를 추구해야 한다는 것이다. 그는 노동과정의 통제로부터 노동과정의 회계책임을 통제하는 것을 주장하였다.

Cole · Cooper(2006)은 Braverman(1974)의 관점에서 영국의 철도민영화에 수반된 탈숙련화를 살펴보고 있다. 이들은 탈숙련화의 결과는 최근에 영국의 철도에서 직면하는 심각한 안전문제라고 주장한다. 그들은 영국의 철도민영화과정에서 4대 회계법인, 자본, 국가 간의 연계관계(linkage)에 주목하고 있다. 이들의 분석은 영국에서 회계전문가가 정부정책을 개발하는데 중요한 역할을 하면서, 민영화의 거대한 금융수혜자라는 점을 보여주고 있다.

2) 유연화담론

Armstrong(2002a)은 활동기준원가계산(ABC)이 탈숙련화와 관련이 있다는 점을 예시하고 있다. ABC는 특히 중간경영자에 의해 활동의 지식을 추출하는데, 이들의 노동이 가치부가적인가의 여부에 따라 고정간접비라기 보다는 임의적인 변동간접비로 처리된다. Armstrong(2002a)은 ABC/활동기준경영(ABM)이 어떻게 회계법인의 상담활동에 유리한 산업이 되었는가를 보여주고 있다. 그는 그것이 참모조직을 특정한 원가대상을 위한 일상적인 서비스의 반복된 행동의 대량생산자로 취급함으로써 회계책임을 확대하고, 임금예산을 활동량에 연결시키는 성과지표를 생성하고, 일시적 참모고용을 조장하며, 가치분석과 연결될 때, ABC/ABM의 활동정의에 해당되지 않는 참모의 노동을 분리하며, 자체의 타당한 관리수단을 가지는 인적자원관리, 마케팅이나 구매 등과 같은 분야에서 비일상적인 노동을 일상화시킨다고 주장한다. 여기서 노동에서 발생하는 근본적인 갈등의 본질을 본다. 조직을 더욱 수익성있게(효율적이게) 하려는 시도에서, 노동자는 실업상태로 되고, 노동은 집중화되며(더 많은 노력, 더 긴 비임금 노동시간), 그리고 더욱 현명하게 일하는 사람(working smarter)으로 알려진 노동자는 새로운 지식과 기술을 개발해야 한다(Cooper · Hopper, p.216). Armstrong(2002a)의 연구는 현대관리기술에서 혁신의 시사점을 탐구하는 데서 노동과정이론의 간접적인 적용을 대표한다. 구체적으로, 저자는 구매기능의 예를 이용하면서, 참모기능에 대한 활동기준경영/활동기준원가계산의 적용을 살펴보고 비판하고 있다. 명시적으로 언급되지는 않았지만, Armstrong은 현대노동조직 내에서 비생산기능에 대한 과학적 관리(생산주의적 사고방식)의 은밀한 적용을 평가하기 위해 노동과정관점을 이용하고 있다. ABM은 그렇게 하기 위한 일단의 기법을 대표한다.

탈숙련화, 업무의 표준화, 목적원가계산 등과 같은 노동과정이론의 구축물(constructs)들이 그렇게 명시적으로 설명되어 있지 않지만, ABM의 미사어구(rhetoric)가 노동과정 내에 내재되어 있다. ABM이 그 전체적인 개념화에 의해 촉진하는 것은 생산과정 뿐만 아니라 전통적으로 영향을 받지 않은 지적 노동(intellectual work)에 이러한 규율적 개념을 위한 적용이다. 성과구체화는 행위자나 전문가의 문화에서 만들어지는 것으로부터 감시자(monitor)의 문화 내에서 그리고 감시자의 문화에 의해 만들어지는 것으로 변한다.[34] Armstrong은 ABM을 이용하여, 관리회계가 이제 모든 조직기능에 회계책임의 제도(regimes of accountability)(Armstrong 2002a, p.103)를 구축할 수 있는 능력을 요구할 수 있다고 주장한다. 모든 규정은 규정할 수 있고 반복가능하며 제품이나 공정과 연관되는 것으로 가정된다. 만약 그 활동이 그렇게 규정될 수 없다면, 그것은 제거의 대상이다. Armstrong은 노동과정이론의 방침에 비추어, ABM의 사회적 결과와 진실주장(truth claims)을 살펴보고 있다. 그는 이러한 생산주의적 관점이 어떻게 결함이 있고 근시안적이며, 기술이 비관습적인 노동을 포괄할 수 없기 때문에 자본주의적 목적에 어떻게 실제로 해로운지를 계속해서 보여주고 있다(Armstrong, 2002a).

전략적 성과측정, 특히 경제적 부가가치와 주주가치측정은 실질적이지만 가끔 간과되는 전략적 관리회계의 요소와 밀접하게 연결되어 있다. 즉, 이는 중립적 경영방법이라는 제목 하에서 제시된 주주가치지향의 장점에 관한 주장이다.[35] 이것은 신념을 재생산하며 주주가치극대화의 이데올로기를 달성하고 이 목적이 자연스럽고 불가피하다는 인상을 창조하기 위한 추가적인 메카니즘을 제공한다. 노동과정이론은 이것이 도덕적으로 그리고 정치적으로 의심스러운 것(Engelen, 2002)이며, 보편적으로 적용되지 않고 다른 집단의 희생으로 자본을 이롭게 한다고 주장한다. Kaplan · Norton은 성과에 관해서 복수의 관점에 관해 말하고 있지만, 이러한 관점들이 "우리가 자본제공자를 위해 어떻게 수행하고 있는가?"에 관한 재무적 관심을

34) 초기에 직능공의 경험의 경우처럼.

35) Ittner · Larcker(2001)의 관리회계연구의 검토논문은 전략적 관리회계(SMA)의 대부분을 가치기반 경영에 명시적으로 연결시키고 있다. 이 용어는 상담자들이 주주가치극대화에 이 기법들을 연결시키기 위해 이용하고 있다. 역설적으로, Ittner · Larcker는 많은 전략적 관리회계사상(ABC, EVA, BSC 등)이 실제로 기업의 수익성을 개선하는지를 나타내는 경험적 연구는 별로 없다고 비판하고 있다.

유도하고 있다. 따라서 Yuthas · Tinker(1994)는 ABC, TQM(및 EVA와 BSC)을 이데올로기적 재편성과 일치하는 사회질서와 헤게모니를 부과하는 회계기법으로 간주한다.

3) 주체성담론

1980년대 후반과 1990년대 초에, Marx주의에 입각한 비판으로서 노동과정은 포스트모더니즘(후기구조주의)의 영향을 받았다(Roslender · Dillard, 2003). Braverman의 주체성 문제에 대한 반응으로, 두 명의 유명한 노동과정 학자인 Knights · Willmott(1990)가 Foucault식 분석을 노동과정분석에 반영할 것을 주장하였으며, 이 주장에 응한 예로는 Miller · O'Leary(1993, 1994), Ezzamel · Willmott (1998), Ezzamel et al.(2004) 등이 있다. Foucault의 방식은 필연적으로 Marx주의식 비판노선을 폐기한다. 그리하여 자본주의식 작업장의 평가는 그 정치적 차원을 상실하며, 변화를 위한 프로그램이 추론적인 구성과 초현실의 혼란속에 매장되었다.

Knights · Collinson(1987)은 노동자의 주체성과 현대의 권력/지식 영역에서 일상적인 사회실무에 규율이 어떻게 내재되어 있는가를 탐구하기 위해 노동과정이론과 Foucault의 방법론과 이론[36]을 결합하고 있다. 그들은 심리적(말하자면, 인간관계) 기술과 재무회계의 경영규율기술들이 작업현장에서 권력을 어떻게 발휘하였는가를 추적하고 있다. 경영자의 의사소통시도는 노동자의 혐의와 불신을 가중하였지만, 중복감사에 제출된 재무제표는 불변이었다. Knights · Collinson은 심리적 규율과는 대조적으로 재무규율이 더 효과적이라고 주장한다. 왜냐하면, 그것은 경제적 생업자로서 작업현장의 남성노동자라는 주체적 정체성과 이들의 거칠고, 남성적이며, 실천적 · 독립적 신념과 일치하기 때문이다. 달리 말하자면, 남성 육체노동자의 남성적 주체성은 노동을 규율하기 위한 재무회계의 권력에 기여한다.[37] 현대의 노

36) 이에 관해서는 김석웅(1997)과 제8장을 참조.

37) 회계와 성(gender)에 관한 연구를 수록하고 있는 것으로 예를 들면, *Accounting, Auditing and*

동과정이론도 다른 노동자들처럼 임금노동자와 자본의 대리인인 경영자의 지위를 다루고 있다. 그리하여 경영자는 부분적으로 노사 간의 실용적 조정자인 자본의 대리인이고 그 자신의 이익의 대리인이다(Teulings, 1986).

Saravanamuthu·Tinker(2003)는 다국적기업의 호주 자회사의 경영자가 개별 단위나 공장에서 통제의 정치에 의존하면서 노동자의 욕구를 어떻게 조정하였는지, 자본의 이익을 어떻게 희석하였는지, 또는 효율성풍조를 어떻게 가동하였는지를 예시하고 있다. 경영자들은 강압적이거나 기술관료적 방법을 항상 사용할 수는 없었지만, 정치적으로 민감해야 했다. 기술, 노동자숙련, 제품경쟁 등이 노동자의 저항에 영향을 주었으며, 노동과정을 통제하기 위한 경영자의 전략은 이것을 조정해야 했다. 그리하여 그들은 상이한 시기에 상이한 공장부서에서 강압적인 기술과 새로운 형태의 경제시민정신(economic citizenship)을 이용하였다. 회계는 어떤 성과요소들을 가시적으로 만들기 때문에 경영의 정체성에 영향을 주었지만, 전반적인 경제적·분배적 문제들이 최우선으로 주어졌다.

Armstrong(2002b)은 착취된다는 것은 이것이 그렇게 인식될 것이라는 것을 의미하지 않는다는 점을 지적하고 있다. 노동과 노동자의 지위는 부분적으로 주관적으로 결정되며 자기정체성의 원천이다. 노동과정이론화가 이것을 다룬다. 예를 들면, Oakes·Covaleski(1994)는 1950년대와 1960년대 초에 세 기업에서, 이익공유를 포함한 (전략적 관리회계의 중요한 요소인) 회계에 입각한 유인계획(incentive plans)을 검토하고 있다. 그들은 유인계획이 회계에 입각한 성과요소를 반영한 정도는 통제(및 저항) 문제와 참가자의 선호, 특히 생산성에 대한 공학척도 대 회계척도에 대한 조직화된 노동의 반응, 유인체계에 대한 노동조합의 지지와 반대의 차이, 회계표상(representation)에 직면할 수 있는 노동의 능력과 의지 등에 달려있다. 지부노조와 전국노조는 노동조합의 다른 목적을 유지하면서도 유인을 관리하고자 하였지만, 이것은 미국 노동조합주의에 의해 제약을 받았다. 이익공유의 상세한 측면들은 의

Accountability Journal, 1992, 5(3)과 Anissette(2003) 등을 참조.

미, 행동담론, 정당성 등을 포함해서 노동과정의 맥락 밖에서 이해할 수 없었다. 가끔 발표된 재무제표와 Wall Street의 보고서로부터 노동의 용도가 성숙하고 협동적인 개인들로서 노동자들의 정체성을 재강화하였는데 반하여, 공학척도는 이들을 아이처럼 취급하였기 때문에, 노동은 공학표준과는 달리 회계수치의 객관성에 도전하지 않았다.

노동자의 정체성은 전략적 관리회계를 포함해서 새로운 경영형태에 관한 노동과정연구에 중심적이다. 이 연구들은 전략적 관리회계의 노동과정과 후기구조주의적 이론화의 요소들을 결합하기도 하고 때로는 어느 한 이론의 지지자들을 불편하게 하기도 한다(Tinker, 2002b). Ezzamel · Willmott(1998)는 수직적으로 통합된 세계적 소매기업에서 주체성과 회계계산을 탐구하고 있다. Ezzamel et al.(2001)은 Lean생산방식을 실시하고 노동실무를 개량하기 위한 반복된 기업주도안들이 어떻게 노동자들의 개별적 · 집단적 저항에 의해서 좌절되었는지를 추정하고 있다. 주류의 분석들은 협동작업(teamwork)의 신선함과 상호혜택을 강조하고 있지만, Ezzamel et al.(2004)은 대규모 다국적기업의 제조공장에서 생산의 정치는 회계담론이 종업원과 이들의 반응에 의해 어떻게 수용되는가를 이해하는데 결정적이라는 점을 발견하였다. 시장변동과 기업소유의 변화에 직면해서 고위경영자들은 ABC/ABM, Lean 생산방식, Cell 방식제조, 비재량적 경영 등을 포함해서, 생산방법, 경영유형, 회계기법 등의 변경을 통해 생산성과 이익을 제고하고자 노력하였다. 작업현장노동자들은 이러한 방안들을 노동자의 수를 줄임으로써 노동을 고도화하기 위한 노력으로 해석하였기 때문에 이러한 방안들에 저항하였다. 상당한 기간동안 새로운 회계(및 경영)기법을 촉진하는 경영자의 담론과 합리성에 도전한 노동자 자신의 이익을 정의하고 명확히 하는 공간을 창조할 수 있는 노동자들의 능력에 의해 경영자의 기업지배구조가 조정되었다. 노동저항은 임금과 고용에 관한 전통적인 노동과정문제에 기인할 뿐만 아니라, 인식가능한 신중한 생산자로서 노동자들의 정체성에 대한 위협을 노동자 스스로 인지하였기 때문이다(Cooper · Hopper, 2007, p.216).

4) Burawoy의 공장체제이론

Burawoy의 공장체제이론이 제3세계의 생산정치에 관한 분석에 적용되고 있는데 회계학과 관련된 연구는 Bangladesh의 비누제조기업에 관한 Uddin・Hopper (2001)의 분석이다.

Uddin・Hopper(2001)는 식민지로부터 공적 소유를 거쳐 사적 소유로 극적인 소유변화를 겪은 남아시아 제조산업의 전형인 Bangladesh의 비누제조기업에서 통제의 역사적 변화를 이론화하기 위해 Burawoy(1979, 1985)의 공장체제(factory regime)이론을 이용하였다.

Uddin・Hopper(2001)은 면접, 참여관찰, 내부서류분석, 공개적으로 이용가능한 정보 등으로부터 자료를 구하여 집중적인 사례분석을 실시하였다. Braverman과 Burawoy의 사상은 근본적으로 Marx의 자본주의식 생산형태에 관한 비판에 근거하고 있지만, Braverman은 탈숙련화를 노동과정에 대한 일차적인 통제수단으로 제안하고 있고, Burawoy는 노사갈등의 전환은 경영자의 통제에 대한 노동자의 저항을 감소시키면서 잉여가치의 존재와 배분을 애매하게 한다고 주장하고 있다

그들은 Burawoy의 이론을 이용하면서 실제적인 통제체제로 확립된 세 가지 이상적인 유형(식민지 전제주의, 헤게모니 전제주의, 시장 전제주의)의 공장체제를 모방하였다. 그들은 소유구조가 식민지 사적 소유에서 후기식민지 공적 소유로 그리고 나서 후기식민지 사적 소유로 변화하였기 때문에, 식민지 전제주의에서 헤게모니로 그리고 나서 시장 전제주의로의 공장체제의 역사적 변화가 있을 것이라고 기대하였다. 이러한 이상적인 유형의 공장체제구축은 국제개발금융기관의 후원하에서 후기식민주의 역사의 각 국면에 착수된 개혁프로젝트의 낙관적인 예측을 충족시켰다. 그러나 Uddin・Hopper는 후기식민지 Bangladesh에서 특정한 정치적 상황이 예상되지 않는 것을 제조하는 데서 조절변수로 작용한다는 것을 보여주었다 (Wickramasinghe・Alawattage, pp.467-468).

Burawoy의 공식에 근거하여, 초기의 노동조합투쟁과 결부된 독립투쟁은 식민지

전제주의를 내부시장, 내부국가와 게임을 통해 동의가 제조되는 헤게모니체제로 변할 것으로 기대되었지만, 정치적 간섭을 통해 동의가 제조되는 정치적 헤게모니를 형성하기 위해 이러한 이상적이고 전형적인 변화를 정당후원 노동조합주의와 결부된 정치적이고 당파적인(factionalized) 국가가 조절하였다(*ibid.*).

이러한 정치적 헤게모니는 혼수상태의 적자공기업과 생산의 과도한 정치화에 해당하는 정책실패를 신호전달하였다. 이 정책의 해결은 소유와 통제를 민간자본에 이전함으로써 공기업을 개혁하는 것이었다. 이상적인 기대는 경제거래를 통해 동의가 제조되는 시장에 입각한 헤게모니 전제주의이었다. 그러나 허약한 노동조합, 분열된 노동자, 허약한 국가규제 등으로 인한 강압에 의해 비식민지 민간자본하에 재확립된 새로운 정실자본주의[38]적 전제주의가 형성되었다(*ibid.*).

회계시스템에 관한 통제제도는 회계시스템의 요소를 정의한다. 예를 들면, 헤게모니와 시장에 입각한 통제제도는 정치적 헤게모니와 정치적 독재로 전환되었다. 시장에 입각한 통제제도내의 사적 소유하에서, 기업에 관한 노동과정이론의 주요한 방침은 독재와 강압적 통제라는 새로운 형태를 창조하고 또한 이에 의해 창조되는 노사관계의 역동성을 서술하는 것이다(Dillard, 2006, p.280).

5) Gramsci의 헤게모니이론

정치경제에 관한 Gramsci식 해석에 의존하는 비판회계학연구는 회계의 헤게모니적 역할(또는 지적 지도력으로서 회계전문직)을 설명하고자 한다. 일반적으로 자본주의는 기업이해관계의 헤게모니를 강조하며, 회계사들은 이러한 상태를 오랫동안 묵시적으로 동의하고 강화하였다. Puxty et al.(1994)은 회계협회(accounting associations)들이 회사를 책임지게 하고자 하는 개혁에 반대하는 오랜 역사를 가지고 있다고 주장한 바 있다. 이러한 반사회적 행위는 부정을 적발/보고하는 감사인의

38) 정실(족벌, 패거리) 자본주의(crony capitalism)는 아시아 특히 한국의 재벌, 일본의 재벌 등의 족벌 경영과 정경유착의 경제체제를 의미한다.

의무와 관련해서 엿볼 수 있다. 이들은 세계적인 대형회계법인의 회계사조차도 기업고객이 조세를 회피할 수 있도록 조세체계를 어떻게 설계해 주고 있으며, 돈세탁의 경우에도 어떻게 연루되어 있는가를 보여주고 있다(Gaffikin, p.86).

Cooper(1995)는 선진자본주의를 유지하는 데서 회계의 역할을 살펴보고 있다. Cooper는 국제언론인연합(UNJ)에서의 사례경험을 이용하여, 자본주의국가의 헤게모니와 이데올로기가 회계수사(rhetoric)와 실무를 통해 어떻게 실행되는가를 다양하게 보여주고 있다.

Goddard(2005)는 1970년대 이후 영국의 지방정부에서 회계와 재무관리의 변화를 이론화하기 위해 Gramsci의 헤게모니개념을 다른 방식으로 이용하고 있다. 그가 이용하는 주요한 이론체계는 규제이론인데, 이것은 축적체제, 규제양식, 헤게모니구조를 종합한 것이다. Goddard의 경우, 축적체제(regime of accumulation)는 생산, 소득생성, 사회적 제품과 소비의 교환 등의 체계적 조직이다. 한편, 규제양식은 경제생활이 거래되고 경제재생산에서 정규적인 전체과정으로 되는 구조적 형태나 제도적 조정의 특정한 국지적・역사적 집단을 가리킨다. 다른 학자와 마찬가지로, 그는 헤게모니를 지배계급의 세계관의 확산과 보편화에 의해 확보되는 동의(consent)인, 피지도자의 동의에 근거한 정치적 지도력으로 정의하고 있다. 이러한 세 가지 요소의 종합으로서, 규제이론은 자본주의적 사회관계가 내부모순에 직면해서 어떻게 재생산되는가를 설명한다. 이러한 이론적 매개변수 내에서, Goddard는 포드주의체제하에서 국가가 지금까지 제공한 분야로 민간자본이 확장되는 안정적인 자본축적의 후기포드주의체제가 등장하고 있다고 주장한다. 이 확장은 다음과 같은 이유로 가능하였다. 새로운 노동과정관계와 기술도입으로 이러한 활동의 수익성이 있었다. 새로운 규제양식과 헤게모니구조가 그것과 더불어 지배구조의 등장과 정부의 분열(fragmentation)과 함께 국가로부터 공동화(hollowing)를 가져왔다. 그리고 새로운 이질적 구조를 가진 새로운 경쟁양식이 더욱 간단한 위계형태와 시장에 따라 등장하고 있다(Goddard, 2005, p.40).

Alawattage · Wickramasinghe(2008)에서는 제3세계의 정치헤게모니에서 회계의 비구성적 역할을 설명하기 위해 Gramsci의 헤게모니적 분석을 이용하였다. Sri Lanka의 농작물회사에서 노동통제실무와 의례에 관한 11개월간의 민속지학적(ethnographic) 경험을 이용하여 조직위계의 공식적 경계를 애매하게 하기 위해, 경제기업, 시민국가, 정치국가를 주입하는 복잡한 헤게모니적 구조에서 노동통제가 어떻게 드러나는가를 보여주었다. 헤게모니에 관한 문화Marx주의적 담론에 의존하는 이 이론체계는 제3세계기업에서 지배적인 통제양식으로서 정치적 헤게모니의 등장과 지속을 설명하고 있다. 회계가 노동통제에서 구성적 역할을 수행하는 서구의 경험과는 대조적으로, 제3세계의 정치적 헤게모니에서 회계가 맡고 있는 역할이 다소 표상적이고 재생산적이라고 주장한다. 즉, 그것은 계산된 진리(truth) 또는 자연(nature)으로 그것을 표상함으로써 정치적 헤게모니의 구성적 역할을 구성하기 보다는 재생산한다는 것이다.

Spence(2009)는 사회회계 프로젝트의 핵심에는 급진적이고 해방적인 의도가 존재하지만, 기업자체의 보고형태에서 사회회계실무는 조직을 실질적인 비판 앞에 공개하는데 체계적으로 실패하였다고 주장한다. 기업의 사회회계가 자본주의의 모순을 투명하게 하기 보다는 애매모호하게 하며, 기업은 기업의 사회회계를 통해 그 헤게모니를 지키면서 도덕적 · 지적 지도력을 표현하는데, 이 논문은 Gramsci의 헤게모니이론을 이용하여 이러한 경우가 발생하는 이유에 관해서 이론적으로 설명하고 있다. 기업의 사회회계는 사회의 경제적 토대와 긴밀하게 연결되어 있기 때문에 어떤 역할을 하는데, 해방적 사회회계는 경제적 토대로부터 상대적으로 자율적으로 작용할 것이며, 현재의 헤게모니의 모순을 적극적으로 노출시킬 것이다. 이러한 회계는 시민사회에 의해 실천될 수 있을 것이다. 여기서는 단순히 기업사회회계를 비판하기 보다는 더 나아가서 시민사회조직이 실천하는 일부 상이한 사회회계의 유형에 주목한다. 여기서는 시민사회조직에 주목하면서, 사회회계프로젝트의 해방적 의도가 신뢰의 재평가를 필요로 할지라도 여전히 실현될 수 있으며, 해방적 변화담당자로서 기업에 위치하고 있다고 주장하였다.

6) 기타

노동과정이론은 경영자가 직면하는 상이한 관심, 교육, 상담자, 언론매체 등에 의해 보급된 이데올로기와 국가 등과 같은 외부제도의 영향을 고려하여 경영자에 대한 한계점을 인식하고 세계적 자본주의의 맥락에서 관리회계를 연구하는 것의 중요성을 강조한다(Cooper・Hopper, 2007, p.217). 전통적인 전략적 관리회계분석은 경영유형, 전략, 기술이 중심적이라는 믿음에서 특히 개인, 집단, 부서의 수준에서 내부요소에 초점을 두고 있다. Armstrong(1998)은 회계가 세계자본주의 내에서 국가에 의한 경제규제와 계산에 충분하게 주목하지 않았다고 주장한다. 그는 국제대체가격규제에 초점을 두면서, 국가중심의 관점들은 개념적으로 부적절하며 신고전파 경제학에 의한 분석도 개념적・방법론적으로 1945년 이후 국제자본주의적 사회관계의 증가를 깨닫지 못하고 있다고 주장한다. 그는 대체가격결정이 다국적기업과 국가(특히 조세당국) 사이의 접촉점이라고 주장하기 위해 노동과정이론을 이용하고 있다.

Macintosh(1995)도 세계적으로 사업단위로부터의 이익을 횡령하고자 하는 본사의 욕구와 사회적 생산에 이들을 적용하려는 지사의 세력 간의 모순 때문에, 사업부제 경영자가 거대한 복수 사업부제를 갖고 있는 다국적기업에서 이익을 조작한다고 이와 유사하게 주장하고 있다. 사업부 성과측정시스템 특히 경제적 부가가치(EVA)는 여기서 중요한 역할을 하는데, 이는 현장경영자 자신과 그들 단위의 운명에 대한 통제를 획득하고 그 통제에 저항할 수 있는 그들의 권한 하에서 자원을 이용하는 현장경영자의 투쟁과 저항을 위한 대상으로 되기 때문이다.

이외에, 생산활동에서 성(gender)의 문제를 노동과정이론과 관련시켜 살펴본 일부 연구가 있다. 전문자격증이 있는 회계사에 관한 연구와는 달리 자격증이 없는 비전문적인 회계사무원에 관한 연구 중에서, Hopwood(1987c), Loft(1992), Cooper

· Taylor(2000)가 비전문적인 여성 회계사무원의 문제를 제기한 바 있고, Crompton · Sanderson(1990), Kirkham · Loft(1993)가 회계학 연구분야에서 여성주의(feminism)를 도입하여 여성문제를 다룬 바 있지만, 비전문적인 여성회계사무원의 문제를 본격적으로 다룬 연구는 희박하다.

Neimark · Tinker(1987)는 General Motors(GM)가 전쟁과 남성노동이 부족한 시기에 여성을 산업예비군으로 어떻게 이용하였으며, GM의 연례보고서가 이데올로기적으로 이것을 어떻게 정당화하였는지를 논증하기 위해 변증법적 분석을 이용하였다.

Cooper · Taylor(2000)는 신분이 낮은 여성원가계산원의 지식을 추출하는 기업에 관해서 탈숙련화를 살펴보고 있다. 이들은 전문자격증이 없는 회계담당자의 작업장에서의 실무와 과정을 분석할 때, Braverman의 노동과정이론에 따라 회계담당자의 노동을 19세기 중반부터 1996년까지 분석하였다. 그들은 과학적 관리의 기술이 회계담당자의 노동생활 자율성을 감소시키고 탈숙련화하는데 이용되고 있다는 점을 보여주고 있다. 그 결과, 임금, 노동생활의 질, 고용보장 등이 하락하여, 탈숙련화와 실질소득의 상실이 증명되었다. 노동의 쇠퇴가 진전됨에 따라, 노동과정분석의 타당성을 가리키면서 노동력의 구성이 남성으로부터 여성으로 압도적으로 변하였다. Cooper · Taylor(2000)는 Braverman으로부터 다음과 같이 인용하면서 자신들의 분석의 시사점을 요약하고 있다. 사무노동자의 노동에서 사고작용을 제거하는 일은 우선 정신노동을 소규모로 같은 기능을 반복하는 것으로 축소시키는 형태를 취한다. 아직 머리 속에서 작업을 한다고는 하지만 일부 자료를 계속 쥐었다 놓았다 하는 점에서 머리는 생산직 노동자의 손과 같은 역할을 한다. 그 다음 단계는 사고과정을 완전히 또는 적어도 인간의 노동에서 제거할 수 있는 데까지 제거하고 육체노동밖에 할 일이 없는 사무범위를 증가시키는 것이다(Braverman, 1974, p.319).

한편, 일본의 비판회계학자 三代澤經人(미요자와)(2005)는 그의 저서 <u>會計過程論</u>에서, 회계학연구에 가장 근본적이고 중요한 것으로 회계란 무엇인가, 회계는 어떻게 적절하게 분석될 수 있는가?라는 문제를 제기하고 있으며, 현대자본주의적 기업회계양식의 실질적인 유의성과 구조를 명확히 하고자 하였다.

그는 이론적 회계연구의 일반적인 경향을 비판하고 있는 바, 연구자의 연구대상이나 연구관심이 회계의 방법, 기법, 제도, 기준, 정보와 같은 협소한 개념에 국한되고 있으며, 연구자는 연구대상으로 선택된 개념의 구조와 기능을 설명하는 데 집중한다는 것이다. 그는 회계학연구가 회계요소와 회계를 둘러싼 사회요소 사이의 관계의 관찰과 회계요소의 분석을 통해서 발전적 역동성(developmental dynamism)에서 회계실재를 객관적이고 이론적으로 파악해야 한다고 주장하면서(pp.2-6), 노동과정으로서 회계(accounting as a labour process)를 제시하고 있다(Jinnai, 2011, p.376).

三代澤經人(2005)의 견해는 Marx의 노동과정이론에 의해 영향을 받았다. 그는 인간활동으로서 회계가 그 과정중에서 회계권력이나 회계능력을 행사한다고 주장하며, 생산력에 상응하는 Marx의 생산관계 개념과 유사한 회계관계 개념의 이용에 의해서 회계를 둘러싼 사회관계에 관해 이론화하는 것이 가능할 것이라고 주장한 바 있다(p.59).

三代澤經人는 Marx의 세 가지 노동과정요소(노동, 노동대상, 노동수단)를 이용하여 회계를 정의하고 있다.

"회계는 인간이 그 구성요소로서 회계기법과 제도를 포함한 활동이나 노동의 수단을 이용함으로써 노동의 대상에 접근하는 활동이나 노동의 과정이다"(三代澤經人, 2005, p.15).

여기서 三代澤經人의 경우, 회계는 경제활동이나 노동과정의 인지과정이라는 것에 유의해야 한다. 즉, 회계는 생명시스템으로서 경제활동의 실체에 외부적 존재가 아니라 내부적 존재이라는 것이다.

三代澤經人는 자신의 회계학연구의 관점을 다음과 같이 서술하고 있다.

첫째, 회계연구의 대상으로서 회계의 본질(substance)은 인간활동이고 회계 그 자체는 움직이며 사회과정을 형성하기 위해 발전하기 때문에, 그것은 역사적으로 변화하고 발전하는 것처럼 보인다. 둘째, 회계의 특징을 명확히 하기 위해, 재무회계와 관리회계를 포함하는 총체성으로 회계를 파악하는 것이 필요하다. 재무회계와 관리회계는 근본적으로 그리고 실제적으로 어떤 회계내용의 요소에 불과하다. 그리고 최종적으로 전체회계시스템을 이해하기 위해, 연구자는 공인회계사의 외부감사를 포함한 모든 현대회계현상이 포함되고 적절하게 자리매김될 수 있는 광범위한 회계구조에 관해 생각해야 한다(*ibid.*, pp.13-14).

그는 현대기업회계의 가장 중요한 기능은 재무정보를 제공하는 기능이 아닌 계산의 기능이며, 현대기업회계의 본질적인 과정은 그 목적이 기업체의 최상의 수익구조를 계산하고 조직하는 것인 기획회계(planning accounting)의 과정이라고 주장한다(*ibid.*, pp.246-247).

제7절 소결

현실운동으로서의 Marx주의는 지난 20세기 후반에 소련을 비롯한 동구의 몰락으로 현실성이 없다는 것이 증명되었다. 그러나 사회과학의 방법론으로서 Marx주의는 자본주의의 발전에 따른 문제점을 분석하는데 여전히 음미할 가치가 있을 것이다.

여기서는 Marx주의의 방법론의 철학적 배경인 정치경제학과 노동과정이론을 중심으로 살펴보았다. Burrell・Morgan(1979)에 의하면, 급진적 구조주의에서 나오는 Marx의 방법론은 급진적 변화와 객관주의라는 두 가지 차원에서 나온다. 급진적 구조주의자들은 실재론적, 실증주의적, 결정론적, 법칙정립적 입장에서 나오는 사회적 질서에 관심이 있다. 이들은 구조적 갈등, 지배양식, 모순, 박탈 등을 강조하는 분석으로 급진적 변화, 해방, 잠재성 등과 연루되어 있다.

한편, Marx주의의 방법론의 철학적 가정을 제2장의 비판적 가정과 관련시켜서 살펴보면 다음과 같다.

(1) 이론은 검증하거나 반증하는데 이용될 수 있는 관찰과 분리되고 인과법칙에 의해 설명, 예측이 가능하다.
(2) 이론은 일반화가 가능하다.
(3) 경험적 실재가 객관적으로 존재하며, 주체에 외생적이다. 따라서 인간의 의지와는 관계없이 객관적인 법칙이 존재한다.
(4) 인간의 자신의 의지와는 관계없는 구조인 관계망에 의해 결정되는 수동적 주체이다.
(5) 대상은 관계의 총체성을 파악하면서 분석된다.
(6) 대상은 권력을 비롯한 이데올로기에서 분석된다.
(7) 사회와 조직은 소외, 모순, 역기능, 갈등 등으로 문제가 발생하며, 이를 근본적으로 해결하기 위해 변화를 지향한다.

Marx주의의 비판적 방법론은 회계에 역사적・사회적 맥락을 제공해 준다. 회계가 지배계급의 도구로 이바지하기 위해 형성된다고 주장함으로써, Marx의 이론은 회계문제에서 전문가적 고려와 사회적 고려 사이를 구별하는 것이 바람직하다는 것을 지적하고 있다. 이러한 관점에서 제3세계로의 이식에 적합한 것으로 영국이나 미국 회계모델의 촉진은 문화적 제국주의라고 볼 수 있다.

예를 들면, Tanzania는 독립에 즈음하여 경제개발의 사회주의노선을 결정하였다. 그러나 회계전문가를 위한 교육과 훈련의 계획을 제정할 때, 외국자문가들은 영국에 있는 전문회계사협회가 제공한 모델로부터 이러한 계획을 광범하게 도입하였다. 기존의 사회주의경제가 제공한 다른 회계모델들은 무시되었다.

권력의 제국주의를 극복하기에 더욱 어려운 것으로는 문화제국주의가 있다(Russell, p.395). 현재의 회계실무가 어느 정도까지 제3세계 국가들의 침투를 위한 제국주의의 수단의 일부인가를 살펴보아야 할 것이며, 국제회계는 세계자본주의시장을 위한 회계이며, 비교회계(말하자면, 상이한 사회경제시스템에서의 회계)와는 구별되어야 한다.

자본주의 경제에서, 기업체를 위한 회계는 사적 원가와 사적 수익에 관한 고려에 한정되며, 외부효과는 무시된다. 대규모 경제실체로 구성된 성숙하고 복잡한 경제에서는 외부효과가 당연히 중요할 것이다. 따라서 사회의 관점에서 적절한 회계실체는 격리된 기업체가 아니라 예를 들면, 공동체를 구성하는 상호의존적인 기업체 집단일 것이다.

Marx주의의 관점에서, 회계는 계급사회에서 지배계급의 이익을 충족하기 위해 이루어진다.

1980년에 Tinker가 제창한 회계의 정치경제학(political economy of accounting)은 오로지 신고전파 경제학에만 의지하는 주류회계학에 대항하고 새로운 회계이론을 지향하기 위해 Marx주의의 방법론을 회계학연구에 적용할 것을 주장하고 있다. 주류회계학이 의지하는 경제사상으로서의 효용가치설은 가치에 관한 하나의 이론에 지나지 않으며, Marx주의의 방법론에서는 노동가치설을 이용하고 있다. 주류회계학에서 대표적인 실증적 회계학에서는 자유시장을 논리적인 기초로 하고 그와 같은 시장 그 자체와 그것에 내재하는 제도적인 구조는 주어진 것이라고 생각하게 하는 신보수주의적인 이데올로기적 편견이 포함되어 있다고 비판된다.

회계는 재산적 의미라기 보다는, 사회적 긴장을 관리하기 위해 국가가 이용할 수 있는 하나의 강력한 도구로서 국가의 이데올로기적 도구의 일부를 형성한다. 따라서 실증적 연구의 한 가지 목적은 회계전문가가 사회를 창조하고 반영하는데 어떻게 참여하는가? 즉, 회계전문가가 현실세계를 어떻게 표현하는가를 검토하기 위해 회계의 이데올로기적 표현을 살펴보는 것이다.

회계는 현재의 사회적, 경제적, 정치적 질서를 지탱하고 합리화하는 수단으로서 하나의 이데올로기 현상으로 간주되고 있다. Marx는 회계가 허위의식의 형태를 만들고 생산노력을 형성하는 사회관계의 진실성을 드러내기 보다는 현혹시키는 수단을 제공한다고 주장하였다.

한편, 노동과정이론은 기본적으로 노동과정에 관한 Marx주의적 비판이다. 여기서는 기술의 본질, 숙련노동의 하락, 노동자통제전략, 노동자저항 등을 포함하여 자본주의적 작업현장의 특징과 경향을 조사하기 위한 방법론과 맥락을 제공한다(Meiksins, 1994). 그리하여 노동과정이론은 과학, 기술 및 노동관계에 관한 사회구성과 그 갈등적 성격을 강조한다. 그리하여 노동과정이론적 관점은 주어진 기술을 사용한 인간노동을 통해 원료를 생산물로 변화시키는 기본행위를 특정 생산양식의 동태성과 적대적 계급관계의 맥락하에서 파악하고자 한다.

노동과정이론에서 표준원가회계는 매우 효과적인 경영통제와 노동강화의 수단으로 간주된다. 이것은 Adam Smith의 보이지 않는 손(invisible hand)이 아니라, 오히려 소유자와 그 관리자의 보이는 주먹(visible fist)이라는 것이다.

노동과정이론은 관리회계와 통제의 역할 및 역사적 발전을 의사결정자에게 정보를 제공하는 객관적, 중립적 기획이나 관리자의 태만과 속임수경향에 소유자가 대항하는 방법으로서가 아니라, 자본주의사회에 고유한 일단의 보다 광범한 구조적 권력불평등으로 간주한다. 이러한 시스템들은 저항하는 노동에 대한 통제를 확보하기 위해 자본주의 초기에 발전하였으며, 나중에 자본의 요구에 대한 노동의 제도화된 종속을 확증하기 위해 설계된 정교한 통제메카니즘으로 발전하였다. 경영과학기법과 더불어, 이것들은 임노동으로부터 소유자와 그 관리대리인에 의한 생산의 노동과정에 관한 기술적·재무적 지식의 강탈에 영향을 주었다. 노동과정이론의 학자들에 의하면, 관리회계는 현재의 자본주의적 요구에 노동자를 종속시키는데 결정적인 역할을 하고 있다. 앞으로도 전통적인 노동과정연구는 노동이 해체되고 탈숙련되는 일차적인 수단으로서 전문화, 업무유연화, 관례화, 표준화 등에 계속해서 초점을 두어야 한다(Dillard, 2006, p.282).

노동과정이론 방법론의 문제점은 다음과 같다. 첫째, 노동자 주체성과 저항의 수준을 다루어야 한다. 기존의 문헌은 맥락적 변수 뿐만 아니라 구조적 변수도 고래해야 한다는 것을 시사한다. 둘째, Braverman의 숙련개념과 작업장에서의 그 역할이 너무 협소하게 공식화되어 있다. 구체적으로 탈숙련화가설을 너무 많이 강조하고 있다. 탈숙련화와 관련이 있는 아이디어들이 처음에는 노동과정을 통제하기 위한 주요한 기법으로서 과학적 관리와 노동조직형태로서 대량생산에 근거하였다. 다른 기법들이 실시되고 있기 때문에, 분석적 매개변수들이 확대될 필요가 있다. 셋째, 경영자와 그 동기유발 및 경영과정들의 이론화가 미진하다. 경영자의 주요한 역할은 통제기법을 이용하여 시장압력에 반응하는 것이다. 넷째, 이 이론의 축을 이루는 Marx주의의 이데올로기는 제한적이고 구시대적인 이데올로기이다. 다섯째, 역사적 분석을 서구의 산업발전에 한정하는 것은 이 이론의 지리적·문화적 적용가능성을 제한하는 것이다. 여섯째, 인종과 성(gender)의 쟁점들이 노동과정을 통제하면서 중요한 차원으로 인식되지 않으며, 관련되는 효과들은 노동과정통제의 결과로 인식되지 않는다. 앞으로의 연구는 경영과 회계통제분야를 연구할 때, 노동과정이론을 적용하면서 이러한 각각의 쟁점을 고려해야 할 것이다(Dillard, 2006, p.283). 마지막으로 이 방법론은 사회에서 더 나은 조직기능을 위한 권고를 하지 않는다. 이러한 점은 그러한 권고가 주로 현상태에 혜택을 줄 것이라는 관점에서 이해할 수 있다. 그러나 통제시스템이 의도적으로 자본주의적 헤게모니를 촉진하기 위해 설계될 수 있다는 가정에는 문제점이 있다(Baker, 2003, p.5).

Marx주의 방법론의 특징을 요약한다면, ① 회계의 Marx주의의 방법론은 사회에서 소득, 부, 권력의 배분과정에서의 회계보고의 역할을 해명하고 해석하고자 한다. ② 회계가 실시되는 조직과 사회의 특수한 역사적·제도적 상황을 인식해야 한다. ③ 회계는 현실을 정의할 뿐만 아니라, 나아가 그와 같이 해서 창조된 현실을 회계가 변화시킬 수 있다. Marx주의의 방법론의 조건으로는 ① 명시적 규범성의 조건, ② 서술성의 조건, ③ 비판성의 조건 등을 열거할 수 있다.

한편, Marx주의 방법론의 문제점은 Marx주의식 분석의 핵심적인 개념에 있다.[39] 일반적으로 Marx주의식 분석에서는 생산양식이 사회구조를 조건지운다고 한다. 여기서 결정적인 문제는 조건지운다는 용어가 무엇을 의미하는가이다. Marx주의식 분석의 과학적 설명에서는 그것이 초래한다 또는 결정한다는 것을 의미하

[39] 보다 상세한 것은 다음을 참조할 것. 송현호(1992, pp.446-469).

며, 따라서 이 이론은 우리의 사회관계와 사상을 명령하는 인간생활의 물리적 조건인 속류유물론(crude materialism)으로 나타난다. 오늘날의 사회는 Marx가 살았던 시대처럼 상부구조, 하부구조의 구분이 그렇게 절대적이고 명확한 것은 아니며, 모든 것이 하부구조에 의해 결정되는 것도 아니다. 오히려 상부구조가 하부구조를 결정하기도 하는 것이다. 또한 그 기본 가정인 구조가 인간을 억압한다고 하지만, 인간의 주체적 의지가 오히려 구조를 변경할 수도 있는 것이다. 만약 우리가 Marx의 연구에 관해서 인본주의적 견해(humanist view)를 취한다면, 경제적 결정론의 어려움이 회피되지만, 덜 명확한 설명력을 가지는 이론으로 남게 된다. 만약 우리의 사회관계와 사상들이 생산양식에 의해 결정되기 보다는 오히려 생산양식에 의해 단지 영향만을 받는다면, 어떠한 요소들이 이들에 영향을 주는가를 살펴보아야 할 것이다. 회계에 관한 유물론적 설명이 인식하는 것보다는 다른 사상들이 사회에 훨씬 더 강력한 영향을 가지는 것 같다.

6

일본의 비판적 방법론

6장

일본의 비판적 방법론[1)]

여기서는 일본의 Marx주의 방법론을 살펴본다. 일본의 Marx주의는 <도표 2-1>과 같이 Kant/Hegel/Marx의 노선을 따르고 있는데, 정통Marx주의의 방법론을 적용하고 있다. Marx주의의 방법론을 회계에 적용한 연구는 일본과 영국에서 각각 독자적으로 시작되었는데, 일본의 경우는 이러한 연구가 이미 1930년대에 적용되기 시작하여 1950년대부터 활발하게 진행되어 오늘날까지 이르고 있는데 반하여, 영미의 경우는 1980년대 이후부터 영국에서 연구가 시작되어 서구의 여러 나라로 전파되고 있다. 여기서는 우선 일본의 비판적 방법론의 의의, 연구현황, 문제점 등을 살펴보고, 서구의 비판회계학과 일본의 비판회계학[이에 관한 간단한 개요로는 角瀬保雄(가쿠라이), 2005를 참조]의 차이점을 간단하게 살펴보고자 한다. 일본의 Marx주의 방법론의 철학적 배경, 가정 등은 정통Marx주의 방법론의 철학적 배경과 동일하기 때문에 여기서는 재론하지 않는다.

제1절 의의

일본의 경제가 1970년대 이후 급속히 발전하면서 세계시장에서 주목을 받았으며, 이에 따라 경제학, 경영학, 회계학도 관심의 대상이 되어, 1980년대 이후 서구의 회계학자들도 일본의 회계학 특히 관리회계에 관심을 가지고 연구를 하기도 하였

1) 이 글은 1995년 3월, 산경논집(제13권, pp.201-248, 동의대학교 경영경제연구소)에 발표한 "일본식 비판회계학에 관한 연구"를 수정·보완한 것이다.

다. 특히 비판회계학의 분야는 1980년대부터 발전하기 시작한 서구와는 달리 일본은 구미로부터 수입하지 않고, 1930년대부터 독자적으로 생성·발전해서 국제적으로도 관심의 대상이 되고 있다.[2] 이하에서 일본 비판회계학의 간단한 역사와 주요한 학설을 살펴본다.

제2절 일본 비판회계학의 생성과 발전

일본은 1868년에 明治(메이지)維新을 전환점으로 하여 근대 자본주의 국가로 발전하기 시작하였다. 이 과정에서 서구의 다양한 문물이 도입되었는데, 그 중의 하나인 회계학은 明治 6년(1873)에 明治維新 주역 중의 한 명인 福澤諭吉(후쿠자와 유기치)가 帳合の法[3]이라고 번역해서 소개한 복식부기책을 통해 소개되었으며, 회계학은 근대상업교육의 주된 교과목이 되었다. 그후 50여년동안 일본의 회계학은 서구의 회계학을 모방한 것에 불과하였다. 그후 20세기에 明治의 말기부터 大正期에 걸쳐서 미국과 독일의 회계학문헌의 도입이 많았지만, 이것은 독점자본주의의 발전이 그 체제에 도움이 되는 기술론, 법률해석론으로서의 학문을 요구한 것에 불과하였으며, 이 시기는 일본에서도 회계학의 초창기라고 할 수 있다(角瀨, 1987, p.19). 1917년에 일단의 회계학자들이 일본회계학회를 창립하였으며, 학회지 会計가 창간되었다.

1917년에 발생한 러시아의 공산혁명은 많은 일본학자들에게도 영향을 주었으며, Marx의 자본론 1권, 2권, 3권의 일어완역판이 1920-1924년에 출간되었고, Marx

---

2) 예를 들면, *Accounting, Auditing and Accountability Journal*, Vol.3, No.2(1990)와 *Critical Perspectives on Accounting*, Vol.16, Issue2(2005)는 일본 비판회계학의 특집호이다.

3) 이는 미국인 H.B. Bryant & H.D. Stratton, 1871. *Bryant & Stratton's Common School Bookkeeping*을 번역한 것으로 慶應義塾出版局에서 1873년에 간행되었다.

와 Engels의 전집(29권)이 1928년-1935년에 일어완역판으로 출간되었다.

明治維新 이후 일본의 경제가 발전하기 시작하였지만, 빈부격차가 심해지고 다양한 사회적 모순이 발생하면서 그 당시 일본 군국주의, 제국주의의 상황에 반발하던 일본의 많은 학자들이 Marx주의의 영향을 받았다. 1930년대 당시, 일본 군국주의와 제국주의의 단계에 있었던 일본자본주의의 특징을 분석하는데 Marx주의가 다른 어떠한 사회과학이론보다 우수한 것으로 판명되었다(Ito, 1980). 이러한 상황에서 일본의 회계학자들 중에서 中西寅雄(나카니시)의 經營經濟學(1931)과 畠中福一(하타나카)의 勘定學說硏究(1932)가 Marx의 이론을 반영한 선구적인 것으로 간주될 수 있다. 中西는 그 당시 Marx의 자본론, Hilferding의 금융자본론(1910), Rieger의 사경제학(1928) 등과 같은 저서로부터 영향을 받아서, 기업의 활동과 기업회계의 개념을 개별자본운동의 논리에 의해서 설명하려는 이론경영경제학을 주장하였다[陳内(진나이), 2005, p.28; Tanaka, 1990]. 그리고 畠中는 방법의 학으로서 이론부기학을 제창하여 회계학설의 연구에 사적 유물론의 방법을 적용하였다. 그는 독일을 중심으로 하는 구미의 계정이론을 채택하여 그것이 구체적인 사회관계인 자본의 순환과정이 갖는 역사성, 현실성, 총체성, 동태성 등을 정확하게 인식하고 있는지의 여부를 비판적으로 살펴보았던 것이다. 畠中는 "이윤의 발견이라는 실천적 요구에 기초해서, 이로부터 구체적인 사회관계인 자본의 순환과정을 파악하는 방법"(1932, p.3)인 이론부기학을 주장하였다. 요컨대 1930년대에 회계기법의 연구에 변증법[다음을 참조, 田中(다나카), 2013]과 사적 유물론을 적용한 새로운 연구가 많이 나타났다고 한다(角瀨, 1986). 이러한 초기의 연구는 Marx의 자본론에 이론적으로 서술된 개별자본의 운동과 부기기법 사이의 관계로부터 도출된 부기법칙의 분석에 초점을 두었다(畠中, 1932).

木村和三郎(키무라)(1972)는 기업부기의 구조를 개별자본의 운동과의 관계로 간주하는 이론들을 체계적으로 설명하기 시작하였으며, 蜷川虎三(니니가와)(1985)는 기업이 이윤을 추구하고 획득하는 과정에서 가치 및 가치증감의 기재방법을 회계방법으로 부르고, 이것을 연구대상으로 하는 독자적인 회계이론을 전개하기 시작하였다. 中西, 畠中, 木村가 개척한 이론은 그 후의 일본 비판회계학의 원형이 되었고, 후에 개별자본운동설이라고 하게 되었으며, 馬場克三(바바) 등에 의해 계승되고, 경제과정에서 회계의 규정을 논하는 영역(회계구조론, 감각상각론, 주식발행초과금론 등)에서 성과를 가져왔다(馬場, 1951; 1965, 1968, 1975 등을 참조)[4] 한편, 蜷川의 이론은 회계방법설이라고 하며, 岡部利良(오카베)(1991)´ 岡本愛次(오카모토)(1977) 등에 의해 계승되고 회계비판의 기준을 나타내는 이론으로 발전하였다.

1930년대 일본에서는 이와 같이 독창적인 회계이론을 구축한 바 있는데 이것은 전세계적으로도 그 유례를 찾아볼 수 없는 가장 일본적인 회계학이라고 볼 수 있다. 그러나 1930년대 후반, 군국주의자들이 득세하면서 Marx주의자들이 탄압을 받았고 1945년까지 이러한 비판적 방법론을 이용한 연구가 중단되었다.

제3절 일본의 Marx주의 방법론과 회계학연구

일본의 비판적 방법론에서 채택하고 있는 Marx주의는 정통Marx주의인데, 일본에서는 Marx의 자본론(전3권)이 1920년-1924년 사이에 이미 번역이 완료되어 그 당시의 학자들이 Marx의 자본론을 통해 Marx의 사상을 회계에 적용하기 시작하였다.

일본에서 Marx주의의 방법론을 회계학에 도입하는 데 중요한 역할을 한 학자로는 畠中福一, 中西寅雄, 木村和三郎, 黒澤清(구로사와), 岩田巖(이와타), 山下勝治(야마시타), 馬場克三 등이 있으며, 그외에 전후에도 활약한 岡部利良, 宮上一男(미야카미) 등이 있다(Oguri, 2002; Tanaka, 1990).

---

[4] 개별자본운동설의 비판적 방법론은 제2차 세계대전 후에 일본회계학계의 주류를 형성한 黒澤清´ 山下勝治´ 岩田巖 등의 이론에도 영향을 주었다(陣内, 1991; 田中, 1997 등을 참조).

일본의 비판적 방법론은 그 주요학설을 관점에 따라 여러 가지 방식으로 분류할 수 있지만, 여기서는 일반적인 통설에 입각하여 크게 개별자본운동설과 상부구조설로 나누어 살펴볼 수 있으며, 상부구조설은 다시 회계정책설, 회계제도설 등으로 나누어 볼 수 있다[5].

제2차 세계대전 후에, 비판회계학자들의 연구가 재개되어 개별자본설 또는 개별자본운동설이라고 알려진 비판회계학파가 형성되었다(木村, 1972; 馬場, 1951, 1957, 1965, 1975). 회계방법설이라고 하는 학파도 등장하였는데, 이는 개발자본운동설과 같은 과학적 계산방법을 확립하고, 회계개혁을 위해 건설적 제안(constructive proposals)을 제시하는 것이었다.

개별자본운동설이나 회계방법설과는 전혀 다른 성격의 상부구조설이라는 또다른 학파도 등장하였다[神田(간다), 1971]. 이에는 회계제도설(宮上, 1952, 1959, 1965, 1969, 1979)과 회계정책설(中村, 1969, 1984)이 있다. 이러한 새로운 학파들은 독점자본의 정책이나 회계제도의 착취기능과 계급지향적이거나 이데올로기적인 측면을 비판적으로 검토하기 위해 시작되었다(角瀨, 1986). 이 학파들은 영미의 비판회계학과 유사하다(Tinker, 1980, 1985; Cooper・Sherer, 1984). 특히 개별자본운동설을 제외한 이러한 일본의 비판회계학은 서구의 비판회계학보다 약 30년 앞선 1950년대에 등장하였다. 따라서 이러한 일본비판회계학파들은 서구의 비판회계학의 선구자로 간주될 수 있을 것이다(角瀨, 1986; 陳內, 1987; 小栗(오구리), 1987). 이와 같이 일본이 서구보다 비판적 연구를 먼저 시작하게 된 이유로는 다음과 같다(Oguri, 2002, p.479).

첫째, 일본에서는 Marx의 연구가 반세기 이상의 풍부한 학문적 전통을 축적하였다. 제2차 세계대전 후, 1930년대에 대학에서 추방된 Marx주의자들이 대학으로 복귀하였으며, 1950년이후 냉전으로 인한 좌익추방운동도 일본의 대학에서 Marx주

5) 일본의 Marx주의에 입각한 비판회계학을 市川文三(1990, p.5)은 일본비판회계학을 ① 개별자본설, ② Marx・Lenin문헌파, ③ 회계제도・정책의 분석파, ④ 동구제국의 회계연구파, ⑤ 변증법적 회계학의 참가파 등으로 분류하기도 한다.

의자들을 제거하지 못하였다(Ito, 1980). 회계학의 경우도 Marx주의 방법론의 영향을 많이 받았으며, 1986년에 Marx주의의 방법론을 주로 적용하는 회계학자들이 日本会計理論學会를 창립하여 회계학연구에서 Marx주의의 방법론을 비롯한 비판적 방법론을 정립하는데 주력하고 있다.

둘째, 1960년대에 일본자본주의의 급속한 경제성장이 자본의 축적, 심각한 노동자착취, 오염의 전파, 사회적 갈등의 심화 등에 직면하여 자본주의체제에 대한 심각한 지적 비판을 촉발하였다. 비판회계학연구는 이러한 문제를 분석할 수 있는 능력을 가진 것으로 간주되었다.

우선 비판회계학의 방법론의 선구자인 畠中의 방법론을 살펴보고 나서 개별자본운동설과 상부구조설을 차례로 살펴보자.

1. 초기비판회계학의 방법론

1) 의의

畠中(1906-1931)는 비판회계학의 방법론을 명확하게 제시한 첫번째 학자이었다. 그는 東京商學大學의 졸업논문에서 유럽학자의 부기이론을 체계적으로 비판한 바 있다. 회계이론의 방법론에 관한 畠中의 학설은 다음과 같다.

畠中(1932)는 회계이론을 회계인식의 방식이나 형태 또는 보다 구체적으로 '자본순환과정이 발견되는 방식'을 조사하는 방법론적 과학으로 간주하였다. 그는 이 체계를 회계이론 또는 부기이론이라고 하였다. 객관적인 존재와 그 인식의 관계에 관해서 다음과 같이 주장하고 있다(Tanaka, 1990, p.29).

"일반적으로 이론은 위로부터의 목소리나 영감에 의해 획득되지 않는다. 이론은 사람의 두뇌에 실제의 객관적 세계의 반영에 불과한데 그 반영은 사람의 의식의 외부에 있으며 그것과는 독립적인 세계의 지적인 처리과정에 의해 도달된다. 회계인식대상은 자본의 순환이며 그러므로 회계인식은 사람의 사상에 자본순환의 반영이다. 그러나 반영되는 것은 인식의 내용만이 아니다. 畠中는 인식의 형태나 방식도 대상의 반영으로 구축된다"(p.4)고 주장한다. 그는 다음과 같이 주장하고 있다.

"자본순환은 그 순환을 구성하는 다양한 과정의 유기적 통일체이다. 각 과정에서 자본은 이전의 형태를 던져버리고 새로운 형태를 취한다...... 계정의 이용에 의해 자본의 형태변화의 개별과정을 인식함으로써 자본순환의 전체과정을 계정통일체로써 일련의 계정에 대한 유기적 통일체로 나타낼 수 있다. 즉, 일련의 계정의 실질적 중요성은 일련의 계정이 자본순환의 반영으로 간주될 때만 이해될 수 있다"(pp.64-65).

회계대상이 인식되는 회계방식을 가지기 위해서는 대상 그 자체에 관한 정확한 지식을 갖는 것이 필요하다. 畠中는 인식의 형성과정을 사고에 의한 분석·종합의 과정으로 구성하는 것으로 간주하였다. 처음에는 "자본순환의 구체적인 과정에서 출발하여 우리는 가장 일반적인 요소와 본질적인 요소를 다른 요소로부터 구별하기 위한 추출에 의해 그 구성요소로 자본순환을 분석한다"(p.45). 畠中에 의하면, 자본순환과정의 일반요소는 가치의 확대과정이거나 이윤생성과정이다. 그러나 이것은 일반정의에 지나지 않는다. 두번째 단계에서 구체적인 대상은 이념적으로 종합에 의해 재생산된다. 이 과정에서는 가장 일반적인 요소와 본질적인 요소로부터 구별되는 요소가 하나씩 이 일반정의에 첨가된다.

회계에서 인식활동의 실제가 계정이론의 타당성을 확인시켜 준다. "부기이론의 타당성기준은 이론의 내부적 논리구조가 아닌 구체적 관계 말하자면, 이론의 기초로써 자본순환과정이어야 한다. 부기이론은 자본순환과정의 인식에 입각하여 그 과정에서 생성된 이윤을 분명하게 할 때만 그 타당성을 주장할 수 있다"(p.26).

위에서 서술한 방법론을 개발하면서 畠中는 주로 독일의 계정이론을 검토하였는데 이는 그들의 방법이 자본순환과정을 인식하기 위해 채택되었는지의 여부를 결정하기 위해서이다. 그는 이러한 방법이 자본순환과정의 역사적, 사회적, 동태적, 일반적 특징을 충분히 고려하였는지의 여부를 살펴보았다.

畠中이론에 의하면 이론은 실천, 즉 현실에서 태어나서 다시 실천에 복귀한다고 하고, 과학에는 인과법칙의 발견을 목적으로 하는 현상의 학과 구체적 현상을 일정한 형식에 의해 파악하는 방법의 학이 있다고 한다. 그리고 이론부기학은 이윤의 발견이라는 실천적 요구에 입각하여 이 입장에서 구체적인 사회관계인 자본순환과정을 파악하는 방법을 형성하고자 하는 것으로 방법의 학에 속한다(河合, 1993).

畠中이론에 의하면 현실의 역사성에서 이론의 역사성을 도출하여, 예를 들면 인적 계정학설은 봉건적 사회관계의 산물이고, 물적 계정학설은 자본주의 생산관계의 사회적 반영이라고 한다(河合, 1993). 이 畠中이론도 복식부기나 회계학설에 사회적, 과학적 기초를 부여한 것이므로 역시 비판회계학의 원류로 생각할 수 있을 것이다.

그러나 다음과 같은 결점도 있다. 현실은 자본의 순환과정이며, 실천은 인간이 구체적 현실에 작용하게 하는 요구이다. 그리고 이론은 실천에서 태어난다. 그런데, 畠中이론에는 현실과 실천의 혼동이 있다는 것이다. 즉, 畠中이론에서도 현실 자본의 순환과정과 이론을 직접적으로 결부시키고, 그 사이에 기술이나 제도 등의 매개항이 들어있지 않다는 것이다.

2) 인식대상: 자본순환

畠中는 자본순환과정을 회계인식의 대상으로 간주하였으며 이 과정의 특징을 다음과 같이 서술한 바 있다(Tanaka, 1990, p.30).

- 자본은 사회발전에서 유래하는 역사적 · 사회적 관계이다.
- 자본은 어떤 형태로부터 그 운동을 시작하고는 여러 형태를 거친 후에 원래의 형태로 되돌아간다. 순환의 마지막에서 두번째 순환이 즉시 시작되며 따라서 자본순환은 끝이 없다.

Marx의 자본순환공식을 이용하여 상업자본의 순환과정은 다음과 같이 묘사될 수 있다. G — W — P'. 여기서 P는 상품이고, G와 G'는 화폐이며 G' = G + ⊿G. ⊿G는 잉여가치이다. 따라서 산업자본의 순환과정은 다음과 같이 나타낼 수 있다.

G ——— W ·········P········· W'——— G'

여기서 P는 투입물(W)이 더 많은 가치의 산출물(W')로 전환되는 생산과정이다. 자본순환은 적대적이거나 모순적인 요소들이 통일되는 유기체 통일체이다. 자본순환은 단순히 일련의 자본변화가 아니라 주요한 목적이 그 자신의 가치 말하자면 이윤을 증가시키는 순환이다. 복식부기의 내용과 형태를 별도로 하면, 복식부기의 실제적 동기와 목적은 자본순환의 본질의 반영으로써 생성된다(Tanaka, 1990, p.30).

中西와 木村도 같은 기간에 회계에 관해서 유사한 이해에 도달한 바 있다. 畠中처럼 그들은 자본순환에 대한 연구의 중요성을 강조하였는데 이는 그들도 회계인식과 그 대상 말하자면 자본순환 사이의 관계에서 반영의 중요성을 인식하였기 때문이다. 이들 학자는 자본순환에서 개별자본의 추출과 개별자본의 사회총자본과의 관계라는 두 가지 논쟁점에 초점을 둠으로써 자본순환이론을 발전시켰다. 이러한 논쟁점은 차례로 살펴보자.

(1) 자본순환에서 개별자본의 추출

木村(1937)는 畠中의 이론을 비판하였는데 이는 그것이 사회총자본의 순환과 개별자본의 순환 또는 각 기업체의 자본순환을 구별하지 않았기 때문이다. 木村는 회계인식의 직접대상은 사회총자본의 구성요소로서의 개별자본이라고 서술한 바 있다. 그는 이 둘 사이의 관계를 확증함으로써 연구조사자들은 개별자본의 다른 자본에 대한 관계 말하자면 점유(귀속), 소유, 통제, 기여 사이의 관계를 식별할 수 있다고 주장한 바 있다. 이러한 관계는 회계에 중요하다. 예를 들어, 그는 그것이 개별자본전체가 생성한 이윤의 계산으로부터 소유자자본(소유자지분)의 이윤계산까지 개별자본을 위한 이윤계산형태의 변화에 영향을 준 개별자본소유의 의미라고 생각하였다(Tanaka, 1990, p.31).

中西도 이 입장에 동의하였다. 그는 부기를 "기업활동 말하자면 개별자본의 운동 즉, 그 자체의 확대과정이 계량적으로 기록되고 계산되어 파악되는 방법"으로 정의하였다(1932, p.1). 그 역시 "개별자본이나 기업체의 자본은 잉여가치와 (자본) 소유의 생성의 관점에서 고려되어야 한다"(1931, pp.349-350)고 주장한 바 있다. 그는 Marx의 자본순환공식을 수정하여 적용함으로써 개인기업, 주식회사, 실체집단 등과 같은 개별자본의 다양한 운동형태를 명확히 하고자 하였다. 그는 개별산업자본가들이 자본기능의 의식적인 책임자라는 조건하에서 개별자본의 운동이 기업체를 활동의 총체성으로 보았다는 것으로 간주하였다(1932, p.37).

(2) 개별자본의 사회총자본에 대한 관계

회계인식의 대상은 자본일반의 순환이 아니라 개별자본의 순환이나 운동이라는 견해를 개별자본운동설이라고 하였다. 그러나 木村(1937)는 개별자본이 사회총자본의 일부이며 사회총자본의 운동에 의해 지속적으로 조건지워지고 전환된다고 강조하였다. 그는 다음과 같이 말한 바 있다.

"사회총자본과 관련해서 개별산업자본을 중심으로 한 모든 현상을 관찰한다는 것은 그 현상의 본질을 인식하기 위한 근본적인 요건이다. 이 원칙은 각 개별자본의 이윤계산에도 적용된다. 이윤을 사회총이윤이나 가치증가와 관련해서 개별자본의 증분으로 분석하는 것이 필요하다"(木村, 1937, p.32).

中西(1931)는 개별자본의 주식회사형태를 개별자본의 사회화 또는 개별자본의 사회자본화로 서술한 바 있으며 개별자본은 다른 개별자본과 협동하면서 카르텔, 트러스터, 또는 결합 등과 같은 독점적 운용으로 발전하여 다시 사회총자본의 운동에 영향을 준다. 그 결과 사회총자본에 의해 촉진된 실현화의 운동은 개별자본의 논의범위 밖에 있는 문제이다. 그러므로 이 견해를 개별자본운동설이라기 보다는 자본순환설이라고 하는 것이 더 적절한 것 같다.

2. 개별자본운동설

1) 개별자본운동설의 의의

개별자본운동설은 개별자본순환설, 개별자본설이라고도 하는데, 이것은 경영기술을 포함한 구체적인 경영현상을 개별자본의 논리에 입각해서 이해하려는 사고방식이며, 昭和초기에 독일의 경영경제학과 Marx주의의 영향을 받은 일본의 경영학자들에 의해 개척되었다. 中西, 畠中의 저서를 선구로 하는 일본비판회계학은 1940년대 전반기에는 단절상태가 되었으나, 제2차 대전후에 木村和三郎, 馬場克三, 山下勝治 등에 의해 비판적으로 검토, 계승되어 오늘날에도 학계에 많은 영향력을 가지는 학설·학파로 발전하고 있고 있는데, 특히 馬場가 대표적인 학자이다(Tanaka, 1990).

馬場(1975, p.5)는 회계가 어느 정도 객관적인 것을 기록계산의 대상으로 하며, 이 대상의 기록계산을 어떤 목적하에 실시한다는 이 두 가지는 자명한 사실이라고 주장한다. 그는 이 주장에 입각하여 회계는 유목적적 행위이기 때문에 회계방법 또는 회계기술로써 나타나야 하며, 객관적인 존재를 기록계산의 대상으로 하는 이상 이 대상이 가지는 논리구조는 당연히 회계방법을 일정한 방향으로 규제하게 된다고 주장한다(p.6). 회계는 회계방법의 객체인 기업활동의 거래과정 즉, 개별자본운동의 논리를 알고, 그 논리에 따르지 않으면 목적에 맞는 회계방법을 확립할 수 없다는 것이다. 일반적으로 회계행위는 회계방법에 의해 처리되는 회계대상 그 자체가 가지는 일정한 구조와 독자적인 논리에 따르지 않으면 일정한 목적에 맞도록 처리될 수 없다. 따라서 개별자본운동설은 개별자본순환과정을 분석하며, 회계이론으로써의 개별자본운동설의 내용을 명백히 하고 있다.[6]

개별자본운동설은 G(화폐자본)—W(상품자본)—G'(화폐자본)이 공식에 의해 상징되는 개별자본운동과 회계계산양식이나 구조 사이의 관계와 관련이 있다. 이 학설은 회계계산을 개별자본순환의 반응으로 간주한다(馬場, 1975). 총사회자본운동의 구성요소로서 개별자본운동은 Marx의 자본론에서 상세하게 분석되고 있다. 개별자본운동설은 자본론의 논리와 방법론을 주로 이용한다.

개별자본운동설에서 회계학연구의 주된 대상은 회계에서 기록과 계산의 구조나 양식(말하자면, 회계방법)인데, 이것은 다시 개별자본운동의 경제법칙에 의해 지배된다. 따라서 회계학연구의 주된 목적은 회계법칙을 식별하는 것이다. 그리고 회계의 주요한 기능은 자본론이 서술하는 자본운동과정의 통제기능으로 정의된다(馬場, 1975). 물론 이 통제기능은 생산과정 뿐만 아니라 자본가를 위해 잉여가치를 실현하는 전반적인 과정과 관련이 있다. 이 학파에 속하는 회계연구자들은 계정, 감가상각, 자본이득 등의 이론을 포함하여 부기의 이론과 기법을 조사하며, 회계기법으로부터 개념화한 것으로 생각되는 측정이론을 전개하는 경향이 있다. 이 학파는 잉여가치 지향적인 자본운동을 반영하는 회계나 계산기법에서 회계의 사회적 측면을 식별한다.

馬場(1957, pp.25-27)는 자본의 5단계설을 주장하였는데, 이를 구체적으로 살펴보면 다음과 같다. 제1단계는 사회총자본을 파악하는 단계이다. 제2단계는 사회총자본을 개별자본으로 구성되는 것으로 파악하는 단계이다. 제3단계는 산업부문간의 경쟁을 고려하여 평균이윤율의 지배를 받는 개별자본을 파악하는 단계이다. 제4단계는 동일한 산업부문 내부에서의 경쟁 즉, 초과이윤의 가능성을 고려한 개별자본을 파악하는 단계로 경영학의 구체적인 인식대상이다. 제5단계는 자기자본과 타인자본을 분리하여 가장 구체적으로 개별자본을 파악하는 단계이다. 그는 사회총자본이 다수의 개별자본으로 이루어진다는 추상적인 것으로부터 제4단계의 초과이윤을 경쟁하는 개별자본의 단계와 제5단계의 자기자본과 타인자본이 분화하는 단계로 구체화하고, 경

---

6) 馬場의 논리전개방식을 변증법적 방법론으로 규정하고 이를 상세히 논한 것으로 田中(2013)을 참조.

영경제학이나 회계학의 대상은 이 제4단계와 제5단계의 개별자본이라고 주장한다.

2) 개별자본설의 연구대상과 기초개념[7)]

개별자본운동설은 회계방법을 기록·계산의 기술 또는 회계의 계산구조라고도 하기 때문에, 기록·계산을 행하는 측정구조만을 가리키는 것 같지만, 기업회계는 개별자본의 운동과정을 기록·계산·보고하는 것을 직접적인 목적으로 한다고 주장한다. 그리고 전달과 공표의 과정을 포함한다고 생각되는 현실의 회계실무를 회계방법이 구체화한 것이라고 주장(馬場, 1975, p.189)하기 때문에 이 개념은 일반적으로 보고한다는 형태를 취하는 회계의 전달과정을 포함시키고 있다고 볼 수 있다.

개별자본설은 馬場의 회계방법을 개별자본운동의 이론에 입각하여 설명하려는 이론이기 때문에 연구대상과 관련해서 개별자본운동이라는 개념이 중요한 의의를 가지는데, 첫째로 개별자본운동을 무엇으로 간주하는가의 문제, 둘째로 개별자본운동과 기업회계, 즉, 회계방법이 어느 정도로 관계가 있는가의 문제가 중요하다.

馬場의 개별자본설의 논리로서 중요한 기초개념에는 회계방법과 개별자본운동 이외에 소유관계의 개념과 회계목적의 개념이 있다. 네 개의 개념을 간단히 나타내면 <도표 6-1>과 같다.

도표 6-1 네 개의 기초개념

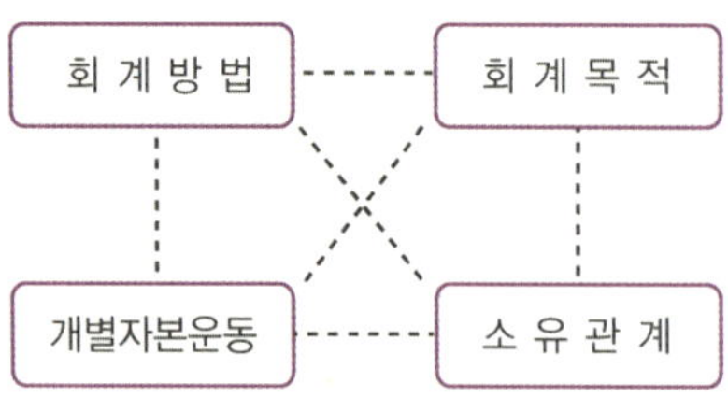

자료원; 陳內良昭(1987, p.35).

7) 이 부분은 특히 陳內良昭(1987)를 주로 참고하였다.

먼저, 개별자본운동의 개념을 검토해 보자. 개별자본운동이라는 개념은 두 가지 의미에서 중요하다고 생각된다. 첫째, 회계의 대상규정과 관련이 있다. 둘째, 회계의 본질규정과 관련이 있다.

첫째의 의미부터 살펴보면, 개별자본운동은 재생산과정의 현실운동으로서 다음의 <도표 6-2> 「자본운동의 식」[8]의 식 ① - ④ 중에서 ①의 식, 즉 Marx의 제1의 식처럼 나타낼 수 있다.

그런데 이자를 낳는 자본이 성립한 단계, 즉, 이윤이 이자 및 기업가이득과 분리된 단계에서 자본운동은 ②의 식, 즉 Marx의 제2의 식에서 나타낼 수 있다. 이것은 자본론 제3권의 제21장 "이자를 낳는 자본"에 있다.

도표 6-2 자본운동의 식

① Marx	G—W----P----W'—G'
② Marx	G— G—W----P----W'—G'—G'
	(G— G—W—G'—G')
③ 馬場克三	K—〉 G—W----P----W'—G'
④ 中西寅雄	G : G—W----P----W—G : G + z (G −p)
⑤ 高山朋子	G_E, G_F 〉 G—W----P----W'— G'

G: 화폐자본, W: 상품자본, P: 생산자본, z = 이자 p = 기업가이익.

자료원: 陳内良昭(1987, p.36).

개별자본운동설은 지금까지 개별자본운동의 개념을 주로 제1의 식, 즉 재생산과정에서 산업자본의 현실운동을 나타내는 식의 범위 안에서 일반적으로 파악하여 온 것 같다. 그러나 지금까지의 개별자본운동설이 제2의 식으로 나타나는 자본운동을 전부 고려하지 않았다는 의미는 아니다.

[8] 각 식의 출처는 다음과 같다. ①은 김수행 역, 자본론 제2권 p.29, ②는 김수행 역, 자본론 제3권 p.410, ③은 馬場克三(1975, p.89). ④는 中西寅雄(1931, p.350), ⑤는 高山朋子(1984, p.61).

그러나 종래는 주로 제1의 식에 입각한 이론적 체계화가 행해져서, 제2의 식이 나타나는 운동의 규정은 이론체계 중에 추가된 기초개념의 하나인 소유관계의 개념으로 나타나는 경향이 강하였다고 생각된다.

馬場는 위의 <도표 6-2>의 ③의 식으로 자본순환운동을 나타내는 것 같다. 여기서는 K로 자본소유관계가 나타나고 그것이 화살표로 현실의 자본운동에 대응하는 Marx의 제1식에 추가된다는 특징이 있다. 이 식에 K라는 부호를 추가한 의도는 馬場의 경우, 기능자본가에게 귀속한다는 의미에서의 자기자본이라는 개념이 존재해서 비로소 복식부기를 기초로 하는 체계적 방법이 확립될 수 있다는 것을 나타내었다고 생각된다.

개별자본설이 그 이론의 기초개념으로서 소유관계를 도입한 의의는 크다고 생각된다. 즉, 이 개념을 추가함으로써 소유관계로부터 회계에 대한 규정을 명확하게 하였기 때문이다. 예를 들면 자본금계정의 성격규정과 기간손익계산, 분배계산 등의 규정을 명확하게 했다고 생각된다. 결국 회계는 자본의 형태변화와 현실의 자본운동만을 대상으로 한 것이 아니라 소유관계도 대상으로 하지만, 회계의 형식은 자본운동만으로부터 규정되는 것은 아니고 소유관계로부터도 규정된다는 점을 명확히 하였다.

그러나, 일반적으로 Marx의 제2의 식에서 나타나는 이자낳은 자본(대부자본)의 성립단계에서 자본운동의 특징을 약간 다른 의미의 소유관계라는 개념에서만 파악한다면 오히려 회계이론상의 단점도 생길 수 있으리라 생각된다.

첫째, K 즉, 자본소유관계의 개념을 보편화하려는 경향을 초래한다고 생각된다. 말하자면, 자본주의회계의 모든 단계에서 성립하는 자본소유관계의 개념을 중시한 결과, 대상인 개별자본운동이 기본적으로는 자본주의 기업의 전체에 해당하는 개인기업의 규정으로 환원되는 문제가 있다. 즉, 이자낳는 자본의 성립단계 이후의 자본운동의 특수한 역사적인 형태규정성을 해명하려는 경향, 따라서 전달과정을 포함하는 오늘날의 회계특수성을 자본운동의 개념으로부터 설명하는 것이 곤란하게 되는 문제가 등장할 우려가 있다.

그런데, Marx가 나타낸 제2의 식으로 돌아가서 살펴보면, Marx는 다음과 같이 서술하고 있다. "대부자본의 출발점과 복귀점, 인도와 상환은 법률상의 거래들에 의하여 매개되는 임의적인 운동들로 나타나며, 이 운동들은 자본의 현실적 운동의 전후에 행해지며 이 현실적 운동 그것과는 아무런 관계도 없다"(김수행 역, 자본론 제3권, p.420). 여기서 산업자본의 운동과 대부자본의 운동이 확실히 구별된다고 하고 있지만, 다른 한편에서는 대부자본의 운동 그 자체도 자본의 운동이라는 개념으로 포착되고 있다. 즉, 대부자본이 성립한 단계에는 산업자본인 개별자본의 운동은 다른 개별자본과의 관계를 포함한 것으로서 형태규정을 받는다는 것이 분명하다. 이 이자낳은 자본의 성립단계에서 현실의 자본운동의 앞 단계로서의 대부자본의 대부라는 운동은 실은 회계이론에서도 고려해야 할 문제로 인식되어 왔지만, 이론적인 처리에 관해서는 불확실한 것 같다.

예를 들면, 中西寅雄은 <도표 6-2>의 ④의 식에서 개별자본운동을 나타내고 있다. 이 경우 첫 번째 G:는 G의 재무활동을 나타내고 있다. 이것은 "신용제도의 발달, 이자자본의 성립보다 개별자본에서 자본소유와 자본기능이 분화하고 자본가는 이자명의자로서 단순한 자본소유자와 자본기능의 담당자로서 기업가로 분화하게 되는 것과 개별자본의 조달, 상환, 이익처분에 관한 소위 재무활동의 과정이 성립한다. 이러한 재무활동의 과정은 자본의 현실적인 순환과정의 성립조건을 이루는 것이고 따라서 그것은 현실적 순환과정과 관련이 있다. 이러한 의미에서 재무활동은 기업가의 현실적 기능에 포함된다"(中西, 1973, pp.19-20). 中西는 일찍부터 소유단계의 개념을 도입하여 개별자본운동설의 기초개념의 하나로 간주하고 있다.

문제는 개별자본설이 개별자본운동을 어떤 것으로 파악하는가이다. 회계의 대상인 개별자본운동은 이와 같이 이자낳는 자본의 성립단계에서는 Marx가 자본론 제3권에서 상정한 것처럼, 대부자본과 산업자본 간의 화폐의 대차운동을 포함하는 운동으로 파악되어야 할 것이다. Marx의 제2의 식이 나타내는 자본운동이 회계의 대상으로 파악되고 있는지의 여부가 개별자본설에 입각한 회계이론의 분기점이 될 것이다.

다음으로 개별자본운동의 개념은 회계의 본질규정에서도 중요하다.

개별자본운동설은 일반적으로 개별자본운동을 회계의 대상이나 회계인식의 대상으로만 파악하는 경향이 있지만, 개별자본운동 그 자체가 회계를 내포한다는 측면 즉, 회계가 특정한 자본기능 즉, 상품자본, 화폐자본의 기능, 조작의 구체적인 현상이라는 측면이 있다.

이 문제를 처음으로 지적한 사람이 Marx이다. 자본론 제2권, 제6장 유통비용에서 Marx는 상품자본의 변형을 매개하는 기능의 하나로서 부기·회계를 설명하고 있다. 자본론 제3권에서는 다음과 같이 서술하고 있다. "생산규모가 팽창함에 따라 산업자본의 유통을 위해 끊임없이 수행되어야 할 상업업무들......상품자본의 형태로 생산물을 판매하든가, 그 대금을 다시 생산수단으로 전환시키든가, 이 전체과정에 대한 회계를 한다든가에 관련된 상업업무들......도 증대한다는 것은 명백하다. 가격계산, 부기, 자금관리, 통신은 모두 이것에 속한다"(김수행 역, p.359). 그리고 이것들은 직접적 생산과정에는 들어가지 않지만, 유통과정에 들어가 있어서 재생산의 총과정에 들어간다는 것을 강조하고 있다.

Marx는 화폐의 인출, 수납, 차액의 결제, 당좌계정의 기장, 부기 등의 업무는 회계의 여러 가지 규정과 화폐의 기능으로부터 결국 자본도 화폐자본의 형태로 있으므로 수행해야 할 화폐기능으로부터 생긴다고 주장하고 있다(김수행 역, p.380). 결국, 부기, 회계 등의 업무를 특정한 자본기능, 여기서는 화폐자본 기능의 구체적인 현상으로 간주하고 있을 뿐이다. 이것이 구체적으로 자본운동을 매개하고 있다.

상기와 같은 Marx의 분석을 처음으로 주목한 사람은 田中章義이다. 그는 "회계기술을 자본의 구체적인 형태의 규정으로서 파악해야 한다고 생각하면서 그 규정을 두 개의 측면으로 나눈다. 제1의 측면은 馬場가 강조하는 회계기록의 형식과 내용이다. 이것은 주로 회계대상 = 개별자본의 순환의 논리에 의해 규정되고 있는데, 개별자본설은 주로 이 측면의 규정을 해명하였다. 제2의 측면은 회계기술이 특정한 자본기능의 구체적 현상이라는 측면이라고 주장"(田中, 1974, p.35)하고, 이 제2의 측면이 馬場의 개별자본설과 상부구조설에 누락되어 있다고 田中는 지적하였다.

그런데 만약 회계기술이 이와 같다면, 회계이론의 구축과정에서 이러한 기술과 관련하여 선험적으로 설정되는 경향이 있는 회계목적의 의의는 자본기능으로서의 회계의 기능과 관련해서 분명해야 할 것이다.

위와 같은 馬場의 견해는 회계학의 대상과 종래 명확하지 않았던 개별자본운동설을 분명하게 하였는 바, 개별자본운동설은 회계방법을 연구대상으로 하며, 회계방법을 위해서는 그 객체인 개별자본의 순환과정을 문제로 삼아야 한다는 것이다. 단지 실무로서의 회계방법의 형성에 관해서는 개별자본운동의 논리와는 별도로 회계를 둘러싼 사회경제적 조건, 그것에 규정되는 회계목적, 그것에 대응하는 회계정책 등 여러 측면에서 규정되고, 또한 그곳에는 회계를 둘러싼 권력관계인 구조가 있고 이해대립도 얽혀 있다. 말하자면, 현실의 회계실무가 되는 회계방법은 기본적으로 사회경제적 조건에 규정되는 구조에서 형성되는 것으로 보아야 할 것이다[遠藤(엔도), 1986, pp.1-3을 참조]. 종래의 개별자본운동설은 등한시 했으나 馬場의 견해에서 문제로 간주되는 회계방법은 자본축적목적의 영향을 받아서 현실의 회계실무를 서술하고 있다(馬場, 1975, pp.189-190). 그리고 회계방법이 형성되는 과정에 다수의 이해관계자의 대립 속에서 여러 형태로 이용되고 비판의 대상으로 되어 왔다는 사회학적인 문제를 간과하고 회계의 기록, 계산이라는 내용처리의 문제에 주의를 집중한 나머지, 보고라는 대외적 기능의 중요성을 등한시해 왔다(pp.171-172)고 주장되고 있다. 그러나 개별자본순환의 논리와는 별도로, 그러한 회계방법형성에 관한 사회경제적 규정관계를 포함한 방법인 이론은 명확히 나타나 있지 않다.

馬場의 개별자본설은 회계를 총체적으로 파악하기 위한 방법론으로 완성되어 있지 않았기 때문에, 회계상의 허위·기만 등의 회계현상이야말로 회계학의 연구대상이라고 한 宮上一男는 개별자본설이 자본순환과정을 분명하게 파악할 수 있다고 해도 기업회계의 현실을 분명히 할 수 없다고 비판하였다(宮上一男, 1970, p.276). 이것에 대해 馬場는 宮上의 개별자본설에 입각한 회계학의 이해가 오해에 입각해 있다고 하여, 회계학의 연구대상은 개별자본이 아니라 회계방법이고, 개별자본은 회계방법이 작용하는 객체인 회계대상이고, 회계학의 연구대상은 아니라고 반박한 바 있다(馬場, 1975, p.180).

馬場는 종래의 개별자본설에 입각한 회계학에 宮上 등의 비판을 반영하여 개별자본설에 의한 회계학체계인 방법론을 다음과 같이 설명하고 있다(<도표 6-3>을 참조).

도표 6-3 馬場說에 의한 회계학의 대상

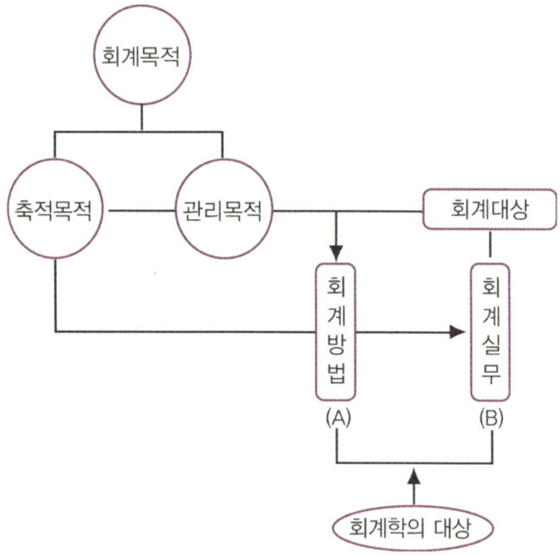

자료원: 馬場克三(1975, p.189).

회계목적은 회계대상에 의해 규정되지만, 이 회계목적 안에 관리목적과 회계대상의 합류점에서 회계방법이라는 계산기술구조가 형성된다. 그러나 이 회계방법이 그 자체로는 현실의 회계실무가 아니다. 현실의 회계실무는 또 하나의 회계목적을 이루는 자본축적목적이 회계방법에 작용하여 이것을 구체화한 것이다. 회계방법(A)와 이 회계방법이 축적목적의 작용을 받아 현실에 나타난 회계실무(B)와의 통일이 회계학의 대상으로 된다.

위의 A와 B를 회계학의 대상으로 받아들인 경우에도 회계학은 회계방법이라는 기술학과 회계현상의 본질을 규명하는 법칙발견학인 실증회계학으로 나누어지게 된다. 보통 회계학이라고 하는 경우에 의미하는 것은 전자이다. 공표회계제도설은 실증회계학의 계통에 속한다. 그러나 어느 경우라도 그것이 과학적인 회계학이 되기 위해서는 A와 B를 함께 통일의 대상으로 파악해야 할 것이다(p.190).

馬場는 회계학의 두 대상에 대한 통일적 파악을 강조하지만, 기업회계의 기초를 이루는 것은 (A)회계방법이 회계계산구조이므로 우선 그 해명이 필요하다고 한다. 회계의 현실에 대한 비판을 잠시 억제하고 회계계산구조로의 확고한 이론을 우선 구축해야 한다고 생각하는 것이다(p.184).

馬場의 회계방법설에 의하면 관리목적도 축적목적으로부터 나온다는 것이 간과되어 있다. 따라서 기술자의 회계학이 독립된 지위를 부여받게 된다는 비판이 나온다. 또한 Pacioli의 부기나 산업자본의 회계는 기술학으로서 옳고, 독점자본의 회계는 축적목적 때문에 왜곡된다는 것이 된다. 그러나 회계는 Pacioli 때부터 자본가의 실천으로서 자기지분을 계산한 것이다. 계급적 왜곡이 오로지 독점의 부패 때문인 것은 아니다. 악의 근원이 독점자본에만 귀속된다고 하는 데에는 무리가 있는 것 같다. 이와 같은 경향은 전후초기의 비판학파에 많이 볼 수 있다. 예를 들면 기술인 복식부기와 회계실무인 기업부기에 관한 木村의 구별도 독점계급에 의해 기업회계가 왜곡된다고 하는 논의이다(河合, p.6).

馬場는 회계학을 회계방법을 연구대상으로 하는 이론회계학과, 회계현상의 본질을 규명하는 법칙발견을 연구대상으로 하는 실증회계학으로 나눌 수 있다고 하고, 위와 같은 문제의 해명은 실증회계학에 속한다고 주장하고 있다. 그러나 馬場는 회계학이 과학적 회계학으로 되기 위해서는 이것들을 통일의 대상으로 삼아야 한다고 주장한다(p.190).

이와 같이 馬場가 주장하는 사회학적인 문제, 회계의 외부보고기능이라는 문제,

말하자면 회계의 사회성, 제도성이라는 문제를 개별자본운동설에 포함하는 방법에 오늘날 사회과학으로써의 회계학-개별자본운동설의 중대한 과제가 있다고 할 수 있다. 그리고 회계를 자본기능의 구체적 형태로 전개하고 나아가 증권제도를 포함하는 신용제도도 포함하여 다양한 기록・계산・전달의 방법을 가지고 현대회계의 형태규정을 해명하는 것이 개별자본설이 나아가야 할 방향이라고 생각된다.

개별자본운동설에서 회계학연구의 주된 대상은 회계에서 기록과 계산의 구조나 양식(즉, 회계방법)인데, 이것은 다시 개별자본운동의 경제법칙에 의해 지배된다. 따라서 회계학연구의 주요 목적은 회계법칙을 식별하는 것이다. 그리고 회계의 주요기능은 자본론이 서술하는 자본운동과정의 통제기능으로 정의된다(馬場, 1975). 이 통제기능은 생산과정 뿐만 아니라 자본가를 위해 잉여가치를 실현하는 전체 과정과 관련이 있다. 이 학파의 회계연구자들은 계정, 감가상각, 자본이득 등의 이론을 포함하여 부기의 이론과 기법을 조사한다(馬場・蜷川, 1960; 藤田, 1987; 高山, 1983). 이들은 회계기법으로 개념화할 것으로 생각되는 측정이론을 전개하는 경향도 있다. 이 학파는 잉여가치 지향적인 자본운동을 반영하는 회계나 계산기법 내에서 회계의 사회적 측면을 식별하고자 한다(Oguri, 2002, p.480).

3) 개별자본운동설의 성과와 문제점

개별자본운동설은 구체적 회계사상을 개별자본의 논리에 입각해서 이해한다는 방법을 제시함으로써, 일본의 회계학방법론의 발전을 위한 토대를 만들었다고 볼 수 있다. 예를 들면, 복식부기론과 계산구조론에서 부기의 계정구성과 계산구조가 기본적으로 개별자본의 순환운동의 논리에 규정되어 있는 것을 명확하게 하였다.

개별자본운동설의 가장 큰 공헌은 회계학방법론에 관한 것이라고 생각된다. 즉, 구체적 회계사상을 개별자본의 논리에 입각해서 이해한다는 방법을 제시함으로써 회계학방법론 발전의 기초를 만들었다고 볼 수 있다.

이러한 개별자본운동설의 첫 번째 방법론적 특징은 기업의 활동을 개별자본의 운동, 즉 자본의 화폐형태를 G, 상품형태를 W, 생산자본형태를 P로 나타내어 G—W--P--W'—G'라는 식에서 나타나는 자본의 형태변화와 가치증식의 운동으로 간주하는 것이다. 中西(1931, p.69)는 기업의 본질은 개별자본의 가치증식운동이며, 자본의 가치증식상의 기능적 단위체라고 서술하고, 기업이 자본의 소유관계와는 독립적으로, 자본기능적으로 독자적인 단위체를 형성하는 것에 착안하여, 개별자본의 고찰은 그 가치증식상의 관점과 소유관계의 관점에서 해야 한다고 주장했다(陳內, 2005, p.30).

개별자본운동설의 두 번째 방법론적 특징은 기업회계의 개념과 계산구조는 기본적으로 그 대상으로부터 규정된다고 생각한 것이다. 中西는 회계상의 재산(자산)은 개별자본의 현실운동을 그 기능형태로 본 개념이고(1931, p.356), 자본은 개별자본을 단순한 가치의 양적 크기로 보는 것(1931, p.357)으로 간주하여, 재무상태표를 중심으로 회계계산의 구조를 명확하게 하고자 하였다. 이와 같이 회계의 계산구조론의 영역에서 문제를 개척해서 이론의 구축을 도모해 온 것은 개별자본설의 하나의 큰 공헌이다. 회계는 먼저 어떤 대상을 기록·계산하는 구조이므로, 회계이론은 이와 같은 구조를 명확히 하는 계산구조론을 반드시 포함해야 하기 때문이다(陳內, *ibid.*).

개별자본운동설이 자체의 방법에 근거해서 회계학의 주요한 연구영역에서 많은 성과를 거두어 왔다. 예를 들면, 복식부기론과 계산구조론에서 부기의 계정구성과 계산구조가 기본적으로 개별자본의 순환운동의 논리에 규정되어 있는 것을 명확하게 하였다. 또한 감가상각론에서는 기업에서 감가상각분의 계산은 가치이전의 계산으로 될 수 없다고 해서 가치회수 계산의 논리, 즉, 가치이전과 가치회수로 분리하고 가치회수라는 관점이 독립화한다(馬場, 1951, p.15)는 논리를 명확히 하였다. 나아가 잉여금에 관한 부분에서는 주식회사의 자본구조에서 주식발행초과금의 규정을 이윤을 발생시키는 산업자본의 운동과 이자를 발생시키는 대부자본의 운동과의 대립과 통일에서 명확히 하였다(別府五十郎, 1964; 內川菊義, 1966 등을 참조). 이것들은 개별자본운동설의 주요한 공적이라고 볼 수 있다.

이상과 같이 개별자본운동설의 지금까지의 성과는 주로 개별자본운동을 회계의 대상으로 보는 입장에 서서, 개별자본운동의 논리로부터 회계의 규정성을 명확하게 하였다는 것이다.

그러나 개별자본운동설도 나름대로 문제점을 안고 있다. 특히 개별자본운동설은 회계의 측정 즉, 기록계산기구의 규정을 명확하게 하였지만, 회계의 전달규정, 전달의 근거, 형태, 기능 등을 명확하게 해명하고 있지 않다는 문제점을 가지고 있다. 나아가 개별자본운동설은 오늘날 회계의 주요한 측면인 공표회계제도의 형태규정, 특히 회계를 사회적으로 규정하는 기업회계기준 등 회계기준의 형태 및 법제도, 세금제도 등과 관련해서 기능하는 회계의 현실적인 형태를 설명하고 있지 않다는 문제가 있다. 예를 들면, 宮上一男으로부터 개별자본운동설은 개별자본의 순환을 분명하게 할 수 있어도, 기업회계의 현실을 분명하게 하지 못하고 있다는 비판을 받고 있다(宮上, 1969, p.276)

3. 회계방법설

회계방법설은 제2차 세계대전 이후에 개별자본운동설의 맥을 이은 학설로서 회계방법의 학이라고도 한다. 회계방법설은 대표적으로 蜷川虎三, 岡部利良, 岡本愛次 등의 학자에 의해 발전되었다. 이것은 개발자본운동설과 같이 과학적 계산방법을 확립하고, 회계개혁을 위해 건설적 제안(constructive proposals)을 제공하고자 하였다.

1) 蜷川虎三의 학설

蜷川은 회계학에서 문제로 되는 것은 기업의 이윤추구과정에서 가치 및 가치증감의 기재방법이라고 하여 회계학이 회계방법인 기재방법을 연구대상으로 하는 학문이라고 주장하였다(蜷川統計學硏究所編, 1985, p.132).

회계방법인 기재방법은 기재대상과 기재목적에 의해 규정된다(p.68). 따라서 蜷

川의 이론에서는 회계대상이 중요한 의미를 지닌다. 蜷川의 회계대상은 개별자본의 운동과정(G-W-G′)이다. 그리고 蜷川는 회계대상과 마찬가지로 회계목적도 중시한다. 회계목적은 제1차 목적과 제2차 목적으로 구분된다.

蜷川에 의하면 기재라는 것은 대상의 인식과 표시로 되고, 따라서 기재방법(회계방법)은 인식방법과 표시방법으로 된다(p.125).

인식방법은 회계대상을 이론적으로 인식하는 과정이다. 방법에 대한 대상의 우위를 주장하는 蜷川의 이론에서는 회계대상의 이론적 인식을 중요시한다.

표시방법의 내용은 ① 기재요소, ② 기재형식, ③ 기재절차의 세 가지로 구분되어 있다(p.126). 기재요소와 기재형식의 규정이 이론적 과정인데 반해서, 이들의 이론적 규정을 실천하는 기술적 절차가 기재절차이다.

기재요소는 재산과 자본이다. 蜷川는 회계대상인 개별자본의 분석에서 가치와 사용가치를 기본적인 기재요소로 하고 있다(p.146). 기재형식은 계정과 대차대조표, 손익계산서이다. 계정에는 본질적인 것과 형식적인 것이 있고, 재산·자본의 구성부분인 계정과목을 나타내는 것은 본질적이고, 그 가치의 증감을 나타내기 위한 차변·대변은 형식적이다. 요컨대, 蜷川의 회계학은 기업의 이윤추구과정에서 가치 및 가치증식에 관한 기재방식의 학이다.

蜷川이론의 후계자인 岡部利良에 의하면 기재요소는 회계대상으로 되고, 회계방법의 구성은 회계대상, 회계형식, 회계절차로 되며, 기재는 기록·계산이 된다. 또한 개별자본의 운동과정인 기업의 활동은 회계의 일반적 대상으로 되고, 재산·자본·수익·비용·원가 등은 회계에 의해서 파악되어야 할 대상으로 된다.

蜷川이론은 형식적인 기술과 설명이고, 회계학이나 복식부기를 경제학 등의 용어로 바꿔 말한데 불과한 것 같다. 그러나 蜷川이론의 공헌은 회계, 회계학의 계급성을 처음으로 설명한 데 있다. 蜷川이론에 의하면 회계에는 진실성과 신뢰성이 있다. 아무리 회계의 기록, 계산, 절차가 정확하여도 신뢰성의 문제가 남는다고 한다. 다만 그 후의 전개는 통계학에서는 신중하게 다루지만 회계학에서는 그 전개가 그다지 충분한 것 같지 않다.

통계의 신뢰성과 조사자와 피조사자의 관계, 사람과 사람의 사회관계, 지배자와 일반민중의 관계가 통계의 계급성으로서 나타난다는 것이다. 蜷川는 관계라는 용어를 자주 사용하였는데, 이와 같은 蜷川이론의 논리는 회계학에도 당연히 해당된다. 회계학에서 蜷川이론의 계급성 지적은 과학적 회계학, 비판회계학의 원류를 이루는 것이라 할 수 있다(河合, 1993, p.5).

2) 岡部利良의 학설

岡部에 의하면, 회계학의 연구대상은 회계방법과 회계실천 두 가지인데(岡部, 1989, p.6), 이 점이 蜷川와 다르다. 전에는 岡部가 연구대상으로서 회계방법만을 취하고, 회계실천은 회계방법연구의 소재로서의 의미를 지닌 것이었는데, 지금은 이 두 가지를 회계학의 연구대상으로 하며 회계방법이 회계실천에 대해 규정적이라고 주장한다.

회계에 의해 파악되어야 하는 회계방법의 적용대상인 회계대상은 두 개 또는 두 단계로 규정되어 있다.

첫번째 회계대상을 (가)로 하면, 그것은 개별자본의 운동과정 또는 기업의 활동이다. 그러나 岡部는 이 기업의 활동이 회계에 의해 파악되어야 하는 것으로서 매우 일반적인 형식으로 취급되기 때문에, 회계의 일반대상으로서 구별한다(岡部, 1985, p.8).

두번째 회계대상을 (나)로 하면, 이것은 재산·자본·수익·비용·원가 등으로, 기업의 활동에서 발생하거나 존재하는 것이고, 이 (나)가 회계에 의해 파악되어야 할 대상으로 된다(p.7).

회계방법은 회계가 어떻게 행해져야 하는가를 가리키는 방법이다. 그리고 이러한 회계방법에는 행해져야 할 회계방법, 즉 당위(Sollen)로서의 회계방법이라 할 수 있는 회계규범(p.9)의 성격이 부여되고 있다.

岡部에 의하면 회계방법은 세 가지 구성요소인 ① 회계대상, ② 회계형식, ③ 회계절차를 갖는다. 이것은 蜷川이론이 표시방법의 내용으로 한 ① 기재요소, ② 기재형식,

③ 기재절차에 각각 대응시킨 것이다. 蜷川와 다른 점은 기재요소를 회계대상으로 간주하며, 이 회계대상은 앞에서 본 본래의 회계대상(나)와 같은 것으로 되어 있다(p.11).

岡部의 회계방법설에서는 회계학의 연구대상인 회계방법과 회계방법의 적용대상인 회계대상을 엄격하게 구별하여, 회계대상은 회계학의 연구대상이 아니라고 설명하고 있다. 그런데 여기서는 동일한 회계대상이 한편으로는 회계방법의 적용대상이고 다른 한편으로는 회계방법의 일부로서 회계학의 연구대상으로 되어 있고, 게다가 이 점에 관한 논거가 제시되어 있지 않다.

3) 岡本愛次의 학설

岡部와 동일하게 蜷川의 회계방법설을 계승한 岡本는 "종래의 회계이론의 방법은 목적에 직접 종속하고 목적이 주어지면 방법은 자연히 결정된다. 따라서 방법은 순수하게 기술적인 것으로 생각되어 왔다....그렇지만 목적 그 자체가 방법에 구체적인 형태를 부여하는 것은 아니다. 방법에 구체적인 형태를 부여하는 것은 목적에 규정된 대상이지, 목적 그 자체는 아니기 때문이다."(1977, p.45)라고 주장하고 있다.

岡本가 생각하는 회계의 객체, 목적, 대상, 형식, 절차의 관계는 <도표 6-4>와 <도표 6-5>에 제시되어 있다. 岡本가 말하는 회계의 대상은 개별경제의 과정이다. 그리고 岡本는 회계학의 객체는 기업이고, 그것이 가진 실천목적(= 가치증식)에 규정된 기업조직의 가치흐름(G-W-G′)이 회계대상이 되며, 이 회계대상으로부터 재산계산, 이익계산(및 보조적인 자금계산)이라는 인식목적이 규정되고, 나아가 회계대상과 인식목적에 규정된 회계방법이 형성되는 것을 보여주고 있다.

岡本에 의하면, 회계방법은 (1) 기록(복식부기의 구조), (2) 계산(자본적 지출과 수익적 지출, 평가), (3) 전달(동기)로 되어 있다. 인식목적으로 되는 것은 기업이 그 자본적 사명으로서의 가치증식에 규정되어 있어, 회계의 일반계산대상으로 조정된 가치증식과정(일반적으로 G-W-G′ 로 표현)에서, 기업의 가치증식활동이 목적달성을 위해 그 시대의 경제환경에서 계산상 달성해야 하며, 결국에는 제도화의

도표 6-4 회계의 목적 · 대상 · 방법

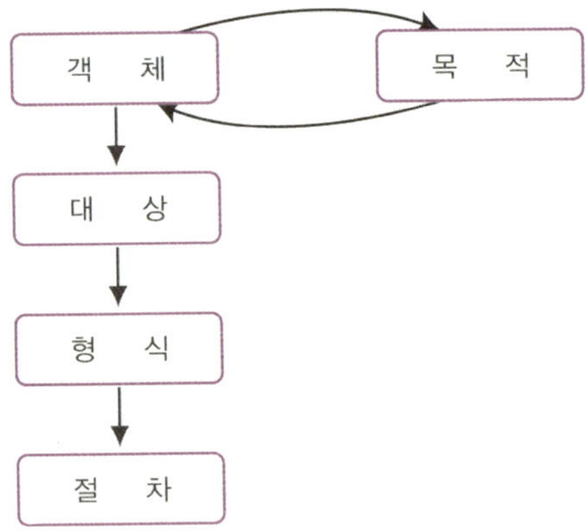

도표 6-5 회계학방법설

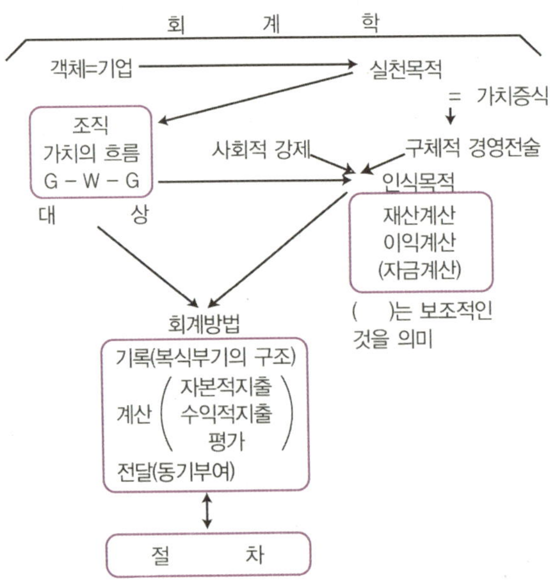

목적을 달성하는 것이다. 그것은 G-W-G′ 의 안에 내재된 것이 되지만, 기업의 가치증식활동이 아니고 (구체적 경영) 전술이 그 시대의 경제환경에 직면하고 마침 내는 사회적으로 강제되는 목적에 있다. 그리고 이 사회적 강제에 대해서는 분식·역분식의 저항이 발생할 것이다(p.47)라고 주장하고 있다. 岡本의 인식목적은 자본운동에 내재하고 있는 것이지, 자본의 외부에 규정된 것이 아니다. 따라서 자본의 외부에 규정된 회계주체가 회계인식을 행하는 목적이라고 하기 보다는 객체(기업 즉, 개별자본자체)로부터 나타나는 것이다.

결론적으로, 岡本는 대상인 가치의 흐름이 아닌 요소는 계산될 수 없는 것, 그 계산을 위해서는 우선 대상의 정확한 이론적 분석을 요하고, 그것을 통해 회계방법, 절차가 전개되어야 한다. 그래서 회계방법설은 바람직한 방법과 어떤 방법과의 변증법적 파악을 지향하는 방법론으로 된다.

한편, 岡部(1973, 5月號, p.92)는 회계학이 기업활동을 올바르게 기록, 계산, 보고하는 회계방법을 기본적인 연구대상으로 하여 우선적으로 문제시해야 한다고 주장하였다. 기업활동의 사실을 파악하는 과학적 회계방법인 기준을 준비하고, 그것에 의해 회계실천을 비판하고 올바르게 행하려고 하는 입장을 건설적 비판회계학이라고 한다. 이것은 최근에 주장되고 있는 독점자본을 위한 회계제도의 민주적 개혁론과도 관계있는 것으로 특히 서구비판회계학의 대체적 회계시스템론과도 관계를 갖는다.

그런데 이와 같은 건설적 비판회계학은 일부 주류회계학자들이 비판회계학을 대상으로 그들이 비판만을 일삼고 건설적 제언을 결하고 있다는 비판에 직면하여, 비판회계학자들 사이에서도 두 집단으로 나누어져 있다. 즉, 건설적 제언을 긍정적으로 실시해야 한다는 입장인 건설적 제언긍정론과 부정적으로 간주하는 입장인 건설적 제언부정론이 있다. 후자 경우의 논지는 자본주의 사회의 경우, 회계학상의 문제에 대해서 어떠한 제언을 하여도 그것은 일반적으로 자본가들에게 불리하기 때문에 그러한 제언을 그들이 수용하는 것을 애초부터 기대할 수 없으며, 따라서 제언자체가 무의미하다는 것이다(岡部, 1991, pp.199-200).

角瀨(1978, 1986)는 "건설적 제언"의 중요성을 강조하며, 기존의 회계제도의 자본주의적 기능을 비판하면서 민주적 회계제도개혁을 요청하고 있다. 이들의 견해에서, 다른 회계시스템을 제공하는 것은 상부구조설의 문제를 해결한다는 것을 의미하며, 측정이론을 포함해서 포괄적인 비판회계이론을 개발하는 것을 의미한다.

건설적 제언긍정론의 경우, 문제는 그 과학적 근거와 이론적 기초이다. 소위 비판기준론은 경제이론을 기초로 한 당위의 회계방법을 확립하는 것을 관건으로 보며, 그 현실화에 필요한 조건을 중요시하지 않는 것처럼 생각된다. 즉, 그것은 이론주도형이라고 말할 수 있다. 이에 대해 현실의 대기업 및 독점자본 위주의 기업회계에 관해서 과학적인 비판과 동시에, 민주적 규제를 행하고 국민 위주의 기업회계로 개혁하기 위한 건설적 제언을 해야 한다는 민주적 통제론(岩尾裕純編(1978)의 敷田禮二, 山口孝, 角瀨保雄 등의 논문을 참조)은 운동주도형, 또는 하부구조(infrastructure)중시형이라고 할 수 있는데(角瀨, 1987, p.21), 비판회계학의 한 측면을 나타내고 있지만, 아직 하나의 회계이론으로써 체계화된 것은 아니다.

개별자본설과 회계방법설을 통합한 것을 회계방법의 이론이라고도 하는데(陣內, 2010, pp.21-22), 이 두 학설은 공통적으로 회계학의 대상을 회계적 기록・계산방법인 회계방법으로 규정하고[9], 회계의 대상을 개별자본의 운동으로 파악하고 있는 바, 개별자본설과 회계방법설은 회계방법의 이론을 전개하면서 다음과 같은 이론적 성과를 가지고 있다. (1) 자본주의하에서 고정자산회계론, 자본잉여금론, 충당금회계론 등과 같은 회계개념들의 경제적 근거를 해명하고, 자본주의회계의 구성과 기능론에 대해 특히 성과를 가지고 있다(陣內, 1991a). (2) 복식부기를 그 구성요소로 나눈다는 사고방법을 회계이론의 체계 내에서 제시한 것도 회계방법의 이론의 성과이다.[10] 木村和三郞(1972)은 실제의 기업이 행하고 있는 복식부기 즉,

---

9) 회계학의 대상을 회계방법으로 보는 견해가 일본의 비판회계학만이 이용하는 것은 아니다. 예를 들면, ASOBAT에서도 회계방법을 회계학의 대상으로 보고 있지만, 일본의 회계방법의 이론처럼 회계방법이 때때로 경제의 특징에 의해 규정된다는 문제의식은 희박하며, 많은 경우에, 정보시스템으로서의 회계가 이용할 수 있는 측정을 위한 기법과 동의어로 사용되고 있다(陳內, 2010, p.22).

복식기업부기를 개념상으로는 복식부기와 기업부기로 구분하였다. 木村에 의하면, 복식부기의 요건은 계정형식을 이용하는 것과 이중으로 표기를 하는 것으로 된다. (3) 손익계산과 결산의 이론적 분석, (4) 주류회계학이나 비판회계학에서 어떤 목적을 가진 회계주체가 자본운동의 외부에 존재한 것을 전제로 회계를 살펴보는 경향이 있지만, 회계방법을 자본운동의 내부에서 자본운동으로 설명하려는 시도를 三代澤經人(미요자와)와 田中章義가 실시한 바 있다. 특히 田中(2006, p.26)는 유기체인 자본이 그 자체내에 증식가치를 인식하고 계산하는 기능을 가지고 있고, 그 기능은 자본의 근원인 화폐가 가지고 있는 계산화폐기능이 전개한 것이라고 주장한다. 회계기능의 관점에서 보면 회계는 주체로서 자본의 자의식(self-consciousness of capital)으로 간주될 수 있다. 회계는 자본의 자의식이기 때문에, 회계는 자본에 매우 중요하다. 자의식개념은 Hegel이 강조한 개념이다. 그는 모든 사람 특히 인간을 포함한 유기체가 그 자체의 자의식을 가지고 있다고 생각한다(*ibid.*, p.27). 田中의 이론은 회계를 경제적 기초에서부터 설명하는 것의 중요성을 인식하고 있지만, 이러한 사고방식을 아직 가지고 있지 않는 서구의 비판회계학계에서도 높이 평가될 것이라고 생각된다(陳內, 2011). 이러한 관점은 일본의 비판회계학의 큰 특징 중의 하나라고 생각된다. (5) 부기를 내용으로 간주하고 회계를 형태로 간주하는 복식부기와 회계의 관계를 살펴보고 있다. (6) 회계방법의 이론내에서도 복식부기와 회계기준의 관계를 살펴보는데, 회계방법에 회계기준을 포함하는 견해(木村), 회계방법과 회계기준을 같은 의미로 보는 견해(岡部), 회계방법과 회계기준을 상대적으로 구별해서 보는 견해(馬場과 岡本) 등이 있다(*ibid.*, pp.29-32).

10) 복식부기를 인과적 복식부기와 분류적 복식부기로 분석해서 부기이론을 발전시킨 Ijiri(1967)의 사고방식도 이 계보에 속한다.

4. 상부구조설

사회과학으로써의 회계학인 비판회계학은 개별자본운동설을 선두로 성립한 것이지만, 1950년대에는 神田忠雄, 宮上一男 등에 의해, 회계학은 회계현상을 연구대상으로 하고, 그것에 일관하는 법칙성을 해명하는 학문이라고 주장하였다.

상부구조설은 사회정치적 상부구조설(socio-political superstruture)(Oguri, 2002)이라고도 하며, 자본주의 사회내에서 회계의 정치적, 이데올로기적, 경제적 역할과 관련이 있다. 그 이름이 시사하는 바와 같이, 회계현상은 경제적 토대에 의해 생성되고 다시 그 토대에 영향을 주는 사회정치적 상부구조의 요소로 간주된다(神田, 1971). 그리고 회계현상은 회계제도, 회계정책, 회계이론과 실무 등을 포함하는 것으로 정의된다. 일부 학자들은 회계이론, 실무, 기법 등과 같은 모든 회계현상이 사회관계 내에서 제도화된다고 주장한다(宮上, 1969). 이러한 맥락에서 사회정치적 상부구조의 개념 뿐만 아니라 이들의 회계제도개념도 광범위하게 정의된다.

상부구조설은 경제적 토대와 상부구조의 체계를 이용하는 사회구조와 사회운동을 분석하는 사적 유물론에 근거하고 있다. 경제적 토대는 전체생산관계나 경제적 사회구조를 의미한다. 그리고 상부구조는 법적·정치적 상부구조를 의미한다. 이 체계에 따라, 계급투쟁을 포함한 경제적 토대는 근본적인 사회요소이며 토대나 지배계급을 지지하는 상부구조를 생성한다. 상부구조는 지배계급의 이해관계를 지속하며, 법률, 정치, 종교, 문화, 이데올로기의 형태를 통해 계급사회의 현상태를 정당화한다. 이 체계내에서 상부구조설은 상부구조의 일부로서 회계에 주안점을 두는데 반하여, 개별자본설은 경제적 토대내부에서 기능하는 요소로서 회계에 주안점을 두고 있다.

神田(1971)는 회계가 상부구조로서 그 토대가 살아서 활동하는 한 시대의 산물이고, 토대가 튼튼하게 되는 것을 적극적으로 도와주는 것으로 간주하고, 회계학은 회계현상을 토대와의 현실적인 상호작용과 관계 속에서 발생하며, 그곳에서 상대적인 원칙성을 명확히 해야 한다고 주장한다(p.12). 神田는 회계가 산업자본주의의 단계에서는 기업자본가가 스스로의 필요에 의해서 가치운동의 과정과 결과를 가능한 한 정확하게 반영하는 수단이었지만(*ibid.*, p.15), 독점자본주의의 단계에서는 (1) 독점적인 최대이윤의 확보에 봉사하기 위해 경영관리에 직접 도움이 되는 수단으로서의 관리회계기능과 (2) 실제경제현상을 반영하지 않고 허위회계정보를 제공함으로써 독점적인 최대이윤의 은폐와 정당화를 위한 자본운동의 과정과 결과의 기록과 계산이라는 재무회계기능(Fujita・Jinnai, 2004) 및 (3) 이러한 회계기능을 보완, 강화하는 법률적 제도가 독점자본에 의해 전면적으로 동원되기에 이르렀다고 생각한다(神田, *op cit.*, pp.16-17). 이와 같이 상부구조설은 회계의 실제상태는 자본론의 논리에 의해서가 아니라, 독점자본주의나 제국주의(imperialism)의 이론에 의해서도 분석될 수 있다고 주장하는 독점이론의 전통에 입각하고 있다(宮上, 1952, 1959; 神田, 1971; 角瀨, 1973).

상부구조설은 특히 회계제도가 사회의 사회정치적 상부구조에 속하며, 자본축적을 촉진하고 가속시키는 지렛대(lever)로서 사회의 경제적 토대에 이바지한다고 주장한다(Jinnai, 2011, p.375). 따라서 상부구조설을 채택하는 연구자들의 연구관심은 한편으로 회계의 표준화, 규제, 정치화, 전문화 등과 같은 회계제도의 역사적 형성과 기능을 강조하고(宮上, 1969, 1979), 다른 한편으로는 독점기업의 실무에서 관리회계의 자본주의적 기능을 강조한다(神田, 1971).

상부구조설은 회계제도, 회계정책, 기타 회계의 실제측면 등을 회계학연구의 주된 대상으로 간주한다. 회계학연구의 주된 목적은 자본주의경제와 개별기업을 지지하는 사회정치적 상부구조의 일부로서 회계의 기능과 형태를 분석하는 것이며, 자본주의의 사회경제시스템과 회계 사이의 관계에 관한 경험적 연구를 실시하는 것이다(神田, 1971; 中村, 1984). 이 방법의 지지자들은 회계의 주요 기능을 다음과 같이 정의하고 있다(Oguri, 2002, p.482).

첫째는 자본축적을 촉진하는 것이다. 자본운동으로부터 발생하는 잉여가치의 대부분은 주주, 종업원, 국가에게 배분되지 않고 불가피하게 재투자된다. 이익이나 자원을 배분하기 위한 계산시스템을 반영하는 회계는 특히 독점자본주의의 단계에서 자본축적을 촉진하기 위한 도구로 된다. 예를 들면, 일부 비용항목에 따른 대부분의 충당금, 준비금, 적립금 등은 배분을 피하기 위해 비용으로 가장한 사실상 이익이며 따라서 자본축적을 촉진한다(宮上, 1969; 角瀨, 1973; 遠藤, 1980).

둘째는 불평등한 이익배분을 합리화하거나 정당화하는 것이다(宮上, 1959). 자본가의 이익 조작은 회계제도와 회계이론에 의해 정당화된다. 그것은 이데올로기적 기능으로 사회정치적 상부구조의 주요 기능이다. 이외에 회계제도는 개별자본의 이해관계를 합리화할 뿐만 아니라 자본주의적 사회질서를 정당화하거나 보호한다. 이 학파에 속하는 회계연구자들은 회사법, 회계원리, 회계기준, 기타 관습, 회계이론 등을 포함하는 회계제도의 역할을 분석하고 있다. 그들은 또한 미국, 독일 뿐만 아니라 일본의 회계제도와 회계정책이 자본주의 경제의 발전에 기여하였다는 경험적 증거를 제공하고 있다(宮上, 1952, 1959; 中村, 1969; 大橋, 1985). 회계의 통제기능에 초점을 두는 개별자본운동설과 비교해 볼 때, 상부구조설은 계급지향적인 회계기능을 비판적으로 조명하고 있다.

앞에서 살펴본 주요한 두 학파는 일본의 회계학연구에 큰 영향을 주었다. Weber의 이론과 공통적인 관심사를 공유하는 개별자본운동설의 기초를 이루는 사고방식은 전통적인 학파들에 의해 부분적으로 수용되었다. 그것은 자본주의경제의 발전이 부기가 상징하는 합리적 기법에 의해 생성되고 지지되고 있다는 Sombart의 명제와 유사하다(Sombart, 1902). 제2차 세계대전 전에 독일의 회계이론의 영향을 받은 전통적인 학파들은 부기이론이나 측정이론의 일부로서 개별자본운동설이 제공하는 G-W-G'의 공식을 이해할 수 있었다. 개별자본운동설은 과학적 측정이론의 발전에 상당히 기여할 것으로 기대될 수 있다(高山, 1987). 그러나 이 개별자본운동설은 회계의 실제현황을 비판적으로 분석하는데 그렇게 효과적이지 않다고 비판받고 있다(田中, 1974; 荒川, 1987; 陣内, 1987).

상부구조설은 개별자본운동설과는 대조적으로 자본주의회계의 비판에 기여하였다. 상부구조설은 서구의 비판회계학의 방법론 및 기타 비판연구와 유사하다(특히, Tinker, 1985를 참조).

상부구조설에는 회계제도설과 회계정책설의 학파가 있는 바, 이하에서 상부구조설의 내용을 좀 더 상세히 살펴보자.

1) 회계제도설

회계제도설은 회계의 제도에 의해 회계본질이 드러나는 것으로 파악하여 자본축적을 촉진하는 제도적인 회계현상의 자본주의적 역할, 기능을 해명하는 연구를 가리킨다. 이러한 연구의 다수는 회계를 경제과정과 토대에 대한 상부구조로서 파악하기 때문에 상부구조설에 속한다. 회계제도설의 대표적인 것은 宮上一男에 의해 확립되어 오늘날에도 큰 영향을 주고 있는 공표회계제도설이다. 이것을 협의의 회계제도설로 보면, 제도파악의 방식과 자본주의적 역할, 기능의 파악방식에서 공표회계제도설과는 다소 다른 전개를 실시하는 연구도 존재하고, 이들을 포함해서 광의의 회계제도설이라고 부를 수 있다. 여기서는 광의의 회계제도설을 염두에 두고 神田의 회계학에 관한 사상, 宮上의 개별자본운동설에 관한 비판 및 宮上와 그밖에 학자의 학설 등을 살펴보자.

神田(1971)는 회계학이 광의로는 사회의 발전단계에서 회계현상을 지배하는 특수한 법칙성을 해명하는 독립된 사회과학이라고 주장한다(p.10). 그리고 회계는 생산의 과정과 결과를 파악하지만, 생산은 특정한 역사적인 생산관계 하에서 실시되며, 이와 같은 역사적인 생산의 과정과 그 결과를 파악하고 표시하기 위해 회계가 역사적인 생산관계에 부응하는 개념, 범주, 절차, 제도를 갖게 된 것은 당연하기 때문에, 회계는 사회의 상부구조를 이루는 하나의 요소이라고 규정한다(p.12). 회계학은 상부구조로서의 회계현상들을 대상으로 하는 과학이기 때문에, 회계는 상부구조로서 다른 여러 상부구조와 마찬가지로, 특정한 토대에서 발생하고 그 토대가 살아 활동하는 한 시대의 산물이고 그 토대가 강해지는 것을 적극적으로 지원한다.

이와 같은 회계현상들을 대상으로 하는 회계학은 회계현상을 토대와의 현실적인 상호작용에서 파악하여, 그곳에서 발견되는 상대적 합법칙성을 명백히 해야 한다고 주장된다(*ibid.*).

회계학은 경제학과 밀접히 관련되고 사회의 경제구조에서 발생하지만, 그로부터 상대적으로 독립해서 운동하는 회계현상을 연구대상으로 하는 독립된 과학이다. 경영학은 사적 자본의 운동인 사적 자본의 직접적인 관리·통제활동과 제도를 직접 대상으로 하는 데 반하여, 회계학은 사적 자본 그 자체의 운동이 아니고, 운동과정 결과의 계산적 파악, 표현활동, 그 제도를 연구대상으로 한다는 점에서 경영학과 회계학은 구별된다고 주장된다(*ibid.*, pp.12-14).

이러한 神田의 학설은 회계가 사회의 발전단계에서 생산관계에 부응한 상부구조이고, 회계학은 이 상부구조로서의 회계현상을 연구대상으로 하며, 경제학, 경영학과는 다른 회계학의 독자성을 주장하고 있는데, 이것을 회계상부구조설이라고도 하며, 개별자본운동설 이후의 비판회계학의 발전에 큰 공헌을 하였다.

한편, 宮上一男(1959)와 그의 지지자들은 회계제도설의 주요한 지지자이다. 그들은 주로 보고된 재무제표를 의미하는 실제의 회계는 가상적인 정보의 발표이며, 내부회계는 비밀인 채로 있으며, 이 상태는 회계이론을 포함하는 회계제도에 의해 영구화된다고 그들은 주장한다. 그들이 말하는 회계제도, 제도화된 실무, 재무제표의 기능은 자본축적을 합리화하고, 가상적인 보고서를 정당화하고, 실제의 내부회계를 은폐하는 것이다. 이 학파에 의하면, 가상적인 보고의 근본적인 경향은 이익을 과소계상하거나 최소화하는 것이며, 이의 목적은 자본을 축적하고, 배당을 축소하고, 세금을 회피하며, 가격이나 요금을 올리는 것이다(宮上, 1969, 1979). 그리고 회계제도에 의해 인정된 일단의 충당금, 준비금, 적립금, 과도한 감가상각 등은 이익을 과소계상하고 자본축적을 촉진하는데 중요한 역할을 한다고 간주된다. 이 이론은 일본의 비판회계학연구의 발전에 상당한 영향을 주었다. 이의 분석은 1960년대에 급속한 경제성장의 기간에 일본의 경제·경영상황에 관한 비판을 제시하였는 바, 그 당시 대부분의 기업들은 이익을 과소계상하는 경향이 있었으며, 이에 의해 자본의 과대축적을 촉진하였고, 일본정부는 기업의 성장을 도와주기 위해 수많은 충당금과 준비금 그리고 특별면세감가상각제도를 입법하였기 때문이다(角瀬, 1973).

그러나, 이 이론은 너무 단순하여, 회계제도의 기능에 관해 정태적인 견해를 취하고 있으며 따라서, 회계실상의 복잡성을 분석할 수 있는 능력을 상실하고 있다는 비판을 받고 있다(津守, 1972; 淺羽, 1975). 이 비판이 시사하는 바와 같이, 회계제도가 모든 회계사건을 항상 합리화하지는 않으며, 모든 기업이 항상 이익을 과소계상하는 것은 아니다. 이 이론에서, 경제운동을 지지하는 일반기능은 개별사례를 분석하지 않더라도 모든 회계를 서술하는데 만병통치약으로 작용한다. 그리고 이 일반기능은 사회정치적 상부구조의 기능으로 환원된다. 이 종류의 논리는 경제환원론에 속하는 것 같다. 경제환원론의 경향이 강한 1950년대에 보편화된 사적 유물론은 스탈린주의의 영향을 과도하게 받았다고 주장된다(田中, 1976). 그리고 오늘날까지 스탈린주의의 유산의 일부가 여전히 남아 있어서 제거되어야 할 것이다(Oguri, 2002, p.483).

津守(츠모리)(1972)는 회계공시의 기능에 초점을 두고 있다. 회계제도는 회계공시의 시스템이나 도구로 간주된다. 이 이론에 의하면, 회계공시는 독점기업의 비판을 회피하고 계급간의 갈등을 완화하는데 유효하다. 예를 들면, 그들은 미국에서 회계공시정책이 역사적으로 경제·사회적 위기를 피하기 위해 발전해 왔다고 주장한다. 즉, 20세기말에 회계공시는 독점적 철도기업에 대한 대중의 분노를 달래기 위해 제도화되었고, 1930년대에 회계공시는 경제위기로부터 자본주의시스템을 구하고 회계규제에서 국가간섭을 피하려는 노력에서 제도화되었다(津守, 1982; 西村, 1977). 그들은 회계공시의 기능이 자본주의사회의 질서를 정당화하고, 이익이나 자원의 처분에서 기업의 재량을 보호하는 것이라고 주장한다. 이 이론은 오늘날 회계학연구의 주요한 주제인 회계공시의 현안을 분석할 수 있는 능력을 가지고 있다. 그러나 이 이론이 가지는 문제점은 그것이 회계공시의 긍정적 측면을 부정하는 일종의 결정론에 근거하고 있다는 것이다.

2) 회계정책설

일본비판회계학의 역사상 몇 가지 조류를 이루는 학설 중의 하나인 회계정책설은 회계제도설과 공통의 관심사를 공유하지만, 회계정책의 측면을 강조한다. 회계제도의 개념은 정태적이지만, 회계정책의 개념은 동태적이다. 회계정책의 개념은 국가의 회계제도와 개별기업의 회계기법에 적용하는 것으로 해석된다(中村, 1984). 회계정책의 기능은 자본가의 이익을 위한 회계절차의 조작으로 간주되며, 이들의 운동의 모든 국면에서 자본주의경제와 개별기업에 실용적인 도움을 제공하는 것으로 간주된다. 근본적인 기능은 자본축적을 촉진하고 합리화하는 것이다. 그러므로 이 이론은 부분적으로 경제환원론의 영향을 받았다고 주장될 수 있다. 상부구조설의 한계점에도 불구하고, 이 이론은 실제의 회계행동을 분석하고 많은 유형의 회계정책을 추출하는데 성공적인 것처럼 보인다.

회계정책설은 자본주의회계가 기술적 측면이 아닌, 그 정책적 측면에서 본질이 나타나는 것으로 파악하여, 회계정책의 자본주의적 기능을 해명, 실증하는 연구를 의미한다. 이러한 연구에서도 정책을 상부구조의 한 가운데에 위치하게 하는 점에서 회계제도설과 공통의 논리를 갖고 있다.

회계정책설의 대표적인 것은 中村萬次를 필두로 하는 자본주의 회계학에 관한 비판의 방법으로서 회계정책설이다.[11] 아래에서 中村의 학설을 살펴보자.

그의 회계학연구의 방법론적 기초는 변증법적 · 사적 유물론(dialectical and historical materialism)[12]이다. 즉 변증법적 · 사적 유물론에 기초를 두고 전개한 회

11) 비판적인 입장에서 회계정책의 연구를 선구적으로 실시해 온 학자로서 高寺貞男(다카테라)을 들 수 있지만, 여기서는 회계정책설의 기본방법을 명시적으로 전개하고 있는 中村의 회계학에 초점을 두고자 한다.

12) 현대 자본주의회계양식에 관한 변증법적 해석에 관한 것으로는 Jinnai(2005)를 참조.

계사상의 인식체계가 과학적 회계학이며, 변증법적·사적 유물론에 의하지 않는 다른 모든 회계학은 자본주의 회계학이라고 주장하고 있다(中村, 1984, p.4).

자본주의 회계학을 비판하는 방법에 관해서 궁극적으로는 사회주의의 실현을 목표로 하면서, 이를 위한 과학적 회계학의 임무는 자본주의 회계학의 전면적 부정이라고 생각하였다. 그리고 그 기본방법은 다음과 같은 세 가지 측면에서 자본주의 회계학에 대한 전술적 과제라고 말한다(*ibid.*, pp.15-16).

첫째는 자본주의 회계학의 내재적 이론의 모순에 관한 분석이고 이것은 자본주의 회계학에 내재한 개별이론이 사실상 자본주의 경제학의 모순이라는 객관적인 과정으로부터 자본가의 손에 의해 창출된 것이기 때문에 기술론만으로서는 회계학을 파악할 수 없고, 역사적, 사회적, 정치적 규정을 받는 경제적 과정에서 파악할 필요성을 지적하는 것이다.

둘째는 독점체의 회계실천과 자본주의 회계이론 내지 회계정책과의 상호모순에 관한 분석이다. 이것은 회계실천이야말로 자본주의 경제법칙을 관철하는 장이므로, 현행의 회계행위, 그 실천의 과정에서 자본주의 회계이론과의 대립, 모순의 발견을 거듭하여 이론적으로 내재하는 기만을 폭로해야만 한다고 한다.

셋째는 자본주의 회계학에서 회계이론, 회계정책 및 회계실천의 계급성에 관한 분석을 들 수 있다. 이것은 위의 두 가지 과제를 총괄하는 비판의 방법이고, 변증법적·사적 유물론에 입각하여 분석의 관점을 보다 사회적, 역사적, 총괄적인 것으로 만들어야 하고 비판대상이 지닌 계급적 기능을 완전히 나타낼 필요성을 설명하는 것이다.

여기서 위의 둘째, 셋째의 과제 속에 사용되는 회계이론, 회계정책 및 회계실천이라는 각 개념, 그리고 그들의 상호관계에 관해 中村의 기본적인 생각을 살펴보자.

"회계이론은 특히 주식회사의 자본과 같은 개별자본이 스스로의 자본운동과 그 운동의 성과를 자본정신에 입각하여 파악하기 위한 기본적인 관념체계를 가리킨다. 여기서는 그 범위를 편의상 재무회계에 한정한다.

회계정책은 회계주체라고도 할 수 있는 회계의 구체적 실천자인 개별자본이 자본의 집중·축적이라는 특정한 재무목적을 달성하기 위해 제도적으로 인정된 회계이론의 테두리 안에 있는 것을 가리킨다. 그것은 회계이론이 인정한 실천적 지도방침이다.

회계실천은 개별자본이 자신의 자본운동을 일정하게 채택한 회계정책에 의하여 기록, 계산, 집계 및 보고하는 계산적 측면을 말한다."(中村, 1963, pp.52-53).

이와 같이 약간 추상적이지만 각각의 개념을 규정한 뒤에 이러한 세 개념의 상호관계에 관해서 中村은 다음과 같이 말하고 있다. "회계이론은 회계실천의 기술적 구성을 추출해서 생성한 것이고, 회계정책은 다른 계산결과를 수반하는 회계방법을 회계이론체계 안으로 흡수하여 성립된 것이다. 회계이론이 단순한 계산기술론에서 사회과학으로 되기 위해서는 보편타당성을 지닌 이론으로서 그 사회적 기능을 수긍해야 한다. 이에 반해, 회계정책은 자본의 입장에서 자본의 이익을 위한 실천방법의 선택소재를 제공하는 것이므로 반드시 회계이론에서 필연적으로 유도되는 것은 아니다....회계정책이 실천으로 이행될 때는 부분적으로 회계이론이 의식한 소기의 사회적 기능을 다하겠지만, 회계이론이 기대하는 목적과는 매우 상반되는 결과를 가져오기 쉽다. 이 모순의 존재 때문에 회계이론에 규범성을 부여할 필요가 있으며, 역으로 또한 모순을 의식해 집적해 온 회계실천이 자신의 모태인 회계이론을 비판하고, 회계정책의 수정, 개정, 폐지를 요청하며 보다 새로운 회계방법의 인정을 요구하는 것"(*ibid.*, p.53)이라고 말한다.

이상의 서술과 같이, 中村는 자신의 회계학 연구방법에 관해서 회계정책설 또는 회계정책론자라는 명칭을 부여하지는 않았다. 오히려 그는 회계학 연구방법 안에 포함된 몇 개의 과제 중의 하나로서 회계정책을 들고 있으며, 그 분석은 둘째의 과제에서 말한 바와 같이 회계이론과 실천의 상호모순의 분석을 통해, 또는 셋째 과제의 경우처럼 회계이론, 정책, 실천의 각각의 계급성의 분석을 통해 자본주의 회계학을 비판하는 것이 목표이다.

中村와 그 일행(中村, 1969; 松本・西村, 1984)은 감가상각, 원가계산, 재고자산평가, 합병과 연결 등의 연구처럼 역사적으로 회계정책연구를 실시하였다. 그들은 회계정책과 독점자본주의의 발전 사이의 밀접한 관계에 관심이 있었다.

高寺・醍醐(1979)는 회계정책의 역사를 포함한 회계역사를 연구하였다. 특히 그들은 대기업의 회계방법선택 특히 이익유연화, 가속상각, 재고자산평가, 자산평가 등의 방법과 재무효과 사이의 관계에 관심이 있었다.

상부구조설에 속하는 회계제도설, 회계정책설의 중요한 성과로 지적되어야 할 점은 다음과 같은 네 가지이다(小栗, 1987, pp.25-26).

① 회계의 기술론적, 해석학적 연구에 대해, 회계의 제도현상을 사회구성체 중의 사회현상의 일환 즉, 상부구조로서 파악하여 회계의 사회과학적 연구의 방향성을 제기, 확립하였다.

② 현실회계의 자의성, 허구성을 독점자본주의 단계의 법칙적 현상으로서 파악하였다.

③ 회계의 자본주의적 기능으로서 자본축적촉진기능, 체제유지기능을 해명하였다.

④ 일본자본주의의 고도성장하에서 자본축적적인 회계제도의 역할을 해명, 비판하며, 그 전제가 되는 독일, 미국의 회계제도에 관한 연구에서도 풍부한 연구성과를 올리고 있다는 점 등이다.

여기서 문제로 되는 것은 종래의 회계제도설과 회계정책설의 한계점이다. 계급사회에서 정책과 제도는 모두 지배계급의 것으로 파악하는 방식은 오늘날의 시대에 뒤떨어지는 것으로 간주된다. 지배계급의 이익에만 봉사하는 것과는 다른 상부구조의 형성과 회계제도, 회계정책의 민주적 개혁의 전망은 가능하다고 생각된다. 이와 같이 岡部를 필두로 하는 회계이론도 개별자본운동설, 상부구조설–공표회계제도설과는 별도로 비판회계학 중에 독자적인 영역을 차지한다고 말할 수 있다.

현실을 과학적, 비판적으로 분석할 수 있는지의 여부가 사회과학으로서의 하나의 기준이라고 한다면, 상부구조설은 이상과 같은 이론적 성과에 입각하여 충분히 그 책무를 달성해 왔다고 할 수 있을 것이다. 영미의 비판회계학의 등장에 의해 확실히 국제적인 위상을 갖게 된 오늘날 일본의 상부구조설은 그 이론적 진가를 더욱 발휘할 수 있는 단계에 있다고 생각된다.

상부구조설이 국제적 관점에서 획기적이고 성공적인 이론으로 간주될 수 있지만, 그것도 다양한 비판을 받고 있다. 상부구조설의 문제점과 단점에 관한 분석은 회계의 사회과학성의 정교화를 촉진하고 국제적 비판회계학연구를 발전시킬 수 있을 것이다. 상부구조설, 특히 상부구조설의 주류로 취급되고 있는 회계제도설은 이 상부구조설의 안팎에서 비판되고 있다.

비판가들에 의하면, (1) Marx가 개별자본운동에서 관찰한 회계의 통제기능이 무시되고 있으며, 측정이론의 탐구가 회계이론에서 그 중요성에도 불구하고 추구되지 않고 있다(馬場, 1975), (2) 회계의 이데올로기적 기능이나 정당화 기능, 특히 회계제도의 이 기능들은 사회관계의 맥락에서 회계제도의 많은 시사점을 인식하지 않고 사회정치적 상부구조의 기능으로서 너무 단순화되고 있다(津守, 1972), (3) 회계제도의 민주적 개혁을 포함한 대체적 회계시스템의 연구는 이러한 개혁의 활력을 배제하는 일부 연구자들과 함께 여전히 그대로 있다(角瀨, 1986; 山口, 1986). 나아가 상부구조설은 오늘날 수년동안 분파해온 다양한 방법론을 통합하는 도전에 직면해 있다(馬場, 1975). 최근에 일부 연구자들은 회계의 두 가지 상이하지만 본질적 차원에 대조적인 상부구조설과 개별자본운동설의 통합을 포함하는 일반이론을 제안하고 있다(Oguri, 2002, p.488). 이러한 일반이론에는 三代澤(2005)의 "노동과정으로서 회계"(accounting as a labour process)[13]와 田中(2006)의 "자본의 자의식으

13) 이것은 Marx의 노동과정이론의 영향을 받았다. 三代澤은 인간활동으로서 회계가 노동과정중에 회계권력이나 회계능력을 행사한다고 주장하며, 생산력에 상응하는 Marx의 생산관계 개념과 유사한 회계관계 개념의 이용에 의해서 회계를 둘러싼 사회관계에 관해 이론화하는 것이 가능할 것이

로서 회계"(accounting as the self-consciousness of capital)[14]가 있다. 이 두 이론은 개별자본운동설과 상부구조설 사이에 있는 회계본질에 관한 인식의 차이를 연결하기 위해 제시된 것이다. 이들은 주로 Hegel의 정신현상학(1807)과 논리학(1812), Marx와 Engels의 독일이데올로기(1845), Marx의 자본론 제1권(1867) 등의 변증법에 기인하고 있다(다음을 참조. 문국진, 2006; 田中, 2013). Hegel은 인간마음의 형성을 자의식구조의 발전으로 간주한다. 즉, 유기체로서 인간의 자아인식형태로 간주한다. 그에 반해서 Marx는 Hegel의 변증법적 사고방식을 적용하여 회계를 자연스러운 생명시스템인 것처럼 스스로의 변신을 통해 발전하는 유기체로 간주한다.[15] 이

라고 주장하고 있다(三代澤, p.59).

14) 이것은 Marx가 사회의 각 발전단계에서 경제적 토대로부터 인간의 의식형태에 반영된는 것을 설명하고자 한 Marx의 변증법적 사고방식의 적용이라고 말할 수 있다. 그는 다음과 같이 주장하고 있다. "자본은 화폐가 변화한 가치이며 자본은 유기체이다. 유기체라는 것은 역동적인 특징을 가진다. 유기체는 자기정체성을 유지하면서 전개한다...유기체로서 자본은 그 자체내에서 증식가치를 인식, 계산하는 기능으로 어떤 부분(뇌세포, 자의식)을 생성한다. 이 기능은 화폐가 가지는 계산자본기능(function of capital of account)이 전개한 형태이다(田中, 2006, p.26).

회계정보를 처리하기 위한 하드웨어와 소프트웨어 및 회계부서의 직원들을 포함해서 회계는 그 자본내에서 자본의 한 형태 또는 한 부분으로 포함되며, 자본을 위해 그 기능을 완수한다....기능의 관점에서 보면 회계는 자본이라는 주체의 자의식 또는 자각(self-awareness)으로 간주될 수 있다. 회계는 자본의 자의식이기 때문에 회계는 자본에 매우 중요하다. 자의식이라는 개념은 Hegel이 강조한 것이다. 그는 모든 것 특히 인간을 포함한 유기체에는 그 자체의 자의식이 있다고 생각하고 있다"(*ibid.*, p.27).

15) 이와 유사한 견해로는 富塚嘉一(토미즈카)(1997, 2012)의 進化論的方法論이 있다. 이것은 진화경제학의 경우처럼, 회계를 진화하는 생명체로 보는 방법론이다. 회계의 유기체성, 주체성을 중시하고 있다는 점에서 주목되는 방법론이다. 진화경제학은 제도학파경제학이 경제학의 진화현상을 주로 제도적 측면에 주안점을 두는데 반하여, 제도의 핵심주체인 인간과 기술의 바탕이 되는 지식의 진화현상에 초점을 맞추고 있다. 그래서 경제진화와 생물진화가 구조적인 유추성을 가지고 있는 것처럼, 생물생태계와 마찬가지로 인간생태계도 진화하며 이 가운데 지식의 진화가 이를 주도한다고 보고 있다. 이에 따르면 현대경제는 정태적 균형이 아닌 동태적 균형 속에서 시간적 요소와 함께 질적으로 변한다고 보는 것이다. 경제는 내적인 원인에 의해서 자기변화를 하는 질서이다. 따라서 신고전학파의 역학적 개념, 즉 시간의 가역성, 균형론 등은 경제질서를 설명하기에 부족하다. 특히 한국의 경우, 지난 40년 동안 경제성장이 정부주도와 기업조직에 의해 단기간 내에 성공적으로 이루어졌고 기술, 생산성, 기업경영에 있어서 이러한 성공은 정통경제이론만으로는 설명력을 발휘하지 못하는 이 시점에서 하나의 대안적 접근이 바로 진화경제학이라 할 수 있다(이요섭, 2007).

상과 같은 해석을 적용함으로써 회계는 생명시스템의 필수불가결한 요소로 간주될 수 있다. 즉, 그 시스템의 외부존재가 아니라 내부존재로 간주될 수 있는 것이다. 이러한 사고방식은 회계연구자에게 재무회계 뿐만 아니라 관리회계에서도 효과적인 분석을 유도할 수 있을 것이다. 즉, Toyoda생산시스템과 같은 생산시스템의 효율성 및 수익성과 회계정보의 기능 사이의 관계에 관한 분석을 유도할 수 있을 것이다(Jinnai, 2011, p.376).

제4절 일본의 비판회계학과 서구의 비판회계학의 비교

일본의 비판회계학은 1930년대에 독자적으로 발생하였으며, 1950년부터 본격적으로 발전하였다. 한편, 서구의 비판회계학은 영국에서 1980년대부터 발전하기 시작하였다.

서구의 비판회계학 내에는 일본의 개별자본운동설에 직접적으로 대응할만한 이론은 없는 것 같다. 이 개별자본운동설은 일본에서 사회과학으로서 회계학의 발전에 독특한 기여를 하였으며, 서구의 비판회계학연구자들에게도 상이한 이론적 관점을 제공할 수 있고 자극을 줄 수도 있을 것이다. 여기서는 일본의 사회정치적 상부구조설과 서구의 비판회계학의 방법론을 주로 비교해서 살펴보고자 한다.

기본적으로 일본의 비판회계학과 서구의 비판회계학은 회계현상을 사회적 맥락 안에서 분석한다는 것은 공통적이며(Oguri, 1988, 2002), 구체적으로 살펴보면, 일본의 상부구조설에는 서구의 비판회계학의 방법론과 공유하는 공통개념이 많이 있다. 공통적인 주요 개념은 다음과 같다(Oguri, 1988, pp.45-46; 2002, p.486).

첫째, 일본의 상부구조설과 서구의 비판회계학의 방법론은 사회적・역사적 맥락에서 회계현상을 분석하고자 한다. 사회적・역사적 맥락에서 회계는 순수한 기술적 현상과 중립적 시스템으로 간주되는 것이 아니라, 사회적 기능수행 장치로 간주된다. 이 두 방법론은 본질적으로 적대적인 계급 간에 지속적인 사회갈등이 있다고 주장한다. 이러한 사회관으로부터, 그것들은 계급지향적인 성질을 가지는 회계의 자본주의적 역할을 연구한다.

둘째, 두 방법론은 이데올로기적 기능을 회계의 주요한 기능으로 간주한다. 이 기능에서 회계보고서는 이익과 부의 불평등한 배분을 정당화하고 합리화하며, 자본주의적 이해관계를 은폐한다. 이외에, 회계공시는 계급간의 갈등을 완화함으로써 경제적 · 사회적 위기를 피하는데 이바지하며, 자본주의적 사회질서를 보고한다(Merino · Neimark, 1982). 상부구조설에 의하면, 이데올로기적 기능은 사적 유물론의 이론체계에서 사회정치적 상부구조의 기능에 기인한다. 이와는 대조적으로, 사회학과 정치학 이론의 특징이 있는 서구의 비판회계학의 방법론은 사회 갈등의 관점에서 회계의 이데올로기적 기능의 많은 측면들을 다양하게 분석한다. 상부구조설은 또한 이데올로기적 기능이 밀접하게 포함되어 있는 회계의 자본축적기능에 초점을 두고 있다. 이 점에서, 상부구조설은 비판회계학의 방법론보다 경제학에 훨씬 더 많이 근거하고 있다.

셋째, 이 두 방법론은 회계제도와 관련이 있으며, 회계를 정당화하는(legitimating) 제도로 간주한다. 이데올로기적 시스템으로서 회계제도는 두 방법론에서 회계학연구의 중요한 대상이다. 상부구조설에서, 회계제도라는 용어는 제도화가 일반적으로 법률제정을 수반하기 때문에, 주로 회계법률제정, 법률, 기준, 관습 등을 가리킨다. 비판회계학에서, 회계제도는 모순적인 이해관계를 가지는 상이한 집단들과 국가가 회계문제에 대해 서로 작용하는 사회적 · 정치적 구조를 의미하는 것 같다.

한편, 일본의 비판회계학과 서구의 비판회계학에는 여러 가지 차이점이 있다.

첫째, 일본의 비판회계학은 1930년대에 Marx의 이론을 적용하기 시작해서 1950년부터 본격적으로 Marx경제학을 주로 부기, 재무회계 분야의 연구에 적용하면서 발전하였는데 반하여, 서구의 비판회계학은 1980년대부터 영국에서 Marx주의 뿐만 아니라, 프랑스(특히, Foucault, Bourdieu), 독일(특히, Habermas)의 철학자, 사회학자들의 사상을 주로 관리회계분야에 적용하면서 발전해 오고 있다.

둘째, 일본의 비판회계학에서는 주로 재무회계가 중심이며, 중요한 연구대상이 회계의 측정, 회계의 방법, 이익의 계산 등이라는 것에 묵시적인 합의가 있다(Fujita · Jinnai, 2004). 그리고 회계의 측정, 이익의 계산을 전제로 한 비판적인 기업분석, 경영분석 등에 의한 분석과 기업행동비판을 추진하는 것에도 묵시적인 합의가 있으며, 이러한 합의는 서구의 비판회계학에서는 극히 일부가 엿보이기도 한다. 즉, 서구의 비판회계학에서도 Marx의 이론을 회계방법, 이익계산 등에 초점을 맞춘 연구가 있다. 회계를 자본운동의 반영으로 간주하는 것, 사회체제와 이익계산방법(수익성의 계산방법)과의 대응관계에 관한 것 등의 연구가 있으나 이 대부분은 Bryer (1991, 1993a,b, 2000a,b 등)가 발표한 연구들이다. 한편, 서구의 비판회계학에서는 관리회계가 중심인데, 특히 사회학의 다양한 이론과 방법론을 이용하여 회계현상에 적용하고 있으며, 회계현상이 발생하는 현장에서 실시는 현장연구와 사례연구를 중심으로 한 경험적 연구를 채택하고 있다. 따라서 재무회계의 제도적 · 사회적 측면의 연구와 재무회계분야의 현장연구와 사례연구가 상대적으로 적다(新谷, 2005).

셋째, 기본적인 이론에 관해서 상부구조설은 사적 유물론, 경제학, 법률에 입각하고 있는데 반하여, 서구의 비판회계학은 다양한 철학, 사회학의 이론을 이용한다. 물론 서구의 비판회계학도 부분적으로 사적 유물론과 경제학에 근거하지만, 일본의 상부구조설과 비교해 볼 때, 그것은 이러한 이론들의 상이한 차원에 초점을 두고 있다. 예를 들면, Tinker는 회계의 분석에 소외와 가치이론을 적용할 것을 제안하고 있다(Tinker, 1985). 그의 연구는 매우 자극적이지만, 회계와 가치이론 사이의 관계에 관해서는 불분명하다. 일본의 비판회계학연구는 가치이론을 개별자본운동과 자본축적의 분석에 이미 적용하고 있다.

넷째, 회계학연구의 범위에 관해서, 상부구조설은 서구의 비판회계학보다 협소하다. 일본에서 회계학연구의 핵심은 전통적으로 회계법률의 해석과 부기에 입각한 측정이론이었는데, 이것은 독일 회계사상의 영향을 과도하게 받은 것 같다. 이와는 대조적으로, 서구의 회계학연구의 범위는 사회학, 정치학, 경제학 등을 포함하는 학제적 분야로 확대하고 있으며, 서구의 연구자들은 회계・제도・사회 사이의 상호관계의 다양한 측면을 분석하고 있다(Chapman et al., 2009를 참조).

다섯째, 비판의 대상과 본질에 관해서, 상부구조설은 주로 회계법규나 회계기준 그리고 회계기법의 이데올로기적 기능과 자본축적 기능을 비판하지만, 서구의 비판회계학은 모순적인 집단의 회계행동, 정치적 기준제정과정, 회계정책선택, 회계전문직의 역할, 전통적인 회계이론의 방법론 등을 비판한다(Okcabol・Tinker, 1993). 상부구조설은 실제의 회계절차와 재무제표를 비판적으로 분석하는데 성공적인 것 같다. 예를 들면, 많은 충당금이나 준비금과 과도한 감가상각이 일본 자본주의경제의 자본축적에서 어떤 역할을 하였다는 것과 보수적인 상법이 일본시장질서와 자본주의적 이해관계를 보호하였다는 것이 증명되고 있다. 이와는 대조적으로, 서구의 비판회계학은 구체적으로 회계기법이나 회계법규를 비판하는데 관심이 적은 것 같다. Briloff(1972, 1981, 1990, 1993)의 경우를 제외하고는 재무제표의 비판적 분석의 경우가 거의 없다.

제5절 소결

여기서는 Marx주의의 방법론을 이용하는 일본의 비판적 방법론의 방법론을 살펴보았다. 일본의 비판회계학의 선구는 中西寅雄의 經營經濟學(1931)과 畠中福一의 勘定學說硏究(1932)이다. 그후 일본의 비판회계학은 여러 학자들을 중심으로 발전해 왔다.

제2차 세계대전 전에 생성된 비판회계학은 전쟁 후에 개별자본설이라는 이름으로 그 맥을 이어가고 있다. 그러나 전쟁 전의 비판회계학에서 실시되었던 비판은 대체로 회계학상의 문제에 관한 자본론, 특히 노동가치설에 의한 해석의 범위를 벗어나지 못하였다(岡部, 1991, p.196). 즉, 그것은 회계의 경제이론으로서 자본순환

공식과 사적 유물론을 회계에 기계적으로 적용한 해석론에 그치고, 전후 눈부신 발전을 보인 근대회계의 제도화와 그 기능의 분석에 큰 한계를 보이지 않을 수 없었다.

전후의 사회과학으로서의 회계학의 큰 특징은 독점자본의 회계정책을 비판한 것에서 찾아볼 수 있으며, 그로부터 비판회계학이라고 하게 되었다. 방법론적으로는 독점자본의 회계정책의 계급성, 국민으로부터의 수탈기능을 비판한 것으로 회계정책설이라고 할 수 있다.

이와 함께, 회계를 단지 독점자본의 정책으로서 파악할 뿐만 아니라 경제적 토대에 봉사하기 위해 국가에 의해 조성되기 시작한 제도로서 또는 이데올로기로서 파악되도록 하는 회계제도설이 제기되어 큰 영향을 주었다. 이러한 회계정책설, 회계제도설 등과 같은 상부구조설은 개별자본설의 한계를 돌파하여 회계원칙, 상법, 세법 등의 제도와 학설을 비판하고 나서 적극적인 역할을 달성하였다.

인식론적으로는 전쟁 전부터의 이론회계학과 개별자본설이 경제적 토대의 회계기술과 이론으로의 규정성을 문제로 간주하는 단계의 것이라고 말할 수 있는 데 대해, 회계정책설과 상부구조설은 정책과 제도의 경제적 토대에의 반작용을 문제로 간주하는 단계의 것이라고 말할 수 있다. 따라서 그것은 회계현상에 대한 사회과학적 인식의 발전을 의미하고 있다.

그러나, 여기서 중요한 것은 양자의 상호작용을 정확하게 파악하는 데 있다. 즉, 경제적 토대가 가하는 회계현상에 대한 제약을 근거로 하면서 제도의 경제적 토대에 대한 반작용을 파악한다는 점이다. 만약 경제적 토대로부터의 규정성을 일방적으로 문제시 하는 것으로 그친다면 객관주의적 결정론에 빠지며, 반대로 경제적 토대로부터의 제약을 무시하여 회계의 형성적 기능을 일방적으로 문제시한다면 주관주의적 관념론에 빠지게 된다.

일본의 비판회계학의 대표적인 학설로는 크게 두 가지를 열거할 수 있다. 첫째는 개별자본운동설인데 이것은 1930년대의 학설을 계승·발전시킨 학설이다. 이것은 경영기술을 포함한 구체적인 경영현상을 개별자본의 논리에 입각해서 이해하려는 사고방식이다. 회계방법설은 제2차 세계대전 이후에 개별자본운동설을 이어받은 것이데, 이것은 회계학에서 문제로 되는 것은 기업의 이윤추구 과정에서 가치와 가치증감의 기재방법이라고 간주하여 이것을 회계방법이라 하고는 회계학이 이러한 회계방법을 연구대상으로 하는 학문이라고 규정하고 있다. 둘째는 회계제도설과 회계정책설의 상부구조설인데, 회계제도설은 회계의 제도성을 회계본질로 파악하여 자본축적을 촉진하는 제도적인 회계현상의 자본주의적 역할, 기능을 해명하는 연구를 말한다. 이러한 연구의 대부분은 회계를 경제과정과 토대에 대한 상부구조로 파악하기 때문에 상부구조설이라고 한다. 그리고 회계제도설에서 파생되어 나온 것으로 건설적 회계학과 민주적 통제론이 있다. 건설적 회계학은 기업활동의 사실을 파악하는 과학적 회계방법인 기준을 준비하고 이것에 의해 회계실천을 비판하고 올바르게 실시하려는 입장을 말한다. 이러한 건설적 비판회계학은 일부 주류회계학자들이 비판회계학을 대상으로 그들이 비판만을 일삼고 건설적 제언을 결하고 있다는 비판에 직면하여, 비판회계학자들 사이에도 건설적 제언을 긍정적으로 실시해야 한다는 입장인 건설적 제언긍정론과 부정적으로 간주하는 입장인 건설적 제언부정론이 있다. 후자의 입장은 회계학상의 문제에 대해서 어떤 제언을 하여도 그것은 일반적으로 자본가들에게 불리하기 때문에 그러한 제언 자체가 무의미하다고 보는 것이다. 한편, 건설적 제언긍정론의 경우 문제는 그 과학적 근거와 이론적 기초이다. 소위 비판기준론은 경제이론을 기초로 한 당위적인 회계방법의 확립을 관건으로 보는 것으로, 그 현실화에 필요한 조건의 검토에 관해서는 그다지 중시되지 않는 것 같다. 즉, 이것은 이론주도형이라고 볼 수 있다. 이에 대해 민주적 통제론은 운동주도형 또는 하부구조 중시형이라고 볼 수 있다. 현실에서 대기업 위주, 독점자본 위주의 기업회계에 관해서 과학적인 비판과 민주적 규제를 실시하고, 국민위주의 기업회계로 개혁하기 위한 건설적 제언을 해야 한다는 민주적 통제론도 비판회계학의 일부이다. 한편, 회계정책설은 자본주의회계에서는 기술적 측면이 아닌 그

정책적 측면에서 본질이 나타나는 것으로 파악하여, 회계정책의 자본주의적 기능을 해명·실증하는 연구를 가리킨다. 이에는 蜷川, 岡部, 岡本등의 회계방법설이 있다.

이상에서 나타난 구체적 학설들은 일본비판회계학의 전통에 공통적인 회계의 특징을 표현하고 있는데, 그 특징은 회계를 경제와 회계의 관계에 내재하는 모순으로 규정하고 역사적, 이론적으로 형태를 변화하면서 발전하는 일종의 유기체로써 총체적으로 인식한다는 것이다(Tanaka, 1990, pp.24-36을 참조). 따라서 개별자본운동설을 비롯한 일본의 비판적 방법론이 이용하고 있는 철학적 가정은 전형적으로 Marx주의의 철학적 가정에 해당한다고 볼 수 있는데, Marx주의는 그 철학적 배경에서 간단히 살펴본 바와 같이 사적 유물론과 변증법적 유물론에 의해 인간세상의 모든 현상을 설명하고자 한다. 따라서 일본의 Marx주의 방법론의 비판적 가정은 기본적으로 영미의 Marx주의의 비판적 가정도 동일하다.

일본비판회계학은 구미의 비판회계학과는 다른 독자적인 연구성과를 거두었는바, 그 결과는 크게 세 가지 분야로 나누어 살펴볼 수 있다(陳内, 1991a, pp.54-56).

첫째, 회계개념론의 분야이다. 여기서는 회계개념들이 경제관계에서 어떠한 규정을 받아 성립하는지를 분명히 하고 있다. 감가상각론, 충당금론, 잉여금론 등에 관한 연구성과가 대표적이다. 특히 馬場(1968, 1975를 참조)는 회계개념을 경제와의 관계에서 고찰하는 방법을 가장 잘 보여주고 있다.

둘째, 계산구조론의 분야이다. 여기서는 비판적인 방법을 수용하여 회계의 기초에 존재하는 계산구조를 자본순환운동과 관련해서 살펴보고 있다.

셋째, 회계제도설과 회계정책설의 분야이다. 회계의 문제를 자본주의의 발전과 관련해서는 독점의 문제로, 기업과의 관계에서는 주식회사의 문제로 간주하여, 회계제도의 현실적 기능을 분석하였다(宮上, 1959, 1969를 참조). 특히 中村은 독점자본정책의 관점에서 오늘날의 주요한 회계문제의 구조분석을 시도하고 있다(1969, 1984를 참조).

일본비판회계학이 앞으로 해결해야 할 주요한 과제로는 ① 기업회계의 계산방법으로부터 공시제도에 이르기까지의 구조를 국가를 비롯한 관련 이해관계자를 모두 반영하여 총체적으로 파악하는 것이 필요하며, 회계의 기록계산, 인식, 측정, 보고전달 등의 구조를 총체적으로 파악하는 것이 필요할 것이다. 즉, 회계를 총체적으로 파악하는 일반이론의 정립, ② 회계는 주로 기업에서 실시되며, 기업은 국가경제에서 생산을 담당하는 주체이다. 따라서 기업의 생산관계와 자본소유관계를 반영하고, 자본조달과 이익분배를 모두 반영하는 회계기능의 구체적 분석, ③ 현대 회계의 구체적인 문제의 해결(陳内, 1991a, pp.56-58), ④ 일본비판회계학에서는 개별기업에 대한 사례연구가 매우 부족하므로 여태까지의 이론연구를 개별기업에 실제로 적용시키는 사례연구 등이라고 생각된다.

7

Habermas의 비판적 방법론

(1929-　　)

7장

Habermas의 비판적 방법론[1)]

Habermas의 비판적 방법론은 <도표 2-1>과 같이 Kant/Hegel로 이어지는 비판 노선을 따르고 있으며, 방법론적으로는 정통Marx주의와 실증주의를 비판하면서 등장한 신Marx주의의 하나인 독일의 Frankfurt학파의 정신을 이어받은 방법론이다. 이 방법론을 이용하기 시작한 회계학자들은 Laughlin을 비롯한 영국의 Sheffield대학교를 중심으로 한 회계학자들이었다. 여기서는 회계를 하나의 조종매체로서 생활세계에서 역기능을 하는 측면을 집중적으로 조명하고 있는데, 먼저, Frankfurt학파의 역사와 의의를 살펴본 후, Habermas의 비판적 방법론의 의의, 연구현황, 문제점 등을 살펴보기로 한다.

제1절 의의

독일의 비판적 방법론은 주로 독일의 Frankfurt학파[2)]들이 개발한 방법론을 말하는데, 이들의 제1세대로는 Horkheimer, Adorno, Marcuse 등이 대표적인 철학자들이고, 제2세대로는 Habermas가 대표적인 철학자이다.

---

1) 이 글은 1997년 2월, 경영학연구(제26권 제1호, pp.67-91)에 발표한 "Habermas의 비판이론과 회계학 연구현황"을 수정·보완한 것이다.

2) Frankfurt학파라는 명칭은 그 학자들이 모인 지명에 의해 명명되었는데, 이 학파의 이론을 Horkheimer의 논제에 따라 '비판이론', 혹은 Marcuse의 논제에 따라 '사회비판이론'이라 불렀으며, '비판적 유물론'이라고 하기도 했다. 또 이들은 철학적 방법론으로서 변증법을 바탕으로 하고 있기 때문에 '변증법적 비판이론'이라고도 할 수 있을 것이다(백승균, 1983, p.179).

이들은 정통Marx주의를 비판하는 신Marx주의자들[3] 중에서 가장 영향력이 큰 철학사상가들이다. 이들의 철학적 관심은 역사를 단순히 심리학적으로 무분별하게 해석할 수 있는 자의적인 것이 아니라 철학적으로 설명할 수 있는 역동성의 법칙으로서 해석해야 한다는 데 의견일치를 보여서, 사회전체과정을 이론적으로 올바르게 인식하고자 하였다. 그들은 이러한 인식의 방식을 두 가지로 나누어 그 중의 하나를 비판이론이라고 하였는데, 이 비판이론이라는 개념은 서독 Frankfurt대학 철학교수이었던 Horkheimer의 논문, "전통이론과 비판이론"(1937)에서 나왔다. 여기서 그는 인간인식의 두 양식으로서 Decarte의 방법론과 Marx의 정치경제학비판을 들고, 전자의 이론을 전통이론이라 하고 후자의 이론을 비판이론이라 하여 현대사회철학의 기점을 후자의 이론에서 찾아야 함을 역설하였다(백승균, 1983, p.178)

지적 전통으로서, 비판이론은 1920년대로 거슬러 올라간다. 이 시기에, 수많은 유럽의 지식인들은 Marx주의의 이론이 전개되는 방식에 관해서 불만을 가지게 되었다. 그들 전부는 말하자만 사회이론으로서, 분석양식으로서 그리고 사회철학적 기초를 가진 실천적 정치프로젝트로서 Marx주의에 강력한 공감을 가지고 있었지만, 특히 그들의 관심을 끈 것은 Marx주의의 이론이 그들이 생각한 민주사회주의적 기초와는 동떨어진 정치구조로 전개하면서 동시에 경제적 현안에 점차적으로 초점을 두는 방식이었다. 이러한 점은 러시아의 사회형성의 맥락에서 점차적으로 분명하게 되고 있었던 바, 이것은 초기의 비판이론 지지자에게 더 이상 세계의 노동운동에 고무적인 것으로 나타나지 않았다(Roslender, 2006. p.249).

비판이론의 발전에는 Habermas를 비롯한 Frankfurt학파도 중요하지만, Lukacs와 Gramsci도 중요한 비중을 차지하였다. Georg Lukacs의 1923년 논문집, 역사와 계급의식은 일련의 사회이론적·사회철학적 현안을 탐구하였다. Lukcas는 자신에게 강력한 영향을 준 Hegel에 의지하면서, 사회내에서 상부구조 요소 즉, 이데올로

[3] 이에는 실존적 Marx주의(Sartre, Camut), Freud적 Marx주의(Fromme), 반성적 Marx주의(Lukacs, Gramsci), Frankfurt학파 등이 있다. 다음을 참조할 것. 김기곤(1985, p.293).

기, 문학, 예술 등의 역할과 일반대중의 의식에 대한 이들의 영향을 분석할 것을 주장하였다. Lukacs의 경우, Marx주의 이론을 위한 과업은 새로운 지배양식으로 퇴보하지 않을, 자본주의식 사회형성의 구조와 과정에 관한 총체적 분석에 근거한 프롤레타리아 계급의식을 만드는 것이었다.

한편, Antonio Gramsci는 이탈리아에서 Marx주의 이론을 연구하고 있었다. 헌신적인 활동가로서 Gramsci는 1926년 투옥되기 전에 노동운동과 공장평의회의 발전에 깊게 관련되어 있었는데, 1937년 죽기 몇 달 전에 석방되었다. Gramsci는 감옥공책(*Prison Notebooks*, 1971)이라는 제목의 책을 수감 후에 출간하였는데, 이 책은 비판이론의 형성에 기여하였다. Lukacs와 마찬가지로, Gramsci의 책은 사회이론과 사회철학에 기여하였는 바, Hegel의 영향을 받았다. 그는 사회이론과 사회철학을 한 쌍으로 간주하면서, 이론이 실천에 정통하고 그 역도 가능한 실천(praxis)철학을 지지하였다. Gramsci도 이론에 관해서 지배계급사상의 패권이나 보편적인 이데올로기적 우세를 이해하기 위한 노력으로 상부구조의 요소에 관한 연구를 권고하였다. Gramsci의 경우, 지배계급이 대중의 정치적 지배를 확보할 수 있는 것은 패권(헤게모니)의 성공적인 재생산을 통해서이다. 그러므로 학교, 가족, 작업장 등과 같은 제도를 통해 패권이 노동계급의 일상생활에서 어떻게 존재하는가에 관한 상세한 지식은 혁명적인 프롤레타리아 계급의식의 발전을 위해 필요한 전제조건이 된다(Roslender, *op cit.*).

여기서는 Habermas의 철학적 배경인 Frankfurt학파의 비판이론의 기본사상과 발전을 살펴본다. 비판이론은 철학적 전통과 독특한 패러다임적 특징을 가지고 있다(Rasmussen, 1994; Rush, 2004). 그리고 비판이론이 회계학을 연구하기 위해 어떻게 이용되는가를 나타내기 위해, 이러한 특징을 서술할 것이며 이들이 회계학연구에 어떻게 영향을 주었는가를 살펴볼 것이다.

비판이론에 관한 역사적 개관은 이미 많이 존재하기 때문에, 여기서는 비판이론의 역사와 발전을 간단히 살펴볼 것이다. 본장은 Frankfurt학파와 Adorno,

Horkheimer, Marcuse, Habermas 등과 같은 비판이론의 주요한 학자들에 초점을 두며 비판이론에 가해진 비판도 검토할 것이며, 이들이 회계학연구와 어떠한 관련이 있는가를 Habermas를 중심으로 살펴볼 것이다.

비판이론은 계몽전통의 일부인 사회철학에 속한다. 비판이론의 기본관심사는 인간이 종속, 억압으로부터 자유롭게 되도록, 사회조건을 분석하고, 불공정한 권력남용을 비판하며, 확립된 사회전통과 제도를 변경하는 것이다. 주로 사회의 현상태를 설명하고 이해하는 것을 목적으로 하는 해석적 사회이론의 전통적인 접근방법과는 달리, 비판이론은 보다 인간적이고, 합리적이며, 공정한 사회의 발전을 지향하고 있다. 자연현상을 설명하는 데서 자연과학과 자연을 기술통제하에 가져올 수 있는 관련능력의 성공은 합리적, 과학적 방법의 우월성을 보여주는 것 같다. 이와 동시에, 규범적/윤리적 이성차원은 과학적 분석으로부터 체계적으로 배제되고 있다. 가치와 규범적 판단은 주관적인 것으로 간주되며, 과학적 관점에서 볼 때, 일반화되거나 검정될 수 없다. 그러므로 과학은 규범적 이론이나 가치언명을 억제해야 한다(가치중립 명제). 자연과학이 객관적이고 일반적인 지식을 개발하기 위한 준거기준으로서 채택되고 있는 한, 사회과학은 과학적 상태에 대한 주장이 자연과학에 의해 형성되고 지도되는 학문으로 등장하였다. 그 결과, 실증주의가 자연과학과 사회과학에서 지배적인 이론화양식을 차지하였다. 여기서 실증주의가 의미하는 바는 원인과 결과에 관한 일반이론의 도움으로 관찰된 사회현상의 설명과, 체계적인 관찰, 실험화의 수단에 의한 세계의 규칙성에 대한 탐색이다(Scherer, 2003).

그러나, 오랫동안 반실증주의와 후기실증주의의 학파들이 사회현상의 주관적, 규범적 성질을 지적함에 따라, 전통적인 자연과학의 설명모형의 방법적, 규범적 결함은 비판받았다. 여기서 중심적인 것은 사회현상이 그 존재와 재생산/변화가 인간의 이해에 의해 조정되지 않는 자연현상과는 달리 사회적으로 구성되며 주관적으로 유의미하다는 견해이다. 이러한 전통 내에서 비실증적 방법론에 의한 회계학연구를 비롯한 비판경영학연구의 발전에 영향을 준 현상학, 해석학, 상징적 상호작용론, 후기구조주의, 비판적 실재론, 비판이론 등을 확인할 수 있다(Grey・Willmott, 2005를 참조). 회계학연구에서 이러한 발전은 한편으로 해석적 방법론의 적용을 증가시켰으며, 다른 한편으로는 확립된 사회조건을 비판적으로 분석하면서도 규범적/윤리적 문제를 강조하고자 하는 시도를 초래하였다(Burrell・Morgan, 1979; Reed, 1985; Scherer, 2003). 이제 이러한 발전의 지적 근원의 하나로서 비판이론과 Frankfurt학파를 살펴보자.

제2절 Frankfurt학파의 역사: 비판이론의 역사[4)]

Frankfurt학파란 1930년대부터 독일 Frankfurt에 있는 사회연구소에서 Horkheimer를 중심으로 공동 작업을 펼쳤던 연구자 집단을 지칭하며, 이들의 지적 전통을 비판적으로 계승한 후속세대들이 등장하면서 Frankfurt학파는 오늘날까지 이어지고 있다(사회비판과 대안, p.6).

Frankfurt학파의 산실이라 할 수 있는 사회연구소는 1923년에 Felix Weil에 의해 Frankfurt시에 설립되었다. 사회연구소는 1931년에 Max Horkheimer의 연구소장 임명으로 새로운 연구프로그램을 제시함으로써, 일종의 전환기를 맞이하여 Frankfurt학파라고 하는 지적 전통의 산실이 되었다. 즉, 사회연구소는 사회학자, 경제학자, 역사학자, 심리학자 등과 공동으로 작업하면서, 철학적 성찰을 통해 새로운 연구를 추진하였다. 이때부터 사회과학과 철학을 정치적・실천적으로 연관된 사회철학으로 결합하는 것을 목적으로 하였다. 이러한 철학 주도의 학제적 연구는 단지 사회를 경험적으로 연구하고 이를 철학적으로 통합하는 것이 아니라, 기존

4) Frankfurt학파의 역사에 관해서 상세한 것은 백승균(1982), 문현병(1993), Jay(1973), Held(1980), Wiggershaus(1994), Alvesson・Willmott(2012) 등을 참조.

사회를 비판하고 대안적 사회를 모색하려는 사회변혁이론을 규범적 이념으로 삼았다. 이것이 바로 Frankfurt학파의 연구방식을 특징짓는 학제적 연구모형이다(*ibid.*, p.7). Horkheimer(1937)는 사회과학이 사회실재에 관한 객관적, 가치중립적 지식을 생산할 수 있다는 것을 거부하고, 모든 사회양상은 특정한 역사적, 문화적 조건 안에서 구체화해야 한다고 주장하였다.

사회연구소는 이러한 학제적 연구모형에 따라 생산, 개성, 문화라는 세 가지 사회 구성영역에서 일어나는 시대적 변화과정을 추적하면서, 이를 통해 사회적 억압을 비판하고 대안적 사회상을 모색하려고 하였다. 특히 사회연구소는 당시 독점자본주의의 등장에 대한 정치경제적 연구, 개인의 복종적 성격형성에 대한 사회심리학적 연구, 그리고 이데올로기적 대중문화 확산에 대한 문화 이론적 연구에 몰두하였으며, 이러한 작업에 참여한 학자로는 Horkheimer, Adorno, Fromm, Marcuse, Benjamin 등을 들 수 있다(*ibid.*, p.8).

제1세대의 Frankfurt 학자들은 Nazi의 박해로 연구소가 폐쇄되면서 1933년에 독일을 떠났고 대부분은 1936년에 미국에 정착하였다.

전후, Horkheimer, Adorno, Pollock 등과 같은 일부 학자가 1950년에 독일로 귀환하여 Frankfurt학파의 전통을 지속하였으며, Marcuse와 같은 일부 학자는 미국에 그대로 있으면서 현대 자본주의사회의 여러 측면을 비판하였다.

1956년에 Adorno의 조수로 사회연구소에 합류한 Habermas는 1964년에 교수로 임명되었고, 1968년도에 전세계적인 학생운동 이후에 대학을 사직하고 Max Frank 연구소의 소장으로 임명되었다가 1982년에 Frankfurt대학교의 사회학과와 철학과로 되돌아 왔으며, Frankfurt학파의 비판이론을 계승하였다. 그리고 현재 Habermas의 사상을 계승해서 Frankfurt대학교의 철학과 사회철학의 교수직을 물려받고 또한 사회연구소장을 맡고 있는 사람은 Axel Honneth이다(문성훈, 2012).

제3절 비판이론의 주제와 방법

비판이론에서는 다양한 주장자들의 연구가 수많은 주제와 현안을 다루고 있고 다소 이질적이지만(Held, 1980; Wiggershaus, 1994를 참조), 이 중에서 (1) 계몽의 변증법, (2) 일차원과 소비자주의, (3) 기술관료 비판, (4) 의사소통행위 등의 네 가지가 공통적이며, 이들은 주제의 측면에서 다소 중복되지만, 설명의 목적상 각각 검토하는 것이 편리할 것이다(Alvesson · Willmott, 2012, p.64).

1. 계몽의 변증법

1930년대 독일에서 Frankfurt학파의 구성원들은 자율과 책임성있는 시민정신의 실현을 체계적으로 억압하고 방해한 이데올로기를 연구하기 시작하였다. 서구에서 나치주의와 파시즘의 등장과 점차적으로 전제주의화하는 소련, 독점자본주의가 지배하는 미국 등을 목격하면서 그들은 비합리적인 신념과 이데올로기에 의해 어떻게 이성이 마비되는가(Horkheimer, 1947)를 살펴보면서 현대 사회에 내재된 파괴적 잠재력을 성찰하게 된다. 이러한 연구의 결과가 집약적으로 표현된 것이 Horkheimer · Adorno(1947)의 계몽의 변증법이다. 그들은 실증적 과학모형도 비판하면서, 계몽이 두려움으로부터 인간을 자유롭게 하고 인간의 주권을 확립하는 것(p.3)을 목표로 하지만, 현대사회와 지배적인 실증적 과학모형은 일방적인 도구적 이성개념(insturmental conception of reason)에만 초점을 두고 있다고 주장하였다. 인간은 과학적 방법을 이용하여, 자연과 사회제도를 지배할 수 있다. 그리하여 과학은 사무실과 권력을 가지고 있는 사람에게는 효율적인 통제도구로 되었으며, 전통, 상식, 종교 등에 근거한 것보다 더 강력하고 파괴적인 새로운 지배형태가 등장하게 되었다(Scherer, 2009, pp.31-32).

계몽의 과정은 실증주의적인 자연과학의 방법론에 주로 의존함으로써, 일방적으로 도구적 이성에 초점을 두고 있다. 그 결과, 과학은 사람들이 종속과 억압의 사회조건으로부터 해방하는 것을 도와주기 보다는 지배층인 강력한 엘리트의 이익에 봉사하는 지식을 발전시켰다(Horkheimer · Adorno, 1947). 이와 동시에, 기존의 사회조건은 당연하게 수용되고 있다. 즉, 이들은 객관적으로 주어지고, 인간의 통제를 초월하여, 변경될 수 없는 것으로 간주된다. 이러한 비판은 비판경영학의 주요한 관심사의 하나가 되고 있다(Alvesson · Bridgman · Willmott, p.35).

Adorno는 또한 사회학에서 경험적 연구의 상태를 비판하였으며, Habermas와 더불어 Albert, Popper 등과 같은 실증주의 철학자들에 반대한 독일사회학의 실증주의논쟁에서 주동자 중의 한 명이었다(Adorno et al., 1976).

실증주의적인 자연과학의 방법론으로 자연을 정복하고 이용하는 데서 달성한 성공에 현혹되어, 현대인들은 과학주의와 기술관료의 관계에 매몰된 것으로 보여진다. 이 관계는 현대적, 과학적 문명화의 발전이 근대이전의 전통보다 더 억압적이고, 많은 방식에서 훨씬 더 파괴적이라고 주장된다. 즉, 계몽은 진보적 사고의 가장 일반적인 의미에서, 항상 두려움으로부터 인간을 해방시키고 주권을 확립하는 것을 목표로 하였다. 그러나 완전하게 계몽된 지구는 재앙을 발산시킨다(Horkheimer · Adorno, *op cit.*, p.3). 이 재앙의 가장 분명한 징후는 희소한 천연자원의 무자비한 착취와 광범위한 환경파괴, 오염, 기후변화 등과 관련된, 자연을 지배하려는 가혹한 노력일 것이다.[5]

과학적 지식과 해방에 대한 관심의 연결이 없는 곳에, 과학은 정치적 · 경제적

5) 이 도구주의는 비판이론에 의해 모든 것이 그밖의 추상적인 등가물이나 화폐로 전환가능하다는 것을 가정하는 비판이론에 밀접하게 관련되고 있다. 교환에 대한 자본주의의 수요와 연관된, 모든 현상의 측정과 계량화로 질적으로 상이하고, 비동질적인 현상이 계량적인 동일성의 양식으로 변경된다. 표준화되고, 계량화가능한 도구의 이용을 통해서 개인의 독특한 경향과 가치가 분명히 객관적인 범주의 진리에 따라 처리되고 측정된다(Alvesson · Willmott, 2012, p.82)

지배의 도구인 이데올로기로 된다. 기술관료의 형태로 과학적 전문기술은 효과적으로 사회적 실재를 고정시키고, 현재 존재하는 것에 대한 종속을 정당화한다(Alvesson・Willmott, 2012, p.65).

전통이론은 합리성의 강조를 통하여 이성의 도구화를 초래함으로써 점차 전체주의화하는 지배관계에 무력해진다고 주장한다. 오늘날의 이성은 도구적 이성으로 수단화되고 형식화되고 있다는 것이다. 그리하여 비판이론은 Marx와는 달리, 사회에서의 모든 생활과정을 합리화시킨다는 현대 문명의 숙명적 과정이 인간의 자아발전을 촉진시키는 것이 아니라 오히려 그 반대로 전개시키고 있다고 비판하고 있다.

비판이론의 핵심적 주제의 하나는 실증적 인식론에 의해서 가치중립적인 과학개념에 부여된 권위의 비판이다. 실증주의는 지식이 단순히 세계를 반영한다고 주장한다. 비판이론에 의하면, 이것은 실제와 합리성의 무비판적 식별로 유도하며 그 결과, 그것은 세계를 합리적이고 필요한 것으로 경험하도록 촉구하여 그것을 변경하려는 시도를 방해할 것이다. 비판이론은 실증주의적 이데올로기가 사람들이 세계를 현재 그대로 수용하고, 그리하여 무비판적으로 그것을 영속화하면서 배우는 한, 과학의 전문적 경계를 초월해서 확산해왔다고 주장한다.

경험분석적 조사를 통하여 어떤 법칙을 유도해내는 작업에 가장 큰 관심을 보이는 실증주의는 선택된 문제의 사회적 중요성이나 그 문제를 제시하게 된 사회적 배경보다는 그 과정에서 방법론적 논리성을 발견해 내는 데 더 많은 관심을 갖기 때문에 과학적 사고의 환원 즉, 합리성을 반등분하는 결과를 초래한다는 것이다.

이외에 경험분석적 사회과학의 실천적 관심은 과학기술 문명의 지속적인 지배를 합리화하는데 있다는 것이다. 이에 대하여 비판이론의 실천적 관심은 대중을 사회적 강제로부터 해방시키는 것을 사명으로 하고 있다(심윤종, p.35).

2. 일차원적 인간과 소비자중심주의

1960년대이후 전세계적인 학생운동[6]에서 이 학파 연구원들의 비판사상은 광범위한 지지와 인식을 획득하였고, Marcuse는 그 당시 학생운동의 이론적 지도자로 되었으며, 특히 그의 일차원적 인간(1964)은 그 당시 유명하였다.

선진산업사회에서는 생산성과 효율성의 논리가 지배하면서 비판의식이 사라지고 체제순응적 태도가 확산되는데, Marcuse는 이러한 사회를 가리켜 일차원적 사회(One-Dimensional Society)라고 불렀고 그러한 인간을 일차원적 인간이라고 하였다. 일차원적 사회에서는 비판의식이 마비되고, 오직 주어진 목표를 효과적으로 달성하기 위한 수단에만 관심을 기울이는 기술적·도구적 합리성이 지배한다. 그래서 달성하려는 목표가 정당한지 부당한지에 대해 관심을 기울이지 않으며, 또한 목표를 달성하기 위한 수단의 정당성에 관한 도덕적 판단도 유보된다. 이러한 일차원적 사회에서는 오직 효율적인 것만이 가치가 있는 것으로 인정되는 반면에 비판적·저항적 태도는 비효율적인 것으로 간주되어 무시되고 배척된다. 물질적 풍요, 획일적인 대중문화의 확산, 긍정의 철학인 실증주의의 확산 등으로 말미암아 무비판적이고 체제순응적인 일차원적 인간이 더욱 많이 양산된다. 이성의 주요 기능인 비판적·부정적 사유 즉, 이차원적 사유는 사라지고, 그 대신에 현실을 있는 그대로 긍정하는 일차원적 사유가 지배하고 있는 것이다. 생산의 효율성은 정당성을 주장하면서 이에 대한 비판을 거부하며, 오직 허위의식인 기술적·도구적 합리성만이 참된 의식으로 간주된다(손철성, pp.164-165).

그리하여 선진 자본주의사회에서 개인은 사회화되어 대안을 상상할 수 없는 순종적인 노동자와 무분별한 소비자로 된다(Marcuse, 1964). 사회통제와 교육의

---

6) 1964년 미국 UC Berkeley에서 시작된 학생들의 학내의 정치운동금지 반대운동이 1968년 5월 프랑스에서 대학생들이 대중봉기를 일으키면서 절정에 달하였다. 인권운동, 반전평화운동, 반기술문명운동 등으로 확산되었다.

수단에 의해서 개인은 소외되며, 소비자, 노동자, 주부, 가족의 아버지 등으로서 자신들의 역할을 비판적으로 성찰하지 않고 또한 해방과 자아실현을 지지하는 생활유형을 유도할 수 있는 대안들을 상정하지 않고 이러한 역할에 완전하게 적응한다. 이러한 점은 비판경영분석과 마케팅에 대한 비판적 방법론으로 반영된다(Alvesson · Bridgman · Willmott, pp.35-36).

Marcuse(1964)의 분석의 핵심에는, 소비자중심주의에 관한 비판이 있다. Marcuse는 풍요로운 서구사회에서 사람들이 현재와는 다른 삶의 형태를 상상할 수 없는 수동적이고 비성찰적인 소비자가 되도록 강요된다고 주장한다. 특히 미국은 거대한 생산능력을 소유하는 사회로 식별된다. 그러나, 사회의 발전이 시민의 삶에서 질적 개선을 촉진하기 위해 적용되기 보다는, 낭비, 파괴, 피상적 만족, 불행 등이 일상적으로 만연하는 미국사회에서 진보와 미국의 꿈이라는 이름으로 자본주의의 논리에 의해 추진된다.[7)]

비판이론의 지지자들은 대량소비가 인간의 욕구를 실제로 만족시킨다는 전통적인 주장에 직접 도전한다. 비판이론은 욕구를 인간성에 의해 객관적으로 주어진 것으로 간주하기 보다는 강력한 힘(예를 들면, 광고)에 의해 형성되는 것으로 이해한다. 욕구는 사람을 소비자로서 감정적으로 더욱 많은 상품의 소유와 결부시키며, 이에 의해서 상품사회에 대한 그들의 물질적 · 심리적 의존성을 증가시키는 방식으로 욕구가 형성된다. Marcuse의 경우, 대량소비중심주의가 제공하는 향유의 형태는 본질적으로 비인간적이며, 억압적이다. 그 주요한 효과는 인간 감수성의 발전이나

---

7) Marcuse의 분석은 계급 적대주의와 체계적인 위기가 소멸되는 후기산업사회의 시대를 예고하는 Daniel Bell(1962)이 전개한 이데올로기의 종언과 유사하다. 그러나 Bell과 같은 후기산업이론가들이 이러한 추세를 간단하게 보고하고 효과적으로 추인하고 있는데 반하여, 비판이론은 이러한 전개에 지속적으로 적대적이다. 비판이론의 관점에서 문제는 현대의 풍요한 사회는 최소한 그 구성원의 대다수에 대해 상품을 전달하는 데서 너무 성공적이라는 것이다. 이들의 성공은 소비주의의 지배적인 이데올로기로부터 비판적 거리의 전개를 방해한다. 만약 전체적으로 상상할 수 없지 않다면, 지배적인 가치와 실무의 거부나 항의가 대부분의 사람의 경우 비합리적으로 된다(Alvesson · Willmott, 2012, p.82).

개선이 아니라 인간감수성의 마비이다(Alvesson · Willmott, 2012, p.66).

3. 기술관료비판

과학에서 가치중립의 명제는 도구적 이성과 윤리 관련성의 부정을 유도한다(Habermas, 1971; Adorno et al., 1976). 따라서 수단의 선택만이 사회분석에서 고려되는데 반해서, 인간존재의 목적은 당연한 것으로 간주되고, 따라서 과학적 탐구에서 벗어난다. 그리하여 과학은 효율성과 기술적 연구에 초점을 두는데 반하여, 해방적 관심은 널리 무시된다. Marcuse는 모든 자연과학방법을 비판하는데 반하여, Habermas(1971)는 자연과학의 성과를 인정하면서도 종속과 차별이 감소되고 집단적 자아실현이 촉진되도록, 객관화된 과정의 예측과 통제에 대한 기술적 관심, 행위와 상징의 이해에 대한 실천적 관심, 사회시스템의 현상태에 관한 비판적 성찰과 변화에 대한 해방적 관심 등 다양한 인지적 연구관심을 포괄할 수 있는 포괄적인 사회연구모형을 주장한다. 세 가지 연구관심이 모두 경영학과 조직연구를 구성하는데 반하여, 해방적 관심은 비판경영학(회계학)연구를 구성한다(Alvesson · Bridgman · Willmott, p.36; Gallhofer · Haslam, 2003).

기술관료(technocracy)의 특징은 개인과 사회의 발전과정에서 윤리 관련성 또는 윤리실천적 의식의 부정이다(Habermas, 1979, p.148). 전술한 바와 같이, 인간존재와 조직존재의 목적은 당연한 것으로 간주되고, 자명한 것으로 주장되며, 합리적 논쟁을 벗어나 있는 것으로 생각된다. 수단의 선택에서는 최상의 방법이나 절차의 식별이 순전히 기술적인 문제로 고려되기 때문에, 윤리적 고려는 제외되거나 주변화된다. Taylor주의가 전문가의 기술관료적 역할을 예증하고 있다. 의사결정영역은 경영자가 고려중인 분야에 관해 가장 잘 아는 것으로 간주되기 때문에, (외관상) 주어지거나 자명한 목적을 달성하는 가장 효율적이고 효과적인 방식을 식별할 수 있는 경영자의 영역으로 간주된다.[8] 이러한 목적을 주어지거나 합리적 의문과 토론을 초월한 것으로 간주하는 것은 정치적 투쟁의 과정을 통해 집단의 목적을 의사결정목적으로 확립한 그 집단의 가치를 수용하고 재생산하는 것이다(Alvesson · Willmott, *op cit.*, p.67).

Weber는 과학의 영역(사실)과 가치의 영역을 구분함으로써 기술관료적 과학오용을 방지하고자 하였다. 이와는 대조적으로 Habermas는 (주어진 목적의 효율적이고 효과적인 실현으로 나아가는) 목적합리적 행위를 (이해하고자 하는) 의사소통적 행위와 구별하며, 목적합리적 행위는 의사소통적 행위가 제공하는 규범체계에 항상 내재해 있거나 의존한다고 주장한다.

Habermas는 기술관료가 사회의 규범체계에 내재하는 도구적 이성의 부정이나 망각에 의존하고 번성한다고 주장한다. 기술관료적 의식이 개인과 사회의 발전에 기여하고, 지배하고, 처리할수록, 과학지식의 생산과 적용을 포함한 모든 인간상호작용의 도덕실천적 품질은 더욱 애매모호하게 되고 제거된다. 기술관료적 사고가 윤리를 초월하는 것으로 가장하기 때문에, Habermas(1971, pp.105-106)는 기술관료적 사고를 이데올로기로 특징화하면서, 사회세계에 관한 실증적 지식의 효능이 어떻게 '사회의 자기이해를 의사소통행위의 준거체계와 상징적 상호작용의 개념으로부터 분리할 수 있고 그것을 과학적 모형으로 대체할 수 있는' 능력에 있는가를 언급하고 있다(Alvesson · Willmott, *op cit.*, pp.67-68).

Habermas에 의하면, 현대의 기술관료적 접근방법은 조작된 시스템의 기능을 대상으로 한다. 공식적으로 민주적 제도들은 존재하지만, 사실상, 이들은 특정한 시민들의 동기와는 대개 무관하게 관리적 의사결정이 이루어질 수 있도록 작용한다. 이러한 제도들은 그러한 의사결정에 정당성을 제공한다. 그러나 핵심적인 의사결정과정에는 시민들의 실질적 참가가 거의 없다. 그러므로 선진서구사회에서 그렇

[8] 이것은 정확하게 과학이 실행할 것으로 생각되는 것인데, 이는 과학이나 과학에 관한 일반적인 생각이 더욱 생산적인 조직과 경영의 혁신적 방법의 지속적인 생성과 매우 쉽게 관련되는 이유를 설명하는 것을 도와준다(Alvesson · Willmott, 2012, p.82).

게 많은 시민들이 자유민주정치의 세계로부터 소외되고 있다고 느낀다는 것은 놀라운 것이 아니다(*ibid.*, p.68).

Habermas는 민주주의의 퇴보와 기술관료로 표류하는 것에 반격하기 위해, (기술)도구적 합리성으로부터 (실천)의사소통적 합리성을 구별하는 것의 중요성을 강조하며, 도구적, 목적합리적 행위가 시스템의 합리화에 주어진 것과 같은, 의사소통에 대한 제한을 제거(Habermas, 1971, p.118)함으로써, 의사소통적 합리화에 많은 관심을 기울어야 한다고 주장한다. 그렇지 않다면, 그 전망은 윤리와 민주주의가 점진적으로 부패되고 결국에는 "기술적 통제에 관한 우리의 권력 확대에 대한 관심 뒤에서 사라진다"(*ibid.*, p.113). 잠재적으로, 제한에 도전하고 모든 측면(가족, 조직, 대중)에서 의사소통을 공개하는 행위를 촉진하고 지지함으로서 기술관료적 의식의 부식효과(corrosive effects)가 도전받고 역전될 수 있으며, 이에 의해서 민주적으로 합리적인 사회의 발전을 촉진할 수 있다(Alvesson · Willmott, *op cit.*, p.68).

요컨대, 의사결정이 수단을 정제(refining)하는 것에 대한 기술적 관심에 의해 지배될 때, 정치와 윤리의 문제를 포함해서 목적에 관한 근본적인 문제들이 주변화된다. Habermas의 사상은 의사소통행위의 중요성을 주장함으로써, 의사결정이 합리화 과정의 제한을 논쟁하기 위한 자원으로써 실천적 합리성을 도구적 행위의 영역으로 격상시키기 때문에 기술관료의 지배를 문제시한다(*ibid.*, p.69).

4. 의사소통행위

Habermas(1984, 1987)는 특히, 사회규칙과 제도가 의사소통에 의해서 등장하고 변한다는 점을 지적하고 있다. 여기서 Habermas는 철학적 분석의 중심적 과업이 언어이용의 분석이라고 주장되는 철학에서 언어적 전환(linguistic turn)을 따르고 있다. 따라서, 사회분석에서 비판적 관심은 의사소통적 조건을 향하고 있다. 주장,

행위, 사회규칙, 제도는 이들의 이해가능성, 진실, 담론에 의한 정당성 등에 따라 평가될 수 있다. 이 사상은 어떠한 사회집단도 주변화되지 않고, 모든 이해관계가 경청되는 자유롭고 공정한 사회의 창조와 사회연구를 위한 방법적 방침을 위한 평가기준으로서 중심적으로 된다(Alvesson · Bridgman · Willmott, p.36).

Habermas는 의사소통행위이론(1984, 1987)을 발간하게 된 핵심적인 동기로, 다음 네 가지를 들고 있다(허영식, p.231). 첫째 상대주의가 만연하고 있는 시점에서 합리성의 이론을 시도하는 것, 둘째, 의사소통행위이론이라는 형식을 빌어서 논증이론, 그리고 무엇보다도 먼저 사회이론을 위해 기여하는 것, 셋째, 사회적 합리화의 변증법을 주제화하는 것, 넷째, 의사소통이론의 개념 속에서 근대의 이론을 발전시키는 것. 특히 여기서는 이른바 시스템이론과 행위이론을 결합하는 사회개념이 문제가 된다.

Habermas가 의사소통행위이론(1984, 1987)에서 전개한 논지는 다음과 같다.

우선 사회적 행위의 두 가지 기본적인 형태가 구별된다. 그 하나는 목적합리적 또는 (결과에 중점을 둔) 목적론적 행위이며, 다른 하나는 (상호이해에 중점을 둔) 의사소통적 행위이다(허영식, p.231).

의사소통적 행위의 개념만큼 확대된 행위개념이 사회이론에 통합되는데, 이 때 사회 개념 안에는 시스템과 생활세계의 두 차원이 분석적으로 구분된다. 어떤 사회를 통합하는 형식에는 두 가지가 있는데, 그 하나는 행위결과 또는 탈언어화된 의사소통의 매개에 의한 시스템통합이며, 다른 하나는 의사소통적 행위에 의한 사회통합이다. 그때그때의 시스템통합의 수준은 제도적 복합체를 통해서 생활세계에 근거를 두고 있다는 가정이 제시된다. 또 하나의 가정은 진화의 관점에서 볼 때, 시스템통합의 더 높은 수준에서도 생활세계의 합리성 구조가 더욱 발전되어야 할 것을 요구한다는 것인데, 여기서 합리성구조가 더욱 발전된다는 것은 주체들의 입장에서 볼 때 가치 지향적인 개념이 더욱 보편적이고 더 형식적이 됨을 의미한다.

합리성 구조의 발전은 세계사적인 계몽과정의 부단한 아이러니로 나아간다. 한편으로는 의사소통 행위에 들어 있는 합리성의 잠재력이 연속적으로 펼쳐지고 사회적인 지식의 더 넓은 영역들이 토론의 장으로 들어온다. 그러나 다른 한편으로는 문제의 복합들을 토론을 통해 처리할 수 있는 바로 이 개방의 폭이 점점 더 그리고 체계적으로 제한받고 있는데, 그 이유는 탈언어화된 의사소통의 매개체(이를테면 돈과 권력)를 통해 조정되는 행위에 대한 강제적 명령이 생활세계에 침입해 들어오기 때문이다(전게서, p.232).

의사소통행위이론은 근대의 이론으로서 이중의 과제를 안고 있다. 첫째로 그것은 Weber 등이 분석한 합리화 과정의 병리를 새롭게 추적한다. 사회적 합리화는 생활세계의 구조에서 진행되는 것이지, Weber적인 가정들이 암시하는 바와 같이 주체들 그 자체의 행위정향에서 이루어지는 것이 아니다. 둘째로 행위자들이 목적합리적으로 그리고 동시에 의사소통적으로 행위하기 때문에(이 때 그 두 가지 행위형태에는 서로 다른 합리성의 관념이 귀속된다), 의사소통행위이론은 사회적 합리화의 과정을 전체적인 폭에서, 다시 말해서 시스템과 생활세계 양쪽 모두에서 파악해야 한다. 끝으로 이 이론은 의사소통적 행위 또는 의사소통적 합리성의 개념화에 기초하여, 그리고 사회의 개념을 시스템과 생활세계의 양 차원으로 분석적으로 분화시킴으로써 한편으로는 발전의 병리현상들을 부인하지 않으면서도 다른 한편으로는 진화의 규범적인 진보적 전망을 포함할 수 있다.

Habermas의 연구가 궁극적으로 지향하는 바는 비판적인 사회이론의 가능성에 대한 규범적인 근거수립을 수행하는 것이었다. 그리고 그 비판의 표준은 의사소통이론에 입각한 이성이기 때문에 그 목표는 이 이성의 근거수립이기도 하다(허영식, pp.231-233).

5. 비판이론의 방법론

비판이론의 방법론은 비판이론 개념의 중심요소를 역사성, 변증법적 발전 및 총체성에 두고 있다(심윤종, pp.32-35).

첫째, 역사성은 비판이론의 출발점이 되는데, 그 이유는 모든 사회적 주요 사실과 분석될 수 있는 구체적인 경우는 역사의 산물이라는 데 있다. 그리고 존재와 의식의 일치를 중요시 하는 비판이론은 이론과 역사(실천)의 분리를 지양한다. 이렇게 볼 때 비판이론은 역사적 가능성과 필연성을 확인해보고자 하는 역사이론이라고도 할 수 있다. 따라서 비판이론은 역사의 의미이해를 본질적인 것으로 보는 한 해석학적인 방법을 취한다. 그러나 단순히 주관적으로 이해하는 해석학과는 달리 여기서는 인간의 이념과 해석 자체가 사회적 재생산 과정에서 인간이 처하게 되는 이해상황에 좌우된다는 것을 증명함으로써 객관성을 가진 방법으로 발전되고자 한다. 그런데 역사 자체는 사회적 현실에 뿌리박고 있는 여러 모순의 운동을 통하여 발전한다. 즉, 사물은 그 자체가 모순에 차 있다는 것이다.

둘째, 역사적, 사회적 운동법칙과 모순들은 비판이론의 두 번째 요소인 변증법의 도움으로 해석되고 폭로된다. 변증법적 이론은 모순을 사회발전의 원동력이라고 보고, 모순들을 찾아내는 데 주력하기 때문이다. 즉, 역사는 융합하는 모순과 상호대립하는 모순, 그리고 이것이 순차적으로 되풀이 되는 단계로 이해된다. 명제, 부정, 부정의 부정은 이 비판이론이 사회변화를 설명하고자 하는 사회의 발전모형이다. 변증법의 이론에 의하면, 과학의 이론작업은 법칙 진술이나 기술적으로 이용할 수 있는 지식의 획득에 국한되어서는 안되고, 인간의 행위와 사회적인 사실의 자명함을 그 이면에서 파악하고 설명할 수 있는 비판적이고 사변적인 과학성에서 추구되어야 한다.

특히 사회학은 한편으로는 인간이 그들 고유의 존재조건을 인지하고 이해하는 데 방해가 되는 현혹상황을 투시할 수 있도록 도와주는 이데올로기 비판으로서 그리고 다른 한편으로는 하나의 경험과학으로서, 한 사회의 요구와 그 사회의 현실이 비교될 수 있는 자료들을 제공해야 한다는 것이다. 단순한 조건이나 규칙성 또는 어떤 행위의 결과를 인식한다는 것은 의미있고 중요한 행위의 또는 현상의 문제를 이해하고 설명할 수 있기 위해서는 2차적인 중요성밖에 가지고 있지 않다. 그러므로 완전한 진리는 경험적이고 법칙유도적인 방법에 의해서 인식된 사회의 모든 과정을 객관적인 사실로 받아들이지 않고, 그 과정들이 현재 되지 못한, 그러나 되고자 하는 그리고 그것들이 변혁되면 될 수 있는 것에 대한 관찰을 통해서, 즉, 사회의 모든 과정을 사회적 모순의 단순한 전개점으로 이해하는 변증법의 방법과 함께 접근될 수 있다는 것이다.

셋째, 비판이론의 세 번째 구성요소인 총체성에 의하면, 사회적 사실은 고립되거나 부분적으로 조사되어서는 안 되고 사회경제적 관계의 맥락 속에서 조사되어야 한다는 것이다. 즉, 전체로서의 사회에 대한 통찰은 이 전체 내에서 작용하는 그리고 결코 잔재를 남기지 않고 완전히 변형될 수 없는 제요소들이 인식의 대상이 되어야 한다는 것을 의미한다. 전체는 과학적 분업에 의해서 테러를 당해서는 안 된다고 Adorno는 말한다.

또한 비판이론은 사회과학이 방법론에 있어서 자연과학적 모델을 취하는 것에 반대한다. 왜냐하면 인간은 자연과학의 대상과 같은 연구의 대상이 될 수 없을 뿐만 아니라, 모든 사회과학의 대상은 주관성을 지니기 때문이다. 사회의 모든 구조는 의식구조(예컨대 계급, 국민, 가족 등)로 이해되며, 사회학적 성찰은 Durkheim과 같은 실증주의자가 사회적 사실의 물체화를 촉진시켰으므로, 이것을 다시 반물체화하는 데서 연구의 과제를 발견해야 한다는 것이다.

이와 같은 의미에서 볼 때 비판이론은 일정한 사회적 사실에 대하여 어떤 보편적 법칙을 만들고 그 법칙의 진실을 증명하는 행위에 국한되지 않고, 그것을 넘어서 기타의 가능성과 대결하여 모순을 찾고 사회적 사실을 하나의 전체적인 연관 속에서 관찰하려는 과학이론이다.

방법론적으로 볼 때, 비판이론은 공통적으로 시대적 객관주의에 대한 엄격한 비판으로서 Marx주의적 과학주의에 대한 비판과 실증주의적 과학주의에 대한 비판에서 발단되었다. 전자의 Marx주의적 과학주의란 인류역사 발전에는 엄밀하고 객관적인 법칙이 존재하고, 그러한 법칙이 인류의 운명을 좌우한다는 Stalin의 교조적 Marx주의를 말하고, 후자의 실증주의적 과학주의란 이성의 현실적이고 비판적인 역할을 단순히 분석적이고 경험적인 역할로서만 인정하는 서구의 과학적 실증주의를 말한다(백승균, 1983, p.180).

Frankfurt학파의 비판이론가들은 모든 전통이론을 비판하였으나, 그 중에서도 특히 실증주의를 대표적인 전통이론으로 규정하고 이를 철저하게 비판하였다(전경갑, 1993. p.285). 여기서 실증주의는 Comte를 비롯한 19세기의 실증주의, Vienna학파의 논리실증주의, Popper와 Albert의 비판적 합리주의 등 자연과학적 모델에 입각한 경험의존적 인식론에 근거한 것을 총칭하는 개념이다.

논리실증주의는 경험적 현상과 그 현상에 관한 지식이 객관적으로 대응한다는 것을 전제하는 일종의 모사설이다. 1930년대 당시의 실증주의자들은 경험적 사실을 객관적으로 관찰, 서술하고, 경험적 사실들 간의 관계를 논리적으로 귀납하여 보편적인 법칙을 수립하는 이러한 방법이 자연과학 뿐만 아니라 사회과학에도 적용되어야 한다고 믿었다. Popper의 반증주의는 Bacon이래로 과학적 방법의 원형으로 인정되어 온 귀납논리의 오류를 지적하고 이를 가설연역법으로 대치하고, 검증가능성의 원리를 반증가능성의 원리로 대치함으로써 논리실증주의의 인식론적 오류를 극복한 긍정적인 측면도 있으나, Popper도 경험의존적이며 방법론적 개체론에 빠짐으로써 구조적 모순의 파악을 외면하는 새로운 유형의 실증주의라는 것이다(본서의 제3장 제3절을 참조).

비판이론가들은 실증주의가 경험적 사실만을 절대시하는 일종의 물신숭배(fetishism)이며, 사회적 현상의 인간적 함의를 망각한 물화된(reified) 사상이라고 본다. 실증주의는 자연과학적 모델에 입각한 경험의존적 인식론이기 때문에, 현상의 이면에 숨은 본래의 모순을 밝히는 데는 결정적인 한계가 있다. 실증주의가 원래는 신화와 환상 그리고 형이상학의 꿈에서 깨어나 대상세계를 경험적 이성으로 직시하려는 계몽주의적 각성의 산물이고 계몽주의적 이성의 산물이라 할 수 있으나, 그럼에도 불구하고 오늘날의 실증주의는 존재와 당위, 사실과 가치, 이론과 실천을 분리하고 이론의 가치중립성을 표방함으로써, 결과적으로 현상유지 이데올로기로 전락하였다는 것이다(전경갑, p.286).

이와 같이 비판이론은 현상유지 이데올로기로 이용되는 모든 이론을 전통이론으로 규정하고 비판하지만, 그 중에서도 실증주의를 대표적인 전통이론으로 본다. 실증주의가 배타적으로 강조되는 경우에는 기존의 정치경제적 질서에 대한 비판적 이성을 마비시키고, 정치적 타율성을 조장함으로써 가치중립이라고 하는 본래의 의도와는 달리 현상유지 이데올로기로 전락하게 될 위험이 있다. 비판이론의 특징을 구체적으로 다음과 같이 요약할 수 있다(전게서, pp.288-289)

첫째, 비판이론은 이론의 실천지향성을 강조하고, 실천적 의도를 가진 이론이다. 비판이론은 인간의 삶의 조건을 개선하려는 실천적 관심이 그 특징일 뿐만 아니라, 스스로의 운명을 결정하려고 하는 자기 반성적이고 자의식이 있는 인간의 노력에 의하여 현실을 개선할 수 있다고 본다. 따라서 사회변혁의 주체인 개개인이 비판적 성찰력을 함양하기 위하여, 우선 현대사회의 구조적 모순과 이데올로기를 비판하고 허위의식을 폭로하는 것이 비판이론의 역할이다.

둘째, 가치중립적 사회과학 또는 초연한 연구를 강조하는 실증주의의 주장을 비판이론은 정면으로 거부한다. 실증주의가 가치중립성을 강조하고 있으나, 실증주의적 논리의 이면에는 대상세계를 기술적으로 통제하려는 관심이 내재되어 있다. 비판이론은 실증주의의 객관주의적 환상이 사회과학에서 매우 위험스러울 뿐만 아니라, 자본주의와 사회주의 등 기존체제를 정당화하는 이데올로기라는 점에서 이를 철저히 배격한다.

셋째, 비판이론은 사회적 현상에 대한 객관적 이해 그 자체를 반대하기보다는 오히려 어떤 사회적 현상을 특정한 역사적 맥락에서 인식주체의 구성적 활동과 관련시키는 데 주된 관심을 두는 것이 특징이다. 즉, 지식의 사회적·역사적 특성을 강조하는 것이 그 특징이다.

넷째, 다양한 사회현상의 저변에 숨겨진 본질을 파악하려는 것이 비판이론의 관심이므로, 비판이론은 본질적이고 근본적인 비판을 강조한다. 비판이론은 실재의 본질을 탐구하기 위하여 현상과 본질을 구별하고, 주어진 현실을 무비판적으로 수용하는 것이 아니라 이론의 끊임없는 부정적 기능을 강조한다.

이러한 비판이론은 Marx주의의 이론과는 달리 하부구조보다는 상부구조와 더 관련이 있는 관념적인 쪽으로 기울고 있다. 따라서 비판이론은 예술, 문학, 과학과 지식체계, 이데올로기와 의식, 문화와 의사소통 등 비판이론의 두드러진 특징인 보다 철학적으로 정통한 분석에 적합한 문제에 관해 풍부한 통찰력을 제공하였다(Roslender, 1990, p.360).

회계에 관한 정의는 많이 있지만 일반적으로 회계를 기업의 언어(language of business)라고 정의하는데, 아래에서 살펴보는 바와 같이 Habermas의 철학은 의사소통행위이론(communicative action theory)으로 집약되기 때문에, Frankfurt학파의 철학자들 중에서 Habermas의 비판이론이 회계학에서 주로 이용되고 있다. 이하에서는 Habermas의 비판적 방법론에 입각해서 그 철학적 내용과 회계에 어떻게 적용되고 있는가를 살펴보기로 하자.

제4절 Habermas의 비판적 방법론

Habermas는 독일 Frankfurt학파의 제2세대의 대표적인 학자이다. 그는 독일의 Duseldorf에서 1929년에 출생하였으며, Markfurk대학에서 박사학위(1961)를 받고, Heidelberk대학에서 철학교수(1961-1964), Frankfurt대학의 철학, 사회학교수(1964-1970)를 역임하였으며, 1970년 이후 Max Frank연구소의 소장으로 있다가 1982년에 다시 Frankfurt 대학교로 복귀하였다.[9]

[9] 그의 대표적인 저서로는 이론과 실천(1963), 인식과 관심(1968), 의사소통행위이론1(1981), 의사소통행위이론2(1981), 공론장의 구조변동(1990), 담론윤리의 해명(1991), 사실성과 타당성(1992), 인간이라는 자연의 미래(2001)(독일어출판연도) 등이 있는데, 그의 저서의 대부분은 한글로 번역되었다. 지난 1994년 1월 1일자 교수신문에 의하면, 우리나라의 인문사회과학의 교수들은 세계의 학자 가운데 Frankfurt학파의 거장 Habermas를 가장 높이 평가하는 것으로 나타났다. 인문과학 분야에서는 Habermas, Derrida, Kuhn, Rorty, Putnam 등이 선정되었고, 사회과학 분야에서는 Habermas,

그는 법치주의적 민주주의와 복지국가 체계를 수립해나갔던 국가 상황 속에서 현실과의 비판적 대결을 통해 사회적 해방의 가능성을 모색해온 유럽의 대표적인 사회철학자이다(김원식, pp.202-203).

Habermas에 의하면, 전통사회에 비하여 근대사회가 지닌 활력은 공개적인 토론과 의사형성이나 합의과정에서의 공개성 보장이라고 한다. 그러나 후기산업사회에서는 국가에 의한 경제간섭, 기술의 발전으로 인한 전문기술관료의 지배강화, 이로 인한 여론조작과 의사소통의 왜곡 등으로 근대사회의 정통성이 위협받고 있다고 주장하고 있다(신일철, p.29).

그후 그는 의사소통행위이론(1984, 1987)에서 이러한 모든 문제는 결국 이상적 담화상태의 형성을 통해 해결될 수 있다고 주장하였는데, 모든 사람들이 아무런 장애없이 공개적인 토론을 통해 합의를 도출할 수 있는 상황을 이상적 담화상태(ideal speech situation)로 보았다.

1. 인식과 관심

그의 대표작 중의 하나인 인식과 관심(1972)은 과학성립의 근본적인 전제를 검토, 반성하는 사회과학 방법론에 관한 것이다. 지금까지의 실증주의적 과학이 인식(knowledge)에만 머물러 있는데 반하여 Habermas는 과학적 인식에 선행해서 그 대상영역을 선천적으로 구성하는 인식을 선도하는 관심(interest)의 구조를 밝히려는데 그 초점을 두고 있다.

Weber이래로 과학적 연구는 사실과 가치의 이원론에서 가치를 배제하고 사실만을 파악하는 가치중립적(value-free) 태도를 권하고 이를 가치중립성이라고 하였다. 이러한 과학주의는 객관적인 인식을 위해 가치를 배제한다고 하였다. 그러나 모든

Rolls, Friedman, Popper 등이 선정되었다.

과학연구활동은 그러한 인식에 앞서는 선이해를 전제하고 있으며 이러한 선이해가 일종의 관심이라는 것이다.

Habermas에 의하면 인간의 관심에는 기술적 관심, 의사소통적 관심, 해방적 관심 등의 세 가지가 있다. 기술적 관심은 일상생활에서 대상을 기술적으로 처리하는 관심을 말하는데, 이것은 노동이며, 인간이 자연에 작용하는 노동은 주로 도구적 행위의 영역에 속하며 물질을 생산하는데, 이 영역에 기초한 것이 경험적, 분석적 과학이다. 목적합리적 체계로서 합리성과 능률을 추구하고, 생산력의 확대를 추구하는 것이다.

실천적 관심인 의사소통적 관심은 언어를 통해 인간 사이에서 의사소통을 통한 상호이해에 대한 관심의 영역이다. 여기서는 사람들이 다른 사람들과의 의사소통을 통해서 상호이해에 도달하고 서로간의 합의에 이르게 된다. 이러한 상호행위는 사람들이 기호를 통해 서로를 이해해 나가는 문화적 전통 즉, 언어, 규범, 종교 등에 의해 상호간의 행동지침을 만들기 위해 합의와 상호승인을 해가는 영역이다. 이러한 관심에 의해 인도되는 학문이 역사적/해석적 학문이다.

해방적 관심은 앞의 두 관심에서 인간은 그 자신의 밑바닥에 있는 관심기반을 자각하지 않고 있으나, 이를 자각적으로 인식하여 선도적 관심에서 도입하여 지배와 강제관계로부터 자유로운 사회관계를 세우려는 것이다. 이 해방적 관심에 입각한 학문이 비판이론, 비판사회학이다.[10)]

Habermas는 사회적 행위의 유형을 도구적 행위, 전략적 행위, 의사소통 행위라는 유형들로 분화시켜 나갔다. 초기에 그는 도구적 행위로 환원될 수 없는 의사소통 행위의 영역이 존재한다는 사실을 입증하고자 지속적으로 노력하였다. Habermas에

10) 이러한 관심들을 다음과 같이 정리해 볼 수 있다

관심	인식	과학분야	인간과의 관계	사회적 매체
기술적 관심	기술적 인식	자연과학	자연	노동
의사소통적 관심	실천적 인식	해석학	역사	언어
해방적 관심	해방적 인식	비판이론	지배	지배

자료원 : 이인석(1979, p.141).

의하면, 인간의 행위는 크게 비사회적 행위인 도구적 행위와 사회적 행위로, 사회적 행위는 다시 성공을 지향하는 전략적 행위와 상호 이해를 지향하는 의사소통행위로 구별된다(김원식, p.205). Habermas는 1970년대에 의사소통행위이론에 학문적 관심을 두었다. 그는 모든 사회관계가 다만 노동을 통한 생산력의 증대에 집중되어서는 안되며, 인간상호 간의 대화와 토론에 의해서 서로 양해와 합의하는 의사소통행위가 더욱 중요하다고 간주하였다.

그에 의하면 자연을 대상으로 하는 경험적·분석적 과학에서는 실증주의가 적합하지만, 그 밖의 진리는 인간들 간의 강제없는 자유로운 토론에 의한 합의이며, 이 합의가 바로 진리라는 것이다. 이러한 대화나 토론에서는 토론참가자 간에 왜곡되지 아니한 평등한 발언의 기회가 보장되어야 하며, 이러한 상황을 이상적 담화상태라고 한다.

그러나 후기 산업사회의 이른바 합리화와 능률화는 극단화되면 될수록 노동의 도구적 행위만을 기형적으로 확대시켜, 진정한 합의의 영역인 공공성을 쇠퇴시키고 도구주의적 기능주의의 합리성으로 빗나가고 있다는 것이다. 이 합리화는 실질적으로 전통적인 사회형태가 비교적 자율적인 문화측면을 개발하는 분화과정이라고 주장한다.

도표 7-1 Habermas의 사회발전모형

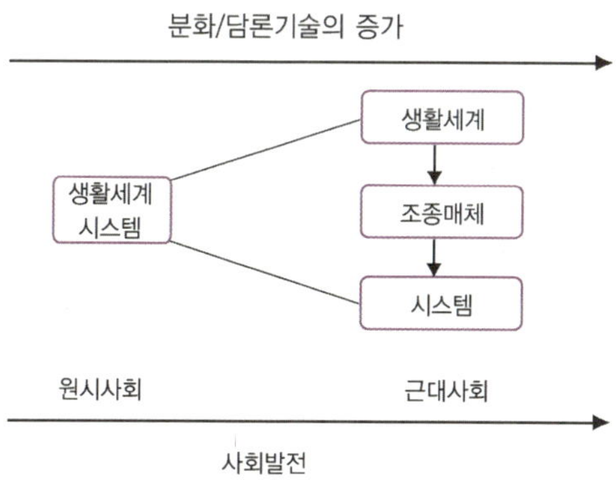

자료원: Broadbent·Laughlin·Read(1991, p.3).

그는 사회발전을 <도표 7-1>과 같이 단순화하여 자신의 주요한 개념들을 설명하고 있다. 일반적으로 근대사회는 <도표 7-1>과 같이 생활세계(lifeworld), 시스템(system), 조종매체(steering media) 등의 개념에 의존하며, 따라서 이론적으로 이들의 복합체로 정의될 수 있다.

1) 생활세계

생활세계의 개념은 비교적 문제성이 없는 일상경험 영역의 특성을 나타내고자 한다. Habermas에 의하면, 생활세계는 근대사회를 특징짓는 합리화와 차별화의 과정 이전에 논리적・역사적으로 존재하며(Power et al., 2003, p.133), 많은 시스템이 이용되는 사회생활을 위해 의미를 설명하는 문화공간을 가리킨다. 예를 들면, 우리가 공공서비스를 이용할 때, 공공서비스를 효율적 또는 부패한 시스템의 특성을 가지는 것으로 간주하며, 이러한 특별한 이해에 의해서 공공서비스와 상호작용한다. 이러한 특성화는 이 서비스의 실제특성으로부터 올 수 있을 뿐만 아니라, 문화공간[11]에 근원을 가진 인간해석으로부터도 나올 수 있다(Laughlin, 1987). 그러나 생활세계는 광범위한 사회시스템의 또 다른 하위시스템이 아니다. Power・Laughlin(1996)은 이 점을 강조하였다. 생활세계는 문화, 전통, 정체성이 재생산될 수 있는 규범적 맥락인......상징적 공간이다(p.444). 이들이 특별한 실제시스템으로서의 특성을 가지기 위해 조직이나 회계시스템과 같은 시스템과 상호작용하는 것이 이러한 상징적 공간이다. 실제성(actuality)은 그러한 시스템의 기술적 규범을 단순히 표상하는 것이 아니라, 기술성과 상징적 해석의 결합을 표상한다. 그리하여 생활세계는 문화적 관점에서 조직이나 회계시스템과 같은 시스템을 이해하기 위한 인식론적 도구이다(Wickramasinghe・Alawattage, p.492).

생활세계는 문화전통, 사회통합, 인간의 정체성이 유지되고 재생산되는 상징적

11) Habermas는 생활세계라는 용어를 사회세계, 문화세계 등과 같은 유사한 용어와 같은 의미로 사용하고 있다.

공간으로 의사소통적으로 형성되는 생활경험과 믿음의 세계이다.

2) 시스템과 조종매체

Habermas의 시스템은 이러한 생활세계를 기능적으로 정의할 수 있는 유형의 조직을 의미한다.[12] 이 시스템은 기능적이고 인지적인 차별화과정의 결과로서 생활세계로부터 나타난다. 이것은 그 자체의 자율적인 발전논리를 급속하게 발전시키면서 다시 하위시스템을 만든다[13](Power et al., *op cit.*, p.139). Thompson(1983)은 이것을 "화폐나 권력과 같은 특정한 메카니즘이나 매체를 중심으로 행위를 조정하는 자율적인 행위맥락으로 정의한다"(p.285; Laughlin, 1987, p.486). 개인의 화폐와 권력은 사회에서 독특한 요소로서 시스템을 유지하는데 중요한 역할을 하지만, 이들은 생활세계로부터 차별화될 수 있다. 다른 방식으로 표현하자면, 시스템은 생활세계와 차별화되면서 정의가능한 기능적 메카니즘을 가진다. 그러나 이러한 메카니즘들은 권력관계와 화폐의 영향을 통해 작용한다(Power・Laughlin, 1996). 예를 들면, 시스템으로써 병원은 조작적으로 정의될 수 있는 특정한 기능을 가진다. 즉, 그 활동메카니즘은 권력구조와 화폐의 역할에 의해서 이해될 수 있다. 그러나 병원시스템의 생활세계는 특별한 방법으로 병원의 기능에 의미를 제공하는 문화적 차원이다. 결국, 병원의 기능적 표현은 생활세계의 함수이지만, 병원은 자율적인 기능적 장치이다. 이는 시스템과 생활세계가 발전과 분리를 위해 서로 간에 필요로 한다는 것을 의미한다.

Habermas의 비판이론은 대개 생활세계에 대한 시스템의 의존성을 분명히 하고 있다. 일반적으로 시스템의 이론적 구조는 사회조직에 관한 광범한 기능적 견해를 전제로 한다. 사회는 주로 생존명령에 의해 지배되고 이러한 목적으로 환경에 반응

12) 예를 들면, 화폐를 매개로 하는 경제시스템, 권력을 매개로 하는 정치시스템 등이 있다.

13) 사회의 어떤 조직시스템이나 조종매체 그 자체내에 생활세계, 조종매체, 시스템이 존재할 수 있는데, 이를 해석적 체계(interpretive schemes), 설계전형(design archetypes), 하위시스템(subsystems)이라고 부르기도 한다. 이러한 사회수준과 조직수준에서 상호작용이 발생하기도 한다(Broadbent・Laughlin, 2013, pp.6-7).

하고 적응하는 시스템으로 구성된다.

한편 시스템들은 기능과 성질의 차이에도 불구하고 화폐 및 권력과 같은 조종매체에 의해 결합되어, 생활세계와 시스템의 연계를 제공함으로서 중추적인 역할을 한다. Habermas(1987)는 사회발전이 점증하는 분화과정에서 기인한다고 주장한다. 즉 시스템과 생활세계가 전자의 복합성과 후자의 합리성이 증가한다는 의미에서 분화되며, 그 자체 뿐만 아니라 서로 간에도 분화한다고 주장한다(p.153).

조종(steering)이라는 개념은 생활세계와 시스템 사이의 연계고리(link)를 제공함으로써 이러한 이론적 구조에서 핵심적 역할을 수행한다. Habermas의 사회발전모형은 시스템이 생활세계의 수준에 근거하고 통제받는 조종메카니즘을 통해 생활세계로부터 상징적 지도(symbolic guidance)를 받을 가능성을 가정한다(Power et al., *op cit.*, p.140). 그러나 Habermas에 의하면, 생활세계에 대한 시스템의 의존이라는 이러한 상태는 사실상 왜곡되었으며, 효과적으로 역전되었다. 생활세계 그 자체를 식민지화하려고 위협하는 점차적으로 복잡한 시스템과 하위시스템들이 등장하였다. 화폐와 권력이라는 조종매체에 의해 지도되어, 도구적 이성의 영역은 생활세계와 기타 다른 이성의 명령(예를 들면, 정치와 주관성)을 억압하고 은폐하게 되었다. 이로 인해 Habermas가 생활세계의 내부식민지화(inner colonization of the lifeworld)라고 부르는 것으로 되었다. 즉, "내부식민지화의 명제는 경제와 국가라는 하위시스템들이 자본주의적 성장의 결과로 점점 더 복잡해지고 점점 더 깊숙이 생활세계의 상징적 재생산 과정에 침투한다고 말한다"(Habermas, 1987, p.367; 장춘익 옮김, p.564).

2. 식민지화문제

Habermas는 가족, 학교, 문화 영역 등 상호이해에 기초한 의사소통적 질서를 통해서만 유지될 수 있는 영역들에 화폐나 권력과 같은 매체들이 침투하는 과정을 통해 생활세계의 식민지화 현상이 발생한다고 말하며, 특히 법제화(juridification)[14] 경향에 대한 분석을 통해서 이러한 현상들을 구체적으로 다루고 있다(김원식, p.214).

Laughlin(1987)이 Habermas를 해석한 바와 같이, 개인의 언어기술이 충분히 강하지 않다면 기술세계가 생활세계를 제압하기 때문에 생활세계는 기술세계에 의해 내부식민지화(inner colonization)로 되기 쉬울 것이라고 인식할 수 있다. 저항이나 갈등과 같은 의도치 않은 결과가 불가피할 것이기 때문에, 이것은 사회적으로 바람직하지 않다. 이 경우에, 생활세계는 내부식민지화의 과정에 대해 스스로 지킬 수 있거나 그 자체의 유의성을 소생시킬 수 있다. 어느 경우에도, 개인은 회계시스템처럼 외부적으로 생성된 기술시스템의 증가로부터 문화적 정체성을 보호하기 위해 자신의 언어기술을 이용한다. Laughlin과 그의 동료들은 이 식민지화의 본질이 사회적인 것과 기술적인 것 사이의 상호연결이 언어과정을 채택함으로써 어떻게 확립될 수 있는가에 관한 방법론을 촉진하는 프로젝트에 포함되어 있다고 주장한다. 그리하여, Habermas의 회계비판 프로젝트는 사회적인 것과 기술적인 것 사이에 차이가 있는 이유에 관한 설명의 이론일 뿐만 아니라, 그러한 언어과정을 성찰한 변화의 프로그램이다(상세한 것은 다음을 참조. Puxty, 1993; Alvesson・Willmott, 2003).

생활세계와 시스템의 분화과정이 발생함에 따라 점차적으로 복잡한 조직시스템이 만들어지며, 그에 따라 생활세계도 더욱 분화되고 결과적으로 조직시스템의 복잡성과 다양성도 더욱 커진다. 이러한 복잡성이 증가하면서 조종매체는 생활세계, 조종매체, 시스템 사이의 거리 증가를 초래하면서 시스템행동을 지도하는 것이 더욱 어렵게 된다.

그는 이러한 분화형태가 소위 문화, 사회, 인성(personality) 등으로 구성된다고 주

14) Habermas에게 법은 시스템을 제어하는 특수한 기능 시스템인 동시에 규범적 정당성의 원천이기도 하다. 법은 민주적 입법과정을 통해서 정당화 과정과의 연관성을 유지하는 동시에, 경제시스템이나 행정시스템과의 기능적 소통가능성을 확보하고 있다. 그렇기 때문에 이제 법은 시스템과 생활세계 전반을 관통하는 사회 통합의 중심매체로 등장한다. 화폐나 권력과 같은 조종매체들은 법적 제도화를 그것이 기능하기 위한 기초로 삼고 있으며, 오직 법적 언어를 통해서만 제어될 수 있다. 생활세계의 요구는 법적 언어로 번역될 때 비로소 시스템의 질서와 소통할 수 있는 것이다(김원식, p.219).

장한다. 이들은 자연세계, 사회세계, 주관세계 등 세 가지 세계의 이해를 반영한다.[15)]

이러한 세 가지 분화된 측면들이 근대사회의 생활세계의 상징적 구조를 구성한다. 그리고 사회발전은 이러한 세 가지 생활세계요소가 발전함에 따라 조종매체와 시스템의 변화를 유도하면서 발생한다. 그리고 이러한 과정은 <도표 7-2>와 같이 상태1에서 상태2로의 발전이라고 볼 수 있다(Broadbent et al., 1991, p.5).

도표 7-2 직장에서 사회진화과정

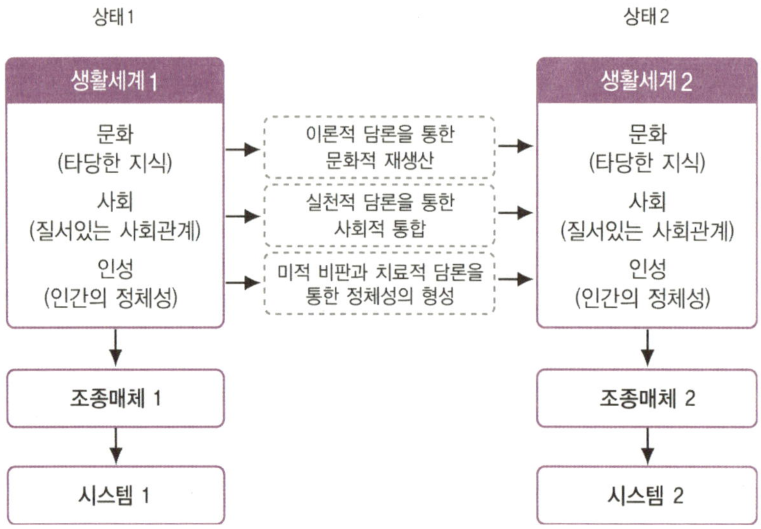

자료원: Broadbent · Laughlin · Read(1991, p.5).

그러나 현대사회가 항상 이러한 방식으로 발전해 온 것은 아니다. 생활세계의 합리화는 재생산을 촉진하며 그로 인해 의사소통의 합리성도 증대된다. 그렇지만

15) Habermas는 다음과 같이 주장하고 있다. 나는 의사소통자들이 생활세계 안의 어떤 것에 대해 상호이해를 도모할 때 여러 해석을 조달하는 자원의 비축지식(stock of knowledge)을 문화라 부른다. 의사소통자들이 사회집단에 소속감을 갖도록 규제하고, 그럼으로써 연대를 확립할 때 의지하는 정당한 질서를 나는 사회라고 부른다. 인성은 한 주체를 언어 및 행위능력이 있게 만드는 능력, 그러니까 상호이해 과정에 참여하고, 이때 자신의 정체성을 주장할 수 있게 하는 능력을 의미한다(Habermas, 1987, p.138; 장춘익 옮김, pp.224-225).

시스템의 합리화는 복잡성을 초래하고 그 영향은 생활세계로까지 침범한다. 그 결과 의사소통행위에 내재하는 합리성을 오히려 축소시키는 바, 이 현상을 Habermas는 생활세계의 내부식민지화라고 말한다. 생활세계와 시스템은 사적·공적 영역으로 양분되는데, 사적 생활세계는 개인과 가정, 공적 생활세계는 지역사회와 매스콤 등으로 대표된다. 그리고 생활세계와 시스템은 화폐와 권력이라는 시스템의 매체에 의해 연계된다. 말하자면, 개인과 시장 간의 교환은 주로 노동력과 임금에 의해 이루어지는데, 이때 경제적, 정치적 시스템이 각각 금전화, 관료화되어, 화폐와 권력이 본연의 매체적 역할을 벗어나 생활세계에 침범할 때 <도표 7-3>과 같은 과정을 통해 내부식민지화가 야기된다는 것이다(Broad·Laughlin·Read, p.6).

도표 7-3 내부식민지화과정

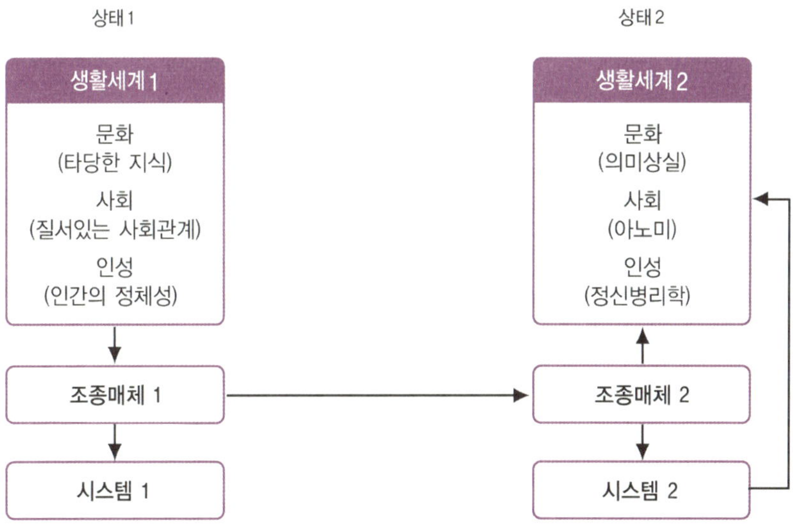

자료원: Broadbent·Laughlin·Read(1991, p.6).

즉, 생활세계의 식민지화는 시스템의 유지를 담당하는 매체가 생활세계에 침투하여 민주적 규범수립의 절차를 무시하고 이를 화폐와 권력의 교환관계에서 발생하는 논리로 대체하는 상황을 말한다(정철희, p.330).

생활세계의 식민지화가 진행되면 화폐와 권력의 유입에 의해 사회성원의 규범의 부재가 발생하게 된다. 의사소통행위에 의해 달성되는 규범적 근거가 장애를 받게 되는 것이다. 화폐와 권력이라는 매체는 비판가능한 타당성 주장에 의존하지 않고 효용과 효율이라는 기준을 지향하고 있을 뿐이다. 그 결과 사적 영역과 공적 영역에 병리현상이 발생하게 된다(전게서).

3. 언어과정

언어과정(또는 담론과정)은 상기의 Habermas의 방법론을 채택하는 회계연구자들이 시도한 사례연구에서 행위(action)로 간주된다. 이러한 과정은 네 개의 상호연결된 국면을 포함한다. 즉, 준무지단계, 비판적 공리관계, 계몽단계, 전략선택단계. 먼저 언어의 탈중심화 개념을 먼저 살펴보고 언어의 각 과정의 본질을 살펴보자.

1) 언어의 탈중심화

언어의 탈중심화(language decentration)는 자신들의 언어기술을 이용하는 사회구성원의 의사소통능력과 관련이 있다. 여기서 기본적인 가정은 언어가 의사소통의 매체일 뿐만 아니라, 일부 사회적 실재를 구성하기 위한 도구라는 것이다. 한편으로 개인은 시스템으로부터 생활세계를 차별화하기 위해 자신의 언어기술을 개발한다. 이 방식으로, 생활세계는 시스템으로부터 보호되도록 개인을 지도할 수 있는 독특한 상징적 자원이다. 한편, 언어기술은 생활세계와 시스템을 개발하기 위해 이용된다. 전체적으로, Laughlin(1987)이 지적한 바와 같이, 개인들의 이러한 언어기술은 원시적 자기중심주의의 위치로부터 외부세계, 사회세계, 내부주관성의 세계에 대처하기 위한 언어능력 쪽으로 움직임으로써 사회를 개발한다. 달리 말하자면, 언어기술은 기술(외부세계), 문화(사회세계), 개인성(내부주관성의 세계) 사이에 동시에 통합 뿐만 아니라 차별화할 수 있다. Habermas는 이러한 의사소통행위 때문에, 유형적인 제도와 시스템으로부터 분리된 문화시스템을 식별할 수 있다는 것을 보여주었다(Wickramasinghe · Alawattage, p.493).

상기의 개념에 입각해서, Laughlin(1987)은 회계시스템을 이해하고 변경시키기 위한 방법을 개발하였다. Habermas의 관점에서 보면, 이러한 방법론은 분별있는 이론적 선택일 것이다. 첫째, 손익계산서, 재무상태표, 예산, 성과보고서 등의 구축이 효율성을 개선할 수 있다는 공통적인 믿음이 있다는 점에서 전통이론가들이 회계의 기술적 규범에 관해 과신하고 있다. 그러나 Laughlin(1987)이 강조한 바와 같이, 기술세계와 사회세계 사이의 연결에 관한 과소평가가 있다. 즉, 전통적인 회계연구자들은 기술을 사회와 분리된 것으로 간주하였다(Neimark · Tinker, 1986; Cooper · Hopper, 2007). 그리하여, 기술과 사회 사이의 연결에 관해 주안점을 둠으로써 이러한 분리상황을 시정할 필요가 있다. 둘째, Laughlin(1987)의 경우, 만약 기존의 회계시스템에서 변화를 필요로 한다면, Habermas의 방법론을 수단으로 이용할 수 있을 것이다. 오늘날, 회계시스템은 회계의 기술적 규범을 강조하는데 보편적인 기업언어를 제공함으로서, 사회로부터 많이 분리되어 있다. 이 분리 때문에, 대부분의 교재의 기법들은 거의 실천되지 않고 있다. 만약 이것이 정확하다면, 언어과정 그 자체는 이러한 분리문제를 드러낼 수 있으며, 사회와 기술 사이의 상호연결을 탐구할 수 있다. 그리하여 언어과정은 Laughlin이 지적한 바와 같이, 사회와 기술에서 변화를 생성할 것이다(*ibid.*). 이하에서 이러한 언어과정을 살펴보자.

2) 언어의 과정

이러한 언어과정은 준무지단계, 비판적 공리단계, 계몽단계, 전략선택단계 등으로 구성되어 있다.

(1) 준무지단계

준무지단계(quasi-ignorance stage)에서 연구자와 연구대상은 사회적 요소와 기술적 요소 사이의 현재적·잠재적 갈등에 관한 모든 문제에 관해 걱정을 거의 하지 않지만, 연구자는 심층사례연구를 실시하기 위해 조직에 대한 접근방법을 확보한다(Broadbent · Laughlin, 1997). 그러나 그들은 연구자와 연구대상이 중요한 변수의 본질에 노출되어 있고, 두 세계가 적절하게 식별되고 정의되지 않았지만, 두 세계 사이의 연결에 관한 일부 이해를 전개할 수 있다. 이 단계에서 연구자는 자료를 수집하고 비판적으로 분석할 때까지 자료를 가능한 한 서술적으로 유지한다. Laughlin(1987)이 Habermas의 이론을 이용한 바와 같이, 예산과 사람 사이의 연결에 관한 그의 이해는 언어과정의 다음 단계인 비판적 공리의 형성을 위한 중요한 전제조건이다(Wickramasinghe · Alawattage, pp.494-495).

(2) 비판적 공리단계

비판적 공리단계(critical theorems stage)에서, 연구자는 기술적 요소와 사회적 요소 모두에 주안점을 둠으로써 회계시스템의 기능에 관해 더 많이 탐구하기 시작한다. 기술적 요소에 관해서, 연구자는 현재 회계시스템의 실제모양을 노출시킨다. 예를 들면, 그는 엄격한 예산통제시스템에 의해 지배되는 재무통제시스템이 있다는 것을 인식할 것이며, 예산편성시스템은 상의하달(top-down)과정의 특징을 지닐 것이다. 이 방식으로, 연구자는 그러한 시스템의 존재를 위한 기본적인 사회적 이유를 탐구하기 전에 현재시스템의 기술적 규범을 분석한다. 기술적 요소에 관해서, 연구자는 이제 그러한 시스템의 지속성의 은폐된 근원을 계속해서 탐구하고 있다. Laughlin(1987)은 이러한 근원들에는 기술적 근원과 사회적 근원의 두 가지가 있을 수 있다는 것을 지적하였다. 기술적 근원은 현재시스템의 기술적 차원을 확립하는 다양한 기술적 조치들과 관련이 있다. 예를 들면, 상기의 예산편성시스템은 모든 상장기업은 더 나은 재무관리를 고취시키기 위해 그러한 상의하달식 예산통제시스템을 채택해야 한다는 것을 공표하는 정부의 법에서 나올 것이다. 사회적 근원은 현재 회계시스템의 기술적 규범과 공존하는 특별한 생활세계와 조종메카니즘의 발전과 관련이 있다. 이 생활세계와 조종메카니즘은 기술적 차원의 실제기능을 지도할 것이다. 예를 들면, 상기의 재무통제시스템의 엄격성은 예산편성과정에서 가시적일 수 있지만, 이러한 통제는 조직활동의 범위를 고취할 수 있었던 혁신과 연결되지 않을 것이다. 이것은 생활세계가 예산편성에 대한 상의하달식 접근방법을 혁신과의 연루없이 의례(ritual)적으로 재생산할 것이기 때문이다. 연구자는 이것을 생활세계시스템에 의해 전개된 저항형태로 식별할 수 있을 것이다. 이 방식으로, 비판적 공리단계는 기술적 관점과 사회적 관점에서 회계시스템의 실무에 관해 더 많이 탐구할 수 있다(*ibid.*).

(3) 계몽단계

계몽단계(enlightment stage)에서 연구자와 연구대상은 기술적 관점과 사회적 관점에서 현안에 관한 공통이해를 전개한다. 그러나 Laughlin(1987)이 언급한 바와 같이, 계몽단계의 두 가지 독특한 특징이 있다. 첫째는 연구대상을 담론적 파트너로 간주하려는 연구자의 시도와 바로 이 시도의 문제와 관계가 있다. 둘째는 불일치와 오해로부터 발생하는 문제에 대한 해결메카니즘과 관련이 있다. Laughlin(1987)이 Habermas의 이론으로부터 인용한 바와 같이, 이러한 문제들은 Habermas(1984)가 체계적인 자기기만을 명확하게 하고자 하는 담론(p.21)을 가리키는 치료적 담론(therapeutic discourses)을 도입함으로써 해결될 수 있다. 연구대상은 회계시스템의 과정과 이들의 기본적인 기술적·사회적 근원을 이해할 뿐만 아니라 이해와 변화에 유용할 수 있는 더욱 의미있는 설명을 생산하는데 관여하고 있다. 만약 이것이 더욱 효과적이고 성공적으로 발생하였다면, 연구자와 연구대상은 마지막 단계인 전략선택에 준비되어 있을 것이다(*ibid.*, p.496).

(4) 전략선택단계

이것은 현재시스템을 변경하기 위해 필요한 전략선택(selection of strategies)을 하는 마지막 단계이다. Habermas로부터 방법론을 차용한 후에, Laughlin(1987)은 세 개의 전략을 도입하였다. 첫번째는 생활세계의 변화와 관련이 있다. 사회문화적 측면(생활세계)의 변화가 어려운 것처럼 보일지라도, 연구자와 연구대상이 이미 현안에 관한 공통이해를 전개하였기 때문에 시도가 쉬울 것이다. 생활세계에서 잠재적 도전은 기술적 측면이 사회문화적 측면을 유도하기 보다는 기술적 측면에서 이후의 변화를 유도할 수 있다. 전통적인 회계는 기술적 측면이 문화적 변화를 유도할 것이라고 가정하였다. 두번째 전략은 회계시스템의 기술적 측면에 이루어질 변화의 가능성과 관련이 있다. 이러한 변화를 위한 필요한 지침은 이제 생활세계가 제공할 수 있다. 예를 들면, 만약 생활세계가 참여의 정신을 수용할 정도로 변하였다면, 상의하달식 예산통제시스템은 특별한 것으로 변경될 수 있다. 이것은 상의하달식 시스템의 외부 강요에 반하는 급진적 변화일 수 있다. 마지막 전략은 생활세계가 조직구성원이 내부식민지화에 좌우되는 시스템요소와 일치한다는 것을 보증하는 것이다. 만약 이 전략이 달성된다면, 변화는 저항이라기 보다는 문화적 적응으로 간주될 수 있다(*ibid.*).

제5절 비판이론과 회계학연구

일단의 연구자들이 Habermas의 비판이론에 입각해서 연구하였다(Laughlin, 1987; Arrington · Puxty 1991; Broadbent et al., 1991; Chua · Degeling 1993; Broadbent · Laughlin 1997; Power · Laughlin 1996; Van Perusem 2005). 그 중에서도 특히 비판이론을 회계학연구에 적용한 가장 영향력있는 학자는 Laughlin이다.

그는 1987년에 비판이론을 최초로 회계학연구에 적용하였을 뿐만 아니라 오늘날까지 꾸준히 비판이론을 적용하고 있다. Laughlin 그 자신은 비판회계학연구의 발전에 많은 기여를 한 영국 Sheffield학파의 일원이었다.[16)]

Habermas는 현상태를 이해하고 변화시킬 수 있게 하는 비판프로젝트에 관여하는 방식을 지적하였다. 그는 비판에 관해서, 사회의 영향없이 발전과 변화를 초래할 수 있는 과학과 기술의 독립적인 범주가 있을 수 없다는 견해를 가졌다. 그는 생활세계의 합리화를 향한 의사소통적 행위를 통해 정치과학화의 운동이 있다고 주장하였다(Power・Laughlin, 1996을 참조). Habermas는 회계현안을 명시적으로 다루지 않았지만, 상기의 연구자집단은 Habermas의 사회이론에 입각해서 연구하였으며, 특히 인식과 관심(1972), 이론과 실천(1974), 의사소통행위이론(1984, 1987)과 같은 저술로부터 이론을 도출하였다.[17)] 더욱 중요한 것은 Habermas가 언어의 역할을 강조하는 일반적인 사회진화이론을 주장하고 있다는 것이다. 그는 이것을 회계시스템을 이해하고 변화시키기 위한 일반적인 방법론의 발전에서 회계연구자가 이용하는 담론적 도구인 발전의 논리라 하였다(Laughlin, 1987, p.484). 여기서는 Habermas의 사회이론과 비판회계정신 사이의 이러한 연결을 살펴볼 것이다.

회계는 현대사회에서 보편적인 힘(pervasive force)이 되었다. 그 실무자들은 정부를 포함한 조직에게 조직개혁, 계약체결, 회계책임과 지배구조, 혁신, 성과평가, 위험관리 등과 같은 다양한 문제점에 관해서 타당하고, 믿을 수 있고 때로는 영향력 있는 조언을 한다. 회계정보는 주식과 기타 금융상품의 가격결정에 영향을 주고, 원가결정시스템을 통해 어떤 재화와 용역이 생산되는지, 그 생산이 어디에서 발생하는지, 재화가 어떻게 배분되는지에 영향을 준다고 한다. 회계가 세계화와 경제적 합리화를 위한 압력에 강력하게 연계된 것으로 간주되고 있다. 이 관점에서, 회계정보의 가치는 근본적으로 의사결정에 영향을 주고 가동(mobilize)할 수 있는 능력에

16) 회계학에서 초창기에 비판이론방법론의 확산에 기여한 것으로는 Dillard(1991)가 있다. 이의 주안점은 Habermas의 비판사회과학에 있는데, Fay(1987)의 논지를 이용하고 있다.

17) 사회이론과 사회철학에 대한 Habermas의 기여에 관해서는 다음을 참조. Ritzer(1992).

있다(Power et al., 2003, p.132).

당기순이익(bottom line)과 진실한 원가를 주장하는 회계관도 있고, 재무상태표에 환경, 지적 자본, 브랜드, 인적자산을 나타내고자 하는 시도도 있다. 이러한 시도의 이름하에, 일부기업은 비경제적인 것으로 폐쇄되고, 일부병원은 비용이 너무 많이 소요되는 것으로 폐쇄되며, 제품과 용역은 원가가 적은 것들로 대체되고, 훈련 프로그램은 복지를 개선하는 것으로 대체된다.

여기서는 Habermas의 비판이론, 특히 그의 의사소통행위이론(Habermas, 1984, 1987)에 비추어서 회계에 대한 의미를 살펴보기로 한다. 만약 회계가 점차적으로 진실한 것으로 생각되는 실무이라면, 회계는 또한 경제적 추론에서 강력한 힘(powerful force)이 된다. 회계의 실패가 명백한 위기와 추문에도 불구하고, 회계는 전체적으로 신뢰성을 가지고 있을 것이다(Power, 1997). 회계가 실패할 때, 해결책은 새롭거나 더 나은 회계에 대한 투자가 필요할 것이다. 만약 복잡한 현대의 사회를 통제해야 한다면, 회계가 지배적인 경우인 경제적 계산의 더욱 정교한 형태를 요구하는 것 같다.

여기서는 회계의 역할과 기능의 강력한 개념을 탐구하기 위해 Habermas 연구의 핵심적인 요소를 포착하고자 하여, 회계가 경제적 현실을 표현한다는 견해에 관한 비판적 분석으로 시작한다. 5.1에서는 회계와 언어과정을 살펴본다. 5.2에서는 회계와 생활세계의 합리화를 살펴본다. 5.3에서는 회계를 Habermas의 의미에서 조종매체(steering medium)로 간주한다. 여기서는 의사소통을 가능하게 하거나 왜곡시키는 매체로서 회계의 역할과 그 잠재성을 살펴본다. 5.4에서는 의사소통, 이용자, 회계의 상호작용을 살펴보며, 5.5에서는 회계학자 Laughlin이 주장하는 중범위사고(middle-range thinking)를 살펴본다.

전반적으로 여기서의 논지는 인간주체에 대한 가능한 영향을 파악하고 그 적법성의 공공차원을 회복할 필요성이 있는 회계개념을 주장하는 것이다. 이것은 회계에 관한 지배적인 도구적 개념이 제공하는 관점보다 더 풍부한 이론적 관점을 필요로 한다.

전반적으로 비판이론은 독특한 이론적 모형이 회계와 같은 실무의 왜곡상태나 가능성있는(enabling) 상태를 지도하는 공개적인 경험상의 문제라는 점을 인식하고 있다. 이것은 Laughlin(1987), Arrington・Puxty(1991), Puxty(1997), Townley・Cooper・Oakes(2003) 등과 같은 연구들에 내재된 분석양식이다. 회계와 관련해서 Habermas 비판이론의 기본개념과 체계를 좀 더 상세히 살펴보자.

1. 회계와 언어과정

앞에서 살펴본 바와 같이 언어과정(또는 담론과정)은 Habermas의 방법론을 채택하는 회계연구자들이 시도한 사례연구에서 행위(action)로 간주된다. 이러한 과정은 네 개의 상호 연결된 국면(즉, 준무지단계, 비판정리의 형성, 계몽과정, 전략선택)을 포함한다.

Laughlin(1987)에 의하면, 비판이론은 많은 이유로 조직맥락에서 회계시스템을 연구하는 데 이상적으로 적합하다. 그것은 회계의 기술적 측면과 사회적 측면을 다루는 수단을 제공한다. Habermas의 언어에 대한 관심으로 비판이론은 그 자체가 조직언어시스템인 회계시스템의 연구에 적합하다. 비판이론은 해방시키고자 하는 인간기능의 창조적 잠재력에 주목하였다. Laughlin은 비판이론의 세 가지 특징을 매력적인 것으로 식별하고 있다. 즉, 이것은 이론과 실천을 연결시킨다. 이것은 변화와 더 나은 생활을 촉진할 필요와 비판을 관련시킨다. 이것은 항상 주어진 것 또는 가시적인 것을 초월하기 위해 다루어진다.

Laughlin(1987)은 Habermas의 사회이론적 통찰력의 일부를 간단히 살펴본 후(pp.486-487), 조직맥락에서 회계를 이해하고 변화시키기 위한 Habermas의 방법론을 설명하고 있다. 이것은 세 단계(첫째, 비판적 공리의 단계, 둘째, 계몽과정의 단계, 셋째, 전략선택의 단계)를 포함한다. 첫 단계인 비판적 공리의 단계에서 연구자들은 기존회계시스템의 운용과 관련된 현안을 식별하고 이해하는 업무를 파악한다. 그들은 일반적으로 회계시스템과 관련된 본질과 메카니즘을 알고 있으며, 더 좋은 시스템의 개발에 종사하는 준무지의 상태로부터 이 과정을 시작한다. 더 좋은 시스템이라는 것이 단순히 기술적으로 더 좋다는 것은 아니다. 비판이론의 교훈에 따라 그들은 사회개선에 기여도 해야 한다. 두 번째 단계인 계몽과정의 단계에서는 연구대상인 조직참가자들과의 논의에 몰두하는 연구자들을 수반하는데, 이것은 두 당사자들이 현안에 관해 동일한 이해를 한다는 것을 확립하기 위한 것이다. 동일한 조직현실에 관해 서로 다른 이해를 한다면 두 당사자에서 어떠한 가치도 있을 수 없을 것이다. 그들이 더욱 상세한 이해와 순서에 따라 적소에 발생해야 하는 가장 바람직한 변화로 나아갈 수 있기 전에, 그들은 어떤 형태의 상대화된 진리인 정당하거나 근거있는 합의를 확립할 필요가 있다. 이것이 세 번째 전략선택의 단계인데, 여기서는 추가논의를 통해 연구자와 이들의 조직참가동료들이 회계시스템과 사회적 맥락에서 그리고 이 둘 사이의 관계에서 변화와 발전을 유도하고자 하는 전략을 도출한다(p.489).

Broadbent et al(1991)이 논평한 바와 같이, 이 방법론이 적용되는 담론과정은 필연적으로 이상적 담화상태와 유사한 것을 구성한다. 따라서 이러한 방법론은 명확한 해방적 의도와 동기를 가진 Habermas의 비판사회과학의 전형으로 인식되어야 할 것이다.

Laughlin은 이 방법론의 사례를 작성하면서, 사례가 성공적으로 실행되기 전에 실무적 어려움에 직면할 필요가 있다는 것을 인식하고 있다. 첫째, 모든 방법론의 경우처럼, 특정한 조직장소에 접근하는 것은 항상 문제점이 있다. 묵시적으로 이 방법론의 비판적 토대는 이러한 어려움을 강조할 것이다. 둘째, Laughlin은 연구자와 연구대상은 필요한 담론과정에 효과적으로 작용할 수 있다는 것을 보장하는 것이 중요하다는 점을 강조한다. 그는 또한 연구대상들이 순서에 따라 변화에 영향을 줄 수 있다는 것이 중요하다는 것을 덧붙인다. 셋째, 이 방법론의 복잡성 때문에,

관련된 연구자들은 실제연구경험이 논문에서 설정한 이상적인 상태를 충족시키려고 노력할 수 있을 뿐이라는 것을 완전히 알고 있어야 한다(Roslender, 2006, p.256).

2. 회계와 생활세계의 합리화

Weber(1978)는 목적합리성(purposive rationality)이 근대화과정의 핵심에 있으며, 부기는 합리성 그 자체를 표현하고 상징한다고 주장하고 있다(pp.92-93) 이와는 대조적으로, Habermas(1984, 1987)는 합리화는 본질적으로 전통적인 사회형태가 비교적 자율적인 문화측면을 개발하는 데서 차별화의 과정이라고 주장하고 있다. 도구적 이성의 등장은 단지 하나의 가능한 개발측면이며, Habermas는 이것을 가시적이게 하는데 관심이 있다. 그는 세 가지 문화적 측면이나 세계가 각각 독특한 학습, 인식, 제도실무의 유형을 가지고 있다고 식별한 바 있다. 그리하여 객관적 세계, 간주관적 세계, 주관적 세계는 광범위하게 과학, 정치, 예술의 실무에 상응한다. Habermas는 합리화과정의 모델을 이러한 세 가지 영역(이들은 독특한 합리성 복합체이며, 각각 도구적 이성, 실천적 이성, 감정적 이성을 표현한다)에서 특수한 경험의 표출로 구축하고자 하였다.[18] Habermas 의 모형으로 인해서 그는 근대성을 특징짓는 것은 특정한 도구적 이성이라기 보다는 일반적인 이러한 차별화라고 주장하게 되었다. 하나의 특수한 이성형태인 도구적 이성이 다른 것들의 희생으로 지배적으로 되었다는 점에서 근대성에 대한 비판의 길을 열었다. 따라서 기술 그 자체의 거부를 통해서만 재인간화(rehumanization)가 가능한 낭만적인 자본주의 비판과 Habermas의 비판이론은 구분되어야 한다(Marcuse, 1964)[19]. Frankfurt학파의 제1세대의 비관주의와는

---

18) 경영학문헌에서 Townley 등(2003)은 도구적 이성과 실천적 이성(또는 그들이 의사소통적 합리성이라고 하는 것)간의 상호작용에 의해 정부에서 성과측정시스템의 실행에 대한 반응을 검토한 바 있다.

19) Dillard · Bricker(1992)가 컴퓨터에 입각한 감사기법의 검토에서 이러한 비판을 따르고 있다.

반대로, Habermas는 사회발전의 세 가지 근본적인 측면 간의 균형을 회복함으로써 제도적 행위와 사회생활을 재구성하기 위한 기초를 상세히 표현하고자 하였다. 그러므로 근대화는 거부되는 것이 아니라 재평가된다. 이러한 재구성(reconstruction)의 이론적 윤곽은 생활세계(life world), 시스템(system), 조종매체(steering media) 등의 개념에 의존하는데, 이들은 앞에서 살펴본 바 있다.

Habermas의 의사소통행위이론의 의미를 탐구하려는 시도가 회계에서도 많이 있었다. Tinker et al.(1982)은 가치의 경제적·화폐적 개념들이 역사적으로 특정한 사회조직이나 생활세계의 형태와 관련이 있다는 것을 보여주고 있으며, Hopwood (1987b)는 전통적인 조직통제양상의 자리에 미시경제적 사실들의 새로운 영역을 설치하는 데서 회계의 역사적 역할을 주장한 바 있다. Shapiro(1998, 2002)는 회계기준제정에서 이성적 주장의 과정을 개발하기 위해 실용주의자의 관심사와 기준을 Habermas의 모형에 반영하고 있다. Shapiro의 접근방법은 생활세계에 별로 주목하지 않았지만, 논쟁적인 문제점들(예를 들면, 연금회계, 임원진들의 주식옵션과 퇴직 후 급부)을 어떻게 고려할 것인가에 관한 주장에 Habermas의 이론을 적용하고자 한 야심적인 시도이었다. Wright(1994)는 캐나다 은행의 실패에 관한 경영자와 감사인들에 의한 주장과 재무제표에 관한 그의 분석에서 권력문제와 경합적인 이해관계에 더욱 주목하였지만, 다소 좁게 이해가능성, 진실성, 정의, 진실 등에 관한 타당성 주장에 초점을 두었다. Van Peursem(2005)는 뉴질랜드의 공공병원 사례에 의사소통행위이론과 이상적 담화에 관한 그의 연구를 적용하였다. 이 연구는 최상의 보고서내용에 관해서 도덕적으로 정통하고 철학적 근거가 있는 회계정책을 개발하기 위한 연구방법론을 제공하고 있다.

요컨대, Habermas의 비판이론은 다양한 사회운동의 기능수행에 의해 촉진되는 비판적 이성과 왜곡되지 않는 의사소통에 의해 더욱 확산적이고 지속적인 해방적 변화과정에 그 희망을 두고 있다(Alvesson · Willmott, 2012, p.161). 그리고 회계는 탈언어화된 화폐매체를 통해 경제생활의 사회행동을 표상한다고 주장된다(*ibid.*).

따라서, 회계는 의사소통이 권력의 비대칭적 관계에 의해 어떻게 왜곡되고 형성되는가를 이해하고 도전하기 위한 중요한 경험적 대상으로 간주되고 있다(Power et al., 2003도 참조).

이제 생활세계의 합리화와 관련해서 보다 구체적으로 회계의 입장을 살펴보자. 우선, Habermas의 의미에서 조종매체로서 회계의 역할을 살펴볼 필요가 있다. 이후에 회계가 왜곡된 의사소통의 형태나 가능성을 부여(enabling)하는 실무로 되는 조건을 살펴본다.

3. 조종매체로서의 회계

조종(steering)이라는 개념은 시스템이론에 그 기원과 의미를 가지고 있다. Habermas가 생활세계의 타당한 조종기능을 회복하고자 시도하는 정도까지, 그는 비판시스템의 이론가로 간주될 수 있을 것이다. 이러한 이상적인 의미에서 조종매체는 시스템유지와 적응가능성을 촉진하기 위한 의사소통적 메카니즘을 제공한다(*ibid*., p.142).

회계현상을 더 잘 이해하기 위해, 관리회계와 같은 특정시스템이나 조직에 내부적인 관리회계와 같은 조종매체와 이러한 시스템에 외부적인 재무규제와 같은 조종매체를 처음부터 구별하는 것은 의미가 있다. 그러나, 내부조종매체와 외부조종매체 간의 이러한 구분은 절대적이지 않다. 식민지화 주제의 한 형태는 외부조종매체의 내부화 증가에 초점을 두고 있다. 한편으로, 이것을 규제적 파악(regulatory capture)이라고 하는데, 시스템들은 자체의 규제가능성을 점차적으로 내부화한다. 그러나 다른 한편으로, 외부의 규제적 조치들이 조직에 대해 중요한 내부적 효과를 줄 수도 있다. Preston(1989)은 기업내에서 영국조세체계(tax regime)의 식민지화효과에 관해 흥미로운 분석을 실시한 바 있다. 따라서 회계, 법률 등과 같은 조종매체는 생활세계/시스템의 복합체에서 고정적인 위치를 가지지 않으며, 시스템적인 명령(imperatives)내에서 점차적으로 종속되고 내부화되고 있다. 식민지화는 두 방식으로 갈 수 있다(*ibid.*).

이러한 조종개념이 회계를 설명할 수 있기 위해서는 첫째, 회계의 이미지를 의사결정을 위한 정보로 상기할 필요가 있다. 이제 이것은 경제활동을 조종하는 데서 회계와 그 기능에 관한 것이라는 점을 볼 수 있다. 회계는 기업의 언어이며, 경제적 계산은 그 계산이 영향을 받는 회계에 기초하고 있다. 재무회계는 조직의 외부이해관계자 특히 투자자의 경제적 의사결정을 조종하고, 관리회계는 경영자의 경제적 의사결정을 조종한다.

그러나, 의사결정촉진이라는 이러한 이상적인 의미에서 조종은 복잡한 과정의 특별한 경우라는 것을 위에서 보았다. 그러므로, Habermas의 의미에서 조종은 기능주의적 설명보다 더 문제가 많고 번잡하다. 그러나 생활세계의 내부식민지화라는 주제는 여전히 회계맥락과 관련이 있을 것이다. 이것을 예시하는 하나의 방법은 법에 관한 Habermas의 언급과 그의 법제화을 개진하는 것이다. 여기서 생활세계의 식민지화에 상응하는 법, 회계 등과 같은 실무의 조종 잠재성에서 변형을 이해하기 위한 더욱 풍부한 이론모형을 살펴볼 수 있을 것이다(Power・Laughlin, 1996).

법제화라는 개념은 법적 과정에서 복잡성과 공식성(formality)이 증가하는 경향을 서술한다. 법제화는 법률 양의 확대 뿐만 아니라 더욱 중요하게는 그 영역의 확대(expansion of domain)를 표현한다. 법적 과정은 점차적으로 사회세계의 새로운 영역으로 침투하며, 이것은 그것이 다루고자 하는 문제의 정의를 통제할 수 있는 전문화로 나아가는 과정의 분열과 유사하다. 법제화과정의 폭력적 추상화(abstraction)에 관한 Habermas 비판의 핵심에 이 개념이 있다. "마지막으로 상황의 일반성은 복지의 관료제적 실행에, 즉 청구권과 함께 생겨나는 사회적 문제를 처리하는 행정기관에 맞추어진 것이다. 조처가 필요한 상황은 특정한 삶의 역사와 어떤 구체적 생활형식의 맥락에 착상되어 있는 것인데, 어떤 폭력적 추상화를 당할 수밖에 없다. 이것은 그 상황이 법 아래 포섭되어야 하기 때문만이 아니라, 행정적으로 처리될 수 있기 위해서이기도 하다."(Habermas, 1987, pp.362-363; 장춘익 옮김, p.557). 여기서 회계가 조직 내에서 새로운 가시성과 사실성을 창조하는 방법에 관해서 위에서 제시된 제안의 일부와 매우 유사한 것들이 있다. 법처럼 회계도 그 기술적 정교함 이상의 의미가 있으며, 이의 공식적 합리성은 환상적이다. Weber(1978; 215)는 법의 합리적/법적 권위에 관해 말한 바 있다. 법이 관료적 과정의 핵심에 있다는 의미에 관해 말하였다. 회계도 반드시 준수해야 하는 법제화의 잠재적 양식이다. 이 생각을 더 살펴보기 위해, 법의 규제적(regulative) 기능과 구성적(constitutive) 기능에 관해서 Habermas가 구분한 것을 고려할 필요가 있다. "이런 관점에서 우리는 법제화의 과정도 그것이 선행하는 생활세계의 제도들에 의지하면서 사회적으로 통합된 행위영역들에 법적 형식을 부과하는 것인지, 아니면 그저 (체계논리에 따라 통합된 행위영역들을 구성하는) 법적 관계들을 치밀하게 만드는 것인지에 따라 구분할 수 있다"(Habermas, 1987, p.366; 장춘익 옮김, p.562). 이것에 근거하여, Habermas는 자신의 경우에 법에 대한 조종의 두 가지 가능한 의미를 구별하고 있다. 첫째, 그것은 생활세계와 시스템의 맥락에 대한 보완(supplement)으로서 규제적 의미에서 조종할 수 있다. 둘째, 법제화의 과정을 따라, 법은 더욱 구성적이고 식민지화하는 의미에서 조종한다. 회계는 점차적으로 복잡하게 그것이 규제하는 분야의 정의를 제공하게 되었다(Hines, 1988a). 규제적 의미에서 조종은 의사결정을 위한 정보라는 이상적인 모형에 상응한다. Habermas가 위험을 인식하는 동안 그것이 두 번째의 구성적 의미에서 조종으로 전환할 수도 있는 이상, <도표 7.1>은 이 모형의 잠재적인 동태성(dynamics)을 보여준다. 규제적 조종으로부터 구성적 조종으로의 전환은 '경제와 국가의 하위시스템들이 자본주의적 성장의 결과로 점점 더 복잡해지고 점점 더 깊숙이 생활세계의 상징적 재생산 과정에 침투하는' (Habermas, 1987, p.367; 장춘익 옮김, p.564) 생활세계의 내부식민지화 과정을 나타낸다.

이것은 추상적인 분석이지만, 조직의 맥락에서 많은 회계학연구에 의해 이것에 대한 강력한 지지가 있었다.

Laughlin(1991)은 생활세계의 가치 · 실무의 식민지화를 촉진하고 정당화하는 조종메카니즘의 운용에서 회계를 탐구하기 위해 Habermas의 체계를 적용하고 있다. 구체적으로 그는 수단(예를 들면, 직무의 설계)의 효과성에 관한 목적합리적인 계산이 중심적이면서 또한 생활세계의 규범과 가치가 개발 · 유지되는 과정의 식민지화를 포함한 조종매체(예를 들면, 법률)가 시스템의 발전을 지시하는 공식화된 시스템과 이와는 대조적으로 목적에 관한 규범과 가치(예를 들면, 개인의 신조)가 지배적인 자기형성적인(self-formative) 생활세계 사이에 대한 Habermas 구별의 관련성을 권고하고 있다(Alvesson · Willmott, pp.161-162).

예를 들면, Laughlin(1991)은 유럽철도가 어떻게 운영되어야 하는가에 관한 의사결정에서 재무기준의 적용증가에 의해 공학실무를 철도운영의 본질적인 활동과 기술로 식별한 전통적인 공학가치가 어떻게 도전받고 무시되었는가를 보여주고 있다. Laughlin은 경영통제의 효과적이고 수익성있는 시스템의 설계와 운영이 훨씬 더 강조되기 때문에 새로운 회계책임형태가 재무적 고려는 이차적인 철도노동자의 확립된 (생활세계) 공학직능기술을 훼손하도록 작용하였다고 주장한다(Dent, 1986, p.27). 유럽철도에서 경영의사결정의 회계기법의 적용증가는 기존가치의 합리성을 문제화하고 훼손하는 것으로 간주된다. 전통적인 운용적 · 공학적 관심사들이 이익계산으로 전환되었으며, 철도문제는 이의 회계를 통해 재해석하게 되었다(Laughlin 1991, p.228; Broadbent et al., 1991도 참조). 체계적인 규칙이 추상적인 회계척도와 통제의 형태로 부과되었기 때문에 철도종업원의 생활세계가 붕괴되고 심각하게 손상되었다고 주장하고 있다(Laughlin, 1991). 요컨대 Laughlin의 주장은 확립된 회계규율이 그 실무를 더욱 효율적이거나 효과적이게 할 수 있게 함으로써 기존의 생활세계의 재생산이나 존속을 촉진하도록 중립적으로 작용하지 않았다는 것이다. 오히려 이들의 도입은 확립된 생활세계의 가치를 훼손하는 경향이 있었다(Alvesson · Willmott, *op cit.*, p.162).

Laughlin(1991)은 유럽철도의 예를 지속적인 자원위기에도 불구하고 회계가 이차적인 역할을 수행하는 것으로 발견되는 영국교회사례와 대비하고 있다. 유럽철도와는 대조적으로, 회계 정신상태(mentality)의 부패잠재력이 오늘날까지 성공적으로 저지되어 왔기 때문에 교회의 생활세계 가치가 대체적으로 보존되고 있다고 Laughlin(1988)은 주장한다.

Dent(1991)는 철도산업과 제조산업에서 재무와 회계의 식민지화과정을 보여주고 있다. 변화에 대한 저항에도 불구하고, 회계는 이전부터 지배적인 문화를 대체하는 새로운 조직언어로서 등장하고 있었다. 이 연구는 식민지화주장의 좋은 예를 제공하고 있다. 저항과 수용의 양상이 Townley et al.(2003)에서는 역전되어 있지만, 식민지화과정은 근본적으로 유사하다. 회계의 식민지화 힘은 정보에 입각한 합리화의 명백한 주장에 있기 보다는 조직의 자기이해를 포착하고, 회계용어로 그것을 재구성하는 능력에 있다. 회계는 이러한 의미에서 규율권력(disciplinary power)으로 되는데(Roberts · Scapens, 1990), 이 규율권력은 경제사실의 새로운 존재를 창조할 수 있는 그 능력에 의해서 식민지화한다. Gorz(1989)는 이것을 경제화(economicization)라고 하였지만, 경제언어 내에서 사회생활분야를 증가시킨다는 의미에서 논지는 동일하다(Power et al., 2003, p.144).

Broadbent et al.(1991)는 영국국립의료원(NHS)에서 재무적 · 관리적 변화에 관한 구체적인 회계실무를 분석하면서 내부식민지화의 과정을 살펴보고 있다. 그들은 서문에서, 이해하고 평가하는 능력으로서 Habermas의 방법론을 분명히 식별하고 있다(p.1). 따라서, Habermas의 사회이론을 더욱 발전시키려는 그들의 노력은 그의 사회에 입각한 평가모형을 더 발전시키는 것으로 간주되어야 할 것이다(p.2). Laughlin(1987)에서 묵시적이었던 평가개념이 이제는 더욱 명시적으로 된다. 즉, 연구과정에서 비판이론의 방법론에 의해 설정된 담론과정은 조직참가자에 의한 평가를 필연적으로 발생시킬 것이며, 연구팀과 공유하게 될 것이다. 이제 국립의료원에서 재무적 · 관리적 변화와 같은 발전을 평가하는 것에 관여하는 것이 연구자의 업무이며, 이러한 변화에 연루되어 있는 조직참가자의 다양한 집단의 일부를 최소한으로 포함하게 된다(Roslender, 2006, p.258).

식민지화과정은 공공부문일반과 특히, 공공의료시스템에서 널리 연구되었다. Hopwood(1984)는 효율성이라는 이름에서 이루어진 조직변화의 중요성에 주목하였다. 즉, 공공부문에서 회계에 대한 내부투자를 집중하는데 이바지한 효율성에 주목하였다. 그러나 Chua · Degeling(1993), Bourn · Ezzamel(1987), Laughlin(1988) 등의 연구들은 병원, 대학교, 교회에서의 회계가 각각 임상적 자유, 학문적 자유, 정신적 자유에 의해서 표현되는, 신성(the sacred)이라는 지배적인 문화에 포함될 수 있다는 점을 지적하고 있다. 회계가 이러한 맥락에서 촉진역할에만 국한될 수 있는지의 여부는 경험적인 문제이지만, 복잡한 형태의 저항임에도 불구하고 회계의 조치에 의해 아직 포괄적으로 변화된 것은 아니더라도, 의료분야에서 임상행위의 신성한 영역이 영향을 받고 있다는 것을 주장할 증거가 있다(Preston et al., 1992, 1997). 예산의 회계언어가 임상담론을 점령하고자 하기 때문에, 그것은 병원환경의 중요한 정의를 통제할 잠재성을 가지고 있다. 그러나 공공부문에서 식민지화하는 변화의 의도에도 불구하고(Laughlin · Broadbent, 1993), 근본적인 변화를 방해하려는 흡수를 통해서 미묘한 저항형태가 교육에서 관찰되었다(Broadbent · Laughlin, 1998; Laughlin et al., 1994).

Laughlin · Broadbent(1993)는 비판이론에서 도출된 처방적인 모형을 구축하는데 그들의 관심을 두고 있다. 그들의 공공부문 연구처럼 특별한 회계표현이 어떻게 부적절하고 어떻게 저항받고 있는가를 단순히 보여주기 보다는 그들은 계몽되고 권한이 부여된 회계가 어떠한 모습일 것인가를 살펴보고자 하였다. 그들은 또한 지난 몇 년 동안 분석하고 있는 공공부문을 위한 비판적 평가과정을 세우기 위해 Habermas의 연구를 이용하고 있다(Broadbent · Laughlin, 2003을 참조).

회계의 식민지화역할에 관한 Habermas 주장의 맥락에서, 매우 중요한 문제를 살펴보자. 위에서 Habermas가 이상적이지만, 합리화와 차별화의 균형잡힌 과정을 상정하고 있다는 것을 보았다. 식민지화는 조종기능이 규제적인 것으로부터 구성적인 것으로 변화하는 과정을 표상하며, 그러므로 어떤 의미에서 조직과 같은 특정한 행위측면에 대한 역기능이나 왜곡을 표상한다.[20] 그리하여 Habermas가 상정하고 있는 바와 같이, 비판적 사명은 다음과 같은 필요성으로 등장한다. "기능상 반드시 가치, 규범, 그리고 상호이해 과정을 통한 사회통합에 의존하는 삶의 영역들이, 고유 역학에 따라 성장하는 하부시스템인 경제와 행정의 시스템명령 아래 떨어지지 않도록, 그리고 법이라는 조종매체를 통해--그런 영역들에 대해서는--역기능적인 사회관계의 원리로 전환되지 않도록, 그것들을 지키라는 것이다"(Habermas, 1987; pp.372-373; 장춘익 옮김, p.571).

그러면 회계와 같은 하위시스템의 체계적인 명령을 어떻게 제한할 수 있는가? 회계가 경제계산을 가능하게 하는 매체이기 때문에, 이것은 또한 경제적 사고 또는 최소한 경제적 사고의 특정한 유형을 어떻게 제한할 수 있는가에 관한 문제이다. 이하에서는 회계에 대한 비식민지화 또는 비왜곡적인 역할을 회복할 수 있다는 의미가 있는지와 회계는 진실로 의사소통적일 수 있는지의 문제를 살펴보자.

4. 회계 · 이용자 · 의사소통

Habermas에 의하면, 의사소통 과정은 공개담론(public discourse)의 측면과 같은 타당성주장 실행의 맥락을 전략적으로 무시하거나 억제할 때 체계적으로 왜곡될 수 있다(Forester, 2003). Habermas의 의사소통이론이 담론의 가능성에 구체화된 절차적 합리성의 모형을 제공하는 의미를 다루는 것은 중요하다. 그리하여 왜곡되지 않거나 새로운 회계가 어떤 모습인가에 관해 생각하게 될 때, Habermas의 이론은 실체(substance)에 관해 어떤 것도 제공하지 않는다. 왜곡되지 않은 회계형태는

20) 기업과 같은 조직은 이미 법률적으로 구성된 실체이라는 점을 상기해야 한다. 그것은 이러한 의미에서 법적 가상체(fiction)이다.

부활된 공론장의 핵심에서 합의에 근거한 담론절차로부터 등장할 것이다(Deetz, 2003). 생활세계의 표현처럼 회계시스템과 체제(regimes)가 등장할 것이며, 이들이 공공영역에서부터 회계책임을 진다. 예를 들어 환경을 의식하는 새로운 회계에 대해 실질적인 청사진을 찾는 사람들은 Habermas의 절차적 개념(procedural conception)을 무기력하다고 생각하지만, 많은 문제점들을 식별하고자 노력할 것이며, 그 전에 회계가 식민지적이고 따라서 왜곡적인 의사소통형태라는 의미를 재검토할 것이다(Power et al., 2003, p.146).

재무회계와 관리회계는 법제화의 과정에 의해 살펴볼 수 있다. 이것은 회계와 법의 밀접한 관계를 가정하면 놀라운 것이 아니다(Miller・Power, 1992). 회계전문가와 법률가들은 누가 세무업무를 수행해야 하는가에 관해 논쟁하고, 이전가격결정에 관해 상담하고, 재무규제를 지배하고, 인수합병, 창업, 부도 등과 같은 기업갱생에 관한 일을 누가 해야 하는가와 법제화에 의해 이러한 일의 적절한 논리가 무엇인가에 관해 논쟁하였다(Dezaley・Sugarman, 1995; Flood・Skordaki, 1993; Halliday・Carruthers, 1996; Radcliffe et al., 1994). 원가계산과 예산편성시스템의 정교화, 조직내외에서 성과시스템의 발전, 재무회계실무에 대한 상세한 발표의 확산, 회계업계 내에서 전문화의 등장 등 이 모든 것이 회계지식의 복잡성과 밀도의 증가를 보여준다. 세계에서 가장 큰 회계법인이 자신을 회계조직으로 더 이상 표현하지 않으며, 회계사, 법률가, 기술자, 보험가 등이 하나의 전문적인 상담법인 내에서 활동하면서 복수의 전문분야를 다루는 실무 쪽으로 이동하는 것이 증가하고 있다.

그리하여, 의사결정모형은 점차적으로 개선되고 전문화된다. 의사결정모형이 전문화되고 복잡하게 됨에 따라, 수단과 기법의 문제가 회계의 목적을 희생하면서 증가하기 때문에, 이러한 회계 자체의 사명과 목적을 의문시할 수 있는 능력은 점차적으로 감소되고 있다. 미국에서 FASB에 의한 개념체계 프로젝트와 같은 기준제정수준에서 기본(fundamentals)에 주목하는 증거가 있지만, 일반적으로 상세한 기술적 실무의 설명은 이들의 궁극적인 정당화가 일반대중이 아닌 전문가 문화나 전문직의 문제로 남아있는 방식으로 진행되었다. 따라서 법제화의 과정은 회계의 전문가 문화와 밀접한 관계가 있다. 이것은 일련의 정책문제의 전문가공략에 의한 공개담론(public discourse)의 가능성을 약하게 한다.

이러한 전문가공략의 하나의 예가 회계정보의 이용자 개념과 관련이 있다. 의사결정을 위한 정보로서 회계의 본질에 관한 질문을 제기하는 데서, 필연적으로 회계정보의 이용자라고 주장하는 사람들의 구성을 문제시하게 된다. 이용자에 관해서 두 가지 수준의 비판적 탐구를 구별할 수 있다. 첫째, 경제적 의사결정의 논리와 폭넓게 관련을 가지고 이러한 체계 내에서 회계정보에 대한 권리를 가지는 이용자의 범위를 확대하고자 하는 수준이 있다. 둘째, 경제적 이유의 체계로부터 보다 급진적으로 벗어나는 수준이 있는데, 이는 회계책임(accountability)관계의 다른 가능성과 관련이 있다. 이 두 번째의 접근방법에서, 이용자라는 생각과 회계정보와의 관계에 관한 엄격한 도구주의적 생각보다는 인간행위기능(human agency)이라는 개념이 우선적이다(Arrington · Puxty, 1991). 이것은 회계책임의 도덕적 · 정치적 차원의 고려를 가능하게 하며, 이 주제는 전문가들에 의해 지배되고 개인화와 법제화가 되기 쉬운 공식적인 회계책임시스템을 관계적이고, 상황적이며, 개인적인 사회책임(social accountability)으로부터 구별하는 많은 학자들에 의해 개발되었다(Arrington · Schweiker, 1992; Roberts, 1996).

이러한 비판들을 구별하는 것이 항상 쉬운 것은 아니다. 예를 들면, 기업의 사회보고에 관한 문헌은 환경에 관심이 있는 시민, 투자자 등과 같은 이용자를 포함할 필요성을 주장하는 것과 기업의 회계책임은 비경제적 문제들을 포함할 수 있다는 점을 인식하는 것 사이에 회색지역을 점유하는 경향이 있다(Gray et al., 1987). 의사결정을 위한 회계정보의 이용자라는 이 생각은 비교적 최근의 생각이다(Young, 2006). 역사적으로 회계는 수탁책임(stewardship) 목적에 이바지하는 경향이 있는데, 이것은 확실히 이용가치이지, 경제적 성과와 같은 것의 평가와 관련이 있는 것은 아니다. 이용자의 발생은 성과평가에 이해관계가 있는 기업문화 및 자본시장의 발생과 밀접한 관계가 있다. 따라서 투자자와 채권자라는 이용자집단은 다른 집단보다 우선권(priority)이 있다. 종업원이나 일반대중과 같은 회계정보의 다른 이용자를 언급하는 것은 오로지 피상적으로만 그 구성을 확대한다. 이러한 집단이 회계정보로부터 원하는 것에 관한 상세한 모형이 없는 경우에, 이러한 확대로 인해 그들이 경제적 의사결정모형으로 동화되는 것이 사실상 필요하다. 회계정보의 다른 가능한 이용자들을 이용자로 간주하기 위해서는 이들을 경제적 이해관계와 의사결정의 잠재성을 가지는 경제적 행위자(agents)로 간주해야 한다(예를 들면, 노동자는 단지 임금협상이나 직업안전 목적으로만 이용자로 될 수 있다).

그러므로 이용자라는 생각은 의사결정을 위한 회계모형에 상대적이다. 이 모형을 의심을 한다는 것은 자동적으로 회계자료가 어떤 폭넓은 의미에서 결과(consequences)를 가질 수 있는 경제적 행위자들의 지위를 재고할 필요성을 의미한다. Habermas에 의하면, 우리는 이러한 회계차원을 의사결정모형에는 여전히 보이지 않는 주체에 중요한 결과(consequences)를 가지는 사회적 실천으로 고려할 필요가 있다. Broadbent(1998)는 여성주의(feminism)에 입각해서 Habermas를 비판하기 시작하였다(Hammond · Oakes, 1992; Hines, 1992 등도 참조). Broadbent는 여성주의회계를 개발하면서 Habermas의 이상적 담화상태의 개발에 관한 유용한 제안을 하였다. 예를 들면, 누가 가시적이고 무엇이 지배하는가에 관한 목소리와 특히 인종, 원주민, 식민지인의 목소리에 관한 관심사가 회계의 결과를 논하는 데서 검토되기 시작하였다(예를 들면, Chew · Greer, 1997).

Arrington · Puxty(1991)의 주장도 Habermas의 의사소통행위이론을 따르고 있다. 이들은 회계가 세 가지 논쟁가능한 영역인 도구적 이성의 영역, 공공규범의 영역, 주관적인 경험의 영역을 가지고 있다고 주장하고 있다. 앞에서 언급한 바와 같이, 회계의 도구적 목적의 애매성에도 불구하고, 경제성만을 추구하는 경제적 추론의 영역은 인간이 단순히 최종이용자(end user)로 생각될 수 없을 때 회계의 규범적 맥락을 논쟁할 가능성를 외면하였다.

회계의 전문화를 증가시키는 것은 지식의 전유(appropriation)보다 더 많은 정보 통제를 발생시킨다. 즉, 그것은 보다 일반적으로 이성양식(modes of reason)의 독점화이다. 회계의 다양한 설명에서 회계의 전문가 문화는 사회적・조직적 실재의 정의와 그러한 영역의 문제점과 필요성을 통제할 수 있는 경제적 담론을 전파시킨다(Power, 1997). Habermas에 의하면, 이러한 전문가 문화의 발생은 시민을 고객으로 변형시키고 사회적으로 구조적 침묵에 책임이 있다. 아무도 그것에 반대할 수 없는 것은 효율성과 같은 경제성에 입각한 개념의 본질에 있다. 그것은 가능한 담론의 공간을 소멸시킨다. 효율성에 반대할 수 없을 뿐만 아니라, 회계전문지식은 상담을 제공하고, 그러한 효율성을 실현하기 위해 필요한 것으로 간주된다. 예를 들면, Radcliffe(1999)는 감사가 어떻게 정부에서 일반 관심사를 효율적이게 작동시키는가를 보여주고 있다.

전문가 문화를 확대하는 대리(agency)를 통한 식민지화로 인해서 관리엘리트로서 법률가, 회계사 등에 대한 새로운 형태의 의존성이 발생하였다. Weber는 그들을 전망이 없는 전문가(specialists without vision)로 불렀다. 이러한 맥락에서, 감사와 같은 회계책임의 규제적 구조는 회계규칙과 실무의 단순한 준수를 제공하면서, 기업활동의 유사 정당화(pseudo-legitimation)만을 제공한다. 감사, 기타 형태의 조사, 통제 등은 정당화를 제공하지만, 조직과 기업부문의 활동에 대한 더욱 실질적인 정당화를 제공하지 못하고 있다. 이와 마찬가지로, 투자대중을 위한 정보로서 재무회계는 최소한 두 가지 이유로 정당화와 일종의 유사 의사소통의 형태로 간주될 수 있다. 첫째, 투자대중은 (주식소유의 민주주의를 창조하기 위한 노력에도 불구하고) 대중일반으로 식별될 수 없다. 둘째, 회계에 입각한 의사소통은 기업활동의 많은 측면을 전달할 수 없다(Power et al., *op cit.*, p.149).

이 두 번째 관점은 더 고려할 가치가 있다. 재무제표는 다른 가능성(검증가능한 당기순이익)을 은폐하는 조직의 지배적인 표상(representation)을 제공함으로써 회계식민지화의 정점을 나타낸다. 조직성과의 척도를 확대하고, 다양한 자산을 기업의 재무상태표에 표시하고, 그들의 활동적이고 책임적인 경영을 격려하려는 선의의 시도가 다양하게 있었다. 이의 예에는 지적자본, 인적자산, 혁신, 고객만족, 환경지속가능성 등이 있다. 이 예들은 비영리부문과 정부부문에서 확산되고 있다. 조직, 조직성과, 회계책임 등의 지배적인 표상을 식민지화하는 경향을 역전시킬 수 있는 새로운 회계에 대해 탐구할 필요가 있을 것이다.

이러한 탐구에는 상당한 주의가 필요하다. 조직활동의 외부결과는 오랫동안 인식되었으며, 원가/효익분석을 위한 프로그램이 경제적으로 이러한 외부효과를 계량화하고자 하였다. 사실상, 이것은 조직이상의 더 넓은 영역으로 회계계산의 확대를 필요로 한다. 달리 말하자면, 환경회계나 지식자산을 측정하기 위한 프로그램의 가능한 하나의 결과는 법제화과정의 강화일 수 있다. 환경문제는 신선한 공기와 같은 자산인식의 새로운 경계를 포함하여 새로운 방향에서 단순히 기존의 전문지식을 확대하는 전문회계사에 의해 포착될 수도 있다(Cooper, 1992).

현재의 환경인식의 맥락에서, 이것은 상당한 불안을 초래할 수 있다. 폭넓은 의미에서 회계에 의해 지지되는 경제적 합리성의 개별적인 형태는 새로이 인식되는 위기를 초래하는데 책임이 있다. 모든 게임이론가들이 아는 바와 같이, 개별적으로 합리적인 행위들은 집단적인 결과에 해를 주었고 줄 수도 있다(Hollis, 1987). 극단적인 예를 들면, 조직이 이익을 강조함으로써 환경적 손상은 조직에 원가로 나타나지 않기 때문에, 환경적 손상의 영향은 애매하게 된다. 예를 들면, 환경세(green tax)를 통해 이러한 외부원가를 내부화하는 것은 단순히 회계가 관련환경변수를 선택하고 이들을 새로운 계산에 공식화하는 것이 충분하지 않다는 점을 놓칠 수 있다. 기업실무의 변화가 필요하며, 이를 위해서 Tinker et al(1991)이 대부분의 사회·환경회계의 제안에 관한 자신들의 비판에서 말한 바와 같이, 공식적인 규제적 실무보다는 더욱 실질적인 실무가 필요하다. 기업의 회계책임에 관한 철저하고 깊은 사고가 필요하다. 그러므로 필요한 것은 Arrington·Puxty(1991)가 상세하게 설명한 회계책임에 관한 사회적·주관적 차원의 회복이다.

생태적인 문제가 여기서는 예시목적만으로 이용되지만, 그것은 비식민지적이고 비왜곡적인 새로운 회계를 위한 프로그램의 잠재적 애매성을 보여준다. Habermas의 비판이론은 비왜곡적인 의사소통이라는 절차적 생각을 선호하여 이러한 실질적인 최우선적인 문제를 효과적으로 금지시킨다. 진실로 의사소통적이고 가능성있는(enabling) 회계란 어떤 모습인가를 미리 구체화할 수 없지만, 일부 유용한 제안들이 이루어지고 있었다(예를 들면, Broadbent, 1998; Broadbent et al., 1997). 그리고 식민지화의 위험을 확실하게 식별할 수 있다. 즉, 공개담론형태는 조종매체의 궁극적인 형태이며, 이들은 회계와 같은 다른 것들을 포함해야 한다. 회계는 공공영역을 탈언어화(delinguistify)하려고 위협한다(Arrington · Puxty, 1991). 그리고 그 자체의 이미지로 공개담론을 흡수하고 변형하려고 위협한다. Habermas의 의사소통이론은 회계의 법률적 강화는 왜곡이며, 의사결정을 체계적으로 촉진하는 데서 회계에 대한 전통적인 기능적 주장은 생활세계에 내재하는 공공규범의 수준에서 경제적 이성의 주요한 개념들의 사전적 형성을 무시한다(Power et al., *op cit.*, p.150).

앞에서도 언급한 바와 같이, 비판이론은 회계와 같은 실무의 왜곡상태나 가능성상태가 미해결의 경험문제라는 점을 인식하고 있지만, 진실로 의사소통적이고 가능성있는 회계가 어떤 모습인가에 관해 유용한 주장을 하는 일부 논문들이 있다. 이들은 원래 해방적 의도를 강조하는 비판이론의 관점을 직시하고 있다.

Broadbent et al.(1997)은 그들의 목적이 회계가 복지, 정의, 해방과 같은 사회적 개선을 촉진하기 위해 어떻게 가동될 수 있는가에 관한 논쟁을 공개하고 확대하는 것이라고 주장한다(p.265). 그들은 가능성있는 회계라고 부르는 것을 회계연구자에게 현재의 긴급한 정치적 · 직업적 현안과 직접 관련되는 수단을 제공하고 이에 의해서 비판회계 프로젝트에서 인지된 공백인 회계의 해방적 잠재성을 다루는 것으로 간주한다.

Gallhofer · Haslam(1997)은 공공목적을 가진 비판이론을 주장하고 있다(p.81). 가능성있는 회계의 중요한 특징은 사물을 가시적이고 이해가능하게 하며, 해방적 변화를 향한 대화와 행동의 발생을 도와줌으로써 급진적인 해방적 사회변화를 위한 힘으로 작용할 수 있는 능력이다(p.82).

가능성있는 회계는 피억압과 무력화에 관해 새로운 인식을 촉구하는 수단을 제공한다. 이것은 Broadbent et al.(1997)이 주장한 다른 목소리라는 개념으로 되돌아간다. 이들에는 여성, 소수민족, 원주민, 식민지사람, 가난한 사람, 피착취인, 장애인, 아동, 노인 등이 있다. Gallhofer・Haslam(1997)은 미래의 회계담당자 중에서 해방적 회계의 유의미성과 효익에 관한 인식을 촉구할 비판적이고 급진적인 교육을 개발할 필요성을 인식하고 있다(p.86). Gallhofer・Haslam(2003)은 가능성있고 해방적인 회계를 통한 사회의 개선과 진보를 촉진하면서 비판회계학 연구자들이 중요한 역할을 해야 한다고 주장한다(pp.156-157).

결국, 이상적 담화라는 해방적 교훈에 의해 대화가 촉진될 수 있고, 연구참가자들이 자신의 개인적・정치적 변화를 경험하도록 촉구함으로써, 이해관계자를 고려하는 회계정책이 수립될 가능성이 더 많아질 것이다(Van Peursem, p.57).

5. 중범위사고

Power et al.(2003)에서는 비판이론의 관점이 회계연구자에게 시사하는 것에 관해 다음과 같이 요약하고 있다.

"논지는 그 정당성의 공공차원을 회복하고 인간주체에 대한 영향을 파악할 필요가 있는 회계개념을 시사하고 있다. 이로 인해서 지배적인 회계도구개념보다 더 풍부한 이론적 관점이 필요하다"(Power et al., 2003, p.133).

비판이론관점은 전통적이거나 기능적인 접근방법이 제공하는 것과는 다른 이해를 제공한다. Power et al.(2003)는 비판이론관점이 다른 이해의 유일한 원천은 아니지만, 가장 통찰력있는 관찰을 제공한다고 주장하였는데, 이의 주된 이유는 비판이론관점이 중간위치로 서술되는 것을 차지하고 있기 때문이다(Laughlin, 1995, p.78).[21] Habermas

21) 이를 Laughlin은 중범위사고에서 상세히 살펴보고 있다. 이에 관한 것은 Laughlin(1995)을 참조.

의 의사소통이론에 관한 최근의 연구는 이러한 비판이론의 관점을 알리고 있다.

Habermas의 방법론을 이용한 연구가 회계의 생활세계 내에 있는 파괴적인 식민지화실무(colonization practices)를 인식함으로서 조직회계시스템을 평가하는 중범위사고를 초래하였다(예를 들면, Laughlin 1995; Dillard・Bricker 1992).

Habermas의 방법론을 이용하는 회계연구자들 중에서 특히 Laughlin은 중범위사고(middle-range thinking)[22]에 대한 자신의 방법론에 따라, 상기의 언어과정을 촉진하였다(Laughlin, 1995; Broadbent・Laughlin, 1997). 중범위사고는 이론, 방법론, 변화의 이해에 관한 중간위치(medium position)를 가리킨다. 그리고 이론, 방법론, 변화의 수준을 각각 상, 중, 하로 설정하여 <도표 7-4>와 같이 3x3 매트릭스를 만들었다.

도표 7-4 경험적 연구를 위한 선택과정의 차원

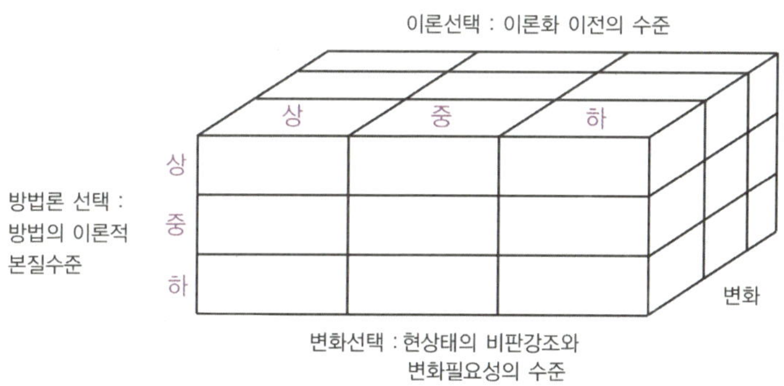

자료원: Laughlin(1995, p.68)

22) Laughlin의 중범위사고(middel-range thinking)는 Merton의 중범위이론(middle-range theory)과는 매우 유사하면서도 상이하다. Merton(1968)의 중범위이론은 일정한 절차에 의해 경험적 자료에 대비시켜서 검증하거나 반증할 수 있는 충분히 구체적인 이론을 가리킨다. Merton은 거대이론(grand theory), 즉 매우 일반적이고 포괄적인 이론을 만들어내려는 사회과학을 비판하였고, 동시에 순전히 경험적인 사회과학 즉, 자료를 수집하고 (그것들을 이론에 연결하지 않은 채) 경험적 사실을 시험하는 과학도 거부하였다. 중범위이론은 일반이론과 경험적 관찰 사이의 간격을 연결짓고자 하는 특정한 유형의 이론과 방법론을 가리키는 이름이다(이기홍, 2005; 구치모, 2008, p.46). 그러나 Laughlin의 중범위사고(thinking)는 방법론을 중심으로 논지를 전개하고 있으며, 중범위이론은 중범위사고의 결과로 간주된다(Roslender, 2013, p.10).

도표 7-5 다른 학파들의 특성

이론선택 : 이론화 이전의 수준

방법론선택 : 방법의 이론적 성격의 수준	상	중	하
상	실증주의(하) 실재론(하) 도구주의(하) 규약주의(하)		
중		독일비판이론(중)	상징적 상호작용론 (Kuhn) (하)
하	마르크스주의 (상)	구조화이론(하) 프랑스비판이론(하)	실용주의(하) 상징적 상호작용론 (Blumer)(하) 일상생활방법론(하)

변화선택 : 현상태의 비판강조와 변화필요성의 수준 (상/중/하)

자료원: Laughlin(1995, p.70)

그리고, <도표 7-4>를 다시 수정하여 <도표 7-5>와 같은 2차원으로 나타내고 있다.

왼쪽, 상에서 이론은 매우 구체적일 수 있으며, 방법론은 완전하게 구조적일 수 있다. 연구자가 가설을 검정하고자 하는 실증주의적 방법론은 여기에 위치한다.

실증적 방법론을 이용하는 이 학파내의 연구자들은 질적 사례연구에 의존하기 보다는 계량적 분석에 의존하고 통계적 일반화를 추구한다. 이들의 경우에, 이론은 세계를 이해하기 위한 지침이라기 보다는 일련의 검정가능한 가설, 따라서 구체적으로 사전에 결정된 모형으로 간주된다. 이론과 방법론은 그 구체성이 높은 상(上)으로 보이지만, (회계시스템의) 변화에는 매우 낮은 순위가 주어진다. 그리하여, 이러한 가설검정을 시도함으로써, 현상태에 변화를 시도하기 위한 어떠한 노력도 제공되지 않는다. 대부분의 신고전파 경제학에 입각한 회계학연구들이 이 범주에 해당하며, 우리나라의 회계학계의 회계학연구도 마찬가지다.

오른쪽, 하에서는 이론, 방법론, 변화에서 낮은 하(下)의 위치를 나타내고 있다. 이 학파는 해석적 방법론을 이용하는 경우인데, 이 방법론을 이용하는 연구자들은 이론적 배경을 염두에 두지 않고 질적·장기적 사례연구를 실시하며, 서술적 방식으로 양상을 추구하고 현상태를 이해하고자 한다. 이들의 방법론은 사전에 결정된 절차와 구조가 없다. 그 대신에, 연구자는 현상태가 연구・보고될 수 있는 방법을 탐구한다. 그리고 과학적 극단의 경우처럼, 이 학파의 연구자들은 현상태의 변화를 고려하지 않는다. 이 범주에 해당하는 회계학연구의 초창기 예로는 Colville(1981), Rosenberg et al.(1982), Berry et al.(1985) 등이 있다.

도표 7-6 중범위사고의 특징

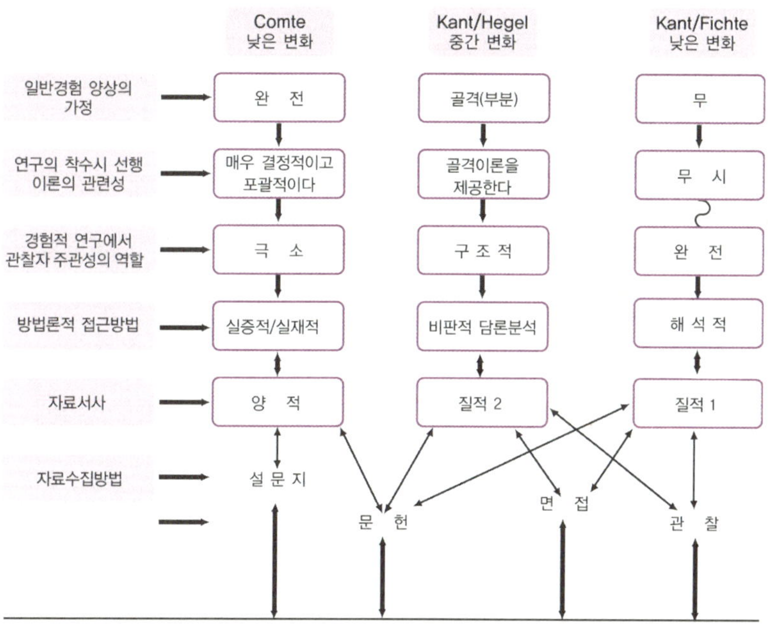

자료원: Laughlin(2004, p.272)

Laughlin과 그의 동료들은 연구노력이 항상 완전하고 비편파적이지는 않기 때문에, 상기의 두 극단적 사례의 실행이 실무적으로 지지될 수 없다는 점을 예시하였다. 따라서 <도표 7-6>과 같은 특징을 가지는 중범위사고를 주장하였다. 중범위사고의 특징은 Comte의 노선으로 대표되는 실증적 방법론과 Kant/Fichte의 노선으로 대표되는 해석적 방법론을 대조함으로써 이해될 수 있을 것이다. 중범위사고도 Kant까지 추적가능하지만 Hegel의 노선을 경유하고 있다. 중범위사고는 Kant의 노선으로부터 출발한다는 점에서 해석적 방법론의 노선과 동질감을 공유하고 있지만, Comte의 노선으로 대표되는 실증적 방법론의 노선과는 그 노선을 전혀 달리하고 있다(<도표 2-1>도 참조).

<도표 7-6>이 보여주는 것은 세 가지 방법론이 경험세계를 의미있게 하고자 하며, 일련의 핵심적인 이론적·방법론적 특징에 의존한다는 것이다. 다양한 방법론들이 이 도표의 왼쪽에 있는 (존재론적 관심사로부터 자료수집방법까지) 다양한 차원에서 하나의 입장을 차지하고 있다. 그리고 이들 전부가 경험적 회계학연구, 나아가 경험적 현상에 관한 연구를 실시하기 위해 이용되는 연구방법을 구성한다. 따라서 각 방법론들은 일반적인 경험적 양상으로 표현되는 존재론적 입장을 가지며, 연구를 시작할 때 선행이론과의 관련성으로 표현된 인식론적 입장을 가진다. 모든 방법론은 각각 방법론적 접근방법과 경험적 연구에서 관찰자의 주관성의 역할이라는 방법론에 관한 입장과 관찰자의 주관성반영의 인식에 관한 입장을 가진다. 그리고 자료서사(data narrative)와 자료수집방법은 인간과 비인간현상으로 구성된 사회와 조직의 경험세계를 다루는 핵심적 방법을 제공해 준다. 이들이 사회과학 방법론들의 일반적인 특징이다. 방법론을 선택하는 것은 양적 접근방법이나 질적 접근방법을 선택하거나 자료수집방법을 선택하는 것이 아니라, 존재론, 인식론, 방법론, 관찰자의 주관성을 선택하는 것이다.

중범위사고의 하나의 핵심요소는 경험적 연구를 실시하기 위해 이용할 수 있는 선행이론의 이용이다. 중범위사고에서 선행이론은 그 본질을 완전한 이론이 아니라 골격이론(skeletal theory)으로 간주한다. 골격이론은 실증주의와 같은 Comte의 노선에 따라 존재하는 것으로 가정되는 완전한 이론과는 구별할 필요가 있다. 이것은 선행이론을 이용하지 않고 특정한 연구에서 경험적 자료로부터 이론을 도출하는 Kant/Fichte의 해석적 방법론과도 대조적이다(Broadbent·Laughlin, 2013, p56).

<도표 7-6>에서 실증주의자의 노선인 Comte의 노선은 완전한 경험적 양상이 존재하며, 따라서 이러한 양상을 노출시키는 모든 선행이론은 관련성이 많을 뿐만 아니라 매우 결정적인(all defining) 것으로 가정된다. 해석주의자의 노선인 Kant/

Fichte의 노선은 일반적인 경험적 양상이 없다고 가정하며, 그 결과 모든 선행이론은 상이한 경험적 상황에 적용하기 때문에 관련성이 없는 것으로 간주된다. 중범위사고는 골격적인 일반경험적 양상이 존재한다는 견해를 가지고 있다. 그러므로 이러한 골격양상을 발견한 선행이론들은 모든 특정한 상황의 풍부성과 다양성을 제외하지 않고 경험적 상황에 관한 논의와 분석을 가능하게 하는 언어를 제공한다 (Broadbent · Laughlin, 2008, p.131).

상이한 존재론적 · 이론적 가정들은 경험적 조사가 실시될 수 있도록 상이한 접근방법과 자료수집방법을 필요로 한다. 이들은 <도표 7-6>의 아래부분에 나타나 있다. Comte의 노선을 따르는 실증주의자들은 양적 자료서사를 유도하는 고도로 공식화된 문서분석, 구조적인 설문지, 구조적인 면접 등으로부터 도출된 자료를 이용하는 매우 공식적이고 수학적이며, 통계적인 방법론을 포함하지만 관찰자의 주관성의 역할은 매우 적다. Kant/Fichte의 노선을 따르는 해석주의자들은 주관성을 수용하며, 질적 자료서사를 유도하는 면접, 참여관찰, 비구조적인 문서분석으로부터 도출된 자료를 이용하여 엄격한 해석적 방법론을 이용한다. 중범위사고는 주관적 관찰자를 포함하지만, 그 포함을 둘러싼 구조와 투명성을 설정한다. 이 방법론은 공식적인 담론분석에 근거하며, 이의 설계는 Habermas의 비판이론의 적용으로부터 온다. 이것은 Kant/Fichte의 노선을 따르는 해석주의자와 유사한 자료수집방법으로부터 도출되는 자료서사의 본질을 알려주는 질적인 골격이론에 의존한다.

중범위사고는 사회과학의 맥락에서 이론이 결정적(all defining)이지 않고 포괄적(all encompassing)이지도 않을 것이라고 주장한다. 이들은 골격에 비유된다. 모든 골격처럼 이들은 전체의 모습을 갖추기 위해 살(flesh)을 필요로 한다. 중범위이론을 경험적 상황에 관한 논의를 가능하게 하는 개념적 언어를 제공하는 것으로 간주하는 것이 유용할 것이다. 이론체계가 경험을 이해하기 위한 수단을 제공하는 것처럼, 경험적 통찰력은 개념체계의 변화를 유도할 것이다. 그러므로 경험적 사고에서 이론과 경험 사이에 성찰적 관계가 있다. 경험적 사고의 모든 연구에 관한 경험적 사항들은 항상 중요하며 골격이론을 검정하기 위해 이용되지는 않는다. 골격이론은 경험적 연구를 지도하며 이 연구를 통해서 확대된다. 결합된 이 두 요소로 인해서 모든 상황에 관해서 이론적으로 정통하고 경험적으로 풍부한 이해를 할 수 있다. 중범위사고의 핵심적인 가정은 이론이 결코 완전하지 않으며 완전하지 않을 것이라는 것이다. 이것이 중범위사고를 Comte주의자의 사고와 Merton의 중범위이론으로부터 구별시킨다(Broadbent · Laughlin, 2013, pp.56-57).

실증주의자들은 변화가 가치의존적인 활동이기 때문에 변화를 배제하고, 이해를 목적으로 하는 해석주의자들은 모든 이해가 주관적이라면 변화가 발생해야 하는지의 여부에 관한 합의의 실질적 근거를 발견하는 것이 어렵기 때문에 변화를 배제하고 있다. 중범위사고의 경우에는 변화를 고려하는데, 여기서는 이해하고자 하는 것과 조사중인 현상에서 변화가 발생해야 하는가의 여부에 관한 고려가 필요하다(Broadbent · Laughlin, 2008, p.133).

중범위사고에서, 연구자는 현상태를 이해하기 위한 지침으로 이론에 의존한다. 그러나 이 수준에서 이론은 궁극적인 진리로 간주되지 않는다. 오히려, 분석을 탐구하고 적절한 변화를 알리기 위한 도구로 이용될 수 있는 조직변화과정의 골격이론이다. 한편으로, 이론은 가능한 요소들과 이들의 관계를 정의함으로써 장기사례연구에 특별한 주안점을 제공한다. 다른 한편으로, 이론은 실제 경험으로서 수정되거나 개선될 수 있도록 유연할 수 있다. 산출물은 단순한 서술이라기 보다는 더 좋은 분석과 설명을 가진 이론적 구축이다. 이 학파에서 방법론은 프로젝트가 진행함에 따라, 수정과 변화를 조건으로 하는 자료수집과 분석의 예정된 계획으로 간주된다. 즉, 그것은 과학적 방법론의 경우처럼, 구조화되지 않으며 순수하게 해석적인 사례연구로서 비계획적이지도 않다. 나아가, 중범위사고에서 실질적 비중은 현상태를 변화시키는 것에 주어진다. Habermas의 방법론을 이용하는 사례연구에서 언어과정의 실행을 통해 바라본 바와 같이, 연구자와 연구대상은 문화적으로 바람직한 변화를 모색하기 위해 결합한다.

Laughlin과 그의 동료들은 Habermas의 방법론을 이용한 사례연구방식이 중범위사고의 전형이 될 수 있다고 주장한다. 중범위사고는 연구자와 연구대상을 위해 수정되고 변화될 수 있는 골격체계이다(Broadbent · Laughlin, 1997). 이 방법론은 부분적으로 구조화되며, 해당조직의 특별한 역사적 맥락에서 연구에 위치될 수 있는 실제연구과정을 통해 잠재적 변화가 발생하기 쉽다(*ibid.*). 나아가, 그것은 준무지의 단계에서 전략선택의 단계로 이동함으로써 구성적 방식으로 현상태의 변화를 추구한다.

이 방법론의 주된 취지는 앞에서 제시한 생활세계, 조종매체, 시스템의 세 가지 요소에 초점을 둠으로써 사회수준과 조직수준에서 변화를 차별화할 수 있다는 것이다. Laughlin과 동료들이 관찰한 바와 같이, 이상적인 세계에서 이러한 세 가지 요소는 균형상태에 있어야 한다. 그러나, 사례연구의 경우에 다양한 형태의 불균형이나 혼란이 있다. 언어과정을 살펴봄으로써 이러한 혼란을 탐구할 수 있을 것이며, 불균형형태를 균형형태로 즉, 일차(first order)변화에서 이차변화로 이동시키는 방식을 발굴할 수 있을 것이다. 만약 변화가 생활세계에서 변화의 결과로 발생한다면, 그러한 변화는 혁신일 수 있으며, 만약 생활세계가 조종매체에서 발생하는 어떤 변화를 채택해야 한다면, 그 결과적인 변화는 식민지화(colonization)일 수 있다. Habermas의 방법론을 이용하는 연구자들은 해방적 프로젝트를 추구하며 조종매체와 시스템 뿐만 아니라 생활세계에서 문화적으로 바람직한 변화를 추구하는 혁신적인 접근방법을 선호한다. 그러나, 일차변화에서 이차변화로의 이동은 어려우며, 해당 연구프로젝트를 조심스럽게 실행하는 것이 필요하다.

Broadbent · Laughlin(1997)은 20세기의 지난 20년동안 실질적인 개혁을 겪은 분야인 영국의 일반의원(General Practice) 진료와 학교의 사례연구에 관해 보고하였다. 그들은 위에서 서술한 Habermas의 담론모형의 적용을 보여주었다. 이러한 두 개의 공공부문 상황에서 실시된 개혁은 주로 행위에 대해 높아진 회계책임과 더욱 엄격한 서비스의 정의에 따라 재정(finance)의 위임에 초점을 두었다. 이 연구프로그램의 목적은 이러한 개혁을 이해하고 평가하며, 행위전략을 통해 어떤 해방수준을 달성하는 것이었다. 이 연구 장소는 4개의 학교와 6개의 일반의원 진료로 구성되었다. 담론과정이 준무지로 시작하는 중범위사고의 원래모형(Laughlin, 1987)과는 달리, 이 프로그램은 비판적 공리에서 시작하였다. 첫 단계에서, Broadbent · Laughlin은 조직에서 조종매체와 시스템의 본질을 탐구함으로써 이해될 수 있는 문화와 가치에 초점을 둠으로써 해석적 도식(interpretive scheme)에 관한 자료를 수집하였다. 이들은 그것들을 잘 이해하였으며, 더 좋은 비판적 공리를 개발하였지만, 때로는 이 담론과정이 반드시 생산적인 것은 아니었다. 예비적 · 후속적 면접을 통한 지속적인 노력으로 연구자들은 집필과 수정을 하기 쉬운 학술논문초고를 작성할 수 있었으며, 연구대상과 논의도 할 수 있었다. 이 첫 단계는 연구자들이 일부 어려움에도 불구하고 자신들의 이해에 관해서 연구대상에게 설득해야 했던 계몽단계를 유도하였다. 최종 전략선택은 현안을 해결하는 데서 연구대상을 촉진함으로써 어떤 해방을 포함하였다. 이것은 상호이해와 협력을 통해 발생하였다. 예를 들면, 학교의 경우에, 연구자들 중의 한 명은 학교의 이사회에 참여하도록 요구받았다.

전반적으로 이 담론적 접근방법을 적용함으로써, 연구자들은 학술목표로서 많은 학술논문을 생산할 수 있었으며, 연구대상들이 그들의 전략을 해방의 달성으로 설정할 수 있게 하였다. 그러나 전체담론과정은 첫 단계에서 시작하고 마지막 단계에서 모든 것을 완료하기 보다는 중복되었다는 점에 유의해야 한다. 그리고 이 과정의 실행에는 많은 문제점이 있었다. 첫째, 전체과정은 비판적 이론체계의 영향에도 불구하고 연구자들의 주관성에 의해 영향을 받았다. 둘째, 자유방임(let it go) 형태의 영향은 전략적 선택에 관한 다양한 견해가 등장하였기 때문에, 연구자의 욕구와 연구대상의 기대와 이해 사이에 갈등을 발생시킬 수 있다. 셋째, 해방의 성공은 담론파트너의 영향보다는 조직의 권력구조의 본질에 주로 의존하였다. 궁극적으로 연구자보다는 연구대상이 최종선택을 하고 있다(Wickramasinghe · Alawattage, p.499).

제6절 소결

본장에서는 독일의 비판적 방법론 중에서 Habermas의 비판이론, 특히 의사소통행위이론이 회계학에 어떻게 적용되고 있는가를 살펴보았다. 독일의 비판적 방법론은 Burrell · Morgan(1979)에 의하면, 급진적 인도주의에 속하는데, 이것은 급진적 변화와 주관주의라는 두 가지 차원에서 나온다. 급진적 인도주의자들은 사회세계를 명목론적, 빈실증주의적, 자원론적, 개성기술적 관점에서 보며, 급진적 변화, 지배양식, 해방, 박탈, 잠재성 등을 강조한다.

한편, 이의 철학적 가정을 제2장의 비판적 가정과 관련해서 살펴보면 다음과 같다.

(1) 이론을 판단하는 기준은 일시적이고 맥락적이다.
(2) 이론은 일반화가 불가능하다.
(3) 경험적 실재는 주관적 해석을 통해 형성되고 그 관계가 재생산된다.
(4) 인간은 자신의 의지를 가지고 대상에 작용하므로 능동적 주체이다.
(5) 대상은 관계의 총체성을 파악하면서 분석된다.
(6) 대상은 권력을 비롯한 일정한 이데올로기에서 분석된다.
(7) 사회와 조직은 소외, 모순, 역기능, 갈등 등으로 문제가 발생하며 이를 근본적으로 해결하기 위해 변화를 지향한다.

독일의 비판적 방법론은 주로 독일의 Frankfurt학파의 학설을 가리키는데, 이 학파는 Marx주의의 문제점을 비판, 극복하고자 하는 학파로서, 이들을 특히 신Marx주의(Neo-Marxism)라고도 한다. 이의 대표적인 학자로는 Horkheimer, Adorno, Marcuse, Habermas 등이 있지만, Habermas를 제외하고는 독일의 비판적 방법론자들의 연구를 이용한 회계학연구는 별로 없다.23) Habermas의 비판이론은 의사소통행위이론을 중심으로 전개되고 있다. 그는 모든 사회관계를 인간상호 간의 대화와 토론에 의해서 서로 양해하고 합의하는 의사소통행위로 간주하였다. 그리고 이러한 인간사회의 발전은 생활세계, 조종매체, 시스템 등을 중심으로 이루어지고 있는데, 사회가 발전할수록 시스템이 조종매체를 통해 생활세계를 황폐화시킨다고 주장하고는 이를 생활세계의 식민지화라고 하였다.

비판이론은 특히, 복종의 본질, 노동계급저항의 실패, 합리성과 합리화, 인간활동의 상품화증가(Held, 1980) 등과 같은 현대자본주의의 문화적 특징을 검토하고는 자본주의를 비판하고자 하였다. Habermas는 공공영역과 민간영역의 차이, 합리성, 법과 권위적인 규칙의 역할 등에 초점을 두었으며(Habermas, 1996), 현대사회에서 공개적인 토론을 거친 순수한 합의에 근거하여 급진적인 의사소통 형태를 확립하고자 하였다(Habermas, 1984, 1987).

비판이론은 조직과 의사소통이론에 영향을 주었다(Alvesson · Willmott, 2003). 비판이론에 의하면, 직 · 간접적 화폐이전을 수반하는 사전적 · 사후적 정보로서 회계는 사회(조종)제도와 조직의 핵심적인 조종메카니즘을 구성한다. 사회수준과 조직수준에서 회계변화와 조직내의 생활세계인 해석적 도식(schemes)을 강조하는 Laughlin(1987)의 해석은 영향력이 있었다(Broadbent · Laughlin, 1997). Habermas는 인간조건을 개선하기 위한 합의의 열망과 이성 및 합리성의 사상을 결합함으로써 보편적 · 포괄적 · 도덕적 체계로서 비억압적인 사회이론을 구축하고자 하였다. 그의 의사소통행위이론은 인간이 행동계획을 세우고, 합의하고 이해하는 것을 가능하게 하는 조건을 탐구한다. 혁명을 의사소통행위로 대체하고자 하는 그의 열망은 과학이나 전문기술보다는 사람 간의 언어학적 의사소통의 구조에서 변화와 합리성을 자리매김하는 민주사회주의적인 전통을 추구하는 모든 사람의 합리성의 잠재력에 대한 믿음에서 나온다. Habermas와 프랑스 사회학자 Bourdieu(제9장을 참조)는 현대사회가 생활세계 합리성의 양식과 논리를 대체하는 전략적이고 도구적인 합리성

23) 그러나 Gallhofer · Haslam(1997, 2003)은 Adorno, Marcuse, Benjamin 등과 같은 비판이론가를 이용하여 해방(emancipation)개념을 적용한 회계학연구를 실시하였다.

을 채택하는 시장, 국가, 조직 같은 주요한 제도에 의해 약화된다고 주장하고 있다.

Habermas의 방법론은 비판이론의 발전에 중요한 기여를 하였다. 첫째, 그는 사회통합과 진화(발전)를 생활세계와 시스템이라는 두 차원에서 동시에 파악함으로써 근대화 과정을 도구적 질서의 전면화 과정으로만 파악하는 일면화된 시대 진단 방식을 극복할 수 있는 기초를 제공하였다. 둘째, 그는 개입주의 국가의 출현과 복지국가의 등장이라는 특징을 가질 수 있는 후기자본주의 사회의 현실을 고려하면서 삶의 질을 둘러싸고 전개되는 새로운 사회운동의 출현과정과 그 실천적 의의를 해명하였다. 나아가서 그의 토의민주주의론은 민주주의의 심화를 모색하고 있다는 점에서 중요한 의의를 갖는다고 평가할 수 있다(김원식, pp.222-223).

한편, Habermas의 비판이론의 방법론에도 다음과 같은 문제점이 있다. ① Habermas는 누가 담론세계의 구성원인가를 거의 말하지 않았다. 그는 포함과 제외라는 탈근대(post-modern)의 문제를 회피하고 있다. ② 그는 시민의 공개참석이라는 자유전통에 자신을 정면으로 자리매김하면서 합의를 사회적 담론의 목적으로 받아들이고 있다. 그러나 합의가 윤리적으로 상호성과 상호이해에 연루되는 다른 사람들의 신뢰를 이용하기 위해 어떤 사람이 전략적으로 행동하기 위한 것이라는 점을 인식하면 합의이론은 의심스럽다. 관료, 정치가, 관리자, 전문엘리트 등이 무식자에게 그들의 의제를 억지로 관철하기 위해 공개회합의 구실을 이용하는 다양한 방식들이 문제의 경우들이다. ③ 비판이론의 정치적 유산이다. Marx주의의 방법론처럼 비판이론은 그 토대에 Marx주의식 분석양식이 있다. 일반적으로 Marx주의자들은 사회주의 혁명에 대해 매우 개방적이었으며, 노동계급에게 현대자본주의의 총체성에 관한 이해를 제공할 필요성에 관해서도 매우 개방적이었다. 그러나 비판이론은 상부구조의 문제에만 집중하는 경향이 있다. ④ 미시수준의 사례연구를 실시하기 위해 비판이론을 적용하는 것에 타당성이 있는가의 여부에 관한 문제가 있다. 사례연구는 회계를 연구하기 위한 가장 적절한 수단으로 현재 간주되기 때문에, 이 둘은 어느 정도 균형이 필요하다. 비판이론에 대한 일반적인 초점은 Marx주의가 메타이론으로서 20세기에 발전해온 여러 형태들 중의 하나로서 사회적 수준의 문제에 두고 있다는 점이다. Laughlin자신도 회계시스템기능의 미시조직적 수준에서 비판이론을 이용하는 것의 타당성을 문제시하고 있다(Laughlin, 1987, pp.499-500). 즉, 구체적 회계시스템을 연구하기 위한 이 관점의 실행가능성이다. 그것은 풍부하고 통찰력있는 사례를 수집하는데 필요한 비용과 그 사례의 잠재적 효익을 평가하는 문제이다. 그리고 이러한 방법론을 적용하여 중요한 문화적 차원을 탐구할 수 있는 능력과 이용가능한 시간 뿐만 아니라 사례의 접근성에 많은 어려움이 있다. 전반적으로, 이러한 문제는 비판이론을 회계학연구에 적용하는 것의 기본적인 어려움을 나타낸다. ⑤ 비판이론은 (급진적) 여성주의(radical feminism)의 문제를 다루지 않고 있으며, 과도하게 지적이고, 해방적 실천의 국지적 과정과 제대로 연계되어 있지 않다. 예를 들면, 어떤 사람이 의사소통행위이론에 정통하더라도, 그것이 그의 일상적인 사회생활에 영향을 거의 주지 않을 것이다(Nurunnabi, p.355). ⑥ 비판이론의 사회분석은 현대사회에서 분리된 하위시스템의 기능적 규범을 고려하지 않기 때문에 부적절하고 낡았다(Luhmann, 1982). 이러한 하위시스템은 의사소통행위에 의해서가 아니라, 원가, 권력, 진리 등에 따라 통합된다. ⑦ 실제 정치상황에 비추어 보더라도 의사소통행위의 비판이론은 너무 이상적인 개념이다. 정치, 경제, 일상생활에서 실제 의사소통은 불균등한 권력분배의 특징을 가지고 있으며, 평등의 목소리를 추구하거나 거부한다(Nurunnabi, p.355). ⑧ Habermas는 보편적인 논쟁규칙을 공식화하고자 하였다. 그러나 철학적 규칙이나 방법을 보편화하고자 하는 주장은 정당화될 수 없기 때문에 거부될 것이다. 포스트모더니즘의 지지자들도 모든 의사소통이 권력에 의해 영향을 받고 있으며 지식도 하나의 권력이라고 주장한다(Foucault, 1980). ⑨ 생활세계 식민지화의 주제는 사회갈등 일반을 시스템 논리의 침식에서 발생하는 문제로 환원하고 있다는 점에서 문제가 된다. 사회갈등 일반의 원인을 시스템 논리, 화폐와 권력의 효율성 논리의 침식으로만 진단하는 방식은 다양한 사회영역에서 발생하는 고유한 갈등구조들을 무시하는 결과를 초래한다(김원식, p.223). ⑩ 시스템 이론의 수용과 식민지화 효과에 대한 생활세계의 저항이라는 수세적 구도는 시스템 내부에서 발생하는 문제를 방치하는 결과를 초래한다. 그리하여 그의 시대 진단은 시스템이 발생하는 문제들에 대한 분석과 접근에 장애를 초래하고 있다(전게서, p.224).

회계실무의 기술적 중립성은 비현실적이며, 회계는 공공영역을 탈언어화하려고 위협하는 잠재적인 식민지화의 힘이라고 주장된다. 경제적 계산방법의 촉진과 제도화는 그러한 방법들이 조직실재의 정의를 통제하는 강력하고도 왜곡적인 효과를 가질 수 있다. 이것이 발생하는지의 여부는 물론 경험적인 문제이다.

회계는 경제적 이성을 위한 강력하고도 실천적인 수단이라고 한다. 따라서 회계의 비판이론은 경제적 이성일반의 비판이론으로부터 벗어날 수 없다(Gorz, 1989). 경제적 사고가 우리의 생활에서 지배적인 역할을 하여 비경제적으로 생각하고 행동하는 것은 어렵게 되었다. 회계의 성장으로 사회세계의 많은 분야에 관한 경제적 이해의 가능성이 분명히 촉진되어 왔다. 최근에는 사회정의, 성(gender), 소비자, 노동자, 제3세계, 환경보호 등과 같은 관심사들이 경제적 사고를 유예시키는 것 같다. 따라서 우리는 경제적 이성의 식민지화효과를 문제시하기 위한 많은 가능성의 입구에 서 있게 된다. Habermas의 비판이론은 이것을 명확하게 하기 위한 하나의 기초를 제공한다. 그것은 사적·공적 생활을 조직하는 기초인 이론적 이해관계와 관심사보다 더 중요한 프로그램이며, 사적 영역과 공적 영역을 분리하는 구성적 성질(constructed nature)과 관련이 있다. 회계화(accountingization)는 아마도 어색한 단어일 것이지만, 이것은 방법으로서의 회계가 회계책임이라는 보다 광범위한 문제를 은폐할 수도 있다는 의미를 표현한다. 비판이론은 단순히 그러한 회계실무의 거부가 아니라 회계실무가 달성하고자 하는 것의 한계점을 가정하고, 규제적이고 따라서 촉진적인 실무의 필요성에 관한 성찰적(reflective) 인식을 가정한다. 경제적 이성과 계산의 변화로 이것을 달성할 가능성이 있다(Power et al., 2003, p.151).

이것은 이론, 이론가, 학계의 역할에 관한 문제를 유도한다. 회계와 경제적 이성의 식민지화를 문제시하기 위해 세계에 어떻게 개입할 것인가 하는 문제와 기술관료적 해결을 촉진하는 사람들이 동료학자, 상담자, 전문가단체인가 하는 문제를 유도한다. 분명히 분열되고 위험한 세계에서, 학자들이 권력에게 진리를 말하는 것과(Neu et al 2001; Sikka · Willmott, 1997), 회계화(accountingization)를 촉진하는 데서 회계법인(Mitchell et al., 1998), 회계단체(Robson et al., 1994), 교육실무(Cooper · Taylor, 2000), 사상(Cooper, 1997; Okcabol · Tinker, 1993) 등의 역할을 지적하는 것은 하나의 출발점이 될 것이라고 주장된다(*ibid.*).

Habermas는 사회발전의 노선을 규명함으로써 근대성 프로젝트를 옹호하고자 한다. 후기구조주의의 기본조건과는 달리, 광범위한 정치경제학 방법론을 옹호하는 일부 비판연구자들은 Foucault주의자들이 미시상황의 외부에 있는 광범위한 요소를 무시한다고 일련의 비판을 가하였다(Neimark, 1994; Armstrong, 1994; Cooper · Tinker, 1994). 이러한 비판에 대응하여, Foucault주의 회계연구자들은 정치경제학의 문제에 관해 정밀한 분석을 실시함으로써 Foucault를 옹호하고자 하였다(Hoskin, 1994; Grey, 1994). 다음 장에서 Foucault의 방법론을 살펴보자.

8

Foucault의 비판적 방법론

(1926-1984)

8장

Foucault의 비판적 방법론[1)]

Foucault의 비판적 방법론은 <도표 2-1>과 같이 Kant/Hegel/Nietzsche로 이어지는 비판노선을 따르고 있으며, 지난 1970년대에 특히 유행한 프랑스 철학사상인 포스트모더니즘(postmodernism)의 영향을 받고 있다. 이 방법론을 회계학에 이용하기 시작한 회계학자들은 Hopwood를 비롯한 영국 London대학교의 회계학자들이었다. 여기서는 Foucault의 비판적 방법론의 의의, 철학적 배경, 사상, 방법론(고고학과 계보학), 연구현황, 문제점 등을 살펴보기로 한다.

제1절 의의

프랑스의 비판적 방법론은 지난 1970년대에 특히 유행하였으며, 우리나라에서는 1980년대에 본격적으로 소개된 바 있는 구조주의와 후기구조주의(post-modernism)를 배경으로 해서 성립한 것이다.

본장에서는 프랑스의 비판적 방법론 중에서 주로 Foucault의 사상을 회계현상에 적용한 선행연구들을 내용분석을 통해 살펴보고자 한다.[2)]

1) 이 글은 1997년 12월, 회계논총(서울대학교 회계학연구센터, 제1권 제1호, pp.127-149)에 발표한 "Foucault의 계보학과 회계학연구"와 2012년 4월 한국국제회계학회의 춘계학술발표대회(경상대), 5월 한국회계정보학회의 춘계국제학술발표대회(조선대), 8월 한국경영학회의 경영관련학회 통합학술대회(경주) 등에서 발표한 "프랑스 철학자 Michel Foucault의 사상과 회계학연구"를 수정・보완한 것이다. 학술대회에 토론자로 참석해서 조언을 해 준 신지영교수(경상대 철학과), 이승권교수(조선대 프랑스어과), 문장수교수(경북대 철학과) 등에게 특히 감사를 드린다.

1970년대 후반에 런던을 중심으로 일단의 철학자와 사회학자들이 *Ideology & Consciousness*(I&C)라는 학술지에 영어로 Michel Foucault의 사상을 소개하기 시작하였는데, I&C의 편집위원회에는 Graham Burchell, Colin Gordon, Peter Miller 등의 사회학자들이 포함되어 있었다. 이 들 세 명은 나중에 *The Foucault Effect*(Burchell et al., 1991)라는 책의 편집위원들이 되었는데, 이 책은 영어권에서 특히 회계학, 인류학, 사회학, 교육학, 문예비평학 등의 학술연구에 큰 영향을 주었다. 회계학술지 *Accounting, Organizations and Society*(AOS)의 초대 편집위원장인 Hopwood는 Stuart Burchell(Graham Burchell의 형)을 통해, (London 대학교에서 1983년에 포스트모던 철학과 사회학으로 박사학위를 취득한) Peter Miller를 만났다고 한다. Hopwood는 Miller를 1982-1983년에 런던경영대학원(London Business School)의 박사과정 세미나에 연구방법론의 강사로 초청하였으며, 이 세미나에서 프랑스 사회학자들의 연구가 논의되었다(Gendron · Baker, 2005). 나중에 이 세미나팀에서 두 개의 논문이 AOS에 발표되었으며(Burchell et al, 1980, 1985), 이후에 Foucault와 기타 프랑스학자들의 사상을 이용하는 논문들이 1984년에 AOS가 후원하고 미국 Wisconsin대학교에서 개최된 학술회의에서 발표되었다. 그리고 1985년에 영국 Manchester대학교에서 개최된 제1회 학제적 회계학관점회의(Interdisciplinary Perspectives on Accounting, IPA)에서 프랑스학자들의 연구를 이용한 여러 편의 논문들이 발표되었다(Hoskin · Macve, 1986).

Foucault가 1977년부터 1979년까지 Collège de France(꼴레쥬 드 프랑스)에서 행한 강의[3])에서 전개한 통치성(governmentality)에 관한 사상도 1980년대 초기에 대처 영국수상의 경제정책(신자유주의)을 경험한 학자들에게 유용한 연구체계를 제공하였다(Rose · Miller, 1992).

그리하여, Foucault와 같은 프랑스 철학자, 사회학자들의 사상을 영국의 회계학

---

2) 우리나라의 선행연구로는 김석웅(1997)과 정호웅(2000)이 있다. 전자는 Foucault의 계보학을 적용한 규율권력에 관해서만 살펴본 바 있다.

3) 1977-1979년의 강의내용이 Foucault의 사후에 책자로 출간되었다. Foucault (2004a, 2004b).

연구에 도입[4)]한 것은 그 당시의 정치적 상황을 반영한 것이었다. 이 시기에 실증적 방법론과는 다른 연구방법론을 실시할 수 있는 유능한 연구자들이 회계학연구에 참여하게 되었다. 이로 인해서 영국이 경험하고 있었던 신자유주의 사상을 분석하고 비판하기 위해 Foucault 연구에 관심을 가지게 된 것이다.

영어권의 회계학연구에 소개된 첫 번째 프랑스학자가 Foucault이었는데, 그는 1980년에 회계학술지(AOS, 1980)에 처음으로 인용되었고, 5년후에 Burchell et al.(1985)이 Foucault의 방법론을 적용하였다. 그후에 Foucault의 인용은 AOS에 빈번하게 이루어졌다. 이 시기에, AOS는 비판적/해석적 방법론이 적용된 회계학연구를 발표하는 유일한 영어권 회계학술지이었다(Chiapello · Baker, 2011).

제2절 Foucault의 사상

프랑스 철학자 Foucault[5)]는 프랑스 파리의 고등사범학교(École Normale Supérieure)와 파리 제1대학에서 공부하였으며, 나중에 철학과 심리학으로 졸업하였다. 그는 역사, 철학, 사회학, 심리학 등 여러 지식분야에 영향을 주고 있다. Foucault는 Maurice

---

4) Foucault 이외에도 프랑스 철학자 Derrida가 1986년에 AOS에 처음으로 인용되었고(Hoskin · Macve, 1986), 프랑스 사회학자 Bourdieu도 1987년에 인용되었으며(Richardson, 1987), 프랑스 철학자 Barthes도 1987년에 인용되었고(Lehman · Tinker 1987), 프랑스 과학사회학자 Latour의 첫 번째 인용은 1988년에 있었으며(Hines, 1988a), 1990년에 프랑스 철학자 Baudrillard의 인용이 있었다(Neimark, 1990).

5) Michel Foucault(1926-1984)의 첫 번째 저서는 1961년에 광기의 역사이었으며, 1963년에 임상의학의 탄생을 발간하였고, 1966년에 말과 사물, 1969년에 지식의 고고학, 1971년에 담론의 질서, 1975년에 감시와 처벌, 1976년에 성의 역사 I: 앎의 의지를 발간하였고 1984년에 성의 역사 II: 쾌락의 활용, 성의 역사 III: 자기에의 배려가 발간되었다. 회계학에서는 Foucault의 저서 중에서 감시와 처벌: 감옥의 탄생(1975)이 가장 널리 인용되고 있으며, 그 다음으로 권력/지식: 미셸 푸코와의 대담(1980), 성의 역사(1976b, 1984), 자유실천으로서 자기배려의 윤리(1988b), 지식의 고고학(1969) 등의 순서로 인용되고 있다(Vicencio, p.735).

Merleau-Ponty와 Lousi Althusser의 제자이었으며, Giles Deleuze와 Roland Barthes의 동시대인이었다. 그는 스웨덴, 독일 등의 대학에서 교수를 역임하였으며, 독일의 프랑스문화원 원장을 역임하고 1970년이후 사망때까지 Collège de France의 교수로 사상사를 강의하였다.[6] 그의 연구는 포스트모더니즘(또는 후기구조주의, 구조주의) 등과 연관이 있다.

1. Foucault 사상의 배경: 포스트모더니즘

Foucaut 사상의 철학적 배경은 <도표 2-1>에서 보는 바와 같은 Kant/Hegel/Nietzsche로 이어지는 비판노선을 따르고 있다(Laughlin, 1995, pp.75-76). 이 방법론의 근원은 주로 희망의 대부분은 사라지고 없는 Nietzsche에 그 철학적 근원을 두고 있다. Nietzsche는 특히 현실적으로 신의 죽음에 직면하는 것과 관련이 있다. 그는 희망이라는 개념을 근거없고 무의미한 것으로 간주한다. 그 결과, 그의 역사관은 무한한 시간의 반복이다. Nietzsche에게는 역사가 반복한다. 역사는 상이하지만 근본적으로 동일하다. 어떠한 시대도 다른 시대보다 더 좋지는 않으며, 그 결과 진보라는 개념은 무의미하다. Foucault, Derrida, Lyotard 등과 같은 철학자의 연구에 결집된 프랑스의 비판적 방법론을 통해 표현되는 포스트모더니즘의 전통은 희망, 보다 나은 상태, 보다 나은 가치와 이해 등과 같은 개념을 포기하는 Nietzsche의 철학에 그 근원을 두고 있다(김석웅, 1999, p.49).

이후 이 철학의 노선은 20세기 초에 언어학자 Saussure가 언어학에서 구조주의를 주장한 아래, Levi-Strauss가 인류학에 구조주의를 적용하여 발전시켰으며, 오늘날은 이

6) 최근에 우리나라에서도 1976년에 강의한 내용이 박정자(1997)에 의해 번역되었고, 1977-1978년에 강의한 내용이 심세광 외(2011)에 의해 번역되었으며, 1978-1979년에 강의한 내용이 심세광 외(2012)에 의해 번역되었다.

러한 구조주의에서 벗어나고자 하는 후기구조주의(포스트모더니즘)가 나오게 되었다.

구조주의는 구조라는 개념을 도입함으로써, 그 때까지 유럽의 지식을 지배해온 주체/객체의 이원론적 사고를 타파하고, 탈근대적인 상황으로의 길을 개척한 사상이다. 구조란 말하자면 유기적 관계망이며, 인간의 언어와 행위는 볼 수 없는 구조, 즉, 관계망 안에서 성립한다고 생각할 수 있다. 그러므로 사고의 초점은 인간의 주체적인 행위에 있는 것이 아니라 그것을 성립시키고 있는 구조 또는 관계의 파악에 있다고 볼 수 있다(國部, 1991a, p.153).

구조주의를 비판하고 초월하려는 후기구조주의(포스트모더니즘) 계열에 속하는 인물로는 Levi-Strauss를 시작으로, Althusser, Bourdieu, Deleuze, Derrida, Foucault, Lacan, Lyotard, 등을 열거할 수 있지만, 회계학연구와 관련해서 보면 Foucault가 가장 중요한 인물이다.

Foucault는 처음에는 구조주의의 영향을 받았으나, 나중에 포스트모더니즘의 영향을 받았다. 회계학에서는 Foucault의 사상 중에서 포스트모더니즘과 관련이 있는 계보학을 주로 이용하고 있기 때문에 여기서는 포스트모더니즘[7]을 살펴보자.

오늘날 근대(modern)에 대한 탈근대(post-modern)의 관점이 회계학을 비롯한 다양한 인문학과 사회과학에서 활발하게 논의되고 있다. 탈근대가 무엇을 의미하는가에 관한 정의의 문제는 상당히 어렵지만, 여기서는 Decarte이래로 주체/객체의 이원론적 사고에 입각하여 근대의 산업사회를 구축하고 그것을 선도하고자 한 공통의 사상으로 가장 전형적인 (구조)기능주의에 대한 비판적 관점으로 간단히 정의할 수 있을 것이다(國部, 1991b, p.104)

포스트모더니즘을 그 철학적 배경과 관련해서 간단히 살펴보면 다음과 같다. 첫째, 포스트모더니즘은 주체의 탈중심화(decentering of the subject)를 핵심적 명제로 한다. 둘째, 포스트모더니즘은 거대이론 또는 총체론적 담론을 거부한다. 셋째, 이성중심주의를 거부한다. 넷째, 포스트모더니즘은 모든 유형의 형이상학적이고

7) 후기구조주와와 포스트모더니즘은 전반적으로 같은 의미로 이용되고 있다.

허구적인 이원적 대립을 해체하는 것이 특징이다. 끝으로 Hegel이나 Marx와는 달리 역사에 있어서 진보적 발전 같은 것을 믿지 않는다(전경갑, pp.352-359).

포스트모더니즘(postmodernism)은 근대를 계승한다고 추정되는 시대의 탈근대성에 관한 사고방식이다. 또한, 그것은 근대성 프로젝트의 이론적 기초를 비판하는 방식이다. 포스트모더니즘은 우리가 현대세계를 다르게 이해할 수 있는 상이한 개념들을 구성한다. 이 개념을 이해하기 위한 관건은 차이(difference)이다(Cooper · Burrell, 1988). 여기서, 우리는 어떤 것의 유일한 하나의 의미를 인정할 수 없다. 유일한 하나의 의미에 초점을 두는 거대담론[8]을 거부함으로써, 포스트모더니즘은 거대이론화를 통해 의미를 고정하기 보다는 언어를 통해 그러한 상이한 의미들을 구축하는 것을 목표로 한다(Thompson · McHugh, 2002). 차이의 개념은 또한 비일관성, 유동성, 분열, 불연속성, 모순 등과 같은 유사한 용어에 함축되어 있다. 실재는 차이를 탐구하기 위해 등장하고 변화하는 환경과 관련해서 가끔 구축된다. 따라서, 포스트모던의 시대에서, 실재는 하나의 현상이 아니다. 예를 들면, 언어를 이용함으로써, 매체는 서로 간에 모순적일 수 있는 많은 실재를 구축할 수 있다. 탈근대적인 사회세계에서, 연구자는 변화하는 국지적 환경과 이들의 국지적 의미가 언어의 이용을 통해 구성되는 것으로 이해하여 사회적 실재를 탐구하는 것을 목표로 한다. Hassard(1994, p.9)는 이것을 다음과 같이 서술하였다. 즉, 진리는 언어게임의 산물이다. 따라서 우리는 차이를 드러낼 수 있는 확실한 해설을 확립하기 보다는 텍스트를 다시 읽음으로써 의미를 구축할 수 있다.

회계담당자의 경우, 탈근대성(postmodernity)의 세계는 현대의 사회적 · 조직적 상황의 본질에 관한 것이다. Montagna(1997, p.130)가 요약한 것처럼, 탈근대성은 다음과 같은 특징을 가진다(Clegg, 1990; Harvey, 1989).

---

8) 담론(discourse)이란 공식적인 주제논의(formal discussion of a topic)로 간단하게 정의되기도 한다(Gaffikin, p.236). 담론은 학적인 체계를 가리키는 언어들을 말하기도 하고, 무엇인가를 주장하는기호들의 집합(언어)을 의미하기도 한다(이정우 옮김, 1992, pp.176-177).

1. 생산의 유연성: 규모의 경제보다는 범위의 경제를 위한 기회를 생성하는 기술과 대량생산을 대체하는 유연제조의 개념.
2. 노동시장의 유연성: 2차시장에서 값싼 노동의 장점을 이용하고 복수기술을 가진다는 개념.
3. 소비의 유연성: 일회용제품을 소비하고, IT를 통해 은행과 카드 시설을 이용하고, 온라인으로 구매할 기회를 생성한다는 개념.
4. 자본시장의 유연성: 동시기금이체를 가능하게 하는 세계증권시장의 개념.
5. 조직의 유연성: 관리집중화와 위계로부터 기능적 분산화와 다원주의로 그리고 전통적 구조로부터 연결망과 가상의 조직으로 조직형태를 변화시키는 개념.

포스트모더니즘은 우리가 개념화할 수 있는 담론일 뿐만 아니라 우리 시대에 우리가 경험하는 일종의 실재이다.

사회이론으로서 포스트모더니즘은 상이한 이론가들에 따라 다양한 형태를 가진다. 포스트모더니즘과 후기구조주의의 두 용어 사이에 명확한 선을 긋는 것은 어렵다. Ritzer(1992)는 포스트모더니즘이 후기구조주의의 확장이고 확대라고 주장하였다. 오늘날 후기구조주의는 포스트모더니즘의 한 부분으로 간주된다. 포스트모더니즘의 경우처럼, 후기구조주의는 사회수준에서 권력의 현안보다는 권력의 미시정치의 현안을 탐구함으로써 사회적 실재를 구축하고 있다. 후기구조주의는 분석을 경제에 국한하기 보다는, 경제, 국가, 문화 등과 같이, 광범위한 구조 내에서 일련의 제도에 초점을 두고자 한다. 그리하여, 후기구조주의는 구조적 설명으로부터 도출된 거대담론에 입각한 거대이론화를 거부한다. 그 대신에, 이 전통의 연구자들은 미시정치와 권력/지식관계와 같은 맥락 내에서 복잡하고 무질서한 상황으로부터 도출된 국지적 설명과 관련이 있다. 후기구조주의는 미시적 현안에 거시적 설명을 제공하기 보다는 특정한 장소에서 미시적 설명 그 자체를 분열된 관계망에 제공한다(Wickramasinghe · Alawattage, p.482).

후기구조주의의 이론들은 Foucault에 의해 개발되었으며, Derrida(1978, 1982)에 의해 지속되었다.[9)]

2. Foucault의 사상

Foucault는 Sartre(1905-1980)이후 1970년대를 대표하는 학자로서 종래와는 전혀 다른 탈근대적인 역사분석 방법론을 개발한 철학자이고, 역사가이며, 사회비평가이다. 그의 철학도 프랑스의 지적 풍토하에서 생성, 발전하였는데, 1968년 5월의 학생사태를 전환기로 하여 그의 사상은 뚜렷한 변화를 보이고 있다. 단순하게 표현하자면 그 이전과 이후의 방법론을 각각 고고학과 계보학이라고 한다. Foucault의 철학은 대략 세 가지 수준으로 나누어 이해할 수 있다(Poster, 1984; 이정우 역, 1990, pp.4-6).

첫째, 그의 과학적 연구와 과학철학이다. 프랑스철학자들은 모두 하나의 과학을 전공함으로써 시작한다. Foucault의 경우는 병리학(pathologie)이며, 이는 19세기 중엽부터 전개된 오랜 역사를 가지고 있다. 그는 비정상을 통해 정상을 연구하는 프랑스 병리학의 전통위에 서 있다. Foucault의 과학철학의 기본이 된 것은 Bachelard의 불연속철학이다. Bachelard는 Bergson의 지식의 역사에 대한 연속개념에 반해 불연속의 철학을 내세움으로써 현대철학의 선구자가 되었다. Bergson과 Bachelard 간의 연속과 불연속 문제는 여러 가지 차원을 가지고 있지만, 여기서 문제가 되는 차원은 과학사의 위상이다.

둘째, 구조주의이다. 인간을 밖에서 멀리 바라보는 것, 동일자와 타자의 문제,

9) 한편, Habermas는 사람의 생활세계를 보호하고자 하는 해방의 프로그램에 관여한 미완의 근대성프로젝트를 착수함으로써 구조주의의 입장을 옹호하였다. 이 논쟁은 포스트모더니즘과 후기구조주의의 개념에 관해서 더 많이 이해하는데 중요하다. 회계연구자들은 복수의 원천에서 도출하여, 두 개의 유명한 이론적 관점을 개발하였는데, 하나는 Foucault의 사상(때때로 Derrida의 사상과 결합한 사상. 예를 들면, Arrington・Francis, 1989)이고, 다른 하나는 Habermas의 사상이다(Wickramasinghe・Alawattage, p.482).

주체의 소멸, 무의식의 부활, 체계에의 열정, 총체화의 붕괴, 이성의 배제, 역사의 종말 등 구조주의적 주제들이 그의 작품 속에 등장하며 구조주의를 모르고는 그의 사상을 이해하는 것이 불가능하다. 구조주의는 Levi-Strauss의 인류학, Lacan의 정신분석학, Althusser의 정치경제학을 거쳐 Foucault의 역사학에서 완성, 극복되었다고 한다. 여기서 구조란 유기적 관계망을 의미하는 것으로 구조의 구성요소는 구조를 파악한 후에만 그 의미를 알 수 있다는 것이다.

셋째, 그로 하여금 내재적 본질이라는 전통적인 개념을 거부하고 타자의 관점에서 이질적 조직의 망 속에서 사유하도록 만들어 준 밖으로부터의 사유이다. 이 사유는 언어라는 존재가 주어의 사라짐 속에서만 그 자체로 모습을 드러낸다고 생각하는 일체의 주관성 바깥에서 자리잡고 있다.

이상에서 제시한 세 가지 요소가 Foucault 철학의 뼈대라고 할 수 있다.

Foucault(1982)는 '주체와 권력'이라는 글에서 자신의 사상을 <도표 8-1>과 같이 세 시기로 구분한 바 있다.

도표 8-1 Foucault 사상의 전개 양상

방법론구분	고고학	계보학		
시대구분	1960년대 -70년대초	1970년대		1980년대
중심개념	지식	권력		윤리
하위개념	담론	규율권력, 지식/권력	생명권력, 통치성	주체
주요저작	광기와 비이성	감시와 처벌		주체와 권력
	병원의 탄생	성의 역사1		성의 역사2
	말과 사물		사회를 보호해야 한다	성의 역사3
	지식의 고고학		안전·영토·인구	
	담론의 질서		생명관리정치의 탄생	

자료원: 은재호(2011, p.6)를 일부 수정.

첫 번째 시기는 1960년대에서 70년대에 초반에 이르는 지식개념을 중심으로 한 고고학의 시대로서 인식론적 탐색과 몰입의 특징을 가지는 시기이다. 이 시기의 저작은 과학지식 특히, 인문학의 형성과정에 대한 비판적 독해에 몰두하였다(은재호, p.6). 프랑스에서는 이 시기가 구조주의 시대이었는데, 실존주의와는 달리 구조주의에 의하면 인간의 주체적 의지에 의해 발전하는 역사는 존재하지 않는다. 말과 사물(1966)은 이런 구조주의적 사유에 충실한 저작이었으며, 지식의 고고학(1969)에서 지식은 역사적 연속성 위에서가 아니라 역사적 단절과 불연속 위에서 성립한다고 강조하였으며, 지식이 인간의 주체적 의지를 통해 만들어지는 것이 아니라 인간이 놓인 시대의 지식 형성 규칙의 산물이라는 것이다(하상복, 2009, p.97). 그리고 담론의 질서(1971)에서 인간의 언어행위는 인간 외부에 존재하는 통제 규칙에 종속되어 있다고 주장하였다. Foucault는 인간의 주체성을 부정하는 구조주의적 사유를 하고 있었으며, 그는 이러한 시각을 고고학으로 명명하였다(전게서, p.98).

두 번째 시기는 70년초반에서 1980년대 초반까지 권력개념을 중심으로 한 계보학의 시대로서 이 시기는 주체의 대상화 또는 객체화의 실천양식에 관한 연구에 몰두하였다. Foucault는 감시와 처벌: 감옥의 탄생(1975)에서 권력이 작동하는 구체적인 방식을 기술하며 권력의 속성을 규율권력으로 규정했다. 이 시기의 Foucault는 원형감옥(panopticon)을 권력의 감시와 통제를 상징하는 은유로 제시하며 규율화의 메카니즘을 분석하는데 주력하였다. 권력에 대한 Foucault의 연구는 이후 70년대 후반에 생명권력의 개념을 전면에 부각시키는 중요한 전환이 이루어진다. 권력의 속성을 상세하게 논한 성의 역사 제1권: 앎의 의지(1976b)의 마지막 장은 권력이 더 이상 감금하고, 억압하고, 금지하는 규율이 아니라 허용하고, 조장하고, 장려하는 생산으로 변화했다고 지적하였다(은재호, p.6).

세 번째 시기는 윤리개념을 중심으로 해서, 80년대 초부터 사망할 때(1984)까지의 시기이다. 80년대에는 1970년대에 대상화(객체화)된 인간이 자기 자신을 주체화시키는 양식에 관한 연구에 몰두하였다. 성의 역사 제2권과 제3권에서 Foucault는 더 이상 규율과 통제의 기술이 아니라 개인의 윤리 문제를 정면으로 다루며 객체화와 주체화의 갈등과정에서 어떻게 나 자신이 산출되고 그러한 과정에서 나 자신이

나를 어떻게 능동적으로 변형시킬 수 있는가를 추적하고자 했다(전게서, pp.6-7).

Foucault의 철학사상은 실존주의자인 Sartre와 구조주의자인 Levi-Strauss 사이의 지적 대립을 배경으로 형성되었는데, 한편으로는 Levi-Strauss처럼 인간중심적인 의식의 철학을 거부하고 인간을 실천의 근원으로 상정하는 견해를 부정하면서도, 다른 한편으로는 모든 사회문화적 현상을 총체적으로 포괄하는 보편적 구조를 전제하는 구조주의의 경직된 기계론적 입장에도 비판적이다. Sartre의 실존주의는 의식적 주체를, Levi-Strauss의 구조주의는 무의식적 구조를 각각 다양한 현상을 총체론적으로 설명하는 궁극적 근원이나 본질을 상정하고 있다는 점에서 양자 모두 해체되어야 할 이성중심주의적 오류를 범하고 있다고 주장한다.

Foucault가 실존주의와 구조주의를 동시에 극복하고 이른바 후기구조주의 또는 탈근대주의(post-modernism)의 단계에 진입한 것은 고고학에서 계보학으로 방법론적 전환을 이룩한 이후이었다. 구체적으로 고고학적 연구단계인 말과 사물(1966), 지식의 고고학(1969)에서 Foucault는 구조주의적 인식론을 대변하였고, 계보학적 연구단계인 감시와 처벌(1975), 성의 역사(1979, 1984) 등 후기 저작에 이르러 비로소 구조주의를 극복하고 후기구조주의적 인식론을 반영할 수 있었다고 한다.

Foucault의 철학적 시대적 배경을 요약한다면, 권력의 문제로 초점이 전환되고 후기구조주의에 접어들면서 서구 이성에 대한 비판이 재등장하고 있었던 시대라고 할 수 있다(정호웅, p.108).

제3절 Foucault의 방법론

Foucault는 근대적 개인이 역사적으로 규정된 존재라고 본다. 즉, 근대주체는 서구 역사 전체를 대표하거나 포괄하는 보편적인 것이 아니라 특정한 시대인 근대의 산물이다(양운덕, p.222). 그리하여 그는 서구의 주체가 어떻게 지식, 권력, 윤리의 주체로 만들어지는가를 밝히려고 한다. 그는 이것을 보다 구체화하여 지식, 권력, 윤리의 분야로 나누어 살펴보고 있다. 즉, ① 개인은 어떻게 삶의 주체가 되는가? ② 개인은 어떻게 권력을 행하기도 하고 그것에 복종하기도 하는 주체가 되는가? ③ 개인은 어떻게 도덕적 주체가 되는가?(전게서, p.223).

Foucault는 주로 역사를 분석하면서 <도표 8-1>과 같이 이러한 세 가지 분야의 각각을 연구하기 위해 고고학과 계보학이라는 두 가지 다른 방법론을 이용하였다. 말과 사물(1966), 지식의 고고학(1969), 담론의 질서(1971) 등에서 고고학을 이용하고 있고, 감시와 처벌: 감옥의 탄생(1975), 성의 역사 제1권: 앎의 의지(1976b)에서는 (규율권력을 중심으로) 계보학을 이용하고 있으며, 성의 역사 제2권: 쾌락의 활용(1984)과 성의 역사 제3권: 자기에의 배려(1984)에서는 (윤리를 중심으로) 계보학을 이용하고 있다. 그리고 1977-78년사이에 Collège de France에서 강의되었고 사후에 출간된 안전・영토・인구(2004), 생명관리정치의 탄생(2004)에서는 (생명권력에서 유래된 통치성을 중심으로) 계보학을 이용하고 있다.

1. 고고학

일반적으로 사람들은 말하는 행위를 인간의 자유로운 의지로 생각하며 세계에 대한 지식은 역사 속에서 누적적으로 발전했다고 생각한다. 하지만 Foucault는 이러한 관점을 거부하고 담론의 질서(1971)에서 인간의 언어행위는 인간 외부에 존재하는 통제 규칙에 종속되어 있다고 주장했다. 아울러 지식의 고고학(1969)에서 지식은 연속성 위해서가 아니라 역사적 단절과 불연속 위에서 성립한다고 강조했다. 그는 인간의 주체성을 거부하고 구조주의적 사유를 하고 있었던 것이다. Foucault는 이러한 시각을 고고학이라고 명명했다(하상복, 2009, p.98). 그리하여 고고학은 역사를 연속적인 진보의 과정으로 보는 입장을 거부하고, 그 시대에서의 사고나 담론을 지니는 일정한 규칙 하에서 가능하게 하는 인식소(episteme)[10]를 분명히 하고, 그 결과로서 시대고유의 담론적 실천을 형성하고 지배하는 규칙성을 연구하여 역사에서의 단층을 분명히 하려고 하는 방법이다(Foucault, 1969).

Foucault는 자신이 고고학적 방법론을 적용한 말과 사물(1966)에서 서구문화사를 인식소에 따라 16세기를 르네상스 시대, 17-18세기를 고전주의 시대, 19세기 이후를 근대로 구분하였다. 각 시대마다 경험에 질서를 부여하고, 지식과 이론을 생산하며, 담론을 생성, 유포, 규제하는 시대고유의 인식적 틀 또는 시대고유의 사유구조가 있는데, 이를 인식소 또는 역사적 선험성(historical a priori)라고도 하였다. 르네상스 시대는 유사성(resemblances), 고전시대에는 표상(representation), 근대는 인간중심주의(anthropologism)를 각각 그 시대고유의 인식소로 보았다. 그리고 어떤 시대의 인식소가 지나간 시대와 다가올 시대의 진보적 연속선 상의 중앙에 위치한 것이 아니라, 시대별 인식소 사이에는 불연속성, 단절, 차이가 있을 뿐이다.

고고학은 시대별 담론적 실천의 규칙성을 공시적 차원에서 연구한 것이며, 이렇게 볼 때, Foucault의 고고학적 연구는 구조주의적 단계이다. 이는 무엇보다도 화자의 주관성보다는 사회적 규칙인 언어의 체계를 강조하는 구조주의적 관점이 이른바 의식적 주체를 담론적 실천의 근원이 아니라고 보는 Foucault의 담론이론에 계승되어 있을 뿐만 아니라, 통시적 차원보다 공시적 차원에 분석의 우선성을 부여하는 구조주의적 인식론이 시대고유의 인식소를 강조하면서 시대별 인식소 간의 단절을 강조하는 Foucault의 고고학에 계승되고 있기 때문이다.

Foucault의 고고학은 담론의 배후에 있는 은폐된 의미를 드러내려고 하는 것이 아니라 다음과 같은 세 가지 목적을 가지고 있다(Smart, 1985). 첫째, 고고학 방법론은 담론의 구조를 연구한다. 둘째, 이 방법론은 담론의 존재에 기여하는 요소와 그 담론이 동일한 형태로 계속해서 존재하는 조건을 조사한다. 그리고 마지막으로,

10) 인식소(episteme)란 우리가 사용하는 말들 중에서 학적인 체계를 갖춘 언어들을 의미하는 담론(discourse)의 형성을 한 시대에 가능하게 해 준 조건들의 집합 또는 어떤 시대변환에서 한 담론의 변환을 가능하게 해 준 조건들의 집합을 말한다. Foucault(1971; 이정우 해설, p.179).

Foucault는 담론의 효과를 연구한다. 알려져 있는 것(역사)이나 지식이 어떻게 가능한가(인식론)를 조사하기 보다는, 담론이나 지식이 어떻게 구조를 형성하고 있으며 이러한 구조가 인간에게 어떤 영향을 주는가에 초점을 두었다(Major-Poetzl, 1983).

2. 계보학

Foucault는 역사에 비추어 현재를 분석하고자 하였으며, 그의 본질적인 관심은 비판적이다(Kearins・Hooper, 2002, p.735).

고고학이 객관적인 서술인 것처럼 보이는데 반하여 계보학은 담론의 구조에서 권력이 수행하는 역할을 명시적으로 고려한다(Smart, 1985). 즉, 계보학은 담론적 실천에 작용하는 권력의 전략, 지식과 권력의 은밀한 유착관계를 분석하는데 초점을 두고 있으며(Foucault, 1975), 본질적으로 비판적인 현재의 역사를 생산하는 것이다(Kearins・Hooper, *op cit.*).

계보학의 방법론은 국가의 정책이 어떻게 제정되었고 공식적 원천으로부터 어떻게 도출되었는가에 관한 거시분석보다는 국지적・개별적 거래에서 합의된 권력의 미시실천에 관한 분석을 중심으로 한다(*ibid.*, p.734). 계보학적 연구에서 중심적인 것은 권력이 규율적 담론의 이용을 통해서, 감시, 개별화, 배제 등과 관련된 관리적 일상활동을 통해서, 궁극적으로 정상화를 통해서 어떻게 행사되고 유지되는가에 대한 관심이며, 이러한 관심은 담론체제의 특정한 권력효과로 확대된다(*ibid.*, p.736).

Foucault는 권력분석에서 근대 사회의 권력 테크놀로지들이 잘 계산되고 조직된 방식으로 개인의 육체를 길들이고 개인을 일정한 주체로 만든다는 것을 보여주고자 한다. Foucault는 이성적 능력을 신장시키는 계몽의 기획이 역설적으로 보다 이성적인 사회 관리를 위해 개인을 권력의 그물망에 배치한다고 본다. 근대적 개인들은 그들이 추구한 목표처럼 권력으로부터 자유로와지는 것이 아니라 다만 권력의 작용에 따라 움직일 뿐이다(양운덕, p.222).

Foucault는 근대사회에서 권력문제를 계보학적 관점에서 연구하고, 권력분석에서 새로운 시각을 확립하고 있다.[11] Foucault는 감시와 처벌(1975), 성의 역사 제1권(1976b)에서 권력의 문제에 대하여 지식과의 관계를 축으로 고찰하고는 완전히 새로운 지평에 서서 자신의 권력론(규율권력)을 전개하였다. 권력이란 말은 흔히 이야기되는 정권이나 대권, 제도, 구조, 특정한 권세라기 보다는 가정이나 일터 등 모든 위상의 사회에서 복합적인 전략적 상황에 부여되는 이름(미시권력)이다. 따라서 권력은 부모나 자녀, 의사와 환자, 교사와 학생, 군주와 신하 사이의 관계를 비롯하여 세력관계가 맺어지는 모든 경우에 나타난다. Foucault는 원형감옥을 권력의 감시와 통제를 상징하는 은유로 제시하여 규율화의 메카니즘을 분석하는데 주력하였다. 그후 70년대 후반에 생명권력의 개념을 부각시키는 중요한 전환이 이루어진다. 성의 역사 제1권(1976b)의 마지막 장에서 권력이 감금·억압·금지하는 규율이 아니라, 허용·조장·장려하는 생산으로 변화하였다고 주장하였다. 따라서 근대

11) 첫째는 전통적인 좌파의 논법으로 권력이란 그것을 획득한 계급이 점유하는 것이라고 생각되어 왔으나, Foucault에 의하면, 권력이란 하나의 점유라기 보다는 도리어 하나의 전략으로 생각하고 있다. 곧 소유가 아니라 행사되는 것으로서 지배계급의 특권이 아니라 그들이 차지하는 전략적 입장의 총체적 효과로 파악하고 있다. 둘째, 전통적인 관점에서는 권력이란 바로 국가권력이고 그것은 하나의 국가장치 속에만 존재하는 것이라고 생각되었으나, Foucault의 새로운 권력론에 의하면 국가 자체도 정치체를 구성하는 다양한 메카니즘의 총체적인 결과의 하나에 불과하고 권력을 일정한 장치=장에 고정된 것으로 보려는 견해를 오류라고 지적하고 있다. Foucault의 감시와 처벌(1975)은 근대사회를 규율중심의 사회라고 보는 것이지만, 보다 적극적으로는 권력이 엄밀하게는 규율하는 권력이 어떤 일정한 장치=장에 환원될 수 없는 것이며, 도리어 모든 장치=장을 일관하여 작용한다고 보는 것이라 할 수 있다. 셋째, 국가장치 속에 구현된 권력은 어떤 생산양식, 곧 일정한 하부구조에 종속된다고 생각하는 Marx주의의 전통적 사고에 대해서도 Foucault는 부정적이다. 경제적 차원은 모든 차원의 최종적인 규정력으로 파악하는 것이 불가능하다고 보는 것이 Foucault의 반론이다. 왜냐하면 Foucault는 권력을 미시적 물리력의 입장에서 분석한 뒤에 권력의 여러 가지 본질과 규율적인 여러 기술은 서로 결부되어 다양한 부분(곧 가정, 학교, 군대, 공장, 감옥, 기업)을 형성하는 그러한 권력의 내재성을 명백하게 밝히기 때문이다. 넷째, 종래에는 권력이 억압에 의하거나 이데올로기를 통하여 작용한다고 생각한 것이 보통이었으나, 권력은 이데올로기에 의해 움직이고 또한 억압·배제되는 것이 아니라, 더욱 강력하고 적극적으로 규격화를 조작하는 것으로서 현대사회에 있어서의 이데올로기적 억압이란 바로 이 규격화를 본질로 하는 것이라고 보는 것이 Foucault의 새로운 입장이다. Foucault(1975; 오생근 옮김, pp.50-51).

의 권력은 생사여탈의 권리가 아니라 육체와 삶을 관심과 통제의 대상으로 삼고 그것들을 최대로 이용하는 극히 치밀한 경제체계가 스며든 생산적인 성질의 것이다(Foucault, 1976b; 이규현 역, 1990, p.8). 즉, 권력은 현실을 창조하기 때문에 소극적이거나 억압적인 것이 아니라 적극적이고 생산적이다(생명권력), 이러한 생명권력에서 통치성개념이 도출되며, 1970년대 중반 이후에 통치성개념을 상세하게 논하고 있었다(Foucault, 2004b를 참조)(<도표 8-2>를 참조).

도표 8-2 Foucault의 권력개념의 진화

<table>
<tr><th colspan="2">구분</th><th>규율권력</th><th>생명권력</th></tr>
<tr><td rowspan="3">공통점</td><td>권력에 대한 관점</td><td colspan="2">관계론</td></tr>
<tr><td>권력의 정의</td><td colspan="2">전략적 관계</td></tr>
<tr><td>분석대상</td><td colspan="2">미시권력(권력의 구체적인 작동방식)</td></tr>
<tr><td rowspan="5">차이점</td><td>경험적 분석대상</td><td>학교, 공장, 병원, 감독 등 근대국가형성기에 발현한 조직과 사회제도</td><td>국가장치와 제도, 정책</td></tr>
<tr><td>권력의 속성</td><td>죽이는 권력 또는 살게 내버려두는 권력</td><td>살리는 권력 또는 죽게 내버려두는 권력</td></tr>
<tr><td>권력의 목표</td><td>순종적인 개인의 생산</td><td>생명의 보존과 증진, 강화</td></tr>
<tr><td>권력의 관여대상</td><td>개인의 육체</td><td>인구 전체의 생명
(개인과 집단의 생명)</td></tr>
<tr><td>권력의 기술</td><td>개체화, 객체화,
대상화, 예속화</td><td>집단화, 주체화,
능동적 참여, 자율적 관리</td></tr>
</table>

자료원: 은재호(2011, p.24).

그리고 권력과 지식은 서로 구성적이다(Covaleski et al., 1996, p.22). Foucault는 권력과 지식의 상호작용의 역사를 거슬러 올라감으로써 권력과 지식이 만들어내는 역사공간 속에서 권력의 정치적 기술(political technology)에 억압당해 왔던 지엽적이고 국지적인 민중의 역사를 포착하고, 이제까지 그 가치가 인정되지 못하고 종속되어온 지식(subjugated knowledge)형태들을 역사의 표면으로 끌어올려 그 역사에 목소리를 돌려주려는 것이다(김성기, p.33).

1980년대에 와서는 사망할 때(1984)까지 윤리를 주로 다루고 있다. 이 시기는 권력문제를 다루던 1970년대에 객체화된 인간이 자기 자신을 주체화시키는 양식에 관한 연구에 몰두하였다. 성의 역사 제2권(1984a)과 제3권(1984b)에서 Foucault는 더 이상 규율과 통제의 기술이 아니라 개인의 윤리 문제를 정면으로 다루며 객체화와 주체화의 갈등적인 과정에서 어떻게 나 자신이 표출되고, 그러한 과정에서 나 자신이 나를 어떻게 능동적으로 변형시킬 수 있는지를 추적하고자 하였다.

1) 규율권력

규율(discipline)은 질서나 제도를 위해 마땅히 지켜야 할 일, 그리고 질서나 제도를 좇아 다스림으로 정의된다(한글학회 지음, p.597). 규율은 라틴어 disciplina에서 파생된 것으로, 학습과 관계된 disci와 아동을 뜻하는 pulina의 합성어이다. 따라서 이 단어의 어원적 출발점은 교육적인 용어였으며, 동시에 권력/지식의 두 측면과 본래부터 관련되어 있다고 할 수 있다. 규율은 학습자에게 어떤 지식을 내보여준다라는 교육적 의미와 함께, 학습자에게 계속 지식을 습득하도록 강요하는 규율의 의미를 지닌다. 오늘날까지도 이 단어는 두 가지 의미를 띠고 있다. 이 단어의 첫 번째 의미는 철학, 음악, 수사학 등과 같은 고대의 지식과 학문을 뜻한다. 두 번째 의미는 군대 훈련과 같은 권력의 문제와 관련되어 있다(Hoskin, 1990; 이우진 옮김, p.60.). 결국 규율은 지식형태와 권력기술이라는 두 가지 의미를 가지고 있다. 규율이 이러한 이중적 의미로 구성되고 나서 개인과 사회세계로 전파되는 장소는 교육기관이라고 주장되며(*ibid.*), Foucault가 근대의 권력/지식관계의 등장에 관해 말할 때, 교육의 변화를 효과적으로 서술하고 있다고 주장된다(Hoskin · Macve, 1993, p.29). 이러한 규율지식은 18세기 엘리트 교육기관(특히 미육군사관학교)에서 엄격한 시험, 시험결과의 수치적 등급, 글쓰기 등의 세 가지 교육실무로서 결합되어 권력/지식의 혁신이 이루어졌으며, 기업으로 전파되었다고 주장되고 있다(Hoskin · Macve, 1988).

신체의 활동에 대한 면밀한 통제를 가능케 하고, 체력의 지속적인 복종을 확보하며, 체력에 순종/효용의 관계를 강제하는 이러한 방법을 바로 규율(discipline)이라고 부를 수 있다. 규율은 복종되고 훈련된 신체, 순종하는 신체를 만들어낸다(Foucault, 1975; 오생근 옮김, pp.216-217).

이러한 규율을 지키기 위해서는 네 가지 조건이 충족되어야 한다(이광래, pp.218-220). 첫 번째 조건은 규율공간이다. 이것은 공간적 배분의 기술로서 기능적 분리의 기술들 가운데 가장 현저한 것이다.

두 번째 조건은 행위통제이다. 즉, 직원이나 수감자들의 행동을 매일같이 계획하고 몸의 움직임에 이르기까지 행동에 대한 규칙성을 부과하는 것이 그것이다.

세 번째 조건은 훈련이다. 이것은 신체나 규율의 지속을 위한 통제술에 있어 강력한 도구가 되었다.

네 번째 조건은 힘의 구성 즉, 전술이다. 개인들을 자리에 배치하거나 함께 이동시킬 때는 고도의 숙련과 정확성이 필요했다.

이상과 같은 조건들은 순종적인(docile) 육체들 즉, 규율사회를 창조하는데 수렴된다. 이처럼 규율은 합리적, 효율적, 기술적인 사회가 요구하는 순종적이고 열심히 일하며, 양심적이고 유용한 창조물로서 근대의 모든 생산과 전쟁의 전략에 순응하는 인간을 일반화시키는 데 그 목표를 두고 있다(*ibid.*, p.221).

Foucault의 경우, 개별화하는 규율의 권력기법은 다음과 같은 도구에 의해 지지될 수 있다(Vincencio, p.745).

1. 계층적 관찰. 공간의 분포와 이 분포가 생성하는 권력관계와 연결되는 계층적 관찰. Jeremy Bentham의 원형감옥은 가장 전형적인 이러한 도구의 표상이다.
2. 판단의 규범화. 이것은 정상과 비정상의 경계를 그리는데 반하여, 법은 허용된 것과 금지된 것을 구별하며, 이러한 의미에서 법은 구별하고 구분하는데 반하여, 규범은 표준화하는 것을 목적으로 한다. 그리하여 정상화에 벗어나는 것

에 대해서는 제재를 가하게 된다.

3. 시험. 이것은 지식과 권력의 관계가 중복하는 두 도구의 결합이다.

규율은 규범화하는 판단을 바탕으로 만들어지므로 부르조아 정규학교(écoles normales)의 사회에서부터 산업생산에서의 표준유지와 근대병원에서의 일반적인 건강규범에 대한 관심에 이르기까지 규범에 대한 집착을 양육해 내었다. 규범화하는 판단과 위계적 감시는 특히 시험(examination)에서 뚜렷이 드러난다. 시험에는 관리하고 감독할 필요와 처벌할 권리가 매우 밀접히 서로 연관되어 있기 때문에, 시험은 규율의 바로 심장부에 있으며 규율의 가장 제식화된 절차 가운데 하나이다.(Foucault, 1975; 오생근 옮김, p.221). 다른 어느 곳에서도 권력과 지식의 중첩이 그토록 완전한 모습을 드러내지는 않는다(*ibid.*, p.222).

여기서 규율권력(disciplinary power)이란 기계로 간주된 사람 개개인의 몸을 훈련하고 그 능력을 최대한 끌어내어, 이를 길들여서 효율적이고 경제적인 통제 시스템에 통합하는 권력을 말한다(홍성욱, 2002, p.21). 이러한 규율권력은 한 사람의 권력자가 만인을 감시하는 시선으로 특징지어진다. 한 사람이 만인을 주시하는 규율권력의 사회는 감시사회이다.

규율권력은 권력자가 자신의 모습을 보이지 않게 하면서 행사된다. 오히려 권력은 복종하는 사람들에게 의무적인 가시성의 원칙을 부과한다. 규율에서 보여져야 할 사람은 복종하는 자들이다. 그들을 빛 속에서 드러냄으로써 그들에게 행사되는 권력의 지배가 확보된다. 규율의 대상인 개인을 예속의 상태로 유지하는 것은 끊임없이 보여지고, 항상 보여질 수 있다는 사실이다(Foucault, 1975, p.187; 오생근 옮김, p.293). 결국, 규율권력은 보는 것과 보여지는 것을 실제로 분리시키는 메카니즘으로부터 발생한다. 따라서 Foucault는 Bentham의 원형감옥(panopticon)이 완벽한 규율권력 메카니즘에 가깝다고 생각한다.[12)]

---

12) Foucault는 이 규율권력이 행사되는 전형적인 장치를 Jeremy Bentham이 고안한 원형감옥

이러한 규율권력은 궁극적으로 개인이 스스로 자신의 감시자가 될 정도로 감시체계가 내면화되며 권력은 최소의 비용으로 계속 작동하게 된다.

Foucault는 근대 사회의 권력이 무력과 법을 통해 강제로 사람들을 옥죄는 전통적인 군주권력(sovereign power)보다 간접적이면서 훨씬 더 은밀한 방식으로 바뀌었다고 생각했다. 그는 새로운 근대권력의 유형을 두 가지로 파악했는데, 그 중 하나는 기계로 간주된 사람 개개인의 몸을 훈련하고 그 능력을 최대한 끌어내어, 이를 길들여서 효율적이고 경제적인 통제 시스템에 통합하는 규율권력이고, 또 다른 하나는 섹스, 인구, 수명과 같이 사람들의 몸의 집합적 총체에 작동하는 생명권력(bio-power)이었다. 이 생명권력으로 인해서 인간의 신체를 통치하는 통치성(governmentality)이 연구의 초점으로 되었다. 정치경제학과 통계학은 이러한 새로운 권력과 함께 등장하여 지식/권력의 그물망을 형성한 대표적인 과학 분야이었다(*ibid.*, pp.20-21).

Foucault는 근대사회를 관통하는 권력을 규율권력으로 부르고 있다. 이 규율권력은 전형적으로 감옥에서 발견될 수 있지만 학교, 공장, 병원, 군대 등에서도 볼 수 있으며, 따라서 근대사회 전체를 관통하고 있는 것으로 생각되고 있다. 회계와 관련해서는 공장에서 규율권력의 분석을 중심으로 Foucault의 방법론이 회계학연구에 적용된다. Foucault에 의하면, 공장에서는 개개인을 한 사람, 한 사람 평가할 수 있는 공간 속에 배분하는 것이 중요함과 동시에 이러한 배분을 필요로 하는 생산장치에 연결하는 것도 중요하고, 완강함, 신속함, 숙련, 지속성 등의 개개인의 힘에 관한 각 변수가 관찰가능하게 되고, 평가되고, 기록되어 그 힘의 특정한 지배자인 감독이나 공장장 등에게 보고할 수 있게 되었다(Foucault, 1975; 오생근 옮김, 2003, pp.195-196). 여기서 개개인을 평가하고, 기록하고, 보고하기 위한 기술 즉, 권력의 수단으로서의 지식이 곧 회계라고 말할 수 있을 것이다.[13)]

(panopticon)에서 찾고 있다. 여기서는 피구류자가 완전히 보여지지만 감시자를 볼 수 없는 장치이며, 이것을 일반화가 가능한 하나의 작용모형으로 이해하고 있다(홍성욱, 2002, pp.29-49).

13) 근대의 권력시스템에서 두 가지 원칙이 항상 작용하고 있다. 첫째, 권력과 지식이 점차적으로

2) 통치성

Foucault의 통치성에 관한 강연이 학술지인 I&C에 1979년 영어로 게재되었지만, 통치성 개념은 1991년 *Foucault Effect*의 출간이후에 널리 주목을 받았다. 이 책자에서 Gordon(1991)은 통치성 개념을 상세히 소개하고 있으며, Miller · Rose(1990)는 경제생활의 통치양식에 관한 연구를 상세히 설명하고 있는데, 이후에 통치성에 관한 연구가 활발히 진행되고 있다(Miller · Rose, 2008, p.1025).

원래, 통치성(governmentality)이란 통치(govern)와 정신상태(mentality)의 합성어로 볼 수 있는데, 이는 통치가 권력관계의 불균형에 따라 필연적으로 발생되는 것이 아니라 통치 대상과 방법에 대한 특정한 사유를 전제하고 있음을 강조하는 것이다. 통치성은 통치를 특정한 방식으로 사유하면서 등장한 것이다(Lemke, 2002).

통치(government)에 대한 새로운 시각의 출발점은 1977-1978년의 강의이다(Foucault, 2004a). 이 강의에서 Foucault는 16-17세기에 들어오면서 기존의 지배개념과는 전혀 다른 개념으로 통치가 등장한다고 말한다. 즉, 기존의 지배는 봉건군주의 이익의 관점에서 사람을 수탈적으로 통제하는 것을 의미하였다면, 새로운 통치 개념은 어떤 특정 목적을 위해 사람과 사물들의 관계를 이상적으로 만드는 것으로 볼 수 있는데, 처음에는 통치의 의미가 가장이 가정을 돌보듯이 군주가 국가를 돌보는 것을 의미했지만, 18세기 후반이 되면서 경제와 사회는 자신만의 질서를 갖는 것으로 간주되면서 과정(process)을 관리하는 것이 통치의 중심내용이 되었다는 것이다(이문수, p.4).

Foucault가 보는 통치란 개인들을 책임있는 권위 아래 놓으면서 일생동안 그들

글쓰기를 통해 행사되는데 이것을 문자중심주의(grammatocentrism)라고 부를 수 있다(Hoskin · Macve, 1993, p.32). 근대의 조직과 개인들은 글쓰기를 통해서 계획, 평가, 예산, 분석 등이 이루어진다. 둘째, 새로운 글쓰기를 포함하는 모든 것을 끊임없는 시험과 등급에 복종시키는 원칙이 계산가능성(calculability)의 원칙이다. 이것은 사람에게 가치를 부여하며, 인간성패의 객관적인 척도를 제공한다. 이러한 원칙에 의해 회계책임이 일상생활에서 유의미한 존재로 등장하게 되었다(Hoskin · Macve, 1988).

의 행위를 일정한 방향으로 이끄는 것이다(Rose, 1999, pp.18-20). 즉, 통치는 개인의 행위를 일정한 방향으로 유도, 지도, 인도하는 모든 행위를 의미하는 '행위의 행위'(conduct of conduct)로서 개인이 어떠한 행위를 할 수 있는지 또는 하지 않는 가능성의 조건을 형성하는 것을 말한다. 이 때 통치가 진정으로 의도하는 것은 개인의 행위에 직접 영향을 미쳐서 의도한 결과를 얻는 것이 아니라 행위자가 자발적으로 자유스러운 상태에서 하는 행위가 특정 목적에 봉사하도록 하는 것이다.

국가적 수준에서의 통치는 절대주의 국가에서는 국부의 증진과 인구의 증가를 위한 것이다. 19세기의 자유주의 국가에서는 자연 질서로서의 시장질서 확립을 위해서 노동자의 형성과 노동의 규율화가 최대의 목표가 되며, 오늘날의 신자유주의 아래에서 통치의 중요한 목적으로 Foucault(2004b)는 모든 생활영역의 기업화를 말하고 있다.

Foucault는 18세기 이후로 인구(population)가 통치의 두드러진 영역으로 등장하였다고 주장하였다(Miller · Rose, 1990, p.2). 이러한 정의에 내재된 새로운 통치 합리성은 인구의 부, 건강, 행복을 알고 지배하기 위하여 모든 사람들에게 내재된 사고하고 행동하는 어떤 방식에 주목할 것을 요청하며(Rose · Miller, 1992, p.174), 평균수준(국가)과 미시수준에서 주민의 관리와 관련시킨다(Jackson · Carter, 1998, p.49). 통치성은 전체국가의 수준에서(Foucault, 1991, p.92) 경제를 주입하고 적용함으로써, 최적경제성과를 위한 조건을 확보하는 것에도 연결되어 있다(Burchell, 1993, p.273).

이러한 통치성은 권력으로부터 통치로의 이행, 보다 정확히 말해서 규율이라는 이름으로 개개인들의 신체에 행사되는 미시권력으로부터 모든 인구를 대상으로 하는 생명권력의 문제로의 이행이라 할 수 있다(신충식, p.3).

규율권력과 생명권력의 유사점과 차이점을 살펴보면 다음과 같다(진태원, pp.230-232).

규율권력과 생력권력의 개념은 몇 가지 점에서 유사하다. 첫째, 양자는 권력에 대한 관계론적 관점을 방법론적 기초로 삼아 분석되고 있다는 점에서 같은 노선 위에 있다. 둘째, 양자는 이전까지 정치의 영역으로 간주되지 않았던 영역을 정치적 분석의 대상으로 삼고, 또 그곳에서 정치권력의 핵심 메카니즘을 찾고 있다는 점에서도 공통적이다. 규율권력 개념이 학교, 공장, 병원, 감옥 등과 같은 사회에서 자본주의 사회의 주요 권력인 규율권력이 형성되고 정련되어 확산되는 장소를 발견하는 것이나 생명권력 개념이 출생률과 사망률, 수명 등과 같은 인구에 관한 통계학적 분석에서 19세기 이후 서양 사회를 조절하는 주요 권력의 징표들을 찾는 것에서 이를 잘 살펴볼 수 있다.

한편, 이들의 차이점은 다음과 같다. 첫째, 이 두 권력은 대상에서 차이가 있다. 17-18세기에 걸쳐 등장한 규율권력이 개인의 신체를 대상으로 삼아, 감시와 훈련, 이용 및 처벌이 가능한 순종적인 신체, 유순한 개인으로 해체하는 권력이라면, 18세기 말에 등장하기 시작한 생명권력은 개체가 아니라 종으로서의 인간 또는 인구전체를 대상으로 삼는 권력이다.

둘째, 이러한 대상의 차이로 인해 권력의 기술이 추구하는 목표와 이를 달성하기 위한 메카니즘에 차이가 있다. 규율권력이 목표로 삼는 것은 정치권력에 순종하면서 자신이 지니고 있는 힘, 역량을 최대한 발휘할 수 있는 개인을 만들어 내는 것이었다. 따라서 규율권력의 목표는 다양한 규율의 기술들을 통해 예속적 주체, 개인을 만들어내는 데 있다고 할 수 있다. 이에 반해서, 생명권력은 개인들 및 그들의 신체가 아니라 생명 그 자체의 조절과 관리를 목표로 삼는다. 따라서 여기서는 개인들의 규율과 예속이 아니라 인구 전체의 생명의 보존과 증진, 강화가 문제가 되며, 보건의료의 시행과 사회보장제도의 도입, 각종 인구정책의 도입 등이 이러한 목표를 달성하기 위해 수행되는 구체적인 권력의 기술이다.

셋째, 규율권력에 대한 분석과 달리, 생명권력에 대한 논의에서는 국가의 활동, 국가의 작용이 전면에 등장한다는 점을 들 수 있다. 감시와 처벌에서 국가는 권력관계분석에서 아무런 역할을 수행하지 않는다. 그러나 생명권력/생명정치에 대한 분석에서 국가는 권력의 주요한 집행자로 등장한다. 각각의 개인이나 특수집단의 사람들이 아니라 종으로서 인구의 생명을 조절하는 메카니즘을 고찰하기 위해서 국가의 작용이 필연적으로 등장한다. 이후에 Foucault는 안전, 영토, 인구(2004a)에서 통치 또는 통치성 개념을 도입한다. 이 통치개념은 특히 두 가지 측면에서 중요하다. 첫째, 그는 통치를 군주와 신민의 관계에 제한하지 않고, 가족, 수도원, 학교 등과 같은 사회의 다양한 영역에 적용되는 다양하고 내재적인 기법(art)으로 보았다. 둘째, 그는 통치의 핵심문제를 영토의 문제 즉, 군주가 자신의 영토를 지키고 그 안에서 살아가는 신민들의 복종을 이끌어내는 능력의 문제로 이해하지 않고, 인구 또는 사람들과 사물들 사이의 복합체를 관리하고 다스리는 기법의 문제로 이해하고 있다.

이러한 통치개념의 도입은 첫째, 생명권력 개념에 의해 권력 분석의 주요 대상이 된 국가를 계보학적 관점에서 다루기 위한 Foucault의 의도를 대변해 준다. 통치 또는 통치성이라는 개념은 생명권력의 기술을 해명하기 위한 것으로 볼 수 있다. 둘째, 이 개념은 생명권력에 저항할 수 있는 가능성이라는 문제와 관련하여 시사점을 제공해 준다. 생명권력은 규율권력과는 달리 개인주체가 아니라 종으로서 인구에 대해 작동하며, 그것이 제시하는 규범 역시 집합적이고 익명적이기 때문이며, 통치라는 개념이 이 문제를 구체적으로 사고할 수 있게 해 준다.

3) 윤리

Foucault는 사물에 대한 통제의 관계(지식), 타자와의 행동의 관계(권력), 자아와의 관계(윤리) 등에 관심을 가지고 있는데, 윤리는 지식과 권력 이후에 Foucault의 연구의 세 번째 축을 구성한다. 윤리라는 용어는 Foucault가 윤리적 주체라고 부른 도덕적 주체의 구성을 서술한다(Vicencio, p.746).

Foucault에 의하면, 도덕적 행동은 개인의 도덕적 강령과 관련해서 그의 실제행동으로 구성된다. 여기서 다루어야 할 문제는 개인이 처방이나 금기사항을 준수하거나 저항하는 방식과 개인이 일단의 가치를 무시하거나 존경하는 방식, 규칙 등을 준수하는지의 여부이다. Foucault의 관점에서 윤리는 사람이 자신과 가져야 하는 관계의 종류와 관련이 있으며, 개인이 자신을 도덕적 주체로 구성하는 방식과 관련이 있다. 따라서 윤리는 도덕적 행동, 도덕적 강령과 구별된다. 윤리는 사람이 좋은 종류의 사람으로 되기 위해 처신하는 방식과 관련이 있다. 윤리는 윤리적 주체로서 자아형성과 자아의 규율적 실천과 관련이 있다(Baker, 2005, p.267).

Foucault는 주체가 도덕적 주체로 어떻게 구성되는가에 관해 네 가지 측면을 고려하고 있다.

1. "......윤리적 실체, 다시 말해 개인이 자신의 어떠어떠한 부분을 자기 도덕적 행동의 주된 질료로 구성하는 방식"(Foucault, 1984a; 문경자·신은경 옮김 p.42).
2. "......복종방식, 말하자면 개인이 이 규칙에 대한 자신의 관계를 설정하고 스스로가 그 규칙을 적용해야 할 의무에 얽매어 있는 것으로 인식하는 방식"(*ibid.*; 전게서, p.42).
3. "인간은 자신의 행동이 주어진 규칙에 부합하도록 하기 위해서 뿐만 아니라 스스로를 자기 행동의 주체로 변화시키기 위해 자기 자신에게 완성, 윤리적 작업을 행하는데, 이 작업의 형태"(전게서, p.43).
4. "......도덕적 주체의 목적론: 행동이 그 자체로서, 그리고 그 행위의 특이성만으로 도덕적일 뿐만 아니라, 그것은 행동의 총체들 속에 삽입됨으로써, 또한 그 안에서 차지하는 위치에 의해서도 도덕적인 것이다. 그것은 그러한 행동 총체의 한 요소이자 양상이며 지속되는 행동의 한 단계, 계속성 속에서 있을 수도 있는 진보를 나타낸다."(전게서).

Foucault의 경우, 권력, 지식, 규율, 성, 주체성 동맹(alliance) 등과 같이, 윤리적 또는 도덕적 주체 이외에 이용될 수 있는 다른 형태들이 있다. 무엇보다도 일부는 주체의 수준에서 영향을 가지고, 일부는 권력관계의 수준에서 영향을 가진다(Vicencio, p.747).

그리하여, 도덕은 "가족, 교육기관, 교회 등과 같은 다양한 규제체제를 통해 개인이나 그룹들에 제시되는 행동규칙과 가치들의 총체를 의미한다"(Foucault, *op cit.,* p.26; 상게서, p.41). 그러나 도덕은 또한 개인들에게 제시된 규칙과 가치들과의 관계 속에서 이 개인들의 실제적 행동을 의미하기도 한다. 이 경우에는 그 개인들이 어떤 행동원칙에 복종하는 방식, 그들이 금기 또는 규칙에 따르거나 저항하는 방식, 그들이 가치들의 총체를 존중하거나 무시하는 방식을 지칭하는 것이다. 이러한 측면의 도덕 연구에서는 개인이나 그룹이 어떻게, 그리고 어느 정도로 변화나 위반의 여지를 지니고서 그들의 문화 속에서 명시적으로나 또는 묵시적으로 주어진, 그리고 그들이 다소간 명확하게 의식하고 있는 규제시스템에 의거하여 행동하느냐 하는 것을 밝혀주어야만 한다. 현상의 이 측면을 행동의 도덕성이라고 부르기로 하자(*ibid.*, pp.26-27; 전게서).

Foucault는 말년에 다음과 같은 질문을 제기한 바 있다. 개인은 어떻게 윤리적 주체가 되는가? 또는 더욱 구체적으로, 윤리적 자아 이해는 어떻게 등장하는가?

Foucault는 다음과 같은 네 가지 요소에 의해서 이러한 기본적인 윤리체계에 관해 생각하였다(McPhail, 1999).

1. 우리가 윤리적 주체가 되기 위해 우리 자신을 변화시키는 수단; 우리 스스로 부과한 규율(자율).
2. 목적(telos): 우리가 도덕적으로 행동할 때 되기를 원하는 인간유형.
3. 윤리적 실체: 윤리적 판단을 위한 관련영역으로 간주되는 우리 자신의 일부.
4. 복종양식: 개인이 자신의 도덕적 의무를 인식하도록 촉구되는 방식. 예를 들면, 일부 의무는 종교적 도움에 의해 발생하는데 반하여, 다른 의무는 사회관습과 이성적 분석에 의해 발생할 수 있다.

Foucault는 우리가 우리의 행위를 규제하기 위해 우리 자신에 대해 행사하는 규율권력을 가리키기 위해 자율(self-discipline)이라는 용어를 이용하고 있다. 권력이 어떻게 작용하는가에 관해 우리가 성찰할 때, 우리는 허약한 개인이나 집단에 대해 권력을 행사하는 강력한 개인이나 집단을 생각한다. 물론, 이 권력양식은 권력의 대상이 되는 사람들이 다양한 방식으로 저항할 수 있기 때문에 항상 그렇게 효과적이지는 않다. 그러나 Foucault는 개인들이 다양한 방식으로 그들에 대해 권력을 어떻게 행사하는가에 관심이 있었다. 더욱 노골적이고 압박하는 통제형태에서, 개인들은 마지못해 복종을 해야 하지만, 윤리적 주체성의 구축을 통한 권력의 작용은 위협적인 함축적 의미(connotation)를 적게 가질 것이다. 개인은 윤리의 이름으로 개인이 타인에게 행사하는 자율적 권력을 통해서 사실상 도덕적 선이나 고결함의 감정을 느낄 수 있다. 이러한 종류의 권력은 특별한 이해관계에 이바지하는데 훨씬 더 효과적일 수 있지만, Foucault는 우리 자신을 어떻게 가장 잘 규율하게 하는가에 관해 의도적으로 전략화하는 통제집단이 있다는 것을 주장하지 않는다. 왕은 죽은 지 오래되었다는 것이다(Neimark, 1990).

Foucault의 윤리개념의 두 번째 특징인 Telos는 우리가 도덕적으로 행동하기 위해 우리 자신을 규율할 때 되기를 원하는 개인유형과 관련이 있다. 이 개념을 살펴보기 전에 잠시 다음을 생각해보자. 좋은 회계사의 특징에 관해 마음속으로 생각해 보자. 그의 특징은 어디로부터 온다고 생각하며, 이들이 당신의 행위에 어떻게 영향을 준다고 생각하는가? 당신의 이상적인 회계사유형은 회계사가 언론매체와 영화에서 제시되는 방식과 어떻게 다른가?

회계의 교육방식이 당신에게 영향을 주었을까? 회계는 일반적으로 신고전파 경제학의 규정내에서 교육되기 때문에, 회사는 주로 그 자체의 효율성과 주주의 부를 극대화하는 정도까지 사회에 책임이 있는 것으로 일반적으로 간주된다. 합리적인 경제적 의사결정은 순전히 이익에 대한 재무영향에 의해서 정당화된다. 각 개별 회계담당자가 되기를 열망하는 사람은 다양한 이유로 등장하지만, 연구에 의하면 효율성과 부의 극대화 개념들은 회계목적(telos)내에 확고하게 내재하고 있다(McPhail, 1999).

Foucault의 윤리개념의 세 번째 특징은 윤리적 실체(ethical substance)이다. 이 요소는 윤리적 판단을 위한 관련영역이라고 생각되는 생활 분야를 가리키거나 우리의 도덕적 추론에 관여하는 생활 부분을 가리킨다. 많은 연구에 의하면 회계사들이 회계실무를 윤리적으로 고려하지 않는다고 한다.

마지막으로, Foucault의 복종양식의 개념은 우리가 우리의 도덕적 의무를 인식하게 되는 근본적인 매체를 가리킨다. 예를 들면, 회계에서 도덕적 책임은 주로 합리적, 경제적 분석을 통해 발생된다. 그러나 복종양식은 종교적 교리일 수도 있다(McPhail · Walters, p.98).

이상에서 살펴본 바와 같이, 권력, 윤리 등을 중심개념으로 하는 Foucault의 계보학의 특징은 요약하면 다음과 같다(전경갑, pp.191-193).

첫째, Marx 사상을 비롯한 모든 유형의 목적론적 이론과 총체론적 거대이론은 현대사회의 문제, 특히 1968년 5월 사태가 상징하는 새로운 상황에 대한 설명력이 없다고 본다(Foucault, 1980; 홍성민 옮김, 1991, p.149). Foucault는 초월적 의식이든, 불변의 구조든, 경제적 생산양식이든 혹은 역사발전에 내재된 것으로 상정된 절대정신이든 가릴 것 없이, 다양한 현상을 어떤 고정된 본질이나 궁극적 근원에 입각하여 획일적으로 설명하는 모든 유형의 총체론적 거대이론을 철저하게 거부하는 Nietzsche적 반근원주의 사상가이다. 따라서 Foucault의 철학은 총체론적 역사관을 해체하고, 궁극적 근원, 보편적 진리, 역사의 진보를 전제하는 모든 전통철학을 부정하면서, 차이와 다양성, 우연성과 불연속성, 국지적인 것들을 총체론적 인식의 전체주의적 횡포로부터 해방시키려 하므로, 이 점에서 Foucault의 철학은 분명히 탈근대적(post-modern)이다(전경갑, p.192).

둘째, 이와 같이 총체론적 인식을 거부하고 계보학적 분석을 강조하는 Foucault의 경우, 사회구성도 어떤 단일한 본질의 다면적 재현이 아니라, 다양한 계열의 복합과 균열 그리고 차이로 나타나며, 각 영역은 그 자체의 구조적 리듬에 따라 역사적으로 변모하기 때문에 권력현상도 지역적으로 분산되지 않을 수 없다. 현대사회의 권력현상을 분석하기 위해서는 우선 권력의 개념을 통치권이나 중앙집권적인 국가권력으로 규정하기 보다는 공장, 학교, 관청, 병원, 감옥, 법원 등 사회의 풀뿌리 수준에서 작용하는 힘의 관계로 개념화하고, 이와 같이 국지적이고 지엽적인 공간에서 작용하는 권력과 저항의 역학관계, 특히 시민의 일상적인 행동양식과 태도, 그들의 행위, 그들의 신체에 작용하는 권력의 전술과 전략에 분석의 초점을 두어야 한다는 것이다. 이러한 관점은 권력현상에 대한 전략적 분석을 주변적이고 구체적인 권력관계의 작용점에서부터 연계를 형성하여 위로 올라오는 상향적 접근이 타당하다는 점을 강조하는데 그 특징이 있다.

셋째, Foucault의 권력이론 중 가장 중요한 특징은 순진무구한 지식은 있을 수 없으며, 지식과 권력이 은밀하게 유착되어 있다는 것으로, 이것은 지식과 진리의 주장도 그것이 보편타당성에 근거를 둔 것이라기 보다는 오히려 권력의지라는 Nietzsche의 관점과도 같은 것이다. 모든 지식은 그 자체가 권력을 내포하며, 어떤 권력도 지식의 정당화 없이는 행사될 수 없다는 것이다. 즉, 권력자들이 권력을 행사할 때는 거의 대부분 지식인들의 도움으로 그러한 권력행사를 이론화하거나 합리화하는 것을 살펴볼 수 있다.

한편, Foucault의 계보학 방법론에 관한 비판은 경합적인 인식론적 입장들로부터 나오는 경향이 있다. 첫째, 계보학의 방법론을 일반화할 수 없다는 것이다. 이 비판은 미시적 실무에 대한 주안점을 감안하면 근거가 없는 것은 아니다(Kearins · Hooper, p.737).

두 번째의 비판은 계보학적 방법론의 적용에 관한 것이다. 계보학의 방법론에 객관적인 기준이 없으며, 완전히 주관적이라는 점이다(*ibid.*, p.738).

요컨대, 계보학은 권력이 특별한 맥락 속에서 어떻게 행사되는가에 관해 강력한 강조를 유지하는 현재의 역사이다. 이 방법론을 적용한 감시와 처벌, 성의 역사 제1권 등을 통해서 Foucault의 사상은 인간을 의식적 주체로 보는 전통적인 형이상학에 반대하는 반인간주의이고, 모든 유형의 총체론적 담론을 거부하는 탈중심적 이론이며, 모든 체계화를 반대하는 반이성 중심주의이며, 진보적 발전의 역사관과 대립됨을 보였다. 즉, Foucault는 지금까지 서구사상의 근간을 이루어왔던 이성, 진리, 주체, 중심, 목적(telos)과 같은 것을 모두 거부한다는 점에서 그의 사유체계에 Hegel이나 Marx가 믿었던 진보의 사상은 있을 수 없다.

제4절 Foucault와 회계학연구

AOS는 실증주의적·기능주의적·행동과학적 회계연구 프로그램에 도전하고, 회계맥락 내에서 작용하는 보편적인 분석을 보완하기 위해 사회적·조직적 현상으로서 회계학연구(Burchell et al., 1980, p.22)를 주장한 이후, Foucault의 연구에 관심을 가졌던 첫 번째 회계학술지이었다. AOS에는 조직이론, 사회학, 철학 등과 같은 다양한 분야에서 발전한 방법론과 이론을 도입하여 회계학연구에 새로운 담론적 공간을 열었다(Baxter·Chua, 2003).

1980년대에, 영국의 회계학연구는 Marx주의, 독일의 비판이론(특히 Habermas), 프랑스의 후기구조주의(또는 포스트모더니즘, 특히 Foucault, Bourdieu) 등과 같은 비판적 방법론과 구제도학파의 방법론, 구조화이론, 일상생활방법론, 구술사방법론, 상징적 상호작용론 등과 같은 해석적 방법론 등의 다양한 방법론을 적용하기 시작하였으며,[14] 1980년에 Foucault가 회계학술지인 AOS에 처음 등장하였고, 1985년부터 그 사상이 회계학에 본격적으로 적용되기 시작하였는데, Foucault는 <도표 8-3> (Chiapello·Baker, p.149)과 같이 오늘날 프랑스 철학자와 사회학자들 중에서 회계학에 가장 많이 인용되고 있다.[15]

---

14) (관리)회계학문헌에 관한 광범위한 검토로는 다음을 참조. Baxter·Chua(2003)과 Puxty(1998).

15) Gendron·Baker(2005)에서도 *Accounting, Organizations and Society*의 논문에 인용되는 Durkheim,

도표 8-3 회계학논문의 수(2008년까지)

프랑스학자, 학술지, 창간년도	Foucault 1926–1984	Latour 1947–	Bourdieu 1930–2002	Derrida 1930–2004	Baudrillard 1929–2007	Barthes 1915–1980	합계
AOS 1976	139	91	48	31	20	13	342
CPA 1990	114	33	41	21	17	9	235
AAAJ1988	82	40	24	22	10	12	190
EAR 1992	18	6	4	6	2	6	42
MAR 1990	10	17	6	0	0	0	33
합계	363	187	123	80	49	40	842

프랑스 철학자 특히 Foucault의 비판적 방법론을 회계학에서 수용하게 된 것은 역사적으로 우연한 이유로 영국에서 경영학의 연구에 관한 그의 영향을 반영한 결과이다(Carter et al., 2002). 영국의 경영대학원(business school)들이 1970년대와 1980년대에 확대되었기 때문에 경영대학원들은 조직연구에서 비판적 통찰력을 적용한 영국의 사회학자들에게 본거지가 되었다(*ibid.*, p.21). 영국의 경영대학원에서 이러한 여건들은 1990년대 후반까지 Foucault가 조직연구에서 가장 중요한 원천 중의 한 명이었다는 것을 의미하였다(*ibid.*, p.24). 영국의 회계학계에서 Foucault의 수용은 1980년대부터 등장하기 시작하였는데, Burchell et al.(1980)에서 감시와 처벌에 관한 각주가 처음 등장하였고, 구체적으로 두 편의 논문, Burchell et al,(1985)와 Miller · O'Leary(1987)이 Foucault방식의 회계학연구전환(Foucauldian turn in accounting research)의 선두적인 역할을 하였다(Power, 2011, p.43). 이후 영국의

Marx, Giddens, Habermas 등과 같은 사회학자들 중에서도 Foucault가 *Accounting, Organizations and Society*에 가장 빈번하게 인용되고 있다고 주장한다. 그리고 Riccio et al.(2010)에 의하면, 16개의 회계학술지에서 1971년부터 2005년까지 123개의 논문, 135명의 저자들이 Foucault를 인용하였다고 한다. 그리고 1990년대 부터는 AAAJ의 회계학술지에 Foucault가 가장 빈번하게 등장하고 있다고 분석하였다.

London School of Economics and Political Science를 중심으로, Hopwood, Loft, Miller, O'Leary, Hoskin, Macve, Rose 등과 같은 일단의 학자들이 Foucault를 회계학에 적용하는데 중요한 역할을 하였다. 이들은 Foucault의 고고학과 계보학을 이용하여 회계역사를 분석하였는데, Foucault의 사상에 근거한 연구자인 Foucault주의자(Foucauldian)들은 이러한 새로운 회계학연구영역의 중심세력의 하나로 되었으며 이후 많은 회계학자들이 이들의 연구방법론을 채택하게 되었다.

이들은 경험적·실증적 회계학인 주류회계학을 비판되고 해체되어야 하는 대상으로 간주하였는데, 주류회계학에서 전제가 되고 있는 근대적(modern) 발상, 즉, 회계의 객관성, 독립성, 중립성, 진보성 나아가서는 신고전파 경제학의 전제인 합리적 경제인 가설을 비판하면서 주류회계학의 한계를 분명히 하고자 하였다(國部, 1991a, p.150).

그리하여 Foucault의 철학과 같은 포스트모더니즘의 현대철학을 배경으로 가지는 회계학연구에서는 객관적, 가치중립적, 목적적합한 회계학연구를 진척시키려는 전통적인 주류회계학의 근간에 흐르는 주체와 객체의 구분이라는 이원론적 사고와 기능우선적인 사고방식을 해체해서 회계현상을 살펴보고자 한다.

Foucault의 방법론을 적용한 회계학연구에서는 권력을 중심으로 계보학을 적용한 연구들이 집중적으로 이용되었는 바, 특히 규율권력 개념과 통치성 개념이 대략적으로 1980년대 중반부터 본격적으로 회계학연구에서 적용되기 시작하였다.

Carmona et al.(2004)는 Foucault의 계보학에 근거한 Miller·Napier(1993)에 의해서 전통적 회계역사와 새로운 회계역사를 비교하고 있다.[16] 전통적 회계역사에서는 수요반응이론(demand response theory)에 의해서, 경제기술의 변화에 따라 합리적인 판단과 행동을 하는 경제주체의 수요가 변화하고, 이 수요의 변화에 의해 회계가 변화한다는 것이다. 이에 반해서 새로운 회계역사는 회계가 경제적·정치적

16) Merino(1998), Gomes(2008), Walker(2008a, b)도 전통적 회계역사와 새로운 회계역사를 비교해서 살펴보고 있다.

맥락으로부터 수동적으로 형성될 뿐만 아니라 회계가 그 맥락을 능동적으로 형성한다고도 생각한다(Carmona et al. p.44). 즉, 종래의 관점인 사회·경제적 요인에 의해서 회계가 발전한다는 관점에서 새로운 관점은 회계가 사회·경제적 요인의 발전에 영향을 준다는 것이다(岡野, 1991, p.131).

역사의 연구에 관한 전통적인 관점은 기술발전과 대규모기업의 등장이 원가계산과 회계시스템을 포함한 다양한 기법의 등장을 유도하였다는 가정에 전제되어 있다(Littleton·Zimmerman, 1962; Chandler, 1962, 1977; Kaplan, 1984; Johnson·Kaplan, 1987). 이것은 회계역사에 대한 Chandler의 진화론적 접근방법인데, 이것에 의하면, 회계의 외부환경에 비쳐진 그러한 광범위한 구조적 사건에 의해서 어떤 상황의 역사가 생성된다. 이 진화론의 근간을 이루는 것은 거시(환경)요소가 미시실무를 형성하는데 기술적 효과를 가진다는 것이다. 이 접근방법의 이론적 문제는 그것이 회계시스템의 등장을 유도한 국지적 환경을 무시한다는 것이다(Hopper·Armstrong, 1991; Hoskin·Macve, 1988). Foucault주의자들은 이러한 국지적 환경의 무시로 인해 담론 및 관련된 규율적 실무의 개발과 같은 중요한 역사적 사건이 누락될 것이라고 주장한다.

Foucault주의의 역사가들은 계급투쟁의 분석에 의존하는 고전적인 정치경제학적 방법론을 거부한다. 고전적인 정치경제학적 방법론에 의한 역사는 회계가 더 이상 중립적·기술적 도구가 아니며, 특별한 경제적·정치적 이해관계를 가지고 어떤 계급에 이바지한다고 주장한다(Tinker, 1980; Hopper·Armstrong 1991). 이 방법론의 기초는 특별한 역사적 시대에 관리회계의 기능과 변화가 광범위한 사회경제적 변형보다는 계급이익에 특권을 준다는 것이다. Foucault주의의 연구자들은 회계와 통제에 관한 그들의 사고방식으로 전통적인 역사에서의 진보나 진화의 개념을 대체(Miller·O'Leary 1987, p.237)하고자 한다고 주장한다. 여기서의 현안은 회계와 통제시스템의 기능과 변화를 초래하는 다른 사회실무를 고려하는 것이다.

Foucault는 역사의 주체에 관한 상이한 관점을 가지고 등장하였다. 그의 경우에,

한 시대에서 다음 시대로 명확하게 변동하는 질서정연한 역사는 없다. 그 대신에, Foucault는 상호관련된 개념들로 역사의 이론을 설명하였는데, 이에 의해서 관리회계연구자들은 회계역사의 해석을 위한 상이한 안건(Miller · O'Leary, 1987, p.236)을 공식화하였다. 또한 Miller · O'Leary는 1800년대에 인간과학(human science)의 등장을 통한 근대의 형성에 관한 Foucault의 분석은 관리회계실무가 어떻게 발전하였는가를 이해할 수 있는 의미있는 맥락일 수 있다고 주장하였다.

1. 고고학과 회계학연구

회계실무가 시간의 경과에 따라 상이하게 강조되는 것을 엿볼 수 있다(Hopwood, 1987a, p.207). 따라서, 고고학적 방법을 따라가면 우리는 관리회계의 등장과 변화에 대해 그러한 상이한 강조의 변화와 궁극적인 설명을 조사할 수 있다.

고고학을 회계학연구에 적용하면 회계시스템과 기술이 출현한 시대적, 사회적, 조직적 맥락이 문제로 되고, 회계담론과 그 외의 담론 및 비담론적 제도를 성립시키고 있는 관계망(network)의 분석에 초점을 맞출 수 있다. 그리고 회계가 계속적으로 진보한다는 가설이 부정되고, 회계변화의 비연속성이 제시된다.[17)]

회계학에서 고고학을 적용한 경우는 매우 희박하며, Hopwood(1987a)와 Alagiah · Gaffikin(1995)이 있다. 이들을 간단하게 살펴보자.

Hopwood(1987a)는 회계에 의한 가시성의 창조를 주요한 개념으로 하여, 특정한 기업의 사례연구를 통해서 회계시스템의 특정한 배경에의 의존성과 그 배경에 대한 구성적 역할을 중시하면서 회계시스템의 변화를 분석하고 있다. 예컨대, 사례가 된 회사에 대해서 18세기말의 경제불황을 계기로 원가계산 시스템이 구축됨으로써 새로운 가시성이 창조되는데, 그것은 조직관리를 위한 중요한 수단이 되고 조직변

17) Napier(1989)는 이 방법론을 회계의 맥락화(contextualising accounting)방법론이라고 한다.

화를 위한 기초를 제공하였다고 지적하고 있다. 나아가 Hopwood는 최근의 사례로서 대량생산방식으로의 이행에 따르는 회계와 조직의 상호의존적인 변화를 M사의 사례와 확립된 정보시스템 하에서 배제되고 있었던 정보의 제공으로 새로운 가시성이 나타나서 회계, 조직이 변화한 Q사의 사례로 살펴본 뒤에, 회계는 당위의 모습으로 진보한 것이 아니라, 특수한 문제와 과제를 해결하기 위해 변화하였다고 지적하고 있다(Hopwood, 1987a, p.227).

Hopwood는 조직적 가시성의 양상을 형성함으로써, 조직내의 영향의 범위를 확대함으로써, 상호작용과 상호의존성의 다양한 양상을 창조함으로써, 그리고 조직분할의 새로운 형태의 출현을 가능하게 함으로써, 회계는 조직변화의 전제조건을 변경하고, 그 성과에 영향을 주고, 나아가 회계 자신의 변화가능성도 포함하는 적극적인 역할을 완수할 수 있다고 주장하였다. 이와 같은 상호작용의 과정을 통해서 보면, 회계는 독립된 의미를 가지는 존재가 아니라 조직내에 포함된 현상으로 인식되었다. 회계의 형식과 회계가 주는 영향은 회계를 관련된 다른 조직적 실천, 기능, 과정의 맥락으로부터 분리해서는 이해될 수 없을 것이다.

Hopwood는 회계와 조직의 관계 뿐만 아니라, 회계와 사회의 관계에 관해서도 논하고 있다. 회계의 목적은 조직의 내부활동에 관통하고 전략적 가시성을 구축하는 수단을 제공하였다. 경영자의 목적은 기업전체에 강력한 방법으로 침투가능하게 되고, 경제적 보수가 행위와 관련될 수 있게 되며, 새롭게 가시적인 회사경제의 상세한 움직임을 권한을 갖는 사람들이 알 수 있도록 하는 것이다. 이에 의해서, 기업은 회계와 그 외의 수단을 통해서 사회의 힘에 대항하도록 계획하는 것이 가능하게 되었을 뿐만 아니라, 새로이 질서가 확립된 기업 그 자체가 사회의 다양한 기능에 공헌할 수 있도록 되었으며, 실제로 공헌하였다. 이와 같은 관점에서 기업과 사회 사이에 경계선을 그리는 것에 주의해야 한다. 사회는 기업을 관통하고, 때로는 회계수단에 의해 자주 그 과정에서 변해야 한다(Hopwood, 1987b, p.53). 여기서 Hopwood는 조직과 사회의 상호작용을 강조하고 있으며, 그 상호작용을 매개하고 나아가 그 매개를 통해서 조직과 사회 모두, 그리고 회계 자체에게도 영향을 준다고 간주하고 있다. 즉, 회계에 의해 구축된 조직의 가시성과 조직단위인 기업은 사회라는 맥락 안에 만들어지고, 나아가 맥락 그 자체를 생성해 나가는 것이다.

이와 같이 Hopwood는 회계, 조직, 사회를 서로간에 복잡하게 얽혀있는 관계망으로 파악하고, 이들의 능동적인 상호작용의 동태적인 측면을 해명하고자 한다. 따라서 그 구체적인 연구는 특정한 사례에서 회계와 관계망의 변화를 파악하는 방향으로 전개되고 있다. 그는 회계가 산업사회의 기능에 중대한 지위를 차지하게 되었다고 하면서 그 조직적·사회적 중요성을 강조하고 있다(Burchell et al., 1980, p.6).

한편, 일반적으로 회계발생의 전제조건들은 쓰기(writing), 산술(arithmetic), 사유재산, 화폐, 신용, 상업, 자본(Henderson et al., p.41; 김석웅 역, p.68)이지만, 회계의 탄생을 고고학적으로 연구한 Alagiah·Gaffikin(1995)에 의하면, 회계는 셈하기(counting)와 계산의 필요성에 의해 탄생되었다는 것을 시사한다. 그들은 이러한 전제하에 연구의 목적이 Foucault식으로 회계의 역사를 재해석하는 것이라면서 다음과 같이 주장하고 있다. ① 회계가 계산에서 탄생되었다는 사실은 여러 측면에서 회계의 기원에 관한 이전의 주장을 변경시킨다. ② 만약 계산하고 상품단위를 기록함으로써 계산과 회계가 구축된다면, 우리는 계산과 나중에 회계가 상품과 소유로부터 탄생되었다고 유추할 수 있을 것이다. ③ 만약 상품과 소유가 계산과 회계의 근원이었다면, 계산과 회계는 부(wealth)를 감지하면서 경제적, 역사적, 사회적 변화에서 탄생되었다는 것으로 된다. 이러한 분석은 회계가 부에 관한 담론이라고 주장된다. 사실상 부의 경험은 오로지 상품과 소유의 회계처리로부터 발생된다. 따라서 Alagiah·Gaffikin(1995)는 Foucault의 고고학을 이용하여, 회계의 탄생에 관한 보다 정통한 해석은 인류의 부에 관한 인지라는 점을 보여주고 있다. 여기서는 회계와 부가 불가분의 동반자라고 주장한다. 초창기부터 부의 경험은 계산과 함께 존재하게 되었다. 따라서 계산·회계와 부는 동전의 양면이다. 즉, 서로를 유지하고 지탱해주는 동반자라고 볼 수 있다는 것이다.

2. 계보학과 회계학연구

현재를 비판하기 위한 수단으로서 Nietzsche와 Foucault[18]의 문헌에서 중요한 흐름인 계보학을 이용한 회계학연구는 대략 1980년대 중반부터 주로 규율권력(disciplinary power)개념을 중심으로 한 연구[19], 1980년대 후반부터 통치성(governmentality)개념을 중심으로 한 연구[20], 1990년대부터 윤리개념을 중심으로 한 연구가 실시되고 있다.

회계학에서 계보학을 이용한 연구는 주로 회계역사연구를 통해서 이루어지고 있다. 회계역사연구는 계보학을 이용하여 회계현황을 비판함으로서 효과적인 회계역사가 될 수 있다는 것이다. 전통적인 역사담론의 분야에서 전통적인 역사가들은 과거에 관한 진리를 발견하고자 하는데, 이것은 역사가들이 진리를 발견하고 진리를 볼 때 진리를 인식할 수 있는 능력을 신뢰한다는 것을 가정한다. 이와는 대조적으로 계보학적인 역사가들은 과거에 관한 진리를 알고자 하는 것이 아니라 현재의 허구(fiction)에 관해 알고자 한다. 즉, 그들은 진리가 발견되는 것이 아니라 어떻게 만들어지는가를 보여주고자 한다. 그렇게 하면서 그들은 서구의 문명이 시간의 경과에 따라 어떻게 진보하였는가를 드러내면서 현재가 과거보다 어떻게 더 좋은가를 보여주고자 하지 않는다. 계보학자들은 현재가 과거처럼 이상하게 보이기 때문에, 현재를 친근하게 만들고 자연스럽고 불가피한 것으로 보이게 하는 대신에, 이러한 이상함(strangeness)을 탐색하고 논증하고자 한다. 그리하여 그들은 이러한 이상함을

---

18) Nietzsche와 Foucault의 계보학에 관해서는 다음을 참조. 이진우(2000).

19) 규율권력연구에는 Hoskin・Macve(1986, 1988), Loft(1986), Knights・Collinson(1987), Miller・O'Leary(1987), Ezzemel et al.(1990), Walsh・Stewart(1993), Carmona et al.(1997, 2002), Carmona・Guteirrez(2005), Busco et al.(2006), McKinlay・Wilson(2006) 등이 있다.

20) 통치성연구에는 Miller・O'Leary(1989), Miller(1990), Miller・Rose(1990), Miller(1991), Miller・O'Leary(1994a, 1994b), Robson(1991), Rose(1991), Rose・Miller(1992), Preston(1992), Miller・Napier(1993), Espejo et al.(2002), Sanchez-Matamoros et al.(2005), Neu et al.(2006), Sargiacomo(2008), McKinlay et al.(2010), McKinaly・Pezet(2010) 등이 있다.

부자연스럽게 하고 노출하는 계보학적 역사를 생성하고자 한다(Macintosh, 2009, pp.1-2).

1) 규율권력과 회계학연구

Foucault는 규율권력의 수단인 지식으로서, ① 개인을 가시화하는 계층적 관찰(감시), ② 판단의 규범화로 인해서 일탈을 대상으로 하는 규격화되는 제재, ③ 가시성(visibility)을 개개인에 대해서 설정하는 시험(examination)[21]을 제시하고, 이러한 교정훈련의 수단에 의해서 개인이 권력의 대상으로 객체화된다고 주장하고 있는데(Foucault, 1975; 오생근 옮김, 전게서, pp.226-254), 이 세 가지야말로 회계가 제공하는 기능이라고 볼 수 있다(Hopwood, 1990). 즉, 회계는 이익과 원가 등에 의해서 개개의 활동을 가시화하고, 개인 또는 부문단위의 책임인 표준을 설정하고, 그것으로부터 일탈을 시정하는 기능을 가지고 있기 때문이다. 따라서 Foucault주의자의 회계학연구의 핵심은 규율권력이 행사될 때, 가시성의 창조, 규범화, 책임·표준의 설정이라는 역할을 담당하고 있는 회계담론(accounting discourse)을 권력관계가 관통한 하나의 지식으로 간주하는 점에서 찾을 수 있을 것이다.

Foucault의 규율에 관한 광범위한 의미를 고려하면, 1987년부터 2010년까지 이 주제와 관련이 있는 많은 연구가 있으며, 이들의 상당수는 계층적 관찰과 관련이 있다(Vicencio, p.745). 이와 관련된 논문에는 Knights·Collinson(1987), Walsh·Stewart(1993), Scorgie(1995), Covaleski et al.(1998), Quattrone(2004), Viator·Pasewark(2005), Quattrone·Hopper(2005), Johansen(2008) 등이 있다.

계층적 관찰을 규율도구로 이용하는 연구는 주로 관리회계의 분야를 중심으로

---

21) Foucault는 시험제도가 지식형성에다 권력행사의 형식을 연결시켜 주는 전체적인 메카니즘을 도입하였고 보고, 이 제도가 가져온 결과를 다음의 세 가지로 요약한다(이광래, p.221).
① 시험은 가시성의 경제를 권력행사로 변형시켰다. ② 시험은 개인성을 문서화할 수 있게 해주었다. ③ 문서에 의해 처리되는 시험은 각각의 개인을 하나의 사례(case)로 만들었다. 이렇게 해서 시험을 개인을 권력의 결과이자 대상으로 삼는 동시에 지식의 결과이자 대상으로 삼을 수 있게 하는 가장 중심적인 절차가 되었다. 규율은 이러한 절차를 통해 과학적, 분석적 공간을 확보하게 되었다(Foucault, 1975; 오생근 옮김, pp.186-194를 참조).

하고 있으며, 이들 중에서 많은 것들이 통제나 규율이 과도할 때 이에 대한 저항과 같은 요소를 강조한다.

중심적 요소로서 판단의 규범화(normalizing judgement)를 이용하는 연구들은 회계변화의 분야, 유럽연합(EU)의 개념체계 프로그램에 근거하고 있다.

시험의 경우에 연구들은 관리회계를 통해 계층적 관찰과 판단의 규범화를 위한 도구들을 포함한다.

권력의 기법으로서 이 연구에 적용된 규율의 세 가지 도구는 또한 계층적 관찰이 주로 관리회계를 도구로 어떻게 이용하는가를 보여준다. 판단의 규범화는 회계변화나 특정한 체계(framework)프로그램에 영향을 준다. 시험에서 상호적인 영향관계는 계층적 관찰에 의한 도구와 규칙을 통해 생산된다.

Foucault의 규율권력개념을 회계학에 적용한 일부 논문에는 다음과 같은 것들이 있다.

Burchell et al.(1985)는 영국에서 부가가치회계의 등장을 살펴보고 있으며, Loft (1986)는 제1차 세계대전전후에 영국에서 원가계산의 발전을 분석하고 있다. Hoskin・Macve(1986, 1988, 1994a, 1994b)는 13, 14세기에 복식부기의 성립과 19세기에 개인에 대한 회계책임(accountability)의 설정을 경제적, 사회적, 시대적 맥락에서 시험(examination)과 관련해서 살펴보고 있다. Hopper・Macintosh(1993)은 Foucault(1975)의 <u>감시와 처벌</u>의 주요한 내용을 공장에 적용하여 그 내용을 평가하고 있다. ITT사의 최고경영자인 Harold Geneen의 임기동안 ITT사를 경영하기 위해 규율통제의 원칙을 이용하였다. Walsh・Stewart(1993)는 Foucault(1975)의 원형감옥개념을 이용하여, 모직제조공장(1681-1703)과 면제조공장(1800-1812)의 관리실무의 변화를 비교하면서, 후자의 사례에서, 회계(특히 원가회계)가 중앙부서에 의해 노동력과 공장활동을 통제하는 데서 새로운 조직실무와 경영실무의 등장에 근본적인 역할을 하였고 주장한다. Miller・O'Leary(1987, 1993, 1994a, 1994b)는 표준원가계산, 예산통제에 관한 담론을 규율권력의 측면에서 살펴보고 있다.

Carmona et al(1997, 2002), 19세기에 스페인의 기업에서 회계의 역할을 규율권력 측면에서 살펴보고 있다. Carmona · Gutierrez(2005)는 스페인의 Nike 하청업체의 임원인 수녀들이 어떻게 회계통제를 통한 감시를 받게 되었는가를 보여주고 있다. Busco et al.(2006)는 거대한 세계적 다국적기업인 GE가 대규모 제조기업인 이탈리아 국영기업 Nuovo Pignone(NP)을 1994년에 인수한 것에 관해 역사적으로 설명하면서 규율권력의 측면에서 회계의 역할을 논하고 있다.

이하에서 대표적인 일부 회계논문을 살펴보자.

Burchell et al(1980)은 지식과 권력에 관한 Foucault(1976b)에 의존하면서, 공식화된 회계지식이 회계전문화의 가능성을 위한 조건으로 간주될 수 있으며, 전문화는 다시 회계지식 발전의 기초를 이루는 조건을 변경시킨다고 주장하였다. 가능성 조건을 식별하는 것에 대한 이러한 관심으로 Burchell et al.(1985)는 회계보고서의 생산, 배분, 이용을 통치하는 체제(regimes)를 분석할 것을 제안하면서 1970년대 초에 영국에서 부가가치회계의 사상과 기법이 등장하고 발전한 특정한 사회공간에서 세 종류의 계보학을 살펴본 바 있다. Burchell et al.(1985)는 Foucault의 <u>감시와 처벌</u>(1975)을 이용하면서, 이 사회공간을 회계성운(accounting constellation) 즉, 어떤 제도, 경제적 · 관리적 과정, 지식체계, 규범, 측정, 분류기법 등의 시스템 간에 존재하는 특별한 관계영역(p.400)으로 서술하였다.

Loft(1986)의 연구는 1914년부터 1925년이라는 제1차 세계대전 중 및 전후의 영국에서 원가계산의 발전을 시대적, 사회적 맥락에서 분석하고 있다. Loft는 전쟁 중 및 전쟁후 국가에 의한 원가를 둘러싼 기업에 대한 간섭, 통제, 전후의 부흥정책에서 능률상승으로 간주되는 원가절감의 중요성 인식과 시책 및 그것에 호응하는 원가계산전문직 세력의 신장과 기존 회계사단체(ICAEW)와의 관계라는 원가계산사에서 특히 사회적 측면을 묘사하여 나타내고, 그중에서 회계가 달성한 구성적 역할을 강조하고 있다. Loft는 회계를 사회관계로 규정하고, 개인을 감시하고 통제하기 위해 회계조직이 존재하고, 회계조직의 하나로서 관리회계가 있다고 생각하였다(p.139). 즉, 원가계산, 관리회계는 활동이나 조직에 관한 특별한 지식을 창조하는 것이고, 지식, 인간행동, 권력은 밀접한 관계에 있다는 관점에서 지식을 만드는 회계 시스템은 권력작용의 산물이라고 서술하고 있다(p.140). 그리고 기술과정으로서의 회계보다는 사회적・정치적 과정(p.138)으로서의 회계의 사회성을 해명하고 있다. 이와 같이 Loft는 계보학방법론을 통해 원가계산, 관리회계의 발전을 해명하고, 회계와 권력/지식의 관계를 문제로 삼고 있다.

Hoskin・Macve(1986, 1988, 1993, 1994a, 1994b)의 연구는 회계역사에서 13, 14세기에 복식부기의 성립과 19세기에 개인에 대한 회계책임(accountability)의 설정이라는 두 개의 단층을 경제적 배경 뿐만 아니라 시대적・사회적 맥락에서 특히 시험(examination)과의 관련을 중시하며 명확하게 하고자 한다. 즉, 공식시험의 이용을 포함한 중세의 글쓰기 행위를 성립시켰던 시대적 맥락에서 복식부기가 출현한 것, 따라서 이들은 근대시험처럼 규율문화의 권력/지식관계를 구체화하는 강력한 새로운 세상글쓰기(writing the world)방식으로서 근대회계가 대두한 것으로 간주하고 있다(1994b, p.91). 그리고 19세기초의 필기시험의 실시와 평점시스템의 도입으로 개인의 능력을 가시화하고 권력의 대상으로 객체화한다는 시대적 맥락에서 회계에 의한 개인책임(human accountability)의 구축을 논증하고 있다.

그들은 Foucault의 권력과 지식의 관계에 입각하여, 권력의 기술로서의 시험에 관해서 서술하고 있으며(1986, p.106), 회계의 규율권력을 주장하고 있다. 그들에 의하면 시험은 새로운 형식의 권력이고, 다시 쓰기(rewriting)로부터 통제가 생겨났다고 하며, 또한 회계실무로서의 감사는 시험으로부터 생긴 새로운 권력이라고 생각한다. 그리고 회계와 시험의 복잡한 관계에 관해서 논하고, 권력의 기술로서의 시험의 역사적 중요성을 강조하고 있다.

학교에서 감시・관찰에 의한 성과검사는 판정으로서의 권력이고, 회계책임도 이로부터 나온다고 간주된다. 즉, 권력관계와 지식관계의 상호작용에서 시험이라는 것을 파악하고, 이것을 미시적 기술의 새로운 권력의 형성이라고 생각하고 있다.[22]

여기서 미시적 기술이란 공간과 시간의 조직을 조직적으로 정돈하여 개인의 몸을 끊임없이 감시하고 이를 통해 개인을 평가, 판단하는 방식이다. 곧 미시적 기술이란 권력의 실행과 지식의 구성을 모두 추구하는 기술이다(Hoskin, 1990; 이우진 옮김, p.62-63).

그들은 권력과 지식의 관계에 관한 Foucault의 개념을 회계에 적용시켜, 중세후기에 회계기술의 발전인 복식부기와 복식부기의 일반적 적용이 19세기까지 지체된 이유를 설명할 수 있다고 하고, 새로운 권력과 지식의 관계를 창출한 것은 규율적 기술인 시험이라고 생각하고 있다(1986, p.105).[23] 그리고 역사와 교육, 회계의 실무 사이의 상호작용에 관한 깊은 해명은 그 요소인 권력/지식 관계의 본질에 관한 더욱 깊은 안목을 준다고 하여 시험을 권력의 기술로 규정하고 있다(1986, p.133).

이와 같이, Hoskin · Macve는 복식부기의 발명과 이의 보급지연을 계보학방법론을 통해서 해명하여, 회계가 가지는 권력적 성격을 주장하고 있다. 즉, 그것을 시험→회계→규율→권력이라는 도식으로 파악하고, 시험을 규율권력이라고 하며, 권력관계 = 지식관계의 상호작용을 해명하고, 쓰기와 다시쓰기를 통해서 회계가 가지는 규율권력으로서의 성격을 주장하고 있다(山上, p.19).

그들은 또한 근대회계의 특징을 회계에 의한 개인책임(human accountability)의 구축에서 찾고, 그 기원을 19세기 초의 West Point 미육군사관학교에서 찾고 있다(1988). 그들의 연구에 의하면, 미육군사관학교에서는 1819년까지 생도 개개인을 평점하는 시스템이 확립되어 있었는데, 그것이 문서중심적인 책임시스템의 원형이라고 한다. 그리고 그곳에서 교육을 받은 졸업생들이 Springfield 병기공장과 Western 철도회사와 Pennsylvania 철도회사에서 개인책임에 기인하는 선구적인 경영조직의 구축과 원가회계시스템을 개발한 점을 명확히 하고 있다. 물론 Hoskin · Macve의 연구는 당시의 경제상황에 관한 고찰이 부족하지만, 왜 당시의 철도업에서

---

22) 권력과 지식관계의 상호작용은 시험에서 그 가시적 광채를 나타내고 있다(Hoskin · Macve, 1986, p.107). 그리고 시험은 가시성을 개인에 대하여 나타내는 것이다(오생근 옮김, 2003, p.188).

23) 규율 · 훈련은 시험에 의해서 의식화된다(오생근 옮김, 2003, p.195).

자본가가 아닌 단순한 종업원들이 그들의 경제적 필연성을 제쳐놓고 경영혁신을 단행하였는가에 대하여 탈경제적인 맥락에서 답을 찾으려고 하는 점에 중요한 의의가 있다. 미육군사관학교의 졸업생들이 학교에서 배운 교육을 기업경영에 적용하여 종업원을 규범과 규범에서 파생된 기준으로 보는 새로운 방식(Ezzamel et al., 1990, p.159)을 통해 종업원 개인의 통제에 입각한 근대적 경영주의(managerialism)의 기초가 확립되었다고 주장하였다. 이러한 통제는 좋은 실무와 성과의 규범을 제시하는 적극적 권력이다(1988, p.41).

그들은 사관학교 학생들이 1817년에 미육군사관학교에서 배워야 하는 쓰기, 시험보기, 평가하기 등의 새로운 실무와 1830년대부터 미국철도회사와 Springfield 병기공장에서 관리조정과 개인의 회계책임을 촉진하는 기술에 관한 미육군사관학교 졸업생에 의한 발전 간의 연계를 특히 중요시한다. 따라서 이러한 새로운 경영조직에서는 회계 뿐만 아니라 기존의 어떤 기술도 새로운 사회적·경제적 권력을 발생시킬 수 있었다고 주장된다(Hoskin·Macve, 1994a, 1994b).

이상과 같이 19세기에 철도회사과 같은 근대기업의 등장은 그 발생에서 중심적이고 결정적인 역할을 수행한 회계와 더불어 규율적 발전으로 간주되어야 한다(Hoskin·Macve, 1993, p.28). 기업에서도 글쓰기, 등급매기기(grading), 시험은 규율권력과 지식을 구성하는 실무이다. 따라서 근대기업을 지배한 것은 Adam Smith의 보이지 않는 손(invisible hand)이 아니라 경영의 보이는 손(visible hand of management) 또는 보이는 주먹(visible fist)이다. 경영은 대부분 (관리)회계와 회계책임시스템에 의존하며 경영은 일반적으로 규율권력과 지식실무의 상호작용의 표현이다(*ibid.*).

수치에 의한 경영방법에는 항상 어떤 종류의 전문가지식이 포함된다. 이러한 지식은 전문가의 규율지식이며 규율적 효과를 가진다. 관리회계로서 이것은 노동력과 경영자를 규율하고 동기부여를 하며, 재무회계로서 이것은 기업전략과 주주전략을 규제하고 형성한다(*ibid.*).

Miller・O'Leary(1987, 1994b)의 연구에서는 20세기 초의 30년동안 표준원가계산, 예산편성의 이론정립을 문제로 하고, 그곳에서 보다 관리가능한 능률체제로서의 개인의 도출(p.235)이 실시되었다고 주장한다. 즉, 이것을 과학적 관리・산업심리학과 표준원가계산・예산의 연결의 시사점을 통해서 해명하고자 한다. 그리고 이 경우, Foucault의 권력과 지식의 관계를 이용하여 현대사회의 발전을 해명하고자 한다. 즉, 계산적 관리는 규율적 권력작용의 한 형태이고, 사회생활을 규제하는 것이다. 그리고 기준, 표준이라는 개념은 개인에 대하여 인간의 비능률을 가시화하는 것이고, 이들의 역사는 개인, 기업, 국가의 감독기술의 향상에 있고, 20세기 초에 표준원가계산・예산의 발생은 20세기전환기에 사회생활에 대한 관리형태의 일반적인 변화속에서 자리매김할 수 있을 것이다.

회계는 객관적인 과정이 아니라 권력관계의 망(network)이며, 개인활동을 가시화하는 것이며, 하나의 사회정치적 관리형태이다. 그리고 표준원가계산・예산은 개인능률의 사회정치적 관리형태로의 통합에 중요한 공헌을 하였다고 생각할 수 있다. 즉 이것은 인간을 계산실무안에서 회계책임을 질 수 있는(accountable)(1987, p.241) 것처럼 생각한다. 이러한 것은 표준원가의 원칙은 개인을 기업의 기준・표준에 편입시키는 것이고, 알 수 있는(knowable)(p.242) 것처럼 하는 것이고, 그것은 기업능률에 대한 공헌에 의해서 알 수 있는 것처럼, 회계책임을 질 수 있는 것처럼 되었다. 이와 같이 표준원가계산이나 예산은 사회적인 힘의 한 형태인 권력의 형태로 파악된다(p.243). 그리고 이와 같은 규율권력의 행사에 통치가능인의 도출(p.263)이 가능하게 된다는 것이다. 즉, 개인의 활동을 가시적이고 통치가능하게 하는데 있어서 표준원가계산은 계산된 생활관리를 촉진하는데 도움이 되었으며, 이로써 표준원가계산은 선진산업사회에서 권력행사양식의 중요한 변화를 초래하는데 도움이 되었다. 이것은 장소로서 공장(회사)에서 행해진다. 경제생활의 통치는 바람직한 방향으로 다른 사람들의 행위에 작용하고 그들의 생각과 행동을 형성하려는 당국자의 시도로 구성된다.[24] 여기서 민주사회라는 정치적 이상은 더욱 국부적인 관심사와 연계된다. 생산성을 개선하고, 원가를 감소하며, 경쟁성을 높이기 위해 개인을 통치하려는 시도는 기업이 직면한 문제들에 대한 자연스럽고도 자명한 반응으로 보이는 것 같다. 그러나 그것들은 경제활동을 통치하는 특별한 양식의 구성요소, 역사적인 조건부 수단으로 이해되어야 할 것이다(1994b, p.99). 그리고 알 수 있고, 회계책임을 질 수 있는 인간을 만들기 위한 방법으로서 동기부여, 행동과학이나 조직적 인간 등의 조직이론의 의미를 부여하고, 모든 개인을 의사결정자로 보는 조직이론과 결부해서 해명하고자 한다.

19세기 초에 미육군사관학교에 설치되었고, 나중에 미국철도의 경영간부에 의해 채택된 규율중심적 실무를 중세시대 새로운 명문 대학교의 시험실무까지 추적하였다. 그들은 이러한 실무가 Johnson・Kaplan(1987)과 같은 다른 역사가가 주장하는 바와 같이, 외부보고방법의 파생물이나 시장력(market force)으로부터 유래하지 않았다는 결론을 내렸다. Hoskin・Macve는 Foucault식 규율실무가 행동을 구속하고 가능하게 한다는 것을 논평한 바 있다. Foucault의 권력/지식 규율적인 지식체계를 가동시키는 또다른 기념비적인 연구에서, Miller・O'Leary(1987)는 개인을 지속적으로 가시적이게 하기 위해 표준원가계산과 예산편성실무가 과학적 관리실무의 광범위한 실증사례와 결합하였을 때인 20세기 초에 계산가능한 노동자/종업원의 등장을 논증하였다. 그들은 노동중일 때에도 그들을 분명하게 가시적이게 하면서, 회계시선(accounting gaze)이 어디에나 있는 계산기법 망에 걸려있다는 결론을 내렸다. 그 당시 정부는 이러한 실무를 적극적으로 채택하였다.

Hopper・Macintosh(1993)는 최고경영자인 Geneen이 ITT사를 경영하면서, Foucault(1975)의 감시와 처벌의 주요한 내용(감금의 원칙, 효율적 신체의 원칙, 규율정신의 원칙)을 ITT사에 적용하였는데, 그 내용을 평가하였다. 이 논문은 Geneen의 방법이 Foucault의 모형을 채택하고 있다고 주장한다. Geneen은 ITT사

24) 기업내에서 경제생활을 지배하려는 이러한 노력은 '생활에 적극적인 영향을 주고 정확한 통제와 포괄적 규제에 따라 그것을 관리하고, 최적화하며, 증폭시키려는' 종합적 효과를 분석하고자 하는 그러한 담론과 실천의 종합적 효과의 일부로 간주될 수 있다. 다음을 참조(Foucault, 1979).

에 Foucault의 규율과 통제의 원칙을 적용함으로써 회사를 규율적인 조직으로 변형하고, 경영자를 유순하고, 순종적이고, 말 잘 듣는 신체와 주체로 만들었으며, ITT사를 국제적인 대형 혼합기업(conglomerate)으로 만들었다. 그러나 Foucault의 접근방법이 이 기간과 그후에 밀접한 관계가 있는 중요한 요소 전부를 완전하게 포착하지는 않았으며, 정치경제적 접근방법이 경영실무를 비판하고 개혁하기 위해 보완적으로 이용될 수 있을 것이라는 결론을 내리고 있다.

Durocher・Gendron(2010)은 기존 회계기준의 개선이나 신규회계기준을 정당화할 때 회계기준제정기관들이 가끔 주장하는 비교가능성의 기준을 문제시하고 있다. 다양한 규율적・자율적 메카니즘을 통해 사람들이 확립된 규범에서 벗어나지 않고 그 규범을 고분고분하게 준수한다는 Foucault의 유순(docility)에 관한 연구를 이용하면서, 유럽에서 국제회계기준을 실시할 때 정교한 재무제표이용자들이 직면하는 비교가능성을 벗어난 일탈(aberrations)을 비교가능성의 이상이 보존될 수 있는 방식으로 해석하는 경향이 있다고 주장된다. 즉, 국제회계기준에 의한 재무제표가 실제로 비교가능성에 손상을 가하는 사건인 일탈을 정교한 이용자들이 경험하기 때문에 그들은 이러한 사건을 일상적으로 직면하는데, 이러한 일탈을 없애기 위해 상당한 노력을 한다는 것이다. 특히 이용자들은 국제회계기준의 정당성을 근본적인 의심으로부터 보호하고 비교가능성의 이상을 파손하지 않는 방식으로 일탈을 해석하기 위해 일련의 합리화전략을 이용한다는 것이다.

2) 통치성과 회계학연구

Foucault주의자의 지지를 받은 회계학연구의 주요한 흐름 중의 하나가 통치성인데(Foucault, 1991), 1990년대부터 오늘날까지 주요한 연구흐름으로 형성되고 있다. 이것은 민간부문(예를 들면, Jeacle・Walsh, 2002; Neu et al., 2006)과 공공부문(예를 들면, Miller, 1990; Miller・O'Leary, 1994a)을 조사하기 위한 연구에 이용되었다. 후자의 연구는 Foucault의 통치사상이 정부가 통치하기 위해 주민을 관리하고자 하는 방식을 분석하기에 적절한 것으로 간주되었다(Rose・Miller, 1992). 그리하여 개인의 행동에 영향을 주려는 열망과 전체 인구나 국가에 대해 정치권력을 행사하려는 시도를 연결하면서 통치성의 관점에서 회계를 분석한 연구가 등장하였다(Mennicken・Miller, 2012, p.14).

통치성의 구축에서 회계의 역할은 주로 세계적 영향을 가진 국가나 국가집단, 조직체의 규제적・정치적 기능에서 표준화와 규율권력의 도구 뿐만 아니라 표준화, 통계, 계산, 수량화의 요소로 이바지하는 국가와의 관계에 있다(ibid.). 따라서 통치성연구에서 회계는 경제생활의 통치에서 중심적인 역할을 하는 규율적 기술(disciplinary technology)로 이해된다. 회계실무는 계산가능성을 생성하고, 이에 의해서 원격조치(action at a distance)를 가능하게 하는 기술로 간주되는 것이다.

통치성을 이용해서 공공부문내에서 다양한 주제들이 연구되었다. 예를 들면, Miller・Rose(1990)와 Miller(1991)는 1960년대 영국에서 할인현금흐름(DCF)법의 도입을 연구하였다. Miller・O'Leary(1993, 1994a)는 1980년대 미국에서 Caterpillar 회사의 경제적・정치적 담론이 노동자를 국가와 회사의 경제시민(economic citizen)으로 다시 생각한 생산의 정치(politics of product)를 어떻게 생성하였는지를 검토하고 있다. 이들의 분석은 통치성의 세 가지 요소(문제화, 프로그램, 기술)에 의존하였다(Miller・Rose, 1990). 회사의 문제점(수익성하락, 비경쟁성 등)을 개선하기 위해 활동기준원가계산, 공급사슬의 부가가치분석, 고객원가계산, 예측원가계산 등과 같은 새로운 경영기법이 도입되어 회계는 계산가능한 지식을 제공할 뿐만 아니라 고객에 대한 회계책임을 증가시켰다(Vaivo, 1999b). Miller・O'Leary(1994b)는 표준원가계산과 예산통제가 개인을 화폐단위에 입각한 능률표준과 결부시킴으로써 가시화하는 사회적 권력의 한 형태로 기능하고 있다고 주장한다(pp.98-115). 즉, 표준원가계산과 예산통제는 공장노동자 뿐만 아니라 회사임원까지도 업적을 미리 설정한 표준과 결부시킴으로써 설명가능한(accountable) 대상으로 하는 기능, 즉 통치가능인(governable person)을 도출한다는 기능을 가지며, 표준이나 규범의 이탈은 기업내의 각 개인을 가시적이고 계산가능하게 할 수 있으며, 표준원가계산은 경제생활을 통치하는 데 도움이 되었다는 것이다(*ibid.*, p.102). 따라서 그들은 이러한 회계기법들이 초래한 변화를 경제생활의 통치국면에 설정하고는 경제적 영역안에서 개인과 활동을 표상하고 작용하는 문화적이고 역사적인 특정한 방법들의 종합적 효과(ensemble)로 이해하였다(*ibid.*, p.98). 그들은 선진국에서의 경제생활의 통치는 합리성과 기술(technology)[25]의 종합적 효과라는 이중의미로 이해되어야 한다고 주장하고 있다.

Power(1997)는 신자유주의적 규제유형의 발생에서 감사의 역할을 조사하였다. 영국에서 1980년대에 감사의 급증을 검토하면서 그는 기업부분에서 공공부문까지 감사의 급증과 확대는 불가피하게 감사받을 수 있는 시스템내에 통제를 반영하면서, 통제를 조직구조로 확대하려는 것(p.42)과 연결되었다고 주장하였다. 한편 Radcliffe(1998)는 감사사회에 관한 Power의 분석을 이용하면서, 성과지향적인 경영에 의해서 정치적 합리성의 재구성이 캐나다 Alberta주 지방정부에서 효율성감사의 발전에 어떻게 자극을 주었는가를 검토하였다.

Espejo et al.(2002)는 회계가 18세기 스페인의 식민지조직을 통제하는데 어떻게 연루되었는가를 통치성개념을 이용해서 분석하고 있는데, 식민지를 개선한 계몽담론과 회계 사이의 관계를 밝히고 있다. Sanchez-Matamoros et al.(2005)도 18세기 후반에 스페인의 남부지역에 위치한 두 조직에서 회계의 역할을 분석하고는 회계가 통치의 기술로서 수행한 역할을 보여주고 있다. Neu・Graham(2006)은 1860년-1900년의 기간에 캐나다의 건국과정에서 회계와 기금모금 관계가 수행한 역할을 조사하였다. Neu et al.(2006)은 라틴아메리카에서 대출협정의 회계기술이 어떻게 교육의 통치에 영향을 주었는가에 초점을 두면서 세계은행의 보고실무를 연구하였다. Mennicken(2008)은 서구의 감사이미지와 수단들이 어떻게 최근 전환기 러시아

---

25) 여기서 기술은 특정한 이상에 따라 개인, 실체, 활동 등에 작용하기 위한 계산, 기법, 도구, 서류 등의 수단을 의미한다. 통치의 합리성이 기업내에서 작용가능하게 된 것은 이 기술 때문이며, 따라서 표준원가계산은 통치의 기술로 간주될 수 있다.

의 정치에 반영되었는가를 추적하였다. Sargiacomo(2008)는 16세기 이탈리아에서 Abruzzo의 봉건국가에서 회계, 회계책임, 규율실무의 등장을 검토하면서 이 기간에 새로운 통치기술(Miller · Rose, 1990)이 국가의 세금징수를 극대화하고, 부정을 극소화하며, 현금수입의 흐름을 제공하고, 회계기입(accounting inscriptions)(Robson, 1991, 1992)과 원격통제가능한 재무정보(Latour, 1987)을 보증하고, 공무원에게 회계책임을 지게 하고, 그들의 활동을 더욱 가시적이게 하기 위해 만들어졌다고 주장하였다. Graham(2010)은 노년층을 위한 사회안전망에서 회계가 수행하는 구성적 역할과 개인들의 은퇴준비에 대한 영향을 서술하였다. Lambert · Pezet(2011)은 진실한 지식의 생산자와 박식한 주체로서 관리회계담당자의 구축을 분석하였다. Brivot · Gendron(2011)은 Foucault의 통치성을 이용하여, 디지털환경에서 인간제도의 애매성, 복잡성, 예측불가능성에 특히 초점을 두면서 프랑스 파리의 세무/법무법인의 감시시스템의 변형을 연구하였다. Servalli(2013)은 16-17세기에 이탈리아의 자선기관의 경우를 사례로 하여 Foucault의 통치성 관점을 채택하면서 역사적 연구에 입각하였다. 여기서는 지방정부의 가난한 사람의 관리에서 자선기관의 역할에 관한 이해를 높이고 그러한 상황에서 가난한 사람의 통치를 달성하기 위한 다양한 기술들 속에서 회계가 어떻게 작용하는가를 탐구하고자 하였다.

상기의 여러 논문 중에서 Miller · Rose(1990)와 Miller(1991)가 Foucault의 통치성개념과 과학사회학자인 Latour의 변환(translation), 원격행위(action at a distance) 등에 기초한 전형적인 연구이며, 이후에 통치성을 이용한 다양한 연구들이 발표되었다. 여기서는 Miller · Rose(1990)와 Miller(1991)를 좀 더 상세히 살펴보자.

Miller · Rose(1990)는 1960년대 영국에서 관리회계실무의 변화(회계혁신)를 선진자유주의사회에서 정치권력(통치권력)행동의 하나의 사례로 취급한 연구이다. 이 논문은 Foucault의 통치성 개념과 Callon과 Latour의 변환, 원격행위 등의 개념에 입각해 선진자유 민주주의사회에서 정치권력행위를 분석하는 방법을 보여주고 있다.

이들은 선진자유 민주주의사회에서 정치권력행위를 분석하기 위해 통치성개념, 통치프로그램(정치적 합리성), 통치기술의 관점에서 전개할 것을 주장하였다. 여기서 통치프로그램이란 통치의 대상과 목표를 진술, 주장, 규정하는 영역이고, 통치기술이란 통치하기 위한 계산, 절차, 메카니즘을 가리킨다. 이 통치기술은 통치프로그램과 활동을 실체화하고 가시화하며, 특정한 이론적 원리를 통해 그 과정과 활동을 사고가능하게 한다(Miller, 1990, pp.316-317). 회계는 특정한 영역을 실체화, 가시화하고 그 영역에 관해 사고가능하게 하기 때문에 회계는 통치기술의 하나로 간주할 수 있을 것이다. Miller에 의하면, 고도의 자본예산기법이나 초보적인 원장기록 등 회계의 계산적 실천은 통치의 대상을 조작가능하게 해 통치프로그램의 구축을 가능하게 하는 것으로 간주된다. Miller에 의하면, 회계는 광범위한 사회적 실천에 대해 재무적 가치와 이론적 근거를 부여하는 과정이고 이에 의해서 그러한 실천에 특정한 가시성과 계산가능성을 부여하는 것이다(*ibid.*).

Miller・Rose(1990)는 Foucault가 여러가지 제도, 절차, 계산, 전략으로 구성되는 종합적 효과(ensemble)가 통치성이고, 자유주의의 통치만을 통치성으로 간주한다고 규정한 후, 통치성연구의 장점을 지적하고 있다. 첫째, 통치라는 개념은 사회전체에 여러 가지 통제장치를 확대시킨 실체적인 국가를 국가로 간주하지 않고, 실천, 기술, 프로그램, 지식, 이론적 근거로부터 집단을 국가로 간주하는 것을 가능하게 한다. 통치라는 개념은 정치권력을 소위 국가의 행위로 환원하지 않고, 다양한 개개인의 생활을 통치하고 국가의 특정한 영역내부를 통치하는 것을 목표로 하는 다양한 세력(forces)과 집단을 대상으로 한다. 둘째, 통치라는 개념에 의한 정책분석은 정책이라는 관심영역의 존재 자체가 설명되어야 할 무엇인가를 취급하는 것을 가능하게 한다. 이것은 존재의 여러 측면을 사고가능하게 하고, 계산가능하게 하여 지식(새로운 형태의 사고방식, 증거자료에 의한 증빙, 계산 및 평가의 새로운 절차)이 수행하는 역할에 주목하게 한다.

Miller・Rose(1990)는 통치성의 영역에 존재하는 담론에 주목한다. 그들은 정책을 Foucault가 정치적 합리성이라고 한 것의 분석으로 간주한다. 그들은 담론을 사고의 기술(technology)로 간주하여, 쓰는 행위, 표를 작성하는 행위, 번호를 부여하는 행위, 계산하는 행위 등을 완수하는 기술적 장치(특정한 영역을 인식가능하고, 계산가능하며, 관리가능한 대상으로 담론을 변환하는 장치)에 주목한다. 대상의 통치를 목표로 한 대상의 인지는 표기절차의 발명, 통계의 수집, 제시방법의 발명과 이들을 계산, 판단하는 장소로 이동시키는 것을 필요로 한다. 이러한 기입(inscription)절차는 다양한 통치의 영역을 만들어내고 특정한 대상을 특정한 개념형식으로 관여와 규제로 종속시키는 것도 가능하다. 따라서 정치적 합리성의 식별은 통치가 조직화되는 때의 상대적으로 체계적인 담론, 통치의 대상, 목표가 구축되는 때의 특정한 담론, 프로그램의 어휘, 통치의 정당성이 확립되는 때의 관점 등에 의해 가능하게 된다(pp.4-6).

Miller・Rose는 모든 통치가 특정한 양식의 표상에 의존하는 것을 강조한다. 통치되는 영역을 묘사하는 담론을 세련되게 하는 것은 그 표상되는 현실의 성질을 파악해서 정치적 심의, 논의에 종속시키는 형식으로 그것을 표상하는 것이다. 통치 프로그램이 세련되는 것은 언어에 의한 것이기 때문에, 언어가 통치에 매우 중요한 것은 분명하다. 통치성에 특유한 정치적 담론의 형식은 이론적 논의에 열려있으므로 모든 영역의 통치는 이 담론의 메카니즘을 통해서만 가능하다. 여기서 주목하는 언어란 현실을 특정한 종류의 행위에 따르도록 하기 위한 메카니즘을 제공하는 지적 기술이다. 모든 통치 프로그램은 현실이 진단되는 형식으로 현실을 표상하는 기입장치의 구축에 의존해 왔다. 이 기입장치는 통치대상의 영역을 평가와 관여(engagement)에 종속시키는 형식으로 현실을 표상하는 기술을 고안하는 것이다(*ibid.*, pp.6-7).

통치는 표상과 관여 절차의 조합이므로, 통치에는 관여문제도 있다. 여기서 문제는 통치의 기술이다. 이 기술이라는 용어를 이용해서 통치활동분석을 위한 특정한 접근방법이 제안된다. 이 접근방법은 여러 종류의 권위가 목적을 달성하기 위해 다른 사람의 행위, 사고, 의사결정을 형성하고, 규격화하고, 도구화하려는 실제의 메카니즘에 많은 주의를 기울인다. 여기서 Miller・Rose는 다음과 같이 제안한다. 통치의 현대적 형태를 이해하기 위해서는 큰 정치적 계략 또는 경제적 목표에 관한 검토나 국가통제, 국유화 등의 일반적인 슬로건의 검토 뿐만 아니라, 통치를 가능하게 한다고 생각되는 사소한 메카니즘의 검토도 필요하다. 이 메카니즘은 표기나 계산의 기술, 시험이나 평가의 절차, 실태조사와 같은 장치의 발명, 훈련시스템의 표준화, 전문가의 전문분야나 어휘의 개척 등으로 된다. 근대의 통치형식의 가능성에서 중요한 것은 이들의 간접적인 행위와 관여의 절차이다. 이러한 기술을 통해서 통치의 프로그램을 배치할 수 있게 된다. Miller・Rose는 자유민주주의 사회에서 중요한 간접적 통치구조에 관한 분석이 필요하다고 주장하면서 간접적 통치를 원격통치라고 부르고 있다(*ibid.*, pp.7-9).

그들은 통치가 초래하는 이러한 간접적 메카니즘을 개념화하기 위해 Latour의 원격행위(action at a distance)라는 개념을 이용한다. 이 개념은 멀리 떨어진 장소와 사람에 대해 어떤 행위를 하게 하는 문제를 다루는 것으로, 원거리의 장소와 사람에 관한 정보를 가지고 있는 중심이 지적 지배라는 형식의 지배를 행사하는 것을 의미한다. 그들은 원격통치의 개념을 Latour와 Callon의 다른 개념이나 접근방법과 연결한다. Miller・Rose는 과학기술혁신의 확립과 일반화를 분석하는 맥락에서 Callon과 Latour가 검토한 어떤 장소에서의 계산과 다른 장소에서의 행위를 연결하는 것을 가능하게 하는 메카니즘에 주목한다. 이를 위해 그들은 설득, 계산 또는 수사법(rhetoric)에 의해 제휴되는 이해관계의 구축과정을 제시한다. 이 과정에서 Callon과 Latour이 변환이라고 하는 것이 발생한다. 이 변환에서 어떤 행위자나 세력이 다른 행위자나 세력에게 특정한 사고방식, 특정한 행위를 요구하거나 기대할 수 있다.

현대의 통치성은 원격행위에 중요한 역할을 부여하고 있다. 이것은 사람이나 기관의 공식적인 자율성을 유지하면서 그 사람이나 기관의 경제적 또는 사회적 행위를 형성하는 것을 약속하는 메카니즘이다. 이러한 통치 메카니즘을 발명하고,

그것을 조작화하려고 노력할 때 중요한 역할을 수행하는 것이 어휘와 전문지식이다. 어휘와 전문지식은 기술을 이식하는 계산된 시험과 관련이 있으며, 이 전문지식을 통해서 직접적인 정치적 관여의 필요성이 최소화하며, 자기통치의 운영이 가능하게 된다. 경제의 원격통치로 자리매김하는 하나의 중요한 메카니즘은 경제적 행위자(기업경영자)에 의해, 계산절차의 이용을 통해 발생한다. 이 사례가 1960년대 영국의 회계혁신이다. 이것은 경제성장(및 이것이 가지는 장래의 지향성)이라는 통치프로그램이 기업에 미래를 실제로 계산가능하게 하는 통치기술(경제성장을 초래하는 투자를 결정할 수 있는 할인현금흐름법)을 배치함으로써 조작가능하게 되는 것을 기대한 사례이다(*ibid.*, pp.14-15, p.18).

Miller(1991)는 종래의 관리회계 혁신모형에 포함되지 않는 사례로, 1960년대에 발전한 할인현금흐름(DCF)기법이 기업을 초월한 회계혁신이라고 주장하였다. 그는 이 연구를 진행하면서 네 개의 개념(문제화, 프로그램, 변환, 원격행위)을 설정하였다. 첫 번째, 문제화는 특정한 조직에 있는 기존의 회계시스템 또는 조직내에 신규로 도입된 회계시스템에 업무수행상의 문제가 발생하는 것이 아니라, 이 문제가 특정한 조직의 틀을 넘어서서, 특정한 회계고유의 문제로 인식되어 그 문제를 극복하는 해결수단으로 대체적 기술이 요구되는 상황이 발생하는 것을 가리킨다. 여기서 문제가 되고 있는 DCF의 도입은 각 기업에서 행하고 있는 기존의 투자계획방법의 문제와도 관련이 있고, 영국정부의 경제진흥책과 같은 영국의 상황하고도 관련이 있으며, 나아가 영국의 투자수준과 성장률과 같은 거시경제의 논의와도 관련이 있다. 두 번째, 프로그램이란 경제적, 사회적 생활의 특정한 측면과 관련이 있는 문제를 개선하기 위한 상징, 분석, 탐구에 관한 이상적인 형식을 가리키는데, 여기서의 프로그램은 경제성장이다. 세 번째, 변환은 특정한 문제에 새로운 해석을 제공하고 특정한 방향으로 사람들의 사고를 나아가게 하는 것을 가리킨다. 여기서 변환의 과정에서는 기업내부에서 투자결정을 위해 DCF기법을 이용하는 미시수준의 문제가 경제전체와 관련이 있는 경제성장이라는 거시수준의 문제와 연결된다.

네 번째, 원격행위는 행위자와 기관의 사이에서 확립된 관계의 성질을 이해하기 위한 용어로, 특정한 장소가 직접 관여에 의존하지 않고 거리를 둔 다른 장소에 영향을 줄 수 있는 능력을 가진 중심이 될 가능성을 가리킨다. 여기서 원격행위는 정부기관와 기타 기관이 특정한 계산기술을 통해서 사기업과 국영기업의 투자결정에 대해 영향력을 행사하려는 시도를 가리킨다(Miller, 1991, pp.737-739).

이상과 같은 개념에 기초해서 Miller는 다음과 같은 분석을 전개한다. 영국에서는 1930년대말에 투자평가를 하는 경영상의 기법으로 미래의 현금투입액을 현재가치로 할인하는 기법이 일부 학자에 의해 주장되었지만, 별다른 논의의 진전이 없었다. 1960년대에 실무가, 이론가, 정부기관 등의 여러 주체적 행위자와 기관에서 경영자에 의한 투자결정의 방법에 DCF법을 사용하는 것이 경제성장이라는 거시경제의 목적에 도움이 된다고 주장하게 된다. 이러한 가운데, 투자결정을 하기 위해 특정한 기술(DCF법)의 적합성, 중요성을 경영자에게 설득하는 중요한 메카니즘을 제공한 것이 당시의 경제불황을 벗어나기 위해 정부가 도입한 일련의 경제진흥책이었다. 예를 들면, 경제발전이 필요한 개발지구에서는 현금조성(설비, 기계, 건물에 대한 투자에 일정한 현금조성을 받는다)이나 자유감가상각(신규의 고정설비와 기계의 감가상각액을 자유롭게 결정하는 것) 그리고 영국에서는 투자세액공제라는 경제적 유인책이 기업에 제공되었다. 이 때문에 경영자는 투자결정에서 투자에 의한 현금지출과 조성금 및 납세의 시기결정을 고려할 필요성에 의해 DCF법이 이 문제를 해결하는 방법으로서 경영자에게 승인되고 있었다. Miller의 분석은 이로부터 DCF법보다는 경제성장이라는 담론적 영역의 상세한 분석으로 이행하였다. 그는 학자가 아닌 정부기관이 DCF법의 사용을 지지한 것, 또는 그 사용을 지지하기 위한 일련의 어휘, 주장 및 (정치적 주장을 포함한) 이론적 근거를 제공한 것도 물론 중시하지만, 그 회계기술에 의미를 부여하고, 회계혁신을 촉구하는 것과 관련이 있는 것으로서 보다 광범위한 담론의 영역에 초점을 두고 있다. 1950년대 중반이후, 경제성장이라는 개념이 경제정책, 경제학자에 의한 학문적 논의, 보다 일반적으로인 정치적 문화의 주요한 주제로 된다. 경제불황에 고민하던 정부기관은 종래의 국제수지, 완전고용, 물가상승 등의 논점을 바꿔, 경제성장을 경제정책의 중요한 목표로 한다. 이 경제성장은 통치의 프로그램으로서 경제와 관련된 문제를 개선하기 위한 표상, 분석, 측정, 탐구에 관한 이상적인 형식을 제공한다. 전문가나 이론가는 영국의 경제불황상태를 다양한 방법으로 표현하고 다양한 원인을 지적하지만, 여기서 제안되는 해결책은 공통적으로 경제성장이었다. 또한 전문가나 이론가와 마찬가지로 정부기관은 투자와 경제성장이 연결되어 있다는 것을 강조한다. 그리고 해당기관도 이론가, 전문가와 마찬가지로 보다 앞선 논의도 전계하게 된다. 예를 들면, 영국경제개발심의회는 그 보고서를 통해서 경제성장의 주요한 요인이 투자에 있다는 것, 또한 투자결정의 질을 개선하는 DCF법이 미시수준의 각 기업의 투자결정을 거시수준의 경제성장목표에 연결시키는 것을 가능하게 할 것이라고 주장한다. 또한 경제성장을 위해서 투자의 질을 개선한다는 정책은 노동당 정부도 이어받아서 1965년에는 경제성장을 높이는 기초를 제공하는 국가계획을 발표하기도 하였다. 이 계획은 국가의 경제성장에 이바지하는 경영자에게 특정한 기술이나 기법이 필요하다고 강조하고 DCF법이 진보적인 투자방법으로 평가되었다. 기업내부의 각 투자결정에 직접 관여하는 것을 원하지 않는 노동당정부는 경제성장의 목표와 일관하는 것으로 생각되는 DCF법을 장려함으로써 기업내의 실제투자결정(즉, 투자결정의 책임이 있는 기업경영자)에 간접적으로 영향을 주는 통치(원격행위)를 중시한 것이다. 그리고 사기업과 다른 방법이지만, 국영기업에도 DCF법이 장려되었다. 국영기업의 1967년도 백서에는 전체 투자결정을 비교가능하게 하는 특정한 계산기술로서 DCF법의 이용이 요구된다고 하였다. 그리고 정부승인이 필요한 국영기업의 투자프로젝트는 특정한 할인율을 이용하는 현재가치로 표시하여야 하며 8%의 할인율이 이용되었다. 이러한 국영기업에서도 DCF법과 할인율의 이용이 요구됨으로써 원격행위가 가능하게 되었다(*ibid.*, pp.740-758; 國部, 1992, pp.37-43; 新谷・德前, 1997, pp.17-22).

이상과 같은 회계학연구들은 경제생활이 통치되고 통치가능하게 되는 방식을 이해하는데 독특하고도 중요한 기여을 하였다고 볼 수 있다.

요컨대, 이들의 시각은 계보학적 시선을 가지고 시대적·사회적 맥락으로 향해 있고, 그 당시의 국가능률증진을 위한 시책과 여러 가지 담론과의 관계분석에 이르고 있다. 즉, 표준원가계산은 고립된 현상이 아니었으며, 기업내에 과학적 관리라는 거대한 표준화 및 규범화운동과 긴밀하게 연관되어 있었다. 당시는 표준원가계산과 예산통제를 기업의 능률을 증진시키는 기술로서 도입하여 국가의 능률을 증진시키려는 동향이 정치, 언론, 국가, 정부에 의한 담론, 철학적·사회적 저술 중에 나타났으며, 구체적으로는 우생학, 정신위생정책, 지능검사 등의 사회정치적 관리가 실시되고 있었다. 그리고 이러한 시대적·사회적 맥락에서 Miller·O'Leary는 표준원가계산과 예산통제를 개인의 일상생활을 감시하는 사회정치적 관리기법(1987, p.243)이 국가수준에서 개발되고 있었던 시대에, 기업이라는 특정한 장소에서의 통치가능한 개인을 확립하는 권력행사의 한 형태로서 간주하고 있는 것이다. Miller·O'Leary의 주장의 요지는 경제생활의 통치양식의 변화의 일부로서 표준원가계산과 예산편성의 개발에 의해 초래된 변화를 이해할 필요가 있다는 것이다. 표준원가계산과 예산통제는 표준과 관련해서 개인의 행동을 가시적이고 계산가능하게 하고자 한 실천들의 종합적 효과 안에서 중요한 구성요소로 되었다는 것이다. 즉, 표준원가계산과 예산통제를 기업 안에 설정하여 이해하는 것이 아니고, 당시의 국가에 의한 개인생활에 대한 하나의 사회정치적 관리의 역할을 표준원가계사과 예산통제가 담당하고 있다는 것이며, 그것은 이러한 관리회계기법의 기초에 있는 과학적 관리방법의 국가수준에서의 능률관리에의 적용사례에서도 분명하다고 말한다. 이러한 의미에서 회계의 권력적 성격이 주장될 수 있을 것이다. 표준원가계산과 예산수립 및 거기에서 파생된 계획기법의 확립으로 인간들은 효율과 합리적 업적이라는 규범으로 빠져들 가능성이 더욱 커졌다(Lehman, 1992, p.52).

3) 윤리학과 회계학연구[26)]

권력(power)이 개별회계사의 윤리적 주체성을 구축하고 유지하기 위해 어떻게 작용하는가를 탐구하기 위해 Foucault의 연구가 이용되고 있다.

1987년부터 2010년까지 Foucault의 윤리와 관련된 논문들 중에는 차별문제에 관해 일반적인 접근방법을 보여주는 Grey(1998)의 연구가 있고, 성차별에 관해 Burrel(1987), Haynes(2008), Kornberger et al.(2010) 등의 연구가 있다. 사회적 차별에 관해서는 Maltby(1997)의 연구가 있다. 기타 차별문제에 관해서는 Bessire(2005)의 연구가 있다(Vicencio, p.747).

차별과 관련된 이 연구집단은 윤리의 관점에서 Foucault가 행동의 도덕(morality of behaviour)이라는 부르는 특징을 가지고 있다. 다수의 연구에 의하면, 이 윤리행동에는 다른 권력수단(주로 담론과 규율)이 수반된다. 이외에 전체로서의 조직, 경영, 회계 등은 이러한 윤리행동이 스스로 봉사하는 도구(tools)들이다.

두 번째 연구집단은 연구주제들이 직업윤리나 윤리강령과 일치하는 곳인 도덕적 주체의 구성 쪽으로 나아가고 있다. 직업독립성에 초점을 둔 연구에는 Messner(2009), Kuasirikun・Constable(2010) 등이 있다. 이 경우에, 회계, 경영, 조직 자체는 윤리적 권력수령자(power receiver)의 영향을 받는다(Vicencio, p.747).

이외에 회계윤리 교육에 관해서 McPhail(1999)가 있다. 그는 Foucault의 연구를 이용하여 윤리적 회계담당자가 비윤리적 회계담당자처럼 사회에 큰 위협이 될 수 있다고 주장한다. 이 논문은 회계교육에서 권력과 윤리의 관계를 연구하고자 하였다. 회계학생들의 윤리적 정체성을 구축함으로써 회계담론을 통해 권력이 어떻게 작용하는가를 연구하기 위해 회계교육에 Foucault의 관점을 적용하고 있다. 회계의 교육방식은 회계담당자들이 자본주의의 이익에 이바지하고 자본주의에 대한 반대

---

26) 윤리와 관련된 회계학연구는 규율권력, 통치성 등과 관련된 회계학연구에 비해서 아직까지는 매우 적다. Foucault의 비판적 방법론을 이용한 회계학연구에서는 초기에 규율권력을 이용한 연구가 대세를 이루다가 오늘날에는 통치성을 이용한 연구가 대세를 이루고 있다.

를 억압하는 방식으로 행동하는 그러한 방법으로 자신들을 규율시키는 경향이 있다고 주장된다. 또한 회계정체성은 다른 지식형태를 억압하고 학생의 감정개발을 억제하는 도구적이고 합리적인 종속양식의 특징이 있다고 주장되고 있다. 이 논문은 Foucault의 저항개념을 이용하여, 회계교육자들이 회계교육에서 합리성의 헤게모니에 어떻게 도전할 수 있으며, 회계학생들을 어떻게 교육시킬 것인가를 개념화하는 실천방식도 제안하고 있다(McPhail, p.860).

Kosmala・McKernan(2011)은 비판회계학자들에 의해 상대적으로 무시되어온 Foucault의 후기연구(성의 역사 제2권과 제3권)에 해당하는 윤리차원의 비판회계에 대한 시사점을 개념적으로 살펴보고 있다. Foucault의 후기연구는 최소한 묵시적으로 타자에 대한 배려에 우선권을 주면서 자아의 배려를 통한 윤리행위기능의 촉진에 관한 견해를 제시하는 것으로 간주된다. 여기서 직장에서 전문가책임에 대한 도덕적 행위기능의 유의성이 탐색되고 있다. 자아의 배려에 관한 Foucault의 연구를 이용하는 회계는 윤리적 자아생성의 과정에서 타자에 대한 책임과 공개성의 역할을 무시함으로써 윤리적 차원을 주변화하는 경향이 있다는 것이 발견되고 있다. Foucault는 자신의 후기연구에서, 자아의 윤리프로젝트의 중심에 타자에 대한 책임과 차이에 반응하고 있다는 것이 강조되고 있으며, 그의 연구에서 도덕적 차원의 공개성은 비판연구가 직장에서 책임, 정체성정치, 지배구조 등과 같은 문제를 다루는 방식을 풍부하게 할 잠재성을 가진다고 주장되고 있다(p.377).

제5절 소결

여기서는 기존의 실증적 방법론과는 전혀 다른 철학에 입각한 방법론인 포스트모더니즘을 철학적 배경으로 하는 프랑스의 비판적 방법론 중에서도 특히 Foucault의 철학사상(방법론)을 중심으로 하여 그것을 회계학에 적용한 선행연구들을 살펴보았다.

Foucault의 방법론의 철학적 배경은 포스트모더니즘이며, 그의 철학적 가정은 제2장의 비판적 가정과 관련해서 살펴보면 다음과 같다.

(1) 이론을 판단하는 기준은 일시적이고 맥락적이다.
(2) 이론은 일반화가 불가능하다.
(3) 경험적 실재는 주관적 해석을 통해 형성되고 그 관계가 재생산된다.
(4) 인간은 주어진 상황에서 수동적이다.
(5) 대상은 관계의 일부분에 국한해서 분석된다.
(6) 대상은 권력을 비롯한 일정한 이데올로기에서 분석된다.
(7) 사회와 조직은 소외, 모순, 역기능, 갈등 등으로 문제가 발생하지만, 이를 근본적으로 해결하기 위한 방안을 제시하지 않는다.

Foucault는 (후기)구조주의계열의 중심적인 철학자로서 그의 방법론은 고고학과 계보학으로 구분할 수 있다. 고고학은 구조주의 철학을 적용한 것이며, 계보학은 후기구조주의 철학을 적용한 것이다. 그의 고고학, 계보학은 회계역사를 새롭게 살펴보는 계기가 되었다. 그의 권력개념(규율권력과 통치권력)은 개인을 감시하고 통제하며, 인구를 통치하는 기술이 나날이 발전하고 있는 현대 사회에서 그 중요성이 더욱 커져가고 있다.

Foucault의 방법론을 적용한 회계학연구에 의하면 이의 시사점들은 다음과 같다.

1. 회계학 특히 관리회계기법의 등장과 성장은 규율기관(감옥, 학교, 병원, 기업 등)과 규율기법의 성장과 관련이 있다.
2. 18세기후반부터, 다양한 사회적 규율기관들이 등장해서 성장하기 시작하였다. 이러한 규율기관들은 규범과 규칙을 제정하고, 그 구성원들이 규범과 규칙

을 준수하는지의 여부를 감시하기 위한 메카니즘을 설정하였다. 이 기관내에서, 구성원들은 다양한 범주로 분류되고는 그들의 일상활동과 행동이 규범에 반하는지의 여부를 판단하기 위해 가시적인 것으로 만들어진다. 이러한 규율기관 내에서 감시·기록·평가·판단하는 다양한 방법을 규율기법이라고 하며 관리회계가 그러한 기법 중의 하나이다.

3. 따라서 관리회계의 역사는 산업사회에서 중심적인 규율기법 중의 하나의 역사로 간주되어야 한다(Loft, 1995, p.35).
4. Miller·O'Leary(1987)는 관리회계 특히, 예산편성과 표준원가계산의 성장을 그 목적이 개인을 더욱 효율적이고 관리가능한 사람인 통치가능한 사람을 구축하는 일종의 근대적 권력도구로 개념화하고 있다. 그들은 관리회계기법의 등장을 효율적인 국가를 위해 효율적인 개인을 생성한다는 사회수준의 과제와 연결하고 있다. 이러한 방식으로 Miller·O'Leary는 관리회계기법의 성장을 사회적·조직적 개인생활의 관리를 위한 사회프로젝트 내에 자리매김하고 있다.
5. Hoskin·Macve(1994)는 관리회계의 발생을 교육기관에서 점수(marks)부여의 개발과 관련시키고 있다. 교육기관에서 인간품질의 계량화 프로젝트는 개인성과의 시험과 점수화를 위한 일단의 규율기법을 생성하였다. 이러한 점수화의 실무는 매우 특수한 사건을 통해 회계실무로 되었다. 즉, 미육군사관학교에서 점수화, 감시, 규율이라는 정교한 시스템을 생성하게 되었다. Hoskin·Macve는 경영과 회계의 기법을 미국의 산업조직인 기업에 도입을 촉진한 사람이 미육군사관학교의 출신이었다고 주장한다(Wickramasinghe·Alawattage pp.49-50). .

회계학에서 특히, 원가·관리회계는 기업조직에서 개인을 감시하고 통제하기 위한 하나의 기술로 간주될 수 있다. 이의 특징은 기업에서 생산과정을 반복하고 그 과정을 서류상(또는 전산상)에서 화폐적 표현으로 개인을 가시적

(visible)이게 한다는 것이다. 이러한 화폐화를 통해 재무척도에 의한 노동활동이 파악된다. 생산결과는 재무절차를 통해 평가되며, 생산기록이 예산과 비교되도록 다시 재무용어로 전환된다. 회계 그 자체의 규율은 조직계층을 활성화하여 경영자의 관리를 가능하게 하는데, 이 규율의 효과가 조직전체에서 발생하며, 회계시스템이 조직활동을 재무용어로 전환하여 통제를 가능하게 한다. 따라서 (관리)회계는 산업사회에서 중요한 규율기술의 하나로 간주될 수 있다. 회계를 규율권력으로 간주하는 데서 근본적인 요소는 감시이다. 규율적 전략은 질서와 조직의 유지를 촉진하며, 복종하고 유순한 신체를 생성하는 것이다.

6. 최근에 회계역사의 통치성에 관한 새로운 비판적 연구(예를 들면, Miller · Rose, 1990; Miller, 1991; Miller · O'Leary, 1994; Espejo et al., 2002; Sanchez-Matamoros et al., 2005; Sargiacomo, 2008 등)는 회계, 사회, 통치 사이에서 이전에는 주목받지 못한 관계도 드러내고 있다. 즉, 통치의 기술로서 회계의 역할을 살펴보고 있다. 구체적으로 Foucault의 통치성개념이 18세기, 19세기, 20세기의 다양한 사건과 제도에 적용되었다. 그리고 Foucault의 방법론에 의해 통치를 분석함으로써 인구를 원격으로 관리할 수 있는 회계의 역할을 도출하였다. 즉, 회계가 통치가능한(governable) 인간을 만드는데 일조하는 것이다.

Foucault의 방법론을 적용한 회계학연구는 포스트모더니즘의 허무주의, 해방가능성의 결여, 유물세계의 무시 등으로 인해서 신보수적이라고 비판되고 있다. 즉, 여기서의 회계학연구는 기존의 상태를 서술하거나 해체만하고 있기 때문에 현상태를 무의식적으로 재강화하게 된다는 것이다. 그리고 해체이후에 구체적인 정책제시가 없으며, 사회를 변화시키기 위한 원리의 제시도 없다. 그리고 계급분석, 경제조건, 저항 등과 같은 구조적 현안에 주목하지 않는다고 비판되고 있다(Arnold, 1998; Froud et al., 1998).

Arnold(1998)는 Miller · O'Leary(1994)가 실시한 동일한 공장에서 노동자들을 면접한 결과, Miller · O'Leary(1994)가 새로운 경제시민정신(new economic citizenship)의 특징을 가진다는 그 노동자들이 불안, 좌절, 과도한 노동을 느끼고 있다고 보고한 바 있다. 따라서 물질적인 구조적 조건과 관련노동자의 주체성에 대한 이러한 조건의 영향을 고려하지 않으면(Arnold, 1998), 그 결과분석은 매우 애매해진다고 주장되고 있다(Armstrong, 2006). 그리고 Foucault의 방법론에 의한 회계학연구에서는 회계의 정의에 관한 연구보다는 예산통제나 원가관리와 같이 회계의 기능을 중심으로 하는 역사적 연구가 주로 진행되고 있다.

회계통제는 규율권력의 관점에서 볼 수도 있지만, 이 관점에 의해 설명될 수 없는 다른 특징도 있다. 한편, 회계는 ITT에서 특히 여가의 변화와 관련해서 유일한 통제 메카니즘이 아니었다. 나아가, 금융시장의 영향, 국가와의 관계, 기술발전, 다양한 형태의 내부저항 등과 같은 다른 요소들이 Foucault의 모형에 의해서는 잘 포착되지 않는다(Hopper · Macintosh, 1993).

Foucault의 방법론은 회계를 시대적 · 조직적 · 사회적 맥락에서 총체적으로 파악하여 다양한 담론과 제도로 이루어진 관계상황 속에서 규정하며(고고학), 그 관계상황 자체를 창조해 가는 회계의 역할을 특히 권력과의 관계를 통하여 분석(계보학)하고 있다. 따라서 이것은 단순한 회계의 연구가 아니고 회계를 통한 사회분석으로 평가해야 할 것이다.

9

Bourdieu의 비판적 방법론

(1930-2002)

9장

Bourdieu의 비판적 방법론[1)]

Bourdieu의 비판적 방법론은 Foucault의 경우와 마찬가지로 <도표 2-1>과 같이 Kant/Hegel/Nietzsche로 이어지는 비판노선을 따르고 있으며, 지난 1970년대에 특히 유행한 프랑스의 철학사상인 포스트모더니즘의 영향을 받고 있다. 이 방법론을 회계학에 이용하기 시작한 회계학자들은 Lee(1995)를 비롯한 미국의 학자들이었다. 여기서는 아비투스, 장, 자본 등의 핵심개념과 상징폭력, 지배계급의 재생산 등에 관한 이론을 이용하여 현실을 비판하는 프랑스 사회학자 Bourdieu의 비판적 방법론의 의의, 철학적 배경, 연구현황, 문제점 등을 살펴보기로 한다.

국내에서는 1990년대이후 사회학, 정치학, 교육학, 종교학, 문화학, 역사학, 조직학 등의 다양한 사회과학분야에서 Bourdieu의 이론과 방법론을 적용한 논문들이 발표되고 있으며, Bourdieu의 많은 저서들이 번역, 소개되고 있지만, 회계학분야에서는 아직 소개조차 되지 않고 있다.

제1절 서론

회계학에서는 1980년대부터 본격적으로 사회과학, 특히 사회학의 다양한 방법론을 이용하여 연구하고자 하였는데, 이때부터 회계를 기술적 · 경제적 현상 뿐만

1) 이 글은 2012년 12월, 한국회계학회 동계 국제학술대회(서울대 SK경영관)에서 부산발전연구원의 이일래 박사(사회학)와 공동 발표한 "프랑스 사회학자 Bourdieu의 사상과 회계학연구"의 내용을 수정 · 보완한 것이다.

아니라, 사회적 · 조직적 현상으로 간주하기 시작하여, 회계학자들이 이용하는 방법론의 범위와 연구범위도 확대되었다. 사회학적 분석은 회계학 내에서 그 비중이 증가하였으며, 사회학에서 이용되는 다양한 방법론들이 도입 · 적용되어 사회과학으로서 회계학의 발전에 이바지하게 되었다.

회계는 다양한 이유로 사회학적 관심의 대상이 되고 있다. 첫째, 회계학이 하나의 학문분야라는 주장은 한때 문제성이 있었다. 즉, 오늘날과는 달리 영국의 Cambridge 대학교를 비롯한 일부 대학교에서는 회계학이 과학으로 인정받지 못했기 때문에 회계학 과목을 경제학, 정치학 등에서 제외한 바 있다(Puxty et al., 1994, p.153)[2]. 둘째, Weber와 Sombart가 일반적으로 계산과 특히 부기의 유의성을 인식하였지만(Carruther · Espeland, 1991), 경제학자와 경제학훈련을 받은 사람들이 회계를 연구하게 되었다. (전문가로서 회계담당자와는 반대로) 실무로서 회계에 관한 사회학적 관심은 주로 조직이론의 발전을 배경으로 진화하면서 상대적으로 최근에 발생하고 있다(Miller, 2008, p.52). 그러나 회계 분야는 문화, 인지, 과학을 분석하는 사람 뿐만 아니라, 사회학자들의 관심을 끄는 많은 과정과 문제를 포함하고 있다. 지식과 범주가 어떻게 생산되고, 이것이 사람들의 주목을 어떻게 형성하고, 사람들이 어떻게 작용하고, 전문기술의 문화적 지위가 어떻게 형성되는가 등이 모두 회계에서 문제가 되고 있다(Power, 2011, p.43).

다양한 사회학자들의 이론과 방법론이 회계학에 도입되는 와중에 프랑스 학자 Foucault, Latour, Bourdieu 등의 이론과 방법론이 오늘날 회계학에 많이 적용되고 있는 바(<도표 8-3>을 참고), 본장에서는 이 중에서 Bourdieu의 사회학이론이 회계학에 어떻게 이용되는가를 선행연구를 중심으로 문헌의 내용분석을 통해 살펴보고자 한다.[3]

---

2) 이렇게 회계학이 과학(science)으로 인정받지 못해서 푸대접을 받은 상황은 Foucault가 관심을 가진 바 있는 인식론적 황혼(epistemological twilight)에 해당한다(Goldstein, 1984, p.178).

3) <도표 8-3>에서 보는 바와 같이, 과학사회학자인 Latour가 Foucault 다음으로 회계학에서 많이 인용되고 있지만, 그의 이론(행위자연결망이론, actor-network theory)은 해석적 방법론에 속하기 때문에 본서에서는 다루지 않는다.

회계학은 사회과학이며, 사회현상일반을 다루는 사회학과 회계학의 학문영역은 밀접하게 연결되어 있다. 이것은 부분적으로 회계현상이 사회현상과 얽혀있기 때문이다. 초창기에는 사회학자들이 회계에 관심을 두었지만, 오늘날에는 비실증적 방법론을 이용하는 회계학자들이 사회학의 이론과 방법론을 많이 이용하고 있다.

Max Weber(1956)는 회계를 자본주의하에서 사회의 합리화에 중심적인 것으로 간주하였다. 그는 자본주의를 합리적인 자본주의적 기업에 의한 계속적인 이윤추구로 이해해야 한다고 주장한다. 이윤의 추구가 계산을 필요로 하는 한, 회계는 자본주의의 발전에 중심적이었다. 그는 자본주의적 기업의 현대적, 합리적 조직은 부기의 계산적 실무가 없었다면 불가능하였을 것이라고 주장하기까지 하였다. Weber의 주장은 복식부기가 자본주의 발전에 중요한 역할을 한다는 Schumpeter(1950)와 Sombart(1953)의 주장에 의해 보완되었다. 이 두 학자는 회계를 경제활동의 사회학적 분석의 중심에 두었다(Miller, 2007, p.286)

Weber 이전에, Karl Marx(1867, 1885)도 제5장에서 살펴본 바와 같이, 회계나 부기와 자본주의와의 관계의 중요성을 시사하고 있다. 그는 Weber처럼 자본주의에서 회계의 역할을 중심적인 것으로 간주하지 않았지만, 생산관계에서 회계에 중요한 의미를 부여하였다. Marx는 자본론 제1권에서 Robinson Crusoe가 자기 자신의 일들을 장부에 적기 시작하였다고 하여 자본가의 첫 번째 과업이 장부를 작성하는 것이라고 말하고 있다(김수행 역, pp.98-99). 한편, 자본론 제2권에서는 유통비용의 장에서 자본형태의 변환을 다루면서 부기에 지출된 노동/시간의 문제를 다루고 있다(김수행 역, pp. 150-152). Marx의 저술에서, 회계는 자본주의적 생산관계의 본질을 형성하고 재생산하는 데서 거시적/구조적 역할이 부여되고 있다. 이 의미에서, Marx와 Weber는 유사한 영역을 차지하고 있다. 두 사람의 경우, 회계는 사회적·경제적 관계를 규정하는 것을 도와준다(Chapman·Cooper·Miller, p.5).

Marx, Weber, Sombart의 저술이후 1950년대까지 회계학과 사회학의 두 학문 사이에 상호작용이 거의 없었다. 회계에 대한 사회학적 관심이 1950년대에 다시 등장하였을 때, 주안점은 합리화와 자본축적의 과정에 대한 거시수준의 관심으로부터 조직내의 인간집단, 집단역학 등에서 회계의 역할에 대한 관심으로 변하였다. 이 변화의 계기는 예산이 인간에 미치는 영향에 착안한 Chris Argyris(1952)의 논문이었다. Argyris는 예산편성자가 예산에 관해서 어떻게 생각하는지와 공장감독자가 예산에 관해서 어떻게 다르게 생각하는가를 검토하였다. 그는 회계실무의 연구와 인간집단에 관한 사회학적 연구를 결합하였다. 이러한 미시적 관점이 행동과학회계로 발전하였는 바, 행동과학회계는 조직내의 집단관계에 주안점을 두었다. 예산편성의 조직적・행동적 측면은 Becker・Green(1962), Hopwood(1974) 등과 같은 학자들의 저술에서 보는 바와 같이 1960년대와 1970년대초에 연구자들의 중요한 관심사로 되었다.

1970년대 중반 이후부터 사회학적 회계학연구의 주안점은 상당히 변하였다. Hopwood(1976)가 회계를 순수한 조직적 현상으로 더 이상 간주해서는 안 된다고 주장하면서, 연구자들은 조직내의 과정 뿐만 아니라, 더욱 광범위한 사회적・경제적 환경에서 발생하는 압력도 고려할 필요가 있다고 주장하였고, Burchell et al(1980)은 사회학적 회계학연구를 위한 과제를 제시한 바 있는데, 회계의 기술적 차원을 사회의 역동성과는 무관한 것으로 간주하기 보다는 상호관련된 것으로 간주해야 한다고 주장하였다. 1980년대부터 다양한 학자들이 사회학의 다양한 방법론을 회계학에 적용하는 논문을 발표하기 시작하였다(제2장 회계학의 방법론을 참조).

사회과학의 방법론을 분류하고 논한 조직사회학자인 Burrell・Morgan(1979)[4]의 저서가 회계학논문인 Willmott(1983), Hopper・Powell(1985), Chua(1986) 등에 소개되면서 1980년대부터, 회계학에도 실증적 방법론이외에 비판적 방법론, 해석적 방법론 등과 같은 다양한 사회학의 방법론이 도입되기 시작하였으며, 사회학자들이 회계학에 관심을 두면서 회계학 논문을 발표하기도 하였다. 특히 사회학자인 Carruthers・Espeland(1991)는 복식부기가 경제적 합리성에서 중요한 역할을 한다

4) 여기서는 사회과학의 패러다임을 급진적 구조주의, 급진적 인본주의, 해석주의, 기능주의로 나누어 살펴보고 있다<도표 2-9를 참조>. 기능주의는 방법론적으로 실증적 방법론에 해당하고, 해석주의는 해석적 방법론, 급진적 구조주의와 급진적 인본주의는 비판적 방법론에 해당한다.

고 주장하였다. 한편, 회계학자인 Chua(1988)는 관리회계연구를 해석사회학의 관점에서 살펴보았으며, Roslender(1990)는 관리회계연구를 사회학의 관점에서 살펴보았고, Dillard · Becker(1997)는 회계연구를 조직사회학의 관점에서 살펴보았다. 2000년대에 Mennicken(2002), Vollmer(2003), Miller(2008)는 경제생활에서 계산행위의 사회학적 측면을 살펴보고 있으며, Miller(2007)는 관리회계를 사회학의 관점에서 살펴보았다. Miller · Samiolo(2008)도 시장, 계약, 조직, 연결망 등을 만들고 형성하는 계산적 하부구조(calculative infrastructure)의 역할과, 개인과 사회관계를 통치하는 양식과 계산적 하부구조의 연계를 살펴보기 위해 회계를 경제사회학적 측면에서 살펴보고 있다. 그리고 Mennicken · Miller(2012)는 회계학분야에서 Foucault 연구의 역할과 관련성을 중심으로, 사회학적 회계학연구를 소개하고 있으며, Miller · Power(2013)는 회계가 조직생활의 경제화를 정교화하고 제도화하는 메카니즘이라고 주장하고 있다(p.556).

이상과 같이 사회학의 다양한 이론과 방법론이 1980년대 이후 본격적으로 회계학에 도입 · 적용되기 시작하였으며, 이러한 다양한 사회(과)학방법론의 철학적 배경은 이미 살펴본 바와 같이 <도표 2-1>(Laughlin, 1995)과 같다. 프랑스 비판사회학자 Bourdieu의 사회학이론은 비판적 방법론의 노선을 따르는 프랑스 비판이론으로 포스트모더니즘에 속한다.

제2절 Bourdieu의 사상

프랑스의 사회학자 P. Bourdieu[5]는 프랑스 파리의 고등사범학교(École Normale

5) Pierre Bourdieu(1930-2002)는 40여권의 저서와 300여편이 넘는 논문 등 방대한 양의 저작을 남겼다. 중요한 저서로는 다음과 같다. 재생산(1977), 실천이론개요(1977), 구별짓기(1984), 실천의 논리

Supérieure)에서 Derrida 등과 함께 철학을 공부하였으며, 졸업후 철학교사 자격증을 획득한 후, 지방 고등학교에서 철학교사로 1년간 근무하다가, 1956에 군대에 징집되어 프랑스 식민지였던 알제리에서 2년간 행정병으로 복무하였다. 군복무 후 1958년부터 2년간 알제리에 있는 알지에 대학에서 2년간 조교로 있으면서 알제리사회에 대한 현장경험을 하였다가 1961년에 프랑스로 귀국하였다. 귀국 후 Sorbonne 대학과 Lille 대학에서 강의를 하였으며, 1964년에 사회과학 고등연구원의 사회학교수로 부임하였고, 여기서 사회학자 Raymond Aron을 만나 그의 문하생으로 활동하였는데, 그의 학문적 영향력 아래에서 본격적인 사회학자의 길로 들어서기 위한 기초를 닦을 수 있었다. 1968년에 유럽사회학연구소를 설립하고는 다른 학자들과 많은 연구를 수행하였다. 1981년에 프랑스 최고의 대학 중의 하나인 Collège de France의 사회학 주임교수로 부임하였다가 은퇴 후 1년만인 2002년에 암으로 사망하였다(하상복, 2006, pp.71-82).

Bourdieu는 교육, 학계 및 학교, 언어, 미술, 매스미디어, 세계화 등 광범위한 주제 영역에 걸쳐 저술활동을 전개하였다. 그리고 신자유주의적 세계화의 부정적 영향에 항거하기 위한 시위에 직접 참여하여 학문적 소신을 현실에서 실천하는 행동하는 지식인으로서의 모습도 보여준 바 있다.

1. Bourdieu 사상의 배경

프랑스의 대표적인 현대 사회학자인 Bourdieu의 사회이론체계는 사회학 이외에 철학, 인류학, 언어학, 정치학 등의 분야에 걸친 다양한 패러다임에 기초하고 있어서 그 내용이 복잡하다. Bourdieu의 사회이론은 기존 학문의 전통적 패러다임에 대한

(1990), 상징폭력과 문화재생산(1991), 호모 아카데미쿠스(1988), 예술의 규칙(1996), 세계의 비참(1998), 실천이성(1998a), 파스칼적 명상(2000), 맞불(1998b, 2001).

인식론적 단절의 입장과 자신의 이론에 대한 부단한 인식적 비판이라는 의미에서 비판적 성격을 갖고 있다. 이러한 비판적 인식은 자기성찰의 인식적 태도에서 비롯되기 때문에 그의 사회학은 '성찰적 사회학'(Bourdieu · Wacquant, 1992) 또는 기존 사회학에 대한 비판적 성찰의 의미에서 '사회학의 사회학'이라고 한다. 또한 그의 사회이론은 단지 행위와 구조의 관계만을 다루는 것이 아니라 사회구조의 갈등을 상징투쟁과 상징폭력을 통한 권력/지배의 메카니즘과 계급차별화의 재생산적 구조를 드러낸다는 의미에서 또한 비판적이라고 할 수 있다(현택수, 2001, p.269). 따라서 Bourdieur의 사회이론을 비판사회이론이라고도 한다.

Bourdieu의 학문적 관심사는 사실상, Marx, Weber, Durkheim으로 대표되는 고전사회학자들의 문제의식들을 계승하고, 그것들을 하나로 통합하는 것이었다. Bourdieu의 사회학은 Marx의 계급론을 바탕으로 하고 있다. Marx와 마찬가지로 Bourdieu도 사회를 불평등한 계급관계와 계급간의 투쟁이라는 시각 속에서 바라보고 있다. 그러나, Bourdieu의 계급론이 Marx의 계급론을 그대로 받아들이는 것은 아니다. Bourdieu는 Weber의 영향도 수용하였다. 사회적 불평등을 Marx가 계급이라는 경제적 차원으로만 분석하는 데 비해, Weber는 경제적 차원의 계급 뿐 아니라 사회적 차원의 지위집단, 정치적 차원의 파벌이라는 다양한 차원에서 접근하고 있다. Bourdieu는 이러한 Weber의 다차원적 관점을 수용하고 있는 것이다. 그러나 Bourdieu는 경제적 차원이 아닌 다른 차원에서의 불평등 역시 자본이라는 경제적 개념을 확장하여 사용하고 있다. 즉, Marx의 계급론을 근간으로 Weber의 불평등론을 비판적으로 수용하고 있는 것이다. 따라서 물질적 생산수단이 계급구분의 한 기준일 수는 있지만, 유일한 기준일 수는 없음을 강조하였다. 계급을 나누는 데는 문화, 교양, 지식, 교육, 권위, 평판 등과 같은 생산수단에 속하지는 않지만, 그만큼 중요한 의미를 갖는 요소들도 고려해야 한다는 것이다. 아울러 한 계급이 갖는 권력과 권위는 그 계급의 내적인 능력에 기인하는 것이 아니라 다른 계급의 믿음과 승인을 통해 만들어지는 것으로 설명하면서 이러한 계급의 형성과 유지에 생산수단

뿐 아니라 다른 요소들이 어떻게 기능하는 지를 밝히고자 했다(하상복, 2006, p.84).

한편, Durkheim 역시 Bourdieu의 사회학에 중요한 영향을 주었다. Bourdieu는 프랑스 사회학자였던 Durkheim의 전통을 잇는 프랑스 사회학의 영향을 받아서, 사회란 객관적으로 존재하며 인간들의 생각과 행동을 제약하고 구속하는 실체라는 견해를 받아들였다(하상복, 전게서). 계급구조라는 사회구조의 힘을 강조하는 Bourdieu의 견해는 구조주의와 함께 Durkheim의 영향에서 오는 것으로 볼 수 있는 것이다. 그는 Marx, Weber, Durkheim 등의 사회학자의 영향 뿐 아니라 앞서 언급하였듯이, 후기구조주의(포스트모더니즘), 실존주의, 현상학, 언어학, 생철학 등 당대의 중요한 사회학적 조류들을 비판적으로 계승하면서 자신의 사회학을 풍부하게 했던 것이다(전게서, p.85).

2. Bourdieu의 사상

Bourdieu는 사회학자의 인식론적 단절의 정신을 강조하였는데, 그가 말하는 인식론적 단절이란 기존의 모든 개념과 이론들에 대한 선입관적 입장을 의심하고 문제제기를 하는 연구태도를 의미한다. 그는 맹목적으로 기존의 학문적 패러다임을 따라가는 연구태도를 비판하였다.

Bourdieu에 의하면, 학자들의 모든 사회이론도 민족적·직업집단적·계층적 이해와 권력관계 속에서 형성된 것이다. 학문에서 인식의 주체 및 대상 그리고 이론 및 방법론은 이러한 사회관계의 구성요소이자 그 산물인 것이다. 따라서 학자와 지식인의 인식론 문제는 자연히 학문적(동시에 사회적) 관계에서 실천의 문제로 이어진다. 사회학자의 인식과정 역시 개인의 사회문화적 경험의 틀 안에서 이루어진다. 따라서 사회계급적 상황과 이데올로기, 지식계에서의 위치 등에 의하여 생겨날 수 있는 선입관에 대해 인식론적 경계를 하여야 한다는 것이다. 왜냐하면 사회학자는 국가, 지배층 등 외부의 영향 아래 이성적 도구로서의 사회학을 연구할 수 있기 때문이다. 따라서 Bourdieu는 연금술사가 되기를 경계한 화학자들처럼 사회학자는 사회가 요구하는 사회예언자가 되기를 경계하여야 한다고 생각한다.

지식인은 지식인 공동체 안에서 자신이 점유하고 있는 위치에 따라 자신의 업적을 과학적 산물로 만들려고 경쟁한다. 때로는 학문세계에서 차지하는 각자 자신의 위치 덕분에 쉽게 인정받는 이론들이 있기도 하다. 과학은 지적 전통을 존중하면서 이를 재해석하는 등 지식의 축적성을 강조한다. 그러므로 새로운 혁신적 이론 창출을 위해서는 이론의 창시자들을 잊어버려야 한다. Bourdieu는 기존 담론체계의 힘에 의해 즉각적으로 받아들여지는 사회학을 경계하고 있다(현택수, 2001, p.271).

Bourdieu에 따르면, 과학적 진리는 지식인 사회 내의 현실적 이해와 권력관계에서 나온다. 각각의 인식론적 관점이 이해관계와 권력관계와는 무관하고 보편적인 것처럼 주장하는데, 이때 지식인의 특권의식이 개입하게 된다. Bourdieu는 이것을 지식인주의(intellectualism)라고 부르면서 경계한다. 그에 의하면 지식인의 이론과 경험의 자명성 및 보편성은 지식인 사회구조의 조건 속에서 형성되는데, 사회적 지위, 계급에 따라 차별화된다. 지식인의 특정한 경험을 보편적인 것, 자명한 것으로 전제하고 이를 인정하는 것은 기득권 사회의 힘을 반영한 것에 불과한 것이다. 지식인은 그들의 인식을 일반인들의 상식과 구별하여 보편적 진리로 정당화시킨다. 지식인주의는 이러한 토대 위에 지식인 고유의 인식방법, 규칙, 모델, 이론을 발전시키는 지식인 중심주의이다(전게서, p.271).

그러므로 인식론적 경계나 인식론적 단절은 특히 인문사회과학에서 요구된다. 그것은 기존의 지배적 담론체계에 의해 자연스럽고 투명하게 보이는 즉각적 지식과의 단절을 의미하기 때문이다. 사회과학의 담론체계는 일상언어가 아닌 학자들의 언어인데, 이 언어논리의 비판은 모든 과학적 개념과 이론의 점검에서 우선적으로 실시되어야 한다. 따라서 사회학자는 논리적 언어체계에 담긴 모든 은유와 가변적 의미들을 통제하여야 하는 것이다.

사물들의 실제적 관계가 아니라 개념적 관계가 존재하므로, 새로운 방법론을 새로운 문제, 새로운 시각에 적용시켜 새로운 이론이 가능하다는 Weber의 견해와 관점이 대상을 창조한다는 언어학자 Saussure의 주장[6]처럼 사회적 사실의 관계는 구성되는 것이지 객관적으로 실재하는 것이 아니다[전게서, p.272; Mattessich(2014)도 참조].

한편, Bourdieu는 사회학에서 실증주의적 경향을 경계하였다. 프랑스 사회학이 특히 제2차 세계대전 후 미국 사회학의 경험주의적 영향을 많이 받게 된 것에 대하여 경계하고 그 취약점을 비판하였다(현택수, 상게서, p.96). 사회적 사실은 구성되고 논증되는 것이지 경험주의에 의한 연구처럼 주어진 사실이 객관적 진리처럼 인식되지 않는다는 것이다.

Bourdieu는 주관주의를 경계하고 이와 단절하여야 한다고 생각한다. 주관주의는 절대정의의 철학적 전통이 추구하는 총체성에 경도하여 사회현실에 대한 탐구와 사회체계의 토대에 대한 방법론적 연구를 무시한다는 것이다(전게서).

구조와 행위의 통합을 위한 Bourdieu의 사회이론은 인식과정과 이론형성 과정도 분명한 하나의 행위과정으로 이해하면서 이 과정에 대한 기존의 패러다임들을 비판하였다.

Bourdieu가 활동하기 시작하던 1950년대 이후의 프랑스 지식인 사회에서는 개인의 행동을 설명하는 철학적 흐름은 크게 두 가지 경향이 있었다. 우선 Sartre

6) 스위스의 언어학자 Saussure(1857-1913)는 구조주의 언어학을 창시하였다. 전통적으로 언어는 실제 세계를 나타내거나 개인의 주관적 의식을 표현하는 도구로 생각해 왔다. 객관적인 현실세계를 반영한다는 주장은 경험론이나 실증주의가 대표적인 예이고, 주관적 의식을 표현하는 도구로 본다는 생각은 현상학이 그 예라고 할 수 있다. 그러나 Saussure는 언어학적 기호를 소리와 개념의 관계로 보았다. 언어의 기본단위는 소리와 개념으로 이루어진 기호(sign)로 본 것이다. 언어학적 기호의 의미도 이러한 소리와 기호의 자의적 결합을 통해서 언어체계 안에서 결정되고, 개별적 기호의 의미도 언어체계 내의 다른 기호들과의 차이에서 온다고 보았다. 의미가 언어의 내적 체계에서 결정된다는 주장은 언어체계의 외부에 존재하는 지시대상과 무관하다는 주장이 된다. 즉, 기호의 의미는 언어체계내의 변별적 차이를 통해서 결정되는 것이므로 언어적 기호의 의미의 원천은 언어외적 실재가 아니라는 것이다. 예를 들면, 빨강이라는 언어기호는 외부의 지시대상을 갖는 것이 아니라 파랑과의 차이에 의해서 그 의미가 결정된다. 신호들을 생각해 보면, 파랑이 없으면 빨강의 의미는 존재하지 않는다. 남자라는 기호는 여자라는 기호와의 차이에 의해 의미가 결정되는 것과 같다.(http://blog.naver. com에 게재된 글을 참조).

(1905-1980)의 실존주의 철학에 따르면, 인간의 사고와 행동의 근본적인 동기는 나 개인의 의지와 선택의 결과물로 보고 있다. 그러나 Levi-Strauss(1908-2009)[7]의 구조주의에 따르면, 개인의 생각과 행동은 그 개인의 고유한 의지의 산물이 아니라, 그 개인이 살아가고 있는 사회의 부산물인 것이다. 인간의 사고와 행동의 근본적 원인에 대한 입장이 전혀 다른 것이다. 다른 각도에서 보자면 실존주의에서는 개인이 능동적이고 자발적인 존재로 여겨지는 반면, 구조주의에서 개인은 개인 외부에 존재하는 사회 구조의 영향 아래에서 수동적이고 기계적인 존재로 간주된다. Bourdieu의 이론이 본격적으로 형성되기 시작한 1960년대 프랑스 학계는 실존주의에 대한 구조주의의 도전으로 특징지을 수 있다(하상복, 상게서, p.77).

Bourdieu의 사회학은 이러한 두 사유체계의 대립을 극복하고자 하는 노력 속에서 형성되었다고 할 수 있다. 그는 인간을 둘러싸고 있는 사회의 영향력을 고려하지 않고 인간의 사고와 행위를 이해하고자 하는 실존주의적 사유체계를 비판적으로 생각했지만, 그에게 더 중요한 문제는 그러한 실존주의적 논리를 전면적으로 부정하면서 등장한 구조주의적 사유체계에 대한 것이었다. 구조주의는 사회의 영향력과 결정력을 너무 강조한 사회에 대해 인간이 갖게 되는 능동적 사고력과 자발적 행동의 가능성을 극단적으로 축소시키는 결과를 초래했다(전게서, pp.77-78). 그러나 Bourdieu는 이러한 두 갈래의 이론적 흐름을 모두 비판하고, 실존주의와 구조주의 철학의 흐름을 변증법적으로 종합해야 할 필요성을 주장한다. Bourdieu에 따르면, 개인의 행동이 주관적 의지를 통해 실현되는 것은 사실이지만, 과거로부터 누적된 사회적 관행의 영향을 받으며, 또 개인의 행동이 일정한 규칙성을 갖는다는 구조주의의 발상은 결국 권력과 같은 강제력이 그러한 규칙성을 지배하는 근본적인 사회

---

7) 프랑스의 인류학자로 인간의 사회와 문화를 이해하는 방법으로서 구조주의를 개척하고 문화상대주의를 발전시킨 사람으로 유명하다. 그는 Saussure의 구조언어학의 원리를 원시사회의 생활에 적용해서 그곳의 사회문화적 행동양식의 근본원리로 기능하는 구조를 파악함으로서 그들의 행동을 설명하고자 하였다. 이는 그 당시에 프랑스에 풍미했던 실존주의와는 대조적인 것이다(하상복, 상게서, p.76).

적 관행을 뒷받침한다는 사실을 간과하는 것이다. 이것은 실존철학의 전통에서 생각했던 것처럼 개인의 이성 능력이 무한하지 않다는 것을 의미하며, 또 구조주의에서 생각했던 것처럼 사회적 규범성이 중립적이고 보편적이기보다는 계급적 편향이나 권력의 논리에 따라서 불평등하게 형성된다는 점을 지적하는 것이다.

실존주의와 구조주의의 사유체계 속에서 Bourdieu는 자신의 사회학의 임무가 주체 없는 구조주의와 주체[8]의 철학 간의 양자택일을 피하게 하는 방법, 즉, 이 둘을 종합할 수 있는 방법을 찾는데 있다고 주장한 바 있다. 그리하여 이 두 사유체계의 대립을 극복하기 위해 고안된 개념이 아비투스(habitus)이다(전게서, p.78).

앞서 말한 대로 Bourdieu의 방법론은 넓은 의미에서 후기구조주의(또는 포스트모더니즘)에 속한다고 볼 수 있다(현택수 외, 1998, p.10). 그는 개인이 가진 문화적 취향과 능력 같은 것들이 개인에게 고유한 주체적 능력이 아니라 계급구조에 의한 것이라는 점을 보이고자 한다. 예를 들어 부르조아들은 고상한 고급미술을 선호하는 데, 그들이 고급미술을 감상하고 이해하는 취향과 능력을 가진 것은 그들 개인의 타고난 능력과 노력에 의한 것으로 볼 수 없다는 것이다. 그것은 자신의 계급적 위치에서 주어지는 것이며, 나아가 부르조아가 선호하는 미술을 고상하고 정당한 것으로 규정하는 구조의 효과라는 것이다. 그러나 계급구조를 선험적이고 보편적이 아니라 역사적인 것으로 가정한다는 점에서 구조주의를 넘어서고 있는 것이다. 그리하여 그는 자신의 방법론을 다른 구조주의자들의 방법론과 구별하여 구성주의적 구조주의 혹은 구조주의적 구성주의라고 간단하게 요약한다(전게서).

그는 단순한 수동적 행위자로 전락하는 주체 소멸의 구조주의 방법론을 비판하고 아비투스 개념을 도입함으로써 더욱 역동적인 구조주의를 구상한다. Bourdieu의 방법론은 구조의 새로운 재생산에 대한 그리고 그 구조 속에서의 행위자의 행위에 대한 설명의 필요성을 제기함으로써 시작되었다고 볼 수 있다. 이 방법론의 목적은

8) 여기서 주체란 인간개체를 가리키는 것이 아니라 사회의 영향을 받지 않고 자발적으로 사고하고 행동할 수 있는 인간을 의미한다.

개인과 사회구조의 상호관계를 설명하는 과정에서 그 어느 한쪽을 강조하다가 빠지기 쉬운 환원론, 결정론 등 방법론적 편향성을 지양하고 행위와 구조가 발생되는 과정을 변증법적으로 통합하는 데 있다. 그리하여 Bourdieu의 사회학은 방법론적으로 주관주의와 객관주의, 미시분석과 거시분석, 방법론적 개인주의와 전체주의 등의 이분법적 사고방식을 변증법적으로 통합하려 한다(전게서, p.10).

제3절 Bourdieu의 방법론

Bourdieu의 사회학은 사회가 근본적으로 불평등하다는 의식에서 출발한다. 이러한 문제의식은 사회가 불평등한 이유는 무엇인가? 사회적 불평등은 어떻게 만들어지고 유지되는가? 사회가 불평등함에도 질서가 유지되는 이유는 어디에 있는가? 이러한 사회적 불평등을 어떻게 해결할 수 있는가? 이렇게 Bourdieu의 사회학은 불평등, 지배/피지배 관계, 사회질서가 어떻게 만들어지고 유지되는가를 밝히는 데 궁극적 목적이 있다. 요컨대 Bourdieu가 행한 연구의 특징은 현대사회에서 지배구조 혹은 계급구조가 어떻게 유지되고 재생산되는지, 피지배계급 또는 노동계급이 어떻게 그들의 지위를 자연스러운 것으로 받아들이는지에 대한 설명을 문화에 관한 분석을 중심으로 제기한다는 점이다. 이러한 과정에서 객관적인 계급구조와 인간의 행위를 직접적으로 연결시키기보다 그 사이를 매개하는 아비투스라는 새로운 개념을 이용하여 기존의 이론들이 극복하지 못하였던 구조와 행위의 딜레마를 넘어서려고 시도하였다.

1. 기본개념

Bourdieu의 사회학이론인 사회실천논리(social logic of practice)는 기본적으로 세 가지 기본개념인 사회구조이론인 장(champ, field), 권력관계이론인 자본(capital), 개인이론인 아비투스(habitus)로 구성된다(Dobbin, 2008).[9] 이를 통해 그는 권력지배의 상징투쟁 및 상징폭력의 메커니즘과 계급문화 재생산의 구조를 드러내고 비판하고 있다.

그리하여 Bourdieu의 실천이론(1977)은 장, 아비투스, 자본으로 구성되는데, 이들은 상호작용하고 서로 영향을 준다. 개인은 장의 일부이고 예를 들면, 교육과 경험을 통해서 장의 규칙과 규범을 아비투스로 채택한다(Bourdieu, 1977). 이들의 아비투스는 필요하다면 다시 규칙과 규범을 조정할 수 있으며, 개인이 소유하는 자본의 원천에 따라 장을 변경시킬 수 있다(Bourdieu, 1988). 사람이 이용할 수 있는 자원의 크기인 경제자본, 개인이 소유하는 영향과 연결의 수준인 사회자본, 사람이 수료한 교육수준과 소유하는 지식수준인 문화자본, 개인이 그 장에서 향유하는 긍지와 명예인 상징자본 등을 포함해서 자본의 원천은 개인이 소유하는 권력의 수준을 결정할 수 있다(Bourdieu, 1988). 개인이 가지는 자본이 많을수록, 그는

[9] 장, 자본, 아비투스이외에도 독사(doxa), 일루시오(illusio) 등과 같은 중요한 개념들이 있다. 독사(doxa)는 원래 정통(ortho)의 믿음(dox)에 따른다는 정교(orthodox)에서 보듯이 정설 또는 정통의 믿음이라는 의미이었다. Bourdieu는 믿음이나 신념을 의미하는 그리스어 doxa를 차용하여 개인이나 사회가 가진 절대화된 인식이라는 뜻으로 사용했다. 독사는 본능과는 달리 습득된 것이지만 내면 깊이 자리하고 있는 의식/무의식적인 신념, 가치, 믿음, 사고, 인식, 확신이다. 독사는 아비투스와 함께 해석되는데, 특정한 장에서 체화된 행동의 습관적 양식을 아비투스라고 하는데 반하여, 특정한 장에서 체화된 습관적 인식을 doxa라고 한다((Macintosh · Quatttrone, p.292도 참조). 어떤 장의 고유한 부분인 일루시오(illusio)는 장내의 경쟁관계에 있는 모든 참가자들이 참여하고 있는 게임의 정당성에 대해 참가자들의 마음에 깊이 가지고 있는 집단적 신념을 의미한다(*ibid.*, p.290도 참조). 이러한 일루지오가 없다면, 정당하고 자연스러운 것이라고 생각한 참가자들의 믿음이나 인지가 임의적인 기반을 가진 것이라는 사실이 드러나기 때문에 문화생산은 불가능하다(김경만, p.46). 장이 성립하기 위해서는 이 장에서 행해지는 게임이 정당하고 할 만한 가치가 있는 게임이라는 참가자들의 믿음이 선행되어야 한다(전게서, p.45).

권력을 더욱 많이 가지게 된다(Al-Htaybat・Alberti-Alhtaybat, p.14).

이 실천이론은 세 가지 기본개념 간에 상호의존적 관계를 이해하기 위한 접근방법으로, 이들의 관계는 다음과 같이 나타낼 수 있다.

{(아비투스) (자본)} + 장 = 실천

즉, 상이한 아비투스와 자본을 지닌 행위주체들이 특정한 장 속에서 펼치는 경합이 바로 실천이라는 뜻이다(황익주, p.287). Bourdieu는 세 가지 중에서 어느 것도 지배적이거나 부수적인 것이 아니며 모두가 공동으로 구성된 것이라는 것을 강조하고 있다. 이것에 근거하여 <도표 9-1>에서 보는 바와 같이 구조적 논리를 구체적으로 보여주고 있다.

도표 9-1 관계적 사고방식: 구조적 논리의 구체화

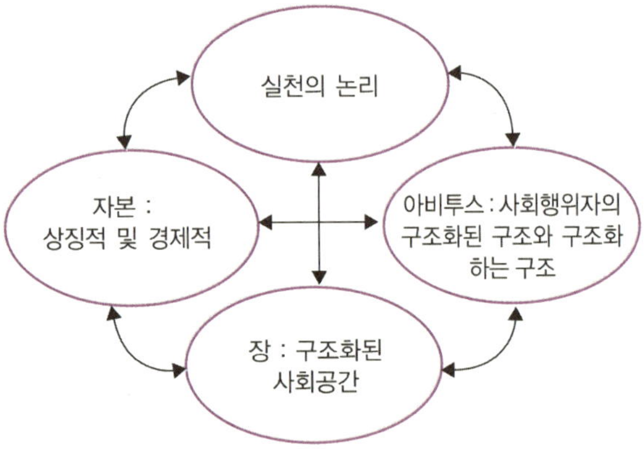

자료원: Jayasinghe・Wickramasinghe(2011, p.399)

Bourdieu는 한 사회 내에서 발견되는 변별적 생활유형들의 구조원리를 이해하기 위해서는 상이한 사회적 장들에서 전개되는 제반 실천의 통합원리이자 생성원리를 파악할 필요가 있는데, 이것을 바로 계급적 아비투스라고 부른다. Bourdieu는 아비투스가 만들어지는 데 관여하는 계급적 조건의 세 가지 구성요소를 제시하고 있다. 첫째는 자본의 총량인데, 여기서는 경제자본 뿐만 아니라 문화자본과 사회자본도 포함된다. 둘째는 자본의 구성으로서 행위주체가 보유한 상이한 자본유형 사이의 상대적 비중을 가리킨다. 셋째는 행위주체가 속하는 계급 혹은 계급 분파들의 사회적 궤적(social trajectory)인데, 이는 행위주체가 보유한 자본의 총량과 구성이 시간의 흐름 속에서 변화한다는 것을 의미한다(전게서, pp.287-288). 이하에서 각 개념들을 보다 상세하게 살펴보자.

1) 장

Bourdieu(2005, p.148)는 장을 사회공간으로 간주하면서 사회를 단일한 공간이 아니라 행위자들이 획득하고자 하는 자본의 속성에 따라 다양한 하위공간으로 구성되는 것으로 본다. 그는 이러한 하위공간을 장(champ, field)으로 정의한다. 즉, 사회는 지배적인 자본이 무엇인가에 따라 다양하고 자율적인 경쟁 공간으로 구성된다. 그곳에서 사회행위자는 자신의 위치를 유지하기 위한 전략을 이용하면서 경합적인 게임에 참가한다. Bourdieu는 사람과 그들의 사회구조 사이의 상호작용이 그러한 상호작용이 발생하는 사회공간과 관련해서 설명되어야 한다는 것을 보여주고 있다. Bourdieu는 사회 공간내부에서 지배적인 자본을 둘러싸고 벌어지는 경쟁공간을 장이라고 하였다. 따라서 사회는 여러 개의 자본이 존재하는 것처럼 여러 개의 장으로 구성된다. 각각의 장에는 그 장에 기능하는 고유한 자본이 있으며, 이러한 자본을 두고 각각의 장이 존재한다. 경제자본이 지배하는 장을 경제적 장, 문화자본이 지배적인 공간을 문화적 장, 사회자본이 지배력을 행사하는 공간을 사회적 장이라고 한다(하상복, 상게서, p.89).

장은 그 맥락이 무엇이던간에, 축구경기장처럼 전쟁터로 이해되어야 하는데, 게임은 경제적, 문화적, 상징적 자본을 축적하는 쪽으로 작용하며, 행위자의 행동은 "일단의 사회관계에 의해 지배되는 구체적인 사회상황"에서 지배된다(Bourdieu,

1995, p.3). 사회공간이나 장(예를 들면, 교육, 의료, 경제, 정치, 문화 등의 장)이 그러한 사회관계를 포용한다. 따라서, 장은 경제적 장과 정치적 장의 경우를 제외하고 정치와 경제의 그것들과는 독립적인 그 자체의 힘의 관계와 기능법칙을 가진 구조화된 공간으로 인식되어야 한다. 각 장들은 고유한 내적 논리를 가지며, 상대적으로 자율적이지만 구조적으로 다른 것들과 동질적이다. 즉, 사회는 지배적인 자본이 무엇인가에 따라 다양하고 자율적인 경쟁공간으로 구성된다. 장의 구조는 어떠한 순간이라도 행위자가 장에서 점유하는 위치 사이의 관계에 의해 결정된다. 그리하여 장은 행위자의 위치변화가 필연적으로 장 구조의 변화를 수반한다는 점에서 역동적인 개념이다(Jayasinghe · Wickramasinghe, pp.398-399). 내부적으로 보면 장은 객관적 위치들 사이의 구조화된 공간이다. 위치는 각 장 안에 불균등하게 분포되어 있는 자본의 양과 구조에 의해 결정된다. 따라서 자본이 어떻게 불균등하게 분포되어 있는가에 따라 장의 구조가 결정된다. 그리고 이 구조는 장 내부의 개인이나 기관들 사이의 역사적 세력관계에 의해 규정되는 것이다.

장은 자본의 역할과 관련해서 작용한다. 이것은 자본의 상대적 비중(양)과 구조(구성)가 다른 행위자와의 사회적 관계에서 행위자들의 특별한 장과 위치적 권력으로 행위자의 배분을 결정하기 때문이다(Bourdieu, 1985, p.725). 이러한 위치들이 대개 구조화되고 특별한 맥락(또는 사회공간)에서 구조화되기 때문에, 장의 개념은 객관적인 연결망을 표상한다.

사회공간내부에서 지배적인 자본을 둘러싸고 벌어지는 경쟁공간을 장이라고 하는데, 장 속에서는 그 장에 고유한 자본을 둘러싼 투쟁이 전개된다. 장 내부의 다양한 위치를 점유하는 여러 행위자들 사이에 투쟁이 벌어지는 것이다. 투쟁의 목표는 장에 고유한 자본의 소유와 정당한 독점 또는 자본의 재정의이다. 행위자와 기관들은 자본을 소유하기 위해 장을 구성하는 규칙에 따라서, 때로는 그 규칙에 맞서서 상이한 힘을 가지고 투쟁한다. 서로의 존속에 공통의 이해관계를 가지며, 일종의 객관적 공모관계를 맺고 있다. 그러나 이 투쟁은 경제적 이해관계에 기반을 둔 단순한 계급투쟁이 아니다. 정당한 권력과 위신을 가지고, 개인 또는 집단의 사고와 행위의 의미를 정당한 것으로 인정시키고자 하는 집단(계급)간에 벌이는 상징적 투쟁이다. 상징적 투쟁이란 신념과 가치 또는 행위들을 분류하고 정의하면서 이를 제도화시키는 힘을 갖기 위한 투쟁이다. 상징적 투쟁은 특정한 분류체계와 정의를 내리고 이를 제도화, 정당화하기 위해 희소한 자본의 분배를 놓고 위치들간에 전개되는 힘의 경합과 대립, 투쟁의 양상을 말한다(현택수, 2001, p.279).

장은 공시적으로는 위치들(또는 직위들)의 구조화된 공간으로 파악된다. 위치들의 속성은 그 공간 내에서의 다른 위치들에 의존하며, 장의 위치들은 위치점유자들의 특성(위치들에 의해 부분적으로 결정된다)과는 독립적으로 분석될 수 있다. (Bourdieu, 1995, p.72; 신미경 옮김, p.125). 이러한 위치와 이들을 묶는 힘은 투쟁이나 전략이 자원에 대해 발생하고, 이해관계와 지배가 장에서 발생하는 권력관계의 구조나 일시적 상태를 함께 구성한다(Emirbayer · Johnson, 2008). 이러한 권력구조를 파악하기 위해서는 장의 개념과는 독립적인 자본의 개념이 도입되어야 한다.

2) 자본

타인에 대한 힘과 영향력의 근원을 자본(capital)이라고 한다(하상복, 상게서, p.88). Marx는 경제자본을 가장 중요한 자본으로 생각하였지만, Weber는 힘과 영향력의 원천에는 돈 만이 아니라 교육, 문화, 다른 사람의 평판과 도덕성 등 비경제적인 자본도 속한다는 점을 강조하였다(전게서).

Bourdieu에 의하면, 자본은 여러 가지 형태가 존재하는 데 대표적인 것이 경제자본(화폐, 재산), 문화자본(학위, 자격증), 사회자본(학연, 지연, 혈연과 같은 인적 연결망), 상징자본(명예, 신용, 평판) 등의 네 가지 유형이다.

경제자본은 금전, 토지, 노동, 수입 등의 경제적 재화의 요소들의 총체다. 경제자본은 비교적 쉽게 파악된다. 화폐는 물질적 재화와 서비스뿐만 아니라, 권력위치와 사람을 구매할 수 있다. 그리고 그 자신의 이익을 위해 규정하려는 행위자의 시도에서 그것이 어떻게 가동될 수 있는가를 비교적 쉽게 가시화된다.

문화자본은 특정한 장에서 높게 평가되며, 일부 구성원의 기술과 능력이 그들을 군중으로부터 두드러지게 만드는 활동에서 전문기술로 구성된다. 문화자본에는 지식, 취향, 소양, 매너처럼 체화된 것(embodied)이나, 소장하고 있는 그림과 골동품, 도서 등 실재적인 문화재(cultural goods)처럼 객체화된 것(objectified), 그리고 자격증이나 학위증과 같이 제도화된 것(institutionalised) 등이 있다(황익주, p.280). 예를 들어, 학교에서 우수한 학업성적을 얻는다는 것은 훌륭한 문화자본의 분배의 결과와 밀접한 관계가 있다고 볼 수 있다. 학력은 문화자본의 대표적인 형태이다. 그 외에도 스포츠에서 전문적인 운동가의 훌륭한 솜씨, 교회성직자의 성서의 파악, 철학자의 고전작품의 이해, 화가의 뛰어난 예술적 능력, 음악가의 바이올린기교 등을 포함할 수 있다. Bourdieu에 의하면 한 자본은 다른 자본으로 교환되는데, 문화자본은 특히 경제자본과 교환될 수 있다.

사회자본은 학연, 지연 또는 혈연 관계와 같은 사회적 관계의 연결망(network)을 소유함으로써 획득되는 자원을 의미하며, 어떤 행위자가 소유하는 사회자본의 크기는 그의 연결망의 규모와 그와 연결된 행위자가 소유한 자본의 크기에 달려있다.(Xu・Xu, p.76). 그리하여 사회자본의 힘은 경제자본, 문화자본 또는 상징자본을 동원하여 영향을 미칠 수 있는 관계범위의 크기와 관련이 있다. 이 자본은 자연적으로 부여되는 것이 아니며, 만들고 유지하고자 하는 노력에 의한 산물이다. 사회자본은 특정한 장소(상류층 클럽)나 행위(스포츠, 여가활동), 그리고 특수한 능력을 요구하는 사회적 노력 등에 의하여 사회적 관계를 정당화하고, 이를 가능케 하는 일련의 제도와 관계가 있다.

상징자본은 경제자본, 문화자본, 사회자본을 정당한 것으로 승인함으로써 인위적이고 자의적인 질서를 정당화시키는 사회적인 기능을 수행하는 자본을 의미하는데(이건만, p.116-117). 신용, 명예, 위신, 평판 등이 그러한 기능을 한다. 이런 면에서 상징자본을 '자본의 자본'이라고 부르기도 한다. 상징자본은 다른 자본의 순기능적 사용을 승인하거나 임의적 사회관계를 정당한 관계로 변경시키는 보이지 않는 상징적 힘을 갖고 있다(현택수, 1998, p.110). 상징자본의 축적과 교환의 중요한 측면은 무관심(disinterestedness)의 가장하에서 호혜성의 의도를 보여주지 않고 획득되고 교환되어야 한다는 점이다(Free · Macintosh, p.9). 그래서 상징자본은 더욱 미묘하고 상이한 형태로 다가온다. 예를 들면, 국가가 수여하는 훈장은 수령자에게 명예와 긍지를 부여하지만, 훈장을 받기 위해서는 종종 개인적인 희생을 감수하면서 국익을 위해 봉사하기도 한다.

이러한 상징자본은 직접적으로 경제자본으로 전환될 수 있는 것은 아니지만, 경제자본의 가치조차 장 내에서 행위자들에 의해 상징적 차원에서 인지되고 유통된다는 점에서 모든 자본의 상징적 작동원리를 설명해준다. 그러므로 인정, 권위, 명예, 위신과 같은 상징자본은 장에 속한 행위자들에게 정당한 것으로 승인(오인)됨으로써 그들에게 상징적인 영향력을 행사하는, 즉 상징폭력(symbolic violence)을 수반하는 자본이다.

문화자본과 상징자본은 계급적 질서를 정당화하고 유지하는 기능을 한다는 측면에서 유사하다. 또한 문화자본과 상징자본은 대개 제한된 시장 내에서만 유통된다. 천부적인 학자의 뛰어난 학문적 기술과 학문적 업적이 고전음악가의 장이나 프로축구의 장에서는 문화자본이나 상징자본을 가져오지 않는다(Macintosh · Quattrone, p.291).

그러나 상징자본은 한 가지 중요한 점에서 문화자본과 다르다. 문화자본은 행위자가 힘들여서 획득한 본질적인 기술, 속성, 양육 등에 의해서 발생하는데 반해서, 상징자본은 행위자의 외부에서 만들어진다. 그것은 장에서 행위자에게 귀속되는 구별짓기의 부호이다. 학교에서 최신유행의 옷을 자랑하는 학생은 대다수의 다른 학생들에 의해 멋쟁이로 여겨진다. 또한 영국 왕실의 가족의 경우 그들에게 부여되는 명예와 사회적 지위는 근본적으로 왕족 개인이 가진 자질과 능력의 우수함으로부터 유래하는 것은 아니다. 두 경우 모두 그 원천은 개인에게 외생적이다. 그럼에도 불구하고, 그것은 개인에게는 자본으로 기능한다(Free・Macintosh, p.10).

상징자본, 문화자본, 경제자본은 서로 교환될 수 있다. 예를 들면 유명 축구선수가 가진 뛰어난 기술은 많은 연봉이나 자신과 관련된 상품에 대한 권리 등을 통해 경제자본으로 전환될 수 있는 희소자원이다. 또한 권위 있는 문학상을 수상한 소설가는 상당한 상징자본을 획득하게 되며, 이는 다음 소설을 출간하는데 출판사로부터 많은 인세를 요구할 수 있게 되어 경제자본으로 전환될 수 있다. 역으로, 많은 돈(경제자본)을 대학에 기부하는 부유한 사업가는 명예박사학위(상징자본)을 받을 수도 있다.

이상과 같이 자본형태의 다양성은 자본의 경제적 의미를 초월하는 자본이 있다는 것을 의미한다. Bourdieu(1986)는 자본이 경제이론에 의해 인식된 하나의 형태로만이 아니라 다양한 형태로 소개되지 않는다면, 사회세계의 구조와 기능을 고려하는 것은 사실상 불가능하다는 것을 보여주었다. 그리하여 그는 사회관계의 복잡한 연결망내에서 변형되고 교환되는 상이한 자산종류를 대표하는 문화자본이나 사회자본과 같은 광범위한 자본개념을 채택하였다. Bourdieu는 이러한 자본형태를 경제자본의 변질된 형태나 상징자본으로 간주하였다(Moore, 2008을 참조). 하나의 보편적인 상징자본 형태는 학위, 자격증과 같은 문화적인 것이다. 다른 것은 사회적 유대와 연결망을 통해 축적된 사회적인 것이다. 사회공간에서 사회행위자는 경제적 부를 축적하기 위해 서로간에 경합한다. 예를 들면, 어떤 마을에서 마을 사람들은 경제적 부를 축적하기 위해 다양한 형태의 상징자본을 이용하여 사회적 사다리(ladder)를 타고자 한다. 따라서 자본형태와 이들의 축적은 객관적인 연결망 관계인 장에서 발생한다. 실제로 발생하는 것은 그곳에 Bourdieu가 상징폭력이라고 한 오인된 침묵 형태가 작용한다는 것이다. 상징자본은 적은 자본소유자인 가난한 사람들에게 상징폭력을 행사할 능력을 가지지만, 가난한 사람은 그것이 폭력이라는 것을 알 수 없다. 따라서 이 시스템은 보편적으로 되며 빈곤이 재생산된다. 가난한 사람은 무의식적으로 오인된 허위의식(Scott, 1990을 참조) 속에서 살고 있기 때문에, 상징폭력을 볼 수 없다(Jayasinghe · Wickramasinghe, p.399).

자본은 장과 관련이 없으면 존재하지도 않고 기능하지도 않다(Bourdieu · Wacquant, 1992, p.101). 장에서 이해관계의 대상이 되는 것들은 행위자가 특정한 장에서 가치가 있다고 생각하고 인식하며, 그들이 획득하기 위해 자신의 노동을 투자하는 지식, 기술, 능력, 태도, 속성 등이다. 이를 Bourdieu는 자본으로 표현한다. 자본은 경제자본 하나만 있는 것은 아니며, 원칙적으로 서로 전환 가능한 매우 다양한 형태의 자원을 포함하고 있다.

자본은 공급이 부족하기 때문에 행위자들에게 귀중한 것으로 여겨진다. 그래서 행위자들은 자신의 자본을 경합하고, 축적하고, 교환한다. 그들은 자본을 권력자원으로 가동하며, 그들의 사고방식에 따라 변화시키거나 장을 지배하기 위해 이용한다. 행위자들은 축적된 자본의 총량과 그들에게 이용가능한 자본의 상대적 구성에 따라 장에서 위치가 정해진다. 그러므로 자본은 장에 대한 주도권을 갖기 위한 투쟁에서 행위자에게 이용 가능한 전략과 행위의 개발과 범위에서 핵심적인 역할을 수행한다.

그러나 행위자들은 자본을 경합하고 이용하면서도, 스스로 무관심한 관심의 논리(logic of disinterested-interestedness)를 따른다고 생각한다. 이러한 이기적 충동은 무관심의 베일로 은폐되어야 한다(Free · Macintosh, p.9). 한편 장의 행위자는 자본을 경합하는 특별한 위치에 자리잡고 있으며, 경합의 게임에 투자하지 않은 개인들은 가끔 게임을 비합리적인 것으로 간주하며, 그 이해관계와 자본을 부조리한 것으로 간주한다(Macintosh · Quattrone, p.291).

결국, 자본은 행위자가 지배의 정당성[10]을 획득하고 유지하기 위해 동원할 수 있는 모든 수단으로 이해될 수 있으며, Bourdieu가 다양한 자본축적을 통한 자본주의적 질서의 유지와 사회적 불평등을 설명할 수 있도록 자본의 개념이 도와주고

[10] 정당성(legitimacy)이란 지배자의 위세와 영향력을 마땅한 것으로 인정하는 피지배자의 믿음이다(하상복, 상게서, p.61).

있다고 볼 수 있다.

3) 아비투스

모든 장은 독특한 자본구성 이외에, 고유한 아비투스(habitus)를 가진다. 아비투스란 말은 고대 그리스 철학자인 Aristoteles(BC 384-322)가 인간의 행위를 지칭할 때 사용한 'habitude'(습관)에서 유래한다. Aristoteles에게 habitude는 서로 연관된 두 의미를 갖는데, 동일한 행위가 반복되면서 만들어진 것으로 한 방향으로 지향된 습관을 의미하는 에토스(ethos)와 신체훈련을 통해 체화된 행위능력을 의미하는 헥시스(hexis)가 그것이다(하상복, p.94). 우리가 어떤 행위를 한다고 할 때 그 행위는 물리적으로 몸을 움직이는 일이지만 몸을 움직이기 위해서는 마음 속에서 어떤 작용이 일어나야 한다. 그렇듯이 우리가 어떤 습관을 갖는다고 할 때 그것은 마음이 일정한 방향을 갖는다는 의미와 그러한 방향에 따라 몸을 움직인다는 의미를 동시에 갖는 것으로 볼 수 있다. 따라서 아비투스라는 개념은 일정한 방향을 갖는 마음과 일정한 방향으로 행동하는 몸을 통합한 것으로 이해하면 될 것이다(전게서, p.95).

아비투스의 개념은 행위자의 행동의 본질을 통해 이해될 수 있다. Bourdieu는 행위자들이 사회구조(말하자면 장)를 구체화하며, 그들의 일상생활을 통해 구조를 표현한다고 주장한다. Bourdieu는 내부화된 구조적 논리의 이 표현을 아비투스로 정의한다. 여기서 우리는 개인들이 자유로운 행위자처럼 행동하는지의 여부나 그들이 사회적 규칙성에 의해 규제되는지의 여부에 관해 알 필요가 있다. 개인의 가족배경, 과거의 경험, 교육, 행동의 이해 등은 모두 그의 신체로 구체화된 구조인데, 신체는 그가 무의식적으로 행동하기 위해 사용하는 것이다. 즉, 그들은 구조화된 구조이다.

Bourdieu는 그의 이론을 강화하기 위해 취향(disposition)이라는 용어를 이용하였다. Bourdieu(1977, p.214)는 그것이 구조와 가까운 의미를 가지고, 조직화하는 행위의 결과를 표현한다고 주장한다. 그것은 또한 존재의 방식, 습관적 상태(특히 신체의 상태)를 가리키며, 특히 경향, 성향, 취향을 가리킨다. 아비투스는 Bourdieu

의 연구에서 중심적이지만, 그것을 장과 자본에 관한 관계적 사고방식없이는 독자적인 개념으로 고려할 수 없다(Jayasinghe・Wickramasinghe, pp.399-400).

인간의 행동이 엄격한 합리성과 계산에 근거해 행해지기보다 일정한 기억과 습관 그리고 사회적 전통의 영향을 받는데, 아비투스는 그 때의 기억과 습관 또는 사회적 전통을 말한다(홍성민, p.19). Bourdieu는 이 개념을 통해 사회학의 오랜 논쟁 주제였던 인간 행위(실존주의)와 사회제도(구조주의)의 대립을 해결하고, 사회적 불평등과 지배/피지배 관계가 유지되는 은밀한 원리를 규명하고자 했다.

아비투스는 특정한 개인의 몸에 체화된 것이기 때문에 개별적인 동시에 그 개인이 놓여 있는 사회적 위상의 반영이라는 점에서 사회적인 것이기도 하다. 따라서 아비투스는 체계적인 행위 양식의 형태로 몸 속에 자리잡은 사회질서이기 때문에 구조화된 구조라고도 한다(하상복, 상게서, p.101). 예를 들면, 군대에서 오랜 기간을 보낸 사람은 쉽게 드러나는 자세와 태도를 보인다. 이 사람은 의기양양하게 서고, 어깨를 젖치고, 가슴을 내밀고 행진을 하듯 걷는다. 신체적 체화는 사회적 의미와 가치로 채워져 있는 것이다.

한편으로는 아비투스는 구조화하는 구조이다. 즉, 아비투스는 사회구조를 반영하는 구조이지만 사회구조를 다시 만들어내는 생성의 구조이기도 한 것이다. 여기서 아비투스를 통해 기존의 지배/피지배 관계가 계속 유지되고 재생산되지만 이러한 결과는 누군가가 의도적으로, 또는 의식적으로 준비해서 만들어낸 것이 아니라는 점이다. 오히려, 그 결과는 반복을 통해 무의식적으로 발현되는 행동을 통해 나타난 것이다(전게서, p.101).

만약 아비투스가 불평등한 사회질서를 유지하고 재생산한다면 그것은 대단히 정치적인 기능을 수행하는 것이다. 왜냐하면 불평등한 사회질서는 본질적으로 정치적인 지배/피지배의 관계이기 때문이다. 그런데 불평등한 정치질서를 유지하고 강화하는 역할에서 아비투스는 매우 독특한 위상을 차지한다(전게서, p.102).

지배/피지배의 관계가 유지되고 강화되기 위해서는 물리적 폭력이 사용될 뿐만 아니라 경제적, 심리적 특혜를 제공함으로써 다른 사람의 저항을 잠재울 수 있다. 그러나 이 뿐만 아니라 불평등한 사회질서임에도 마치 불평등하지 않은 것처럼 그리고 지배받고 있지 않은 것처럼 보이게 하는 심리적 장치들도 존재하는데, 이러한 장치를 허위의식이란 의미로 이데올로기라고 한다. 아비투스 역시 이데올로기와 같은 정치적 기능을 수행하지만, 사람들의 몸에 자리잡고 있다는 점에서 다른 위상을 차지한다. 몸을 매개로 하는 아비투스는 한층 더 정교한 기능을 수행하는데 그것은 사람들로 하여금 자신의 무의식적 행동이 정치적인 기능과는 무관한 것으로, 평범하고 일상적인 행위에 불과한 것으로, 그리고 그저 자연스럽고 당연한 움직임으로 느끼게 한다. 이런 차원에서 Bourdieu는 오인(misrecognition)이라는 개념을 사용하였다. 자기의 몸이 지배질서의 재생산에 기여하고 있음에도 자신은 그것을 모르고 있거나 착각하고 있다는 것이다(전게서, p.103).

이런 면에서 지배를 위한 다른 수단들의 경우, 물리적이건 심리적이건 지배자의 일방적인 의지가 발현된 것이라면, 아비투스는 지배자와 피지배자 간의 공모(共謀) 관계를 통한 지배질서의 재생산으로 보아야 할 것이다(전게서, p.104).

아비투스는 행위자들이 소유하는 자본의 양에 따라 특정한 상황에서 어떤 방식으로 행위자들에게 행동하고 반응하게 사전에 조치하는 사회화와 공식교육을 포함해서, 한 평생동안 장기간의 깨우침의 과정을 통해 형성되고 생산된다. 그러므로, 아비투스는 그것이 실천과 실천의 인식을 조직한다는 점에서 구조화하는 구조이며, 사회세계의 인식을 조직하는 원리는 사회세계의 내부화의 산물이라는 점에서 구조화된 구조이다(Bourdieu, 1984: 하상복, 상게서, p.101). 아비투스는 경험을 통해 개인이 사회화되는 과정이며 사회를 구성하는 과정이다. 여기서 완성된 규칙이나 법칙은 존재하지 않는다. 아비투스를 구성하는 사회적 조건과 아비투스가 작동되는 사회적 조건 사이에 아비투스적 실천이 개입하면 역사와 실천이 하나의 과정 속에 통합된다. 아비투스는 개인을 차별적으로 세습된 경험과 사회적 지위에 따라 동질화시킨다(현택수, 1998, p.109).

2. 사회계급과 취향의 차별화

Bourdieu에 의하면, 사회공간은 제도화된 권력 수단인 다양한 자본의 소유로 위계질서화된 공간이다. 사회공간 속에서 행위자들은 여러 종류의 자본총량 중 기본적으로 경제자본과 문화자본의 상대적 비중에 따라서 분포된다. 예를 들면, 경영자, 자유업 종사자, 대학교수들같이 총자본량을 많이 보유한 사람들과 단순노동자처럼 자본을 적게 갖는 사람들과의 구별적 분포가 나타난다. 또한 보유한 자본총량이 많은 이들 가운데서도 경제자본보다는 문화자본을 상대적으로 많이 갖고 있는 예술인과 같은 사람들과, 반대로 문화자본보다 경제자본이 풍부한 기업경영자들과의 대립적 구별도 나타난다(현택수, 1998, pp.110-111).

사회계급화는 경제자본 이외의 다양한 자본을 가진 행위자의 상징적 권력투쟁을 통해 무의식적이고도 자발적인 행위 속에서 이루어진다. 그러므로 계급화 행위는 사회적으로 구별(distinction)하는 행위로 나타난다. 계급구성원의 이러한 행위는 신체에 내재화된 성향체계에서 비롯된다. 아비투스를 매개로 하는 구별적 생활양식 또는 취향의 체계는 사회공간의 계급적 등급체계와 구조적으로 상응하는 현상이 발견된다. 왜냐하면 아비투스는 특정한 위치의 행위자나 계급의 재화를 (문화적) 실천과 결합하여 통일적으로 재표현해 주는 생성원리이기 때문이다. 쉽게 말하자면 아비투스는 행위자들의 먹는 것과 먹는 방식, 즐기는 스포츠, 정치적 견해를 다른 행위자들의 그것과 체계적으로 구별되게 하는 원리인 것이다. 결국 사회계급구조와 계급분화는 아비투스가 일상생활 속의 실천들을 구별짓는 행위로서 나타난다고 볼 수 있다(전게서, p.112).

Bourdieu는 구별짓기(*Distinction*, 1984)에서 음식, 미술, 의상스타일, 실내장식, 스포츠, 요리, 영화 등 여러 항목에 걸쳐 프랑스인의 취향과 생활양식의 계급적 상동구조를 조사하였다. 그는 자본배분에 의한 사회공간 속에서 계급의 취향과 생활양식이 어떻게 차별적 구조를 구성하고 있는가를 잘 보여주고 있다. 취향과 성향의 친화성이 각각의 계급의 사회적 위치와 근접성과 상동구조를 이루고 있다는 것은 결국 이를 통해 계급구조가 유지되고 있음을 보여준다(전게서).

그가 보여주고자 한 것은 취향과 문화적 실천의 다양성과 차별성이 단순히 개인적 취향과 재능에 따른 것이라기 보다는 출신계급과 교육 등 사회문화적 환경에 의해 얻어지는 유산이라는 점이다. 즉, 자본의 불평등적 배분에 의해 형성되고 구별되는 아비투스가 의식적・무의식적으로 행위자의 판단 및 취향의 문화적 실천을 만들어 내는 메카니즘이라는 것이다. 여기서 계급의 취향과 문화적 실천의 차별성은 아비투스가 전략이라는 의식적 차원의 의미를 포함함으로써 나타난다. 예를 들면, 상류층이나 지배층이 골프를 선호하는 것은 경제적, 물질적 조건에 의한 계급의 무의식적 선택의 기호인 동시에 다른 계급과의 사회적, 문화적 차별성을 부각시키기 위한 의도적 선택의 전략인 것이다(전게서, pp.112-113).

사회행위자의 행위는 이미 계급화된 행위의 산물인 동시에 계급분류를 가능케 하는 행위이기도 한다(Bourdieu, 1984, pp.466-467). 사회행위자는 계급구조의 산물인 동시에 계급분류화 행위의 주체이다.

3. 상징폭력과 사회재생산

Bourdieu는 비판적 이성의 시각으로 사회제도와 지배권력의 구조화 관계를 분석하였다. 즉, 그는 사회제도와 구조가 인간의 사고와 행위에 어떻게 영향을 미치는지, 어떤 문화적 재생산과정을 통하여 지배계급의 권력이 사회적으로 정당화되는지 그 과정을 분석하였다.

Bourdieu는 상징적 권력을 확립하고 행사하기 위한 목적으로 사회행위자들이 언어를 어떻게 이용, 통제, 재구성하는가에 주목하였다(Bourdieu, 1991, 1999). 그는 사회적 의사소통이 정보공유와 이용의 비편파적 과정이 아니라고 주장한다. 그는 의사소통이 한정된 자원에 대해 끊임없이 조작하고 투쟁하는 사회행위자간의 비대칭적 관계를 반영하는 것으로 간주한다(Bourdieu, 1991; Shenkin · Coulson, 2007). 언어의 용도를 이러한 방식으로 간주하는 데서, 사회관계를 구체화한 것, 즉, 사회적 정체성, 사회적 양상, 지식과 믿음의 시스템 등을 동시에 구성하는 것으로 보게 된다.

상징폭력은 집단적 기대와 사회적으로 주입된 믿음 때문에 복종으로 지각조차 되지 않는 복종을 강요하는 폭력을 의미한다. 상징폭력은 지배에 대한 지각없이 행사되는 것으로 오인된 폭력이다. 그는 이러한 상징폭력은 권위를 부여받는 제도, 특히 학교라는 제도에 의해 한층 더 강화된다고 생각한다(하상복, 상게서, p.112).

학교라는 교육체계와 교육제도에 관한 그의 연구(1984, Bourdieu · Passeron, 1970)는 문화자본의 불평등적 분배의 재생산 과정에 학교제도가 기여하여 궁극적으로 사회구조의 재생산과정에 개입하는 것을 보여준다. 학교라는 제도는 불평등하게 문화자본을 소유한 학생들 사이의 간격을 유지함으로써 기존의 불평등한 질서의 재생산적 기능을 수행한다. 상속된 문화자본의 소유자들과 문화자본의 비소유자들은 일련의 선별과정을 통하여 합격자와 불합격자로 구분되고, 학생들은 시험과 학위 또는 자격증으로 등급화되고 구별된다. 그리하여 쁘띠부르주아 출신의 일반 대학생들은 일반 서민들과 구별되며, 엘리트 양성으로 위세가 높은 그랑제꼴이란 특수 대학의 학생들은 일반 대학의 학생들과 구별됨으로써 상류 귀족계급과 쁘띠부르주아의 사회적 구분이 유지된다.

이렇게 학교는 문화자본의 불평등적 분배와 교육체계의 서열화를 정당화함으로써 사회적 차이, 사회적 위치의 위계화를 사회구성원들이 자연스러운 것으로 인정하게 하는 제도이다. 학교시스템은 기회와 평등을 실현하는 것이 아니라, 문화자본의 불평등한 분배와 배제의 고착화를 정당화함으로써 위계화된 기존 사회질서를 자연스러운 것으로 오인하게 만드는 메카니즘이다. 그리고 이러한 학교교육 체계의 문화적 전횡의 정당성은 지배계급에 의해 위임받은 것이다. 그는 재생산(*La*

Reproduction, 1970)에서 학교가 중립적이고 객관적 지식의 전달이라는 교육기능보다 지배계급이 승인한 하나의 문화만을 강제적으로 주입시키는 폭력적 기능을 수행한다고 분석한다. 이 폭력은 가시적, 직접적 폭력이 아니라 상징폭력(violence symbolique)이다. 즉, 모든 교육행위는 문화적 자의성을 강제하는 하나의 상징폭력이다(Bourdieu, 1970, p.19). 학교는 이러한 상징폭력을 통해 기존사회의 힘의 관계, 질서를 재생산하는 기능을 수행하는 사회제도인 것이다.

요컨대, 아비투스는 교육제도를 통한 문화, 사회적 재생산의 구조가 사회계층 관계에 일치하는 사고, 인지, 행동을 재생산하여 계층간의 객관적 관계를 영속화한다. 사회계층의 질서에 일치하게 부여되는 아비투스는 지배계급의 문화에 정통성을 부여하며 피지배자로 하여금 이를 인정토록 하는 문화적 전횡, 상징폭력을 허락한다. 아비투스는 자본의 불평등한 소유로 인해 구성되는 사회위계질서가 지배권력의 생산과 재생산을 정당화·보편화시키는 메카니즘으로 작동한다고 본다. 그것은 기존질서를 정당한 것으로 승인함으로써 지배계급의 질서를 자연스러운 것으로 오인하게 만드는 메카니즘이다. 이렇게 자연적인 질서로 오인된 상징질서가 행위자의 인식과 지각구조를 지배한다. 이 질서는 가정, 교육제도, 일상생활을 통해 지속적으로 재생산된다(현택수 1998, p.117).

4. 맺불

Bourdieu는 모든 사회질서를 불평등의 질서로, 지배/피지배의 관계가 작동하는 질서로 보고 있다. 또한 그러한 불평등과 지배/피지배 관계는 지배자가 사용하는 물리적 차원의 통제 장치만이 아니라, 피지배자의 육체를 통해 문화적 영역 속에서도 은밀한 방식으로 유지되고 재생산된다. 그는 이러한 보이지 않는 지배의 논리에 주목할 것을 강조하는데, 그 이유는 피지배자로 하여금 자신들이 지배와 불평등이 유지되고 재생산되는 데 기여하고 있음에도 마치 그렇지 않은 것처럼 착각하게 만들기 때문이다(하상복, 상게서, pp.151-152). 그리하여 Bourdieu의 연구의 주관심은 불평등과 지배 체제가 존재하는 사회구조와 상징폭력의 기제를 드러내는 데 모아졌다(현기택, 2004, p.7).

Bourdieu는 본질적으로 현재의 세계화를 특정한 세력이 자신들의 지배력을 유지하기 위해 수행하고 있는 정치·경제적 전략으로 보고 있다(하상복, 상게서, p.153). 그는 이러한 신자유주의에 의한 세계화의 불길에 맞불(counterfire)을 지펴서 저항해야 한다고 주장하면서 반세계화 운동에 참여한 행동하는 지식인이었다.

그는 현재의 세계화를 진정한 의미의 동질화와 통합이 아니라, 착취를 위한 세계경제의 새로운 질서를 만드는 일이라고 주장한다. 여기서 미국을 비롯한 강대국들과 그들이 주도하는 국제경제조직들이 착취의 주체들이며, 정치·경제적으로 열세에 있는 나라들과 그 나라의 국민들이 착취의 대상들이다. 여기서 현재의 세계화 속에 숨어 있는 착취의 논리는 19세기 후반의 제국주의적 군사 폭력과 같은 가시적인 물리적 방식이 아니라 세련된 경제 논리를 기반으로 하고 있고, 그렇기 때문에 사람들은 세계화에 숨어 있는 착취의 본질을 인식하지 못하고 있음을 강조한다. Bourdieu는 현재의 세계화를 떠받치고 있는 세련된 경제논리가 1970년대 후반 들어 등장한 신자유주의(neo-liberalism)라고 한다(전게서, pp.155-156). 신자유주의에 의해서 세계경제가 시장의 원리 아래 하나로 통합되면 모든 국가들의 경제적 부가 최대로 달성될 수 있고, 모든 나라의 국민들이 그러한 경제적 혜택을 볼 수 있다는 것이다. 그러나 Bourdieu는 그러한 신자유주의에 의한 세계화는 궁극적으로 미국을 위시해 경제 세계화를 주도하는 몇몇 부국들의 이익만을 보장할 것이고 판단한다(전게서, p.157).

신자유주의에 의한 세계화 속에서 경제성장으로 인해 초래되는 사회적 빈곤, 양극화와 같은 희생들이 너무 많다고 주장된다. 세계화의 부정적인 측면이 은폐되면서 긍정적인 면만이 부각되고 확산되는 것과 관련해서 언론기관과 교육기관의 역할이 중요하게 부각된다.

언론기관들은 지구촌과 세계화 등과 관련된 기사를 지속적으로 보도함으로써 마치 그것이 자명하고 불가피한 현상이라는 인식을 매우 은밀하고 세련된 방식으로 유포한다. 그리하여 Bourdieu는 언론이 사회적 불평등의 존재를 은폐하는 상징폭력의 기능을 수행하고 있다고 말하고 있다(전게서, p.165). 그리고 교육기관들도 신자유주의 세계화의 가치들을 주입하고 그에 부합하는 능력주의와 경쟁의 가치에 입각한 인간을 형성하는데 중요한 역할을 수행한다고 주장된다.

요컨대 Bourdieu는 현재의 세계화가 본질적으로 진정한 의미의 협동과 조화를 위한 통합이 아니라 지배를 위한 통합, 좀더 잘 지배하기 위한 통합이라고 주장한다.

그리하여 Bourdieu는 이러한 신자유주의 세계화에 대항해서 싸울 것을 역설한다. 급속하게 번지고 있는 신자유주의 세계화의 불길을 막기 위해 맞불을 지펴야 한다고 주장한다. Bourdieu는 맞불의 구체적인 전략으로 첫째, 지배의 논리라는 신자유주의 세계화의 숨은 본질을 고발하는 것과 둘째 신자유주의 세계화에 저항하는 세력들의 국제주의 연대를 조직하는 것이라고 주장한다. 그리하여 그는 노동운동과 실업자운동을 지지를 하고 세계각국의 노동운동에도 관심을 표명한 바 있다.

제4절 Bourdieu와 회계학연구

오늘날 포스트모더니즘(또는 후기구조주의)에 속하는 Foucault, Bourdieu, Derrida 등과 같은 프랑스의 사회학자들의 이론과 방법론이 많이 이용되고 있는바, 그 중에서도 <도표 8-1>과 같이, 회계학에서는 Foucault의 이론이 가장 활발하게 적용되고 있다.

여기서는 Bourdieu의 사회학이론이 회계학에 어떻게 적용되고 있는가의 연구현황을 선행연구의 분석을 통해 살펴보기로 한다. Bourdieu의 사회학이론을 적용한 회계학연구가 주로 AOS, CPA, AAAJ 등과 같은 비실증적 방법론을 게재하는 학술지에 발표되고 있기 때문에 이러한 학술지의 논문들을 주로 살펴본다. Bourdieu의 이론이 회계학계에 최초로 소개된 것은 CPA에 발표된 Lee(1995)이다. 1995년이후 2013년까지 상기의 세 학술지에 발표된 회계학 논문 30편과 기타 학술지에 발표된 7편을 분석대상으로 하여 연구현황을 살펴본다.

1. 저서의 이용현황

Bourdieu의 저서 약 40권[11] 중에서 가장 유명한 것은 구별짓기: 취향 판단의 사회적 비판(1984)인데, 이것은 20세기에 중요한 사회과학저술 중에서 6위에 선정된 바 있다[12]. 회계학논문에 가장 많이 참고된 저서는 실천의 논리(1990)이며, 그 외에 구별짓기(1984), 상징폭력과 문화재생산(1991), 실천이론개요(1977), 성찰적 사회학에의 초대(1992) 등이 있다.

실천의 논리(1990)에서, Bourdieu는 객관주의와 주관주의를 초월해서 나아가는 이론적 관점을 개발하고, 일상생활의 행위에서 구조와 실천의 상호작용을 아비투스의 개념을 통해 표현하기 위해 자신의 현장연구에도 의존하고 있다. 구별짓기(1984)에서는 아비투스, 장, 상징자본, 사회자본, 문화자본(학력자본) 등을 통해 사회공간에서 계층별로 각 자본들이 불평등하게 분배되고, 차별적으로 소비되는 현 사회를 비판하고 있으며, 일상적인 삶속에 개인의 취향과 기호가 어떻게 구별되고 차별되

11) 이 중에서 약 20권이 국내에 번역·출간되어 있다.

12) 국제사회학회(ISA)의 설문조사(1997)에 의하면 20세기에 가장 영향력이 큰 저서로 1위에는 Max Weber의 *Economy and Society*가 선정되었고, Bourdieu의 저서가 100위권 안에 4권 선정되었는데, *Distinction: A Social Critique of the Judgement of Taste*가 6위, *The Logic of Practice*가 40위, *Reproduction in Education, Society and Culture*가 48위, *Outline of a Theory of Practice*가 81위에 선정되었다. 한편 우리나라에서도 지난 2000년 교수신문이 선정한 10대 사회학 명저에 구별짓기가 선정된 바 있다.

며, 재생산되는가를 보여주고 있다. 상징폭력과 문화재생산(1991)에서는 언어, 권력, 정치의 관계를 살펴보고 있다. 그는 언어를 단순히 의사소통의 수단으로 간주할 뿐만 아니라, 개인이 자신의 이해관계를 추구하고 실천적 능력을 나타내는 권력의 매개로 간주해야 한다고 주장한다. 언어적 표현은 언어시장과 언어 아비투스 사이의 관계의 산물로 이해할 수 있으며, 개인이 특정한 방식으로 언어를 이용할 때, 자신의 누적된 언어자원을 이용하고 계급과 성에 따라 언어사용이 변한다고 주장한다. 따라서 모든 언어적 상호작용은 표현하고 재생산하는 것을 도와주는 사회구조의 추적을 경청한다고 주장한다. 실천이론개요(1977)에서는 사회과학의 방법과 태도에 관한 비판과 인간행동을 어떻게 이해해야 하는가에 관한 일반 설명을 보여주는 실천이론을 전개하고 있다. 객관적 구조와 실천 사이에 협상하는 원칙인 아비투스라는 중심개념을 이용하고 있으며, 상징권력이론, 상이한 지배양상의 분석을 통해 상징자본이론을 전개하고 있다. 성찰적 사회학에의 초대(1992)에서는 사회학의 본질과 실천을 성찰하고 Bourdieu의 사회학적 접근방법을 소개하고 있다. 특히 Bourdieu의 인식론과 그의 장 개념에 관한 명료한 설명이 있으며, 지식탐구에서 연구자들이 사회공간에서 비판적으로 자신들의 위치, 과학장에서 자신들의 위치, 학계에서 자신들의 위치를 지속적으로 고려해야 하는 것에 따라, 인식론적 성찰성의 개념을 살펴보고 있다. 이외에 회계교육과 관련된 일련의 논문에서는 Bourdieu의 호모 아카데미쿠스(1988)가 이용되고 있다. 이는 (대)학교교육이 결국 사회의 위계, 계층화, 재생산 등과 관련된다는 것을 보여주고 있다.

2. 핵심개념 이용 현황

Bourdieu는 아비투스, 장, 자본을 "합리적 행동을 생각하기 위해 필수불가결한 것으로 간주되는 기본 개념"(1998a, p.85)으로 식별하고 있지만, 이러한 세 가지 중심개념들은 근본적으로 은폐된 이해관계와 당연시되는 지배관계를 노출하도록 설계되고 있다. 그러므로 Bourdieu의 이 세 개념을 중심으로 한 이론체계를 이용하게 되면, 지배메카니즘을 검토할 수 있지만, 이 세 가지 개념을 모두 이용한 연구는 드물다(Swartz, 2008, p.45).

회계학의 선행 논문들이 장, 자본, 아비투스 등의 중심 개념을 이용한 현황을 살펴보면 <도표 9-2>[13]와 같다. <도표 9-2>에서 살펴보는 바와 같이 모두 37편 중에서 장 개념만 이용한 경우는 1편(2.7%), 자본 개념만 이용한 경우는 6편(16.2%), 아비투스 개념만 이용한 경우는 3편(8.1%)있다. 그리고 장과 자본의 두 개념을 이용한 경우는 15편(40.5%), 장과 아비투스의 두 개념을 이용한 경우는 3편(8.1%), 자본과 아비투스의 두 개념을 이용한 경우는 1편(2.7%)이고, 세 개념을 모두 이용한 경우는 8편(21.6%)[Everett(2003), Neu(2006), Neu · Ocampo(2007), Baxter · Chua (2008), Neu et al. (2008), Xu · Xu(2008), McPhail · Paisey · Paisey(2010), Farjaudon · Morales(2013)]에 불과하다.

도표 9-2 장, 자본, 아비투스 개념의 이용현황

	장	자본	아비투스
Accounting, Auditing and Accountability Journal(7편)			
Lee(1997)	x	x	
Thompson(1999)		x	
Neu et al.(2003)	x	x	
Goddard(2004)			x
Rahaman et al(2007)	x	x	
Shenkin · Coulson(2007)	x		x
Neu et al.(2008)	x	x	x
Critical Perspectives on Accounting(14편)			
Lee(1995, 1999)	x	x	
Lee · Williams(1999)	x	x	
Neu et al.(2001)	x	x	
Cooper(2002)	x	x	

13) <도표 9-2>는 Malsch et al.(2011, p.218)의 도표를 참고해서 수정 · 보완한 것이다.

Everett(2003)	x	x	x
Jacobs(2003)		x	
Neu · Heincke(2004)		x	x
Everett(2004)	x	x	
Neu · Ocampo(2007)	x	x	x
Everett(2008)	x	x	
Hamilton · O'hOgartaigh(2009)	x		x
McPhail · Paisey · Paisey(2010)	x	x	x
Oakes · Young(2010)		x	
Farjaudon · Morales(2013)	x	x	x
Accounting Organizations and Society(9편)			
Kurunmaki(1999)	x	x	
Ramirez(2001)	x	x	
Neu(2006)	x	x	
Neu et al.(2006)	x		x
Ezzamel et al.(2007)	x		
Haynes(2008)		x	x
Xu · Xu(2008)	x	x	x
Chenhall(2010)		x	
Edwards · Walker(2010)		x	
기타 학술지(7편)			
Fogarty(1998)	x	x	
Oakes et al.(1998)	x	x	
Lee(2001)			x
Cooper · Everett · Neu(2005)	x	x	
Goddard(2005)			x
Awio et al.(2007)	x		
Baxter · Chua(2008)	x	x	x

3. 회계학연구의 내용

일단의 회계학연구들이 Bourdieu의 개념의 이용과 경험적 주안점에서의 다양성을 보여주고 있다. 이들은 사업계획과 예산편성(Oakes et al, 1998; Goddard, 2004), 감사(Everett, 2002), 회계학계와 회계교육(Lee, 1995, 1997, 1999, 2001; Fogarty, 1998; Lee · Williams, 1999; Neu et al., 2001; Cooper, 2002; Cooper et al., 2005; Everett, 2008; McPhail · Paisey · Paisey, 2010), 회계전문직(Raminez, 2001; Jacobs, 2003, Neu et al., 2003; Baxter · Chua, 2008), 환경회계(Cooper, 2002; Everett, 2004; Shenkin · Coulson, 2007), 회계개념(Hamilton · O'hOgartaigh, 2009), 회계기술(Neu , 2006; Neu · Heincke 2004; Neu et al. 2006, 2008; Neu · Ocampo 2007; Rahaman et al. 2007), 의료분야(Kurunmaki, 1999). 회계책임(Goddard, 2005; Neu, 2006; Oakes · Young, 2010), 신자유주의와 세계화(Neu et al., 2001; Cooper et al., 2005) 등의 분야에 Bourdieu의 이론을 적용하였지만, 대부분은 Bourdieu의 주요한 개념을 단편적으로만 적용하고 있다. Bourdieu의 사상을 이론부분과 실천부분의 두 가지 주제로 나누어 회계학논문들 중에서 일부 내용을 분석해서 간단히 살펴보기로 한다.

1) 이론부분: 사회계급 · 상징폭력 · 사회재생산

여기서는 회계가 객관적인 것으로 인지되는 도구와 권력비대칭을 생성하는 일단의 구별짓기, 지배적 표상(representation)을 선호하는 언어를 확립함으로서 상징폭력을 행사하고 사회재생산을 촉진한다고 주장된다. 그리하여 회계통제가 언어와 지식의 구축과 이용을 통해 미묘하게 작용한다고 주장된다.

Lee(1995, 1999)와 Lee · Williams(1999)는 경험적 근거로서 미국회계학회와 1960년대 후반에 프랑스학계에 관한 Bourdieu의 연구(1988)를 이용하면서, 미국회계교육의 '장'내에서 선도적인 연구자집단의 존재가 자본문화의 축(pole)에 따라 그 회원의 계층화에 어떻게 기여하였는가를 설명하고 있으며, 이러한 계층화가 회계학계의 지식생산과정과 재생산질서에 영향을 주는 잠재력을 살펴보고 있지만, 아비투스 개념은 무시하고 있다. Lee(2001)는 특히 아비투스 개념을 이용하여 미국

회계학계내에서 강력한 계층적 구조가 있다는 증거를 제시하고 있다. 이 계층은 개별회계연구자의 박사학위수여대학에 의해 정의되며, 소수의 미국대학교의 엘리트집단이 포함된다. 이러한 엘리트의 존재는 특히 3대 미국회계학술지[14]의 편집위원회에서 분명하다. 따라서 이들이 회계지식생산에서 의미심장한 문지기역할을 하고 있다는 것이다. Everett(2008)에서는 회계학계가 연구의 장이었는데, 편집부의 근접성(proximity)이 출판성공에 중요한 기여를 하였다고 주장하고 있다. 그는 합리적 이기심(ratinal self-interest)과 성실한 경제(good-faith economy)라는 Bourdieu의 개념들에 의지하고 있는데, 이 개념들은 그가 회계학계의 행위자들이 우선취향을 어떻게 배양하는가를 보기 위해 이용하는 것들이며, 이의 고취는 출판성공에서 핵심적 요소라고 주장되고 있다(pp.1150-1151). Fogarty(1998)는 미국에서 고등교육기관이 소유한 문화자본, 경제자본, 상징자본의 함수로서 기관의 위치설정에 관한 가설을 세우고는, 학계의 노동시장에서 그들의 결과에 따라 미국에서 대학교의 위계를 조작화하면서 그 결과, 재생산은 직접적으로 문화자본(연구생산성), 간접적으로 경제자본(단위규모), 상징자본(대학교 명성)에 근거하여 발생한다고 주장하고 있다.

Jacobs(2003)는 스코틀랜드의 회계전문직의 고용실무내에서 계급차별이 어떻게 재생산되는가를 보여주기 위해 교육, 구별, 계급 등의 Bourdieu의 개념들을 이용하고 있다. 여기서는 회계법인의 입사지원양식이 노동계급의 지원자에 대해 차별화한다고 주장한다. 스코틀랜드에서 회계전문직의 형성에 관한 역사적 분석에서 회계전문직에 대한 진입을 통제하는데 중산층 계급의 역사적 중요성이 예시되고 있다. 회계와 같은 전문직이 한 세대에서 다음 세대로 계급의 재생산에서 중요한 역할을 하게 되었다는 것이다. McPhail et al.(2010)도 스코틀랜드 중고등학교에서 회계교육을 포함한 경영학 분야에서 계급, 사회적 박탈, 주제선택 등의 연관성을 조사하면서 회계전문직과 실무의 재생산에 대한 시사점을 살펴보고 있다.

---

14) *The Accounting Review*, *Journal of Accounting Research*, *Journal of Accounting and Economics*.

Oakes et al.(1998)은 캐나다 Alberta주의 박물관에서 회계시스템에 의해 촉진된 경제자본의 지배가 문화자본을 부패시킬 수 있는 방식과 문화자본과 경제자본 사이의 긴장을 보여주고 있다. 외부인이 부과한 공식적인 사업계획과 회계시스템은 문화자본으로부터 경제자본에 더 많은 관심으로 주안점을 변경하기 위해 이용되었다. 이들은 사업계획의 교육에 Bourdieu의 언어와 통제의 이론을 적용함으로써 정당성이 어떻게 구축되고 유지되는가와 정당성상실의 의미를 더욱 구체적으로 볼 수 있게 하였다(p.263). 이들은 상징폭력개념을 이용하면서, 박물관 직원들이 역사적으로 근거한 문화자본이 중요한 것을 많이 상실하였으며, 경제자본이 지배적으로 된 분위기를 포용한 명시적 효과보다는 계획시스템이 묵시적 효과를 어떻게 가지고 있는가를 보여주고 있다. 여기서 사회자본은 박물관이라는 비정부기관들이 자신들의 목적에 맞도록 문화자본과 경제자본 사이의 잠재적 긴장을 어떻게 관리할 수 있는가를 검토하는 방식을 제공한다. 특히 박물관이 경제자본에 더욱 집중하라는 압력으로부터 발생하는 상징폭력의 잠재성에 저항하는 것에 경영통제시스템과 사회자본 간의 연결이 어떻게 도울 수 있는가를 살펴보고 있다. 저자들이 주장하는 것처럼, 사업계획은 담론과 언어의 정당한 형태를 제공하고 제재하며, 그리하여 새로운 조직이해를 생산하는 지식메카니즘으로 이바지한다(p.258). 새로운 어휘를 촉진하고, 추상적 개념에 특정한 경험적 내용을 할당함으로써 박물관 관리자들은 사건과 사물에 명명할 정당한 권리를 독점하였다. 이러한 정의에 대한 투쟁은 중립적이지 않다. 권력위치를 변화시키는 것은 경합하는 개념의 권위적 정의를 집행하는 전략과 관련이 있다(Everett, 2003). 그리하여 회계어휘는 해석적 체계, 담론, 실천의 변화를 촉구한다(Hopwood, 1987; Neu, 2006; Oakes et al, 1998; Shenkin · Coulson, 2007).

Kurunmaki(1999)도 권력과 통제를 위한 지속적인 투쟁의 장소로서 핀란드 의료부문을 개념화하기 위해 장과 자본의 개념을 이용하고 있다. 그녀는 의료의 자금조달, 생산, 소비의 기능에 포함된 것들 사이에 게임으로서 장이 어떻게 구조화되는가,

장에서 상이하게 평가된 자본의 배분이 게임을 이길 기회와 질 기회에서 어떻게 시사점을 가지는가, 이 자본배분이 전문적 계획과 통제로부터 시장에 입각한 통제까지 이전에 어떻게 규정되는가를 예시하고 있다.

언어와 상징시스템은 지식과 의사소통의 도구일 뿐만 아니라 지배의 도구이다. Alawattage(2011, p.6)가 지적한 바와 같이, 상징시스템은 사회계층이 확립되고 재생산되는 수단이다. 그는 자본의 사회구조와 계산실무의 관계를 경험적으로 예시하고 있다. 스리랑카에서 보석광산회사의 경험적 사례를 이용하여, 자본이 특별한 재생산의 장 근처에서 어떻게 사회적으로 구조화되고, 자본의 장(구체적 조직)이 계산실무와 통제실무의 존재 여부에 따라 가지는 시사점, 상징적 시스템처럼 계산기준과 절차가 상호관련되면서 수행하는 독특한 인지, 소통, 지배의 기능, 그리고 지배, 종속, 저항이 어떻게 일상의 노동실무로 각인되는가를 보여준다. 그는 임의적인 합의를 도출하고 실재의 지향된 정의를 객관적인 필요성의 외양과 연관시킴으로써 사회질서의 재생산과 보존에 이바지하는 인지의 범주를 상세히 설명하고 있다(Bourdieu, 1980; Everett, 2002, p.58도 참조). 그리하여 회계범주는 제한된 자원에 대한 지속적인 조작과 투쟁을 하는 사회행위자들간에 비대칭적 관계를 반영한다(Shenkin · Coulson, 2007, p.301). 강력한 행위자는 유의미한 범주를 생성하고 구체화하기 위해 회계를 이용하며, 자신의 논리를 합의적이고 보편적인 것으로 집행하여, 정당한 표현도구에 대한 접근을 독점한다.

한편, 해석체계와 인지범주를 변경시키는 것은 평가원칙을 변경하는 것을 의미한다(Bourdieu, 1977, 1984, 1990). 논증될 수 있는 것과 무시될 수 있는 것을 구체화함으로써, 회계는 볼 수 있는 것과 말할 수 있는 것(Oakes et al, 1998)을 구축하고 중요한 것과 중요하지 않은 것을 분리한다. 이 구별은 또한 개별회원들이 경합집단을 식별하도록 촉구되는 사회적 집단화의 구성 및 구별의 과정과 관련이 있으며(Neu, 2006), 구별느낌을 경험한다(Bourdieu, 1984). 그리하여 회계는 상징적 시스템처럼 가치와 판단을 확립하기 위한 기준을 정의하는 구별의 기술이다(Farjaudon ·

Morales, p.156).

이러한 기준은 구성원들이 정당성, 긍지, 명예 등을 얻기 위해 추구해야 하는 목적을 지적함으로써 게임의 규칙을 만들기 때문에(Bourdieu, 1990), 기준을 변경하는 것은 어떤 상황에서 위치의 평가를 변경하는 것을 의미한다(Oakes et al., 1998). 캐나다 Alberta주의 지방정부에 의해 집행된 교육개혁에 관한 Neu(2006)의 검토는 새로운 기금모금 메카니즘을 도입하고, 새로운 회계책임 요건과 결부하고, 자원배분결정의 과정을 수정하고, 그리하여 영향력의 순환을 변경하였다. 이 과정에서 이전에 중앙 위치를 가졌던 행위자들은 주변적으로 되었으며, 그들의 경제적 · 상징적 자원을 상실하였다. 상징권력은 권력구조가 정당성의 기준에 대한 투쟁에 의해 정의되는 경합하는 분류계층을 지지하는 다양한 행위자와 관련이 있으며(Suddaby et al., 2007, p.345), 정당한 분류를 정의하고, 특정한 평가기준을 집행할 수 있는 능력과 관련이 있다(Alawattage, 2011; Cooper et al., 2011; Everett, 2002; Oakes et al., 1998).

상징권력을 위한 투쟁은 조직이나 장 내에서 평가되는 대부분의 자본유형을 정의하기 위한 투쟁이다. 각각의 상황에서, 특정한 기준은 상당한 위치에 도달하기 위해 필요한 자원을 가리킨다. 자본유형간의 구별은 특정한 이해관계에 관한 행위자들의 게임느낌(일루시오)에 초점을 둠으로서 그 행위자의 전략과 가능성에 영향을 준다(Hamilton · O'hOgartaigh, 2009). Hamilton · O'hOgartaigh(2009)의 관심은 회계독트린, 특히 진실하고 공정한 견해(true and fair view, TFV)의 개념이 어떻게 현재의 모습대로 되었는가에 관한 것이다. 즉, 진실하고 공정한 견해라는 개념을 회계장의 제도화된 계층화를 유지하고 재강화하는 상징폭력시스템으로 간주하고 있다. 상징적 시스템 및 폭력이라는 개념과 더불어, 이들은 게임에 대한 감각을 가지는 원주민의 전문가의례와 의식이 어떻게 정당한 회계언어를 가지는가 그리고 그 언어가 다시 그러한 의례를 수행하는 행위자의 신체, 의식, 의례가 자리잡고 있는 장의 구조적 속성을 어떻게 재생산하는가를 탐구하기 위해 Bourdieu의 아비투스개념을 이용하고 있다. 이것은 계산적 틀과 절차가 장 특유의 논리를 구성하고 있다. 그리고 이들은 사회시스템의 구조적 속성이 일상의 노동실천, 지배, 저항의 방향을 정하는 일단의 실천적 성향으로 변형되고, 인지되고, 의사소통되며, 재생산되는 상징적 수단들이다. 모든 자원을 전유함으로써 뿐만 아니라, 모든 전략이 특정한 이해관계의 추구와 일치하는 방식으로 이해관계를 정의하고 정당한 구별기준을 지적함으로써 한 집단이 조직이나 장을 지배할 수 있다. 이 지배는 그 자체의 자원이 긍지와 권력을 유도하는 자원이라는 것을 보증한다. 달리 말하자면, 지배집단은 정당성과 긍지의 형태를 구체화하며, 그리하여 상징자본의 생성과 축적의 수단을 독점한다(Bourdieu, 1990). 예를 들면, 특정한 구별기준을 설정하고, 다른 자본형태를 화폐가치로 전환함으로써, 회계는 상징적 권력을 발휘하고 지배양상을 재정의하며, 그리하여 지배집단은 그 장에서 유효한 권력유형과 그 장의 재생산 메카니즘에 대한 독점을 확립하기 위해 회계를 이용할 수 있다(Everett, 2002, p.60).

이러한 상징적 지배의 개념은 엘리트(더욱 일반적으로는 지배적 이해관계)의 재생산이라는 것을 드러내고 있으며, 그리하여 권력위치에서 비대칭의 안정성을 드러내고 있다(Alawattage, 2011; Malsch et al., 2011; Shenkin・Coulson, 2007). 한 종류의 자본을 가장 가치있는 유형으로 정의함으로써, 어떤 집단은 자본배분의 구조에 영향을 줄 수 있고 그 자체의 자원을 가장 중요하고, 정당한 것으로 확립할 수 있다. 지배집단은 현상태의 영속과 기존 지배양상의 강화를 보장하면서 상징적 자본으로 전환될 수 있는 것을 정의할 수 있고 그 자체의 이해관계에 맞는 구별기준을 지적할 수 있다. 그리하여 자본의 권력을 초월해서, 지배집단은 자본에 대한 권력을 가진다(Cooper et al., 2011). 자본에 대한 권력이나 자본을 명명할 권력(Cooper et al., 2005, p.376)은 대부분의 상징자원을 지적하고 기준을 정당화하며, 자본배분의 순환에 영향을 줄 수 있는 능력이다.

Bourdieu는 상징적 지배가 (지배집단의) 특정한 사적 이해관계를 보편적(Bourdieu, 1990, 1998a, 2000)이고 합의적인 것으로 인지되는 집단적 이해관계로 변경함으로써, 개인의 성찰성이나 의도성과는 관계없이 그 자체의 재생산을 보증한다고 주장하였다(Bourdieu, 1990). 지배자의 견해는 보편적인 견해로 나타난다(Cooper et al., 2011, p.746). 보편적 타당성을 주장하는 원칙은 다시 정당한 이해관계를 정의하기 위한 투쟁에서 상징적 무게로 이바지한다(Bourdieu, 2000; Cooper et al., 2011; Neu et al., 2001).

Whittle · Mueller(2011)는 예를 들어 이해관계가 이기심을 초월한 것으로 인지될 때 정당성을 얻는다는 것을 보여준다. 권력과 폭력은 공평한 것으로 보일 때 상징적이고 정당한 것으로 된다(Bourdieu, 1972, 1976). 합의를 표상하는 것으로 보이는 것이 권력과 정당성을 가진다. 즉, 합의가 안 된 것으로 보이는 것은 이해관계가 있게 되며 더욱 쉽게 비판을 받는다. Whittle · Muelle(2011)이 언급한 바와 같이, Bourdieu는 이해관계를 추진력이나 외부세력으로 간주하지 않는다. 왜냐하면 이들은 안정적이지 않거나 재정의되지 않지만, 상징적 권력에 대한 투쟁을 통해 구축되거나 지정되기 때문이다. 다시 이들은 “이해관계와 동기가 설명을 위한 자원이라기 보다는 분석을 위한 주제로 간주되어야 한다”(Whittle · Muelle, 2011, p.416)고 주장한다. 그리고 우리는 그것들을 당연한 것으로 간주하거나 행위자들의 위치에 의해 그들이 결정된다고 가정하지 않고, 다양한 행위자가 따르는(그리고 합의적으로 보이는) 이해관계를 경험적으로 관찰해야 한다.

많은 연구들이 중립적인 것으로 인지되는 회계의 권력효과를 논증하였다. 회계가 중립적인 것과 이해관계가 있는 것을 어떻게 생산하는가가 거의 논증되지 않고 있다. 회계의 권력은 그것이 객관적으로 보일 뿐만 아니라 관심이 있는 것과 관심이 없는 것을 분리하는 방식으로 보인다는 것이다. 여기서는 회계가 이해관계가 있는 것과 합의적인 것으로 지정되는 것을 결정하고 이해관계의 속성에 참여하는 것을 보여준다. 새로운 어휘를 도입하고 다양한 개념을 특정한 화폐정의 및 척도와 연관시킴으로써, 그것은 이해관계가 평가받아야 하고 추구되어야 할 것으로 재정의한다. 따라서, 그것은 무엇이, 어떻게 상징적 자본으로 전환될 수 있는가를 지정한다. 그리하여 그것은 엘리트의 생성이나 공고화와 이들의 재생산에 참여한다. 그러므로 회계는 상징적 지배를 위한 끊임없는 투쟁에서 이해관계와 도구이다.

상징적 지배의 주된 결과는 불평등한 자본배분의 생산을 정당화하면서 생산하는 것이다(Alawattage, 2011; Everett, 2003). 폭력, 권력, 지배가 상징적 시스템내에 감금(enclosed)되거나 제도화될 때는 그러한 것으로 인식되지 않기 때문에 이들은 지배관계의 묵시적 재생산에 기여한다(Alawattage, 2011; Malsch et al., 2011). 이 폭력은 분류시스템이 순수하게 과학적, 비정치적, 기술적인 것이었던 것처럼, 지식문제 뒤로 권력문제를 은폐함으로써 작용한다. 그리하여 상징폭력은 오인되기 때문에 인식되고 인정된다. 힘있는 행위자는 지배를 하기 위해 상징폭력을 이용할 수 있지만, 여전히 중립성을 주장한다(Everett, 2003). 그리하여 상징폭력은 위치적 권력을 지지함으로써 비대칭적 합의를 생산한다(Farjaudon · Morales, *op cit.*).

상징적 지배는 또한 지배적 이해관계를 촉진하는 분류시스템내에 갇힌 해석적 체계의 구체화를 통해 작용한다(Bourdieu, 1990, 1998). 이러한 폭력이 가장 유명한 경험적 증거는 Bourdieu · Passeron(1985)에서 나왔는데, 그들은 학문적 성취가 계급소속감에 많이 의존하지만, 천부적 재능에 의해 결정된다고 가정된다. 교육시스템은 교육적 업무가 은폐하고 정당화하는 계급불평등의 재생산에 참가한다(Bourdieu · Passeron, 1985). 그리하여 교육시스템은 임의적 권력을 상징폭력으로 변경한다(Bourdieu · Passeron, 1977).

Oakes et al.(1998)가 말한 바와 같이, "교육의 힘은 저항의 가능성을 줄이는 방식으로 사물을 명명할 능력에 있다. 왜냐하면, 그 과정은 중립적이고 정상적인 것, 즉 기술적인 것으로 보이기 때문이다."(p.272). Jacobs(2003)도 계급차별이 카리스마적인 자질과 이전가능한 기술을 강조하는 채용과정을 통해 어떻게 재생산되고 정당화되는가를 보여준다. 회계는 권력을 행사하는 사람과 권력에 복종하는 사람들이 부인하는 은폐권력과 검열되고 완곡하게 표현된 폭력을 생산함으로서 임의적 관계와 위치를 유사하게 정당화한다. 변화 메카니즘은 은폐되고 오인되기 때문에, 추상적 지식을 객관화된 회계측정으로 통합하는 것이 많은 저항을 초래하지 않으면서 실질적으로 조직과정을 변경할 잠재력을 가진다. 그 위치가 평가절하되는 행위자조차도 그들이 통제상실을 위한 조건을 생성하였다는 것을 실감하지 않고, 그들 자신의 자본을 훼손하는 활동에 참가할 수 있다(Oakes et al., 1998).

그리하여 상징적 권력은 자신들이 행사하고 있거나 복종하고 있다는 것을 볼 수 없는 사람들의 공모로 행사된다(Bourdieu, 1990; Alawattage, 2011; Cooper et al., 2011; Everett, 2002; Oakes et al., 1998도 참조). 즉, 상징폭력을 행사하는 사람과 그것에 복종하는 사람들이 게임을 하고 정의된 이해관계(일루시오)를 추구함으로써 그 근거를 인정하고 그 규칙을 정당한 것으로 간주한다면, 상징폭력이 작동한다. 이 선택은 그들이 조직이나 장에 내재된 구별기준을 심각하게 생각한다는 것을 의미한다(Bourdieu, 1990).

회계는 두 가지 다른 상호 강압적인 현상을 통해 합의적인 아비투스의 생산에 영향을 줄 수 있다. 첫째, 아비투스는 조직이나 장의 논리에 다소간 잘 적합(조정)될 수 있다. 사람의 아비투스가 논리와 양립가능할수록, 그의 행동은 비성찰적으로 발생하며 따라서 이들은 더욱 자연적이고 우연적인 것으로 인지된다(Bourdieu, 1990). Bourdieu에 의하면, 상징자본의 축적은 일정한 상황에서 기술과 쉽게 행동할 수 있는 능력과 직접 관련이 있다. 그러므로 전략의 효과성은 그러한 전략이 내재하는 곳에서 아비투스가 상징적 시스템과 지배양상에 얼마나 잘 조정되는가에 달려있다. 둘째, 아비투스는 타자들에 의해 상황의 논리에 최적이고 합리적인 것으로 적극적으로 평가되는 실무의 인지를 촉구한다. Bourdieu는 어떤 자본축적전략을 채택함으로써 피지배집단을 좌절시키기 위해 작용하는 전략으로서 아비투스의 구체화에 초점을 두고 있다. 그러나 그것은 또한 영향력을 상실하는 집단이 변화에 저항하지 않는 이유를 설명할 수 있다. 즉, 그들은 갈등지향적인 전략을 비합리적인 것으로 간주한다. 투쟁을 무관하고 비합리적인 것으로 불신함으로써, 합의의 담론은 지배적 이해관계의 재생산에 저항하는 피지배집단을 좌절시키는 아비투스를 생산한다. 상징적 투쟁에서 사용하기 위한 정당한 도구와 합의적 이해관계를 지적함으로써,

회계는 무엇이 합리적이고 합리적이지 않은가에 관한 인지를 형성한다. 그래서 지배적 집단의 아비투스가 다른 당사자들의 아비투스보다 자본축적에 더욱 적합한 것 같다(Farjaudon・Morales, p.158).

요약하면, 상징적 지배는 권력을 행사하는 사람과 권력에 복종하는 사람에 의해 폭력으로 거부되지 않는 폭력을 생산함으로써 권력의 위치와 임의적 관계를 정당화한다. 폭력은 완곡하게 표현됨으로써 비가시적으로 되기 때문에, 폭력은 조직이나 장에서 자본축적이 정당화되는 전략의 거시수준과 사람이 아비투스로 특정한 취향을 구체화하는 방식의 미시수준에서 영향력을 발휘한다. 물론 회계가 합의를 생산하더라고, 실무는 필연적인 보편화과정을 따르면서 하나의 형태로 수렴하지 않는다. 그러므로 우리는 사회적 재생산의 과정을 이해하기 위해 특정한 상황에서 회계, 합의, 상징적 지배 등을 분석한다. 구체적으로 우리는 하나의 집단이 상징적 지배의 메카니즘을 전유하고, 자본배분의 구조와 상징적 자본축적의 원천을 변경하고, 합의의 담론에 의해 은폐된 지배를 위한 조건을 재생산하기 위해 회계를 어떻게 이용하는가를 연구한다.

Free・Macintosh(2009)는 엔론(Enron)사의 몰락에 중요한 역할을 한 회사의 경영통제시스템과 실무의 붕괴를 예시하기 위해 Bourdieu의 사회실천의 논리와 주요한 개념들을 적용하고 있다. 여기서는 엔론이 경영진인 Lay/Kinder의 시대(1986-1996)로부터 Lay/Skilling의 시대(1997-2001)까지 아비투스의 급격한 변화를 경험하였다는 것을 보여준다. 여기서는 Lay/Kinder의 아비투스가 엔론의 사업모형 및 경영통제시스템과 일관성이 있는데 반하여, Lay/Skilling의 시대에 등장한 아비투스는 기업의 지배구조와 통제시스템을 손상시켜서 무력하게 하였으며 그리하여 엔론의 몰락에서 주요한 역할을 하였다는 것을 보여주고 있다. 그들의 분석은 기업의 경영자가 자신들의 문화자본과 아비투스를 통해서 자신들을 그 위치에서 어떻게 규정하는가를 강조할 뿐만 아니라, 장의 점유자가 서로간에 불리하게 작용하는 게임과 자신들의 행동을 지배하는 것으로 의미되는 통제구조와 규정이 기업통제구조와 관리실무에서 가지는 시사점을 강조한다.

Farjaudon・Morales(2013)는 장, 자본, 아비투스 세 가지 개념 모두를 이용하면서 합의도출에서 회계의 역할을 살펴보고 있다. 이들은 회계와 합의(consensus)가 지배적 이해관계(interest)의 사회적 재생산과 정의의 과정에서 중심적인 역할을 한다고 주장한다. 합의도출은 합리적 의사결정과 경영에서 중심적인 가치로 간주된다. 그러나 합의는 갈등과 저항을 좌절시키는 방식이다. 회계의 의사소통적 속성은 지배적인 일부 이해관계와 전략이 마치 집단적이고 공평한 것처럼 이들을 촉진하고 피지배적인 다른 것들을 침묵시키는 데서 미묘한 영향력을 반영하도록 작용한다(Oakes et al., 1998). 이 분석은 강력한 행위자가 논쟁을 피하면서 영향력을 어떻게 획득하는가를 강조하기 위해 Bourdieu의 상징적 지배라는 개념을 이용하고 있다. 합의과정에서 대부분을 상실하게 되는 사람들의 동의로 지배적 이해관계가 재생산되도록 합의를 도출함으로써 권력의 위치에서 상징폭력을 회계가 생성한다는 것이다.

일반적으로 합의에 대해 긍정적인 견해는 많이 있다. 예를 들면, Hall(2010, p.306)은 "회계정보가 의사소통을 촉진하기 위해 공통적인 정보를 구축함으로써 합의도출에서 핵심적인 역할을 할 수 있다"(p.306)고 하여 합의도출을 중요한 회계 기능으로 간주한다. 그러나 여기서는 회계의 역할이 Bourdieu(1977, 1980)가 상징폭력이라고 하는 것을 보여주고 있다고 주장한다. 공통적인 것은 지배적 행위자의 이해관계를 지지하는 것이다. 타협으로 인한 합의는 어떤 집단이 다른 집단에게 이해관계를 부과할 때 성립한다. 그리하여 합의의 담론은 지배양상, 권력전략을 은폐하는데 이바지하며, 이해관계의 형성은 조직과 사회에서 동의를 만드는데 이바지한다.

2) 실천부분: 맞불

Neu et al.(2001)와 Cooper et al.(2005)은 세계화의 문제로 대변되는 Bourdieu의 사회비판적인 현실참여의 문제를 다루고 있다. 즉, 기업자본주의와 국가의 지배적인 이데올로기에 관한 사회정치적인 비판을 하는 데서 추구할 수 있는 중재적 전략과 공공정책투쟁에서 회계의 역할을 살펴보고 있다. 그들은 문화적 생산의 정치와 지식인의 기능에 관한 Bourdieu의 분석을 주로 이용하면서, 보편적 지성주의(universal intelletualism)의 중요성을 강조하고 있다(Neu et al., 2001, p.740). 오늘날 외부세계에 대해 적극적으로 관여하는 비판회계학자들의 정치적 역할은 Cooper(2002)의 경우도 관심의 대상이었다. 그녀는 정책비판과 사회개혁에서 적극적인 정치적 관여에 대한 무관심을 설득력있게 비판하면서, 현실세계에 대한 정치적 관여로 인해서 우리의 이론적 이해를 높이도록 하고, 우리의 연구가 사회적으로 유익하다는 만족을 얻도록 해야 한다고 주장하였다(Cooper, 2002, p.461).

Shenkin・Coulson(2007)은 Bourdieu의 사회이론적 연구가 회계책임에 관한 지식생산에 어떻게 이바지할 수 있는가에 관해 살펴보고 있다. 그리하여 장과 아비투스의 관계의 의해서 Boudieu의 사회적 실천에 관한 개념화를 이용하고 있고, 이 관계를 기업과 이해관계자의 관계에서 회계책임의 가능성을 탐구하기 위한 메카니즘으로 이용하고 있다. 장에서 제한된 자원에 대해 항상 투쟁하는 사회행위자들 사이에 비대칭적 권력관계를 의사결정이 반영하는 것으로 보인다는 Bourdieu의 사상에 근거하여, 사회환경회계의 학문적 장을 두 개의 입장(사회환경회계의 절차적 방식과 사회적 행동주의)이 인식을 위해 경합하는 담론적 공간으로 개념화하고 있는데, 이러한 두 개의 이데올로기적 입장이 수렴할 수 있는 가능성을 추구하고 있다.

Cooper・Coulson(2013)은 신자유주의에 반하는 행동주의의 형태로 어떻게 참가할 수 있는가에 관한 신자유주의에 대한 Bourdieu의 실천행동인 맞불의 사상을 회계의 경우에 적용한 것이다. 이 논문의 중심에는 2004년에 스코틀랜드에서 대규모 산업재해에 대한 반응을 시작하기 위해 함께 온 활동가와 학자들의 다양한 집단을 포함하는 관여(engagement)의 경우에 관한 성찰이 있다. 문제되는 집단은 재해에 대한 공적 탐구를 위해 운동하고, 과거와 현재의 노동자를 위한 정의와 회계책임을 추구하기 위해 다양한 관여적 조치를 취하였다. 이러한 조치들은 채택된 방법에 관해 분석되며, Bourdieu의 지식인집단(collective intellectuals)의 연구와 실천이 분석되고 있다.

제5절 소결

본장의 목적은 우리나라의 회계학계에 프랑스 사회학자 Bourdieu의 사회학이론을 소개하고 이 이론이 회계학 분야에 어떻게 적용되고 있는가의 연구현황을 살펴보는 것이다. 본장의 분석을 통해, 첫째, Bourdieu의 저술들이 회계학연구에서 이용되는 상황을 살펴보았다. 실천의 논리(1990), 구별짓기(1984), 상징폭력과 문화재생산(1991), 실천이론개요(1977), 성찰적 사회학의 초대(1992), 호모 아카데미쿠스(1988) 등과 같은 일부의 저술을 중심으로 이용되고 있다. 둘째, 회계연구자들이 장, 자본, 아비투스 등과 같은 Bourdieu의 주요한 개념들을 어느 정도로 적용하는가를 살펴보았다. 37편의 논문중에서 8편만이 Bourdieu의 세 가지 개념을 회계현상에 동시에 적용하고 있다. Emirbayer · Johnson(2008)이 전반적으로 조직과 경영연구에서 Bourdieu의 관계적 관점과 그의 중심적 개념들인 아비투스, 독사(doxa), 일루시오(illusio) 등의 개념을 무시하고 있는 상황에 대해 비판하고 있는데 이것은 기존의 Bourdieu에 정통한 회계학연구에 마찬가지로 적용할 수 있을 것이다. 대부분의 회계학의 선행연구에서 Bourdieu의 주요한 세 가지 개념인 아비투스, 자본, 장을 단편적으로만 이용하고 있으며, 하나의 연구에 세 개념을 모두 반영한 것은 일부(8편)에 불과하다(다음도 참조, Free · Macintosh, 2009; Swartz, 2008). Free · Macintosh(2009)가 주장하는 바와 같이, Bourdieu(1998a, p.85)는 이 세 가지 개념 전부를 필수불가결한 것으로 보고 있으며, 그러한 개념들이 일부만 이용될 때, 그의 관계적 접근방법을 상실할 위험이 있다. 그 결과, 이들의 설명력이 상실되며, 완전한 분석에 도달하지 못하게 될 것이다(Free · Macintosh, 2009, p.4).

Bourdieu의 연구가 가지는 일부 시사점은 다음과 같다.

Bourdieu의 개념은 특정한 장의 사회적 속성과 실천의 특징에 대한 민감도를 제공한다. 이것은 그 장에 특유한 권력관계 뿐만 아니라 매우 귀중하고 투쟁할 가치가 있는 것 같은 특정한 자본을 포함할 것이다. 연구자의 궁극적인 목표는 그 장의 권력

역동성에 관한 비판을 드러내고자 하는 것이다(Macintosh · Quattrone, 2010, p. 307).

Bourdieu의 이론은 또한 보편적인 수준에서 작용한다. 모든 장은 기존의 지배적인 행위자와 그 도전자들 사이의 투쟁과 같이, 모든 장에 존재하는 이차적 변수나 일차적인 메카니즘을 포함한다. 각 장은 권력자원으로 이용되는 다양한 유형의 자본의 독특한 혼합을 가지고 있다. Bourdieu의 경우, 모든 장의 보편적 메카니즘의 지식을 드러내는 것은 사회학자와 인류학자의 장기간의 목표이어야 한다(*ibid.*).

Bourdieu의 이론은 행위자들이 자신들이 무엇을 하고 있는가에 관해 반드시 의식한다는 것을 가정하지 않고, 지배시스템이 어떻게 재생산되고 변화하는가를 분석하기 위한 강력한 방법론을 제공한다(Golsorkhi et al., 2009). 회계기술은 이러한 과정에 깊게 연루되어 있지만, 문제는 Bourdieu의 이론이 회계학연구에서 잘 이용되지 않고 있다는 점이다. 이는 Bourdieu 이론의 복잡성과 권력과 지배를 파악하는 것에 대한 그 주안점이 회계학연구에서 그의 이론을 적용하는데 장애가 되기 때문이다. Bourdieu의 이론에 중심적인 것은 지배라는 사상과 지배자와 피지배자 사이의 관계이다. 장은 지속적인 투쟁의 장소이다. 즉, 권력구조가 불평등을 재생산하고 불평등에 의해 재생산된다. 수많은 경영대학이나 경영대학(원)에서 비판적 방법론이 도입되지 않고 있다는 점을 감안하면, 이러한 비판적 방법론을 적용한 연구가 제대로 정착되기는 어려울 것이다.

그러나, Bourdieu의 핵심개념들은 이 개념들이 회계학연구의 영역에서 잘 이용되지 않는 이유를 이해하는데 이용될 수 있다. (연구대상, 방법론, 자료수집, 분석절차, 출판매체 등의 선택에 관한) 연구과정에서의 의사결정은 기존의 장 구조에 의해 정의된 사회자본, 문화(학문)자본, 상징자본의 축적으로 향한 사회적 투자의 일부로 간주될 수 있다(Bourdieu, 2004). 연구성과를 높여야 하는 상황에서 회계학자나 경영학자들이 점차적으로 그리고 개인적으로 연구성과를 최고의 학술지에 발표하도록 압력받는 시대에, 비판적 방법론에 속하는 Bourdieu의 저술을 이해하고 해독하는 데서 상당한 시간을 투자하는 것은 위험하고 비용이 많이 소요되는 것으로 간주될 수 있다(Gendron, 2008).

독립성을 추구하고 적극적으로 회계학계 내에서 현재의 지배적인 시스템에 대처하는 하나의 방법은 오늘날 Bourdieu의 개념들을 도입하는 연구처럼, 학문의 장 주변에서 고려되는 다양한 방법론을 도입・적용하는 것이다. Bourdieu는 회계가 작용하는 맥락에서 회계를 더 다양하게 이해하는데 관심이 많은 회계연구자(Hopwood, 1983), 또는 학문적으로 회계를 비판하고자 하는 회계연구자에게 많은 것을 제공한다. 복잡하고 역동적인 Bourdieu의 이론은 지배로서의 권력을 풍부하게 예시하고 있으며, 사실상, 회계연구자에게 상당한 기여를 할 수 있게 하였다. Bourdieu의 이론을 통해 검토할 연구대상들이 많지만, 그의 이론은 기업의 사회책임공시의 영역을 연구하는데 효과적으로 적용될 수 있을 것이다. 어떤 유형의 자본과 아비투스가 기업사회책임공시의 장을 확립하는 과정에서 영향력이 있었는가? 상징폭력은 기업사회책임공시의 많은 보급을 설명하는가? 지배가 장내에서 어떻게 재생산되고 도전받는가? 회계전문가는 토론과 방향제시에 영향을 주는 데서 지배적인 자본원천인가? 등.

또 다른 전망있는 연구분야는 신용위기로 공식화되고 있는 현재의 금융위기에 포함된 복잡성을 이해하기 위해 Bourdieu의 이론체계에 의존하는 것이다. 금융에서 공격적인 실무들(예를 들면, 파생, 헷지기금, 증권화, 신용불이행스왑 등)이 정당한 자본형태로 어떻게 확립되었는가? 자본과 아비투스가 금융위기의 직후에 금융의 장(field)을 조정하는데 어떻게 포함되는가? 회계가 분배적인 부의 이전에 포함되는 파당적(partisan) 실무이라는 점을 감안하면(Arnold, 2009), 위기의 등장에서 회계의 역할과 그것이 유지한 상징폭력을 어떻게 이해할 수 있는가? 이러한 두 가지 연구대상(기업사회책임과 금융위기)은 오늘날 매우 논쟁적이며 회계연구자에게 Bourdieu의 이론을 적용할 여지가 있을 것이다(Malsch et al., pp.221-222).

Bourdieu의 이론을 적용함으로써 연구자들은 지배과정에 참여하는 실천의 장으로서 회계에 관한 더 나은 이해를 전개할 수 있다. 여기서는 Bourdieu의 이론을 특히 회계규제의 구축과 전문화에 관한 회계연구영역에 적용함으로써 도출된 기여를 전면에 가져올 수 있을 것이다. 또한 회계전문직에 관한 연구는 회계와 회계담당자가 어떻게, 왜 사회에서 강력한 사회적·경제적 힘으로 되었는가를 이해하기 위해 중요하다(Cooper·Robson, 2006).

사회자본, 문화자본, 상징자본, 경제자본에 관한 그의 저술 뿐만 아니라 장, 아비투스 등의 관련개념에 관한 Bourdieu의 연구는 회계의 이해에 많은 영향을 주었으며, 상당한 수의 회계학연구는 권력의 유지에서 회계의 역할을 설명하기 위해 이용되는 문화적 재생산의 이론으로써 그의 연구를 이용하고 있다(Nash, 1990). 예를 들면, Alawattage(2011)는 회계의 계산실무가 스리랑카의 보석광산에서 견고한 계층구조를 재강화하는데 이바지하는 방법을 드러내기 위해 Bourdieu의 방법론을 채택하였다. Jayasinghe·Wickramasinghe(2011)도 스리랑카에서 소위 개발회계가 시골의 빈곤을 영속시키고 현상태를 유지하는데 어떻게 이바지하는가를 드러내기 시작하였다. Hamiloton·O'hOgartaigh(2009)는 매우 상이한 분야와 관련이 있지만, 진실하고 공정한 견해의 선언을 지배함으로서 감사인이 회계의 장에 존재하는 불평등과 계층의 구성과 현상태를 효과적으로 강화한다고 주장하고 있다. McPhail et al.(2010)은 교육의 장에서 Bourdieu를 이용하여 계급구분이 교육의 장에서 어떻게 재생산되고 있으며, 이것이 회계전문직에 대한 신참자에 대해 가지는 시사점을 나타내고자 하였다. 그리고 Everett(2008)은 최고 회계학술지의 편집장에 대한 근접성(proximity)이 그 학술지에 발표할 기회를 상당히 높인다는 것을 확신해 주는 실천에 관한 Bourdieu의 이론적 설명을 시작하고 있다. Neu(2006)는 Bourdieu의 이론적 통찰력을 이용하여, 캐나다의 Alberta주에서 교육개혁의 맥락에서 공공부문과 회계의 관계를 검토하고 있다.

Bourdieu의 방법론에 대해서는 다음과 같은 것들이 한계로 지적된다.

첫째, 그의 이론적 틀에 대한 것이다. Bourdieu는 기존의 구조주의의 한계로 지적되던 인간주체의 상실을 넘어서서 구조와 행위를 연결하고자 하였다. 그러나 그의 이론에서 사회적 행위자의 행위는 사회구조, 규칙, 법규에 의해 엄격하게 지도받는다는 의미에서 자유의지가 별로 없다. 지배관계가 깊게 확립되고, 때때로 신체적으로 체화된 행동양식(bodily hexis)으로 새겨지기까지 하며, 사회행위자는 이것을 외견상으로만 알 뿐이라는 점을 고려할 때, 그의 연구에는 구조와 행위를 연결하고자 하는 애초의 의도에도 불구하고 사회적 결정론이 함축되어 있다(Jenkins, 1992). 이러한 비판들에 따르면, 그는 결정론을 회피하려고 했지만, 결국은 사회구조 → 문화 → 사회구조의 도식으로 환원되어 행위자는 사회구조에 대해 어떤 독립적이고 창조적인 역할을 수행하지 못한다는 것이다. 왜냐하면 문화자본에 대한 투쟁은 지배계급 내에서 주로 일어나며, 아비투스는 결국 계급에 의해 결정되고, 그렇게 형성된 아비투스는 다시 기존의 계급구조를 정당화하고 재생산하는데 기여하기 때문이다(양종회, 1994b, p.19).

이와 관련하여 Jenkins는 Bourdieu의 도식 내에서 기존 질서에 대한 개인이나 집단, 특히 피지배집단의 동조와 순응은 거의 자동적이고 개혁이나 일탈의 소지는 없어 보인다고 비판한다. 이는 체계의 수준에서는 사회변동을 설명하지 못하고 있고, 개인적 수준에서는 행위자의 능동적 역할이나 과정은 거의 허용되지 않고 있다는 비판과도 연결된다. 이와 관련하여 Bourdieu의 사회모델이 비역사적이고 자기 영속적인 기계적 모델이라는 비판도 있다. 또한 Bourdieu의 모델이 균형과 안정을 강조하는 모델로 기능주의적 사회모델과 유사하다는 비판이 제기되기도 한다(양종회, 1994a, p.153).

둘째, 그가 사용하는 개념에 대한 것으로, 그의 개념이 애매모호하게 사용된다는 점이다(DiMaggio, 1979). 자본개념은 경제자본, 문화자본, 상징자본에 덧붙여 학문자본, 증명된 문화자본, 권위와 신성의 자본, 대학자본, 과학자본, 예술자본 등으로 계속 확대된다. 이처럼 자본의 수가 증가함에 따라, 은유적 흐름은 넘쳐나고 따라서 그 가치는 감소한다. Bourdieu는 아비투스가 일차적으로 초기 어린 시절의 경험에 의해 교육되고 아비투스의 차이들은 일차적으로 사회계급에 토대를 둔다고 주장한다. 그렇지만 또한 아비투스는 이후의 경험에 의해 변형되고 가족환경의 모든 측면들에 의해서도 영향을 받는다. 이러한 문제, 즉 인성(personality)의 안정성과 유연성(plasticity)의 문제에 대해 Bourdieu는 구체적인 언급을 하지 않는다. 계급위치와 아비투스 사이의 연결도 불확실하다. 그는 사회계급과 초기 어린 시절 경험 사이의 관계를 경험적으로 구상하지 않기 때문에, 서로 다른 계급들의 아비투스가 근본적으로 다르다고 주장하기에는 부족한 점이 있다(*ibid.*, pp.1467-1468).

이러한 개념적 혼란은 실제 연구에서 문제를 일으키기도 한다. 특히 문화자본에 대한 개념 사용이 일정하지 않다(홍성민, 2012, p.179). 이로 인해서 계급 재생산에서의 문화자본의 역할을 두고 논쟁이 벌어지곤 한다. 또한 개념이 명확하지 않아 사회학에서 양적 연구를 중심으로 한 논문들에서는 문화자본을 주요변수로 다루기보다는 종속변수의 하나로 추가하여 구색을 맞추는 수준에 머물고 있다. 또한 문화자본의 조작화 역시 각각의 연구 주제나 성격에 따라서 자의적인 경우가 많다.

셋째, 그의 이론의 적용범위와 관련된 것이다. Swartz(1977)는 Bourdieu의 모델이 모든 사회집단들에 적용될 수 있는 것이 아니라, 어떤 특정 사회집단에만 적용될 수 있는 것으로 제한될 수도 있다는 견해를 제시한다. 즉, 전체 사회가 어떻게 기능하는가에 관한 인식론적인 이론적 수단이 없다는 것이다. Bourdieu의 주안점은 특별한 아비투스의 지배메카니즘이 각각 독특한 아비투스를 가지는 특정한 장에서 어떻게 생산되고 재생산되는가에 있다. 이 점에서 전체 사회는 잡다한 통약불가능한 아비투스들이 지배한 장들로 구성되는 것으로 보인다(Free · Macintosh, 2009, pp.29-30). Bourdieu는 개인과 집단의 행동이 계산된 투자합리성에 의해 지배되는 것으로 서술한다. 그러나 이러한 방법론적 가정은 투자할 자본을 지니고 있는 중간계급과 상층계급에게는 적합할지 모르지만, 거의 자본을 지니고 있지 않고 합리적 투자전략을 통해서 자신들을 재생산하지 않는 하층계급에게는 동일한 모델이 적용될 수 없다는 것이다(Swartz, p.554).

넷째, 시간적으로도 적용범위에 한계가 존재한다는 것이다. 고급문화는 상류계급이 배타적으로 향유함으로써 중간층이나 하층과의 경계를 유지하려 한다는 구별짓기이론은 문화를 전달하는 대량 매체가 발달되지 않고, 문화를 대량생산하는 산업이 발달하지 않았던 시기에 타당한 이론이다. 오늘날과 같이 대중매체가 고도로 발달한 사회에서는 대중매체가 이질적인 청중에게 대량으로 전달하는 문화와 독특한 취향을 가진 사람들을 위한 도시문화 혹은 주변문화가 동시에 존재한다. 또한 Lipovertsky(2009)는 소비사회를 대중시장사회, 대중소비사회, 과소비사회의 3단계로 구분한 뒤, 구별짓기 효과는 대중소비사회에서 국지적으로 유효한 개념이라고 비판한다. 2단계 대중소비사회는 사회적 과시와 개인적 쾌락 소비가 서로 공모하던 시기이다. 그는 각 단계별로 소비사회를 분석한 뒤 현대사회의 정체성을 다섯 가지 유형(페니아, 디오니소스, 슈퍼맨, 네메시스, 호모 펠릭스)으로 구분하여 설명한다. 이러한 다섯 가지 유형의 소비주체는 적어도 상류, 중류, 하류층이라는 계급적 범주를 넘어서고 있다. 즉 오늘날에는 구별 짓기의 의미가 사라지고 있다는 것이다(홍성민, pp.173-175).

그 외에 Bourdieu가 사용하는 지배계급의 직업구성에 대한 비판과 성적인 측면에서 문화적 취향의 분화에 대한 연구의 필요성도 제기된다(Longhurst, 1986, p.454). 또한 그의 가장 흥미로운 통찰력과 이론적 공식화들의 상당한 부분이 경험적 뒷받침 혹은 경험적 검증의 구체화를 결여한 채로 제시된다는 비판도 있다(Swartz, 1977, p.553).

이러한 이론적 문제 뿐 아니라 한국사회에 적용가능성에 대해서도 몇 가지 의문이 제기되기도 한다.

먼저, Bourdieu의 이론과 모형은 300여년이 넘는 계급구조화의 역사를 갖는 프랑스 사회를 대상으로 만들어져다. 서구사회에는 특정 집단이 영위하는 예술, 생활양식 등과 같이 이른바 고급으로 분류되는 문화가 존재해 왔다. 그러나 한국은 역사적 경험이 다르다. 과거의 고급문화가 일제시대, 해방, 전쟁 등을 거치면서 해체되었다. 즉, 한국의 현대사는 끝없는 저항과 변동의 역사였다. 따라서 Bourdiei의 이론 틀이 한국의 이러한 역동성을 반영하기에는 적절하지 않다(최샛별, 2010). 게다가 구별짓기가 프랑스에서 출간된 것은 1979년이며 기초자료는 1963년에 조사된 내용들이다. 반면 한국에서는 1996년에 번역본이 출간되었다. 따라서 내용의 적용시점이 판이하게 다를 수밖에 없다.

실제로 한국사회에서 실시한 조사연구에서도 Bourdieu의 논의와는 다른 결과가 나타나기도 하였다. 양종회(2008)에 따르면, 한국에서 문화적 취향이 사회계급에 상응해서 분화되는가를 조사하였을 때, 문화적 취향은 계급과는 무관하게 분화되는 것으로 나타났다. 즉, 계급에 따른 독특한 문화적 취향이 존재하지 않았으며, 한국에서는 연령, 성, 종교와 같은 배경요인이 취향의 분화에 중요하게 작용하는 것으로 나타났다. 또한 학력, 부모의 학력, 문화예술 교육으로 측정한 문화자본도 문화적 취향에 분화에 별 다른 영향을 주지 못하는 것으로 나타났다.

본장은 Bourdieu의 사회학 이론을 우리나라의 회계현상에 적용한 것은 아니며, 그의 이론을 소개하고 회계학 연구현황을 살펴본 것에 불과하다. 회계현상이 사회현상의 일부이며, 사회현상을 다루는 가장 기본학문이 사회학이라고 할 때, 사회학의 이론이나 방법론을 회계학에서도 이용할 수 있을 것이다. 우리나라를 포함해서 전세계적으로 사회과학계에서 Bourdieu가 매우 유명한 사회학자이며 그의 이론이 다양한 분야에서 번역·소개되어, 적용되고 있음에도 불구하고, 우리나라의 회계학계에서는 Bourdieu의 이론을 적용한 연구가 전무하다. 앞으로 우리나라의 회계학계에서도 이러한 사회학이론과 방법론을 도입해서 연구할 필요가 있을 것이다.

10

결론

10장

결론

1980년대 이후 우리나라의 회계학회에서 발표되는 논문의 대부분은 경험적 관찰에 입각하여 자료를 구하고는 통계적 절차를 거쳐서 가설을 검정하는 실증적 논문들이다. 우리나라의 회계학계는 전통적으로 다른 사회과학과 마찬가지로 실증주의에 입각한 실증적 방법론을 이용해 왔으며, 그것도 철학적 논쟁을 거치지 않고 거의 무비판적으로 주로 미국으로부터 수입해서 이용하고 있다. 그러나 이러한 실증적 방법론은 이미 많은 비판을 받고 있으며, 특히 경제학에서는 실증주의의 문제점을 지적한 연구도 비교적 활발하지만, 회계학계는 여전히 실증적 방법론의 범주에서 벗어나지 못하고 있다.

이제 회계학도 종래의 일반적이었던 정적인 분석방법에서 탈피해서 실제의 조직이나 사회의 여러 활동 속에서 복잡하게 발전하고 있는 회계의 역동적인 과정을 고찰할 수 있는 것으로 전환해야 한다. 그렇게 하기 위해서는 회계를 사회제도, 권력구조, 기존의 가치관과의 관계에서 분석하고, 다른 사회과학의 성과와 방법론을 회계학연구에 도입하는 것이 필요하다.

방법론을 바꾸는 것은 Thomas Kuhn이 과학혁명의 구조(1962)에서 말한 패러다임의 전환만큼이나 어렵다. Kuhn은 패러다임의 전환을 종교의 개종에 비유한 바 있다. 그러나 실증적 방법론에 익숙한 우리나라의 회계학자들이 비판적 방법론과 같은 비실증적 방법론도 이용함으로서 우리나라의 회계현상을 보다 다양하게 파악할 수 있을 것이다.

본서에서는 우선 주류회계학이 주로 이용하는 실증적 방법론과 비판적 방법론, 해석적 방법론 등의 철학적 배경과 기본 가정을 살펴본 후, 상호 비교를 하였다.

그 다음에 주류회계학과 그 문제점을 살펴본 후, 이의 대안으로 비판적 방법론들을 살펴보았다. 본서에서 살펴본 회계학의 비판적 방법론에는 Marx의 철학사상을 배경으로 하는 Marx주의의 방법론, 독일의 비판이론 특히 Habermas의 방법론, 그리고 근대의 합리성을 비판하는 탈근대주의(post-modernism)를 배경으로 하는 프랑스의 비판이론 특히, Foucault와 Bourdieu의 방법론 등이 있다.

회계학의 철학적 가정은 Burrell · Morgan(1979)이 제시한 사회과학의 본질에 관한 가정에 입각하여 존재론(명목론과 실재론), 인식론(실증주의와 반실증주의), 인간의 본성(자원론과 결정론), 이론의 본질(개성기술적인 것과 법칙정립적인 것) 등으로 나누어 살펴보았다. 사회의 본질에 관해서는 급진적 변화와 규제로 나누어 살펴보고, 이 두 가지 차원을 이용하여 기능주의, 해석주의, 급진적 인도주의, 급진적 구조주의 등 네 가지 사회과학 방법론을 살펴보았다. 그리고 나서 Burrell · Morgan의 학설을 비판한 Chua의 학설을 살펴보았다. Chua는 지식에 관한 가정, 경험적 세계(물리적 실재와 사회적 실재)에 관한 가정, 이론과 실천의 관계에 관한 가정 등을 기준으로 하여 회계학의 방법론을 주류회계학의 방법론, 해석적 방법론, 비판적 방법론 등으로 분류하였다. 주류회계학의 방법론은 자연과학에서 주로 이용하는 실증적 방법론을 의미하지만, 비판적 방법론에는 그 철학적 배경과 기본가정을 달리하는 Marx주의의 방법론, 독일(특히 Habermas)의 비판적 방법론, 프랑스(특히 Foucault, Bourdieu)의 비판적 방법론 등이 혼재되어 있다. 이들의 철학적 배경과 기본가정을 세분하면 다음과 같다.

(1) 이론을 판단하는 기준은 일시적이고 맥락적이다.
(2) 이론은 일반화가 불가능하다.
(3) 경험적 실재는 주관적 해석을 통해 형성되고 그 관계가 재생산된다.
(4) 인간은 자신의 의지를 가지고 대상에 작용하므로 능동적 주체이다.
(5) 대상은 관계의 총체성을 파악하면서 분석된다.

(6) 대상은 권력을 비롯한 일정한 이데올로기에서 분석된다.

(7) 사회와 조직은 소외, 모순, 역기능, 갈등 등으로 문제가 발생하며 이를 근본적으로 해결하기 위해 변화를 지향한다.

회계학에서 주로 이용되는 실증적 방법론, 비판적 방법론(Marx주의, 독일의 비판적 방법론, 프랑스의 비판적 방법론)의 철학적 가정을 나타내어 비교하여 보면 <도표 10-1>과 같다.

실증적 방법론은 자연과학에서 주로 사용하는 방법론의 철학적 가정에 입각하고 있다. 실증적 방법론과 가장 대조적인 방법론은 독일의 비판적 방법론이다. 이것은 Burrell · Morgan(1979)의 분류방식에서도 알 수 있는 바와 같이 기능주의와 급진적 인도주의를 각각 대변하며, 그 철학적 가정(존재론, 인식론, 인간의 본성, 이론의 본질)을 각각 달리한다. 한편 해석적 방법론의 가정은 Marx주의의 방법론의 가정과도 서로 정반대의 입장에 있다. 인간의 주관적 관점과 사회의 규제를 가정하는 해석적 방법론과는 달리, Marx주의의 방법론은 객관적 관점과 사회의 급진적 변화를 가정한다.

도표 10-1 회계학방법론의 철학적 가정의 비교

	실증적 방법론	해석적 방법론	Marx주의의 방법론	Habermas의 비판적방법론	Foucaut · Bourdieu의 비판적 방법론
1	x	o	x	o	o
2	x	o	x	o	o
3	x	o	x	o	o
4	x	o	x	o	x
5	x	x	o	o	x
6	x	x	o	o	o
7	x	x	o	o	x

주류회계학이 주로 이용하는 실증적 방법론에 대한 비판을 과학철학에 입각해서 살펴보면, 첫째, 실증적 방법론이 연구자의 지각과는 무관하게 객관적으로 연구대상이 존재한다는 실재론에 입각하고, 둘째, 실재이론과 규범이론을 구별하며, 셋째, 사회과학에서는 연구자의 가치판단이 반영됨에도 불구하고 가치중립성을 가정하며, 넷째, 관찰의 오류가능성 때문에 이미 비판되고 있는 검증가능성을 아직도 주장하며, 다섯째, 연구대상이 회계현상 그 자체가 아니라 회계담당자의 행동이라는 점 등이다. 한편 신고전파 경제학의 방법론에 입각한 비판은 첫째, 이것이 추상적이고 정태적이며, 둘째, 그 분석대상에는 비경제적인 요인에 대한 고려가 미흡하며, 셋째, 지나치게 효율성에 집착함으로써 형평성과 자주성에 대한 고려가 미흡하며, 넷째, 균형분석을 실시하고 있지만, 현실의 경제상태가 균형인 경우는 거의 없다는 것이다. 그리고 신고전파 경제학에 입각한 실증적 회계이론은 주로 효용극대화가설과 방법론적 개체론에 입각하고 있으므로, 이 두 가지를 중심으로 해서 살펴보면, 효용극대화가 현실적으로 가능한가의 문제와 과연 사익을 추구하는 개인에게 좋은 것이 공익을 추구하는 사회 전체에도 좋은 것인가라는 일반균형의 문제가 있다.

1980년대부터 이상과 같은 문제점을 가진 주류회계학의 실증적 방법론을 비판하고 다른 방법론들을 모색하기 시작하여 다양한 방법론들이 등장하기 시작하였는데, 이로 인해서 대략적으로 세 가지 상호관련된 분야로 구분할 수 있는 혁신적인 일단의 연구 프로젝트들이 존재하게 되었다. 첫째, 회계자료와 통제의 사회구성적 성질을 강조하는 회계학연구가 있었다. 즉, 문화, 의례(rituals), 회계의 해석과 이용 등을 포함해서 절차적 측면의 중요성, 회계책임과 변화하는 과정내에서 회계의 역할(Berry et al, 1985; Roberts · Scapens, 1985). 둘째, 회계역사를 현대의 유럽사회이론의 시각에서 재해석하고 확대하면서, 특히 미국과 영국의 원가회계의 기원에 관해 새로운 역사적 통찰력이 등장하였다. 이 연구는 회계가 단순히 효율성과 경쟁이라는 경제적 측면의 결과라는 것에 도전하고 있으며, 회계는 지배적인 이데올로기, 사회적으로 구성된 권력/지식관계, 변화하는 자본주의구조 등에 의해 영향을 받는다고 주장하고 있다(Hopwood, 1987; Armstrong, 1985; Loft, 1986; Miller · O'Leary, 1987). 세째, 처방적이라기 보다는 중립적, 객관적, 서술적이라는 주장을 비판하면서, 회계에 대한 신고전파 경제학과 상황적합 접근방법에 관해 이론적이고 방법론적인 비판이 있었다(Hopper · Powell, 1985; Chua, 1986). 이외에도 주류회계학의 실증적 방법론을 비판하고 다른 방법론을 모색하면서 비실증적 방법론을 적용한 논문들을 집중적으로 게재하는 다양한 회계학 학술지들이 창간되기도 하였다(Hopper et al. 2001, pp.276-277).

본서에서는 비실증적 방법론 중에서도 비판적 방법론을 적용한 네 종류의 비판학파들을 살펴보았는데, 각 학파의 특성을 살펴보면 다음과 같다. 먼저, 일본의 비판적 방법론을 포함한 Marx주의의 특성은 다음과 같다. 첫째, 회계의 정치경제학은 사회에서 소득, 부, 권력을 배분하는 과정에서 회계보고의 역할을 해명하고 해석하고자 한다. 둘째, 회계가 실시되는 조직과 사회의 특수한 역사적, 제도적 상황을 인식한다. 셋째, 회계는 현실을 정의할 뿐만 아니라, 정의된 현실이 회계에 의해 변화할 수도 있다. 이와 같은 Marx주의의 방법론의 조건으로는 명시적 규범성의 조건, 서술성의 조건, 비판성의 조건 등을 열거할 수 있다.

경제학이 고전파경제학으로서 자본가계급의 이데올로기를 대변하여 성립된 이후, 그 자체내에서 노동자계급을 대표하는 고전적 정치경제학(Marx주의)을 탄생시켰다. 회계학의 경우도 이와 비슷하다. 회계학이 기술적 방법이나 제도를 대상으로 하기 때문에 계급관계에서 중립적인 기술론, 제도론으로 간주되고 있다. 그러나 자연과학과는 달리, 회계의 방법이나 제도는 일정한 사회관계 속에서 계급관계를 나타내는 자본을 그 대상으로 하여 형성되어 왔기 때문에 소득의 분배나 사회적 이해관계의 조정과 관련이 있는 계급성, 체제유지기능을 가지고 있다.

일본의 경우, 회계학에서 Marx주의의 방법론을 이용하기 시작한 것은 1930년대이다. 대표적인 학설로는 개별자본운동설, 상부구조설이 있으며, 개별자본운동설은 다시 회계방법설로 발전하였고, 상부구조설은 회계정책설, 회계제도설 등으로 분화

·발전하였으며, 중심적인 학자로는 畠中, 中西, 馬場, 岡部, 宮上, 中村, 蜷川 등이 있다. 구미에서 Marx주의의 방법론을 이용하기 시작한 것은 1980년대이다. Marx주의와 Braverman의 노동과정이론 등을 중심으로, 이 방법론을 이용하는 중심적인 회계학자는 Armstrong, Cooper, Hopper, Neimark, Tinker, Puxty, Willmott 등이다.

Marx주의의 방법론을 회계현상에 적용할 경우의 문제점으로는 오늘날의 사회가 Marx가 살았던 시대처럼 상부구조와 하부구조의 구분이 그렇게 절대적이고 명확한 것은 아니며, 모든 것이 하부구조에 의해 결정되는 것도 아니라는 점이다. 오히려 상부구조가 하부구조를 결정하기도 한다. 또한 그 기본가정인 구조가 인간을 억압한다고 하지만, 인간의 주체적 의지가 오히려 구조를 변경할 수도 있다. 따라서 이 방법론만을 가지고 회계현상을 파악하기에는 무리가 있다.

독일의 Frankfurt학파의 비판이론에 입각한 Habermas의 비판적 방법론은 특히 그의 의사소통행위이론에 입각하고 있다. 여기서는 회계를 하나의 조종매체로 간주하여 회계가 생활세계에서 역기능을 하는 측면을 부각하고 있다. 즉, 주로 교회, 병원 등과 같은 비영리기관의 회계에 주목하여 회계가 이러한 비영리기관에 역기능적으로 작용하여, 내부식민지화하고 있다고 주장한다. Habermas의 비판적 방법론도 Marx주의 방법론과 마찬가지로 회계학에서 이용되기 시작한 것은 1980년대이며, 중심적인 회계학자로는 Broadbent, Laughlin 등이다.

Habermas의 비판적 방법론은 다음과 같은 문제점이 있다. 첫째, Habermas는 공공정책에 관해서 거의 말하지 않는다. 둘째, Habermas는 누가 담론계의 구성원인가를 거의 말하지 않았다. 그는 포함과 제외라는 탈근대의 문제를 회피하고 있다. 셋째, 그는 시민의 공개참석이라는 자유전통에 자신을 정면으로 자리매김하면서 합의를 사회적 담론의 목적으로 받아들이고 있다. 합의는 일단 어떤 사람이 합의가 취하는 모든 것이 윤리적으로 상호성과 상호이해에 연루되는 다른 사람들의 신뢰를 이용하기 위해 전략적으로 행동하는 하나의 전략이라는 점을 인식하면, 합의의 타당성이 의심스럽다. 관료, 정치가, 관리자, 전문엘리트 등이 무식자에게 그들의 의제를 억지로 관철하기 위해 공개회합의 구실을 이용하는 다양한 방식들이 문제의 경우들이다. 넷째, 비판이론의 정치적 유산이다. Marx주의의 방법론처럼, 비판이론은 기초에 Marx식 분석양식이 있다. 일반적으로 Marx주의자들은 사회주의 혁명에 대해 매우 개방적이었으며 노동계급에게 현대자본주의의 총체성에 관한 이해를 제공할 필요성에 관해서도 매우 개방적이었다. 그러나 비판이론은 상부구조의 문제에만 집중하는 경향이 있다.

Foucault의 방법론은 고고학과 계보학에 입각하고 있다. 여기서는 인간의 담론을 분석함으로써 사물의 존재가 담론의 그물망을 통해서 존재로서 나타나는 구조 및 여러 가지 담론에 대해 작용하고 있는 권력의 실태를 명확하게 하려는 것이다. Foucault의 비판적 방법론이 회계학에 이용되기 시작한 것은 1980년대 중반 이후인데, 중심적인 학자로는 Burchell, Clubb, Hopwood, Hoskin, Macve, Miller, O'Leary, Lowe 등이다. 이들은 회계를 개인에 대한 가시성의 생성에 의해서 개인을 권력의 대상으로 객체화하는 수단으로 이해하며, 통치의 수단으로 이해한다.

이 방법론은 일반적으로 탈근대주의(post-modernism)의 경우와 비슷한 다음과 같은 문제점을 갖고 있다. Foucault의 방법론을 주로 채택하고 있는 회계학연구는 탈근대주의의 허무주의, 해방가능성의 결여, 유물세계의 무시 등으로 신보수적이라고 볼 수 있다. 즉, 회계에서의 탈근대적 연구는 기존의 상태를 서술하거나 해체하는 데 그침으로서 현상태를 무의식적으로 재강화하게 된다. 그리고 해체 이후의 구체적인 정책제시가 없으며, 사회를 급진적으로 변화시키기 위한 원리의 제시가 없다. 마지막으로 이 방법론에 의한 회계학연구에서는 회계의 정의에 관한 연구보다는 예산통제나 원가관리와 같이 회계 기능을 중심으로 회계학연구만이 진행되고 있다.

Bourdieu의 비판적 방법론은 사회가 근본적으로 불평등하다는 의식에서 출발하여, 불평등, 지배/피지배관계, 사회질서가 어떻게 만들어지고 유지되는가를 밝히는 데 궁극적 목적이 있다.

Bourdieu의 사회학이론인 사회실천논리(social logic of practice)는 기본적으로 사회구조이론인 장(champ, field), 권력관계이론인 자본(capital), 개인이론인 아비투스(habitus)로 구성된다(Dobbin, 2008). 이를 통해 그는 권력지배의 상징투쟁 및 상징폭력의 메커니즘과 계급문화 재생산의 구조를 드러내고 비판하고 있다.

그리하여 Bourdieu는 본질적으로 현재의 세계화를 특정한 세력이 자신들의 지배력을 유지하기 위해 수행하고 있는 정치·경제적 전략으로 보고 있다(하상복, 상게서, p.153). 그는 이러한 신자유주의에 의한 세계화의 불길에 맞불을 지펴서 저항해야 한다고 주장하면서 반세계화 운동에 참여한 행동하는 지식인이었다. 상당한 수의 회계학연구는 권력을 유지하는 데서 회계의 역할을 설명하기 위해 이용되는 문화적 재생산의 이론으로 그의 연구를 이용하고 있다.

대체적으로 비판적 방법론들은 각각 나름대로의 장단점을 가지고 서로 논쟁하면서 적용되고 있지만, 일부의 경우에는 혼합을 모색하기도 한다. Marx주의의 방법론과 Habermas의 방법론은 기본적으로 사회의 발전을 모색하면서 근대성의 프로젝트를 옹호하고자 하는데 반하여, 후기구조주의에 속하는 특히 Foucault의 방법론은 이성, 진보 등과 같은 근대성의 프로젝트를 거부한다. 일부 Marx주의의 방법론에 속하는 비판연구자들은 Foucault주의자들이 미시적 상황의 외부에 있는 광범위한 요소를 무시한다고 일련의 비판을 가하였고(Neimark, 1994; Armstrong, 1994; Cooper·Tinker, 1994), Foucault의 방법론을 지지하는 회계연구자들은 정치경제의 문제점을 분석하고 반박함으로써 Foucault의 방법론을 옹호하고자 하였다(Hoskin, 1994; Grey, 1994).

시간과 공간을 막론하고 회계현상을 파악하는데 유일한 하나의 방법론이란 존재하지 않는다. 보는 관점에 따라 다양하게 회계현상을 파악할 수 있을 것이다. 포스트모더니즘에 의하면 우리가 할 수 있는 것은 회계현상에 관한 실재를 구축하는 것이며, 정치경제의 방법론에 의하면, 우리는 계급투쟁의 관점에서 실재를 탐구할 수 있을 것이다. 그리고 Habermas의 방법론은 구조주의와 후기구조주의(또는 포스트모더니즘)의 문제를 해결할 수 있는 중간지역(middle ground)에 해당할 것이다. Arrington・Watkins(2002)와 같은 일부 연구자들은 Foucault와 Habermas의 방법론을 혼합하고자 하였다. 그들은 이러한 혼합이 비판회계학연구의 형성과 특징에 관해 생각할 수 있는 유용한 방식을 제공한다고 주장하고 있다(p.139).

전반적으로 자본주의가 발달된 선진국에서 개발된 방법론을 우리나라와 같은 중진국이나 후진국이 그대로 적용하는 것이 타당한가의 문제점도 고려해 보아야 할 것이다. 대부분의 개발도상국의 연구자들이 회계문제를 연구하기 위해 서구 자본주의국가의 회계모형을 이용하고 있지만, 이들은 개발도상국의 경제적 여건에 관한 적절성을 고려하지 않는다고 비판받고 있다(Briston, 1973; Enthoven, 1977; Perera, 1989). 사회정치적, 경제적, 문화적 차이가 존재하는 곳에서는 상이한 나라의 회계문제를 조사하기 위해 상이한 회계체계가 필요할 것이다(Bakre, p.2). 이러한 측면은 방법론의 경우에도 마찬가지다. 서구선진국의 회계체계가 개발도상국의 경제적 필요에 대한 적합성을 고려하지 않고 대부분의 개발도상국의 회계학연구에서 채택되고 있다(Ndubizu, 1994). 그러나 선진국에서 개발된 대부분의 회계학방법론들이 개발도상국의 회계학연구에는 부적절하다는 비판을 받고 있다(예를 들면, 다음을 참조. Briston, 1973; Perera, 1989; Samuels・Oliga, 1982).

예를 들면, 자본시장의 발달정도가 우리나라와는 많은 차이가 있음에도 불구하고 선진국에서 개발된 실증적 방법론을 그대로 우리나라의 자본시장에 적용하는 것의 문제점을 살펴보아야 할 것이다. 그리고 주로 거시적 관점에서 적용되는 Marx주의의 방법론이 미시적인 회계분야에 어느 정도로 잘 적용되는가와 노동여건과 자본주의의 상황이 Marx 당시와는 매우 상이한데도 불구하고 이를 그대로 적용하는 것의 문제점 등도 고려해야 할 것이며, 독일의 Habermas의 방법론과 프랑스의 포스트모더니즘에 해당하는 Foucault나 Bourdieu의 방법론의 경우도 그들이 학설을 개발할 당시의 시간과 공간이 오늘날 우리나라와는 매우 상이하므로 그대로 적용하는데 따르는 문제점도 살펴보아야 할 것이다(Bakre, pp.4-5).

한편, 비판적 방법론을 이용함으로써 회계학은 다음과 같은 시사점을 가질 수 있을 것이다(Cooper・Hopper, 2007, p.230).

1. 회계기법은 특정한 시간과 공간의 사회적 관계에서 나오고 또한 사회적 관계를 재생산한다. 예를 들면, 다양한 관리회계기법을 중심으로 하는 최근의 전략적 관리회계의 관심사는 대량생산의 위기에서 나온다는 것이다.
2. 관리회계의 발전은 기술적 변화나 경쟁에 의해 추진될 뿐만 아니라, 노동에 대한 기업의 통제를 통해 이루어진다.
3. 권력과 갈등은 회계기법, 이들의 운용, 효과를 이해하기 위한 중심에 있다. 비판적 방법론의 권력해석은 노동과정이론의 계급갈등과 이데올로기에 관한 강조로부터 후기구조주의이론의 언어와 담론까지 이르고 있다. 그러나, 이 모두는 권력을 중심적인 것으로 간주한다.
4. 회계의 중립성과 객관성을 거부한다. 이것은 특히 노동에 의한 저항에 직면하여 주관적으로 협상된다. 예를 들면, 회계는 사회의 일부 부문을 유리하게 하는 사유화와 시장관계를 촉진하였으며, 그 이론적 기반은 공동체, 협조, 공공서비스 등의 논리보다는 경쟁의 시장 이데올로기를 반영하고 있다. 비판적 방법론은 저항을 사람의 특성에 기인하거나 선천적인 비합리성에 기인하기 보다는 사회적・경제적 맥락에서 분석한다(Townley et al., 2003).
5. 회계혁신은 국가, 종교, 정치적 운동 등과 같은 외부제도의 지원에 가끔 의존한다. 예를 들면, Foucault주의 연구자들은 유럽 기업들의 통제가 로마가톨릭과 수도원에서 이용된 방법과 철학에서 나온다는 것을 보여주고 있다.
6. 비판적 방법론은 기술과 통제 사이의 상호관계에 주목한다. 노동과정이론이 변증법을 강조하지만, 후기구조주의적 주장은 회계를 포함한 기술이 복잡한 이해관계사슬에서 어떻게 조정되는가를 강조한다.
7. 회계문제와 변화는 지속적인 것이 아니라 변화하는 자본주의시대의 사회경제적 위기에 근거하고 있다. 예를 들면, 관리회계의 초기형태, 부가가치회계의

> 촉진과 (비)채택은 변화하는 사회적·산업적 갈등 분야에서 권력에 관한 참가자의 인식을 반영한다(Burchell et al., 1985). 20세기초에 Johnson·Kaplan (1987)이 언급한 회계혁신의 분출은 주요한 사회적 갈등, 정치적 불확실성, 산업구조조정이 보편화되었을 때 발생하였는 바, 이들은 현재의 역사로부터 가끔 발생되고 있다(Hopper·Armstrong, 1991).

비판적 방법론을 회계학에 적용하는 비판회계학은 회계의 역사성을 어떻게 파악할 것인가라는 역사인식의 문제가 회계학연구로서 중요하다는 점을 주장해 왔다. 회계역사는 비판적 연구가 전통적인 연구와 상호작용하는 분야이다(Hoskin·Macve, 2000을 참고). 회계학의 다른 분야와는 달리, 비판적 연구는 역사학자들간에 상당한 논쟁을 촉진하였으며, 이 분야의 활성화를 도왔다. 예를 들면, Fleischman (2000)은 20세기초에 미국에서 과학적 관리에 관한 회계논쟁을 Foucault의 비판적 방법론, 노동과정이론, 경제적 합리주의(신고전파) 등 회계역사학자들의 상이한 방법론을 이용하여 검토하고 있다. 그는 세 가지 방법론이 모두 Taylor주의의 이해를 높인다고 주장한다. 예를 들면, 조직화된 노동의 부정적인 저항은 노동과정 관찰을 반영하며, 실천적 적용의 부족은 경제적으로 합리적인 기업가의 조치를 반영한다.

그리고 비판회계학은 회계의 사회성을 파악하기 위해 연구해 왔는데, 이렇게 회계의 사회성을 연구해 온 사회적 회계학연구(social study of accounting)는 시장, 계층, 계약, 조직, 연결망 등을 만들고 형성하는 계산적 하부구조의 역할에 관해서 관심을 가지고 있다. 이러한 사회적 회계학연구는 첫째, 사회경제적 영역에 존재하는 다양한 계산실무의 역할과 능력에 관해 이해하는 것을 도와줄 수 있으며, 둘째, 회계에 대한 통치성 접근방법과의 밀접한 관계는 권력양식을 변경하고, 규제하고, 통치하는 데서 특별한 계산유형의 시사점에 관한 이해를 증가시킬 수 있을 것이며, 셋째, 사회학적으로 정통한 회계학연구가 회계책임체제의 작용, 이들의 변화성, 새로운 규제공간과 실무의 등장 등에 관한 중요한 통찰력을 제공할 수 있을 것이다

(Mennicken et al., 2008, p.3).

회계학의 비판적 방법론은 1980년대, 1990년대처럼 오늘날에도 적합하다. 비판적 방법론의 중요한 성과 중의 하나는 과거의 지속성의 인식이다. 회계에서 비판적 방법론의 적용이 친밀한 것처럼 보이는 것은 저항에 직면한 지속적인 통제에 대한 투쟁 때문이다. 그것이 표준원가계산, 투자수익율계산처럼 낡은 회계기법이거나 전략적 관리회계의 현대적인 발전인지의 여부에 관계없이, 이러한 계산은 일부의 손에 권력과 부를 축적하고 다른 사람에게 비용을 전가시킨다. 대부분의 회계혁신은 주주가치를 높이고자 한다. 대부분의 회계학연구는 그렇게 하기 위한 기법과 모든 장애물을 시정하는 수단을 식별하고자 하면서 이것을 강화한다. 회계는 효율성에 기여할 수 있지만, 비판회계학연구는 계산이 어떻게 작용하는가를 식별해야 하며, 특히 그 중에서도 공평과 사회정의에 어떻게 작용하는가를 식별해야 한다 (Cooper · Hopper, 2007, p.235).

비판적 방법론의 또다른 기여는 회계를 이해하기 위해 조직의 경계를 넘어서서 보아야 한다는 인식이다. 광범위한 맥락의 중요한 요소는 변할 수 있지만, 국가, 사회에서 이데올로기의 변화는 회계의 전개와 이용에 대한 영향이 변화하더라도 지속적이다. 비판적 방법론은 회계의 구성적 본질을 식별한다. 말하자면, 그 시스템과 실무가 개인, 조직, 사회내에서 특정한 정체성과 실무를 어떻게 생산하고 재생산하는가를 식별한다. 신뢰, 효율성, 정상상태, 회계책임 등은 특정한 역사적 시점에서 발견하는 회계계산과 사상의 산물이다.

회계학의 비판적 방법론은 회계와 회계역사가 종교제도, 정치제도, 국가제도로부터 역사적 유산에 의해 자본주의의 본질에서 광범위한 전환을 하는 특정한 권력/지식의 체제내에서 규율을 어떻게 행사하는가를 보여준다. 투쟁, 저항, 동의 등과 관련된 변화는 가끔 일시적이지만, 광범위한 담론과 정치적 프로그램에 의해 완화된다.

비판적 방법론의 중요한 방식은 조직의 다양성 및 변화의 탐색과 현장연구를 통한 것이다. 노동과정, 비판이론, 후기구조주의(또는 postmodernism)의 방법론들은 회계가 이러한 다양성과 변화를 촉진할 수 있는지의 여부를 드러내기 위한 것이며, 비판적 방법론은 근본적으로 인간의 개선과 해방에 연루되어 있다(Gallhofer · Haslam, 2003).

오늘날 자본주의 회계는 그 자체에서 생성된 비판회계학의 도전을 받고 있다. 비판회계학이라는 용어는 일본에서 1930년대에 만들어져서 이용되고 있지만, 1970년대 중반 이후 영미, 독일, 프랑스 등에서도 비슷한 의미로 이용되고 있다. 비판적 방법론들은 모두 자본주의 회계의 문제점을 다루고 있다는 점에서는 공통적이지만, 각각 독자적인 역사, 배경, 특징을 가지고 있다. Marx주의의 방법론은 근본적으로 실재론(realism)에 입각하여 일정한 역사발전법칙을 신봉하고, 상부구조, 하부구조와 같은 인간의 의지와는 무관한 구조를 강조한다는 점에서 실증주의와 매우 유사한 측면을 갖고 있지만, 총체성을 파악하면서 일정한 이데올로기에서 분석되고 급진적 변화를 모색한다는 점에서 근본적인 차이가 있다.

Habermas의 비판적 방법론은 일정한 구조와 역사발전법칙을 추구하는 Marx주의의 방법론을 비판하는 입장에 있기 때문에 차이가 있다. 그러나 실증주의를 비판한다는 점에서는 동일하기 때문에 같은 점도 있다.

Foucault의 비판적 방법론 중에서 계보학의 경우는 방법론적으로 독일의 경우와 매우 유사하지만, 관계의 총체성을 해체하고 부분적이고 지엽적인 것에만 집중하기 때문에 차이가 있다. 그리고 고고학의 경우는 계보학과는 달리 인간의 의지와는 무관한 구조를 파악해서 회계현상을 해명하려고 하며, 구조를 파악만 할 뿐 변화시키려고 하지 않는다는 점에서 서로 차이가 있다.

Bourdieu의 비판적 방법론은 근본적으로 Foucault의 비판적 방법론의 철학적 배경과 같은 포스트모더니즘에 속하며, Bourdieu의 방법론도 비판만 할 뿐 구체적으로 현실을 어떻게 변화시킬 것인가에 관한 구체적인 방안은 없다.

비판적 방법론을 회계학에 적용하는 비판회계학은 회계의 역사성 · 사회성을 어떻게 파악할 것인가라는 역사인식의 문제가 회계학연구로서 중요하다는 점을 주장해 왔다. 종래에 고정화되는 경향이 있었던 회계의 기능에 관한 견해와 주류회계학의 출발점으로 되고 있는 이론적 전제에 문제점이 있다고 지적하고는 대안적 방법론의 필요성을 명확하게 한 것은 비판회계학이 달성해 온 성과라고 볼 수 있을 것이다.

그러나 앞으로의 이론적인 과제는 다음과 같을 것으로 생각된다. 특히 지금까지 명시적으로는 고려되지 않았던 기본 문제, 즉 회계의 토대(foundations)에 관한 정의를 우선 살펴보는 것이 금후의 이론 전개를 위해 필요할 것이다.

따라서 ① 기업회계의 토대에 존재하는 계산구조를 어떻게 파악할 것인가, ② 기업회계의 존립의 토대인 기업을 어떻게 파악할 것인가, ③ 회계개념들은 그 토대인 경제과정과 경제관계에서 어떻게 규정되어 성립되는가 등의 서로 관련이 있는 세 가지 문제부터 파악하는 것이 중요하다(陳内, 1991b, pp.125-126).

첫째의 문제는 기업회계가 전체적으로 어떠한 구조를 가지는가의 문제와 관계가 있다. Marx주의의 방법론은 지금까지 주로 재무제표의 기능에 연구의 초점을 맞추어 왔지만, 이 문제를 전개하기 위해서는 재무제표의 구조를 기본적으로 규정하고 있는 계산구조, 즉 회계개념들(예를 들면, 비용, 원가, 수익 등의 개념)의 관련성과 회계고유의 계산논리로부터 성립하는 자본, 이익의 인식과 측정의 구조부터 시작하여 재무제표의 특징을 총체적으로 명확하게 하는 과제를 살펴보아야 할 것이다. 또한 Foucault의 방법론은 예를 들면 지금까지 표준원가계산이나 부가가치계산 등, 특정한 회계시스템을 취급하고 그것들이 가지는 조직적·사회적 기능을 해명하려고 시도하고 있지만, 해당 회계시스템을 회계개념이나 계산논리 등의 요소로써 분석하려는 노력은 아직 미미하다. 비판회계학이 취급해야 하는 중요한 과제 중의 하나는 회계의 개념 및 계산방법으로부터 재무제표에 의한 회계보고에 이르기까지의 구조를 총체적으로 명확히 하는 것이다.

둘째의 문제는 오늘날의 기업회계가 실시되는 무대인 자본주의 기업을 사회에서 총자본의 운동 속에 존재한다는 거시적 관점과 개별자본의 운동으로서 나타난다는 미시적 관점을 결합하여 통일적으로 관찰하는 것이 필요하며, 개별자본의 운동을 기업에서는 현실의 생산과정 측면과 자본소유관계 측면의 통일로서 파악하는 것이 중요하다.

셋째의 문제는 일반적으로 회계를 인간이 사유에 의해 생성한 주관적 구축물로 간주하는 경향이 많고 회계의 이데올로기적 기능을 중요시하기 때문에, 회계현상이 이데올로기에 의해 어떻게 영향을 주고 받는가를 해명하는 것과 관련이 있다.

비판회계학자들은 회계를 중립적이거나 수동적인 것이 아니라 사회계급갈등에 관련된 적극적인 도구로 간주한다. 그들은 회계학연구를 사회적, 경제적, 정치적 이해관계의 불가분성을 강조하면서 사회비판으로 간주한다.

결국 회계현상에 비판적 방법론을 적용해서 살펴본다는 것은 회계를 통한 사회비판분석으로 평가할 수 있을 것이며, 이러한 비판적 방법론의 등장은 사회적으로 책임있는 일단의 실무로서 회계를 개발하기 위한 기초를 제공할 뿐만 아니라 학문으로서 회계의 성숙도의 신호로 이제 널리 인식되고 있다(Roslender, 2006, p.247)

본서에서는 Marx주의, Habermas, Foucault, Bourdieu 등의 비판적 방법론을 통해 실시된 연구성과를 통해 회계현상의 사회성과 각각의 철학적 배경과 가정을 살펴보았기 때문에, 앞으로 한국의 회계현상에 대한 비판적 방법론의 적용가능성을 모색해 보아야 할 것이다. 또한 주류회계학에서 이용하고 있는 실증적 방법론의 대안으로 본서에서 살펴보지 않은 해석적 방법론이나 비판적 방법론에 속하는 비판적 실재론(critical realism)과 여성주의(feminism)의 방법론 등이 회계학에 어떻게 적용되어 왔으며, 앞으로 한국의 회계현상에 어떻게 적용될 수 있는가도 살펴보아야 할 것이다.

시간과 공간을 막론하고 적용되었거나 또는 적용될 수 있는 방법론은 존재하지 않기 때문에, 시간과 공간을 달리하면 방법론도 달리 할 수 있을 것이다. 다양한 사회과학 방법론을 통해 우리나라의 회계현상을 다양하게 파악하는 것이 우리나라의 회계학 발전과 사회과학으로서 회계학의 발전에도 유익할 것이다.

부록

외국의 중요한 선행연구(시대순)*

〈저서〉

(1) Tinker, T., 1985. *Paper Prophets: a social critique of accounting*, New York: Praeger Publishing Co.

본서는 일부 기업의 사례를 분석한 후, 고전적 Marx주의의 방법론을 본격적으로 도입해서 다룬 학술서이다. 서구에서 1980년대 최초의 비판회계학에 관한 저서이다.

(2) Loft, A., 1988. *Understanding Accounting in Its Social and Historical Context: the case of cost accounting in the U.K. 1914-1925*, New York: Garland Press.

본서는 저자가 London Business School에서 받은 박사학위논문을 단행본으로 출간한 것이다. 여기서는 1914-1925년의 기간에 공장에서 원가회계를 규율기법(disciplinary technology)으로 검토하면서 회계의 발전을 이해하기 위해 프랑스 철학자 M. Foucault의 사상인 규율권력(disciplinary power)개념을 적용하였다.

(3) Lehman, C. R., 1992. *Accounting's Changing Role in Social Conflict*, New York: Markus Wiener Publishing.

본서는 회계를 하나의 담론으로, 하나의 사회적 의미의 형식으로 그리고 부(wealth)의 갈등 속에서 결정하는 형태(특정한 이해관계자들에게는 특권을 부여하며 강화시키고 여타의 이해관계자들을 배격하고 억압하는 형태)로 인식하는 관점을 다루고 있다. 국내 번역서가 1996년에 출간되었다.

(4) Puxty, A.G., 1993. *The Social and Organizational Context of Management Accounting*, London: Academic Press.

본서는 회계학연구의 기초를 이루는 철학적, 사회적 이론을 소개하는 입문서로 기획되었는데, 관리회계분야에 다양한(실증적, 해석적, 비판적) 방법론을 체계적으로 소개한 학술서이다. 국내 번역서가 1999년에 출간되었다.

(5) Macintosh, N., 1994. *Management Accounting and Control Systems: an organizational and behavioral approach*, London: John Wiley and Sons Ltd.

관리회계와 통제시스템에 다양한 비실증적 방법론을 적용하고 다양한 사례를 이용하고 있다. 사회학적 이론과 방법론들이 보완되면서 2010년에 개정판이 출간되었다.

(6) Jones, T.C., 1995. *Accounting and the Enterprise: a social analysis*, London: Routledge. 회계의

* 저자가 단행본과 논문 중에서 중요하다고 생각한 것만을 일부 소개하였다. 여기에 포함되지 않았지만 중요한 단행본이나 논문도 있을 수 있다.

사회성(the social nature)을 심도있게 다룬 학술서이다. 저자는 사회학자로서 대학에서 회계를 교육, 연구한 경험을 바탕으로 본서를 집필하였다. 본서는 회계사회학(sociology of accounting)에 관한 책으로 간주될 수 있다. 본서는 근대 기업의 등장 역사에 관해 간단하게 논한 후, 기업의 자본, 경영, 노동 등에 관한 사회이론을 살펴보고 나서 이들을 회계와 관련시켜서 논하고 있다.

(7) Macintosh, N., 2002. *Accounting, Accountants and Accountability: poststructuralist positions*, London: Routledge.
본서는 경제학을 제외한 후기구조주의철학, 사회학, 역사학, 언어학 등의 최근발전에 입각한 다양한 방법론(또는 관점)을 회계학에 도입하고 있다. 특히 프랑스의 후기구조주의 철학자인 Jean Baudrillard, Jacques Derrida, Michel Foucault, Jean-Francois Lyotard, Roland Barthes 등의 사상과 20세기 초 러시아의 문학이론가인 Mikhail Bakhtin의 언어와 문학에 관한 사상을 적용하고 있다.

(8) Gallhofer, S. and J. Haslam, 2003. *Accounting and Emancipation: some critical interventions*, London: Routledge.
본서는 회계와 해방에 초점을 두고 있으며, 이 둘이 밀접하게 조정될 수 있다고 주장한다. 여기서 연구의 주안점은 사회의 의사소통적 구조의 요소로 이해되는 공공영역의 외부공시이다. 위기의식에 반응하고 현재의 사회적 억압과 불공정(injustice) 형태에 비판적인 이론적 논지를 전개하면서 비판적인 사회분석의 양식을 확대하고 있다.

(9) Wickramasinghe, D. and C. Alawattage, 2007. *Management Accounting Change: approaches and perspectives*, London: Routledge.
관리회계에 관한 학술서이다. 관리회계의 측면에서 실증적 방법론, 비판적 방법론, 해석적 방법론 등을 모두 심도있게 다루고 있다.

(10) Broadbent, J and R. Laughlin, 2013. *Accounting Control and Controlling Accounting: interdisciplinary and critical perspectives*, London: Emerald.
본서는 일정한 목적을 달성하기 위해 통제(control)로서 회계의 이용과 그러한 목적에 대한 저항 사이의 역동적인 상호작용을 살펴보고자 한다. 여기서는 특히 독일 Frankfurt 학파의 철학자 Habermas의 비판적 방법론을 적용하여 논지를 전개하고 있다.

〈편저〉

(1) Cooper, D.J. and T.M. Hopper(eds), 1990. *Critical Accounts*, London: The Macmillan Press.

제1회 학제적 관점의 회계학술회의(the first Interdisciplinary Perspectives on Accounting Conference)에서 발표된 비판적 방법론을 적용한 논문들을 일부 편집해서 발간한 논선집이다.

(2) Hopwood, A.G. and P. Miller(eds), 1994. *Accounting as Social and Institutional Practice*, London: Oxford University Press.

본서는 회계현상을 비판적, 사회역사적으로 분석한 유명한 학자들의 논선집이다. 회계가 기술적 실무라는 전통적인 견해에 도전하면서, 현대사회생활의 다양한 측면에서 회계가 중요한 역할을 수행하기 때문에 이러한 계산적 기술을 다양하게 이해하는 것도 매우 중요할 것이다.

(3) Power, M.(ed.), 1996. *Accounting and Science: natural inquiry and commercial reason*, London: Cambridge University Press.

본서는 과학사회학과 역사 및 회계사회학의 접점을 탐구하고자 하는 목적으로 관련 논문들을 편집한 것이다. 원래는 학술지 *Science in Context*의 특집호에 발표된 논문들을 재편집한 것이다. 본서는 학제적 관점을 채택하여, 과학이 구체화되는 경제생활의 형태와 과학행위를 위해 일반적인 경제계산의 실무와 특히 회계실무가 수행하는 구성적 역할에 주목하고 있다. 특히 과학사회학자 Latour의 글이 서문에 수록된 것이 이채롭다.

(4) Chapman, C.S., Cooper, D.J. and P.B. Miller(eds), 2009. *Accounting, Organizations and Institutions: essays in honour of Anthony Hopwood*, London: Oxford University Press.

본서는 영국인 회계학자인 Hopwood(1940-2010)의 공적을 기념하기 위해 일단의 유명한 회계학자들이 기고한 논문들의 편저이다. 그는 *Accounting, Organizations and Society*를 창간하였으며, 오랫동안 편집위원장을 맡아서 회계학계에 중요한 학술지로 자리매김하게 하였으며, 비실증적 방법론을 다양하게 도입하여 조직과 사회에서 회계를 제도적, 사회학적, 철학적으로 분석하도록 유도하였다.

(5) Fleischman, R.K., Funnell, W. and S.P. Walker(eds), 2013. *Critical Histories of Accounting: sinister inscriptions in the modern era*, London: Routledge.

회계의 역사에 비판적 방법론을 적용하여 비판적 관점에서 살펴본 논문들의 논선집이다. 여기서는 비판회계의 역사를 학살(annihilation), 복종(subjugation), 착취(exploitation), 배제(exclusion)로 나누어 살펴보고 있다.

〈논문〉

1. 회계학방법론의 철학, 가정, 역할

(1) Burchell, S., Clubb, C., Hopwood, A., Hughes, J. and J. Nahapiet, 1980. "The Roles of Accounting in Organizations and Society", *Accounting, Organizations and Society*, 5(1). 5-27.

(2) Tinker, T., Merino, B. and M. Neimark, 1982. "The Normative Origins of Positive Theories: ideology and accounting thought", *Accounting, Organizations and Society*, 7(2). 167-200.

(3) Tomkins, C. and R. Groves, 1983. "The Everyday Accountant and Researching his Reality", *Accounting, Organizations and Society*, 8(3). 389-406.

(4) Hopper, T. and A. Powell, 1985. "Making Sense of Research into the Organizational and Social Aspects of Management Accounting: a review of its underlying assumptions", *Journal of Management Studies*, 22(5). 429-465.

(5) Chua, W.F., 1986. "Radical Developments in Accounting Thought", *The Accounting Review*, 61(4). 601-632.

(6) Miller, P. and M. Power, 2013. "Accounting, Organizing, and Economizing", *The Academy of Management Annals*, 7(1). 555-603.

2. Marx주의의 방법론

(1) Tinker, T., 1980. "Towards a Political Economy of Accounting: an empirical illustration of the Cambridge controversies", *Accounting, Organizations and Society*, 5(2). 147-160.

(2) Cooper, D.J. and M. J. Sherer, 1984. "The Value of Corporate Accounting Reports: arguments for a political economy of accounting", *Accounting, Organizations and Society*, 9(3/4). 207-232.

(3) Bailey, D.K., 1984. "Towards a Marxian Theory of Accounting", *The British Accounting Review*, 16(2). 21-41.

(4) Hopper, T. and P. Armstrong, 1991. "Cost Accounting, Controlling Labour and the Rise of Conglomerates", *Accounting, Organizations and Society*, 16(5/6). 405-438.

(5) Bryer, R.A., 1993. "Double-Entry Bookkeeping and the Birth of Capitalism: accounting for the commercial revolution in medieval northern Italy", *Critical Perspectives on Accounting*, 4(2). 113-140.

(6) Saravanamuthu, K. and T. Tinker, 2003. "Politics of Managing: the dialect of control." *Accounting, Organizations and Society*, 28(1). 37-64.

(7) Bryer, R.A., 2005. "A Marxist Accounting History of the British Industrial Revolutions: a review of evidence and suggestions for research", *Accounting, Organizations and Society*, 31(1). 25-65.

(8) Bryer, R.A., 2006. "Accounting and Control of the Labour Process", *Critical Perspectives on Accounting*, 17(5). 551-598.

(9) Alawattage, C. and D. Wickramasinghe, 2008. "Appearance of Accounting in a Political Hegemony", *Critical Perspectives on Accounting*, 19(3). 293-339.

(10) Spence, C., 2009. "Social Accounting's Emancipatory Potential: a Gramscian critique", *Critical Perspectives on Accounting*, 20(2). 205-227.

3. 일본의 비판적 방법론

〈단행본〉

(1) 中西寅雄. 1931. 經營經濟學, 東京: 日本評論社.

(2) 畠中福一, 1932. 勘定學說研究, 東京: 森山書店.

(3) 宮上一男, 1959. 企業会計制度の構造, 東京: 森山書店.

(4) 中村萬次, 1969. 会計政策論, 東京: ミネルヴァ書房.

(5) 馬場克三, 1975. 会計理論の基本問題, 東京: 森山書店.

(6) 敷田禮二・山口 孝 編著, 1987. 批判会計學の展開, 東京: ミネルヴァ書房.

(7) 角瀨保雄, 1986, 1994(新版). 新しい会計學, 東京: 大月書店.

(8) 岡部利良, 1991. 現代会計學批判, 東京: 森山書店.

(9) 会計學中辭典編輯委員会 編, 2005. 会計學中辭典, 東京: 青木書店.

(10) 三代澤經人, 2005. 会計過程論, 東京: 中央經濟社.

〈논문〉

(1) 田中章義, 1974. "いわゆる個別資本說の方法に關して-会計の形態規定によて-", 東京経大學会誌, 86. 32-40.

(2) 遠藤 孝, 1987. "日本における批判会計學の展開", 敷田禮二・山口 孝編著, 批判会計學の展開, 東京: ミネルヴァ書房, 2-19.

(3) 小栗崇資, 1987. "会計制度論・政策論の到達點と現代的課題", 会計理論學会年報, 創刊號. 23-32.

(4) 陣内良昭, 1987. "個別資本說の現代的課題", 会計理論學会年報, 創刊號. 33-40.

(5) Jinnai, Y., 1990. "The Function of Accounting: a Japanese perspective", *Accounting, Auditing and Accountability Journal*, 3(2). 8-23.

(6) Tanaka, A. 1990. "A History of the Early Japanese Theorists' Development of the 'Capital Circulation' Approach", *Accounting, Auditing and Accountability Journal*, 3(2). 24-36.

(7) 陳内良昭, 1991. "日本における批判会計學の現代的意義", 会計, 139(1). 50-61.

(8) 田中章義, 1997. "会計學における批判の方法について", 關西大學商學論集, 42(1). 25-44.

(9) Oguri, T., 2002. "A Theoretical Survey of Critical Accounting Studies in Japan", *Critical Perspectives on Accounting*, 13(4). 477-495.

(10) 陳内良昭, 2005. "日本における批判会計學の理論と構造", 成田修身 編著, 企業会計の構造と變貌, 東京: ミネルヴァ書房, 28-41.

4. Habermas의 방법론

(1) Laughlin, R. C., 1987. "Accounting Systems in Organizational Context: a case for critical theory", *Accounting, Organizations and Society*, 12(5). 479-502.

(2) Arrington, C.E. and A.G. Puxty, 1991. "Accounting, Interests and Rationality: a communicative relation", *Critical Perspectives on Accounting*, 2(1). 31-58.

(3) Broadbent, J., Lauhglin, R. and S. Read, 1991. "Recent Financial and Administrative Changes in the NHS: a critical theory analysis", *Critical Perspectives on Accounting*, 2(1). 1-29.

(4) Dillard, J. F., 1991. "Accounting as a Critical Social Science", *Accounting, Auditing and Accountability Journal*, 4(1). 8-28.

(5) Laughlin, R., 1995. "Empirical Research in Accounting: alternative approaches and a case for 'middle-range' thinking", *Accounting, Auditing and Accountability Journal*, 8(1). 63-87.

(6) Lodh, S.C. and M.J.R. Gaffikin, 1997. "Critical Studies in Accounting Research, Rationality and Habermas: a methodological reflection", *Critical Perspectives on Accounting*, 8(6). 433-474.

(7) Broadbent, J. and R. Laughlin, 2003. "Control and Legitimation in Government Accountability Processes: the private finance initiative in the UK", *Critical Perspectives on Accounting*, 14(1/2). 23-48.

(8) Hassan, M.K., 2008. "Financial Accounting Regulations and Organizational change : a Habermasian Perspective", *Journal of Accounting and Organizational Change*, 4(3). 289-317.

(9) Broadbent, J., 2011. "Discourse of Control, Managing the Boundaries", *The British Accounting Review*, 43(4). 264-277.

(10) Brown, J. and J. Dillard, 2013. "Critical Accounting and Communicative Action: on the limits of consensual deliberation", *Critical Perspectives on Accounting*, 24(3). 176-190.

5. Foucault의 방법론

(1) Burchell, S., C. Clubb and A. Hopwood, 1985. "Accounting in its Social Context: toward a history of value added in the United Kingdom", *Accounting, Organizations and Society*, 10(4). 381-414.

(2) Hopwood, A.G., 1987. "Archaeology of Accounting Systems", *Accounting, Organizations and Society*, 12(3). 207-234.

(3) Miller, P. and T. O'Leary, 1987. "Accounting and the Construction of the Governable Person", *Accounting, Organizations and Society*, 12(3). 235-266.

(4) Miller, P. and N. Rose, 1990. "Governing Economic Life", *Economy and Society*, 19(1). 1-31.

(5) Stewart, R.E., 1992. "Pluralizing Our Past: Foucault in accounting history", *Accounting, Auditing and Accountability Journal*, 5(2). 57-73.

(6) Hopper, T. and N. Macintosh, 1993. "Management Accounting as a Disciplinary Practice: the case of ITT under Harold Geneen", *Management Accounting Research*, 4(3). 181-216.

(7) Armstrong, P., 1994. "The Influence of Michael Foucault on Accounting Research", *Critical Perspectives on Accounting*, 5(1). 25-55.

(8) Power, M., 2011. "Foucault and Sociology", *Annual Review of Sociology*, 37. 35-56.

(9) Mennicken, A. and P. Miller, 2012. "Accounting, Territorialization and Power", *Foucault Studies*, 13. 4-24.

(10) Vicencio, E.R., 2012. "Foucault: His Influence over Accounting and Management Research, Building of a Map Foucault's Approach", *International Journal of Critical Accounting*, 4(5/6). 728-756.

6. Bourdieu의 방법론

(1) Lee, T., 1995. "Shaping the US Academic Accounting Research Profession: the American Accounting Association and the social construction of a professional elite", *Critical Perspectives on Accounting*, 6(3). 241-261.

(2) Fogarty, T.J., 1998. "The Stratification of Academic Accounting in the USA: a theoretical and empirical evaluation of institutional reproduction", *Accounting Education*, 7(1), 3-20.

(3) Jacobs, K, 2003. "Class Reproduction in Professional Recruitment: examining the accounting profession", *Critical Perspectives on Accounting*, 14(5). 569-596.

(4) Shenkin, N. and A.B. Coulson, 2007. "Accountability through Activism: learning from Bourdieu", *Accounting, Auditing and Accountability Journal*, 20(2). 297-317.

(5) Baxter, J. and W. F. Chua, 2008. "Becoming the Chief Financial Officer of an Organization: experimenting with Bourdieu's practice theory", *Management Accounting Research*, 19(3). 212-230.

(6) Hamilton, G. and C. O'hOgartaigh, 2009. "The Third Policeman: the true and fair view, language and the habitus of accounting", *Critical Perspectives on Accounting*, 20(8). 910-920.

(7) Oakes, L.S. and J.J. Young, 2010. "Reconciling Conflict: the role of accounting in the American Indian Trust Fund debate", *Critical Perspectives on Accounting*, 21(1). 63-75.

(8) Alwattage, C., 2011. "The Calculative Reproduction of Social Structures - the field gem mining in Sri Lanka", *Critical Perspective on Accounting*, 22(1), 1-19.

(9) Malsch, B., Y. Gendron and F. Grazzini, 2011. "Investigating interdisciplinary translations ", *Accounting, Auditing and Accountability Journal*, 24(2). 194-228.

(10) Farjaudon, A and J. Morales, 2013. "In Search of Consensus: the role of accounting in the definition and reproduction of dominant interests", *Critical Perspectives on Accounting*, 24(2). 154-171.

참고문헌

강신익 외, 2011. 과학철학: 흐름과 쟁점, 그리고 확장, 창비.

강영계, 1994. 철학의 이해, 박영사.

구치모, 2008. 회계학연구의 인식론과 방법론, 경성대학교출판부.

권수영・김문철・손성규・최관・한봉희, 2010. 회계정보의 유용성, 제2판, 신영사.

김경동・안청시 편저, 1986. 한국사회과학방법론의 모색, 서울대학교출판부.

김경만, 2008. "사회과학에 대한 부르디외의 성찰적 과학사회학: 성과와 한계", 사회과학연구, 16(2). 42-74.

김광수, 2012. 비판적 사고론, 철학과 현실사.

김기곤, 1985. 철학의 기초, 박영사.

김동일 외저, 1983. 사회과학방법론비판, 청람.

김석웅, 1995. "일본식 비판회계학에 관한 연구", 산경논집(동의대학교), 13. 201-248.

_____, 1996. 회계학의 비판적 방법론에 관한 연구, 부산대학교 대학원 박사학위논문.

_____, 1997. "Foucault의 계보학과 회계학연구", 회계논총(서울대학교), 1(1). 127-149.

_____, 1998a. "실증적 회계이론의 경제학방법론에 관한 비판", 동의논집, 28. 573-591.

_____, 1998b. "실증적 회계이론의 방법론에 관한 과학철학적 비판", 경영연구, 13(1). 201-225.

_____, 1999. "회계학방법론의 비교연구", 회계학연구, 24(4). 29-59.

_____, 2003. "Marx주의의 방법론이 회계학연구에 미친 영향", 회계정보연구, 20. 23-48.

_____, 2005. "批判会計學(イギリス)", 会計學中辭典編輯委員会 編, 会計學中辭典, 東京: 青木書店. 326-327.

_____, 2011a. "회계학의 해석적 방법론에 관한 연구", 회계저널, 20(1). 293-323.

_____, 2011b. "노동과정이론과 회계학연구", 회계정보연구, 29(2). 219-247.

_____, 2013a. "제도이론과 회계학연구", 국제회계연구, 47. 41-70.

_____, 2013b. "회계학연구에서 비판의 의미", 국제회계연구, 51. 449-474.

_____・최상문, 1997. "Habermas의 비판이론과 회계학연구현황", 경영학연구, 26(1). 67-91.

김성기, 1991. 포스트모더니즘과 비판사회과학, 문학과 지성사.

김승용, 1989. "자본주의 회계의 성격과 비판회계학파의 등장", 전남대학교 논문집(경상편), 34. 91-117.

김승현・윤홍근・정이환, 1994. 현대의 사회과학, 박영사.

김원식, 2012. "하버마스: 의사소통행위이론과 생활세계 식민화 테제", 사회비판과 대안들 편, 프랑크푸르트학파의 테제들, 사월의 책. 202-225.

김호기, 2001. "서문: 비판사회이론을 어떻게 볼 것인가", 김호기 엮음, 현대 비판사회이론의 흐름, 한울. 3-14.

류장수, 1991. "현대자본주의의 노동과정론에 대한 비판적 검토", 사회경제평론, 4. 9-39.

문국진, 2006. 헤겔 대논리학과 맑스 그룬드리세 그리고 현대의 변증법, 도서출판 변증법.

문성훈, 2012. "호네트", 사회비판과 대안 엮음, 프랑크푸르트학파의 테제들, 사월의 책. 228-270.

문현병, 1993. 프랑크푸르트학파의 사회비판이론, 동녘.

박상언, 2002. "브레이버만(H. Braverman) 이후 최근까지 노동과정이론의 전개과정에 대한 비판적 고찰", 산업노동연구, 8(1). 263-292.

_____, 2004. "노동과정이론 30년", 연세경영연구, 41(1). 107-142.

박은진, 1996. "과학철학의 어제, 오늘, 내일", 과학과 철학, 7. 174-196.

박이문, 1993. 과학철학이란 무엇인가, 민음사.

박형준, 1991. 현대노동과정론: 자동화에 대한 연구, 백산서당.

백승균, 1982. 변증법적 비판이론, 경문사.

_____, 1983. "프랑크푸르트학파의 비판이론과 방법문제", 김동일 외저, 사회과학방법론비판, 청람. 159-188.

서정우・홍창목, 1993. "우리나라 실증회계연구(Positive Accounting Research)에 대한 검토", 회계학연구, 17. 126-150.

소흥렬, 1983. "실증주의와 사회과학", 한국사회과학연구협의회편, 사회과학방법론, 박영사. 23-27.

손철성, 2012. "마르쿠제: 일차원적 사회, 유토피아적 상상력, 인간해방", 사회비판과 대안 엮음, 프랑크푸르트학파의 테제들, 사월의 책. 142-176.

송동건, 1983. "자연과학적 방법론의 수용", 김동일 외저, 사회과학방법론비판, 청람. 29-44.

송현호, 1992. 경제학방법론, 비봉출판사.

_____, 1998. 신제도이론, 민음사.

신승환, 2003. 포스트모더니즘에 대한 성찰, 살림.

신일철, 1987. 현대철학사상의 새흐름, 집문당.

신충식, 2011. "푸코의 계보학적 접근을 통한 통치성 연구", 정치사상연구, 16(2). 120-155.

심윤종, 1979. "프랑크푸르트학파와 비판이론", 신일철 편, 프랑크푸르트학파, 청람. 19-38.

양운덕, 2001. "미셸 푸코: 근대 주체의 계보학", 김호기 엮음, 현대 비판사회이론의 흐름, 한울. 217-267.

양종회, 1994a. "현대 자본주의사회의 문화분석-문화적 지배논의를 중심으로-", 사회과학(성균관대 사회과학연구소), 38. 127-168.

_____, 1994b. "사회이론에 있어서 문화의 위치: 문화와 사회구조 및 문화와 행위의 관계",

한국사회학, 28집(겨울호). 1-27.

_____, 2008. “문화적 취향의 분화: TV 프로그램과 음악장르를 중심으로”, 문화, 여가 그리고 삶의 질, 제5차 한국종합사회조사 심포지엄.

윤성식, 1993. “과학과 철학으로서의 회계학”, 경영학연구, 22(2). 199-221.

윤택림・함한희, 2006. 새로운 역사쓰기를 위한 구술사 연구방법론, 아르케.

은재호, 2011. “규율과 통치: 조직연구에 있어서 Michel Foucault 권력론의 함의와 기여”, 한국조직학회보, 8(2). 1-33.

이건만, 2006. “문화적 지배계급과 교육불평등: Pierre-Bourdieu 문화재생산이론의 음미”, 교육사회학연구, 16(2). 111-139.

이광래, 1989. 미셸 푸코, 민음사.

이기홍, 2005. 새로운 사회과학방법론: 비판적 실재론의 접근, 한울아카데미.

이문수, 2010. “사목권력과 생명권력: Foucault가 보는 행정권력의 기원과 현재”, 한국행정논집, 22(3). 939-958.

이성규, 1996. “비판적 회계학연구에 대한 고찰”, 회계학논총(동국대학교 회계학연구소), 5. 181-236.

이요섭, 2007. 진화경제학의 이해, 연암사.

이인석, 1979. “하버마스의 사회인식론”, 신일철 편, 프랑크푸르트학파, 청람. 133-154.

이정우, 1992. “에피스티메의 변환”, 과학과 철학, 3. 87-105.

이진우, 2000. “계보학의 철학적 방법론: 니체와 푸코를 중심으로”, 철학연구, 73. 141-167.

이태수, 1998. “탈 논리실증주의의 판도”, 과학과 철학, 9. 5-9.

전경갑, 1993. 현대와 탈현대의 사회사상, 한길사.

정명호, 1990. “노동과정론의 위기와 비판조직이론의 임무”, 현상과 인식, 14(3). 48-71.

정운찬, 1986. “한국에서의 경제학연구에 관하여”, 김경동・안청시 편저, 한국사회과학방법론의 모색, 서울대학교출판부. 69-92.

정철희, 2001. “위르겐 하버마스: 생활세계와 현대성의 비판이론”, 김호기 엮음, 현대 비판사회이론의 흐름, 한울. 327-347.

정호웅, 2000. “푸코 이론이 회계학연구에 미친 영향”, 사회과학연구(경상대학교), 18(2). 99-126.

최샛별, 2010. “한국의 문화자본 지형도 구성을 위한 척도 개발의 기초연구”, 한국문화사회학회 학술대회 발표문.

최양부, 1983. “사회과학을 위한 방법론적 결단”, 김동일 외저, 사회과학방법론비판, 청람. 87-105.

최종후・김항규. 1994. 과학적 방법론과 통계기법의 활동, 자유아카데미.

최 협, 1983. “계량적 접근과 질적 접근”, 김동일 외저, 사회과학방법론비판, 청람. 69-85.

하상복, 2006. 세계화의 두 얼굴 부르디외 & 기든스, 김영사.
_____, 2009. 푸코&하버마스 광기의 시대, 소통의 이성, 김영사.
한형성, 2012. "비판회계학의 Marx주의 시각에서 본 쌍용자동차(주) 사례연구", 마르크스주의 연구, 9(2). 82-105.
허영식, 1996. "하버마스: 의사소통의 인간화를 위한 역정", 사회비평, 15. 212-236.
현택수, 1998. "아비튀스와 상징폭력의 사회비판이론", 현택수・정선기・이상호・홍성민(편저), 문화와 권력, 나남출판. 101-120.
_____, 2001. "피에르 부르디외: 아비튀스와 문화자본의 사회학", 김호기 엮음, 현대 비판사회이론의 흐름, 한울. 268-292.
_____, 2004. "역자 서문", Bourdieu, P., 1998. 맞불, 동문선. 7-32.
홍성민, 2012. 취향의 정치학: 피에르 부르디외의 『구별짓기』 읽기와 쓰기, 현암사.
홍성욱, 2002. 파놉티콘-정보사회 정보감옥, 책세상.

[일본문헌]
淺羽二郎, 1975. 制度会計論の基礎, 東京: 同文館.
安孫子信, 1998. "實證主義", 廣松涉他編集, 岩波哲學・思想事典, 東京: 岩波書店. 661-662.
荒川邦壽, 1987. "個別資本運動說の展開", 敷田禮二・山口 孝編著. 批判会計學の展開, 東京: ミネルヴァ書房. 34-46.
新谷 司, 2005. "歐美における批判会計の理論と構造", 成田修身 編著, 企業会計の構造と變貌, 東京: ミネルヴァ書房. 42-55.
______, 2010. "歐美の學際的会計學の動向と評價", 会計理論學会第25会大会統一論題ディスカツションペーパ, 日本会計理論學会. 38-57.
______, 2011. "解釋会計學・フ-コ-主義会計學・マルクス主義会計學における關與方法", 日本福祉大學經濟論集, 42. 169-206.
______・德前元信, 1997. "フ-コ-主義会計研究の意義, 役割, 及び問題点", 金澤學院大學經營情報學部紀要, 3(1). 11-47.
市川文三, 1990. "私の会計學遍歷", 会計理論學会年報, 4. 3-10.
岩尾裕純編, 1978. 大企業の營業秘密, 東京: 新日本出版社.
內川菊義, 1966. 資本剩餘金論, 東京: 中央經濟社.
遠藤 孝, 1986. 新版財務会計制度の展開, 東京: 森山書店.
________, 1987. "日本における批判会計學の發展", 敷田禮二・山口 孝編著, 批判会計學の展開, 東京: ミネルヴァ書房. 2-19.
小栗崇資, 1987. "会計制度論・政策論の到達點と現代的課題", 会計理論學会年報, 創刊號 23-32.

________, 2006. "社會科學としての会計學の位相", 東京経大學会誌(經營學), 250. 81-102
大橋英五, 1985. 獨占企業と減價償却, 東京: 大月書店.
岡野 浩, 1991. "会計史と方法-M. Foucaultによる考古學, 系譜學の意義-", 經營研究, 41(5/6). 131-147.
岡部利良, 1985. "会計學研究對象論-会計學は何を研究すべき學問か-", 龍谷大學經營學部 編, 現代産業社會における会計・情報の課題, 東京: 中央經濟社.
________, 1989. "会計學者として考えさせられてきたこと", 会計理論學会年報, 3. 3-11.
________, "会計の理論・制度・實踐", 会計, 102(3)(1972年 9月), 102(5)(1972年 11月), 103(4)(1973年 4月), 103(5)(1973年 5月).
________, 1991. 現代会計學批判, 東京: 森山書店.
岡本愛次, 1977. 会計學の基本問題, 東京: ミネルヴァ書房.
角瀬保雄, 1973. 現代公表会計制度論, 東京: 中央經濟社.
________, 1978. 經濟民主主義と企業会計, 東京: 税務經理協会.
________, 1986. "批判会計學の國際的展開", 遠藤 孝 外編著, 批判会計學の展開, 東京: ミネルヴァ書房. 20-33.
________, 1987. "社会科學としての会計學の方法と課題", 会計理論學会年報, 創刊號. 19-22.
________, 1994. 新しい会計學[新版], 東京: 大月書店.
________, 2005. "批判會計學(日本)", 会計學中辭典編輯委員会 編, 会計學中辭典, 東京: 青木書店. 327-328.
河合信雄, 1993. "会計學方法論と私", 会計理論學会年報, 7. 3-11.
神田忠雄, 1971. 現代資本主義会計, 法政大學出版局.
木村和三郎, 1937. "損益計算の社会經濟的性質", 經濟學雜誌, 32-52.
__________, 1972. 科學としての会計學(上,下), 東京: 有斐閣.
國部克彦, 1991a. "現代思想と会計研究", 經營研究, 41(5/6). 149-166.
________, 1991b. "ポスト・モダンと会計研究", 会計, 140(6). 104-117.
________, 1992. "割引キャシュ・フロー法とその社会經濟的コンテキスト...P.ミラーの所説を中心として", 經營研究, 43(3). 33-46.
________, 1993a. "社会理論としての会計研究(1): クロス・パラダイム研究の可能性", 会計, 143(4). 30-43.
________, 1993b. "社会理論としての会計研究(2): クロス・パラダイム研究の可能性", 会計, 143(5). 87-100.
敷田禮二・山口 孝編著, 1987. 批判会計學の展開, 東京: ミネルヴァ書房.
陳内良昭, 1987. "個別資本説の現代的課題", 会計理論學会年報, 創刊號. 33-40.
________, 1991a. "日本における批判会計學の現代的意義", 会計, 139(1). 50-61.

________, 1991b. "英米批判会計學の理論的展開", 産業經理, 50(4). 118-126.
________, 2005. "日本における批判会計學の理論と構造", 成田修身 編著, 企業会計の構造と變貌, 東京: ミネルヴァ書房. 28-41.
________, 2006. "会計學の對象としての会計的方法について", 東京経大學会誌(經營學), 250. 151-162.
________, 2007. "会計學における批判の意味", 会計理論學会年報, 22. 85-95.
________, 2010. "会計的方法の理論の繼承と展開", 会計理論學会第25会大会 統一論題ヂィスカカツションペーパ, 日本会計理論会會. 20-37.
高山朋子, 1983. 現代減價償却論, 東京: 白挑書房.
________, 1984. "企業会計の計算構造-動態的会計理論再檢討のための試論", 産業經理, 43(4). 57-67.
高寺貞男, 1988. 可能性の会計學, 東京: 三嶺書房.
________、醍醐聰, 1979. 大企業会計史の研究, 同門館.
田中章義, 1974. "いわゆる個別資本說の方法に關して-会計の形態規定によて-", 東京経大學会誌, 86. 32-40.
________, 1997. "会計學における批判の方法について", 關西大學商學論集, 42(1). 25-44.
________, 2006. "会計學の根底にあるもの", 東京経大學会誌(經營學), 250. 11-32.
________, 2010. "アメリカ会計學界の反省と教訓-實證会計學をめぐる問題", 会計, 178(1). 1-18.
________, 2013. "弁证法的会計方法論と資本概念の復權", 会計, 184(5). 115-128.
津守常弘, 1972. "財務諸表公開制度の基本的意義", 会計, 101(4). 83-100.
________, 1982. "SECデイスクロジャ-制度と会計規制一史的考察(1)", 證券經濟, 141. 3-9.
冨塚嘉一, 1987. "實證的会計學の方法の問題-科學方法論見地からの批判的檢討", 会計, 131(6). 45-60.
________, 1994. "会計學における規範と實證", 会計, 145(5). 35-50.
________, 1997. 会計認識論：科學哲學からのアプロチ, 東京: 中央經濟社.
________, 2012. "財務会計研究の方法論", 企業会計, 64(4). 105-108.
藤井秀樹, 2010. "会計理論の課題と研究方法", 会計理論學会第25回大会 統一論題ヂィスカツションペーパ, 日本会計理論學会. 1-14.
中西寅雄. 1931. 經營經濟學, 東京: 日本評論社.
________, 1932. "損益計算論: 簿記の勘定體系", 經營學論集, 1-36.
________, 1973. 經營費用論, 東京: 千倉書房.
中村萬次, 1963. "会計理論の社會的機能", 会計, 84(3). 50-66.
________, 1969. 会計政策論, 東京: ミネルヴァ書房.

_______, 1984. “『資本主義会計學』批判の方法”, 神戸商科大學中村会編, 会計學の方法, 東京: ミネルヴァ書房. 3-22.

中村恒彦, 2013. “Critical Accountingの方法論に關する一考察”, 会計, 183(4). 92-106.

蜷川虎三, 1985. 会計學論文集, 蜷川統計學研究所編, 東京: 産業統計研究所.

西村明, 1977. 財務公開制度の研究, 東京: 同門館.

_______, 1984. “会計の性質と研究課題”, 神戸商科大學中村会編, 会計學の方法, 東京: ミネルヴァ書房. 42-59.

畠中福一, 1932. 勘定學說研究, 東京: 森山書店.

馬場克三, 1951. 減價償却論, 東京: 千倉書房.

_______, 1957. 個別資本と經營技術, 東京: 有斐閣.

_______, 1965. 株式会社金融論, 東京: 森山書店.

_______編著, 1968. 經營學方法論, 東京: 森山書店.

_______, 1975. 会計理論の基本問題, 東京: 森山書店.

_______, 1983. “減價償却論と私”, 会計, 124(6). 111-119.

_______・內川菊義, 1960. 基本簿記概說, 東京: 春秋社.

藤田昌也, 1987. 会計利潤論, 東京: 森山書店.

別府五十郎, 1964. 資本会計の經濟理論, 東京: 森山書店.

宮上一男, 1959. 企業会計制度の構造, 東京: 森山書店.

_______, 1969. 企業会計の基礎, 東京: 森山書店.

_______, 1979. 会計學本質論, 東京: 森山書店.

三代澤經人, 2005. 会計過程論, 東京: 中央經濟社.

山上達人, 1990. “イギリス社会關聯學派会計の理論構造”, 産業經理, 50(3). 13-22.

山下勝治, 1950. 損益計算論, 東京: 泉文堂.

[구미문헌]

Adorno, T.W., H. Albert, H. Dahrendorf, J. Habermas, H. Pilot and K. Popper, 1976. *The Positivist Dispute in German Sociology*, London: Heinemann.

Alagiah, R. and M. Gaffikin, 1995. “Foucault, Archaeology and New Accounting History: Wealth and The Birth of Accounting”, Paper presented at the First Asian Pacific Interdisciplinary Research in Accounting Conference, Sydney.

Alawattage, C., 2011. “The Calculative Reproduction of Social Structures-the field of gemmining in Sri Lanka”, *Critical Perspectives on Accounting*, 22(1). 1-19.

__________ and D. Wickramasinghe, 2008. “Appearance of Accounting in a Political Hegemony”, *Critical Perspectives on Accounting*, 19(3). 293-339.

Albert, H., 1985. *Treatise on Critical Reason*, Princeton, NJ: Princeton University Press.

Al-Htaybat, Khaldoon and L. von Alberti-Altaybat, 2013. "Management Accounting Theory Revisited: seeking to increase research relevance", *International Journal of Business and Management*, 8(18). 12-24.

Ali, A. and L.S. Hwang, 2000. "Country-Specific Factors Related to Financial Reporting and the Value Relevance of Accounting Data", *Journal of Accounting Research*, 38(1). 1-21.

Allsop, D. and M. Calveley, 2009. "Miners' Identity and the Changing Face of the Labour Process within the UK Coal Mining Industry", *Qualitative Research in Accounting and Management*, 6(1/2). 57-69.

Alvesson, M., T. Bridgman and H. Willmott(eds), 2009. *Oxford Handbook of Critical Management Studies*, Oxford: Oxford University Press.

__________, and H. Willmott(eds), 2003. *Studying Management Critically*, London: Sage.

__________________________, 2012. *Making Sense of Management: a critical analysis*, 2nd ed., London: Sage.

American Accounting Association, Committee on Concepts and Standards for External Financial Reports, 1977. *Statement on Accounting Theory and Theory Acceptance*, Sarasota, FL; AAA.

Ansari, S. and K.J. Euske, 1987. "Rational, Rationalising and Reifing Uses of Accounting Data in Organizations", *Accounting, Organizations and Society*, 23(7). 665-684.

Archiblad, T., 1967. "The Return to Straight-Line Depreciation: an analysis of a change in accounting methods", *Journal of Accounting Research*, 5(Supplement). 164-180.

Armstrong, P., 1985. "Changing Management Control Strategies: The role of competition between accountancy and other organizational professions", *Accounting, Organizations and Society*, 10(2). 129-148.

__________, 1986. "Management Control Strategies and Inter-Professional Competition: the case of accountancy and personnel management", in Knights, D. and H. Willmott (eds), *Managing the Labor Process*, London: Gower. 19-43.

__________, 1987. "The Rise of Accounting Controls in British Capitalist Enterprises", *Accounting, Organizations and Society*, 12(5). 415-436.

__________, 1989. "Management, Labour Process and Agency", *Work, Employment and Society*, 3(3). 307-322.

__________, 1991. "Contradiction and Social Dynamics in the Capitalist Agency Relationship", *Accounting, Organizations and Society*, 16(1). 1-25.

__________, 1994. "The Influence of Michael Foucault on Accounting Research", *Critical Perspectives on Accounting*, 5(1). 25-55.

__________, 1998. "The Political Economy of International Transfer Pricing: 1945-1994: state, capital and the decomposition of class", *Critical Perspectives on Accounting*, 9(4). 391-432.

__________, 2000. "Accounting for Insecurity", *Critical Perspectives on Accounting*, 11(4). 383-406.

__________, 2002a. "The Cost of Activity-based Management", *Accounting, Organizations and Society*, 27(2). 99-120.

__________, 2002b. "Management, Image and Management Accounting", *Critical Perspectives on Accounting*, 17(5). 529-548.

__________, 2006. "Ideology and the Grammar of Idealism: the Caterpillar controversy revisited", *Critical Perspectives on Accounting*, 17(5). 529-548.

__________, Marginson, P., Edwards, P. and J. Purcell. 1996. "Budgetary Control and the Labour Force: findings from a survey of large British companies", *Management Accounting Research*, 7(1). 1-23.

Arnold, P.J., 1998. "The Limits of Postmodernism in Accounting History: The Decatur experience", *Accounting, Organizations and Society*, 23(7). 665-684.

__________, 2009. "Global Financial Crisis: the challenge to accounting research", *Accounting, Organizations and Society*, 34(6/7). 803-809.

Arrington, C.E., and J.R. Francis, 1989. "Letting the Chat out of the Bag: deconstruction, privilege and accounting research", *Accounting, Organizations and Society*, 14(1/2). 1-28.

__________ and A. G. Puxty, 1991. "Accounting, Interests and Rationality: a communicative relation", *Critical Perspectives on Accounting*, 2(1). 31-58.

__________ and W. Schweiker, 1992. "The Rhetoric and Rationality of Accounting Research", *Accounting, Organizations and Society*, 17(6). 511-533.

__________ and A.L. Watkins, 2002. "Maintaining 'critical intent' within a postmodern theoretical perspective on accounting research", *Critical Perspectives on Accounting*, 13(2). 139-157.

Ashraf, J. and S. Uddin, 2011. "Review of Management Control Change Research with Special Referenc to the Public Sector and Less Developed Countries: a critical evaluation", in Abdel-Kader, M.G.(ed.), *Review of Management Accounting Research*, London: Palgrave Macmillan. 415-449.

Ashton, D., 1991. "Agency Theory and Contracts of Employment", in Ashton, D., T.

Hopper and R.W. Scapens(eds), *Issues in Management Accounting*, Hemel Hempstead: Prentice-Hall. 106-125.

Ashton, T.H. and C.H.E. Philpin(eds), 1985. *The Brenner Debate: agrarian class structure and economic development in pre-industrial Europe*, Cambridge University Press.

Bailey, D., 1984. "Towards a Marxian Theory of Accounting", *The British Accounting Review*, 16(2). 21-41.

Baker, C.R., 2003. "Theoretical Approaches to Management Information and Control Systems Research", *Critical Accounting Research*, 24. 1-16.

_________, 2005. "Theoretical Approaches to Research on Accounting Ethics", in Macintosh, N.B. and T. Hopper(eds), *Accounting, the Social and the Political: classics, contemporary and beyond*, London: Elsevier Science. 257-268.

_________, 2011. "A Genealogical History of Positivist and Critical Accounting Research", *Accounting History*, 16(2). 207-221.

_________ and M.S. Bettner, 1997. "Interpretive and Critical Research in Accounting: a commentary on its absence from mainstream accounting research", *Critical Perspectives on Accounting*, 8(4). 293-310.

Bakre, O.M., 2004. "Accounting and the Problematique of Imperialism: alternative methodological approaches to empirical research in accounting in developing countries", *Advances in Public Interest Accounting*, 10. 1-30.

Ball, R., 2009. "The Global Financial Crisis and the Effective Market Hypothesis: what have we learnt?", *Journal of Applied Corporate Finance*, 21(4). 8-16.

______ and P. Brown, 1968. "An Empirical Evaluation of Accounting Numbers", *Journal of Accounting Research*, 6(2). 159-177.

__________________, 2014. "Ball and Brown(1968): A Retrospective", *The Accounting Review*, 89(1). 1-26.

______ and G. Foster, 1982. "Corporate Financial Reporting: a methodological review of empirical research", *Journal of Accounting Research*, 20(Supplement). 161-234.

______ Robin, A. and J. Wu, 2003. "Incentives versus Standards: properties of accounting income in four east asian countries", *Journal of Accounting and Economics*, 36(2). 235-270.

______ and R. Watts, 1972. "Some Time Series Properties of Accounting Income", *Journal of Finance*, 27(3). 663-681.

Barth, M.E., W.H. Beaver and W.R. Landsman, 2001. "The Relevance of the Value Relevance Literature for Financial Accounting Standard Setting: another view", *Journal of Accounting and Economics*, 31(1). 77-104.

Basu, S., 2012. "How Can Accounting Researchers Become More Innovative?", *Accounting Horizons*, 26(4). 851-870.

Baxter, J. and W.F. Chua, 2003. "Alternative Management Accounting Research-Whence and Whither", *Accounting, Organizations and Society*, 28(2). 97-126.

______________________, 2006. "Reframing Management Accounting Practice: a diversity of perspectives", in A. Bhimani(ed), *Contemporary Issues in Management Accounting*. Oxford University Press. 42-68.

______________________, 2008. "Be(com)ing the Chief Financial Officer of an Organisation: experimenting with Bourdieu's practice theory", *Management Accounting Research*, 19(3). 212-230.

Beaver, W.H., 1973. "What should be FASB's Objectives?", *Journal of Accountancy*, 136. 49-56.

__________, 1998. *Financial Reporting: an accounting revolution*, 3rd ed., Prentice Hall.

__________ and J.S. Demski, 1979. "The Nature of Accounting Measurement", *The Accounting, Review*, 54(1). 38-46.

Becker, S., and D. Green, 1962. "Budgeting and Employee Behavior", *The Journal of Business*, 35(4). 392-402.

Beed, C., 1991. "Philosophy of Science and Contemporary Economics: an overview", *Journal of Post Keynesian Economics*, 13(4). 459-494.

Begley, J. and R. Freedman, 2004. "The Changing Role of Accounting Numbers in Public Lending Agreements", *Accounting Horizons*, 18. 81-96.

Bell, D., 1962. *The End of Ideology*, New York and London: Collier MacMillan: 이상두 옮김, 1999. 이데올로기의 종언, 범우사.

Benton, T., 1975. *Philosophical Foundation of the Three Sociologies*. P & KP; 안상헌 옮김. 1984. 사회과학의 철학적 기초, 풀빛.

Berle, A.A.Jr. and G. Means, 1932. *The Modern Corporation and Private Property,* New York: Commercial Clearing House.

Berry, A., T. Capps, D. Cooper, P. Ferguson, T. Hopper and E. Lowe, 1985. "Management Control in an Area of the NBC: rationales of accounting practices in a public enterprise", *Accounting, Organizations and Society*, 10(1). 3-28.

Bessire, D., 2005. "Transparency: a two-way mirror", *International Journal of Social Economics,* 32(5). 424-439.

Black, F., M.C. Jensen and M. Scholes, 1972. "The Capital Asset Pricing Model: some empirical tests", in M. Jensen(ed), *Studies in the Theory of Capital Markets*, New York: Praeger.

Blaug, M., 1992. *The Methodology of Economics*, 2nd ed. Cambridge: Cambridge University Press.

Boland, L. A., 1981. "On the Futility of Criticizing the Neoclassical Maximization Hypothesis", *American Economic Review*, 71(5). 1031-1036.

____________, 1986. *Methodology for a New Microeconomics*, Boston: Allen & Unwin.

____________, 1991. "Current Views of Economic Positivism", in Greenaway, D., M. Bleaney and I. Stewart(eds), *Companion to Contemporary Economic Thought*, London: Routledge. 88-104.

____________, 2012. *Critical Economic Methodology: a personal odyssey,* London: Routledge.

____________, and I. M. Gordon, 1992. "Criticizing Positive Accounting Theory", *Contemporary Accounting Research*, 9(1). 142-170.

Boland, R.J., 1993. "Accounting and the Interpretive Act", *Accounting, Organizations and Society*, 18(1). 1-24.

Bottomore, T. et al., 1983. *A Dictionary of Marxist Thought.* Harvard University Press; 임석진 편집・책임감수, 1988. Marx 사상사전, 청아출판사.

Bourdieu, P., 1977. *Outline of a Theory of Practice*, Cambridge: Cambridge University Press.

__________, 1983. "The Field of Cultural Reproduction, or The Economic World Reversed", *Poetics*, 12(4/5). 311-356.

__________, 1984. *Distinction: A Social Critique of the Judgement of Taste, Cambridge,* MA: Harvard University Press; 최종철 역, 1995. 구별짓기: 문화와 취향의 사회학, 새물결.

__________, 1985. "Social Space and the Genesis of Groups", *Theory and Society*, 14(6). 723-744.

__________, 1986. "The Forms of Capital", in Richardson, J.G.(ed.), *Handbook of Theory of Research for the Sociology of Education*, New York: Greenwood Press. 241-258.

__________, 1988. *Homo Academicus, Stanford,* CA: Stanford University Press; 김정곤・임기대 옮김, 2005. 호모 아카데미쿠스, 동문선.

__________, 1990. *The Logic of Practice*, Cambridge: Polity Press.

__________, 1991. *Language and Symbolic Power*, Cambridge: Polity Press; 장일준 옮김, 1997. 상징폭력과 문화재생산, 새물결.

__________, 1995. *Sociology in Question*, London: Sage; 신미경 옮김, 2004. 사회학의 문제들, 동문선.

__________, 1998a. *Practical Reason*, Stanford, CA: Stanford University Press; 김웅권 역, 2005. 실천이성, 동문선.

__________, 1998b. *Contre-feux*, Paris: Editions Raisons d'Agir; 현택수 옮김, 2004. 맞불,

동문선.

__________, 1999. *The Weight of the World*, 김주경 옮김, 2000. 세계의 비참, 동문선.

__________, 2000. *Pascalian Meditations*, Stanford, CA; Stanford University Press; 김웅권 옮김, 2001. 파스칼적 명상, 동문선.

__________, 2001. *Contre-feux* 2, Paris: Editions Raisons d'Agir; 김교신 옮김, 2003. 맞불・2, 동문선.

__________, 2004. *Science of Science and Reflexivity*, Chicago, Ill.: University of Chicago Press.

__________, 2005. *The Social Structures of Economy*, Cambridge: Polity Press.

__________ and J.C. Passeron, 1977. *Reproduction in Education, Society and Culture*, Sage Publications, London; 이상호 옮김, 2000. 재생산, 동문선.

__________________________, 1985. *Les Heritiers: les etudiants et la culture*, Paris: Les Editions de Minuit.

__________ and L. Wacquant, 1992. *An Invitation to Reflexive Sociology*, University of Chicago Press, Chicago, IL.

Bourn, M. and M. Ezzamel, 1987. "Budgetary Devolution in the National Health Service and Universities in the United Kingdom", *Financial Accountability and Management*, 3(1). 29-45.

Boyce, G., 2004. "Critical Accounting Education: teaching and learning outside the circle", *Critical Perspectives on Accounting*, 15(4/5). 565-586.

________, 2008. "The Social Relevance of Ethics Education in a Globalising Era: from individual dilemmas to systemic crises", *Critical Perspectives on Accounting*, 19(2). 255-290.

Braverman, H., 1974. *Labour and Monopoly Capital: the degradation of work in he twentieth century,* London: Monthly Review Press; 이한주・강남훈 옮김, 1987. 노동과 독점자본: 20세기에서의 노동의 쇠퇴, 까치.

____________, 1998. *Labour and Monopoly Capital: the degradation of work in the twentieth century*, 25th anniversary edn., New York: Monthly Review Press.

Bricker, R.J. and G.J. Previts, 1990. "The Sociology of Accountancy: a study of academic and practice community schisms", *Accounting Horizons*, 4(1). 1-14.

Briloff, A.J., 1972. *Unaccountable Accounting*, New York: Harper & Row.

_________, 1981. *The Truth about Corporate Accounting*, New York: Harper & Row.

_________, 1990. "Accountancy and Society, a Covenant desecrated", *Critical Perspectives on Accounting*, 1(1). 5-30.

_________, 1993. "Unaccountable Accounting Revisited", *Critical Perspectives on Accounting*,

4(4). 301-336.

Briston, R.J., 1973. "The Evolution of Accounting in Developing Countries", *International Journal of Accounting*, 14(1). 105-120.

Brivot, M. and Y. Gendron, 2011. "Beyond Panopticism: On the ramifications of surveillance in a contemporary professional setting", *Accounting, Organizations and Society*, 36(3). 135-155.

Broadbent, J., 1998. "The Gendered Nature of 'Accounting Logic': pointers to an accounting that encompasses multiple values", *Critical Perspectives on Accounting*, 9(3). 267-297.

__________, 2002. "Critical Accounting Research: a view from England", *Critical Perspectives on Accounting*, 13(4). 433-449.

__________, 2011. "Discourse of Control, Managing the Boundaries", *The British Accounting Review*, 43(4). 264-277.

__________, P. Ciancanelli, S. Gallhofer and J. Haslam, 1997. "Enabling Accounting: the way forward", *Accounting, Auditing and Accountability Journal*, 10(3). 265-275.

__________ and R. Laughlin, 1997. "Developing Empirical Research: an example informed by a Habermasian approach", *Accounting, Auditing and Accountability Journal*, 10(5). 622-648.

________________________, 1998. "Resisting the 'New Public Management': Absorption and Absorbing Groups in Schools and GP Practices in the UK", *Accounting Auditing and Accountability Journal*, 11(4). 403-435.

________________________, 2003. "Control and Legitimation in Government Accountability Processes: the private finance initiative in the UK", *Critical Perspectives on Accounting*, 14(1/2). 23-48.

________________________, 2008. "Middle Range Thinking", in Thorpe, R. & R. Holt (eds), *The Sage Dictionary of Qualitative Management Research*, London: Sage. 130-133.

________________________, 2013. *Accounting Control and Controlling Accounting: interdisciplinary and critical perspectives*, London: Emerald.

________________________ and S. Read, 1991. "Recent Financial and Administrative Changes in the NHS: a critical theory analysis", *Critical Perspectives on Accounting*, 2(1). 1-29.

Brown, C., 1969. *Philosophy and the Christian Faith: a historical sketch from the middle ages to the present day*, London: Tyndale Press.

Brown, P., 1994. *Capital Markets-Based Research in Accounting: An Introduction*, Coopers & Lybrand Accounting Research Methodology Monograph No.1, Melbourne: Coopers

& Lybrand; 송인만·김석웅·김정교 공역, 1997. 자본시장회계론, 신영사.

Bryer, R. A., 1991. "Accounting for the 'Railway Mania' of 1845-a Great Railway Swindle", *Accounting, Organizations and Society*, 16(5/6). 439-486.

__________, 1993a. "Double-Entry Bookkeeping and the Birth of Capitalism: accounting for the commercial revolution in medieval northern Italy", *Critical Perspectives on Accounting*, 4(2). 113-140.

__________, 1993b. "The Late Nineteenth-Century Revolution in Financial Reporting: accounting for the rise of investor of managerial capitalism?", *Accounting, Organizations and Society*, 18(7/8). 649-690.

__________, 1999. "Marx and Accounting", *Critical Perspectives on Accounting*, 10(3). 683-709.

__________, 2000a. "The History of Accounting and the Transition to Capitalism in England. Part one: theory", *Accounting, Organizations and Society*, 25(2). 131-162.

__________, 2000b. "The History of Accounting and the Transition to Capitalism in England. Part two: evidence", *Accounting, Organizations and Society*, 25(4/5). 327-381.

__________, 2005. "A Marxist Accounting History of the British Industrial Revolutions: a review of evidence and suggestions for research", *Accounting, Organizations and Society*, 31(1). 25-65.

__________, 2006a. "The Genesis of the Capitalist Farmer: towards a marxist accounting history of the origins of the English agricultural revolution", *Critical Perspectives on Accounting*, 17(4). 367-397.

__________, 2006b. "Accounting and Control of the Labour Process", *Critical Perspectives on Accounting*, 17(5). 551-598.

Bryman, A., 1984. "The Debate about Quantitative and Qualitative Research: a question of method of epistemology?", *The British Journal of Sociology*, 35(1). 75-92.

Burawoy, M., 1979. *Manufacturing Consent: changes in the labour process under monopoly capitalism*, Chicago: University of Chicago Press.

__________, 1985. *The Politics of Production*, London: Verso; 정범진 역, 1999. 생산의 정치, 박종철출판사.

__________, 1996. "A Classic of its Time", *Contemporary Sociology*, 25(3). 296-299.

Burchell, G., 1993. "Liberal Government and Techniques of the Self", *Economy and Society*, 22(3). 267-282.

__________, C. Gordon and P. Miller(eds), 1991. *The Foucault Effect: studies in governmentality*, Chicago: The University of Chicago Press.

Burchell, S., C. Clubb and A. Hopwood, 1985. "Accounting in its Social Context: toward a history of value added in the United Kingdom", *Accounting, Organizations and Society*, 10(4). 381-414.

____________________, J. Hughes and J. Nahapiet, 1980. "The Roles of Accounting in Organizations and Society", *Accounting, Organizations and Society*, 5(1). 5-27.

Burrell, G., and G. Morgan, 1979. *Sociological Paradigm and Organizational Analysis*, London: Heinemann; 윤재풍 역, 1990. 사회과학과 조직이론, 박영사.

Busco, C., A. Riccaboni and R. Scapens, 2006. "Trust for Accounting and Accounting for Trust", *Management Accounting Research*, 17(2). 1-41.

Callon, M., 1986. "Some Elements of Sociology of Translation: Demesticaion of the Scallops and Fishermen of St. Brieuc Bay", in J. Law(ed.), *Power Action and Belief: a New Sociology of Knowledge*, London: Routledge and Kegan Paul, 196-233; "번역의 사회학의 몇 가지 요소들", 홍성욱 엮음, 2010. 인간 · 사물 · 동맹, 이음. 57-94.

Canning, J.B., 1929. *The Economics of Accountancy*, New York: Ronald Press.

Carmona, S., Ezzamel, E. and F. Gutierrez, 1997. "Control and Cost Accounting Practices in the Spanish Royal Tobacco Factory", *Accounting, Organizations and Society*, 22(5). 411-446.

____________________, 2002. "The relationship between accounting and spatial practices in the factory," *Accounting, Organizations and Society*, 27(3). 239-274.

____________________, 2004. "Accounting History Research: Traditional and New Accounting History Perspectives", *De Computos*, 1. 24-53.

________, and L. Zan., 2002. "Special Section: Mapping variety in the history of accounting and management practice", *European Accounting Review*, 11(2). 291-304.

________, and F. Guiterrez, 2005. "Outsourcing as Compassion? The Case of Cigarette Manufacturing by Poor Catholic Nuns", *Critical Perspectives on Accounting*, 16(7). 875-903.

Carnegie, G.D. and C.J. Napier, 1996. "Critical and Interpretive Histories: Insights into Accounting's Present and Future Through its Past", *Accounting Auditing and Accountability Journal*, 9(3). 7-39.

Carruthers, B.G. and W.N. Espeland, 1991. "Accounting for Rationality: Double-Entry Bookkeeping and the Rhetoric of Economic Rationality", *American Journal of Sociology*, 97(1). 31-69.

Carter, C.A., 2008. "A Curiously British Story: Foucault goes to business school", *International Studies of Management and Organization*, 38(1), 14-30.

__________, A. McKinlay and M. Rowlinson, 2002. "Foucault, Management and History", *Organization*, 9(4). 515-526.

Chabrak, N., 2012. "Money talks: the language of the Rochester School", *Accounting, Auditing and Accountability Journal*, 25(3). 452-485.

Chalmers, A. F., 1999. *What is This Thing Called Science?: An assessment of the nature and status of science and its methods*, 3rd edn, St Lucia: University of Queensland Press; 신중섭 · 이상원 옮김, 2003. 과학이란 무엇인가?, 서광사.

Chambers, R.J., 1966. *Accounting, Evaluation and Economic Behaviour*, Prentice-Hall.

__________, 1993. "Positive Accounting Theory and the PA Cult", *Abacus*, 29(1). 1-26.

Chandler, A., 1962. *Strategy and Structure: chapters in the history of the industrial enterprise*, Cambridge, MA: MIT Press.

__________, 1977. *The Visible Hand: the managerial revolution in American business*, Belknap Press, Cambridge, MA: MIT Press.

__________ and R.S. Tedlow, 1985. T*he Coming of Managerial Capitalism: a casebook on the history of American Economic Institutions,* Homewood, IL: Irwin

Chapman, C.S., Cooper, D.J. and P.B. Miller, 2009. "Linking Accounting, Organizations and Institutions", in Chapman, C.S., Cooper, D.J. and P.B. Miller(eds), *Accounting, Organizations and Institutions: essays in honour of Anthony Hopwood*, London: Oxford University Press. 1-29.

Checkland, P. and J. Scholes, 1990. *Soft Systems Methodology in Action*, Chichester: Wiley.

Cherns, A. B., 1978. "Alienation and Accountancy", *Accounting, Organizations and Society*, 3(2). 105-114.

Chew, A. and S. Greer, 1997. "Contrasting World Views on Accounting: Accountability and Aboriginal Culture", *Accounting Auditing and Accountability Journal*, 10(3). 276-298.

Chiapello, E., 2007. "Accounting and the birth of the notion of capitalism", *Critical Perspectives on Accounting*, 18(3). 263-296.

__________ and C.R. Baker, 2011. "The Introduction of French Theory into English Language Accounting Research", *Accounting, Auditing and Accountability Journal*, 24(2). 140-160.

Christenson, C., 1983. "The Methodology of Positive Accounting," *The Accounting Review*, 58(1). 1-22.

Chua, W.F., 1986a. "Radical Developments in Accounting Thought", *The Accounting Review*, 61(4). 601-632.

__________, 1986b. "Theoretical Construction of and by the Real", *Accounting, Organizations*

and Society, 11(6). 583-598.

_________, 1988. "Interpretive Sociology and Management Accounting Research - A Critical Review", *Accounting, Auditing and Accountability Journal*, 1(1). 59-79.

_________, 2011. "In Search of 'Successful' Accounting Research", *European Accounting Review*, 20(1). 27-39.

_________ and P. Degeling, 1993. "Interrogating an Accounting based Intervention on Three Axes: Instrumental, Moral and Aesthetic", *Accounting, Organizations and Society*, 18(4). 291-318.

Clegg, S.R., 1989. "Radical Revisions: Power, Discipline and Organizations", *Organizations Studies*, 10(1). 97-115.

_________, 1990. *Modern Organizations: organization studies in the postmodern world*, London: Sage.

Coase, R., 1937. "The Nature of the Firm", *Economica*, 4. 386-405.

_________, 1990. "Accounting and the Theory of the Firm", *Journal of Accounting and Economics*, 12(1/3). 3-13.

_________, 1998. "The New Institutional Economics", *American Economic Review*, 88(2). 72-74.

Coetsee, D. 2010. "The Role of Accounting Theory in the Development of Accounting Principles", *Meditari Accountancy Research*, 18(1). 1-16.

Cole, B and C. Cooper, 2006. "Deskilling in the 21st century: The case of rail privatisation", *Critical Perspectives on Accounting*, 17(5). 601-625.

Colville, I., 1981. "Reconstructing 'Behavioural Accounting'", *Accounting, Organizations and Society*, 6(2). 119-132.

Cooper, C., 1992. "The Non and Nom of Accounting for (M)other Nature", *Accounting, Auditing and Accountability Journal*, 5(3). 16-39.

_________, 1995. "Ideology, Hegemony and Accounting Discourse: A case study of the National Union of Journalists", *Critical Perspectives on Accounting*, 6(3). 175-209.

_________, 1997. "Against Postmodernism: Class Oriented Questions for Critical Accounting", *Critical Perspectives on Accounting*, 8(1). 15-41.

_________, 2002. "Critical accounting in Scotland", *Critical Perspectives on Accounting*, 13(4). 451-462.

_________, 2005. "Accounting for the public interest: public ineffectuals or public intellectuals", *Accounting, Auditing and Accountability Journal*, 18(5). 592-607.

_________, A.B. Coulson, 2013. "Accounting activism and Bourdieu's 'collective intellectual'-Reflections on the ICL Case", *Critical Perspectives on Accounting*, http://dx.doi.org/10.1016/j.cpa.2013.01.002.

________________________, P. Taylor, 2011. "Accounting for human rights: Doxic health and safety practices - the accounting lesson from ICL", *Critical Perspectives on Accounting*, 22(8). 738-758.

_________ and P. Taylor, 2000. "From Taylorism to Ms Taylor: the translation of the accounting craft", *Accounting, Organizations and Society*, 25(6). 555-578.

______________________, N. Smith and L. Catchpowle, 2005. "A Discussion of the Political Potential of Social Accounting", *Critical Perspectives on Accounting*, 16(7). 951-974.

Cooper, D. J., 1980. "Discussion of 'Towards a Political Economy of Accounting Reports'", *Accounting, Organizations and Society*, 5(1). 161-166.

___________, 1981. "A Social and Organizational View of Management Accounting" in Bromwich, M. and A. G. Hopwood (eds), *Essays in British Accounting Research*, London: Pitman. 178-205.

___________, J. Everett and D. Neu, 2005. "Financial Scandals, Accounting Change and the Role of Accounting Academics: A Perspective from North America", *European Accounting Review*, 14(2). 373-382.

___________, and T.T. Hopper, 1987. "Critical Studies in Accounting", *Accounting, Organizations and Society*, 12(5). 407-414.

_____________________________(eds), 1990. *Critical Accounts*, London: Macmillan,

_____________________________, 2007. "Critical Theorising in Management Accounting Research", in Chapman, C. S., A.G. Hopwood and M.D. Shields(eds), *Handbook of Management Accounting Research I.*, London: Elsevier. 207-244.

___________ and K. Robson, 2006. "Accounting, professions and regulation: locating the sites of professionalization", *Accounting, Organizations and Society*, 5(1). 5-27.

___________ and M. J. Sherer, 1984. "The Value of Corporate Accounting Reports: Arguments for a Political Economy of Accounting", *Accounting, Organizations and Society*, 9(3/4). 207-232.

___________ and T. Tinker, 1994. "Accounting and Praxis: Marx after Foucault", *Critical Perspectives on Accounting*, 5(1). 1-3.

Cooper, R. and G. Burrell, 1988. "Modernism, Postmodernism and Organizational Analysis: An Introduction", *Organization Studies*, 9(1). 91-112.

Copeland, L.S., 1989. "Market Efficiency Before and After the Crash", *Fiscal Studies*, 10(3). 13-33.

Covaleski, M.A., M.W. Dirsmith, J.B. Heian and S. Samuel, 1998. "The Calculated and the avowed: techniques of discipline and struggles over identity in big six public accounting firms", *Administrative Science Quarterly*, 43(3). 293-327.

__________________________, and S. Samuel, 1996. "Managerial Accounting Research: The Contributions of Organizational and Sociological Theories", *Journal of Management Accounting Research*, 8. 1-35.

Crompton, R. and K. Sanderson, 1990. *Gendered Jobs and Social Change*, London: Unwin Hyman.

Deegan, C., 1997. "Positive Accounting Theory: a useful tool for explanation and prediction, or a body of vacuous, insidious and discredited thoughts?", *Accounting Forum*, 20(1). 63-72.

_________, and J. Unerman, 2011. *Financial Accounting Theory*. 2nd ed., London: McGraw-Hill.

Deetz, S., 2003. "Disciplinary Power, Conflict Suppression and Human Resources Management", in Alvesson, M. and H. Willmott(eds), *Studying Management Critically*, London: Sage. 23-45.

Demski, J. S., 1988. "Positive Accounting Theory: A Review", *Accounting, Organizations and Society*, 13(6). 623-629.

___________, 2007. "Is Accounting an Academic Discipline", *Accounting Horizon*, 21(2). 153-157.

Dent, J., 1986. "Organizational Research in Accounting: perspectives, issues and a commentary" in Bromwich, M. and A. Hopwood(eds), *Research and Current Issues in Management Accounting*, London: Pitman.

_______, 1991. "Accounting and Organizational Cultures: A Field Study of the Emergence of a New Organizational Reality", *Accounting, Organizations and Society*, 16(8). 705-732.

Derrida, J., 1978. *Writing and Difference*, trans. Alan Bass, Chicago: University of Chicago Press.

_________, 1982. *Margins of Philosophy*, trans. Alan Bass, Brighton: Harvester.

Desai, M., 1979. *Marxian Economics*, Oxford: Blackwell.

Dezaley, Y. and D. Sugarman, 1995. *Professional Competition and Professional Power: Lawyers, Accountants and the Social Construction of Market*, London: Routledge.

Dillard, J. F., 1991. "Accounting as a Critical Social Science", *Accounting, Auditing and Accountability Journal*, 4(1). 8-28.

___________, 2006. "The Labour Process", in Hoque, Z(ed). *Methodological Issues in Accounting*

Research, London: Spiramus. 271-290.

__________ and D. Becker, 1997. "Organizational Sociology and Accounting Research Or Understanding Accounting in Organization Using Sociology", in Arnold, V. and S. Sutton(eds), *Behavioral Accounting Research: foundations and frontiers*, AAA. 247-274.

__________ and R. Bricker, 1992. "A Critique of Knowledge-based Systems in Auditing: the systemic encroachment of technical consciousness", *Critical Perspectives on Accounting*, 3(3). 205-224.

DiMaggio, P., 1979. "Review Essay: On Pierre Bourdieu", *American Journal of Sociology*, 84. 1460-1474.

Dimson, E.(ed), 1988. *Stock Market Anomalies*, London: Cambridge University Press.

Dobbin, F., 2008. "The Poverty of Organizational Theory: comment on Bourdieu and organizational analysis", *Theory and Society*, 37(1). 53-63.

Dowd, K., 2004. "Qualitative Dimensions in Finance and Risk Management Research", in Humphrey, C. and B. Lee(eds), *The Real Life Guide to Accounting Research: A Behind he Scenes View of Using Qualitative Research Methods*, San Diego: Elsevier. 509-523.

Durkheim, E., 1964. *The Rules of Sociological Method*, Glencoe, IL: Free Press.

Durocher, S. and Y. Gendron, 2010. "IFRS: on the docility of sophisticated users in preserving the ideal of comparability", *European Accounting Review*, 20(2). 233-262.

Dyckman, T. and S. Zeff, 1984. "Two Decades of the Journal of Accounting Research", *Journal of Accounting Research*, 22(1). 225-297.

Edwards, E.O. and P.W. Bell, 1961. *The Theory and Measurement of Business Income*, Berkeley and Los Angeles: University of California Press.

Edwards, R., 1979. *Contested Terrain: The Transformation of the Workplace in the Twentieth Century*, NY: Basic Books.

__________ and S.P. Walker, 2010. "Lifestyle, Status and Occupational Differentiation in Victorian Accountancy", 35(1). 2-22.

Emirbayer, M. and V. Johnson, 2008. "Bourdieu and organizational analysis", *Theory and Society*, 37(1). 1-45.

Engelen, E., 2002. "Corporate governance, Property and Democracy: a Conceptual Critique of Shareholder ideology", *Economy and Society*, 31(3). 391-413.

Enthoven, A.J.H., 1977. *Accountancy Systems in Third World Economies*, Amsterdam: North-Holland Publishing Company.

Espejo, C.A., J.B. Sanchez-Matamoros and F.C. Fenech, 2002. "Accounting and Control in the Founding of the New Settlements of Sierra Morena and Andalucia 1767-72",

European Accounting Review, 11(2). 419-439.

Everett, J., 2002. "Organizational research and the praxeology of Pierre Bourdieu", *Organizational Research Methods*, 5(1). 56-80.

________, 2003. "The politics of comprehensive auditing in fields of high outcome and cause uncertainty", *Critical Perspectives on Accounting*, 14(1/2). 77-104.

________, 2004. "Exploring (false) dualisms for environmental accounting praxis", *Critical Perspectives on Accounting*, 15(8). 1061-1084.

________, 2008. "Editorial proximity equals publications success: a function of rational self-interest or good-faith economy", *Critical Perspectives on Accounting*, 19(8). 1149-1176.

Ezzamel, M., K. Hoskin and R. Macve, 1990. "Managing it all by Numbers: a Review of Johnson and Kaplan's 'Relevance Lost'", *Accounting and Business Research*, 20(78). 153-166.

________ and K. Robson, 2009. "Accounting", in Alvesson, M., T. Bridgeman and H.C. Willmott(eds), *The Oxford Handbook of Critical Management Studies*, Oxford: Oxford University Press.

________, H. Willmott, 1998. "Accounting for Teamwork: a Critical Study of Group-based Systems of Organizational Control," *Administrative Science Quarterly*, 43(2). 358-397.

________________________ and F. Worthington, 2001. "Power, Control and Resistance in the 'factory that time forgot," *Journal of Management Studies*, 38(8). 1053-1080.

____, 2004. "Accounting and management-labour relations: the politics of production in the 'factory with a problem", *Accounting, Organizations and Society*, 29(3/4). 302-369.

________, Zezhong Xiao, J. and A. Pan, 2007. "Political Ideology and Accounting Regulation in China", *Accounting, Organizations and Society*, 32(7/8). 669-700.

Fama, E.F., 1970. "Efficient Capital Markets: A Review of Theory and Empirical Work", *Journal of Finance*, 25. 383-417.

________, 1991. "Efficient Capital Markets: II", *The Journal of Finance*, 46(5). 1575-1617.

________ and K.R. French, 1988. "Dividend Yields and Expected Returns", *Journal of Financial Economics*, 20(2). 3-25.

________ and J. MacBeth, 1973. "Risk, Return and Equilibrium: Empirical Tests", *Journal of Political Economy*, 81(3). 607-636.

________ and M. H. Miller, 1972. *Theory of Finance*, New York: Holt, Rhinehart and

Winston.

_________ and R. Roll, 1986. "Stock Return Variances: the arrival of information and the reaction of traders", *Journal of Financial Economics*, 18(1). 5-26.

Farjaudon, A and J. Morales, 2013. "In Search of Consensus: the role of accounting in the definition and reproduction of dominant interests", *Critical Perspectives on Accounting*, 24(2). 154-171.

Fay, B., 1987. *Critical Social Science*, Cambridge: Polity Press.

Faulks, K., 1999. *Political Sociology: a critical introduction*, Edinburgh: Edinburgh University Press.

Fergason, J., D. Collison, D. Power and L. Stevenson, 2009. "Constructing Meaning in the Service of Power: An analysis of the typical modes of ideology in accounting textbooks", *Critical Perspectives on Accounting*, 20(8). 896-909.

Feyerabend, P., 1975. *Against Method: Outline of an Anarchistic Theory of Knowledge*, London: New Left Books; 정병훈 역, 1987. 방법에의 도전, 한겨레.

Fields, T.D., T.Z. Lys and L. Vincent, 2001. "Empirical Research on Accounting Choice", *Journal of Accounting and Economics*, 31(1/3). 255-307.

Financial Accounting Standards Board, 1978. *Statement of Financial Accounting Concepts, No.1 - Objectives of Financial Reporting by Business Enterprises*, Stamford, CT: FASB.

Fleischman, R.K., 2000. "Completing the Triangle: Taylorism and the Paradigm", *Accounting, Auditing and Accountability Journal*, 13(5). 597-624.

______________, W. Funnell and S. Walker(eds), 2013. *Critical Histories of Accounting*, London: Routledge.

______________, L.P. Kalbers and L.D. Parker, 1996. "Expanding the Dialogue: industrial revolution cost historiography", *Critical Perspectives on Accounting*, 7(3). 315-337.

Flood, J. and E. Skordaki, 1993. *Corporate Failure and the World of Insolvency Practioners: Professional Jurisdiction and Big Corporate Insolvencies*, London: Association of Certified and Corporate Accountants.

Fogarty, T.J., 1998. "The Stratification of Academic Accounting in the USA: a theoretical and empirical evaluation of institutional reproduction", *Accounting Education*, 7(1). 3-20.

Forester, J., 2003. "On Fieldwork in a Habermasian Way: critical ethnography and the extra-ordinary character of ordinary professional work", in Alvesson, M.. and H, Willmott (eds), *Studying Management Critically*, London: Sage. 46-65.

Foucault, M., 1961. *Histoire de la Folie a l'age classique*, Paris: Gallimard; 이규현 옮김, 2003. 광기의 역사, 나남.

__________, 1963. *Naissance de la Clinique*, Paris: PUF; 홍성민 옮김, 2006. 임상의학의 탄생, 이매진.

__________, 1966. *Les mots et les choses: une archeologie des sciences humaines*, Paris: Gallimard; 이규현 옮김, 2012. 말과 사물, 민음사.

__________, 1969. *The Archaeology of Knowledge*, London: Tavistock; 이정우 옮김, 1992. 지식의 고고학, 서울: 민음사.

__________, 1971. *L'ordre du discours*, Paris: Gallimard; 이정우 해설, 1993. 담론의 질서, 새길.

__________, 1975. *Discipline and Punish: The Birth of Prison*, London: Allen Lane; 박홍규 옮김, 1989. 감시와 처벌: 감옥의 탄생, 강원대학교 출판부; 오생근 옮김, 2003. 감시와 처벌: 감옥의 탄생, 나남출판.

__________, 1976a. *Il Faut Defendre la Societe*; 박정자 옮김, 1997, 사회를 보호해야 한다, 동문선.

__________, 1976b. *Histoire de la sexualite-I: La volonte de savoir*, London: Allen Lane; 이규현 역, 1990. 성의 역사 제1권: 앎의 의지, 나남.

__________, 1980. *Power/Knowldege: Selected Interviews and Other Writings* 1972-1977, New York: Pantheon Books; 홍성민 옮김, 1991. 권력과 지식: 미셸 푸코와의 대담, 나남.

__________, 1982. "The subject and power", in Dreyfus, H. and P. Rabinow(eds), *Michel Foucault: Beyond Structuralism and Hermeneutics*, Brighton: Harvester Presss. 208-226; 서우석 옮김, 1989. 미셸푸코; 구조주의와 해석학을 넘어서, 나남. 297-319.

__________, 1984a. *Histoire de la sexualite-II: L'usage des plaisirs*, London: Allen Lane; 문영자・신은영 공역, 1990. 성의 역사 제2권: 쾌락의 활용, 나남.

__________, 1984b. *Histoire de la sexualite-III: Le souci de sor*, London: Allen Lane; 이혜숙・이영묵 공역, 1990. 성의 역사 제3권: 자기에의 배려, 나남.

__________, 1988a. "The political technology of individuals", in L. Martin, H. Gutman and P. Hutton(eds), *Technologies of the Self: A Seminar with Michel Foucault*, Amherst: University of Massachusetts Press. 145-161.

__________, 1988b. "The ethics of care for the self as a practice of freedom", in Bernauer and Rasmussen(eds), *The Final Foucault*, Cambridge, Mass.: MIT Press. 1-20.

__________, 1991. "Governmentality", in G. Burchell. C. Gorden and P. Miller(eds), *The Foucault Effect: Studies in Governmentality*, Hemel Hempstead: Wheatssheaf. 87-104.

__________, 2002. *Power: Essential Works of Foucault 1954-1984, Vol.III*, London: Penguin.

__________, 2004a. *Securitie, territoire, population: Cours au Collège de France, 1977-1978*, Editions Gallimard, Paris; 심세광・전혜리・조성은 옮김, 2011. 안전, 영토, 인구,

도서출판 난장.

________, 2004b. *Naissance de la Biopolitique; Cours au Collège de France, 1978-1979*, Editions Gallimard, Paris; 심세광 · 전혜리 · 조성은 옮김, 2012. 생명관리정치의 탄생, 도서출판 난장.

Francis, J., 1990. "After virtue? Accounting as a moral and discursive practice", *Accounting, Auditing and Accountability Journal*, 3(3). 5-17.

Free, C. and N.B. Macintosh, 2009. "Bourdieu's logic of practice theory: possibilities for research on management accounting and control", Queen's University School of Business, 1-40. Research Paper No.02-09. Ontario, Canada.

Friedman, A., 1977. *Industry and Labour: class struggle at work and monopoly capitalism*, London: Macmillan.

Friedman, M., 1953. *Essays in Positive Economics*, Chicago: The University of Chicago Press.

________, 1962. *Capitalism and Freedom*, Chicago: The University of Chicago Press.

Froud, J., K. Willilams, C. Haslam, S. Johal and J. Williams, 1998. "Caterpillar: two stories and an argument", *Accounting, Organizations and Society*, 23(7). 685-708.

Fujita, M. and Y. Jinnai, 2004. "What is the Object of Accounting?", in Humphrey, C and B. Lee(eds), *The Real Life Guide to Accounting Research*, New York: Elsevier, 281-293.

Funnell, W., 1996. "Preserving History in Accounting: seeking common ground between 'New' and 'Old' accounting history", *Accounting, Auditing and Accountability Journal*, 9(4). 65-85.

________ and S. Walker, 2013. "Introduction", in Fleischman, R.K., W. Funnell and S.P. Walker(eds), *Critical Histories of Accounting*, London: Routledge. 1-13.

Gaffikin, M.J.R., 1984. "Scientific Theory Construction in Accounting", in Gaffikin, M.J.R.(ed.), *Contemporary Accounting Thought*, Sydney: Prentice-Hall of Australia. 7-27.

________, 1988. "Legacy of the Golden Age: Recent Developments in the Methodology of Accounting", *Abacus*, 24(1). 16-36.

________, 2008. *Accounting Theory: research, regulation and accounting practice*, Sydney: Pearson.

________, 2009. "Twenty-one Years of Critical Resistance-Almost: A Reflection", *Accounting Forum*, 33(4). 268-273.

________, 2010. "Being Critical in Accounting", *International Review of Business Research Papers*, 6(5). 33-45.

Gallhofer, S. and J. Haslam, 1997. "Beyond Accounting: the possibilities of accounting and 'critical' accounting research", *Critical Perspectives on Accounting*, 8(1/2). 1-95.

______________________, 2003. *Accounting and Emancipation: some critical interventions*, London and New York: Routledge.

Gambling, T., 1974. *Societal Accounting*, London: George Allen and Unwin Ltd.

Gendron, Y., 2008. "Constituting the academic performer: the spectre of superficiality and stagnation in academia", *European Accounting Review*, 17(1). 97-127.

__________, and C.R. Baker, 2005. "On Interdisciplinary Movements: the development of a network of support around Foucauldian perspectives in accounting research", *European Accounting Review*, 14(3). 525-569.

Giddens, A., 2009. *Sociology*, 6th edition. London: Polity Press; 김미숙 외 옮김, 2011. 현대사회학, 을유문화사.

Goddard, A., 2004. "Budgetary practices and accountability habitus: a grounded theory", *Accounting, Auditing and Accountability Journal*, 17(4). 543-577.

__________, 2005. "Accounting and NPM in UK Local Government-contribution towards Governance and Accountability", *Financial Accountability & Management*, 21(2). 191-218.

Godfrey, J., A. Hodgson, S. Holmes and A. Tarca, 2006. *Accounting Theory*, 6th ed., Milton, Queesland: John Wiley & Sons Australia Ltd.,

Goldstein, J., 1984. "Foucault among the Sociologists: the 'disciplines' and the history of the professions", *History and Theory*, 23(2). 170-192.

Goldthorpe, J.H., F. Bechholer, D. Lockwood and J. Platt, 1969. *The Affluent Worker in the Class Structure*, London: Cambridge University Press.

Golsorkhi D., B. Leca, M. Lounsbury and C. Ramirez, 2009. "Analysing, accounting for and unmasking domination: on our role as scholars of practice", *Critical Perspectives on Accounting*, 16(6). 779-797.

Gomes, D., 2008. "The Interplay of Conception of Accounting and Schools of Thought in Accounting History", *Accounting History*, 13(4). 479-509.

Gordon, C., 1991. "Governmental Rationality: an introduction", in Burchell et al., *The Foucault Effect: studies in governmentality*, Chicago: The University of Chicago Press. 1-51.

Gordon, M., 1964. "Postulates, Principles and Research in Accounting", *The Accounting Review*, 39(2). 251-263.

_________, B.N. Horowitz, and P.T. Meyers, 1966. "Accounting Measurements and Normal Growth of the Firm", in Jaedicke, Ijiri and Nielsen(eds), *Research in Accounting*

Measurement, AAA. 221-231.

Gorz, A., 1989. *Critique of Economic Reason*, London: Verso.

Graham, C., 2010. "Accounting and the Construction of the Retired Person," *Accounting, Organizations and Society*, 35(1). 23-46.

Gramsci, A., 1971. *Selections from the Prison Notebooks of Antonio Gramsci*, London: Lawrence and Wishart.

Gray, R., R. Kouhy and S. Lavers, 1995. "Corporate social and environmental reporting: A Review of the literature and a longitudinal study of UK disclosure", *Accounting, Auditing and Accountability Journal*, 8(2). 47-77.

_______, D. Owen and K. Maunders, 1987. *Corporate Social Reporting: accounting and accountability*, Englewood Cliffs, NJ: Prentice-Hall.

_______, R. Owen and C. Adams, 1996. *Accounting and Accountability: Changes and Challenges in Corporate Social and Environmental Reporting*, London: Prentice-Hall.

Grey, C., 1994. "Debating Foucault: a critical reply to Neimark", *Critical Perspectives on Accounting*, 5(1). 5-24.

_______, 1998. "On being a professional in a 'Big Six' firm", *Accounting, Organizations and Society*, 23(5/6). 569-587.

_______ and H. Willmott(eds), 2005. *Critical Management Studies: A Reader*, Oxford: Oxford University Press.

Grieder, W., 1989. *Secrets of The Temple, How the Federal Reserve Runs the Country*, New York: Simon and Schuster.

Grugulis, I. and D. Knights, 2001. "Glossary", *International Studies of Management and Organization*, 30(4). 12-24.

Guthrie, J. and L. Parker, 1990. "Corporate social disclosure practice: A comparative international analysis", *Advances in Public Interest Accounting*, 3. 159-175.

Habermas, J., 1971. *Towards a Rational Society: student protest, science and politics, trans.* J.J. Shapiro., London: Heinemann.

_________, 1972. *Knowledge and Human Interests*, London: Heinemann; 강영계 역, 1983. 인식과 관심, 고려원.

_________, 1974. *Theory and Practice*, London: Heinemann.

_________, 1979. *Communication and the Evolution of Society*, London: Heinemann.

_________, 1984. *The Theory of Communicative Action, Vol. I*, Boston: Beacon Press; 장춘익 옮김, 2006. 의사소통행위이론 1, 나남출판.

_________, 1987. *The Theory of Communicative Action, Vol. II*, Boston: Beacon Press; 장춘익

옮김, 2006. 의사소통행위이론 2, 나남출판.

__________, 1992. "Discourse Ethics: notes on a programme of philosophical justification", in J. Habermas(ed.), *Moral Consciousness and Communicative Action*, Cambridge: Polity Press. 43-115.

__________, 1993. *Justification and Application: remarks on discourse ethics*, Cambridge: Polity Press; 이진우 옮김, 1997. 담론윤리의 해명, 문예출판사.

__________, 1996. *Between Facts and Norms*, Cambridge, Mass.: MIT Press.

Hall, M., 2010. "Accounting Information and Managerial Work", *Accounting, Organizations and Society*, 35(3). 301-315.

Halliday, T.C. and B. Carruthers, 1996. "The Moral Regulation of Markets: professionals, privatizations and the English insolvency act, 1986", *Accounting, Organizations and Society*, 21(4). 371-413.

Hamilton, G. and C. O'hOgartaigh, 2009. "The third policeman: the true and fair view, language and the habitus of accounting", *Critical Perspectives on Accounting*, 20(8) 910-920.

Hammersley, M., 2005. "Should Social Science Be Critical?", *Philosophy of the Social Science*, 35(2). 175-195.

Hammond, T. and L. Oakes, 1992. "Some Feminism and Their Implications for Accounting Practice", *Accounting, Auditing and Accountability Journal*, 3(3). 52-70.

Harvey, D., 1989. *The Conditions of Postmodernity: an inquiry into the origins of culture change*, Oxford: Blackwell.

Haslam, J., 1986. "Towards a Marxian Theory of Accounting: A Comment", *The British Accounting Review*, 18(1). 43-51.

Hassard, J., 1994. "Postmodern Organizational Analysis: toward a conceptual framework", *Journal of Management Studies*, 31(3). 303-324.

Haynes, K., 2008. "(Re)figuring accounting and maternal bodies: the gendered embodiment of accounting professionals", *Accounting, Organizations and Society*, 33(4/5). 328-348.

Hegel, G.W.F., 1807. *The Phenomenology of Mind*; 임석진 옮김, 2005. 정신현상학, 한길사.

__________, 1812. *The Science of Logic*; 김계숙 옮김, 1997. 헤겔 논리학, 서문문화사.

Held, D., 1980. *Introduction to Critical Theory: Horkheimer to Habermas*, Berkeley: University of California Press; 백승균 옮김, 1999. 비판이론서설, 계명대학교출판부.

Henderson, S., G. Peirson and K. Harris. 2004. *Financial Accounting Theory*, Sydney: Pearson; 김석웅 역, 2005. 재무회계이론, 대명.

Henning, E., W. Van Rensburg and B. Smit, 2004. *Finding Your Way in Qualitative Research*,

Pretoria: Van Schaik.

Hilferding, R., 1910. *Finance Capital*, London and Boston: Routledge & Kogan Paul; 김수행・김진엽 옮김, 2011. 금융자본론, 비르투.

Hines, R. D., 1988a. "Financial Accounting: in communicating reality, we construct reality", *Accounting, Organizations and Society*, 13(3). 251-261.

__________, 1988b. "Popper's Methodology of Falsificationism and Accounting Research", *The Accounting Review*, 63(4). 657-662.

__________, 1989. "The Sociopolitical Paradigm in Financial Accounting Research", *Accounting, Auditing and Accountability Journal*, 2(1). 52-76.

__________, 1991. "The FASB's Conceptual Framework, Financial Accounting and the Maintenance of the Social World", *Accounting, Organizations and Society*, 16(4). 313-351.

__________, 1992. "Accounting: Filing the Negative Space", *Accounting, Organizations and Society*, 17(3/4). 313-341.

Hollis, M. 1987. *The Cunning of Reason*, Cambridge: Cambridge University Press.

Holthausen, R., and R.W. Leftwich, 1983. "The Economic Consequences of Accounting Choice: implications of costly constracting and monitoring", *Journal of Accounting and Economics*, 5(3). 77-117.

__________ and R.L. Watts, 2001. "The Relevance of Value Relevance Literature for Financial Accounting Standard Setting", *Journal of Accounting and Economics*, 31(1/3). 3-75.

Hopper, T., Annisette, M.A., Distoor, N., Uddin, S.N. and D.P. Wickramasinghe, 1995. "Some Challenges and Alternatives to Positive Accounting Research", in Jones, S. Romano, C. and J. Ratnatunga(eds), *Accounting Theory*, Sydney: Harcourt Brace. 517-550.

__________ and P. Armstrong, 1991. "Cost Accounting, Controlling Labour and the Rise of Conglomerates", *Accounting, Organizations and Society*, 16(5/6). 405-438.

__________, Cooper, D., Lowe, T., Capps, T. and J. Mouritsen, 1986. "Management control and worker resistance in the National Coal Board: financial controls in the labour process", in Knights, D. and H.C. Willmott(eds), *Managing the Labour Process*, Gower. London. 109-141.

__________, and N. Macintosh, 1993. "Management Accounting as a Disciplinary Practice: The Case of ITT under Harold Geneen", *Management Accounting Research*, 4(3). 181-216.

__________, Otley, D. and B. Scapens, 2001. "British Management Accounting Research

: whence and whither: opinions and recollections", *The British Accounting Review*, 33(3). 263-291.

__________, and A. Powell, 1985. "Making Sense of Research into the Organizational and Social Aspects of Management Accounting: A Review of Its Underlying Assumptions", *Journal of Management Studies*, 22(5). 429-465.

__________, J. Story and H. Willmott, 1987. "Accounting for Accounting: Towards the Development of a Dialectical View", *Accounting, Organizations and Society*, 12(5). 437-456.

Hopwood, A.G., 1976. "Editorial: The path ahead", *Accounting, Organizations and Society*, 1(1). 1-4.

__________, 1978. "Towards an organizational perspective for the study of accounting and information systems", *Accounting, Organizations and Society*, 3(1). 3-14.

__________, 1979. "'Editorial", *Accounting, Organizations and Society*, 4(3). 145-147.

__________, 1983. "On Trying to Study Accounting in the Contexts in Which It Operates", *Accounting, Organizations and Society*, 8(2/3). 287-305.

__________, 1984. "Accounting and the Pursuit of Efficiency", in Hopwood, A.G. and C.R. Tomkin(eds), *Issues in Public Sector Accounting*, London: Phillip Allen. 167-187.

__________, 1986. "Accounting, Knowledge, Power", *Accounting, Organizations and Society*, 11(1). 1-2.

__________, 1987a. "Archaeology of Accounting Systems", *Accounting, Organizations and Society*, 12(3). 207-234.

__________, 1987b. "Accounting and Organizational Action", in Cushing, B. E.(ed.), *Accounting and Culture*, Florida: AAA. 50-63.

__________, 1987c. "Accounting and Gender: an introduction", *Accounting, Organizations and Society*, 13(1). 65-69.

__________, 1989. "Accounting and the pursuit of social interest", in Chua et al.(eds), *Critical Perspectives in Management Control*, Basingstoke, UK: The Macmillan Press Ltd., 141-157.

__________, 1990. "Accounting and Organizational Change", *Accounting, Auditing and Accountability Journal*, 3(1). 7-17.

__________, 2007. "Whither Accounting Research?", *The Accounting Review*, 82(5). 1365-1374.

__________, and M. Bromwich, 1984. "Accounting Research in the United Kingdom", in Hopwood, A. and H. Schreuder(eds), *European Contribution to Accounting Research*,

Amsterdam: Free University of the Amsterdam Press. 133-161.

____________ and P. Miller(eds), 1994. *Accounting as Social and Institutional Practice*, London: Cambridge University Press.

Horkheimer, M., 1937. *Critical Theory*, New York: Herder and Herder.

____________, 1947. *Eclipse of Reason*, New York: Herder and Herder.

____________ and T. Adorno, 1947. *Dialectic of Enlightenment*, New York: Herder and Herder.

Hoskin, K., 1990. "Foucault under Examination: the crypto-educationist unmasked", in Ball, S.(ed.), *Foucault and Education*, London. Routledge. 29-55; 이우진 옮김, 2007. 푸코와 교육, 청계. 57-101.

________, 1994. "Boxing Clever: for against and beyond Foucault in the battle for accounting theory", *Critical Perspectives on Accounting*, 5(1). 57-86.

________ and R. Macve, 1986. "Accounting and the Examination: A Genealogy of Disciplinary Power", *Accounting, Organizations and Society*, 11(2). 105-136.

____________________, 1988. "The Genesis of Accountability: The West Point Connections", *Accounting, Organizations and Society*, 13(1). 37-73.

____________________, 1993. "Accounting as Discipline: The Overlooked Supplement" in Messer-Davidow, E., D. Shumway and D. Sylyan(eds), *Knowledge: Historical and Critical Studies in Disciplinarity*, London: University Press of Virginia. 25-53.

____________________, 1994a. "Reappraising the Genesis of Managerialism: A Re-examination of the Role of Accounting at the Springfield Armory, 1815-1845", *Accounting, Auditing and Accountability Journal*, 7(2). 4-29.

____________________, 1994b. "Writing, Examining, Discipling: the Genesis of Accounting's Modern Power", in Hopwood, A.G. and P. Miller(eds), *Accounting as Social and Institutional Practice*, London: Cambridge University Press. 67-97.

____________________, 2000. "Knowing more as knowing less? Alternative histories of cost and management accounting in the US and the UK", *The Accounting Historians Journals*, 27(1). 91-149.

Hughes, W., 1996. *Critical Thinking*, Ontario: Broadview Press.

Hume, D., 1739. *A Treatise of Human Nature*, Oxford: reprinted from the original 1939 edition ed. by Selby-Bigge, L.A.; 이준호 옮김, 1994. 오성에 관하여, 서광사.

Humphrey, C., 2001. "Paper Prophets and the Continuing Case for Thinking Differently about Accounting Research", *The British Accounting Review*, 33(1). 91-103.

___________, 2005. "The questionable nature of 'third hand' public sector accounting solutions: a case for change?", *European Accounting Review*, 14(2). 341-351.

Ijiri, Y. 1967. *The Foundations of Accounting Measurements*, Englewood Cliffs, NJ: Prentice-Hall.

Ito, M., 1980. *Value and Crisis: essays on marxian economics in Japan*, London: Pluto Press.

Ittner, C.D. and D.F. Larcker, 2001. "Assessing Empirical Research in Managerial Accounting: a value-based management perspective", *Journal of Accounting and Economics*, 32(1/3). 349-410.

Jackson, N. and P. Carter, 1998. "Labour as Dressage", in McKinlay, A. and K. Starkkey(eds), *Foucault, Management and Organization Theory*, London: Sage. 49-64.

Jacobs, K., 2003. "Class reproduction in professional recruitment: examining the accounting profession", *Critical Perspectives on Accounting*, 14(5). 569-596.

Jaros, S.J., 2001. "Labour Process Theory: a commentary on the debate", *International Studies of Management and Organization*, 30(4). 25-39.

Jay, M., 1973. *The Dialectical Imagination: a History of the Frankfurt School and the Institute of Social Research 1923-1950*, Boston: Little, Brown and Company; 황재우 외 옮김, 1979. 변증법적 상상력: 프랑크푸르트학파의 역사와 이론, 돌베개.

Jayasinghe, K. and D. Wickramasinghe, 2011. "Power over Empowerment: encountering development accounting in a Sri Lankan fishing village", *Critical Perspectives on Accounting*, 22(4). 396-414.

Jeacle, I. and E.J. Walsh, 2002. "From moral evaluation to rationalization: accounting and the shifting technologies of credit", *Accounting, Organizations and Society*, 27(8). 737-761.

Jeanjean, T. and C. Ramirez, 2009. "Back to the Origins of Positive Theories: a contribution to an analysis of paradigm changes in accounting research", *Accounting in Europe*, 6(1). 107-126.

Jensen, M.C., 1976. "Reflection on the State of Accounting Research and the Regulation of Accounting", *Stanford Lectures in Accounting 1976*, Stanford Graduate School of Business, Stanford University. 15-16.

__________, 1983. "Organization Theory and Methodology", *The Accounting Review*, 58(2). 319-339.

__________ and W.H. Meckling, 1976. "Theory of Firm: Management Behaviour, Agency Costs and Ownership Structure", *Journal of Financial Economics*, 3(4). 305-360.

Jermier, J.M., 1998. "Introduction: Critical Perspectives on Organizational Control", *Administrative Science Quarterly*, 43(2). 235-256.

Jinnai, Y., 1990. "The Function of Accounting: A Japanese Perspective", *Accounting, Auditing and Accountability Journal*, 3(2). 8-23.

_______, 2005. "Towards a Dialectical Interpretation of the Contemporary Mode of Capitalist Accounting", *Critical Perspectives on Accounting*, 16(2). 95-113.

_______, 2011. "Rethinking the Relationship of Accounting to Labour and Capital", *International Journal of Economics and Accounting*, 2(4). 373-386.

Johansen, T.R., 2008. "Employees and the Operation of Accountability", *Journal of Business Ethics*, 83(2). 247-263.

Johnson, H. T., and R.S. Kaplan, 1987. *Relevance Lost: the rise and fall of management accounting*, Boston, MA: Harvard Business School Press.

Jones, C.T., 1995. *Accounting and the Enterprise: a social analysis*, London: Routledge.

_________ and D. Dugdale, 2001. "The Concept of an Accounting Regime", *Critical Perspectives on Accounting*, 12(1). 35-63.

Jones, S., C. Romano, and J. Ratnatunga, 1995. *Accounting Theory*, Sydney: Harcourt Brace.

Jönsson, S. and N.B. Macintosh, 1997. "CATS, RATS and EARS: making the case for ethnographic accounting research", *Accounting, Organizations and Society*, 22(3/4). 367-386.

Joseph, J., 2002. *Hegemony: a realist analysis*, London: Routledge.

Kabir, M.H., 2010. "Positive Accounting Theory and Science", *Journal of Centrum Cathedra*, 3(2). 136-149.

Kaplan, R.S., 1984. "The Evolution of Management Accounting", *The Accounting Review*, 59(3). 390-418.

__________ and D.P. Norton, 1992. "The Balanced Scorecard-Measures that drive performance", *Harvard Business Review*, 70(1). 71-79.

__________ and R. Roll, 1972. "Investor Evaluation of Accounting Information: some empirical evidence", *Journal of Business*, 45(2). 225-257.

Kearins, K. and K. Hooper, 2002. "Genealogical Method and Analysis", *Accounting, Auditing and Accountability Journal*, 15(5). 733-757.

Keat, R. and J. Urry, 1982. *Social Theory as Science*, London: RKP; 이기홍 옮김, 1983. 과학으로서의 사회이론, 한울.

Keynes, J.N., 1891. *The Scope and Method of Political Economy*, New York: Kelley & Millman.

Kirkham, L. and A. Loft, 1993. "Gender and the Construction of the Professional Accountant", *Accounting, Organizations and Society*, 18(6). 507-558.

Klamer, A. and D. McCloskey, 1992. "Accounting as the Master Metaphor of Economics", *European Accounting Review*, 1(1). 147-160.

Knights, D., 1990. "Subjectivity, Power and the Labour Process Analysis", in Knights, D.

and H. Willmott(eds), *Labour Process Theory*, London: Macmillan. 297-335.

__________ and D. Collison, 1987. "Disciplining the Shopfloor: a comparison of the disciplinary effects of managerial psychology and financial accounting", *Accounting, Organizations and Society*, 12(5). 457-477.

__________ and H. Willmott, 1989. "Power and Subjectivity at Work: from degradation to subjugation in social relations", *Sociology*, 23. 1-24.

________________________(eds), 1990. *Labour Process Theory*, London: Macmillan.

Koopmans, T., 1957. *Three Essays on the State of Economic Science*, New York: McGraw-Hill.

Kosmala, K. and J.F. McKernan, 2011. "From Care of the Self to Care for the Other: neglected aspects of Foucault's late work", *Accounting, Auditing and Accountability Journal*, 24(3). 377-402.

Kuasirikun, N. and P. Constable, 2010. "The Cosmology of Accounting in Mid 19th-Century Thailand", *Accounting, Organizations and Society*, 35(6). 596-627.

Kuhn, T. S., 1962. *The Structure of Scientific Revolutions*, Chicago: The University of Chicago Press; 개정판(1970)의 번역본으로는 조 형 역, 1980. 과학혁명의 구조, 이화여자대학교출판부.

Kurunmaki, L., 1999. "Professional vs Financial Capital in the Field of Health Care-Struggle for the Redistribution of Power and Control", *Accounting, Organizations and Society*, 24(2). 95-124.

Lakatos, I., 1970. "Falsification and the Methodology of Scientific Research Programmes", in Lakatos, I. and Alan Musgrave(eds), *Criticism and the Growth of Knowledge*, England: Cambridge University Press. 91-196; 조승옥・김동식 역, 1987. 현대과학철학논쟁, 민음사. 129-263.

Lambert, C. and E. Pezet, 2011. "The Making of the Management Accountant: becoming the production of truthful knowledge", *Accounting, Organizations and Society*, 36(1). 10-30.

Latour, B., 1987. *Science in Action*, Cambridge, MA: Harvard University Press.

Latsis, S.J., 1976. *Method and Appraisal in Economics*, Cambridge: Cambridge University Press.

Laudan, L., 1977. *Progress and Its Problems*, London: Routhledge and Kegan Paul.

Laughlin, R. C., 1981. "On the Nature of Accounting Methodology", *Journal of Business Finance and Accounting*, 8(3). 329-351.

____________, 1987. "Accounting Systems in Organizational Context: A Case for Critical Theory", *Accounting, Organizations and Society*, 12(5). 479-502.

____________, 1988. "Accounting in its Social Context: an analysis of the accounting systems of the church of England", *Accounting, Auditing and Accountability Journal*, 1(2). 19-42.

______, 1991. "Environmental Disturbances and Organizational Change Pathways", *Organizational Studies*, 12. 209-232.

______, 1995. "Empirical Research in Accounting: Alternative Approaches and a Case for 'Middle-Range' Thinking", *Accounting, Auditing and Accountability Journal*, 8(1). 63-87.

______, 1999. "Critical Accounting: nature, progress and prognosis", *Accounting, Auditing and Accountability Journal*, 12(1), 73-78.

______, 2004. "Putting the Record Straight: a critique of 'methodology choices and the construction of facts: some implications from the sociology of knowledge'", *Critical Perspectives on Accounting*, 15(2). 261-277.

______, J. Broadbent, 1993. "Accounting and Law: partners in the jurisdiction of the public sector in the UK?", *Critical Perspectives on Accounting*, 4(4). 337-368.

______, D. Shearn and H. Willig-Atherton, 1994. "Absorbing LMS: the coping mechanism of a small group", *Accounting, Auditing and Accountability Journal*, 7(1). 59-85.

______, T. Hopper and P. Miller, 1989. "Contextual Studies of Accounting nd Auditing: an Introduction", *Accounting, Auditing and Accountability Journal*, 2(1). 4-6.

______ and E.A. Lowe, 1990. "A Critical Analysis of Accounting Thought: prognosis and prospects for understanding and accounting system design", in Cooper, D.J. and T.M. Hopper(eds), *Critical Accounts*, London: Macmillan. 15-43.

______ and A.G. Puxty. 1986. "Designing and Operating A Course in Accounting Methodology: philosophy, experience and some preliminary empirical tests", *The British Accounting Review*, 18(2). 17-42.

______ and A. G. Puxty, 1983. "Accounting Regulation: an alternative perspective", *Journal of Business Finance and Accounting*, 10(3). 451-479.

Leavitt, H.J., 1964. *Managerial Psychological*, 2nd. ed., Chicago: University of Chicago Press.

Lee, T., 1995. "Shaping the US Academic Accounting Research Profession: the American Accounting Association and the social construction of a professional elite", *Critical Perspectives on Accounting*, 6(3). 241-261.

______, 1997. "The Editorial Gatekeepers of the Accounting Academy", *Accounting, Auditing and Accountability Journal*, 10(1). 11-30.

______, 1999. "Anatomy of a Professional Elite: the executive committee of the American

Accounting Association 1916-1996", *Critical Perspectives on Accounting*, 10(3). 247-264.

______, 2001. "Sustaining a Habitus in U.S. Accounting Research", *Advances in Public Interest Accounting*, 8. 177-194.

______, 2004. "Accounting and Auditing Research in the United States", in Humphrey, C. and B. Lee(eds), *The Real Life Guide to Accounting Research: a behind-the-scenes view of using qualitative research methods*, London: Elsevier. 57-71.

______ and P.F. Williams, 1999. "Accounting from the Inside: legitimizing the accounting academic elite", *Critical Perspectives on Accounting*, 10(6). 867-895.

Leftwich, R., 1980. "Market Failure Fallacies and Accounting Information", *Journal of Accounting and Economics*, 2(3). 193-211.

Lehman, C. R., 1992. *Accounting's Changing Role in Social Conflict*, New York: Markus Wiener Publishing; 구치모 · 김동률 · 서수덕 공역, 1996. 회계의 사회적 역할, 석정.

____________ and A. M. Tinker, 1987. "The 'Real' Cultural Significance of Accounts", *Accounting, Organizations and Society*, 12(5). 503-522.

Lemke, T., 2002. "Foucault, Governmentality, and Critique", *Rethinking Marxism*, 14(3). 49-64.

LeRoy, S.F., 1989. "Efficient Capital Markets and Martingales", *Journal of Economic Literature*, 27(4). 1583-1621.

Lessnoff, M.H., 1974. *The Structure of Social Science - a philosophical introduction*, London: George Allen & Unwin.

Lev, B. and J. A. Ohlson, 1982. "Market-Based Empirical Research in Accounting: a review interpretation, and extension", *Journal of Accounting Research*, 20. Supplement. 249-322.

Lilien, S. and V. Pastena, 1982. "Determinants of Intramethod Choice in the Oil and Gas Industry", *Journal of Accounting and Economics*, 4(3). 145-170.

Lipovetsky, G., 2006. *Le Bonheur Paradoxal*, Paris: Gallimad; 정미애 옮김, 2009. 행복의 역설, 알마.

Littler, C., 1982. *The Development of the Labour Process in Capitalist Societies: a comparative study of the transformation of work organization in British, Japan and USA*, London: Heinemann Educational.

________, 1990. "The Labour Process Debates: a theoretical review, 1974-1988", Knights, D. and H. Willmott(eds), *Labour Process Theory*, London: Macmillan. 46-94.

Littleton, A.C. and V.K. Zimmerman, 1962. *Accounting Theory: continuity and change*, Englewood Cliffs, NJ; Prentice-Hall.

Lodh, S.C. and M.J.R. Gaffikin, 1997. "Critical Studies in Accounting Research, Rationality and Habermas: a methodological reflection", *Critical Perspectives on Accounting*, 8(6). 433-474.

Loft, A., 1986. "Towards a Critical Understanding of Accounting: the case of cost accounting in the U.K. 1914-1925", *Accounting, Organizations and Society*, 11(2). 137-169.

_______, 1988. *Understanding Accounting in its Social and Historical Context: the case of cost accounting in Britain 1914-1925*, New York: Garland Press.

_______, 1992. "Accountancy and the Gendered Division of Labour: a review essay", *Accounting, Organizations and Society*, 17(4). 367-378.

________, 1995. "The History of Management Accounting: relevance found", in Ahston, D., T. Hopper and R.W. Scapens(eds), *Issues in Management Accounting*, 2nd ed., Essex: Prentice-Hall Europe. 21-44.

Longhurst, B., 1986. "Review of 'Distinction'", *British Journal of Sociology*, 37. 453-454.

Lowe, E.A., A.G. Puxty and R. Laughlin, 1983. "Simple Theories for Complex Processes: accounting policy and the market myopia", *Journal of Accounting and Public Policy*, 2(1). 19-42.

_________ and A. Tinker, 1977. "Siting the Accounting Problematic: towards an intellectual emancipation of accounting", *Journal of Business Finance and Accounting*, 4(3). 263-276.

_________________________, 1989. "Accounting as Social Science: abstract versus concrete sources of accounting change", in Chua, W.F., T. Lowe and T. Puxty(eds), *Critical Perspectives on Management Control*, Basingstoke, UK: Macmillan Press Ltd. 47-61.

Luhmann, N., 1982. *The Differentiation of Society*, New York: Columbia University Press.

Macintosh, N. B., 1994. *Management Accounting and Control Systems*, Chichester, England: John Wiley & Sons.

_____________, 1995. "The Ethics of Profit Manipulation: a dialectic of control analysis", *Critical Perspectives on Accounting*, 6(4). 289-315.

_____________, 2002. *Accounting, Accountants and Accountability*, London: Routledge.

_____________, 2009. "Effective Genealogical History: possibilities for critical accounting History Research", *Accounting Historians Journal*, 36(1). 1-27.

_____________ and P. Quattrone, 2010. *Management Accounting and Control Systems*, 2nd ed., London: John Wiley & Sons.

Major-Poetzl, P., 1983. *Michel Foucault's Archaeology of Western Culture: toward a new science of history*, Chapel Hill, NC.: University of North Carolina Press.

Malkiel, B., 1987. "Efficient Market Hypothesis", in Eatwell, J., M. Milgate and P. Newman(eds), *The New Palgrave: A Dictionary of Economics*, London: Macmillan Press,

2. 120-123.

Malmquist, D., 1990. "Efficient Contracting and the Choice of Accounting Method in the Oil and Gas Industry", *Journal of Accounting and Economics*, 12(1/3). 173-206.

Malsch, B., Y. Gendron and F. Grazzini, 2011. "Investigating Interdisciplinary Translations ", *Accounting, Auditing and Accountability Journal*, 24(2). 194-228.

Maltby, J., 1997. "Accounting and the Soul of the Middle Class: Gustav Freytag's Soll Und Haben", *Accounting, Organizations and Society*, 22(1). 69-87.

Mankiw, G.N., D. Romer and M. Shapiro, 1991. "Stock Market Forecastability and Volatility: a statistical appraisal", *Review of Economic Studies*, 58(3). 455-477.

Marcuse, H., 1964. *One-Dimensional Man,* Boston: Beacon Press; 차인석 옮김, 1989. 일차원적 인간, 삼성출판사.

Marx, K., 1867. *Das Kapital, Erster Band, Buch I*, Hamburg; Fowkes, B., trans 1976, *Capital Vol.1*, Penguin; 김수행 역, 1989. 자본론 제1권, 비봉출판사.

_______, 1885. *Das Kapital, Erster Band, Buch II*, Hamburg; Fernbach, D., trans 1981. *Capital Vol.2*, Penguin; 김수행 역, 1990. 자본론 제2권, 비봉출판사.

_______, 1894. *Das Kapital, Zweiter Band, Buch III*, Berlin: Fernbach, D., trans, 1981. *Capital Vol.3*, Penguin; 김수행 역, 1990. 자본론 제3권, 비봉출판사.

_______ and F. Engels, 1845. *German Ideology*; 박재희 옮김, 2007. 독일이데올로기, 청년사.

____________________, *Collected works*, London; Lawrence and Wishart(available on line in www.marxists.org).

Mattessich, R., 1984. *Modern Accounting Research: History, Survey and Guide*, Vancouver, British Columbia: The Canadian Certified General Accountants Research Foundation.

___________, 1995. *Critique of Accounting: examination of the foundations and normative structure of an applied discipline*, Westprot, CT: Quorum Books.

___________, 2008. *Two Hundred Years of Accounting Research*, Abingdon, Oxford: Routledge.

___________, 2014. *Reality and Accounting: ontological explorations in the economic and social sciences*, London: Routledge.

Mautz, R.K., 1963. "Accounting as a Social Science", *The Accounting Review*, 38(2). 317-325.

McKee, A.J.Jr., T.B. Bell, and J.R. Boatsman, 1984. "Management Preferences Over Accounting Standards: A Replication and Additional Tests", *The Accounting Review*, 59(4). 647-659.

McKenzie, R. and A. Silver, 1968. *Angels in Marble: working class conservative in urban England*, London: Heinemann.

McKinlay, A., Carter, C., Pezet, E. and S. Clegg, 2010. "Using Foucault to Make Strategy",

Accounting, Auditing and Accountability Journal, 23(8). 1012-1031.

__________ and E. Pezet, 2010. "Accounting for Foucault", *Critical Perspectives on Accounting*, 21(6). 486-495.

__________ and R. Wilson, 2006. "'Small Acts of Cunning': bureaucracy, inspection and the career, 1890-1914", *Critical Perspectives on Accounting*, 17(5). 657-678.

McPeck, J., 1981. *Critical Thinking and Education*, Oxford: Martin Robertson.

McPhail, K.J., 1999. "The Threat of Ethical Accountants: an application of Foucault's concept of ethics to accounting education and some thoughts on ethically educating for the other", *Critical Perspectives on Accounting*, 10(6). 833-866.

__________, C. Paisey and N. Paisey, 2010. "Class, Social Deprivation and Accounting Education in Scottish Schools: implications for the reproduction of the accounting profession and practice", *Critical Perspectives on Accounting*, 21(1). 31-50.

__________ and D. Walters, 2009. *Accounting and Business Ethics*, Abindon, UK: Routledge.

McSweeney, B., 2009. "The Roles of Financial Asset Market Failure Denial and the Economic Crisis: reflections on accounting and financial theories and practices", *Accounting, Organizations and Society*, 34(6/7). 835-848.

Meiksins, P., 1994. "Labor and Monopoly Capital for the 1990s: a review an critique of the labor process debate", *Monthly Review*, 46(6). 45-59.

Mennicken, A., 2002. "Bringing Calculation Back in: sociological studies in accounting", *Economic Sociology*, 3(3). 17-27.

__________, 2008. "Connecting Worlds: the translation of international auditing standards into Post-Soviet audit practice", *Accounting, Organizations and Society*, 33(4/5). 384-414.

__________ and P. Miller, 2012. "Accounting, Territorialization and Power", *Foucault Studies*, 13. 4-24.

__________ and R. Samiolo, 2008. "Accounting for Economic Sociology", *Economic Sociology*, 10(1). 3-7.

Merino, B.D., 1998. "Critical Theory and Accounting Theory: Challenges and Opportunities ", *Critical Perspectives on Accounting*, 9(6). 606-616.

__________ and M.D. Neimark, 1982. "Disclosure Regulation and Public Policy: a socio-historical reappraisal", *Journal of Accounting and Public Policy*, 1(1). 33-57.

Merton, R.K., 1968. *Social Theory and Social Structure*, New York: The Free Press.

Messner, M., 2009. "The Limits of Accountability", *Accounting, Organizations and Society*, 34(8). 918-938.

Milburn, J.A., 2008. "The Relationship between Fair Value, Market Value and Efficient Markets", *Accounting Perspectives*, 7(4). 293-316.

Milgrom, P. and J. Roberts, 1992. *Economics, Organizations and Management*, New York: Prentice-Hall.

Miller, P., 1990. "On the Interrelations between Accounting and the State", *Accounting, Organizations and Society*, 15(4). 315-340.

________, 1991. "Accounting Innovation Beyond the Enterprise: problematizing investment decisions and programming economic growth in the U.K. in the 1960's", *Accounting, Organizations and Society*, 16(8). 733-762.

________, 1994. "Accounting as a Social and Institutional Practice: an Introduction", in Hopwood, A.G. and P. Miller(eds), *Accounting as Social and Institutional Practice,* London: Cambridge University Press. 1-39

________, 2001. "Governing by Numbers: Why Calculative Practices Matter", *Social Research*, 68(2), 379-396.

________, 2007. "Management Accounting and Sociology", in Chapman, C.S., Hopwood, A.G. and M.D. Shields(eds), *Handbook of Management Accounting Research*, London: Elsevier. 285-295.

________, 2008. "Calculating Economic Life", *Journal of Cultural Economy*, 1(1), 51-64.

________, T. Hopper and R. Laughlin, 1991. "The New Accounting History: An Introduction", *Accounting, Organizations and Society*, 16(5/6). 395-403.

________ and C. Napier, 1993. "Genealogies of Calculation", *Accounting, Organizations and Society*, 18(6). 631-647.

________ and T. O'Leary, 1987. "Accounting and the Construction of the Governable Person", *Accounting, Organizations and Society*, 12(3). 235-266.

______________________, 1989. "Hierarchies and American Ideals 1900-1940", *Academy of Management Review*, 14(2). 250-265.

______________________, 1993. "Accounting Expertise and the Politics of the Product: Economic Citizenship and Modes of Corporate Governance", *Accounting, Organizations and Society*, 18(2/3). 187-206.

______________________, 1994a. "Accounting, 'Economic Citizenship' and the Spatial Recording of Manufacture", *Accounting, Organizations and Society*, 19(1). 15-43.

______________________, 1994b. "Governing the Calculable Person", in Hopwood, A.G. and P. Miller(eds), *Accounting as Social and Institutional Practice*, London: Cambridge University Pres. 98-115.

________ and M. Power, 1992. "Accounting, Law and Economic Calculation", in Bromwich, M and A. G. Hopwood(eds), *Accounting and the Law*, London: Prentice Hall/ICAEW. 230-253.

______________________, 2013. "Accounting, Organizing, and Economizing", *The Academy of Management Annals*, 7(1). 555-603.

________ and N. Rose, 1990. "Governing Economic Life", *Economy and Society*, 19(1). 1-31.

__________________, 2008. *Governing the Present: Administering Economic, Social and Personal Life*, Cambridge: Polity Press.

________ and R. Samiolo, 2008. "Accounting for Economic Sociology", *Economic Sociology*, 10(1). 3-7.

Mingers, J., 1989. "Problem of Measurement", in Jackson, M., P. Keys and S. Cropper (eds), *Operational Research and the Social Sciences*, New York: Plenum Press. 471-477.

_________, 2000. "What is it to be Critical: Teaching a Critical Approach to Management Undergraduates", *Management Learning*, 31(2). 219-237.

Mitchell, A., P. Sikka and H. Willmott, 1998. "Sweeping it under the carpet: the role of accountancy firms in money laundering", *Accounting, Organizations and Society*, 23(5/6). 589-607.

Monsen, R.J. and A. Downs, 1965. "A Theory of Large Managerial Firms", *Journal of Political Economy*, 73(3). 221-236.

Montagna, P., 1997. "Modernism vs Postmodernism in Management Accounting", *Critical Perspectives on Accounting*, 8(1). 125-145.

Moore, A., 1991. "Accounting on trial: The critical legal studies movement and its lessons for radical accounting", *Accounting, Organizations and Society*, 16(8). 763-793.

Moore, R. 2008. *Capital in Pierre Bourdieu: key concepts*, London: Acumen Press.

Morgan, G., 1988. "Accounting as Reality Construction: Towards a new epistemology for accounting practice", *Accounting, Organizations and Society*, 13(5). 477-486.

_________ and and L. Smircich, 1980. "The Case for Qualitative Research", *Academy of Management Review*, (5/4). 491-500.

_________ and H. Willmott, 1993. "The 'New' Accounting Research: on making accounting more visible", *Accounting, Auditing and Accountability Journal*, 6(4). 3-36.

Mouck, T., 1990. "Positive Accounting Theory as a Lakatosian Research Programme", *Accounting and Business Research*, 20(79). 231-239.

_________, 1992. "The Rhetoric of Science and the Rhetoric of Revolt in the Story of Positive Accounting Theory", *Accounting, Auditing and Accountability Journal*, 5(4). 35-56.

Napier, C.J., 1989. "Research Directions in Accounting History", *The British Accounting Review*, 21(3). 237-254.

________, 2006. "Accounts of Change: 30 years of historical accounting research", *Accounting, Organizations and Society*, 31(4/5). 445-507.

Nash, R., 1990. "Bourdieu on education and social and cultural reproduction", *British Journal of Sociology of Education*, 11(4). 431-447.

Ndubizu, G.A., 1994. "Accounting Standards and Economic Development: third world in perspective", *International Journal of Accounting Education and Research*, 29(2). 181-196.

Neimark, M., 1990. "The King is Dead. Long Live the King!", *Critical Perspectives on Accounting*, 1(1). 103-114.

________, 1992. *The Hidden Dimensions of Annual Reports: sixty years of social conflict at General Motors*, New York: Markus Wiener.

________, 1994. "Regicide Revisited: Marx, Foucault and Accounting", *Critical Perspectives on Accounting*, 5(1). 87-108.

________, and T. Tinker, 1986. "The Social Construction of Management Control Systems", *Accounting, Organizations and Society*, 11(4/5). 369-395.

____________________, 1987. "The Role of Annual Reports in Gender and Class Contradictions at General Mortors: 1917-1976", *Accounting, Organizations and Society*, 11(4/5). 369-395.

Nelson, C., 1973. "A Priori Research in Accounting", in Dopuch, N. and L. Revsine(eds), *Accounting Research 1960-70: A Critical Evaluation*, Center for International Education and Research in Accounting, University of Illinois. 3-19.

Neu, D., 1992. "The Social Construction of Positive Choices", *Accounting, Organizations and Society*, 17(2/3). 223-237.

_______, 1997. "Positive accounting theory: a pragmatic assessment", *Accounting Forum*, 20(1). 53-62.

_______, 2006. "Accounting for public space", *Accounting, Organizations and Society*, 31(4/5). 391-414.

_______, Cooper, D.J. and J. Everett, 2001. "Critical Accounting Interventions", *Critical Perspectives on Accounting*, 12(6). 735-762.

_______, Friesen, C. and J. Everett, 2003. "The changing internal market for ethical discourses in the Canadian CA Profession", *Accounting, Auditing and Accountability Journal*, 16(1). 70-103.

_______ and C. Graham, 2006. "The birth of a nation: accounting and Canada's first nations,

1860-1900", *Accounting, Organizations and Society*, 31(1). 47-76.

_______ and M. Heincke, 2004. "The Subaltern Speaks: financial relations and the limits of governmentality", *Critical Perspectives on Accounting*, 15(1). 179-206.

_______, Leisure, S. and E. Ocampo(2008), "Diffusing Financial Practices in Latin American Higher Education: understanding the intersection between global influence and the local context", *Accounting, Auditing and Accountability Journal*, 21(1). 47-77.

_______ and E. Ocampo, 2007. "Doing Missionary Work: the World Bank and the diffusion of financial practices", *Critical Perspectives on Accounting*, 18(3). 363-389.

_______, Ocampo, E., Graham, C. and M. Heincke, 2006. "'Informing' Technologies and the World Bank", *Accounting, Organizations and Society*, 31(7). 635-662.

_______ and C. Simmons, 1996. "Reconsidering the 'Social' in Positive Accounting Theory: the case of site restoration costs", *Critical Perspectives on Accounting*, 7(4). 409-435.

Newby, H., 1977. *The Differentiated Worker*, London: Penguin.

Newman, W.L., 2003. *Social Research Methods: qualitative and quantitative approaches*, 7th ed., Pearson Education, Inc.; 박기우・이정우・유희숙・문성균・박혜상 옮김, 2013. 사회 연구 조사 방법론, 이앤비플러스.

Nichols, T. and H. Beynon, 1977. *Living with Capitalism: class relations and the modern factory*, London: Routledge & Kegan Paul.

Nietzsche, F., 1887. *Zur Genealogie der Moral*, Leipzig: Verlag von C.G. Naumann; 홍성광 옮김, 2011. 도덕의 계보학, 연암서가.

Nurunnabi, M., 2011. "Should Social and Political Science be 'Critical' in Character? The impediments and the critical turn in accounting", *International Journal of Critical Accounting*, 3(4). 350-366.

Oakes, L.S. and M.A. Covaleski, 1994. "A Historical Examination of the Use of Accounting -based Incentives Plans in the structuring of Labour-Management Relations", *Accounting, Organizations and Society*, 19(7). 579-599.

__________ and P.J. Milanti Jr., 1996. "Louis D. Brandeis and standard cost accounting: astudy of the construction of historical agency", *Accounting, Organizations and Society*, 21(6). 569-586.

__________, Townley, B. and D.J. Cooper, 1998. "Business Planning as Pedagogy: language and control in a changing institutional field", *Administrative Science Quarterly*, 43(2). 257-292.

__________ and J.J. Young, 2010. "Reconciling Conflict: the role of accounting in the American Indian trust fund debate", *Critical Perspectives on Accounting*, 21(1). 63-75.

O'Doheerty, D. and H. Willmott, 2001. "The Question of Subjectivity and the Labour Process", *International Studies of Management and Organization*, 30(4). 112-132.

Oguri, T., 1988. "An Insight into Critical Accounting Studies in Japan: A contribution to the international discourse on radical accounting", 鹿兒島經大論集, 29(2). 27-63.

________, 2002. "A Theoretical Survey of Critical Accounting Studies in Japan", *Critical Perspectives on Accounting*, 13(4). 477-495.

________, 2005. "Functions of Accounting and Accounting Regulation: alternative perspectives based on Marxian economics", *Critical Perspectives on Accounting*, 16(2). 77-94.

Ohlson, J.A., 2011. "On Successful Research", *European Accounting Review*, 20(1). 7-26.

Okcabol, F.. and T. Tinker, 1993. "Dismantling Financial Disclosure Regulations: language and control in a changing institutional field", *Administrative Science Quarterly*, 43. 257-292.

Oler, D.K., M.J. Oler and C.J. Skousen, "Characterizing Accounting Research", *Accounting Horizons*, 24(4). 635-670.

Owen, D., 2005. "CSR after Enron: a role for the academic accounting profession?", *European Accounting Review*, 14(2). 395-404.

Parker, L.D., 1997. "Informing Historical Research in Accounting and Management: traditions, philosophies and opportunities", *The Accounting Historical Journal*, 24(2). 111-149.

__________, and N.R. Lewis, 1995. "Classical Management Control in Contemporary Management and Accounting: the persistence of Taylor and Faylor's world", *Accounting, Business and Financial History*, 5(2). 211-235.

Passmore, J.A., 1953. "Can the Social Sciences Be Value-Free?" in Feigl, H. and M. Brodbeck(eds), *Readings in the Philosophy of Science*, New York: Appleton-Century-Crofts. 674-676.

Paton, W.A. and A.C. Littleton, 1940. *An Introduction to Corporate Accounting Standards*, Sarasota, Fla: American Accounting Association.

Paul, R., 1990. *Critical Thinking*, Santa Rosa: Foundation for Critical Thinking.

Peet, R., 1980. "Historical Materialism and Mode of Production: a note on Marx's perspective and method", in Peet, R.(ed.), *An Introduction to Marxist Theories of Underdevelopment*, Canberra: Research School of Pacific Studies, The Australian National University. 9-26.

Perera, M.H., 1989. "Towards a Framework to Analyse the Impact of Culture on

Accounting", *International Journal of Accounting Education and Research*, 24(1). 42-56.

Perrow, C., 1986. *Complex Organizations*, 3rd edition, New York: Random House.

Popper, K.R., 1959. *The Logic of Scientific Discovery*, London: Hutchinson and Co.; 박우석 옮김, 1994. 과학적 발견의 논리, 고려원.

__________, 1963. *Conjectures and Refutations: the growth of scientific knowledge*, New York: Basic Books.

__________, 1983. *Realism and the Aim of Science*, London: Rowman and Littlefield.

Poster, M., 1984. *Foucault, Marxism and History: mode of production versus mode of information*, New York: Polity Press; 이정우 옮김, 1990. 푸코, 마르크시즘, 역사: 생산 양식 대 정보양식, 서울: 인간사랑.

Potter, B.N., 2005. "Accounting as a Social and Institutional Practice: perspectives to enrich our understanding of accounting change", *Abacus*, 41(3). 265-289.

Power, M., 1996. "Habermas and the Counterfactual Imagination", *Cardozo Law Review*, 17(4). 1005-1025.

________(ed.), 1996. *Accounting and Science: Natural Enquiry and Commercial Reason*, Cambridge: Cambridge University Press.

________, 1997. *Audit Society: Rituals of Verifications*, Oxford: Oxford University Press.

________, 2011. "Foucault and Sociology", *Annual Review of Sociology*, 37. 35-56.

________ and R. Laughlin, 1996. "Habermas, Law and Accounting", *Accounting, Organizations and Society*, 21(5). 441-465.

____________________ and D.J. Cooper, 2003. "Accounting and Critical Theory", in Alvesson, M. and H. Willmott(eds), *Studying Management Critically*, London: Sage. 132-156.

Preston, A.M., 1989. "The Taxman Cometh: some observations on the interrelation between accounting and Inland Revenue practice", *Accounting, Organizations and Society*, 14(5/6). 389-414.

__________, 1992. "The Birth of Clinical Accounting: a study of the emergence and transformation of discourses on costs and practices of accounting", *Accounting, Organizations and Society*, 17(1). 63-107.

__________, Cooper, D. and R. Coombs, 1992. "Fabricating Budgets: a study of the production of management budgeting in the National Health Service", *Accounting, Organizations and Society*, 17(5). 561-593.

Puxty, A.G., 1991. "Social Accountability and Universal Pragmatics", *Advances in Public Interest Accounting*, 4. 35-46.

_________, 1993. *The Social and Organizational Context of Management Accounting*, London: Academic Press; 김영규 역, 1999. 관리회계의 사회적 맥락과 조직적 맥락, 서울: 석정.

_________, 1997. "Accounting Choice and a Theory of Crisis: the cases of post-privatization British Telecom and British gas", *Accounting, Organizations and Society*, 22(7). 713-735.

_________, Sikka, P. and H. Willmott, 1994. "Systems of Surveillance and the Silence of UK Academic (Accounting) Labour", *The British Accounting Review*, 26(2). 137-171.

Quattrone, P., 2004. "Accounting for God: accounting and accountability practices in the Society of Jesus(Italy, XVI-XVII centuries)", *Accounting, Organizations and Society*, 29(7). 647-683.

__________ and T. Hopper, 2005. "A 'time-space odyssey': management control systems jn two multinationals organizations", *Accounting, Organizations and Society*, 30(7/8). 735-764.

Radcliffe, V.S., 1998. "Efficiency Audit: An Assembly of Rationalities and Programmes", *Accounting, Organizations and Society*, 23(4). 377-410.

___________, 1999. "Knowing Efficiency: the enactment of efficiency in efficiency auditing", *Accounting, Organizations and Society*, 24(4). 333-362.

___________, D.J. Cooper and K. Robson, 1994. "The Management of Professional Enterprises and Regulatory Change: British accountancy and the Financial Services Act, 1986", *Accounting, Organizations and Society*, 19(6). 601-628.

Rahaman, A.S., J. Everett, and D. Neu, 2007. "Accounting and The Move to Private Water Services in Africa", *Accounting, Auditing and Accountability Journal*, 20(5). 637-670.

Ramirez, C., 2001. "Understanding Social Closure in its Cultural Context: accounting practitioners in France(1920-1939)", *Accounting, Organizations and Society*, 26(4/5). 391-418.

Rasmussen, D.M.(ed.), 1994. *The Handbook of Critical Theory*, Oxford: Blackwell.

Ravenscroft, S. and P.F. Williams, 2009. "Making Imaginary Worlds Real: the case of expensing employee stock options", *Accounting, Organizations and Society*, 34(6/7). 770-786.

Reder, M., 1982. "Chicago Economics: Permanence and Change", *Journal of Economic Literature*, 20(1). 1-38.

Reed, M., 1985. *Redirections in Organizational Analysis*, London: Routledge.

Reiter, S.A., and P.F. Williams, 2002. "The Structure and Progressivity of Accounting Research: the crisis in the academy revisited", *Accounting, Organizations and Society*,

27(6). 575-607.

Riahi-Belkaoui, A., 1996. *Accounting: a multiparadigmatic science*, Westport, CT: Quorum Books.

Riccio, E.L., M.C.G. Sakata, O.R. de M. Neto and L.M. Quonlam, 2010. "The Introduction of Foucault in the Accounting Field and The Analysis of invisible Colleges", *Paginas a&b*, 2(5). 73-93.

Richardson, A.J., 1987. "Accounting as a Legitimating Institution", *Accounting, Organizations and Society*, 12(4). 341-355.

____________, 1989. "Corporatism and Intraprofessional Hegemony: a study of regulation and intenal social order", *Accounting, Organizations and Society*, 14(5/6). 415-431.

____________, 1996. "Introduction: Research Methods in Accounting", in Richardson, A.J.(eds), *Research Method in Accounting: issues and debates*, Vancouver: CGA Canada Research Foundation. 1-7.

Rieger, W. 1928. *Einfuhrung in die Privatwirtschaftslehre*, Berlin: Erlangen.

Ritzer, G. 1992. *Sociological Theory*, 3rd ed., New York: McGraw-Hill; 김왕배 외 공역, 2006. 사회학이론, 한울출판사.

Roberts, J., 1996. "From Discipline to Dialogue: individualizing and socializing forms of accountability", in Munro, R. and J. Mouritsen(eds), *Accountability: power, ethos and technologies of managing*, London: International Thomson Business Press. 40-61.

________ and R. Scapens, 1985. "Accounting Systems of Accountability: understanding accounting practices in their organizational contexts", *Accounting, Organizations and Society*, 10(4). 443-465.

____________________, 1990. "Strategy and Accounting in a U.K. Conglomerate", *Accounting, Organizations and Society*, 15(1/2). 107-126.

Robson, K. H., 1991. "On the Arenas of Accounting Change: the Process of Translation", *Accounting, Organizations and Society*, 16(5/6). 547-570.

___________, 1992. "Accounting Numbers as 'Inscription': action at a distance and the development of accounting", *Accounting, Organizations and Society*, 17(7). 685-708.

___________, H. Willmott, D. Cooper and T. Puxty, 1994. "The Ideology of Professional Regulation and The Markets for Accounting Labour: three episodes in the recent history of the U.K. accountancy profession", *Accounting, Organizations and Society*, 19(6). 527-553.

__________ and J. Young, 2009. "Socio-Political Studies of Financial Reporting and Standard-Setting", in Chapman, C.S. and D.J. Cooper and P.B. Miller(eds), *Accounting, Organizations and Institutions: essays in honour of Anthony Hopwood*, Oxford: Oxford

University Press. 341-366.

Ronen, J., 1979. "The Dual Role of Accounting: a finanical economic perspective", in Bicksler, J.L.(ed.), *Handbook of Financial Economics*, Amsterdam: North-Holland, 415-454.

Rose, N., 1991. "Governing by Numbers: Figuring out Democracy", *Accounting, Organizations and Society*, 16(7). 351-372.

_______, 1999. *Powers of Freedom: reframing political thought*, Cambridge: Cambridge University Press.

_______, and P. Miller. 1992. "Political power beyond the State: problematics of government", *British Journal of Sociology*, 43(2). 172-205.

Rosenberg, D., C. Tomkins and P. Day, 1982. "A Work Role Perspective of Accountants in Local Government Service Department", *Accounting, Organizations and Society*, 7(2). 123-137.

Roslender, R., 1990. "Sociology and Management Accounting Research", *The British Accounting Review*, 22(4). 351-372.

___________, 1992. *Sociological Perspectives on Modern Accountancy*, London: Routledge.

___________, 1995. "Critical Management Accounting", in Ashton, D., Hopper, T. and R.W. Scapens(eds), *Issues in Management Accounting*, 2nd ed., London: Prentice-Hall. 65-87.

___________, 2006. "Critical Theory", in Hoque, Z.(ed.), *Methodological Issues in Accounting Research*, London: Spiramus. 247-269.

___________, 2013. "Stuck in the middle with who? (Belatedly) engaging with Laughlin while becoming re-acquainted with Merton and middle range theorising", *Critical Perspectives on Accounting*, 24(3). 228-241.

___________ and J. Dillard. 2003. "Reflection on the interdisciplinary perspectives on accounting project", *Critical Perspectives on Accounting*, 14(4). 325-351.

Rush, F.(ed.), 2004. *The Cambridge Companion to Critical Theory*, Cambridge: Cambridge University Press.

Russell, B., 1961. *History of Western Philosophy*, London: Allen & Unwin.

Ryan, R. J., 1982. "Capital Market Theory - A Case Study in Methodological Conflict", *Journal of Business Finance and Accounting*, 9(4). 443-458.

_________, R.W. Scapens, and M. Theobald, 2002. *Research Methods and Methodology in Fiance and Accounting*, 2nd ed., London: Academic Press; 구치모 · 최종서 · 박기정 옮김, 2005. 회계학과 재무론의 연구방법론, 제2판, 신영사.

Samuels, J.M. and J.C. Oliga, 1982. "Accounting Standards in Developing Countries", *International Journal of Accounting Education and Research*, 17(1). 69-88.

Samuelson, P.A., 1963. "Problems of Methodology-discussions", *The American Economic Review*, Papers and Proceedings, 231-236.

Sanchez-Matamoros, J.B., Hidalgo, F.G., Espejo, C.A. and F. C. Fenech, 2005. "Govern (mentality) and Accounting: the influence of different enlightenment discourses in two Spanish cases(1761-1777)", *Abacus*, 41(2). 181-210.

Saravanamuthu, K. and T. Tinker, 2003. "Politics of Managing: the dialect of control", *Accounting, Organizations and Society*, 28(1). 37-64.

Sargiacomo, M., 2008. "Accounting and the 'Art of Government': Margaret of Austria in Abruzzo(1539-86)", *European Accounting Review*, 17(4). 667-695.

Sawabe, N. and J. Yamaji, 1999. "Institutional Accounting Research: An introduction", in Sunder, S and H. Yamaji(eds), *The Japanese Style of Business Accounting*, Westport, CT: Quorum Books. 3-15.

Scapens, R.W., 1994. "Never Mind the Gap: towards an institutional perspective on management accounting practice", *Management Accounting Research*, 5(3/4). 301-321.

Scherer, A.G., 2003. "Modes of Explanation in Organization Theory", in Tsoukas, H. and C. Knudsen(eds), *The Oxford Handbook of Organization Theory*, Oxford: Oxford University Press, 310-344.

__________, 2009. "Critical Theory and its Contribution to Critical Management Studies", in Alvesson, M., T. Bridgman and H. Willmott(eds), *Handbook of Critical Management Studies*, London: Sage. 29-51.

Schumpeter, J., 1950. *Capitalism, Socialism and Democracy*, New York: Harper Torchbooks.

Scorgie, M.E., 1995. "Patrick Colquhoun", *Abacus*, 31(1). 93-111.

Scott, D.R., 1931. *The Cultural Significance of Account*, New York: Henry Holt.

Scott, J.C., 1990. *Domination and the arts of resistance: hidden transcripts*, New Haven, Conn.: Yale University Press.

Scott, W.R., 2011. *Financial Accounting Theory*, 6th ed., Toronto: Prentice-Hall.

Scruton, R., 1982. *Kant*, Oxford: Oxford University Press.

Servalli, S., 2013. "The Interface of Power and Charity in the Government of Poor", *Accounting, Auditing and Accountability Journal*, 26(8). 1306-1341.

Shapiro, B.P., 1998. "Towards Normative Model of Rational Argumentation for Critical Accounting Discussions", *Accounting, Organizations and Society*, 23(7). 641-684.

__________, 2002. "Rash Words, Insincere Assurances, Uncertain Promises: verifying employers' intentions in labour contracts", *Critical Perspectives on Accounting*, 13(1). 63-88.

Sharpe, W.F., 1964. "Capital Asset Prices: a theory of market equilibrium under conditions of risk", *Journal of Finance*, 19. 425-442.

Shenkin, N. and A.B. Coulson, 2007. "Accountability through Activism: learning from Bourdieu", *Accounting, Auditing and Accountability Journal*, 20(2). 297-317.

Sikka, P., B. Wearing and J. Nayak, 1999. *No Accounting for Exploitation*, Essex, UK: Association for Accountancy & Business Affairs.

_______ and H. Willmott, 1997. "Practicing Critical Accounting", *Critical Perspectives on Accounting*, 8(1/2). 149-165.

Simon, H., 1959. "Theories of Decision Making Economics", *American Economic Review*, 49(3). 223-283.

Skinner, B.F., 1956. "A Case History in the Scientific Method", *American Psychologist*, 2. 221-233.

Smart, B., 1985. *Michel Foucault*, London: Tavistock.

Smith, V., 1990. *Managing in the Corporate Interest*, Berkeley: University of California Press.

________, 1994. "Braverman' Legacy", *Work and Occupations*, 21. 403-421.

Soderstrom, N.S. and K.J. Sun, 2007. "IFRS Adoption and Accounting Quality: a review", *European Accounting Review*, 16. 675-702.

Sombart, W., 1902. *Der Moderne Capitalismus*, Leipzig: Duncker & Humblot.

__________, 1953. "Medieval and Modern Commercial Enterprise", in Frederic C. Lane and J. Riemersma(eds), *Enterprise and Secular Change*, Irwin, Illinois. 25-40.

Sowell, E.M., 1973. *The Evolution of the Theories and Techniques of Standard Costs*, Tuscaloosa: University of Alabama Press.

Spence, C., 2009. "Social Accounting's Emancipatory Potential: a Gramscian critique", *Critical Perspectives on Accounting*, 20(2), 205-227.

Spencer, D., 2000. "Braverman and the Contribution of Labour Process Analysis to the Critique of Capitalist Production-twenty-five Years on", *Work, Employment and Society*, 14(2). 223-243.

Sterling, R., 1970. *Theory of Measurement of Enterprise Income*, University Press of Kansas.

_________, 1990. "Positive Accounting: an assessment", *Abacus*, 26(2). 97-135.

Stewart, R.E., 1992. "Pluralizing Our Past: Foucault in Accounting History", *Accounting, Auditing and Accountability Journal*, 5(2). 57-73.

Stigler, G. and G. Becker, 1977. "De Gustibus non est Disputandum", *American Economic*

Review, 67(1). 76-90.

Storey, J., 1983. *Managerial Prerogative and the Question of Control*, London: Routledge & Kegan Paul.

Sunder, S., 1999. "Design and Implementation of Contracts: a comparison of factor markets relevant to financial reporting in Japan and the United States", in Sunder, S. and H. Yamaji(eds), *The Japanese Style of Business Accounting*, Westport, CT: Quorum Books. 209-220.

Swartz, D., 1977. "Pierre Bourdieu: The Cultural Transmission of Social Inequality", *Harvard Educational Review*, 47(4). 545-555.

________, 2008. "Bringing Bourdieu's Master Concepts into Organizational Analysis", *Theory and Society*, 37(1). 45-52.

Tanaka, A. 1990. "A History of the Early Japanese Theorists' Development of the 'Capital Circulation' Approach", *Accounting, Auditing and Accountability Journal*, 3(2). 24-36.

Teulings, A., 1986. "Managerial Labour Processes in Organised Capitalism: the Power of Corporate Management and the Powerlessness of the Manager", in Knights, D. and H. Willmott(eds), *Managing the Labour Process*, London: Gower. 141-166.

Thomas, T., 1981. "Towards a Value-Neutral Positive Science of Accounting", *Journal of Business Finance and Accounting*, 8(4). 549-572.

Thompson, G.D., 1999. "Cultural Capital and Accounting", *Accounting, Auditing and Accountability Journal*, 12(4). 394-412.

Thompson, G., 1978. "Capitalist Profit, Calculation and Inflation Accounting", *Economy and Society*, 7(4). 395-429.

Thompson, J. 1990. *Ideology and Modern Culture*, London: Polity Press.

Thompson, P., 1983. *The Nature of Work: An introduction to debates on the abour process*, London: Macmillan; 심윤종 · 김문조 옮김, 1987. 노동사회학: 노동과정에 관한 제논쟁, 경문사.

___________, 1990. "Crawing from the Wreckage: the labor process and the politics of production", in Knights, D. and H. Willmott(eds), *Labour Process Theory*, London: Macmilan. 95-114.

___________ and D. McHugh, 2002. *Work Organizations: a critical introduction*, 3rd. ed., Basingstoke: Palgrave.

Thornton, D.B., 1996. "Method(ologie)s of Positive Accounting Theory", in Richardson, A.J.(ed.), *Research Methods in Accounting: Issues and Debates*, Vancouver: CGA-Canada Research Foundation. 105-116.

Tinker, T., 1980. "Towards a Political Economy of Accounting: An Empirical Illustration of the Cambridge Controversies", *Accounting, Organizations and Society*, 5(2). 147-160.

________, 1984. "Theories of the State and the State of Accounting: economic reductionism and political voluntarism in accounting regulation theory", *Journal of Accounting and Public Policy*, 3. 55-74.

________, 1985. *Paper Prophets - A Social Critique of Accounting*, New York: Praeger.

________, 1988. "Panglossian Accounting Theories: the science of apologising in style", *Accounting, Organizations and Society*, 13(2). 165-190.

________, 1991. "The Accountant as Partisan", *Accounting, Organizations and Society*, 16(3). 297-310.

________, 1999. "The Hegelian Logic of Critical Research: understanding Professor Yoshinori Shiozawa", *Accounting, Auditing and Accountability Journal*, 12(1). 39-47.

________, 2002a. "Critical Research in the United States", *Critical Perspectives on Accounting*, 13(4). 517-526.

________, 2002b. "Spectres of Marx and Braverman in the Twilight of Postmodernist Labour Process Research", *Work, Employment and Society*, 16(2). 251-281.

________, 2005. "The Withering of Criticism: a review of professional, Foucauldian, ethnographic and epistemic studies in accounting", *Accounting, Auditing and Accountability Journal*, 18(1). 100-135.

________ and C. Lehman and M. Neimark, 1991. "Falling Down the Hole in the Middle of the Road: political quietism in corporate social reporting", *Accounting, Auditing and Accountability Journal*, 4(2). 28-54.

________, B. Merino and M. Neimark, 1982. "The Normative Origins of Positive Theories: ideology and accounting thought", *Accounting, Organizations and Society*, 7(2). 167-200.

________ and M. Neimark, 1987. "The Role of Annual Reports in Gender and Class Contradictions at General Motors: 1919-1976", *Accounting, Organizations and Society*, 12(1). 71-88.

________ and A. Sy., 2009a. "Turkish Accounting", *Critical Perspectives on Accounting*, 20(5). 553-555.

________________, 2009b. "Editorial", *International Journal of Critical Accounting*, 1(1/2). 1-2.

Tomkins, C. and R. Groves, 1983. "The Everyday Accountant and Researching his Reality", *Accounting, Organizations and Society*, 8(3). 389-406.

Toms, S., 2005. "Financial Control, Managerial Control and Accountability: evidence from the British Cotton Industry, 1700-2000", *Accounting, Organizations and Society*, 30(7/8). 627-653.

Townley, B., D.J. Cooper and B. Oakes, 2003. "Performance Measures and the Rationalization of Organizations", *Organizations Studies*, 24(7). 1045-1071.

Truan, F. and H. Hughes, 1999. "Tradition or Enlightenment: philosophical choice in accounting academia", *Journal of Accounting Education*, 17. 23-34.

Tyson, T., 1993. "Keeping the Record Straight: Foucauldian revisionism and nineteenth century US cost accounting history", *Accounting, Auditing and Accountability Journal*, 6(2). 4-16.

Uddin, S. and T. Hopper, 2001. "A Bangladesh Soap Opera: privatisation, accounting and regimes of control in a less developed country", *Accounting, Organizations and Society*, 26(7). 643-672.

Ulrich, W., 1991. "Critical Heuristics of Social Systems Design", in Flood, R. and M. Jackson(eds), *Critical Systems Thinking: Directed Readings*, Chichester: Wiley. 103-115.

Vaivio, J., 2006. "The Accounting of 'the Meeting': Examining Calculability within a 'Fluid' Local Space", *Accounting, Organizations and Society*, 31(8). 735-762.

Van Peursem, K.A., 2005. "Public Dialogue toward Social Policy: a methodology for accounting research", *Accounting and Public Interests*, 5. 56-87.

Viator, R.E. and W.R. Pasewark, 2005. "Mentorship Separation Tension in the Accounting Profession: the Consequences of Delayed Structural Separation", *Accounting, Organizations and Society*, 30(4). 371-387.

Vicencio, E.R., 2012. "Foucault: His Influence over Accounting and Management Research, Building of a Map Foucault's Approach", *International Journal of Critical Accounting*, 4(5/6). 728-756.

Vollmer, H., 2003. "Bookkeeping, Accounting, Calculative Practice: The Sociological Suspense of Calculation", *Critical Perspectives on Accounting*, 14(3). 353-381.

Waddock, S., 2005. "Hollow Men and Women at the Helm....Hollow Accounting Ethics?", *Issues in Accounting Education*, 20(2). 145-150.

Walker, S.P., 2005. "Accounting in History", *Accounting Historian Journal*, 32(2). 233-259.

__________, 2008a. "Innovation, Convergence and Argument without End in Accounting History", *Accounting, Auditing and Accountability Journal*, 21(2). 296-322.

__________, 2008b. "Accounting, Paper Shadows and the Stigmatised Poor", *Accounting, Organizations and Society*, 33(4/5). 453-487.

Wallace, W.A., 1991. *Accounting Research Methods: do the facts speak for themselves?*, Homewood,

ILL., MA: Richard D. Irwin.

Walsh, E. and R. Stewart, 1993. "Accounting and the Construction of Institutions: The Case of a Factory", *Accounting, Organizations and Society*, 18(7/8). 783-800.

Walsham, G., 2005. "Learning about being critical", *Information Systems Journal*, 15(2), 111-117.

Warren, S., 1984. *The Emergence of Dialectical Theory: philosophy and political inquiry*, Chicago: University of Chicago Press.

Watts, R.L., 1995. "Introduction to Developments in Positive Accounting Theory", in Jones, S., C. Romano and J. Ratnatunga(eds), *Accounting Theory: a contemporary review*, Sydney: Harcourt Brace. 297-353.

_________ and J.L. Zimmerman, 1978. "Toward a Positive Theory of the Determination of Accounting Standards", *The Accounting Review*, 53(1). 112-134.

_____________________________, 1979. "The Demand for and Supply of Accounting Theories: The Market for Excuses", *The Accounting Review*, 54(3). 273-305.

_____________________________, 1986. *Positive Accounting Theory*, Cliffs, New Jersey: Prentice-Hall; 오용규 역, 1987. 실증적 회계이론, 형설출판사.

_____________________________, 1990. "Positive Accounting Theory: A Ten Year Perspective", *The Accounting Review*, 65(1). 131-156.

Weber, M., 1949. *The Methodology of the Social Sciences*, translated by Skels, E. A. and H. A. Finch(ed.). Glencoe: The Free Press.

_________, 1956. *The Protestant Ethic and the Spirit of Capitalism*, London: Allen & Unwin.

_________, 1978. *Economy and Society*, Berkeley: University of California Press.

West, J., 1990. "Gender and the Labor Process: a reassessment", in Knights, D. and H. Willmott(eds), *Labour Process Theory*, London: Macmillan. 244-273.

Whitley, R.D., 1986. "The Transformation of Business Finance into Financial Economics: the roles of academic expansion and changes in U.S. capital markets", *Accounting, Organizations and Society*, 11(2). 171-192.

___________, 1988. "The Possibility and Utility of Positive Accounting Theory", *Accounting, Organizations and Society*, 13(6). 631-645.

Whittington, G., 1987. "Positive Accounting: A Review Article", *Accounting and Business Research*, 17(68). 327-336.

Whittle, A. and F. Mueller, 2011. "The Language of Interests: the contribution of discursive psychology", *Human Relations*, 64(3), 415-435

Wickramasinghe, D. and C. Alawattage, 2007. *Management Accounting Change*, Oxon, UK: Routledge.

Wiggershaus, R., 1994. *The Frankfurt School: its history, theories and political significance*, Cambridge, Mass.: MIT Press.

Williams, P.F., 1989. "The Logic of Positive Accounting Research", *Accounting, Organizations and Society*, 14(5/6). 455-468.

______________, 2003. "Modern Accounting Scholarship: the imperative of positive economic science", *Accounting Forum*, 27(3). 251-269.

Williamson, O.E., 1975. *Markets and Hierarchies: Analysis and Antitrust Implications*, New York: The Free Press.

_____________, 1985. *The Economic Institutions of Capitalism: firms, markets, relational contracting*, New York: The Free Press.

Willmott, H., 1983. "Paradigms for Accounting Research: critical reflections on Tomkins and Groves 'Everyday accountant and researching his reality'", *Accounting, Organizations and Society*, 18(4). 389-405.

__________, 1990a. "Serving the Public Interest? a Critical Analysis of a Professional Claim", in D. Cooper and T. Hopper(eds), *Critical Accounts*, London: Macmillan, 315-331.

__________, 1990b. "Subjectivity and the Dialectics of Praxis: opening up the core of labour process analysis", in Knights, D. and H. Willmott(eds), *Labour Process Theory*, London: Macmillan. 336-378.

Wright, M., 1994. "Accounting, Truth and Communication: the case of a bank failure", *Critical Perspectives on Accounting*, 5(4). 361-388.

Xu, Y. and X. Xu, 2008. "Social Actors, Cultural Capital and the State: the standardization of bank accounting classification and terminology in early twentieth-century China", *Accounting, Organizations and Society*, 33(1). 73-102.

Young, J.J., 2006. "Making up Users", *Accounting, Organizations and Society*, 31(6). 579-600.

Yuthas, K. and T. Tinker, 1994. "Paradise Regained? Myth, Milton and Management Accounting", *Critical Perspectives on Accounting*, 5(3). 295-310.

Zeff, S. A., 1981. "Preface", in Bromwich, M. and A. G. Hopwood(eds), *Essays in British Accounting Research*. London: Pitman, vi-ix.

_________, 1983. "Editorial: A Perspective", *The Accounting Review*, 58(1). 129-134.

Zimmerman, J., 1980. "Positive Research in Accounting", in Nair, R. and T. Williams(eds), *Perspectives in Research*, Madison: University of Wisconsin, 107-128.

색인

인명색인

한국인

일본인

서구인

(A)

(B)

(C)

(D)

(E)

(F)

(G)

(H)

(I)

(J)

(K)

(L)

(M)

사항색인

(ㄴ)

(ㅇ)

(ㅈ)

(ㅊ)

(ㅌ)

(ㅍ)

(ㅎ)

저자소개

• 김석웅

부산대학교 상과대학 경영학과 졸업(경영학사)
서울대학교 대학원 경영학과 수료(경영학석사)
부산대학교 대학원 회계학과 수료(경영학박사)
호주 Monash University, Visiting Professor
한국학술진흥재단 해외파견교수(1998년 1월~1999년 1월)
미국 UC Berkeley(Haas School), Visiting Scholar(2006년 8월~2007년 8월)

• 현재

동의대학교 상경대학 회계학 교수

• 저서 및 역서

K-IFRS 회계원리, 제3판(교육과학사, 2014)
IFRS 회계와 사회(교육과학사, 2013)
중국회계제도의 어제와 오늘(산문출판, 2012): 2012년도 한국회계학회 특별연구서
회계부정, 제2판(산문출판, 2011)
재무회계이론(대명, 2005)
무형자산(신영사, 2002)
자본시장회계론(신영사, 1997) 외 다수

• 논문

"회계학의 해석적 방법론에 관한 연구"(회계저널, 2011) 외 다수

회계학의 비판적 방법론

2014년 4월 10일 1판 1쇄 인쇄
2014년 4월 15일 1판 1쇄 발행

저　　자 · 김 석 웅
발 행 자 · 김 동 규
발 행 처 · 교육과학사
주　　소 · 경기도 파주시 문발동 광인사길 71
등　　록 · 1970년 5월 18일 제2-73호
전　　화 · 031-955-6956~8
팩　　스 · 031-955-6037
메　　일 · kyoyook@chol.com

– 파본은 교환하여 드립니다.　**정가 30,000원**

ISBN 978-89-254-0825-5